商学院
文 库

新制度经济学

(第二版)

杨德才 编著

南京大学出版社

图书在版编目(CIP)数据

新制度经济学 / 杨德才编著. —2版. —南京：
南京大学出版社，2016.4
(商学院文库)
ISBN 978-7-305-16656-3

Ⅰ. ①新… Ⅱ. ①杨… Ⅲ. ①新制度经济学
Ⅳ. ①F091.349

中国版本图书馆 CIP 数据核字(2016)第 055305 号

出版发行	南京大学出版社		
社　　址	南京市汉口路 22 号	邮　编	210093
出 版 人	金鑫荣		

丛 书 名　商学院文库
书　　名　新制度经济学(第二版)
编　　著　杨德才
责任编辑　府剑萍　　　　　　编辑热线　025-83592193

照　　排　南京理工大学资产经营有限公司
印　　刷　常州市武进第三印刷有限公司
开　　本　787×1092　1/16　印张 23　字数 560 千
版　　次　2016 年 4 月第 2 版　2016 年 4 月第 1 次印刷
ISBN 978-7-305-16656-3
定　　价　50.00 元

网　　址：http://www.njupco.com
官方微博：http://weibo.com/njupco
官方微信号：njupress
销售咨询热线：(025)83594756

* 版权所有，侵权必究
* 凡购买南大版图书，如有印装质量问题，请与所购
　图书销售部门联系调换

《商学院文库》编委会

主 任 委 员 洪银兴　赵曙明
副主任委员 刘厚俊　金鑫荣
委　　　员 （按姓氏笔画排序）
　　　　　　　刘厚俊　刘志彪　刘　洪
　　　　　　　陈传明　杨雄胜　张二震
　　　　　　　沈坤荣　范从来　金鑫荣
　　　　　　　洪银兴　赵曙明　裴　平

杨德才简介

　　杨德才,经济学博士后,南京大学经济学教授,博士生导师。中国经济发展研究会常务理事、全国马克思主义经济学说史学会常务理事、中国经济史学会理事、江苏省《资本论》研究会副会长、江苏省民营经济研究会副会长、江苏省企业发展战略研究会副会长。在《管理世界》《经济学季刊》等杂志公开发表论文近100篇,出版专著7部。主持、参与省部级以上课题十多项。曾获得南京大学"我最喜爱的老师"荣誉称号、获江苏省高校哲学社会科学优秀成果一等奖、江苏省哲学社会科学优秀成果二等奖等奖项。主要研究方向:发展经济学、新制度经济学和中国经济史。

内容简介

新制度经济学是一门研究对象独特、理论体系新颖、现实性很强的新兴经济学科。任何个人和组织都工作、生活在有形或无形的制度网中，不论你是有意还是无意，制度都深刻地影响着你的一言一行。由于新制度经济学是一门新兴学科，其理论因其边界不断被突破而得以发展；由于新制度经济学较好地解释了"增长余值"，其少有地获得了如此多的赞誉；由于新制度经济学比较切合转型国家的现实，其在中国更是成为经济学中的显学。

本书共13章，既详细分析了以科斯、诺思为代表的经济学家的制度理论，又深刻阐述了以青木昌彦、格雷夫为代表的经济学家进一步发展了的制度理论。本书立足新制度经济学的已有理论，紧密跟踪新制度经济学发展的前沿，对较为成熟的新制度经济学理论进行了全面而客观的介绍。本书在国内第一次将意识形态理论、社会资本理论、法经济学理论、制度变迁博弈理论、制度绩效理论和路径依赖理论等纳入到新制度经济学的理论体系中。本书特点有三：一是兼有全面性和前沿性；二是理论联系实际，每个章节都安排了案例；三是实用性强，特别适于教学使用。

本书既可作为高等院校经济管理类相关专业的本专科生、研究生的教材或教学参考书，也可供相关经济管理领域的研究人员、政府决策部门和广大经济学爱好者阅读参考。

序

多年来，杨德才教授一直致力于新制度经济学理论的研究。早在几年前，杨德才教授在其所著的《中国经济史新论》一书中，就已大量运用新制度经济学的理论分析中国经济增长的历史了，并取得了很好的成绩。现在，他编著的《新制度经济学》一书又即将出版，应其邀请为该书作序。

新制度经济学产生的时间虽然还不长，但其影响之大、发展之快则是十分令人惊诧的。自"边际革命"之后，主导西方经济学分析范式和发展方向的是新古典经济学。新古典经济学认为，在完全竞争的市场结构中，市场交易是无代价的，资源配置可以借助"看不见的手"自动达到帕累托最优状态。然而新制度经济学证明，在现实经济运行中，最重要的约束变量不仅是生产成本，而且还包括交易成本，即制度成本。在新制度经济学看来，一个节省交易成本的制度安排、制度框架和制度创新的空间是至关重要的。制度安排决定经济绩效。新制度经济学的产生，被称之为经济学说史上的一次重要"革命"。新制度经济学的这场革命，使得新制度经济学也因此而成为了经济学中的"显学"。

制度经济学产生后，其影响面很宽，以经济增长理论为例，长期以来，解释经济增长"余值"的经济理论，可谓不少。其中，既有强调资源禀赋重要的，也有强调地理环境重要的；既有强调物质资本重要的，又有强调人力资本重要的；既有强调科学技术重要的，更有强调其他因素重要的……他们各执己见，莫衷一是。然而，自 1991 年罗纳德·科斯和 1993 年道格拉斯·诺思分别获得诺贝尔经济学奖之后，大多数经济学家则少有地形成了一个"共识"：制度决定经济增长，人类历史上经济增长的"余值"应主要归因于制度的贡献。制度之所以成为促进经济增长最重要的因素，是因为有效率的制度至少具有三个强烈的功能：一是制度能够产生激励效应，二是制度能够降低交易成本，三是制度能够增强人们未来的预期。诺思通过研究、解释西方世界（包括美国）经济增长的历史，非常有说服力地证明制度才是西方世界率先兴起的根本原因。而那些曾经发达、后来衰落的国家和当前经济增长始终低迷的国家，它们不成功的根本原因也在于制度，在于它们无效和低效的制度。

在新制度经济学理论问世之后不久，它就很快来到了我国。国内外的经济学家们纷纷用新制度经济学的理论分析解释我国改革开放以来经济持续、快速增长的"奇迹"，以致对新制度经济学的研究一时间成为我国经济学领域的一大"热点"。新制度经济学研究之所以在中国能成为"热点",这主要是由我国的现实国情决定的。我国正处在经济体制转轨时期,在从计划经济到市场经济过渡的进程中,我们遇到了很多的矛盾和问题。如何设计好一个制度是我国必须解决的最为紧要的根本问题。因为制度是经济增长的源泉,这是新制度经济学的一个基本命题。同时这一命题也为我国的改革实践所证实,"改革就是解放生产力"这一论断解读的就是制度的重要性。体制改革按照新制度经济学鼻祖科斯的理论,在交易成本大于零的条件下,产权与资源配置效率有关,改革实际上就是通过制度的重新安排来降低交易费用,提高资源配置效率。所以无论从学术还是从实践两个角度了解与学习新制度经济学都非常有意义。正是在这样一个背景下,在学术界和政府界的共同推动下,新制度经济学在我国获得了快速发展并成为"热点"。

虽然新制度经济学由于产生不久的原因,理论体系还不那么系统和完善,但这并不意味着新制度经济学理论的价值羸弱、前途黯淡。就新制度经济学的实际应用价值而言,它并非仅仅局限于解释过去的经济增长和社会发展,而更为重要的在于告诉人们如何认识现有制度安排的利弊?如何变革现有的制度安排?从这个意义上讲,新制度经济学实际上是一门指导人们变革无效、低效制度而选择有效、高效制度的十分有用的理论。目前,我国的改革正处在关键时期,许多难点、重点问题的解决迫切需要有用的理论来进行指导,而新制度经济学显然就属于对中国改革具有重要借鉴意义的重要理论。

杨德才教授编著的《新制度经济学》一书,对现有的制度经济学理论进行了深入研究、系统总结,与我已接触到的新制度经济学著作相比还是有许多新意的。这本书最大的特点有两个:一是在充分吸收学术界已有研究成果的基础上,深刻阐述了作者个人对新制度经济学研究的许多新见解;二是紧密跟踪新制度经济学研究的前沿,并将新制度经济学最前沿的、最新颖的研究成果吸收进来。新制度经济学理论还在不断发展过程中,我希望,杨德才教授能够继续密切关注新制度经济学的发展,并将这些理论运用于中国实际问题的研究中,为中国社会的改革发展作出一份贡献!最后,祝愿杨德才教授在新制度经济学的研究中取得更大的成绩!

洪银兴
2007 年 8 月于南京大学

目　录

第一章　新制度经济学的起源

第一节　什么是制度？为什么要研究制度？ …………………………… 1
第二节　新制度经济学产生发展的现实背景 …………………………… 6
第三节　新制度经济学产生发展的理论基础 …………………………… 11
第四节　新制度经济学的分析方法与范式 ……………………………… 17

第二章　交易费用理论

第一节　交易费用 …………………………………………………………… 22
第二节　基本假设 …………………………………………………………… 25
第三节　交易的区分标准 …………………………………………………… 28
第四节　治理结构 …………………………………………………………… 32
第五节　纵向一体化 ………………………………………………………… 37

第三章　产权理论

第一节　"公地悲剧"与市场失灵 ………………………………………… 42
第二节　产权及其作用 ……………………………………………………… 45
第三节　科斯定理及其应用 ………………………………………………… 50
第四节　产权理论的发展 …………………………………………………… 57
第五节　产权制度与经济结果 ……………………………………………… 65

第四章　企业理论

第一节　企业的性质 ………………………………………………………… 73

第二节　委托代理关系 ………………………………………………… 78
第三节　逆向选择与道德风险 …………………………………………… 86
第四节　不完全契约理论 ………………………………………………… 91

第五章　国家宪政理论

第一节　国家起源与国家实质 …………………………………………… 97
第二节　诺思的国家模型 ………………………………………………… 108
第三节　国家与宪政 ……………………………………………………… 110
第四节　国家与制度变迁 ………………………………………………… 116
第五节　国家与经济增长 ………………………………………………… 121

第六章　意识形态理论

第一节　缘起、内涵及特征 ……………………………………………… 131
第二节　意识形态的形成与变化 ………………………………………… 137
第三节　意识形态的制度性作用 ………………………………………… 140
第四节　意识形态与制度变迁 …………………………………………… 143
第五节　意识形态与经济增长 …………………………………………… 147

第七章　社会资本理论

第一节　社会资本的涵义 ………………………………………………… 155
第二节　社会资本的类型 ………………………………………………… 159
第三节　社会资本的形成 ………………………………………………… 163
第四节　社会资本的作用机制 …………………………………………… 168
第五节　社会资本与经济绩效 …………………………………………… 175

第八章　法经济学理论

第一节　法律与经济学的接轨 …………………………………………… 180
第二节　法经济学一般理论 ……………………………………………… 188
第三节　法律:一种正式的制度安排 …………………………………… 194
第四节　法律的供求及其均衡 …………………………………………… 199
第五节　一个案例:财产法的经济分析 ………………………………… 203

第九章 制度变迁理论:供给需求视角

第一节 制度变迁:概念与原因 ……………………………………… 208
第二节 诺思的制度变迁模型 ………………………………………… 212
第三节 制度变迁的方式比较 ………………………………………… 218
第四节 制度需求与制度供给 ………………………………………… 226

第十章 制度变迁理论:博弈论视角

第一节 博弈论框架下的制度 ………………………………………… 233
第二节 制度之间的互补性关系 ……………………………………… 242
第三节 主观博弈模型与制度变迁 …………………………………… 248
第四节 制度的历时性关联与演进 …………………………………… 253

第十一章 利益集团理论

第一节 利益集团与制度变迁 ………………………………………… 259
第二节 利益集团的规模与集体行动 ………………………………… 265
第三节 利益集团的投票与制度变迁 ………………………………… 268
第四节 利益集团的寻租与制度变迁 ………………………………… 276
第五节 利益集团博弈下的制度均衡 ………………………………… 283

第十二章 制度绩效理论

第一节 质疑传统经济增长理论 ……………………………………… 287
第二节 诺思的制度绩效理论 ………………………………………… 298
第三节 格雷夫的制度绩效理论 ……………………………………… 308
第四节 制度与绩效:一言难尽 ……………………………………… 312
第五节 制度决定绩效:衰落抑或进步 ……………………………… 317

第十三章 路径依赖理论

第一节 路径依赖理论:缘起与方法 ………………………………… 324
第二节 诺思的制度变迁路径依赖理论 ……………………………… 328
第三节 路径依赖理论:格雷夫的贡献 ……………………………… 335
第四节 路径依赖、制度锁定及其冲破 ……………………………… 340

参考文献	346
后　记	353
第二版后记	355

第一章　新制度经济学的起源

学习目标

1. 掌握什么是制度，为什么要研究制度。
2. 了解制度经济学产生、发展的相关情况。
3. 了解新制度经济学产生与发展的理论基础。
4. 了解新制度经济学的分析方法与范式。

诚如罗纳德·科斯所说，自马歇尔以来的岁月里，在杂志、教科书上所见到的和大学经济系的课堂里所听到的都是主流经济学的内容，但是它却正在变得越来越抽象，尽管它自己不说，但是一个不争的事实是它正与现实世界越来越疏远。① 亚当·斯密曾经指出，我们应当关注现实中的商品和劳务以及是什么决定它们的种类和数量。尽管这样，经济学家们在研究供给和需求决定价格的时候，却忽略了那些在市场中决定什么商品和劳务被交易因而被定了价的因素。这种对真实世界中所发生的具体事情的蔑视态度，却成了经济学家们的习惯，并且他们自己并没有觉得有什么不合适。②

所以科斯认为经济学家们要把一件事作为主要的工作，那就是研究经济制度。因为他认为一方面我们每个人都生活在一系列经济制度当中，另一方面人类自身的福利依赖于整个社会所提供的商品与劳务，而这些又取决于经济制度的运行效率。③ 制度决定经济绩效，这是迄今为止制度经济学家们给出的最为重要的结论。从制度的重要性的结论出发，新制度经济学以交易成本理论为基础，试图对纷繁复杂的现实世界给出一种清晰的解读。当然，制度经济学的分析框架还远没有成熟，许多理论与现实方面的问题至今仍困扰着很多的学者，但是，我们试图整理出一个框架以全面地介绍这一学科的最新进展，同时也使初学者对其有一个较为全面的认识。

第一节　什么是制度？为什么要研究制度？

传统经济学一直致力于分析市场机制的运行及其影响，毋庸置疑，市场可以被认为是人类

---

①② [法]梅纳尔主编：《制度、契约与组织》，北京：经济科学出版社，2003年，第11页。
③ [法]梅纳尔主编：《制度、契约与组织》，北京：经济科学出版社，2003年，第12页。

创造的最令人瞩目的制度之一。但是最近十几年来,为了理解不同国家不同的经济绩效,"制度是重要的"这一观点已经变得日益重要。20世纪最后10年中发生的与制度相关的一系列事件和现象已经并将继续对相关国家的经济绩效产生深远的影响。①

一、什么是制度

制度究竟是什么?诚如青木昌彦所说,我们不能把制度等同于法律条文、非正式规范、组织、合同等等,或者这些因素的部分或者全部的组合。给制度下一个定义取决于我们分析的目的。② 举一个例子,我们可以考虑如下的问题:既然制度对于经济绩效如此重要,那么为什么其他国家不能学习并采用经济绩效较好的国家中运用的最佳的制度呢?这是诺思提出的一个问题,诺思把制度定义为"博弈的规则",同时将它分为两类:正式规则(宪法、法律和产权制度等)和非正式规则(规范和习俗)。于是他认为,即使能从国外学到良好的正式规则,但由于本土非正式规则的惰性一时难以改变,新借鉴来的正式规则和旧有的非正式规则势必产生冲突。其结果使得新借鉴来的制度可能既无法实施也难以奏效。

那么制度怎样才是可实施的呢?实施者又怎样被激励去实施他理应实施的制度?而激励实施者去实施这一制度的制度又怎样是可实施的?为了避免这种无穷循环式的推理,一种办法是试图说明制度是内生的。制度是社会制度博弈的参与人之间策略互动而形成的自我实施的结果,借用一个主流经济学的概念,可以称之为"博弈的均衡"。

如果总结一下,可以这样认为:从短期来看,制度是对人们行为进行制约的人类自身设计的规则;但是从长期来看,制度又是人类社会内生的、社会博弈参与人之间策略互动从而最终自我实施的均衡结果。在现实中,对于制度定义的取舍取决于我们的研究目的:当我们研究短期现象的时候,制度作为一种外生的约束而社会参与人无力改变制度的时候,我们采用前者;但是如果我们研究社会制度的形成、演化以及变迁的时候,后者就成为合适的选择。

为了更加形象地理解制度涵义,下面将利用青木昌彦在《比较制度分析》一书中提到的日本德川时代灌溉系统的例子来进行说明。一般而言,灌溉系统作为一种社区内的公共产品,由于技术上排他性的困难,试图阻止社区灌溉系统修建与维护过程中偷懒的社区参与人从中受益是成本高昂的。但是由于社区本身的封闭性,青木昌彦认识到,社区可以采取在其他领域(比如社区活动、邻里之间的互助以及社区的内在认同感方面)对偷懒的社区参与人进行惩罚。由于社区的封闭性,小农经营的风险需要社区内的合作,这种有效的惩罚措施使得这种制度可以变成自我实施的。即每一个社区参与人都会自觉地参与社区对于灌溉系统的修建与维护,从而使这一制度得到很好的执行。

如果我们来分析一个社区参与人的自身的决策,这时已经形成的稳定的制度所带来的惩罚措施对于社区参与人而言,是一种外在的决策的约束。社区参与人在进行是偷懒还是合作的决策时,会意识到偷懒可以节省一些参与灌溉系统修建与维护所带来的成本,但是由于制度会对偷懒行为进行惩罚,这种惩罚对于社区参与人而言也会形成一种损失。所以这样两种损失之间的权衡,从而实现自身利益最大化成为理性的社区参与人的选择方式。在这里,制度对

---

① 本节主要参考了青木昌彦的《比较制度分析》(上海远东出版社2001年)第1章和道格拉斯·诺思、罗伯特·托马斯的《西方世界的兴起》(华夏出版社1999年)第1章的内容。
② [日]青木昌彦:《比较制度分析》,上海:上海远东出版社,2001年,第2页。

于社区参与人而言,是一种对其选择行为的外在的约束,因为单靠一个社区参与人本身无力改变这种制度,而一旦社区参与人发生不遵循制度要求的行为就会受到集体的惩罚,这时对于社区参与人来说,制度是外生的。

但是制度本身的形成与瓦解又是如何进行的?如青木昌彦所言,是由于在其他领域形成了可以进行惩罚以及足够的惩罚才使得理性的社区的所有参与人都会自然选择合作的策略,从而灌溉系统作为一种制度的维持成为一种均衡。然而,一旦外在条件以及其他情况发生变化,情况又会怎样呢?有人对这一问题进行了研究。① 他们发现,在中国的中西部地区封闭社区内的灌溉系统瓦解了,由于存在技术进步的成本约束、外来的机会以及外部的服务替代,使得得以维持灌溉系统的惩罚措施变得无效了,这导致了对于社区内部参与人而言,偷懒是一种理性的选择。当偷懒成为社区参与人共同信念的时候,这一制度就不可避免地发生了变化。制度对于个体参与人的约束,由于理性的社区参与人共同信念的变化而变得没有效力,从而制度发生了变迁。这种制度就是内生的,是社区内部参与人之间策略互动使得原先的自我实施的共同信念不能维持,新的共同信念的出现导致了制度的变化。所以,在研究制度演化、制度变迁的时候,将制度视为一种社区内部参与人之间策略互动的博弈均衡是比较合适的。

【案例 1-1】

制度约束之谜

为什么人们甘心自己受限于制度?监督和制裁可能足够严厉,以至于个人发现遵守制度符合自身的利益。然而,由于制裁的实施对于那些执行者来说通常具有很高的成本,所以,这个答案又提出了另一个问题:执行者实施制裁的激励是什么?实际上,依靠制度中依次上升的等级来实施制裁可能会导致一种毫无秩序的状态,因为没有制度来约束最高的等级。此外,即使个人面临的被发现和制裁的风险是如此之小,以至于遵守制度似乎不符合他们当前的自我利益,但个人常常还是会遵守制度,而且那些有能力改变制度的人可能并不会对规则进行修改,虽然这会给他们带来直接利益。

制度约束之谜或许可以通过考虑根据少数服从多数的投票规则作决定的立法机关来最好地加以说明。如果立法机关在两个或更多的政策方向上进行抉择,那么,在所有偏好模型中,除了一些无足轻重的情况外,任何偏好都可以被另外某种偏好所战胜。可预见的结果是,即使立法者有稳定的偏好,立法机关也不能产生稳定的政策选择。稳定性可以通过在立法机关内部构建权威以对议程设定施加限制的规则来获得。一种获得稳定性的直接方法是将议程的绝对控制权授予单个成员。稳定性还可以通过一种不那么独裁的方法获得,即通过规则,将就特定政策领域提出修改建议的权力授予独立的委员会。但是,如果立法机关通过多数投票原则将这种规则加于自身,那么,当委员会阻碍了对大多数人有利的建议时,它能够终止或修改这条规则。只有大多数人愿意接受结构的约束,结构才可能产生均衡的政策选择。

一种"一般均衡"的制度理论能够解释为什么支持和执行规则符合个人的自身利益,这种规则是局部均衡分析的对象。这样,这种理论在以下意义上具有一般性:它不依赖于外部执行。它是一种理性选择理论的制度,因为它假定所有的行动者都追求自身利益。

---

① 时磊:"由灌溉系统的崩溃到西部乡村社区的瓦解——一个博弈论的分析框架",《贵州财经学院学报》,2005年第2期。

将社会中的相互作用构造为重复博弈模型,为一般理论提供了一个框架。我们首先将社会中的相互作用构造为一个阶段博弈模型,它在以下意义上体现了合作或协调问题:参与人对某种可能结果的偏好胜过均衡结果。接着,我们考虑一个由一系列阶段博弈构成的成功博弈。根据阶段博弈中的支付和参与人的贴现率,我们常常能够找到参与人的均衡策略,它能够产生参与人所偏好的结果,而这个结果在阶段博弈中却非均衡结果。

许多学者采用这种方法来解释惯例和规范。Andrew Schotter 则将其更一般地推广到制度上。他将制度定义为不断重复的社会环境中的规则。因此,规则在参与人中是共同知识,每个参与人都预期其他参与人将遵守规则,并且,如果其他人都遵守规则,对任意参与人来说遵守规则将符合其自身利益。换句话说,制度可以被解释为重复博弈的均衡。

Paul Milgrom, Douglass North 和 Barry Weingast 对中世纪的"法律商人"(Law Merchant)制度进行的研究显示了这种理论是如何与实证研究相联系的。他们考察了一个重复合作博弈,其中随机选择的一对交易者决定是否签订并遵守合同。他们证明,向私人法官或法律商人登记合同能够成为有关订立和遵守合同的均衡的一部分,这些法官或法律商人对违约进行判决并保持较好的裁判声誉。这样,涉及法律商人的贸易就可以被理解为一种自我维持的制度。

资料来源:[美]戴维·L·韦默主编:《制度设计》,上海:上海财经大学出版社,2004 年,第 5~7 页。

二、为什么要研究制度

为什么要研究制度?这个问题在前面实际上已经涉及。如果用一句话来总结,其根本原因就是因为制度决定经济绩效。为了加深对"制度决定经济绩效"这个判断的理解,我们觉得有进一步对其进行详细解释的必要。

传统经济学对于增长本身的研究不可否认带有很多的偏见。就生产的增长而言,增长理论从生产函数出发,认为技术、资本、人力资本、劳动力等因素是经济增长的关键所在。但是技术进步在很多时候是偶然的、外生的,这种情况甚至到最近的新增长理论也没有得到根本的解决。资本、人力资本和劳动力自身的积累主要取决于历史的初始值及其以后演进路径上的一些参数,但首先历史初始值又是从何而来,演进路径的参数的决定因素是什么,这些参数本身的稳定性又取决于哪些因素?这一系列问题并没有得到很好的解决。而主流经济学对于增长的研究越来越多地陷入了这种"牛顿经济学"的藩篱,机械的决定论的哲学基础弥漫于当代主流经济学的增长研究中。

新制度经济学,特别是道格拉斯·诺思和罗伯特·托马斯的《西方世界的兴起》,冲破了这些研究的偏见,试图引导人们从现代所有权体系与社会制度漫长的孕育过程中寻找经济增长的原因。这种对于经济增长历史动因的解释从生产技术上转移到人类社会本身,是一种巨大的进步。有效率的经济组织是经济增长的关键,诺思的结论不仅改变了传统增长理论的研究结论,而且开辟了一种更加宽阔与现实的研究思路。这种研究思路是基于历史和更多当代发展中国家的现实,与传统经济学增长理论注目于成熟稳定的市场制度下经济增长的研究不同,这种增长研究大大拓展了经济学的研究领域和范围,也给经济学带来了更多的声誉。因为经济理论对于发展中国家现实的研究以及提出的很多富有现实意义的增进社会福利的结论,大大地震撼了发展中国家的人们。现代经济学的传播在最近 20 年来得到了迅猛的发展,不可否认,新制度经济学在其中居功至伟。

那么制度是怎样影响经济增长的?阿夫纳·格雷夫的观点很有启发性。格雷夫认为,好的制度通过鼓励储蓄、人力资本和物质资本投资以及有用知识的开发、吸收等方式来促进生产。这些制度还可以维持一个可持续的人口增长率和有利于社会福利增进的和平环境,它也有利于创造出可以联合动员社会资源和提供公共品供给的良好政策。① 这种说法承接于传统的经济学范式,从生产函数以及影响生产函数的外部环境出发,很好地阐述了制度对于经济增长的直接与间接的贡献。而诺思和托马斯认为,有效率的经济组织可以在制度上做出安排和确立所有权以便造成一种激励,将个人的经济努力变成私人收益率与社会收益率接近的活动,②这样就能够激励人们去从事那些有利于经济增长的活动,诸如技术创新、积累物质资本、积累人力资本等。

按照西蒙·库兹涅茨所理解的现代经济增长,其主要是指人均收入的长期增长。而收入增长首先可能是由于投入的生产要素(土地、劳动、资本等)的增长,这种直接的增长导致全面的外延的增长,它表现为人均实际要素数量得到了迅速的增长;另一方面也可能表现为一种或者几种生产要素效率的增长,这种生产率的增长可以表现为规模经济的实现、生产要素质量的改进、不确定性和信息成本的减少,或者组织变革使得市场的不完善得以消除等。

如果经济增长所需要的就是投资和创新,那么令人疑惑不解的是,为什么有些社会具备了这些条件却没有获得应有的增长呢?最为明显的例子就是计划经济体制时代的苏联、东欧以及改革以前的中国。这些国家在计划经济体制时代里,保持了相当高的投资率,全社会的人力资本教育投资也达到了很高的水平,而且像苏联的尖端的技术创新也是非常迅速的,但是这些国家的经济增长率却是非常低的。经济史学家的研究表明,中国这一时期的经济增长率远远低于同等投资水平的国家。而且令人感到惊奇的是,改革以后中国并没有发生大规模迅速的技术进步,投资水平不但没有很大上升而且还有些下降,但经济却保持了令人吃惊的增长速度。所以,忽略制度的增长研究,根本无法解释在这些国家发生的事情。而对于制度详细的研究有利于我们对于增进社会福利的增长过程有着更加清醒的理解。

诺思和托马斯认为,有效率的经济制度之所以可以促进经济增长,是因为它可以使得从事社会增长所需要的活动的社会收益率和私人收益率近乎相等。这样个人必然有激励去从事这些活动。所谓私人收益就是参与经济活动的个人的利得或者亏损,而社会收益指社会从个人经济活动中获得的福利改善或者损失。二者之间可能出现的不一致是由于存在第三方可以不经私人同意获得某些收益或者承担私人所强加的成本(经济学中称之为外部效应),这就会导致社会需要的活动的数量与私人供给的活动的数量之间的不一致,从而降低了社会经济的增长。

既然有效率的经济制度有利于经济增长,为什么有那么多的国家并没有动力借鉴其他国家有效率的经济制度,或者即使借鉴了也没有实施成功呢?其原因正如前文所讲的,正式制度的学习与实施要与非正式制度保持一定的一致性,而非正式制度的演化与改进却是一个相当长期的过程。当然还存在着其他的原因,因为制度是社会所有参与人之间策略互动从而产生

---

① Avner Grief: *Institution and the Path to Modern Economy*, Cambridge University Press, 2006, chapter 1.
② [美]道格拉斯·诺思、罗伯特·托马斯:《西方世界的兴起》,北京:华夏出版社,1999年,第5页。

的自我实施的均衡结果,所以,社会参与人的文化意识形态、社会结构的构成以及历史的起点都决定着制度本身的选择。可见,制度的学习是一个非常复杂和困难的过程,这也就是萨克斯、杨小凯等所声称的后发劣势存在的原因。[①]

所以,研究制度成为人类一个重要的课题。新制度经济学家们目前提供的有益的结论是:制度决定经济绩效,所以制度是重要的。但是制度怎样决定经济绩效?如果一个社会处于无效率的经济制度之中,社会应当怎样通过自身的内部选择摆脱这种无效率的状态,从而实现经济增长与人类社会福利的增进?如果制度是可以模仿的,那么应当如何模仿?如果制度是不可模仿的,为什么不可模仿以及如果不可模仿怎样选择出有利的经济制度?有效的经济制度有没有统一的模式?在制度呈现多样化的现实世界里,制度是否都朝着有效的方向演化与进化?太多的问题困扰着新制度经济学家们,这些问题本身也制约着人类福利的增进,制约着人类社会的发展。所以,制度经济学研究被越来越多的经济学家所接受,而且关于这方面的成果也正在大大改善我们对于制度和经济增长关系以及制度本身的起源、产生演化与进化的理解。但正如爱因斯坦所说的那样,我们知识的扩展使我们面临更加广阔的未知世界,所以制度经济学的研究仍然任重而道远。

第二节 新制度经济学产生发展的现实背景

如前文所言,传统主流经济学一直致力于分析市场机制的运行及其影响。一般均衡理论不仅是对市场机制完善性的概括,而且也是新古典经济学的基础与中心。如果把亚当·斯密的"看不见的手"思想看作是对这种理论的"天才猜想",那么,帕累托和瓦尔拉斯则是这种理论的系统化论述者。不过这种理论的证明也像"哥德巴赫猜想"难住了数学家一样而成为经济学家的难题。到了20世纪60年代,随着阿罗、德布鲁完成了对一般均衡理论的数学证明,整个经济学似乎如一些人所声称的那样已经终结。阿罗-德布鲁范式的建立使得自瓦尔拉斯以来系统化、规范化亚当·斯密的"看不见的手"思想的经济学主题一下子消失了,众多的经济学家们开始考虑这种理论本身的局限性。诚如一位哈佛学者所说的那样,经济学是一门不断自省从而具有强大生命力的学科。就在阿罗、德布鲁用精妙无比的数学方程搭建出一般均衡的一般构架之后,有人津津乐道于经济学的使命已经终结,有人夸夸其谈于经济学家们今后要做的就是让一般均衡模型在不同的假设条件下更加细化而已。然而,经济学界并非铁板一块,仍然有相当一部分人对于一般均衡理论乃至整个主流经济学关于人的完全理性、社会制度无摩擦运行以及信息的充分性等的前提假设表达了担忧,[②]而哈罗德·德姆塞茨、赫伯特·西蒙、罗纳德·科斯等就是其中的杰出代表。

这个时候,一向被忽视的在芝加哥大学法学院任教的罗纳德·科斯的思想逐渐得到了人们的认可。科斯认为,20世纪初形成的西方主流经济学背离了古典经济学的理论传统,摒弃了人的主体性觉醒和对人本身发展的分析,专门着力于经济生活层面的数量分析,因此称之为

[①] 萨克斯、胡永泰、杨小凯:"经济改革与宪政转轨",《经济学(季刊)》,2003年,第2卷第4期,第961~988页。

[②] 刘俏:"冷门的风光",《21世纪经济报道》,2002年10月14日。

"黑板经济学"。他认为这种经济学只注重抽象的演算,忽视现实的经济现象,就如同闭门造车。[1] 因而,科斯主张经济学应当关注现实世界,应当增强对于现实世界的解释力,而不是拘泥于抽象的理论演绎。而科斯本人的研究正是遵循这一思路。科斯认为,现实世界的制度运行并不像新古典经济学认为的那样是无摩擦的,现实世界存在着高昂的制度运行费用,这种费用被称为交易成本。诺思认为,作为最直接的形式,交易成本是解释经济绩效的关键。

一、发展中国家与制度经济学

真正导致制度经济学开始变得重要的则是发展中国家发展战略研究的转向以及对于转型国家转型过程、方式与绩效的深入思考。随着20世纪中叶发展中国家大规模地摆脱西方列强的殖民统治,如何发展这些落后国家的经济以增进这些国家人民的福利成为发展经济学产生的原因以及以后的研究主题。这一时期十分盛行的西方增长理论研究对发展经济学产生了很大的影响。哈罗德、多马以及罗伯特·索洛关于资本投入是经济增长的关键的理论结论在发展经济学中产生了空前的影响。但是发展中国家由于没有足够的居民储蓄能力,所以就不能形成足够的资本积累,为此还形成了两种理论:一种就是所谓的"贫困的恶性循环"理论;另一种是"国家主导型的赶超战略"理论。

"贫困的恶性循环"理论是关于发展中国家人均收入水平低、经济长期停滞不前的原因的一种理论,由纳克斯在1953年《不发达国家的资本形成理论》一书中提出。他认为,阻碍发展中国家经济增长与发展的最为关键的因素是资本的稀缺。这是因为宏观经济存在着两个恶性循环:供给方面,低收入意味着低储蓄能力,由此导致资本形成不足;资本形成不足导致低生产率,低生产率进一步导致低收入,低收入又意味着低储蓄能力。需求方面,低收入意味着低购买力,由此引起投资引诱不足,进而导致低生产率,低生产率导致低收入,低收入又导致低购买力。这两个恶性循环互相影响,使得经济状况无法好转,经济增长难以实现。这一理论最为核心的观点就是资本缺乏是造成两个恶性循环的关键,因而资本形成在消除经济停滞、促进经济增长方面起着决定性的作用。[2]

"贫困的恶性循环"理论对于二战以后取得独立的国家产生了很大的影响。根据这一理论,要发展经济,发展中国家要么积极争取外援改善资本形成,要么加大政府的干预以加速资本形成。在这一理论的影响下,许多发展中国家大量借入外来资本以发展本国经济,但效果却不尽如人意。到了20世纪80年代,从墨西哥开始,大量的发展中国家陷入债务危机之中,经济发展因之而受到很大冲击。这里固然有从发达国家借入资本时附加的各种苛刻条件所带来的不利影响,但发展中国家自身不利的制度条件可能更为主要。

另一种影响很大的发展战略模式就是林毅夫等在《中国的奇迹:发展战略与经济改革》一书中总结的发展中国家的"国家主导型赶超战略"。[3] 由于要迅速积累大量的资本投入到工业

---

[1] 周业安:"行为经济学是对西方主流经济学的革命吗?"http://www.seruc.com/wenzhang/xwjjx.htm。
刘辉:"现代经济哲学:迈向新世纪的经济学和哲学联盟",http://www.ccec.edu.cn/xxjs/glx/jpk/management/chengguo/doc/ff/07.htm。

[2] Nurkse, R. *The Problem of Capital Formation in Less-developed Countries*, Oxford University Press, 1953.

[3] 林毅夫、蔡昉、李周:《中国的奇迹:发展战略与经济改革》,上海:上海三联书店、上海人民出版社,1994年,第2章。

化赶超所需要的重工业部门,这在一个资本稀缺的国家运用市场机制是行不通的,所以运用国家的强制手段,扭曲资源配置的价格、剥夺微观主体的自主权、改变宏观经济环境,使得资本积累得以迅速进行,成为战后很多发展中国家的选择。当然苏联经验的相对成功对于发展中国家也起到很好的鼓舞作用。不可否认,这种战略理论的背后也存在着当时主流经济增长理论的影子。这种理论对于资本积累极端强调,认为重工业的发展是实施赶超的关键所在。而且这种战略不仅为社会主义国家所采用,很多资本主义国家同样也相信19世纪以来自由贸易竞争的市场机制对于发展中国家是不适用的,①认为需要广泛而持续的政府干预来减轻贫困和改善收入再分配。也就是说,通过普遍的价格管制以及通过对本国产品和进口产品的管制来改善国家的再分配,用国家的稀缺资源来满足穷人的需要以促进经济发展与进步。

通过国家干预以获得公平与更快增长的经济理论很大程度上与卡尔·马克思以及约翰·凯恩斯对于自由放任市场体系弊端的批判不谋而合。但正如拉尔所说,令人悲哀的是,许多国家干预主义的信奉者无疑将他们那套信仰作为一种替代物,与基于自由市场的信仰形成了鲜明的对照。这些思潮的兴起扭转了古典经济学时代的国家发展模式,大量的发展中国家采取政府的绝对干预与重工业优先发展的苏联模式。但诚如林毅夫等在评论中国这一战略所带来的问题时所说的那样,从中国20世纪50年代至70年代末的经济增长绩效来看,重工业优先增长战略以及相应的宏观政策环境、资源配置制度和微观经营机制造成了产业结构扭曲和激励机制不足两大问题,人民生活水平长期得不到明显的改善。虽然这几十年的发展养活了占世界人口数量22%的中国人民,也初步建立了一个比较完备的工业体系,但是代价却是高昂的,并且赶超的目标没有实现。②

当时,除了中国、苏联和东欧一些实行社会主义计划经济的国家之外,还有一些发展中资本主义国家也选择了赶超型的经济发展战略。这些国家无论是社会主义国家还是资本主义国家,经济的发展都很不成功,都没有实现赶超的愿望。例如拉丁美洲的阿根廷、乌拉圭、智利和玻利维亚,它们的人均收入在19世纪末和德国相差无几,但是经历一个世纪之后,目前仍处在经济上困难重重、财富分配两极分化、广大人民生活水平改善十分缓慢的不发达状态之中。在20世纪60年代曾被认为是仅次于日本的"明日之星"的菲律宾现在也是处于经济停滞和混乱之中。③

发展中国家以吸收资本和加速资本形成为目标的经济发展战略的失败,导致了世界性的对于经济发展战略和理论的反思。林毅夫指出是发展战略本身选择的失误,因为这些发展战略违反了发展中国家的比较优势。更多的反思在于很多经济学家认识到,一个国家和地区经济发展的关键问题,不是能否获得足够的资本,而是对经济主体的激励以及如何正确的使用资本这一问题,也就是制度的问题。所以很多发展经济学家渐渐认识到,经济的发展更多的依赖于一个有效率的经济制度。良好的经济制度可以节省资本的使用、替代资本,使已有的资本得到更加充分地利用。

---

① [英]迪帕克·拉尔:《发展经济学的贫困》,昆明:云南人民出版社,1992年,第1章。
② 林毅夫、蔡昉、李周:《中国的奇迹:发展战略与经济改革》,上海:上海三联书店、上海人民出版社,1994年,第78页。
③ 林毅夫、蔡昉、李周:《中国的奇迹:发展战略与经济改革》,上海:上海三联书店、上海人民出版社,1994年,第79页。

正如彼得·鲍尔所批评的那样,"与其说发展依赖于资本积累,不如说经济发展创造了资本"。"所有的发达国家都始于不发达。假如恶性循环理论是正确的话,那么人类将仍处于石器时代"。① 所以鲍尔认为,当一个发展中国家摆脱了初始的贫穷状态之后,决定其经济发展效果的主要因素在于本国的制度和政府行为。

发展经济学关于发展战略本身的反思使得以研究制度为特征的新制度经济学更多地进入人们的研究视野。诺思"有效率经济制度是经济增长的关键"的结论在迷失于增长陷阱中的发展中国家经济学者们中产生了巨大的共鸣。新制度经济学的研究方法与研究取向在制度体系十分不健全、发展举步维艰的发展中国家得到了迅猛的发展。因为在制度体系已经十分成熟的发达国家,对于制度研究的福利意义已经十分狭小,很多的制度经济学者回归到中世纪、工业革命以前、18世纪、19世纪,从经济史中寻找自己的研究素材与研究结论,这也成就了20世纪60年代以来的"新经济史学革命"。但是这种研究对于当代发达资本主义的运行并没有十分巨大的促进作用。然而,当这种研究方法与研究取向传播到发展中国家和深陷于转型的不确定与风险之中的"转型国家"时,对于怎样发展、怎样转型、怎样改变无效率的制度以增进发展中国家人民的福利产生了十分巨大而积极的影响。

二、经济转型与新制度经济学

新制度经济学引来巨大的声誉的另一个原因是在转型国家转型过程中提供的较为有效的分析方法与结论。虽然许多转型国家(如中国)也是处于发展中的国家,但是转型国家复杂的转型困难以及甚至比发展中国家更加痛苦的转型历程,使得我们认为十分有必要单独谈谈新制度经济学在其中发挥的卓越作用。另一方面,由于中国是一个集发展中国家与转型国家特点于一身的国家,所以,新制度经济学对于中国的意义可能更加意味深长。

正如热若尔·罗兰所言,"给转型国家提供政策意见的结果,对于经济学家来说,最好的结果也只能说是威信扫地"②,传统经济学的政策建议造成了意想不到的失败。所以约翰·格雷甚至评述道,俄罗斯是20世纪最不幸的国家,因为它两度成为西方世界乌托邦的试验场。第一次是布尔什维克主义,它制造了非工业化和饥馑,导致了斯大林的"自上而下的革命",农业集体化摧毁了俄罗斯农民的农业生产。第二次是休克疗法,它的目的是在后共产主义的俄罗斯建设自由市场体制,但它产生的却是由黑手党控制的无政府资本主义。③所以从传统计划经济体制到市场经济的转型,不仅仅导致了20世纪风起云涌的社会主义运动的重大变化与变革,而且传统的经济学理论在这一场转型中由于提供的拙劣的建议而导致了威信扫地也不得不面对较大的变革。对于"德布鲁范式"建立以来宣称经济学已经终结的经济学家而言,现有经济理论对于真实世界的苍白无疑是一个太残酷的现实。由于来自基础教科书经济学提供的建议所带来的种种变故,导致了经济学研究重点的进一步转移,并且大大强化了制度学派的观点,强调了成功的资本主义经济由各种制度支撑的重要性的观点。④

---

① 转引自:[美]詹姆斯·A·道等:《发展经济学的革命》,上海:上海三联书店、上海人民出版社,2000年,第9、31页。
② [比]热若尔·罗兰:《转型与经济学》,北京:北京大学出版社,2002年,第5页。
③ [英]约翰·格雷:《伪黎明:全球资本主义的幻象》,北京:中国社会科学出版社,2002年,第166~167页。
④ [比]热若尔·罗兰:《转型与经济学》,北京:北京大学出版社,2000年,第6页。

从制度体系的相互支撑、相互依赖与契合的角度,新制度经济学家们认为,简单的制度移植难以取得经济制度变革绩效的改进。诚如诺思所言,当相同的规则集合施加于两个不同的社会,其结果会怎么样呢?结果会很不一样。虽然规则相同,但是实施机制、实施方式、行为规范以及行为者的主观模式都不一样,于是真正的激励结构和被认知的政策结果就不同。而根据新制度经济学的观点,实施机制、实施方式、行为规范以及行为者的主观模式等都属于广义的非正式制度的范畴,所以要对制度真正的激励结构和被认知的政策结果从而对制度的引进、学习和变迁进行评估,就必须要对非正式制度进行一番深入的分析。诺思曾提出自己对于转型的解释。他认为,正式制度的引进必须要和原有社会的非正式制度相结合,否则企图一蹴而就,最终的结果必然是悲惨的。

新古典经济学从马歇尔以后,只是强调自由市场体系本身的运作,强调在自由市场体系内怎么实现市场的均衡以及均衡的稳定性与福利效应,而帕累托的福利经济学第一、第二定理更是将自亚当·斯密以来自由市场的神话予以定理化,所以,在对转型国家提供政策建议时,所有的西方经济学者无一例外地强调自由市场的作用,但是怎样实现由计划体制向自由市场的良好转型呢?这个话题却是新古典经济学从未遇到的,因为新古典经济学研究的就是自由市场本身的运作,没有自由市场而创造自由市场对于新古典经济学家而言是不可想像的。所以新古典经济学家们认为,只要自由市场得以创造出来,它就可以根据现有的经济理论进行很好的运转。然而,由于新古典经济学家们根本不知如何创造自由市场体系,因而,他们希望就像上帝创世纪一样能够从西方世界转移一个模本以满足那些转型国家的需要。

正是在这样思想的指导下,后来指导转型国家转型的那些像创世纪一样的"大爆炸"计划、"500天计划"等,便一个一个出台了。但是,像热若尔·罗兰所说的那样,通过把资本主义制度引入前社会主义国家实现这些国家和地区的繁荣与富强,对于大多数转型国家而言绝不是一件胜券在握的事情。因此,热若尔·罗兰认为,设计能够使资本主义在前社会主义国家获得成功的经济转型政策,就成为一项重大的任务。[1]

显而易见,对于以研究自由市场体系内部资源配置与自由市场运作的新古典经济学而言,这几乎是不可想像的任务。理论与现实的需要要求经济学必须做出变革,以对涉及全球超过四分之一人口的转型国家人民的福利予以关注。

新制度经济学的产生与发展正值此风云际会之时,新制度经济学以研究社会制度的运转、变迁与演化为主题,既吸收了新古典经济学自马歇尔以来的先进研究方法,又突破了其研究领域与研究方法,对于涉及到非市场机制以外的经济制度、社会制度与法律体系的起源、产生与演变做出了令人兴奋的解释。对于转型经济学的核心问题,新制度经济学显示出了巨大的优势,它首先可以用来对前社会主义国家的政治、经济、社会与文化体制进行深入地分析;其次又可以对资本主义政治制度、经济制度进行深入地分析,揭示其内在的相互支撑的体系;然后还可以对如何从非资本主义体制实现向资本主义自由市场的转变提供制度建议。

新制度经济学并不强调模式的单一性,新制度经济学家们甚至将资本主义的自由市场体系也进行了分类,他们认为主要有美国式的自由主义资本主义、欧洲的福利资本主义和亚洲的关系型资本主义(亦称之为"裙带资本主义")。为什么会出现不同的模式呢?布莱恩·阿瑟、罗伯特·戴维以及诺思发展出的"路径依赖"理论,强调了历史的重要性,并认为制度的演化、

---

[1] [比]热若尔·罗兰:《转型与经济学》,北京:北京大学出版社,2000年,第5页。

进化与变迁一定要与各国各地区的历史相结合。新制度经济学也因此而显示出了巨大的解释力。

今天,新制度经济学的研究已经融入到主流经济学的许多方面,极大地改变了主流经济学的原有面貌。在施莱弗、维斯尼的《掠夺之手》、热若尔·罗兰的《转型与经济学》等经典的转型经济学著作中,都能够看到新制度经济学的影子。利益集团、路径依赖、产权、治理结构、不完全契约等新制度经济学发展出来的新名词已经成为经济学家们的"共同知识",而且这种新制度经济学对于主流经济学的改变极大地增强了经济学的解释力,使得经济学的传播变得异常迅速,经济学家们的思想开始以前所未有的范围与力量极大地影响着这个世界。

第三节 新制度经济学产生发展的理论基础

除了现实世界对于经济理论发展的需要以外,很多理论家所做出的基础性贡献对于新制度经济学的产生、发展也起到了不可忽视的作用。对于那些长期在"寂寞岁月"里孜孜不倦地从事研究的理论家们,后来者应对他们表示充分的尊敬。我们也许不能追溯得太久远,也许不能完全列出这些前辈们的名字,但是我们想在这里以我们的理解表示对他们的尊敬,他们是凡勃伦、康芒斯、米契尔、刚刚去世不久的加尔布雷斯与被人忘记的诺贝尔奖得主、瑞典经济学家缪尔达尔,当然还有新制度经济学的奠基人罗纳德·科斯和做出巨大贡献的道格拉斯·诺思、奥利弗·威廉姆森、阿蒙·阿尔钦、哈特、德姆塞茨以及华人经济学家张五常等。当然我们还想提及几个人物,他们虽然不被认为是新制度经济学家,但是他们的贡献极大地改变或者影响了新制度经济学家们的研究以及思考问题的方式方法,他们是赫伯特·西蒙、弗里德里希·哈耶克。

我们在本书中的其他地方还会提及以上名单中的大多数经济学家,这里对本书中可能不会太多涉及的经济学家进行一些简单的介绍。

一、旧制度经济学派的制度理论[①]

凡勃伦是一位与马歇尔同时代的一生颇不得志的天才经济学家,他一般被认为是旧制度学派的创始人,现代的演化经济学也认为凡勃伦是这一学派的鼻祖。[②] 在马歇尔将新古典经济学精密化、数学化以后,新古典经济学开始流行起来,但是由于数学化要求带来的很多假设脱离了现实,使得其对现实的解释力下降了。凡勃伦敏锐地发现了这一问题,他指出新古典经

[①] 科斯把康芒斯、凡勃伦、加尔布雷斯等美国制度主义学者称为旧制度学派,而他们自己是新制度学派。科斯认为,新制度经济学与旧制度经济学并没有什么理论上的渊源关系。在某种程度上讲,新制度经济学与旧制度经济学在理论上还是对立的。具体而言,新、旧制度学派的区别主要有三点:第一,价值判断标准不一样。旧制度学派从来就是以现实的资本主义社会的批判者和想像中的未来社会的设计者的身份出现的。而新制度学派则是以人类选择的合理性这一基本假设为基础的。第二,使用的分析方法不一样。旧制度学派是反理论的,他们尤其反对新古典理论,并没有提出实证的理论学说,而主要表现为对正统经济理论的不满和批判。而新制度经济学则利用新古典理论去分析制度与现实问题。第三,研究的对象不一样。旧制度学派主要以资本主义制度为研究对象,缺乏一般性。而新制度学派更具有一般性,其原理对发达国家与发展中国家都适用。

[②] 傅殷才:《制度经济学派》,武汉:武汉出版社,1996年,第26～37页。

济学的框架是封闭的、静止的,他引入达尔文的理论认为人类社会是不断动态演化的;人们的决策并不是完全的功利主义取向的,也就是人们的决策并不完全是经济人最大化自己的收益,制度会影响人作为一个社会人的活动。针对新古典经济学的反思,凡勃伦发展了制度经济学派,他从威廉·杰文斯的新心理学出发来解释人类的一切活动。他认为一切经济制度都是人类利用自然环境以满足自己物质需求所形成的社会习惯,由于人的本能决定了人类行为最终的目的,本能是天赋的、不变的,所以制度的本质是不变的,变化的只是制度的具体形态。凡勃伦将制度定义为大多数人共有的一些思维习惯或者广泛存在的社会习惯。他认为这种社会习惯会随着社会环境的变化而变化,所以他又认为制度不会是一成不变的,而应该是不断演化的。

凡勃伦另一方面又承袭了马克思的"技术决定论"。他将社会制度分为两大类型:一类是满足人们物质生产生活的生产技术制度,另一类是与私有财产和金钱有关的财产制度。他认为在手工业时代,商品生产的扩大与利润增加是一致的,也就是两种制度是一致的,所以会促进经济快速发展。但是到了机器生产时代,由于市场容量的增加赶不上生产的增加,所以两种制度出现矛盾,就会以经济危机的方式爆发。他认为垄断组织可以暂时地解决这些问题,但是根本的解决途径还是要让技术人员掌握控制权,将有闲阶级(资本家)排除出去。他从本性的角度认为人的工艺本性是促进技术进步与创新的源泉,由于传统的习俗与习惯会阻碍这种本性的发挥,所以他提出了制度与技术之间相互协调、制度怎样才能朝着有利于技术的方向演化等问题。

康芒斯也是一位与马歇尔、凡勃伦同时代的经济学家,但是他早年的作品主要受德国历史学派和奥地利边际学派影响,制度主义特征还不是很明显。[①] 他后期的作品深入分析了各种形式的集体行动及其经济影响,开创了制度经济学法律研究的先河。而且他也是第一位以《制度经济学》命名自己著作的经济学家。康芒斯的制度定义是约束个人行动的集体行动,当然其中最为重要的是法律制度。康芒斯认为"传统的经济学一直以孤立的个人为中心",这种个人主义经济学认为人类一切行动的总和"自然会是利益的协调"。康芒斯指出这不是历史的真实现实,"集体行动应当在经济理论中得到地位"。他认为人是社会的人,人从婴儿时代开始就要学习语言、社会风俗习惯、各种集体行动的规则,当长大以后,已经有了制度化的头脑,因此人是制度的产物。他认为法律先于经济制度而存在,对经济制度的演化起着决定作用。康芒斯以法律的视角来解释社会经济关系。他认为,经济关系的本质是交易,由于交易各方都有自己的利益,所以交易中会存在利益冲突,这种冲突只有靠法律制度才能解决。康芒斯不是把所有权作为经济关系来分析,而是作为法律加以考察,认为它是制度经济学的基础。他特别强调国家与法律作为一切交易契约公正的仲裁者的角色,主张依靠法律来管理国家经济。

康芒斯理论的出发点是资源的稀缺性。他认为稀缺性是冲突的根源,而且也是合作、同情、公道、私有财产以及社会商业伦理的存在依据。所以他提出,制度(特别是法律制度)是保证人们遵守商业伦理,保证社会良好运转的根本。与魁奈的自然秩序不同,康芒斯的社会秩序是集体行动的人为秩序。他认为在秩序中仍然存在冲突,秩序与冲突相互依存、相互协调,这样就会促进社会制度不断演化。康芒斯认为经济学研究的基本单位应当包含冲突、依存与秩序,他认为交易很好地符合这一点。他所认为的交易是所有权的转换,所以所有权是制度经济

---

① 傅殷才:《制度经济学派》,武汉:武汉出版社,1996年,第38~42页。

学的基础。他将交易分为买卖的交易、管理的交易与限额的交易。买卖交易参与者是个人;管理交易里,上级是一个特权组织或者个人,发号施令,下级必须服从;限额交易里,上级是一个集体或其代表。买卖交易的一般原则是稀缺性,管理交易的一般原则是效率。

米契尔是凡勃伦、康芒斯之后制度学派的领军人物。[①] 他秉承了凡勃伦对新古典经济学的批评,认为不应当先有理论概念,然后再用它来整理事实材料;而应当事先对事实进行经验统计,然后归纳出原理。遵照这一思路,米契尔创办了国家经济研究局(即大名鼎鼎的NBER),并亲自出任第一任主任。国家经济研究局对于数据的搜集整理为美国经济学的研究奠定了坚实的基础。米契尔的这一思想深深影响了弗里德曼、库兹涅茨、斯通等一大批著名的经济学家,为美国经济学的繁荣奠定了坚实的基础。

作为一个制度学派的经济学家,米契尔认为,制度因素对任何一种经济现象或经济过程的重要性是以经验统计的分析为依据的。米契尔自己长期研究经济周期,试图建立一个与所观察到的经验事实较为一致的经济周期理论。他将经济活动区分为创造财富和挣取货币,认为二者之间的不一致性是导致经济的内在不稳定的根本原因。在货币经济条件下,挣取货币的能力取决于人们对于生产经济的预期,而利润又同时取决于成本等供给因素,这些因素会导致它们之间关系的调整并出现不一致性,从而出现经济周期。米契尔对于经济周期的研究,本身就是反对主流经济学的均衡分析范式,从经验事实中整理出影响经济波动的各种因素,这些因素大都隐含着制度。

在米契尔之后研究制度经济学的经济学家还有很多,这些经济学家的研究思路在前三位的基础上没有太大的进展,由于篇幅的限制就不再一一介绍了。接下来介绍的是两位对现代社会影响比较大的经济学家:加拿大出生的美国经济学家加尔布雷斯和瑞典经济学家、1974年与哈耶克分享诺贝尔经济学奖的冈纳·缪尔达尔。

加尔布雷斯被认为是当代最著名的经济学家之一,在西方经济学界享有很高的声誉。[②] 加尔布雷斯在很多领域都取得了很大的成就,如作为哲学家、作家、杂志编辑和外交官。加尔布雷斯对于古典经济学、新古典经济学、凯恩斯主义经济学以及凡勃伦的制度经济学都很有研究。他认为凯恩斯理论是自己理论的支柱。他最初的研究并不是纯理论,而是农业经济。在农业经济里,国家干预是普遍的,将政治的东西与经济的东西混杂起来进行分析是一种常态。在政府的任职经历加深了他的这一思想,认为政府应当有所作为。加尔布雷斯的分析方法以结构主义著称,他对社会的分析既不局限于微观经济学的个体层面,也不完全是凯恩斯的宏观层面,而是更接近于凡勃伦的对于社会的贴切描述。对于社会结构的内在制度原因,加尔布雷斯却没有进行太多的研究。他的很多研究不仅很精妙地描述了社会现实,而且还提出了很多有利于缓解社会结构之间冲突的政策建议,这些使得他的影响力十分深远,以至于很多人因为他没有获得诺贝尔经济学奖而替他感到遗憾。

加尔布雷斯提出了许多在西方世界很流行的术语,诸如抗衡力量、丰裕社会、新工业国、二元系统、专家组合、传统智慧、信念解放等等。在资本主义发展到20世纪以后,生产的集中已经成为一种普遍的现象,市场上的寡头竞争而不是如张伯伦意义上的垄断竞争成为资本主义

---

① 傅殷才:《制度经济学派》,武汉:武汉出版社,1996年,第43~47页。
② [英]沙克尔顿、洛克斯利:《当代十二位经济学家》,北京:商务印书馆,2005年,第81~95页;傅殷才:《制度经济学派》,武汉:武汉出版社,1996年,第72~101页。

经济的主要特征。这个时候认为寡头控制市场导致无效率的古典经济学、新古典经济学忧心忡忡,这些思想十分不利于经济效率的进一步提高。与熊彼特的垄断利润有利于创新的理论几乎同时,加尔布雷斯提出了抗衡力量的观念。他认为面对寡头,相对应的抗衡力量诸如工会、合作社组织、联合组织等等会相应发展出来,这会减轻寡头垄断对于相应群体利益的损害。在《丰裕社会》里,加尔布雷斯虽然赞扬了资本主义市场制度带来的社会繁荣,但也一针见血地指出了私人丰裕的同时存在着公共的贫困以及至关重要的公共服务得不到足够的资助等问题。加尔布雷斯认为现有的私人部门的发展已经不利于社会财富的创造,应当将资源转移出来提供公共服务。

加尔布雷斯也是一位技术决定论者。他认为,在大型垄断组织组成的"新工业国"里,由于专门的知识已经成为最重要的生产要素,那么相应的权利也由资本家手里转移到了"专家组合"手里。这种转变使得成熟的大公司并不再是以利润最大化为目标,而是以稳定、经济增长与技术进步为目标。而相应的小企业是"企业家的"企业,愿意冒险,有利于创新,这就形成了一个"二元社会"。加尔布雷斯仍然认为大公司会对小企业进行剥削与掠夺,因此他试图说服公众对大公司进行限制,以经济学的手段实现公共目标。但是,加尔布雷斯显然低估了小企业在市场竞争中的巨大优势。

虽然加尔布雷斯的研究领域如此宽泛,他的著述如此丰富,但是他一直遵循的方法是历史的、演进的研究方法。加尔布雷斯认为行为和感觉要在人们的文化和制度环境中来加以理解。他在厂商理论和政府干预理论中将政治引入经济学,因此他成为混合经济学理论和批评传统经济学理论的倡导者。但是不可否认,加尔布雷斯甚至并没有超越凡勃伦,只不过凡勃伦是一个偏执的学者,而加尔布雷斯的表述是如此的文雅与和谐,以至于他的著作形成了如此广泛的影响。

冈纳·缪尔达尔是一位著名的制度经济学家,但是他被许多经济学同行们嘲笑为是"一个记者"。[①] 缪尔达尔在20世纪30年代对新古典主义的纯理论进行过深入的研究,在凯恩斯之前提出过与凯恩斯类似的理论,由此他成为瑞典学派的代表人物之一。从20世纪30年代后期开始,他转向从结构上、制度上研究社会经济问题,并且很多是跨学科的研究。这次转向的主要原因是缪尔达尔看到了由于世界性的经济危机导致的不平等问题在瑞典的恶化,由此提出了均等化社会改革和"循环累积因果关系"。20世纪50年代中期开始,缪尔达尔在印度等南亚、东南亚国家进行了长达10年的调查研究,对发展中国家的不平等问题进行深入的考察,并提出了很多反贫困的政策,对发展经济学做出了巨大的贡献。

缪尔达尔认为,发达国家的经济模式搬到不发达国家是不合适的,不发达国家存在着影响经济进步的制度上和结构上的不利因素。只有进行旨在实现社会平等的民主改革和经济平等的制度改革以及制定和实施以工业化发展为目标的国民经济计划,才能实现不发达国家经济上的迅速进步。他同时认为,发达国家只有通过制度和结构改革才能解决资本主义社会存在的问题。缪尔达尔认为,一方面贫穷国家只有实施他所指出的政策、谋求独立发展自己的经济道路,另一方面富裕国家只有以平等精神自我抑制歧视、侵略贫穷国家,才能实现贫富国家间差距的缩小,达到世界范围内的平等。由于缪尔达尔的研究转向社会平等与经济平等问题,使得他越来越远离主流经济学,他自己也指出,"通过我研究过的各种各样的问题,我成为一个制

---

① 傅殷才:《制度经济学派》,武汉:武汉出版社,1996年,第47~60页。

度学派的经济学家"。

概而言之,这些制度经济学家的研究都十分强调制度对于经济行为的影响,并且都对之作了一些较为仔细的分析。但是这些理论千差万别,甚至很多人之所以被称为制度主义经济学家,只是因为在他的分析框架中包含了制度。这种制度经济学缺乏理论的分析框架与方法,也没有对于制度为什么重要以及制度怎样明确影响经济行为作出统一的解释。尽管如此,任何人都无法否认他们为制度经济学的重新繁荣所奠定的良好的理论基础,因为他们尖锐地批评新古典经济学,认为新古典经济学家们忽略了现实而醉心于理论的完美演绎,这违背了经济学的目的。正是他们的这种批评以及他们的宣传与工作,改变了经济学的研究方向。在阿罗-德布鲁范式建立以后,对于主流经济学的反思开始大规模进行,凡勃伦、米契尔的经济理论与思想成为非主流经济学家们很大一部分的思想来源。当代非主流经济学中的新制度经济学、演化经济学以及其他很多经济理论中都可以看到早期制度学派的影子。

二、西蒙与哈耶克对制度经济学的影响

虽然赫伯特·西蒙和弗里德里希·哈耶克都不被认为是新制度经济学家,但是他们的贡献却极大地改变或者影响了新制度经济学家们的研究以及思考问题的方式方法,因此,我们不得不对他们的经济思想作一个简单介绍。

赫伯特·西蒙是一位在政治学、社会学、心理学、计算机科学、管理学、哲学、公共行政学等领域都颇有建树的经济学家。[1] 他终生致力于社会科学硬性化的工作。西蒙为在复杂环境下的人以及组织的行为建立模型并进行分析而构造了一个综合框架,他在考虑到人的学习和适应能力的同时,承认人在分析、综合、描述以及行动方面的能力具有局限性。西蒙对传统的决策理论进行了批评,并指出它存在四个与现实不符的方面:一是决策者们面对的往往是将多元目标的最优化,而不是一元;二是大多数决策者极少能了解他所面对的所有的决策方案,他只可能对可行的解决方案有有限的理解,这取决于他的生活经历、教育水平与智力状况;三是在评价现在以及将来的政策行为的结果时,决策者是处于不确定状态之中的;四是决策者似乎永远追求"满意"或者"足够好"的解决方案,而不是最优或者最佳。

为了克服这些问题,西蒙试图建立一套自己的决策理论,这一理论的基础是人类的计算能力和认识能力。而它们与新古典理论所要求的则相差太远,这是因为人的计算与认识能力是有限的。有限理性的结论使最优行为是不可能的,因为首先最优的决策方案不一定在决策者的决策方案集合中;其次,即使这一方案在决策者的决策方案集合中,决策者也不一定有能力将完全理性条件下的最优解与非最优解区别开来。在这种情况下,满意原则而不是最优行为原则成为行为规范。西蒙认为决策是复杂的,也是灵活的。人们将自己的需求进行排序,先实现自己最需要的东西。而且随着多次遇到相似的问题,决策开始程式化,以至于在大多数情况下,选择不是通过简单的、有系统的程序来进行,而是通过经验或者随着决策而带来的启发来进行。如果最终实现了最优的结果,那可能只是碰巧而已。

西蒙的有限理性理论与决策理论对新制度经济学家们产生了极大的影响。由于人的理性是有限的,所以人们就不可能在事前完全认识到契约可能带来的结果,这就需要制度安排来解决。由于有限理性,一方面,为了解决人们在生产过程中的产出最大化问题而产生了激励问

---

[1] 刘凤英、许锐:《有限理性的奠基人——西蒙评传》,太原:山西经济出版社,1999年,第60~71页。

题；另一方面，人可能产生侵害他人的机会主义行为。决策的程式化与经验主义就使得历史上的决策可能会影响未来的决策，这就有可能陷入历史的"路径依赖"，陷入"制度锁定"。所以西蒙的理论很大程度上是整个新制度经济学的哲学基础与理论基础。

弗里德里希·哈耶克也是一位在多个学科有着巨大建树的杰出的经济学家。我们并不试图仔细描述哈耶克终其一生的对于极权社会主义的批判。哈耶克的批判是全面的，是从很多领域来进行的。正是这种全面的批判使得哈耶克对于信息的重要性以及人的理性都进行了深刻的反思，他的批判不是简单的基于道德立场。哈耶克认为，知识分散在所有人的心智中，这些零散的知识不可能被聚集到一个人或者一些人的头脑中。而社会的发展必须要集合全体人类的智力和知识。因此由政府集中控制企业管理与社会决策的结果可能会适得其反，而市场将分散信息利用起来激励全体人类发挥自己的智力与知识，这样的经济秩序是可持续的、稳定的。

在哈耶克的名著《通往奴役之路》中，他又将这种批判扩展到了政治自由领域。他认为极权社会主义不仅仅是没有效率的，而且是不自由的。如果个人仅仅是计划体制的工具，那么个人必然是不自由的。哈耶克认为私有财产和自由对于经济效率是极其重要的，因为自古希腊以来人类的一切创新几乎都是在个人自由下创造出来的。在学术晚年，哈耶克提出了艰深晦涩的自生秩序观念。在这种自生秩序中，个人按照自己的意愿交换、互动，并形成社会秩序，渐进地推动人类社会的物质进步以及制度的进化。哈耶克强调物质和技术对于人类社会的重要性，并认为技术沿着不为人知的方向进化。哈耶克高度强调规则的重要性，认为自由就是法律的至高无上。

同赫伯特·西蒙相比，哈耶克更像一个制度经济学家。在他的著作中不仅仅对极权社会主义这种制度的缺陷进行了大量深入的批评，而且提出了与新古典经济学完全不同的对于市场有效性论证的方式与方法，这些对经济学后来的发展产生了极大的影响。他的信息理论对当代经济学尤其是信息经济学和新制度经济学影响巨大，青木昌彦就是一位用信息理论来研究不同制度结构的代表人物。哈耶克对于社会秩序的研究也很类似于一个制度经济学家，他强调社会秩序的演化与进化，这类似于凡勃伦。而他对于人类理性的心理学解读又使他接近于西蒙。他晚年又重视法律的研究，他对法律、政府重要性的强调又使得他并不像被别人宣称的那样是一个绝对的自由主义者，他强调规则的重要性，强调有效率的规则会通过社会的进化渐渐显露出来，这些都使得他的结论影响力十分深远。

哈耶克被认为是20世纪最伟大的思想家之一（艾伯斯坦认为，可以与他并列的是凯恩斯、爱因斯坦和弗里德曼）。他的思想甚至在当代新制度经济学的发展中还在不断地被吸收，诸如制度秩序的进化与演化、信息结构的问题等都是相当前沿的新制度经济学理论。毫无疑问，哈耶克应当说是比较制度分析的鼻祖，他关于资本主义与极权社会主义两种制度比较中的很多观点对我们今天仍有相当大的启发。

由于篇幅的限制，我们对于新制度经济学以前的对新制度经济学产生与发展有着影响力的经济学家们的贡献并不能完全仔细地进行描述，但这并不说明我们遗忘了他们，在后面有关章节的某些地方我们可能还会不经意地提到他们，那种轻描淡写的背后可能隐藏着他们富有启迪、开人心智的学术思想真谛。

第四节 新制度经济学的分析方法与范式

与旧制度经济学派的凡勃伦、康芒斯、加尔布雷斯、缪尔达尔的反对新古典经济学的研究方法与研究范式不同,新制度经济学吸收了大多数的新古典经济学的研究范式,甚至可以说在整个研究方法上并没有很大的创造。这也使得很多人对新制度经济学进行批评,认为它只不过是"经济学帝国主义"的一种表现。加里·贝克尔所谓的经济学之所以是一门科学,重要的是它的研究方法,而不是它的研究领域,[①]已经为经济学研究范围的扩展留下了足够的空间。不可否认的是,新制度经济学虽然对于新古典经济学的研究范式有很大的继承,但是对之的超越同样也是十分明显的,并且新制度经济学家们对新古典方法的改进及其超越还具有很强的启示意义。

一、新制度经济学的新古典范式

经济系统是所有学科研究的系统中最为复杂的一种。为了研究的方便,一般要将这些系统分成若干个子系统,然后将子系统组织成一个分析框架。一般而言,现代经济学是在界定一定的经济环境、沿用一定的假设条件、给出一定的制度安排、求出均衡结果、再对之进行评价的这样一个分析路线下进行的,然后,在这些路线构建的研究平台基础上,采用一定的分析工具。这一方法与框架虽然不能说是新古典经济学所独有,但它基本上很详细地概括了新古典经济学的研究范式。新古典经济学从最简单的制度稳定、信息完全、决策不受人影响条件下对最为简单的生产者和消费者决策入手,抓住几个最为简单的变量,非常形象地刻画了消费者和生产者决策的过程。在此基础上,新古典经济学进一步研究了市场均衡(从局部均衡到一般均衡)的形成,最终对于市场这只看不见的手如何协调社会的资源配置作出了简单明了的解释。

由于新古典经济学的假设条件很多过于脱离现实或者不合时宜,使得其在现实面前已经变得有些缺乏解释力。但是回顾近30年来经济学的演变与发展,对于新古典经济学的改造与发展脱离它的研究方法的很少,而且也没有取得令人瞩目的成就。而在新古典研究方法框架内,对于假设条件的放松与改进,反而使得经济学变得越来越有生命力。

新制度经济学正是其中之一,它之所以能很快地融入主流经济学范式,并产生极其深远的影响,正是得益于其坚持了新古典经济学的研究内核。它不仅坚持了新古典的分析方法(如对于具体环境的界定、对于前提假设条件的强调、对于不完全相同的结果的分析、对于最后结果的评价),而且在研究的参照系、视角和分析工具上也吸收了很多新古典的东西。例如,诺思和戴维斯在研究制度时,就将制度区分为制度环境与制度安排。制度环境被视为外生的,影响与决定个体参与人的行为,最后又加总地对整个社会产生影响;而制度安排在新制度经济学研究中大多被视为内生的,即在个体行为人之间相互作用中形成了一种作为自我实施的制度均衡结果。格雷夫认为的制度变迁就是从一个自我实施的制度均衡到另一个自我实施的制度均衡的转变。而这些转变大都是因为制度存在的环境参数序列发生了外生的转变,从而使得原有的均衡在改变了的参数序列下自我实施难以维持,一种新的自我实施机制便相应产生。[②]

---

① [美]加里·贝克尔:《人类行为的经济分析》,上海:上海三联书店、上海人民出版社,1995年,第7页。
② Avner Grief: *Institution and the Path to Modern Economy*, Cambridge University Press, 2006, chapter 8.

由此可见,将外生环境加以区分、固定,然后抓住主要变量研究自己关心的问题,这一研究范式深深影响了新制度经济学家。所以我们看到,不论是诺思的制度理论还是格雷夫的制度理论,它们都深深印上了新古典经济学的烙印。新制度经济学家对于新古典内核的吸收并不局限于研究的程序,在具体的研究方法、研究工具甚至具体结论上都有着诸多的吸收。当然,新古典经济学的最新发展也在吸收新制度经济学的研究结论与方法。科斯最早就是使用边际分析方法来解释企业存在的原因。诺思在他的研究中使用了很多的最大化技术与结论,例如掠夺性的国家模型。格雷夫和青木昌彦对于最近发展起来的研究相关决策的博弈论很感兴趣,他们利用这些理论对制度经济学进行了很多很有意思的研究。信息理论对于新制度经济学的渗透也是十分显著的,青木昌彦用信息理论研究制度结构可谓颇具特色,他认为不同的信息要求决定着制度的不同结构。

二、新制度经济学的方法创新

新制度经济学对于新古典技术与研究程序的吸收,不仅使新制度经济学形式上看上去更加规范、理论上更有说服力,而且也使新制度经济学具有了新古典经济学论证严密、尽量减少价值判断、对现实世界进行解释并提供有益政策意见等优点。总体来看,新制度经济学对新古典经济学是有很多超越和创新的,仅方法论意义上的创新就有案例研究方法、路径依赖理论、博弈论研究方法和计量经济学研究方法等。

案例研究方法很显然是新制度经济学研究的一个特色。科斯的"经济学中的灯塔"、张五常的"蜜蜂的寓言"一直是人们津津乐道的经济学经典文献。这两篇文章从现实世界寻找到对于公共品与外部性解决方法的不同于主流经济学的事实,改变了我们对于公共品以及外部性问题的认识,甚至改写了教科书。这些方法极大地震撼着在主流经济学中彷徨的人们,通过从现实世界寻找范例来加以解释的研究方法也因此而引来了许多的追随者。而且这种研究方法不像主流经济学那样因设置高高的数学门坎让人们望而生畏,从而使得经济学对于富有洞察力的人们更有吸引力。

案例研究一般遵循对于现实世界进行观察,发现与一般经济学理论的直觉不相一致的经济现象,然后对之进行考察,从背景、环境的解析中分析为什么会出现这样的现象,从而对经济学原有理论的认识进一步加深,或者直接推翻原有的经济学理论。但是,这需要对主流经济学理论有很好的把握,有着很敏感的理论直觉,在看到现象之后很快地就可以感觉到它与主流理论不符,从而对之产生研究的兴趣。由于每个人的视角、参照系和分析工具不同,使得人们对这些现象的解释甚至可能产生见仁见智的观点,但这并不影响人们对理论与现实本身的理解。

这种方法当然也存在一些问题,它的研究本身是建立于原有研究的基础上的,对于新的领域单纯使用案例研究就没有说服力。因为理论本身要具有一定的一般性,而不仅仅是特殊性,如果只关注特殊的案例,很难推出理论的共性。所以这种研究方法在对新的领域进行研究时就显得很不足了,但是对于完善原有的理论确实是一种相当有力的武器。这也可以看作新制度经济学对新古典经济学研究方法上的一个很好的推进,当然这种推进要以原有的理论研究以及研究者对原理论的把握为基础。这种方法也展示了新制度经济学与现实世界极其紧密的联系,科斯、张五常这些新制度经济学的奠基人在这方面为我们做出了光辉的榜样。科斯早在青年时代就游历美国、深入工厂,考察美国的企业与产业组织,从纷繁的资料中寻找理论的基石,并进行深入的思考。张五常更是一个杰出的实践家,不仅对很多经济现象深入考察,而且他甚至亲自开店出售商品,并对很多经济现象不断地用理论去思考,从而发现了许多很有意思的经济学结论。

"路径依赖"已经成为一个十分重要的经济学概念。由于本书后面的章节有更为详细的介绍,所以这里只简单地对之进行论述,而且只侧重它的方法论意义。新古典经济学的思考方法就是在给定的环境中,研究某几个变量对所研究变量的影响,认为选择是不受别人影响的,但后来研究相关决策的博弈论发展出了策略参与人之间的相互作用,证明选择是受别人影响的。但是过去的选择对于现在与将来的选择有什么影响,这个问题一直没有进入新古典经济学的研究视野,这是其一。另一方面,在新古典经济学研究中不乏机械唯物论的观点,即如果给定一个起点,在预定的轨道上会实现一定的均衡,但是为什么经济系统会一直在恒定的轨道上运行呢?另外,在很多时候,有效率的经济制度为什么不能取代非有效的甚至更无效率的经济制度呢?

新古典经济学陷入机械唯物论的根本原因是由于物理学隐喻已经成为它的一大特征,而认为经济系统的运行与物体的运动是一样的,所以,新古典经济学有时候被人们称之为"牛顿经济学"。然而,经济系统是否真的像物体运动的牛顿定律那样运行呢?我们不得而知。即使我们在现实中可以观察到大量的与之契合的事例,但也不能证实它必然存在。因为只需任意一个反例就足以证伪它。有人就新古典的"牛顿经济学"大加批判,认为经济系统根本就不是像物体运动那样机械,而是有机的,像生物的进化、演化那样,充满了形形色色的奇妙与生动,既有从上一代那里继承了的以前很多优点,也有由于后天学习以及其他原因导致的对于上一代很多因素的变异。经济系统运行之所以不同于牛顿定律的物体运动,一个重要的原因在于"路径依赖"这个因素一直在实际的经济运行中发挥着作用。

博弈论是研究社会参与人之间相互作用对于决策影响的理论,已经成为新制度经济学最为核心的分析工具之一。青木昌彦与格雷夫两位是在新制度经济学中运用博弈论最为成功的代表人物。

在青木昌彦的《比较制度分析》一书中,他运用博弈论对新制度经济学进行重构。在对于制度的定义中,他用博弈论分析得出制度应该定义为"博弈的均衡"。他还大量使用关联博弈、进化博弈的方法对制度的演化与均衡进行分析,给出了一个令人信服的关于制度变迁、制度演化的解释。

格雷夫也是一个运用博弈论的高手,在他1994年的那篇著名的论文里,[1]他用博弈论详细地讨论了不同的文化惯例对于经济绩效的影响,研究了经济组织在不同文化背景下的多重均衡,揭示了马格里布商人和热那亚商人的优势与不足,为经济体制与文化背景的比较分析奠定了坚实的基础。在2006年出版的《制度与通往现代经济的道路》一书中,他更是通过大量使用博弈论研究中世纪欧洲的诸多经济现象来解释制度对于现代经济发展的意义。他研究了文化背景与政治因素、有效国家的建立过程以及社区责任系统等对社会发展的影响。其中,在"创建国家:热那亚的繁荣与衰落"一章里,他利用相互遏制模型以及引入第三个策略人等博弈论模型来阐述热那亚的发展历史,从中揭示国家创建过程中的许多必需的因素与历史的巧合,指出创建有效国家绝不是仅仅实现西方的民主、议会规则,而是一

---

[1] Avner Greif:"Cultural Beleifs and the Organization of Society:A Historical and Theoretical Reflection on Collectivist and Individualist Societies", *Journal of Political Economy*,1994,Vol. 102,No. 5.

个非常艰难的过程。

在一些很有影响的新制度经济学家那里,制度是一个博弈的均衡,所有的策略参与人在现有的参数集合下将保持自己的现有策略,从而保持均衡的稳定。一旦外在参数序列发生改变,就必须实现由一个自我实施均衡到另一个自我实施均衡的转变,这就是制度变迁。制度变迁的结果取决于参数序列的外生变化,而新的均衡的稳定性取决于它的自我实施的参数序列的大小。运用这样的观点,博弈论对于制度变迁不像诺思那样简单地归因于制度变迁成本收益的分析,因为个人福利的社会加总到目前为止仍然是一个很大的困难。

计量经济学是经济学一种十分重要的理论方法,它对于我们分析一些直觉无法认识到的问题十分重要。新制度经济学在发展的过程中也受到计量经济学的极大推动,尤其是新经济史学。新经济史学革命是美国经济史学历史上一次大的变革。新经济史学家们指出,传统的经济史研究与经济理论是脱节的,所以在方法论、分析工具、资料运用、研究结论的可信性以及学术价值等方面都存在缺陷。正如罗伯特·福格尔所说的那样,经济史与经济理论的分离使得经济史研究局限于单纯对史料的考证,不能对现代经济的发展提供有益的见解。诺思和福格尔,两位经济史学大师开始运用计量经济学对原有的经济史学结论、观念进行全面的革新。诺思得出的"制度对于增长是如此重要"的结论,一改传统经济学对于技术、人力资本、资本的强调,为增长理论做出独特的贡献。福格尔则考察了铁路与美国经济增长的关系,开创了一种新的因素分析方法。

由于新制度经济学的发展,制度对于经济增长的贡献的计量经济学研究已经十分广泛,所有这些不仅为我们运用计量经济学方法研究制度的有效性作出了表率,而且也为我们如何运用计量经济学方法去研究制度的作用指明了方向。

新制度经济学的方法论有很多,最近有不少学者开始尝试从信息经济学、动态宏观经济学、新经济地理学、新兴古典经济学等领域借鉴一些新的研究方法来推动新制度经济学的研究。然而,我们必须明白的是,尽管新制度经济学的研究方法如此先进,但是新制度经济学之所以能够成为一门经济学,并引起如此广泛的关注,更多的是因为它所研究的领域,而不是它的方法,对此,我们切不可本末倒置。

本章小结

制度是社会博弈参与人之间的策略互动而形成的自我实施的结果;从短期来看,制度是对人们行为进行制约的人类自身设计的规则;从长期来看,制度又是人类社会内生的、社会博弈参与人之间策略互动从而最终自我实施的均衡结果。结论的取舍取决于我们的研究目的。因为制度对于经济发展绩效是重要的,所以我们要进行制度研究。新制度经济学产生于对新古典经济学的反思,但是又吸收了新古典经济学的研究范式。新制度经济学是解释现实世界的经济学。

关键术语

| 制度 | 经济绩效 | 博弈论 | 博弈规则 |
| 正式规则 | 非正式规则 | 路径依赖 | 牛顿经济学 |

本章思考题

1. 制度是什么？怎么区别使用不同的定义？
2. 为什么要研究制度？制度为什么对于经济增长是重要的？
3. 新制度经济学为什么对于研究发展中国家是重要的？
4. 新制度经济学怎么解释从计划经济体制到市场经济的转型？
5. 新制度经济学在方法论上是如何继承并超越新古典经济学的？

学习参考资料

[1] Avner Grief. *Institution and the Path to Modern Economy* [M]. Cambridge University Press, 2006.

[2] [日]青木昌彦. 比较制度分析[M]. 上海：上海远东出版社, 2001.

[3] 林毅夫、蔡昉、李周. 中国的奇迹：发展战略与经济改革[M]. 上海：上海三联书店、上海人民出版社, 1994.

[4] [美]道格拉斯·诺思、罗伯特·托马斯. 西方世界的兴起[M]. 北京：华夏出版社, 1999.

[5] [比]热若尔·罗兰. 转型与经济学[M]. 北京：北京大学出版社, 2002.

第二章　交易费用理论

学习目标

1. 熟悉与交易费用相关的几个重要概念。
2. 了解交易费用理论关于人的基本假设。
3. 了解交易费用理论的基本框架体系。
4. 运用交易费用理论解释简单的社会现象。

交易费用是整个新制度经济学体系的核心概念,本章主要是介绍威廉姆森的交易费用理论框架。[①] 本章一共分为五节。第一节介绍了交易和交易费用的概念。第二节介绍了交易费用理论关于人的基本假设:有限理性和投机。因为有限理性,人不能做到全知全能;由于人的投机,导致交易产生摩擦,从而产生交易成本问题。因此,人们想方设法减少交易费用。但由于交易活动的复杂性,只有区分这些交易的类型,才可能降低交易费用。第三节采用三个维度来区分交易:资产专用性、不确定性和交易频率。第四节介绍治理结构。不同的治理结构用于对付具有不同特征的交易。最后一节探讨了纵向一体化的问题,其中一般化地讨论了市场和内部组织之间的替代机制。

第一节　交易费用

一、交易

现实生活中不断地发生着各种各样的交易活动。我们每天早上到菜市场买菜,用货币换取所需的蔬菜,这是一种交易;周末逛超市,购买生活必需品,这是一种交易;钢铁公司从矿厂购入铁矿石等原材料,这也是一种交易……现实生活中交易是如此的频繁,以致我们未曾细想过何为交易。

正如每个人所能观察到的一样,为了生存或发展,我们总是用一种东西(如金钱)去交换另一种东西(如衣服),这样一个过程就是一次交易。在现实生活中,我们观察到的交易是一种具

---

① 在本章中,我们交替使用了"交易费用"和"交易成本"的概念。实际上,两个概念在英文中,为同一个词"Transaction Costs"。因此,两种称呼没有差别。

体的、零散的一次次的交易。要获得关于交易的一般概念,我们还必须将这些具体的交易抽象成一般的交易,即交易的定义。首先,让我们来看看经济学家是如何定义交易的。

制度经济学的开创人物之一——康芒斯认为交易是人与人之间的"交互影响的行动"[①]。也就是,交易是人与人之间的相互作用。康芒斯的定义准确地把握了交易的这样一个内涵:在表面上,交易似乎表现为物与物之间或者人与物之间的关系,但本质上,交易反映的是隐藏在这种表面关系背后的人与人之间的关系。尽管这种定义抽象出了一般的交易概念,但是,是否是所有的人与人之间的交互行为都为交易呢?显然,康芒斯的定义过于宽泛。

奥利弗·E·威廉姆森是交易费用理论的构建者。他认为交易是指"某种产品或服务从一种技术边界向另一种技术边界的转移,由此宣告一个行为阶段结束,另一个行为阶段开始。"[②]这种定义表明:① 交易的对象是产品与服务;② 交易是产品或服务在不同的人之间的转移,即产品或服务的所有权或者使用权从一个人到另外一个人的转移过程,或者说是"让渡";③ 交易是一个连续不断的过程。我们的生活时刻进行着交易,一段交易的结束伴随着另一段交易的开始;④ 交易必须是技术上可分的,也就是说,产品与服务在技术上可以在不同的单位个体之间转移。这种技术上可分的说法限定了交易的具体的现实范围;⑤ 交易是一种关系,可以发生在人与人之间,也可以发生在组织之间。威廉姆森给出了交易的条件和表象,但是没有说明交易的动机,即交易为何发生的问题。产品和服务可以在不同的个人和组织之间进行让渡,并不代表着交易就一定发生。前者只是交易发生的条件,并不表明交易是必要的。实际上,交易的动机来源于劳动分工和专业化的发展,每个人或者单位自己无法生产自己需要的产品和服务,那么就会对他人的产品和服务产生需求。显然,在自给自足的社会里,交易是很少的,甚至是不存在的。

基于以上对交易的分析,我们尝试将交易定义为:专业化与分工下不同的个体和单位组织之间的需求差异而导致的技术上可分的产品和服务在不同的主体之间的让渡。

二、交易费用

在明白了交易的概念以后,我们进入新制度经济学的最基本的概念——交易费用的讨论。新古典理论将企业看作一个"黑箱",一面是各种要素(如资本、劳动、土地和管理才能等等)投入,另一面是产品或服务产出。企业被假设按照利润最大化的原则生产,其产出由技术水平决定,也就是用一个生产函数来表示,其他的因素则不纳入考虑的范围。以科斯为代表的新制度经济学派将制度的因素纳入分析企业组织的效率之中,从而一定程度上打开了新古典理论框架下的企业"黑箱",使人们对于企业有一个新的认识。

1937年,罗纳德·科斯发表了开创性的论文"企业的性质"。在这篇论文中,科斯深刻地指出,为什么在生产可以在市场上通过价格调节也可以在企业内部通过行政指令组织的情况下,企业的生产活动有时由外部市场来组织,有时由企业内部协调来组织?也就是说,如果市场和企业都可以看成是组织生产活动的方式,为什么有些生产活动由市场组织,有些却由企业内部组织?科斯对于这一问题的回答是因为存在交易成本(Transaction Costs)。利用市场进行交易也是有成本的,科斯把企业利用价格机制的成本称为交易费用。企业之所以产生,是因

---

① [美]康芒斯:《制度经济学》,北京:商务印书馆,1962年,第92页。
② [美]奥利弗·E·威廉姆森:《资本主义经济制度》,北京:商务印书馆,2004年,第8页。

为利用企业内部的行政命令组织生产要素进行生产的成本(组织成本)会低于运用市场上的价格机制调节生产的交易费用。企业运用市场进行生产表现为,企业到市场上购买原材料而不是自己生产原材料,或者企业到市场上去购买中间产品,然后在企业内部生产成最终产品,而不是自己生产中间产品。例如,生产汽车的厂家不会所有的零部件都自己生产,而是从其他企业大量的购买零部件,自己仅仅进行组装。为什么这些厂家不自己生产零部件呢?科斯认为是因为企业通过市场买进比自己生产更便宜,否则,企业会选择自己生产。正是由于企业在一些生产活动中具有节约交易成本的作用,所以企业才会产生。

除了科斯对交易费用的认识,肯尼斯·阿罗也将交易成本定义为"经济系统运行的成本"[1]。但是,至今经济学家们仍未对交易费用给出一个很好的定义。具体来说,交易费用究竟包括哪些内容呢?科斯在1960年的一篇论文"社会成本问题"中这样描述交易费用,"为完成一项市场交易,有必要找到愿意交易的人,告诉人们有人要作交易以及交易的条件,有必要进行讨价还价,签订合同,并监督合同条款的执行情况等……"[2]简单地讲,这里提到的交易费用包括事前的搜寻交易对象的费用、事中的讨价还价与签订合约的费用以及事后的监督执行合约的费用。以租房子为例,在租房子之前,我们需要找到潜在的房东,这里就涉及到时间的消耗、搜集房屋出租信息的费用以及精力的消耗等等。在找到潜在的房东之后,又面临着讨价还价的问题,出多少价合适?对于租户来说,价格越便宜越好,而对于房东来说,房租总是越高越好。如果达不成一致的价格,租户又要面临新一轮的讨价还价,其中涉及到各种各样的费用,如看房花费的时间、路费、讨价还价的时间、体力的耗费、签订租房合约的费用等等。同样在签约之后,双方又要相互监督对方是否按照租房合约的要求行事。这里也会涉及到各种各样的费用问题。例如,房东总是关心租户是否按照合约要求行事:不在墙体上乱涂乱画,不要随意修改室内线路等等。

威廉姆森将交易成本形象地比作为物理学中的"摩擦力"[3]。物理学中,为了分析的方便,常常忽略摩擦力,经济学中也往往这样。威廉姆森将交易费用分为合同签订之前的交易费用和合同签订之后交易费用,并特别强调合同签订之后的交易费用问题。具体来说,包括以下几个方面:① 由于交易行为偏离合同导致的交易双方的"不适应"成本;② 为纠正事后不合作行为而进行的讨价还价的成本;③ 为解决合同纠纷而建立治理结构的成本;④ 为保证合同条款兑现而付出的成本。[4] 这种事后的交易费用来源于交易中的不确定性导致的事前签约的不完备性。由此看来,事先的签约成本和事后的签约成本具有一定程度的替代性。事先签订的合约越详尽,事前的交易成本越大,这样做的结果便会使事后由于签约不完全导致的合同纠纷越少,从而产生的事后的交易费用就会越小。由于存在不确定性,人们无法充分预见未来并且签订严密的合约,事先的交易成本和事后的交易成本的替代性具有一定的范围,二者不能完全替代。

---

[1] Arrow, Kenneth J: The Organization of Economic Activity: Issues Pertinent to the Choice of Market versus Nonmarket Allocation. In: *The Analysis and Evaluation of Public Expenditure: the PPB System*. Vol. 1. U. S. Joint Economic Committee, 91st Congress, 1st Session. Washington, D. C.: U. S. Government Printing Office, 1969: pp. 59~73.

[2] Coase, Ronald H: The Problem of Social Cost, *Journal of Law and Economics*, 1960, 3(October).

[3] [美]奥利弗·E·威廉姆森:《资本主义经济制度》,北京:商务印书馆,2004年,第31页。

[4] [美]奥利弗·E·威廉姆森:《资本主义经济制度》,北京:商务印书馆,2004年,第35页。

交易费用还可以分为市场组织方式中的交易费用和行政组织方式中的交易费用。前者如起草契约的费用、调整契约的费用和契约纠纷引起的费用等；后者则包括行政管理费用、激励弱化导致的费用以及企业内部人员为了争夺职位导致的内耗等。[①] 因此，科斯区分的内部组织生产的成本和运用外部市场的交易成本在威廉姆森这里一般化为交易成本——不同方面的交易成本。

由此可见，经济学家对于交易费用的概念至今仍然莫衷一是。交易费用理论中涉及到的交易费用概念是一个很广泛的概念，既包括事前的和事后的各种费用，也包括市场组织方式中的和行政组织方式中的各种费用。这种在交易费用定义上的混乱导致许多经济学家对交易费用理论进行批判。

第二节 基本假设

要理解人的行为，就必须了解人的思想是如何支配行动的。威廉姆森将自己的分析建立在"合同人"的假设上，而不是其他诸如"经济人"、"工作人"或者"政治人"之类的假设。[②] 他认为，"任何问题都可以直接或者间接地作为合同问题来看待，这对于了解是否能节约交易成本很有用处。"[③]他对交易费用的分析建立在有限理性（Bounded Rationality）和机会主义假设前提上，开创了交易成本经济学，建立了资产专用性、治理结构等一系列的分析框架，极大地深化了人们对企业组织理论的认识。

一、有限理性

在交易成本理论中，合同人的经济行为的基本假设是有限理性和投机。要理解有限理性的概念，首先必须知道什么是"理性"。

所谓理性，即为在特定的条件下当事人所做出的理智的行为决策。在这种情况下，有限理性也就是理性，是在当前的条件下能够作出的最好的决策。但是，在经济学中，理性似乎包括这样一层涵义，即人们是充分信息的，没有信息成本，也不会出现不确定性。在这种条件下，无论是企业还是个人都会作出收益最大化的决策。威廉姆森将理性分为三个层次：强理性、弱理性以及介于两者之间的中等理性。[④] 新古典经济学的一个最基本的行为假设是"经济人"假设，也就是说，每个人总是想方设法地付出最小的代价获取最大的收益。这种假设的优点在于，不用考虑不同的制度安排对人产生的不同的激励问题，从而将生产者的行为归结为特定生产函数和约束条件下的产出最大化，将消费者的行为归结为特定效用函数和约束条件下的效用最大化。而生产和消费是分开的。这种简化当然有助于分析市场各主体之间的关系，但是忽略对各种经济组织的分析，既与可观察到的复杂多样的经济组织的现实不符，也不利于解释组织内部的效率、更替和演化问题。以收益最大化为方向的"经济人"假设实际上就是一个强理性的假设。人们追求自己的最大利益，而不考虑信息问题、风险问题、讨价还价问题和激励

---

① 吕中楼：《新制度经济学研究》，北京：中国经济出版社，2005年，第77页。
② [美]奥利弗·E·威廉姆森：《资本主义经济制度》，北京：商务印书馆，2004年，第66页。
③ [美]奥利弗·E·威廉姆森：《资本主义经济制度》，北京：商务印书馆，2004年，第64页。
④ [美]奥利弗·E·威廉姆森：《资本主义经济制度》，北京：商务印书馆，2004年，第68~71页。

问题,因为这一切都被简化掉了。但这些因素对于经济组织的分析却是十分重要的。

弱理性的概念源于经济演化理论,它是现代进化论方法和奥地利经济学派所主张的程序理性或者说有机理性(Organic Rationality)。演化理论认为各种制度不是通过设计或者说人的理性行为获得的,而是在经济体的自发演化过程中产生的。没有人能够设计出未来发展的蓝图,人类对于未来的对策更多的是去适应,对于未来的设计也只能是摸着石头过河。这种演化的理论,从一定程度上说,认为人的理性在经济体中是无能为力的。

介于强理性和弱理性之间的中等理性也就是威廉姆森所指的"有限理性"。威廉姆森称有了有限理性,"交易成本经济学才能成立"①。可见有限理性对于交易费用理论的重要性。有限理性的概念来自西蒙。我们说理性有限,并不是说没有理性或者不讲理性,而是说人们只能在已知的条件下,作出最优的决策。然而,生活中总是充满着各种各样的不确定性,人们能够作出的理性只是短暂的、有限的,而不能对未来作出很好的判断。同样,不同的知识背景和人生阅历也会导致人们在认知能力上的差别,对于同一事物往往会产生不同的认识。但是,这并不否认人们对事物的认识不断深化的过程。正是因为有限理性的存在,制度的研究就显得更为重要,因为有限理性导致"合同人"在签约时无法保证合同的完全性,也就是说,双方无法对事物的现状和未来有充分的了解,并且细化成一条条合同条款。正如威廉姆森所说:"如果承认理性是有限的,那么,再想签订面面俱到的合同,借组织的力量来解决问题,就是一种不切实际的想法了。"②因此,研究如何通过制度设计来减少由于有限理性带来的交易成本问题就显得十分重要。但是,有限理性的假设必须与另外一个假设——机会主义——结合起来才能充分说明制度研究是必要的。因为,即使是有限理性,但是如果交易双方的行为不具有投机的性质,那么,大家仍然按照合同行事,而不会出现一方利用不确定性及自己的信息优势来欺骗对方的行为。这样一来,制度研究或者说治理结构探讨就显得多余。

二、机会主义

机会主义(或者说投机)假设是指,只要自己不被处罚或者自己的行为不易被发现,人们在交易的过程中就会不择手段地(甚至在损害他人利益的情况下)牟取私利。亚当·斯密在其经典著作《国富论》中对于人的基本假设是,人是(在不损害他人的前提下)自私自利的。正是每个人的自私自利行为导致了整个社会的繁荣。经济学中关于人是自私自利的假设一直延续至今。不过,传统的假设认为人是在不损害他人利益的前提下最大化自己的收益。显然,这种假设对于现实的解释力是不够强的,因为在现实中存在太多的欺诈行为,如短斤少两、出尔反尔、欺上瞒下、损公肥私、偷税漏税等等。也就是说,交易费用理论假设人不仅是自私自利的,而且往往会损人利己。

威廉姆森将人们追求私利的行为分成强、中、弱三等。③ 最强的追求私利行为就是交易费用理论所说的投机行为;一般经济学理论的假设是中等的追求私利的行为,即在不损害他人基础上的自利行为;最弱的一种追求私利的行为指服从行为,即个人服从集体,个人不追求自己的私利,这是社会工程学中关于人的行为假设。对人的行为的投机假设是一种很贴近现实的假设,人们要不是害怕损人利己行为会受到法律的制裁并要承担自己行为造成的后果,投机一

---

①② [美]奥利弗·E·威廉姆森:《资本主义经济制度》,北京:商务印书馆,2004年,第69页。
③ [美]奥利弗·E·威廉姆森:《资本主义经济制度》,北京:商务印书馆,2004年,第71页。

定会十分盛行。因此,机会主义假设似乎触及到了人类的本性。

正如上文提到的那样,在有限理性条件下,需要设计出一定的组织形式或制度以减少人们在交易过程中的投机行为或者解决由于投机行为导致的不良后果,这就如同减少物理学中的摩擦力一样。这种针对投机行为的机制设计有利于减少交易过程中产生的各种成本,从而使交易变得有利可图而又充满效率。

我们可以以医疗保险市场为例向读者展示这两条假设对于交易成本理论的重要意义。在保险市场中存在两类投机活动:事前的投机和事后的投机。经济学家又将它们分别称为逆向选择(Adverse Selection)和道德风险(Moral Hazard)。[①] 由于购买保险的人(投保人)比保险商更清楚地知道自己的身体状况,投保人就会利用这种信息不对称,作出对自己有利的选择。这种信息的不对称,我们可以认为是人的理性的有限,保险商无法完全知道投保人的身体状况。这样,那些带有疾病而不易被发现的人,或者存在患病高风险的人就会倾向于投保,而那些身体状况较好的人则不会购买医疗保险,结果,医疗保险市场的投保人多为患病风险较高的人群,保险公司就会面临着较大的赔付概率,甚至亏损;为了弥补亏损,保险公司就会提高保险费,结果,导致一部分患病风险较低的投保人放弃投保,剩下的投保人患病的风险增加,保险公司又面临着更大的赔偿概率;于是为了弥补亏损,保险公司不得不进一步提高保险费,结果,以前投保人中患病风险较低的那部分人面对增加的保险费,也会退出医疗保险市场,剩下的投保人的患病风险继续增加,保险公司面临着更大的赔付概率,那么,保险费将进一步增加……如此下去,保险市场将继续萎缩直至消失。投保人的这一行为就是逆向选择。

医疗保险市场上的风险还有事后的道德风险。当投保人投保之后,由于自己患病的损失将由保险公司承担,那么投保人就可能不会小心地关注自己的身体健康。特别是当投保人的行为无法受到保险公司的监控时,投保人可能会更加忽视自己的健康保护。类似的情况还会发生在火险中,保险公司往往很难辨别火灾的发生是由于非人为的因素导致还是由于人为的疏忽甚至有意的行为(如纵火)导致。保险公司无法有效对投保人进行监控的问题可以看成是保险公司的理性有限性问题。正是由于存在有限理性,才导致投保人有机可乘;但是,如果投保人"有机不乘",那么事前事后的投机行为便不会发生。事实上,人是投机的,加上有限理性问题,如果不设计出有效的保险制度,保险市场上的交易成本如此之大,以致保险市场无法存在下去。但是,一般来说,人都是风险规避的;人的规避风险的需求又需要有机构来承担风险,这样,只有设计出一套有效的机构制度,才能降低由有限理性和投机导致的交易成本,从而使保险市场得以有效运转,增加社会整体福利水平。

在现实生活中,医疗保险市场的确有一套赔付制度。例如,投保人应该提供健康证明,强制所有的人投保以避免逆向选择问题,赔付的比率为损失的一部分而不是全部赔偿以减少道德风险问题等等。这些保险制度的设计实际上就是为了降低交易成本,以确保医疗保险市场能够有效的运转,满足人们避免风险的需求。其他的保险市场也可以利用类似的方法进行分析。

知道交易成本理论的两个基本的假设之后,我们不禁要问,现实生活中的交易纷繁复杂,如何区分它们呢?有限理性和投机假设告诉我们机制设计或者说治理结构的重要性。那么,什么样的交易需要什么样的治理结构与之对应呢?这就是我们在下面两节需要讨论的内容。

---

① 关于这一部分的内容,在本书第四章的委托代理理论部分还有更详尽的分析。

第三节 交易的区分标准

威廉姆森认为区分交易的主要标志是资产专用性、不确定性以及交易发生的频率。而其中以资产专用性最为重要,是区分交易费用理论与其他理论的"最重要的特点"[1]。本节主要探讨这三种区分标志。

一、资产专用性

1. 专用性资产

资产专用性的问题早已被经济学家们关注到,但是,真正认识到这一问题的重要性并将它放到如此重要的地位的是以威廉姆森为代表的交易费用经济学家。威廉姆森认为,"当某些投资一旦形成某种资产就很难再作重新配置使用,除非它们在转移配置中遭受重大的经济价值损失"。[2] 他将这些投资形成的资产称为专用性资产。资产专用性被定义为"不在牺牲生产价值的条件下,资产可用于不同途径和由不同使用者利用的程度"。威廉姆森对于资产专用性的探讨局限于投资后形成的耐久性投资,然而,现实中的资产专用性的问题将远远超出威廉姆森所指的范围。

艾尔弗雷德·马歇尔最早认识到管理者或者雇主拥有的关于企业的知识才能具有专用资产的性质,对于这些专用资产的报酬被他称作准租金。在双边或者多边交易关系中,资产专用性涉及到各方投资所形成的沉没成本。但是,形成这种沉没成本并不必然导致资产专用性,关键是看用于该项资产的投资,或者说沉没成本是否可以无损失地在不同的用途之上进行转换。用途的可转换性越强,资产的专用性越弱。

如果一方掌握的资产具有为对方专用的性质,那么他就可能会遭受到对方的"要挟",因为其资产别无它用,从而使其处于"被宰割的"不利的境地。如果交易方在事前就认识到这一点,那么他就不会进行那些可能会遭受"要挟"的资产的投资。例如,一家车身制造公司生产的产品完全供应给另一家汽车公司,那么该车身制造公司的投资就具有专用性的特征,因为它的产品无法卖给其他公司,所以处于被要挟的境地。当这家车身制造公司认识到这一点时,它就不愿意进行投资,因为它投资带来的部分收益可能会由于汽车公司的投机行为(如以威胁终止与该车身制造公司的贸易往来而索要低价)而遭受汽车公司的掠夺。

专用性资产一旦形成,一方的违约活动将会导致另一方的损失,因此就需要针对资产专用性进行某种机制设计,以降低交易双方的机会主义行为,从而减少交易成本。

【案例 2-1】

长期契约——敲竹杠问题产生的原因及解决办法

科斯认为,在诸多案例中,人们能够而且常常采用契约安排来解决敲竹杠问题,而不是采取纵向一体化的方法,他的这种观点是正确的。举例来说,在一块土地上建造房子,显然,如果

---

[1] [美]奥利弗·E·威廉姆森:《资本主义经济制度》,北京:商务印书馆,2004年,第78页。
[2] Williamson: *Markets and Hiearchies: Analysis and Antitrust Implications*, New York: Free Press, 1975: pp. 13~15.

你仅能在短期内租用这一块土地,你不会在这块土地上盖房子。这是因为当租约到期后,土地所有者就会利用你对房子的投资,勒索你以获取准租金。但是,这并不意味着你必须拥有这块土地才能建房,可以通过纵向一体化来解决问题。双方也可以在房子建造之前,就出租的土地进行协商,通过签订长期土地出租契约来解决潜在的敲竹杠问题。这是因为土地是一种质量稳定的投入要素,而预期的质量变化非常小甚至可以忽略不计,即使在没有纵向一体化的情况下,一项长期的租赁契约也是可以使潜在的敲竹杠问题最小化的,这的确是一个可行的方法。

1919年费希尔车身公司和通用公司签订了一项长期排他性交易契约,这项契约就与我们上面提到的契约类似,该契约签订的意图是为了在没有纵向一体化的情况下,避免潜在的敲竹杠问题。为通用公司生产汽车车身,费希尔车身公司需要配置专门适合通用公司的冲压机和模具,从而它不得不针对这两项产品进行专用性投资,由此就产生显著的潜在敲竹杠问题。这是因为费希尔车身公司投资后,通用公司就可以减少购买量,甚至以终止合作为借口,威胁费希尔车身公司下调价格,从而从投资中榨取准租金。但是,通过签订排他性交易契约,规定通用公司在十年内必须从费希尔车身公司购买所有密封金属车身,这样就会限制通用公司在这方面威胁费希尔车身公司的机会主义行为。因此契约安排减少了费希尔车身公司对通用公司声誉的依赖,并鼓励费希尔车身公司进行专用性投资。

尽管十年期排他性交易契约安排可以保护费希尔车身公司,使它避免受勒索的威胁,但是,这样却会产生通用公司被勒索的潜在可能。这是因为,根据契约,通用公司不能向别的企业购买产品,这样,费希尔车身公司就可以通过涨价或降质,从中获利。在契约中,为了保护通用公司免遭反向的潜在勒索,双方详细制定了一个定价公式,规定在十年内购买价格只能维持在竞争水平上。此外,为了进一步最小化通用公司受到潜在勒索的可能,契约也要包括最惠国条款,这样,向通用公司索要的价格,不能比费希尔车身公司卖给其他汽车生产商"类似"产品的价格高很多。这样一则"价格保护"条款之所以可以避免敲竹杠,是因为给任何一个买者的出售价格的升降都同样适用于其他所有买者。因此,因专用性投资或契约承诺而被"锁定"的长期买者,可以利用卖方销售新的获利产品的需求来保护自己。

尽管长期契约安排中有明确定价和价格保护条款,但是敲竹杠发生的可能性仍然存在。这是因为不能把所有未来可能出现的因素都在契约里加以规定。由于不确定性的存在,而且强制执行的契约也不可能就所有的因素作出规定,因此,在不同程度上契约必然是不完全的。交易者也就有可能利用契约去勒索交易的另一方。例如,在上述建造房屋的案例中,尽管签订长期土地租赁契约,土地所有者还是能够勒索房屋的所有者,比如,土地所有者可以采取机会主义行为,通过控制水的供给,或者不建造挡水墙,从而导致房屋下的土地受到侵蚀,或者宣称要进行修理而关闭道路,从而威胁要限制人进出那所房屋。

即使契约是不完全的,交易双方的声誉也会限制敲竹杠威胁在经济上的可行性。双方声誉的状况和试图勒索对方的交易者承担的成本恰恰规定了契约关系的"自我执行范围"。交易双方进行专用性投资和通过某种方式制定契约条款,来作出契约安排,这样他们就会处于不会勒索的"自我执行范围"中。但是,存在市场发生变化的可能性(比如,对于某一方而言,准租金有出乎意料的增长),因此,尽管声誉会受损,但是这可以从对另一方的勒索中得到补偿。

例如,在费希尔车身公司-通用公司的案例中,费希尔车身公司生产的封闭金属车身的需求量急剧增长。1919年,双方就汽车的主要生产程序达成协议,这种汽车用的是手工制造的、木质结构为主的敞开式车身。而封闭金属车身则是一种根本性的创新。封闭金属车身的需求量得到迅速增长,截止到1924年,这种车身就占通用公司汽车生产中的使用量的65%以上。需求的改变使契约安排超出了"自我执行范围",并且使费希尔车身公司勒索通用公司变得有利可图。

尽管费希尔车身公司能够利用契约安排的诸多不完全条款,比如交货时间或者质量特征,但是,费希尔车身公司要想有效敲诈通用公司,需要采用相对低效的劳动密集型技术,并且不能在靠近通用公司装配厂的地方建造车身生产厂。在费希尔车身公司看来,敲竹杠机制对利润增长有好处,这是因为,契约价格条款将价格设定为"可变成本"的117.6%,也就是在费希尔车身公司劳动力和运输成本上再附加17.6%的利润。预期利润的设计是为了弥补预期的资金成本,而这些成本很难从给通用公司的发货中分离出来单独计算,因此,契约的定价公式不能弥补这些成本。契约也许显得不完全,但它只是事后不健全。如果需求不是如此快速增长,与最惠国条款相关的费希尔车身公司声誉(也就是,丧失未来与通用公司和某些其他汽车生产商的生意),也许就会有效地约束费希尔车身公司的行为。但是,需求的急剧增长如果超出了"自我执行范围",就会刺激费希尔车身公司对通用公司实施短期敲诈,即使要以放弃未来新的销售量为代价。

费希尔车身公司-通用公司案例说明,用长期契约和交易者的声誉约束交易双方,能够阻止敲诈问题的发生,并且能够激励专用性投资。但长期契约中也会产生敲诈。因此,如科斯断言的那样,市场中长期契约和交易者的声誉可以"有效地控制机会主义行为",具有误导性。尽管科斯的断言是正确的,但是更全面的分析必须认识到交易者的声誉所起的作用是有限的,而且事实上,契约实际上会制造而不是解决敲竹杠问题。费希尔车身公司为了避免通用公司的潜在的敲诈,采用了长期的、含有固定价格公式的排他性契约,而这又导致了费希尔公司对通用公司较大的潜在敲诈的可能。旨在保护费希尔车身公司的契约所产生的敲诈问题比通用公司从费希尔车身公司专用性投资中获取准租金的问题要严重得多。尽管签订约束性契约条款可以节约有限的商标品牌资本,并减少超出"自我执行范围"的可能,但是,如果现实中事情的发生超出"自我执行范围",长期契约条款的严格性可能会产生更严重的敲诈。为了避免这种严格性,交易者会故意使其契约不完全,如果市场情况变动,他们自己会找到应对的方法。

费希尔车身公司-通用公司的案例中,契约导致的潜在敲诈和严格的事后不完全条款伴随的成本,都强有力地证明了运用市场机制解决敲诈问题会带来巨大的交易成本。这些交易成本包括:契约谈判中消耗的真实资源以及为制造敲诈机会和实施敲诈而进行再谈判的成本。交易双方将寻求各自的信息优势,并努力就能产生敲诈的事前契约条款进行谈判。也就是那些对一方有利的不合适条款暗示着有可能出现事后的情况。一旦这些有利于一方的不合适条款出现,交易一方将会在再谈判中消耗真实资源以使另一方相信确实存在潜在的敲诈。在费希尔车身公司-通用公司的案例中,再谈判的交易成本由下列成本构成:与错误车间地点相关的成本、纵向一体化前资本密集度较低所导致的生产成本。

与使用长期契约相关的这些交易成本,表明了对企业专用资产投资更可能导致纵向一体化的理论原因。专用性投资产生了签订长期契约条款的需求,反过来,这些条款也就意味着,与契约产生敲诈的可能性相关的导致租金消散的交易成本。如果没有专用性投资,就不必使用长期契约,签订现货契约就可以解决问题。由于纵向一体化导致的成本,通常是一种与专用性投资水平不相关的激励型成本,因此纵向一体化的水平更有可能比专用性投资水平高。专用性投资水平越高,利用市场的潜在成本就会越高(这是因为必须设计更为清晰和严格的契约机制来保护专用性投资),从而通过纵向一体化解决问题的可能性就越大。

资料来源:本杰明·克莱因:"作为组织所有权的纵向一体化:费希尔车身公司和通用公司之间关系的重新考察",载[美]斯科特·E.马斯腾主编:《契约和组织案例研究》,北京:中国人民大学出版社,2005年,第211~215页。

2. 分类

威廉姆森认为专用性资产至少有四种类型。① 专用地点。这是指特定的区位对于特定的交易具有专用的特性,如码头对于海运公司具有专用特性;② 专用的人力资本。即由人力资本投资而掌握的某种特定的技能和知识的拥有。例如专注于某一领域的专家、企业的管理者、注册会计师等等。人力资本的专用性往往来自于特殊的长期的教育培训以及生产活动中的"Know-how"等;③ 专用的实物资产。如固定资产设施、机械设备等等;④ 其他的特定用途的专用资产。如商誉、品牌。需要注意的是,这些专用性的资产只有针对于特定的目的时才具有专用性。例如,某一领域的专家只有在研究特定的问题(与其研究方向一致)时,其知识和经验才具有专用性;注册会计师的技能只有在进行与其相关的活动(如财务管理)时才会有专用性。这些专用性资产往往由于这些特殊的投资而产生一种租金,给其拥有者带来高额的利润回报。不同的资产专用性投入需要不同的组织形式与之结合,因此,资产专用性的概念对于后面认识一体化行为、非标准合同、公司治理结构具有重要的意义。

3. 资产专用性与生产成本

资产专用性发生在交易双方合同的执行过程中。一般来说,投资可以分为专项投资和一般性投资。专项投资才会导致资产专用性问题。只要有投资,就会有投资成本发生。那么,这里涉及到的成本与通常说的生产成本有何差别呢?或者说二者到底是一个怎样的关系呢?一般来说,会计上将成本分为固定成本和可变成本。而与合同问题关系更密切的是一种资产究竟是用于可变用途还是不变用途。固定成本也可能用于其他的用途,所以不一定是专用投资成本。例如城市中心的房产,虽然属于固定成本的投资,但是由于它既可以被用于出租也可以用来销售,因而不是专用投资成本;又如耐用品之类的投资,卡车、飞机之类的投资成本也不是专用性投资。[①] 企业的人力资本虽然是可变成本,但是具有专用性投资的性质。我们可以运用图2-1来区分清楚这个问题。[②]

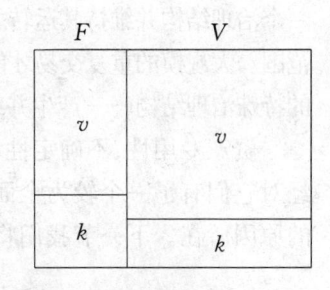

图2-1将成本分为固定成本(F)和可变成本(V),并进一步按资产专用性程度区分为专

F:会计上的固定成本
V:会计上的可变成本
k:签约中的专用资产成本
v:签约中的非专用资产成本

图2-1 成本的区分

---

① 严格地讲,几乎所有的投资都涉及到资产的专用性问题。城市中心的房产原为出租,现在转为自用,其中只要涉及到任何转换成本,我们就可以说它是一项专用性投资/资产;类似地,客运飞机转变为货运飞机,就需要改变飞机内部的装置,这就涉及到把飞机转为它用的转换成本,因此,飞机也是一项专用性资产。投资于客运飞机的成本也属于一种专用性投资。

② [美]奥利弗·E.威廉姆森:《资本主义经济制度》,北京:商务印书馆,2004年,第82页。

用的(k)和非专用的成本(v)。由此可见,不论是固定成本还是可变成本都可以是专用的或者非专用的成本。

资产专用性的概念在交易成本理论中非常重要。用威廉姆森的话来讲,就是"无论怎样强调也不过分",其原因在于资产专用性的概念使得交易变得复杂。

二、不确定性

交易过程中出现的不确定性具有原发的和继发的两种,前者是指随机发生的不确定性问题,后者是指信息不对称带来的一方无法了解另一方的行为决策。前者具有不可预测性,但是后者属于人的投机行为带来的问题。有限理性决定了交易双方无法签订完全的协议,源于投机行为的不确定性使得交易关系变得复杂。不确定性会对经济组织产生影响吗?这要看具体情况。当交易不涉及专用性时,即使出现不确定性,交易出现中断,交易也可以通过建立新的贸易关系重新延续。例如,即使没有房客租住,市中心的房子也可以轻易地改为写字楼租给公司或者改装为商店。因此,不确定性不会单独对交易性质产生影响,但是一旦交易涉及到专用性问题,不确定性的增大就要求交易双方设计各种机制以解决可能带来的问题。

三、交易频率

交易的频率,或者说交易的次数,也是影响交易双方行为关系的因素。如果仅仅为了一两次交易就设计并维持一项专门的治理结构,显然是不划算的。因为这种治理结构带来的成本无法在一两次交易中获得补偿。也就是说,只有在交易经常发生,而且涉及到资产专用性的时候,专门制定一个治理结构并维持其运转才是值得的。这与斯密定理具有相同的内涵,即劳动分工受制于市场范围。大规模的重复交易才能促使一个专门的劳动分工形式——解决不确定性和资产专用性问题的特殊治理结构——产生并维持其运转。

资产专用性、不确定性和交易的频率是交易费用理论划分交易的三个标准。至此,我们已经对它们有了一个较为全面的了解。不同的交易需要不同的治理方式来进行,这是区分交易的原因所在。下一节我们将按照这些标准划分交易的类型并介绍对应的治理结构。

第四节 治理结构

对于不同的交易应该如何进行组织才能够有效地降低交易成本呢?一般来说,组织交易的方式有三种:市场、企业和混合组织。市场组织交易是指让交易的各方通过市场上的买入和卖出进行。如钢铁公司通过从矿石公司购入铁矿石的做法,显然是市场组织交易的行为。企业组织交易是指交易的各方不是通过价格机制直接从市场上购入所需的各种资源,而是通过一体化或者签约的方式,运用行政命令的方式组织生产。如钢铁公司将矿石公司买下来,矿石公司就成为钢铁公司的一部分,两者之间的关系不再是独立的,而是附属关系,钢铁公司不再用价格手段来购入铁矿石,而是通过行政计划指令铁矿石部门提供原料。而混合组织则涉及到签约和三方治理的问题。同样以钢铁公司和矿石公司的例子来说,两者既不是通过纯粹的市场价格机制的方式进行交易,也不是合并的关系,而是通过签订长期的或短期的合同关系来建立一种稳定的伙伴关系。下面我们将逐一介绍这三种治理结构以及与之对应的交易特征。

一、交易与治理结构

前面一节已经介绍交易的三个区分标志：资产专用性、不确定性和交易的频率。为了分析的方便，我们不考虑不确定性，集中分析资产专用程度和交易频率对于交易治理的要求，或者说，在什么情况下需要特殊的治理结构，在什么情况下无需特殊的治理结构。交易频率分为两个维度，即偶然的交易和经常的交易；对于资产专用性，我们按投资特点分为三种：非专用、混合和独特的（专用的）投资。以企业获取原材料和设备为例，我们可以将交易频率和资产专用程度决定的治理结构的安排总结成表2-1。

表2-1 对交易的解释

交易频率	投资特点		
	非专用	混合	独特
偶然	购买标准设备	购买定做设备	建厂
经常	购买标准原材料	购买定做原材料	中间产品要经过不同的车间

资料来源：[美]奥利弗·E·威廉姆森：《资本主义经济制度》，北京：商务印书馆，2004年，第105页。

当企业购买的原材料和设备不具有专用性质时，无论交易的频率如何，都无需采用特殊的治理结构，可以直接从市场上购买获取。但是，当对原材料和设备的投资具有不同程度的专用性质时，就需采用特殊的治理结构来保证交易的效率，从而降低由投机导致的交易成本。由于这里的原材料和设备需要定做，那么就需要企业采取一定的制度设计来保证不被"敲竹杠"。例如，由交易双方共同投资，通过签订长期合约来建立长期合作关系等等；在投资高度专用的情况下，建厂以将交易内部化就显得十分必要。

我们在此一般地考虑一下存在不确定性的情况。在非专用的情况下，即使存在不确定性，由于企业可以重新在市场上无成本的建立起新的交易关系，所以企业仍无需为了获取这种原料和设备而设计特殊的治理结构，只需由市场组织交易即可。不确定性的存在将混合投资特点的交易推向专用投资的方向，因而可能使原来并不一定需要特殊治理的交易活动需要特殊的治理。

二、不确定性与治理结构

我们继续详细地考察不确定性与治理结构之间的关系。众所周知，不确定性是交易费用理论区分交易的三大重要要素之一。在威廉姆森看来，影响交易的三大要素中，资产的专用性尤为重要，以致"无论怎样强调都不过分"。与资产专用性相比，交易的频率和不确定性这两个要素在威廉姆森那里探讨得不够。特别是不确定性，威廉姆森的分析几乎是一带而过。所幸的是，Langlois(2002)提供了一种分析不确定性与治理结构之间关系的途径。[①]

在Langlois的分析中，缓冲不确定性的紧急程度与市场的密集度是决定治理结构的两个因素。不确定性主要受技术的复杂性、连续性和产量影响，巨大的技术变革会导致市场的不确

[①] Richard N Langlois: "The Vanishing Hand: The Changing Dynamics of Industrial Capitalism", University of Connecticut, Department of Economics Working Paper Series 2002—21.

定性的增加。市场的密集度主要受人口、收入和技术水平以及贸易壁垒等外生因素的影响,市场的密集度越高,市场缓解不确定性的能力就越强,市场的规模越大,劳动分工与专业化水平就会越高。图 2-2 形象地描述了从"看不见的手"向"看得见的手",再向"消逝的手"转变的时间路径。

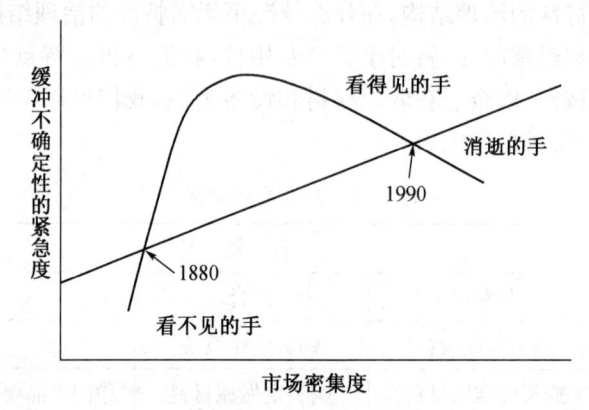

图 2-2 消逝的手假设

以美国产业发展的历史为基础,Langlois 把它分为三个阶段:斯密所说的"看不见的手"的市场调节阶段(1880 年以前),钱德勒的"看得见的手"的企业调整阶段(1880~1990 年)以及"消逝的手"阶段(1990 年以后市场调节重新占主导的阶段)。图 2-2 中向右上方延伸的直线反映了企业和市场之间的边界。直线上方为企业调节,即以一体化和管理来缓冲不确定性;直线下方为市场调节,即通过市场来缓冲不确定性。

1880 年以前,美国地广人稀,交通落后,统一市场尚未形成,工业革命带来的技术革新尚未广泛散播,这时美国分割的市场由近乎万能的贸易商来连接,这些贸易商承担着市场交易的所有风险和不确定性。因此,市场的密集度和缓冲不确定性的紧急度很低,市场处于"看不见的手"调节的阶段。19 世纪后期,工业革命成果在美国的蔓延导致高产出技术的广泛使用和大量生产,这导致缓冲不确定性的紧急度的突然增加。这一点反映在曲线开始的那段陡坡上,但是,市场的密集度不足以缓冲产品流的不确定性,就好比它们最初那样发展不成熟,不能处理金融风险。因此,为了降低不确定性带来的交易成本,企业通过扩大其管理权限,扩张企业的边界,引发兼并浪潮,也就是钱德勒所说的"看得见的手"。此时,通过构建大型企业从事大量生产的企业调节交易居于主导位置。20 世纪中后期,信息革命导致企业生产的信息结构发生变化,"婴儿潮"促使美国人口增长和市场密集度的增加,也就是说,发生了两种情况:① 市场变得越来越密集;② 缓冲的紧急水平开始下降。缓冲紧急度的下降部分是由于技术变化开始降低生产的最小效率规模,但也是由于协调技术的改善——不管是应用于企业内还是企业间——降低了缓冲的成本(从而降低了紧急度)。于是,市场调节重归主导,企业扁平化和小型化,产品内外的分工水平提高,这一切都表现为以中小企业蓬勃发展为特征的新经济。这样一个历程反映在图 2-2 中的曲线之上。

在威廉姆森看来,不确定性的增强会把混合投资特点的交易推向专用投资,从而需要特殊的治理,这种直觉与上面的分析结论是一致的。

三、治理结构与签约方法

威廉姆森采用伊恩·麦克尼尔的"三分法"将合同的契约方式分为古典式签约方法、新古典式签约方法和关联式签约方法三种,分别对应于上面提到的三种治理结构。[①] 威廉姆森并未为治理结构给出一个确切的概念,但是根据他的分析,我们可以认为治理结构即为经济世界中交易各方为降低交易费用而进行的制度设计和交易形式的选择。

古典式签约方法的特点在于,签约双方可以将交易的各种事项在事前详细地描述出来。这种签约方式强调的是法律原则、正式文件和自我清算的那种交易,一旦出现纠纷,往往以签订的合同为主。因为可以在合同上详细签订双方的权利和义务,所以交易双方的身份是否明确并不重要。与这种特定的签约方式所联系的市场结构是经济学中理想的市场结构,信息自由流动,因而不存在信息不对称的情况。市场的充分竞争保证了不存在资产专用性,那么,通过市场来组织交易变得可行而且是有效率的。也就是说,在不涉及资产专用性的条件下,无论交易的频率怎样,古典式签约方法是可行的,即通过价格机制在市场上进行交易。

新古典式签约方法涉及到长期合同的不确定性问题。这种不确定性主要是由人的有限理性和投机导致的。具体来说,就是:① 人们无法充分预见需要双方采取措施去调整的未来状况;② 在意外事件发生之前,能否适应环境的变化修改合同不可而知;③ 在投机的环境下,人们无法清楚知道对方的行为。这就会导致合同无法履约或者履约的成本太高,古典式签约方法就会破裂。那么,如何解决由于环境的不确定性和人的行为的不确定性导致的签约关系破裂呢?威廉姆森认为有三种解决办法:放弃全部交易;交易在组织内部进行,用登记制度代替市场价格来指挥交易;设计另一种签约方法,对合同关系进行调整,增加一层治理结构。其中的第三种解决办法就是新古典式签约方法。因无法把合同写得很充分、详细而导致合同关系出现了紧张状况,这时就需要通过第三方来协助调解合同关系。

这种三方治理不局限于我们一般认为的法庭。事实上,在交易成本理论中,非正式的协调方式(如私下协商、仲裁等)比正式的解决方式(如法庭)具有更加重要的地位。这种分析方法是很符合现实的。在日常生活中,人与人之间纠纷的解决方式具有一定的顺序。一般来说,人们解决纠纷的第一选择是当事人双方协商。如果协商未果,不能达成一致,那么,双方会选择一个中间人(即这里说的第三方的一种情况)进行协商。在家族纠纷中,中间人一般是族人或熟人中知识渊博、值得尊敬的中老年人。当事人双方往往会通过中间人传递不方便当面直说的要求、意见。有时候,这种中间人的作用,往往会比双方当面解决问题要好。如果中间人还不能协调当事人之间的纠纷,当事人才会选择街道居委会以及其他仲裁机构协助解决。只有在迫不得已的时候才会将纠纷诉诸法庭。这是万不得已之计,除了解决效果的不确定外,还有昂贵的诉讼成本。更严重的是,一旦诉诸法庭,当事人双方的关系即完全破裂。而三方治理还可以维持良好的关系,使交易双方能够从中获益或者损失不会太大。

第三种签约方法是关联式签约方法。这种签约方法涉及到合同变得持久和复杂、交易频率又很高的情况。在这种情况下,需要"更加彻底的专门交易以及随时进行调整的过程",以形成"不局限于交换及其直接结果的一整套行为规范",也就是财产关系。[②] 这种签约方法的最

---
① [美]奥利弗·E·威廉姆森:《资本主义经济制度》,北京:商务印书馆,2004年,第99～119页。
② [美]奥利弗·E·威廉姆森:《资本主义经济制度》,北京:商务印书馆,2004年,第103～104页。

极端的形式就是企业组织,即各种合同关系被企业所取代,亦即企业取代市场组织交易的过程。

在交易成本理论中,组织交易的方式有三种:市场治理、混合治理和统一治理。其中,混合治理又分为三方治理和双方治理。在市场治理的情况下,交易各方事实上不用签约,只是通过价格机制进行交易,一方付钱,一方交货。资产的非专用性,使得市场交易变得方便高效,买方可以轻易地从市场上购买需要的物资而不受到卖方的要挟。混合治理结构则涉及到合同的签订和协商问题,由于存在不确定性,交易双方必须通过一定的治理结构来解决不确定性导致的交易风险问题。统一治理则涉及到投资的专用性很强、交易的频率很高的情况。为了防止对方的要挟行为,通过统一的治理,即用企业取代市场进行交易更有利于节省交易成本。从治理的方式来说,就是通过企业内部的等级制度取代企业外部的市场价格机制和签约交易。因此,根据三种治理方式的特征,可以画出图2-3。

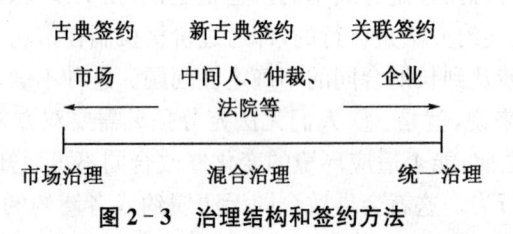

图2-3 治理结构和签约方法

不同的治理结构与不同的签约方法相对应。我们将这种对应关系整理成表2-2。在市场治理的情况下,企业的投资活动采用古典式签约方法即可保证交易顺利进行。混合治理根据交易频率的差异,可以分为新古典式签约方法与关联式签约方法。一般来说,交易的频率越高、资产越是专用性,交易趋向于关联式签约方法,治理结构趋向于统一治理。

值得注意的是,治理结构的概念是非常模糊的。很多情况下,需要把理论的与现实的结合起来才能深刻领悟,因而也无法给出一个精确的概括。泛泛地讲,市场和企业都是一种治理结构,混合治理时的第三方机构也是一种治理结构,甚至合同本身就是一种治理结构。交易费用理论的贡献在于,给人一种指导,即在不同的治理环境下,如何选择治理结构以减少交易费用从而提高交易的效率。因此,威廉姆森将符合表2-2的治理称为"有效的治理"。

表2-2 有效的治理

		投资特点		
		非专用	混合	独特
交易频率	偶然	市场治理	三方治理(新古典式签约方法)	
	经常	(古典式签约方法)	双方治理(关联式签约方法)	统一治理(关联式签约方法)

资料来源:[美]奥利弗·E·威廉姆森:《资本主义经济制度》,北京:商务印书馆,2004年,第113页。

第五节 纵向一体化

交易费用理论被广泛用来分析生活中的各种组织制度和组织演化行为。换句话说,是交易费用的变化决定着经济组织的形式和变迁。许多经济学家把交易费用理论运用于解释各种经济组织和合约安排,其中包括企业规模的演变、企业合作的方式、企业兼并与分离甚至文化习俗的形成和作用。本节介绍交易费用理论对企业纵向一体化的解释。

一、纵向一体化

纵向一体化是指把在生产阶段上具有连续性的各个环节纳入同一个企业的过程。一个产品从投入原料到最终生产出产成品,其中一定会经历很多的环节,这些环节可以在企业内部通过管理进行,也可以通过处于不同环节的企业之间的市场交易进行。例如,沃尔玛公司原来是一个销售公司,以前它销售的所有商品都是供应商生产的,它通过购入产品(即市场协调交易)然后卖出商品的方式获利。在这里,沃尔玛之类的销售商(中间商)和为其提供产品的供应生产商以及生产商的原料供给者都是产品价值链上的一个环节。如果原料供应商、生产商和销售商之间的交易是通过市场价格进行的,那么就可以说这个价值链是非一体化的。相反,如果沃尔玛不仅销售购入的商品,而且自行生产产品自行销售产品,那么就可以说沃尔玛具有纵向一体化的特征。这种由销售向生产方向一体化的形式,我们称之为后向一体化;相反,由生产阶段向销售阶段的一体化,我们称之为前向一体化。生产家电的厂商不是把产品卖给销售商,而是建立自己的营销网点销售自己生产的产品,就是前向一体化。我们说的"前向"就是指企业向价值链的下游(消费者一端)延伸,而"后向"则相反,是指企业向价值链的上游(产品和原料生产方向)延伸。

一般来说,纵向一体化是一个相对的概念。就某一项产品的价值实现过程来说,从原材料到消费者最终购买产品,其中有很多的阶段,而且生产和销售每个阶段本身也可以分为很多的环节。就生产来说,有的企业专门生产零部件,有的企业则专门利用这些零部件组装产品,当然也有的企业既自己生产零部件又自己组装产品;就销售来说,一般有零售商和批发商之分,还有不同层次的代理商。因此,每一个企业都在一定程度上具有一体化的性质。完全的非一体化很少见,但是完全的一体化也是不可能的。简单地说,生产商可以前向一体化自己销售商品,也可以后向一体化自己生产原料,但是这家生产商并未实现完全的一体化,因为生产原材料的工具还是需要从外面购入。只有完全集中的计划经济,全国就像一个大工厂,完全没有市场协调,才称得上是完全一体化,但现实中很少见。

新制度经济学需要解释的是,企业为什么要进行一体化(或者非一体化)?换句话说,是什么因素决定着企业一体化的程度?实际上这个问题可以追溯到科斯的企业的边界问题,纵向一体化实际上就是企业边界扩张的一种形式,因此,我们需要回答企业与市场的替代问题,交易费用理论对此的一贯解释是交易成本是决定企业一体化程度的根本因素。

【案例 2-2】

19世纪末20世纪初美国企业的纵向整合

……在运输、分配、加工和采购等设备上的大量投资,已经证明是促使公司扩张的有利因素。对阿穆尔公司和其他大型肉类加工公司来说,这种旨在更集约地利用现有设备的成长过程,要比美国烟草公司具有同样目的的成长过程更带有改革性,甚至还在1890年以前,肉类加工业已经开始向海外扩展自己的销售组织,它们使用自己的冷藏船只并在重要的港口设置仓库。然而直到20世纪的头60年为止,虽然它们在国外已具有支薪的销售和分配经理,但还没有建立起一套可与美国本土的分支机构网络相比拟者。为了更充分地利用其生产设备,它们不久就开始生产猪肉、羊肉及其他的肉类产品。它们几乎一夜之间成为肉罐头制造业的领导者,虽然有些小公司早就开始这行业了,特别应该提出的有威尔逊公司和利比公司,麦克尼尔和利比公司。接着阿穆尔公司和其他公司开始利用自己的装罐设备制作鲑鱼、沙丁鱼、金枪鱼、炼乳及蔬菜罐头。所有这些罐头产品的销售都是通过分支机构的销售组织进行的。

公司还另设单独的销售组织以销售无法通过它们现有的销售设备进行销售并分配的产品。……而这种纵向结合企业之所以出现,乃是为了协调从原料供应者到最终消费者之间的高额流量。这些公司无需经过串通就能确定价格,这已成为标准的经营方式。利润来自成本的不断降低,对管理协调工作的改善以及对现有设备更集约的利用和海外市场的扩大。至于新产品和新市场开发,则通常需要成立新的附属组织来协调货物的流程。

在第一次世界大战以前,这种竞争和成长的模式也已出现在石油企业、化学企业、橡胶企业、玻璃企业、金属加工业和造纸工业中,因为这些工业的生产和分配过程的性质使纵向结合和管理上的协调成为有利可图。不论这些新的大企业是在合并以后再进行结合还是经由内部成长而扩大,它们都依靠高效率的管理协调和保持其支配地位。与肉类加工业者一样,它们购置了自己的油槽车队、油槽船和其他运输设备并自行经营。它们为其主要市场发展出了完整的产品系列,并千方百计地发展副产品,它们还建立新机构以管理这些产品向新开发的市场的流动。到第一次世界大战时,它们几乎都建立实验室,以改善和开发现有的和新的产品及其作业方式。它们还向海外进行扩展……

资料来源:[美]钱德勒:《看得见的手》,北京:商务印书馆,1987年,第465、470页。

二、交易成本与纵向一体化

1. 传统的解释:技术决定论

在技术日新月异的今天,复杂的技术需要复杂的组织与之相适应。例如大型生产机器的发明,可以将不同的生产环节连接在一起,从而发挥规模经济的优势,降低单个产品的生产成本。通过技术节约成本提高经济效率的典型做法就是"福特制",即通过机器的使用实现制造方式的标准化、装配环节的流水化。这种大量生产方式显然要求企业有较大的规模。工业革命以来,随着技术的革新,人类的生产活动已广泛采取迂回生产方式,即通过制造机器来提高生产效率。机器的使用可以使大规模的生产变得可能,从而实现规模经济。规模的扩大必然导致企业的兼并与扩张,因此,人们自然而然地将技术与纵向一体化联系在一起。在新古典经济学中,企业是"黑箱",要素投入其中就产生了产品,至于生产过程的组织形式却很少有人关注,因为投入产出效率由生产技术函数先验地决定了。从这个角度讲,技术决定论被广泛接受也是不足为奇的。

由技术进步导致的规模经济还会伴随着另一个效应——范围经济。技术促使规模生产更加简单易行,规模的扩大导致副产品的使用有利可图,企业从一个领域扩张到另一个领域,从一种产品生产延伸到相关产品的生产,可以充分发挥企业的潜能,降低企业整体的成本,降低企业经营的风险。这样一个过程反映在交易由"看不见的手"向"看得见的手"转变的历史进程中。钱德勒对美国19世纪末20世纪初的企业发展史进行了详细的描述。[①] 工业革命以后，技术进步日新月异，主要表现在蒸汽机的使用、电力的运用、铁路网络的构建以及通讯技术的发展。这些技术进步深刻地影响着企业的组织结构。以美国为例，贯穿南北的铁路运输网的建立极大地降低了运输成本，通讯技术的发达极大地降低了企业间或企业内沟通协调的成本，而统一市场的形成更是促进了劳动分工与专业化。专业化经理人阶层也随之应运而生，从而增加了企业的管理能力。所有这些因素导致了美国在19世纪末至20世纪80年代的企业兼并浪潮。

然而，新制度经济学家们不以为然。威廉姆森认为只有当以下两个条件得以满足时，经济组织才是完全由技术决定的：① 拥有一种唯一的、绝对优于其他技术的技术；② 这种技术要求建立独一无二的组织形式。而且他认为这两种条件都满足的技术极为罕见。[②] 因此，使人们作出纵向一体化决定的原因不是技术，而是新制度经济学家们所指的"交易费用"，即只有当纵向一体化可以带来交易成本的节约，企业才会选择纵向一体化。

2. 交易费用的解释：治理成本

无论是市场交易还是企业内部协调都是有交易成本的。在交易费用理论中，我们将所有的关系都称之为契约（或者合同）。因此，无论是市场交易还是企业内部的管理协调都是契约关系。不同的契约关系需要不同的治理结构来节约交易成本。如果我们将现实世界中的交易简单地分为市场和企业，我们可以发现它们各有其优劣，威廉姆森称之为"治理成本"。[③] 科斯将企业内部组织交易的成本称为组织成本，把市场上交易的成本称为交易成本，企业会扩张直至通过企业组织一单位交易的组织成本等于通过市场组织一单位交易的交易成本。后来，经济学家将组织成本和交易成本都一般地称为交易成本。威廉姆森将企业内部的交易成本具体地称为官僚主义成本。他认为市场和内部组织之间的区别有三点：第一，市场比内部组织能更有效地产生强大的激励并限制官僚主义无能；第二，有时，市场有通盘解决需求的长处，由此实现规模经济或范围经济；第三，内部组织更易于建立不同的治理手段[④]。

由此产生的关于产品和服务是自产还是外包问题（换句话说，内部生产还是外部交易），在忽略规模经济和范围经济的情况下，取决于"对生产成本的控制"和"适时调整的难度"两个因素。市场竞争属于一种强激励机制，这就要求交易双方对生产进行严格的生产成本控制。交易的双方已经建立起相互依赖的双边关系，但是这种双边关系存在适应问题，特别是当涉及到资产专用性时，这种适应性问题变得至为关键。威廉姆森用图2-4来说明市场和内部组织（企业）之间的替代关系。[⑤]

如果用 $\beta(k)$ 表示内部组织的官僚主义成本，$M(k)$ 表示相应的市场治理成本，其中 k 是资产专用性的指数，k 越

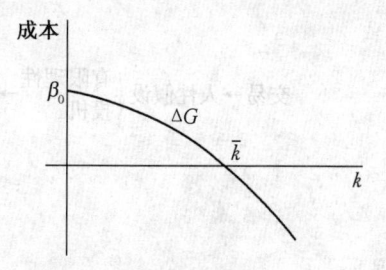

图2-4 两种治理成本的比较

---

① [美]钱德勒：《看得见的手》，北京：商务印书馆，1987年。
② [美]奥利弗·E·威廉姆森：《资本主义经济制度》，北京：商务印书馆，2004年，第123页。
③ 关于交易要么由企业、要么由市场组织的二分法，受到巴泽尔的批评。详见本书第三章第四节的分析。
④ [美]奥利弗·E·威廉姆森：《资本主义经济制度》，北京：商务印书馆，2004年，第127页。
⑤ [美]奥利弗·E·威廉姆森：《资本主义经济制度》，北京：商务印书馆，2004年，第128页。

大,资产专用性程度越大。在资产专用性为0时,市场交易的治理成本显然要小于内部组织的治理成本,因此可以假定 $\beta(0) > M(0)$。另外,假定 $M' > \beta'$,这表示市场的适应性不如内部组织,或者说随着资产专用性程度的增加,市场治理成本的增加快于内部组织治理成本的增加。在图2-4中,$\Delta G = \beta(k) - M(k)$,表示内部组织的治理成本与市场的治理成本之差。显然,在 $\bar{k}$ 处,$\Delta G = 0$,表示不论是市场组织还是内部组织都没有什么差别。在 $\bar{k}$ 点左边,市场治理的成本小于内部组织治理的成本,因此通过市场获得要素供给比企业自己生产成本要低,或者说通过外包既可以产生良好的市场激励,又可以降低官僚主义成本;相反,在 $\bar{k}$ 点右边,内部组织的治理成本小于市场治理成本,因此,企业应该将要素的供给由市场购买转变为企业内部自己生产。在这一过程中,关键的变量是资产专用性导致的治理成本问题。简而言之,资产的专用性程度越高,企业倾向于将生产的相关环节内部化,以节省交易成本。由此可见,在交易费用理论中,企业之所以进行一体化,其根源在于一体化能够节约交易成本,企业的一体化过程将停止于企业组织交易的治理成本等于市场组织交易的治理成本。

本章小结

本章介绍的主要是威廉姆森的交易费用理论。威廉姆森作为交易费用理论的集大成者,试图从交易费用的角度构建一门经济学分支,并称之为"交易费用经济学"。交易费用理论对人性的基本假设进行了重新界定,并运用资产专用性、不确定性与交易频率三个维度来区分交易的类型。然后根据交易的类型分析不同交易的治理结构。交易是交易费用理论分析的基本单位。所有治理结构只不过是为了节约交易成本而已。治理结构的具体形式包括市场、企业以及居于二者之间的其他组织。治理结构表现为不同的合同。根据本章的分析,可以绘出威廉姆森的交易费用理论的逻辑体系图。交易费用理论的运用甚广,经济学家将交易费用理论应用于分析劳工组织、现代公司、企业特许权经营等现实问题,极大地改变了人们对这个世界的看法。

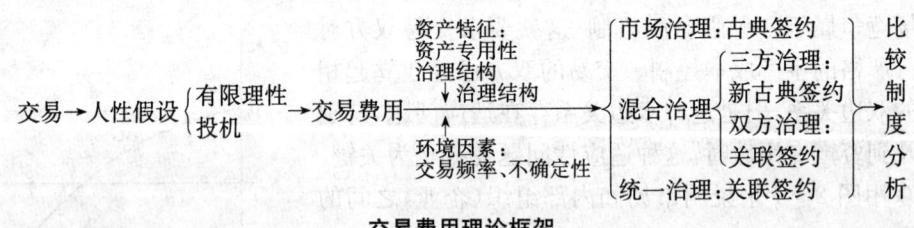

交易费用理论框架

关键术语

| 交易 | 交易费用(成本) | 资产专用性 | 治理结构 | 有限理性 |
| 机会主义 | 双方治理 | 三方治理 | 市场治理 | 纵向一体化 |

本章思考题

1. 交易费用理论关于人的基本假设是什么?
2. 威廉姆森是如何区分交易的?
3. 交易成本是如何产生的?
4. 什么是治理结构?为什么需要治理结构?请举例说明现实中有哪些治理结构?
5. 何谓纵向一体化?交易费用理论对纵向一体化的解释与新古典理论有何不同?

学习参考资料

[1] [美]奥利弗·E·威廉姆森.资本主义经济制度[M].北京:商务印书馆,2004.
[2] [美]康芒斯.制度经济学[M].北京:商务印书馆,1962.
[3] [美]奥利弗·E·威廉姆森等编.企业的性质[C].北京:商务印书馆,2007.

第三章 产权理论

学习目标

1. 掌握产权的概念、产权的作用。
2. 理解科斯定理。
3. 区分价格和非价格资源配置的方式。
4. 了解巴泽尔、阿尔钦、德姆塞茨的产权思想。
5. 运用产权理论解释生活中的"公地悲剧"现象。
6. 理解产权制度和经济增长之间的关系。

本章介绍新制度经济学的产权理论。产权是一种社会工具,具有节约交易成本的功能。本章的安排如下:第一节借"公地悲剧"来理解市场失灵。传统理论解决市场失灵的方法是政府干预,而新制度经济学的解决途径则为产权界定和保护。第二节探讨了产权的起源、概念与作用。第三节讨论"科斯定理"。第四节介绍巴泽尔、阿尔钦和德姆塞茨等人对产权学说的开拓性贡献。最后从宏观层次剖析产权制度与经济绩效之间的关系。

第一节 "公地悲剧"与市场失灵

一、"公地悲剧"

【案例 3-1】

小村庄的故事

在赣北的某个山区有一个十几户人家的小村庄。它坐落在山沟中,一条清澈的溪水由西至东缓缓流过。两旁的高山郁郁葱葱,一年四季生机勃勃。在"文革"期间,这个村庄只是当地人民公社下属的一个生产大队。1978年以后,改革春风吹大地,这个小村庄也开始进行农业生产制度的改革,实行家喻户晓的家庭联产承包责任制,实行包产到户,包干到户。根据我国土地法,农村的土地属于集体所有。但是,改革以后,集体土地按照每户人口承包给各家各户,农民拥有了实际上的土地控制和使用权。此外,村庄的竹林大部分被划分到各家各户,同时留有一部分的集体竹林。但是,树林却没有做类似的处置。竹林和树林均属于经济林,可以给村民带来经济利益,当然,也可以用于制作农业生产资料或生活资料,如用木材做房子、犁、家具等,用竹子制作竹床、簸箕、竹筐等。

20世纪90年代初,村里修了一条公路,通向外界。在市场经济大潮中,山里的各种资源的经济价值迅速增加。同样是竹林,不同的产权归属导致不同的命运。分到各家各户的竹林,受到很好的管理,不少村民在自家的竹林周围围上石头垒成的或者木制的篱笆,防止自家的竹林被他人砍伐,被牲畜糟蹋。春天的时候,还派人看守,防止他人偷笋。因此,各家各户的竹林地郁郁葱葱,得到悉心地看护,带来了不错的经济效益。与此形成鲜明对照的是公有竹林。这些不多的公用竹林地被砍伐殆尽:春笋要么被牲畜糟蹋了,要么被村民拔回家食用;能有幸长成的竹材被砍作各种用途,留下来的竹子全部都是弯弯曲曲、发育不良。遭遇同样命运的还有村里的树林:村民将树木砍倒用于制作各种家具或者建造房子,但是砍伐的数量多于自己的需要,剩下来的木材通过各种渠道销售。后来,有人来村里购树,队长或者村长与购树者合谋将村里的树木用卡车大量的外运。尽管砍伐和销售树木需要经过上级领导的批准,但是,由于监控的困难以及合谋行为,这些人在砍树时往往是申请一个立方的树,砍两个、三个立方的树。村民由于不愿意得罪人,再说也不是自己一个人的树,也懒得惹这个麻烦,因此,大家都是睁一只眼闭一只眼。自己有机会也模仿着做,反正顺手牵羊的甜头不干白不干。结果,不出几年,村里的树林亦被砍伐殆尽。甚至一些百年老树都被砍掉,用作柴火或者烧炭原料。令人心痛!

资料来源:作者根据亲身经历编写。

在经济学中,我们把公共产品的过度使用称作"公地悲剧"。Garrett Hardin用该词来描述这样一种情形:一片水草丰美的公共草场,蓝天白云,风吹草低见牛羊。当生产力低下落后时,由于疾病、部落之间的争战、偷窃等等行为使人口稀少,牧民可以自由地在草场上放牧而不会对草场和他人放牧造成损害。但是一旦较长时期的和平导致人口剧增,为了供养大量的人口,放牧的数量会迅速超出公共草场所能承受的水平。在草场所能承受的放牧数量的临界水平(不会对草场产生损害的放牧水平),单个牧民从个体自利出发,额外放牧一只羊会给他带来额外的收入,但是对整个草场造成的损失则由所有的牧民承担。如果其他牧民纷纷效仿,其结果是整个草场被毁掉。水草丰美的草场变成尘土飞扬的荒漠!这就是所谓的"公地悲剧"。[1]案例3-1讲到的集体林地所面临的境遇就是"公地悲剧"的另一种版本。为什么包产到户的竹林能够得到很好的保护,而公有的竹林和树林却遭遇各种各样的过度掠夺呢?如何才能把丰美的公共草场保留下来呢?立法禁欲?限制自由?良心约束还是高压治理?Hardin认为最终的出路在于人口控制。当然,把人口控制到资源不再稀缺的水平,"公地悲剧"是可以得到很好解决的。只是到那时,恐怕连经济学也没有必要存在了!这是不现实的,而且一时也难以奏效。新制度经济学提供了一条通过明晰产权来解决问题的途径。这也是本章讨论的主题。在进入这一主题之前,我们还要深入分析一下公共产品之类的物品导致的市场失灵问题以及传统的经济学对此的解决办法。

二、市场失灵

我们知道经济学是一门研究资源配置的学科,即如何运用稀缺的资源生产出最大的产出,

---

[1] Garrett Hardin:"The Tragedy of the Commons", *Science*,1968,162:pp. 1243~1248.

以满足人的需求。因此,稀缺性是经济学分析的基础。市场通过价格机制将分散的、多样化的供给和需求连接起来,进行资源配置。从亚当·斯密开始,就有不少的经济学家强调市场对于资源配置的"无形之手"的作用,但是,经济学家们也认识到市场不能够解决所有的问题。市场经济的自发行为会带来过度竞争、垄断乃至宏观经济的波动。我们将市场无法有效调节资源配置的情形,称为"市场失灵"。

在传统的经济理论里,一个典型的市场失灵的领域就是公共产品。一般来说,公共产品具有非排他性和非竞争性的特征。所谓的非排他性是指,某个人使用这些产品并不能排除他人对该产品进行消费;所谓的非竞争性是指,增加一个人的使用不会导致该产品的边际成本显著上升或者使别人使用的收益显著减少。如桥梁就具有公共产品的性质:在一定的范围内,多一个人过桥和少一个人过桥对于桥的寿命没有什么影响。又如洁净的空气、案例3-1提到的公共林地等等。仅具有其中一种特征的产品,我们称之为"准公共产品"。如收费公路就具有准公共产品的性质,因为它具有非竞争性的特征,但是不具有非排他性的特征,即排除了不交费使用公路的可能。公共产品的特性往往会导致社会对它的供给远远小于人们对它的需求;或者说,在"经济人"假设下,非排他性意味着无法对公共产品的服务进行收费,导致生产的成本大于获得的收益,结果,厂商没有激励去生产这种无利可图的产品。免费的桥梁,谁都可以过,而构建桥梁是有成本的,因此没有私人愿意提供。洁净的空气谁都可以免费享有,但是保持洁净的空气是有成本的,私人也不会在没有回报的情况下"生产"洁净的空气。公共的林地大家都可以自由砍伐木材,为自己谋利,但是,木材这种资源是有限的,栽培树木需要时间和成本,这就会导致村民对于这种木材的需求很大,但是又没有人愿意在回报不确定的条件下生产这种资源。公共产品的性质决定了它在市场自发调节下会供给不足,因此为政府干预经济提供了借口,即由政府取代市场来提供公共产品,以试图解决该领域的市场失灵问题。

市场失灵的根本原因(或者说内在机理)在于"外部性"。公共产品的非排他性和非竞争性就已经涉及到了外部性的问题。所谓外部性就是指经济活动的参与者不对称地承担某一项经济活动的成本或者收益。换言之,就是某个人的行为对他人福利造成的影响(或改善或损害)。给他人带来收益的情况,称为"正的外部性";给他人带来成本的情况,称为"负的外部性"。当然,这些加诸于他人的成本或者收益可能是有意的或者无意的,隐性的或者显性的。比如,一个人在公共竹林滥砍乱伐,导致集体资产流失,减少他人从中获得的好处;造纸厂排放的废水,会污染河水,从而给下游居民的生活健康产生危害,而这些成本往往不是由造纸厂承担的;水泥厂排放出的烟尘污染了大气,影响附近居民的健康和生态环境,这些成本也不由水泥厂来承担。这些都是负的外部性的例子。正的外部性的例子也很多:同一寝室里的室友很精通电脑,他时不时地指导你如何处理电脑故障,增加你的电脑知识;养花会给附近的养蜂场带来好处,因为蜜蜂是采集花粉酿蜜的;我国古代"孟母三迁"的故事,就是说明这种外部性的绝好例子。正的外部性固然是好事,但是,对于负的外部性问题又该如何解决呢?如果任凭产生负的外部性的厂商随意生产,会导致社会福利的损失;换言之,单个厂商在私人收益小于社会成本的情况下生产,他自己可以从中获利,但是,对于整个社会来说,是一种福利损失。我们从基本的经济学原理中可以知道,只有当收益超出成本时,对某项生产投资才是值得的,否则会得不偿失。因此,在面临负的外部性时,如果继续让市场来发挥自发调节的作用,会导致社会无效率,市场失灵便会产生,这也就为政府"有形的手"进行干预提供了依据。

三、解决的办法

"公地悲剧"问题实际上就是外部性导致的市场失灵问题。那么,如何解决这种公共产品导致的低效率问题呢?显然,靠良心是不行的,靠人类自己的反省似乎也不行!技术进步如果可以降低资源的稀缺性,固然可以缓解"公地悲剧",但似乎也很难达到完美的效果。传统的经济理论认为,应该政府干预。例如,对于产生环境污染的厂商征收"庇古税"。也就说,对于厂商生产每个单位的产品征收一定的税,增加厂商生产的边际成本,从而降低产量和污染量。[①]当然还有其他办法。例如,由政府强制厂商对受到损害的居民进行经济补偿,或者要求厂商采用可以减少污染的新技术,或者要求厂商在排污前将污水进行一定的处理。政府干预是为了使这项生产活动的社会收益不小于社会成本,而不是完全消灭污染。

对于公共产品的供给来说,传统的理论认为应该由政府通过征税来提供公共产品。例如,国家花钱修建公路、铁路、桥梁等公共设施,从而减少公共产品的供给不足问题。但是,在政府的干预做法中,我们可以看到这样一个问题,即政府的干预是有成本的,包括政府部门的工资、鉴定各种成本收益的费用、复杂的行政程序以及腐败等等。有时候,政府干预的成本如此之大以至于政府干预的效果不如市场调节的效果,这就是政府失灵问题。那么,当同时出现市场失灵和政府失灵的情况时,又该如何呢?

新制度经济学从另一个方向开辟了解决这些问题的思路。如果引入产权和交易成本的分析,我们会发现,政府并不是唯一的公共产品的提供者,私人也可以提供公共产品;公共产品的问题可以通过界定产权等措施从不同程度上得以解决。政府所需要做的,更多的是健全产权制度,制定法律法规,而不是直接的干预市场经济活动。

第二节 产权及其作用

一、产权的起源

产权是怎么产生的呢?是不是有了人类就有产权的概念,或者说产权伴随着人类的产生而产生呢?显然不是。产权的核心概念是所有权,我们懂得了所有权的起源问题,也就知道了产权起源的大部分奥秘。

19世纪末20世纪初的美国著名经济学家凡勃伦在一篇题为"所有权的起源"的论文中,从演化的视角论述了所有权观念是如何在人类社会中生根发芽的。[②] 凡勃伦认为,所有权的产生是以一定的生产力发展水平为基础的,只有当人类社会的生产力水平发展到拥有私人财产,才可能会有所有权。但是有了私有财产并不意味着人们有所有权这种观念。具体来说,在原始社会,生产力极端低下的条件下,私有财产是不存在的。生产力水平如此之低下,以致整

[①] 污染的治理,不是要绝对地消灭污染,而是要把污染控制在合理的水平,即私人成本与社会成本相等时的排污量。在存在外部性而又不存在政府管制的情况下,排污水平由企业生产的私人边际成本和边际收益决定。通过征税,可以增加企业生产的私人边际成本从而减少排污量,使其与合理的排污水平一致。

[②] Thorstein Veblen:"The Beginning of Ownership", *The American Journal of Sociology*, 1898, Vol. 4, No. 3: pp. 352~365.

个部落可获取的食物仅能维持生存,没有剩余产品,大家集体劳作,集体消费,简单的生产资料归大家共同使用,任何个人脱离这个集体就会饿死,这就是原始社会的公有制状况。当时,由于生产力水平极低,在这种条件下,产权的观念不仅是无法形成的,而且也是与当时的观念相违背的。随着生产力水平的不断上升,开始出现剩余产品,一些耐用的、易于储藏的物品才会有可能变为私有的财产。但是,在没有商业发展的阶段,对于其他的物品产权概念尚无法形成。当人类社会开始向更高的层次发展时,随着剩余产品的出现,人们发现占有别人的东西可以给自己带来好处,不同的部落之间开始进行争战,以获得对方的财产(包括奴隶和财物)。当人们内心的掠夺性暴露出来时,整个世界开始发生了根本性的变化,特别是当涉及到对人的占有时。

凡勃伦通过推演的方法来分析所有权是怎样一步一步在人们的意识中生根发芽直至根深蒂固的。他认为,原始野蛮社会的部落掠夺的物品分为两种,要么是一般用途的物品,要么是掠夺者掠夺到的供个人使用的物品。前者集体消费掉,从而不会产生产权的概念;后者落入到掠夺者的个人使用的那些物品之类,但也不一定认为是财产或者是财富储藏。通过占有物品很难看出所有权制度是如何从早期的掠夺生活中产生的,但是,如果产生了对人的占有,情况就会发生变化。由于掠夺者个人对人的占有不会对集体产生明显的损害,于是这些俘虏就会在凡勃伦所说的"准个人边界"(Quasi-personal Fringe)之内供个人支配。掠夺者对俘虏的占有又以占有女性俘虏为主,因为她们易于控制,而且更有用。当然,这种占有的前提是,俘虏带来的收益大于维持其生存的成本。由于这些俘虏作为掠夺者的"战利品",掠夺者在对她们的控制支配过程中就会形成一种统治支配的观念,并且要求俘虏见到他要下跪问安,以显示自己的权威。既然掠夺者对俘虏的作威作福成为他的权威的表现,他有权支配的俘虏当然不能容忍他人来随意处置支配,以侵犯他的权威。当这些做法成为一种习俗或者说是惯例时,每个掠夺者支配和占有自己掠夺的女俘也就会成为是一种符合习俗的排他性的权利。凡勃伦深刻地指出,"这种使用凌辱某一对象——并非为某人的一个有机部分——的习俗权利,构成了所有权关系"。当这种使用俘虏的做法扩散到整个部落,女人与掠夺者之间的关系就变成了传统观念中的婚姻关系。"这种'所有权式的婚姻'似乎既是私有产权也是家长制家庭的起源。"这种关系扩展到其他的物品乃至整个部落的成员,人与人之间的剥削关系就产生了。当使用和支配他人为某个人的利益服务,对某个人有用成为一种习惯,当"我的"成为人的思想习惯中广泛接受的必需的一部分时,那么将这种所有权观念延伸到具有个人所有权概念的劳动产品之上也就很自然了。人们不断的效法会导致原始的所有权制度不断地延伸到新的物品之上。

通过逻辑推演来分析所有权的起源无疑为我们提供了一个不错的研究视角。但是凡勃伦并没有分析所有权如何从对人的占有支配延伸到对物品的占有支配。实际上,生产力的发展阶段具有极其重要的作用。生产力的高度发达,会导致剩余产品的产生,联合的劳动和集体的所有权就不再显得那么重要,有人就可以通过非生产性的劳动获得收入,这群人就是凡勃伦所指的"有闲阶级"。

凡勃伦的分析无疑对所有权观念是如何产生的给出了一个很好的解释。在狭义的概念上,所有权与产权可以划为等号。因此,凡勃伦关于所有权形成的推演分析,可以理解为产权的产生过程。有了私有财产和所有权观念,人们才会进行掠夺,以获取他人的劳动成果,这样,产权保护才显得必要。在对私有财产的争夺和保护过程中,产生了广泛接受的习俗化的产权制度。因此,凡勃伦关于产权起源的分析,是基于人与人之间关系的分析,而不是纯粹的技术分析。

　　现代产权经济学对于产权起源的认识却是从另外一个不同的视角来进行的。德姆塞茨认为,"当内在化的所得大于内在化的成本时,产权的发展是为了使外部性内在化。内在化的增加一般会导致经济价值的变化,这些变化会引起新技术的发展和新市场的开辟,由此而使得旧有产权的协调功能很差。……在(社会)偏好给定的情况下,新的私有和国有产权的形成将是对技术和相对价格的回应。"[①]除了技术以外,人口压力、资源的稀缺度以及要素和产品的相对价格的长期变动也是分析产权形成的角度。诺思运用这些产权起源理论重新解释史前农业的发展。[②] 在资源丰裕的条件下,确立资源的排他性权利的成本大于收益,私有产权就不会被界定出来,因此,大量的资源为公共财产。随着人口的增长,部落之间的竞争进一步增强,狩猎的边际收益下降,定居变得有利可图,从而需要建立集体的或者私人的财产权利,尽管其中存在一个建立排他性权利的费用。

　　巴泽尔也分析了财产权利的形成问题。[③] 他认为产权是不断产生并不断放弃的,应该根据条件的变化进行分析。在他的理论中,产权一般情况下是很难进行清晰界定的,因为这样做的成本很高。他将未能充分界定的权利称为公共领域,当给人带来的收益大于获得它的成本时,人们就愿意花费成本去获得对于这些权利的私有产权。所以说,产权不是个永恒的概念,而是不断变化的,这又取决于外部条件的变化,如产权界定的成本的变化、个人拥有的商品和公共领域内的商品权利的价值的变化。当测量和监督资产或者资产属性的成本超过评估的价值时,这项资产和属性就会属于公共领域成为公共财产;反之,私人的产权将会形成。

　　Libecap 的研究显示了另一个变量即政府在私有财产权利形成过程中的作用。[④] 他研究了 1850 年代至 19 世纪末美国内华达州的矿产法从公有产权向私有产权的法律规范的演变历史,认为该地区矿产的私有产权的形成,或者说私人矿产法的形成并不是自发的,它的背后存在强烈的经济动力。矿产的所有者为建立明确产权的法律规范,对政府机构进行院外活动(如寻租、游说等),是法律结构变迁的主要根源。具体来说,在发现金银矿产的初期,这些矿产的产权是不清晰的,或者说属于公有产权,于是大量的人进入开发矿产的行列之中,竞争日益激烈,从而增加了对排他性权利的需求。矿产的开采者通过院外活动促使私人矿产法的产生和完善,从而明晰各种财产权利。

　　比较一下凡勃伦和现代产权学派关于产权起源的观点,我们可以发现,后者与其说是分析产权的产生与起源,倒不如说是分析产权的变更。凡勃伦的分析,虽然名为"所有权的起源",实际则是从人类社会历史演变的角度分析产权(所有权)这种观念是如何在人的意识中一步一步形成的。

---

① H. 德姆塞茨:"关于产权的理论",载[美]R. 科斯等:《财产权利与制度变迁》,上海:上海三联书店、上海人民出版社,1994 年,第 100 页。
② [美]道格拉斯·诺思:《经济史中的结构与变迁》,上海:上海三联书店、上海人民出版社,1994 年,第 80 页。
③ [美]Y. 巴泽尔:《产权的经济分析》,上海:上海三联书店、上海人民出版社,1997 年,第 85～104 页。
④ Libecap, Gary: "Economic Variables and the Development of the Law: The Case of Western Mineral Rights", *Journal of Economic History*, 1978, 38(No. 2, June): pp. 399～458.

二、产权的作用

1. 产权的概念

产权,即财产权利(Property Right)。正如前面的分析,产权的核心概念就是所有权,在狭义概念上,我们可以将所有权与产权划为等号。但是,从广义的产权来看,所有权只是产权的一个部分,产权不仅包括所有权,还包括由所有权延伸出来的其他财产权利,如对财产的使用权、处置权等等。因此,从这个角度来说,产权是人们对财产的所有权以及基于所有权而引发的对财产的各种使用处置权利的总称。尽管如此,我们仍然有必要看看其他经济学家对于产权的定义。

一个被罗马法、普通法以及现行的法律经济研究者认同的产权定义为:产权不是指人与物之间的关系,而是指由物的存在以及关于它的使用所引起的人们之间相互认可的行为关系。产权制度是一系列用来确定每个人相对于稀缺资源使用时的地位和社会关系。①

不同的经济学家对于产权的定义有所不同,至今仍没有一个统一的说法。柯武刚、史漫飞将产权定义为"不让他人使用一项资产的权利以及使用、向他人出租或出售该资产的权利"。② 德姆塞茨认为产权"意指使自己或他人受益或者受损的权利。"施瓦茨则认为,"产权不仅仅是指人们对有形物的所有权,同时还指包括人们对有权决定行使市场投票权时的权利,行使行政特许权,履行契约的权利以及专利权和著作权。"巴泽尔指出"人们对不同财产的各种产权包括财产的使用权、收益权和转让权。"阿贝尔对于产权的认识可以归纳为以下几个方面:① 所有权,即排斥他人对某物的控制权;② 使用权,即区别于管理和收益权的对所有物的享受和使用权;③ 管理权,即决定怎样使用和由谁来使用所有物的权利;④ 事后结果的责任权,即分享剩余收益或者承担债务的权利;⑤ 处置权,包括改造、毁损、转让等权利;⑥ 保障所有物安全的权利。③ 诺思认为"产权的本质是一种排他性的权利",市场上的交易只不过是两束权利的交换,这反映了产权的排他性和让渡性。④ 另外,还有经济学家从制度的角度来分析产权,认为产权是一种关于人与人之间的财产关系的制度设计或者规则,其中涉及到产权的获得、变更、保护以及剥夺等方面。

如果从所有权的角度来理解产权的话,我们可以将产权分为私有产权和公有产权。凡勃伦认为应将所有权的基础理解为所有者的生产性劳动是没有道理的,因为这无法解释为什么现实生活中有些人没有付出劳动却拥有他人劳动生产的产品的问题。症结在于他没有考虑人与人之间的关系问题,这也是制度分析的基础。他把所有权定义为基于惯例要求(Conventional Claim)而且公认的对某一物品自由处置的权力。所有权意味着个人所有者;联合所有权(Corporate Ownership)仅为一种准所有权,只是一种派生的概念。⑤ 在案例 3-1

---

① Libecap, Gary: "Economic Variables and the Development of the Law: The Case of Western Mineral Rights", *Journal of Economic History*, 1978, 38(No. 2, June): p. 64.
② [德]柯武刚、史漫飞:《制度经济学》,北京:商务印书馆,2000年,第224页。
③ 转引自:段文斌等:《制度经济学》,天津:南开大学出版社,2003年,第48~49页。
④ [美]道格拉斯·诺思:《经济史中的结构与变迁》,上海:上海三联书店、上海人民出版社,1994年,第21页。
⑤ Thorstein Veblen: "The Beginning of Ownership", *The American Journal of Sociology*, 1898, Vol. 4, No. 3: pp. 352~365.

里,村民对于林地的集体所有产权,在凡勃伦看来,严格来说,形同于没有所有权。

根据以上的分析,理解产权的概念必须把握以下几点:

(1)产权是一组权利,或者说完备的产权总是以复数形式出现。具体来说,包括所有权、使用权、处置权和收益权等。例如,村民不仅拥有对自留地的所有权,还拥有选择如何使用处置这块土地的权利,他可以种玉米、大蒜,也可以种红薯、辣椒甚至抛荒。

(2)产权具有排他性和可让渡性。一个人或者一群人拥有某物的产权,其他人或者群体就不能合法地拥有该物并对该物行使产权。产权涉及到的权利可以通过契约的形式在不同的个体或者群体之间转移,市场上的交易可以认为是产权的让渡过程。如在市场上买菜,买方让渡的是对货币的所有权(产权)而获得了对蔬菜的产权,卖方则相反,让渡了对蔬菜的所有权而获得货币。买方一旦获得了蔬菜的产权(交易成功),买方就可以自由的处置蔬菜,无论是食用还是浪费抑或作其他的用处,(在合法范围内)别人无权干涉。

(3)产权的核心概念是所有权。交易的任何一方取得了某物品的所有权,就会拥有对该物的所有权而衍生出来的其他权利,否则,所有权就不是真正意义上的所有权。这也意味着即使没有严格意义上的所有权,但是实际上具有了所有权衍生的各种权利,那么这个人也就不同程度地拥有了该物的产权。改革开放后中国农村的土地就具有类似性质。

(4)产权反映了人与人之间的关系。各种形式的产权制度安排反映了人与人之间的关系,具体来说,产权既包括正式的规定(如由政府供给的规定),也包括非正式的规定(如由习俗形成的规定)。如对私人产权的保护、基于财产纠纷的产权界定等。有效的产权会对经济产生积极的激励作用,否则不利于经济的发展。

(5)产权具有可分性。产权具有可分性是指产权不仅仅是一组权利,而且这些权利可以划分开来,这有利于不同的财产权利可以不同程度地在不同的人之间转移。例如某种物品的所有权与使用权之间的分离情况。比较典型的企业理论中分析较多的是关于企业之间的所有权与管理权的分离问题,亦即委托代理关系。同一事物的财产权利的划分程度取决于各种财产权利是否可以以契约的形式详尽地写出来,或者说理性的程度。现实生活中,正是由于有限理性、机会主义行为以及不确定性产生的交易成本而限制了产权权利分离的程度。

2. 产权的作用

产权有什么作用呢? 案例3-1向我们展示了同一环境下的两种不同产权安排导致的不同的经济后果:私有产权的竹林地得到很好的保护;公有产权的竹林地却被砍伐殆尽。严格来说,这并不是因为没有产权而导致的结果;确切地讲,这是由于产权不清晰导致分散的个人监管集体财产的激励不足而造成的结果。当生产力发达而又没有清晰界定的产权和保护产权的法律,对社会造成的影响不堪设想,社会倒退就是不可避免的了。当然,在原始社会的公有制下,没有产权也许更好。在现代社会,没有产权是不可想像的,每个人都担惊受怕地活着,自己的财产随时都面临着被剥夺的危险。奥尔森指出,"当存在激励因素促使人们去攫取而不是创造,也就是从掠夺而不是从生产或者互利行为中获得更多收益的时候,社会就会陷入低谷。"[1]产权保护不当就可能会产生这种坏的激励。政府不能保证私有产权,也不能清晰地界定产权,那么整个社会会出现霍布斯在《利维坦》里描述的"人人为战"的状态——每个人不得不为保护

---

[1] [美]曼瑟·奥尔森:《权力与繁荣》,上海:上海世纪出版集团,2005年,第1页。

自己的财产而战斗。大量的劳动用于财产保护而不用于生产性活动,生产出来的产品随时可能会被剥夺,整个社会也就没有人愿意生产多于维持自己消费的物品了,于是社会在倒退、文明在消逝。相反,清晰地界定产权、保护产权,使每个人能够有效地拥有、享受和支配自己的劳动成果,人们就会愿意从事财富创造活动,从而对整个社会发展产生积极的激励作用。

回到案例3-1,继续还未写完的故事。小村庄在改革开放初期进行的双重的制度安排,导致截然不同的经济效果:产权界定清晰的竹林地进入良性循环,不断地为村民创造经济效益;产权界定模糊的竹林和树林,则被砍伐殆尽。当然,清晰的产权激励的前提是有有效的法律来保护私人的产权。20世纪90年代末期,附近的村庄大胆地将各种山地按人口在各家各户之间进行划分,按照一定的合同安排,村民可以在自家的土地上投资并获得收益,结果不出几年,许多原本荒芜光秃的山头绿了。这个村庄后来也进行类似的做法,结果效果类似:山又开始绿了。这就是活生生的反映产权激励作用的真实案例。公有产权很大程度上是界定不清的产权,由于每个人监督公有产权的成本与他从中获得的收益不对等,对于公有产权的管理监督处于一种名存实亡的状态,这时,对于公共资源的盗窃便不可避免地发生了,产生了经济学家们所谓的"公地悲剧"。而解决"公地悲剧"的一个重要方面就是清晰地界定产权。产权的一个重要的作用就是在于将生产活动中出现的外部性问题内部化。德姆塞茨认为,恰当的产权调整能够引导人们把外部性内部化,即让当事人自己承担自己的活动给他人带来的负面影响。[①]

上面提到的一个问题是政府在界定产权和保护产权中的作用。有了产权,并不代表产权就一定会产生积极的激励作用,关键在于这种界定清晰的产权能够得到有效保护的程度,而这正是政府的作用。在现实生活中,政府在产权保护上的作用主要表现为建立保护私有产权的法律制度。诺思和托马斯在《西方世界的兴起》一书中,提出这样的观点,即18、19世纪英国经济发展壮大,成为世界顶级的经济强国,与英国相对健全的保护产权的制度分不开。现代经济学家认为,企业家的创新精神是一国经济发展的不竭动力,因此,如果微观的经济活力无法得以激发,那么整个国家经济的持续发展便成了幻影。由于国家亦可能成为最大的掠夺者,因此,有效的产权制度还需要有一个防止政府成为产权侵夺者的政治约束机制。关于产权制度与国家经济增长之间的关系问题,将在第五节进行深入的探讨。

第三节 科斯定理及其应用

一、科斯定理

科斯在他的经典之作"社会成本问题"一文中提出了一个解决外部性问题的非正统的思路。正如在第一节分析的那样,外部性问题、搭便车问题以及垄断问题等都被古典经济学家们看作是市场失灵问题,因而成为政府干预的有力借口。以科斯为代表的新制度经济学家则提出了一个不同于传统理论的解决办法,他们认为市场失灵,根源在于产权界定不清和交易成本的存在。在微观层次,如果产权的界定问题得到很好的解决,市场就可以有效地运作。

[①] H. 德姆塞茨:"关于产权的理论",载[美]R. 科斯等:《财产权利与制度变迁》,上海:上海三联书店、上海人民出版社,1994年,第97~98页。

斯蒂格勒将"社会成本问题"一文的观点提炼为"科斯定理"："只要交易成本为零，财产的法定权利的配置不影响经济运行的效率。"①也就是说，如果交易的费用为零，无论初始的权利如何分配，交易双方可以通过市场交易达到最优的资源配置状态。这里有一个极其关键的假设就是交易费用为零，此时，产权的配置与资源配置的效率无关。案例3-1讲述的故事，主要是由于产权界定不清导致的公有资源的低效使用和过度掠夺，而非产权界定清晰时资源配置的效率问题。为了理解科斯定理的内涵，我们回顾一下"牛吃庄稼"的案例，这个案例源自科斯"社会成本问题"一文。②

假设在相邻的两块土地上，一块土地被农夫用于种植庄稼，另一块土地被牧民用于养牛；进一步假设两块土地之间没有篱笆隔开，牛会进入庄稼地吃庄稼，增加养牛会增加对庄稼的损害。由此导致的一个问题是，牧民每增养1头牛会对农夫庄稼产生的边际破坏是多少？科斯认为在交易成本为零的情况下，问题的关键不在于增加牛的头数对庄稼产生的边际损害（成本）的大小，也与初始的产权配置无关。

为了简化问题，我们用数据来阐述这个案例。假如每年农夫用以维护自己的财产（庄稼）而建立篱笆的成本是9美元，庄稼的价格为1美元每吨，每头牛的价值为5美元，没有生产成本。假如牧民养牛的数量与每年的庄稼损失之间的关系如表3-1所示。

表3-1　养牛数与庄稼产量损失之间的关系

牛的数量（头）	每年农作物产量损失（吨）	每增加一头牛导致的产量损失（吨）
1	1	1
2	3	2
3	6	3
4	10	4

首先，假设产权界定为：牧民对"牛吃庄稼"产生的损失负有责任，或者说农夫的庄稼有不被牛吃的权利。我们单独考虑牧民养牛数从3头增至4头时的情形。额外养一头牛给牧民带来的收益为5美元，但是给农夫造成的损失为4美元，由于农夫的庄稼有权不被牛吃，因此，牧民如果养牛，就必须承担农夫的损失。这里相当于牧民为了多养一头牛而从农夫手里购买牛吃庄稼的权利。在没有谈判和执行成本的情况下（交易成本为零），牧民必须给农夫4美元，自己养牛获得的净收益为(5－4＝)1美元。因此牧民养牛数从3头增加至4头的社会总收益为(4＋1＝)5美元。由于牧民养牛仍有利可图，那么牧民增加养牛数便是理性行为。均衡的养牛数量的决定条件为：牧民增加养一头牛的边际收益等于给农夫带来的边际损失。如果牧民养第5头牛给农夫带来的损失为5吨产量，那么，均衡的养牛数量为5头。

我们再看看初始产权界定给牧民时的情形。假设牧民的牛有权吃庄稼，而农夫无权干涉。当牧民把养牛数量从3头增至4头，牧民增加的收入为5美元，农夫增加的收入为0，社会总收益为5美元。比较上面的情形，我们可以发现，无论初始产权配置给哪方，在交易成本为零

---

① ［英］约翰·伊特韦尔等编：《新帕尔格雷夫经济学大辞典》，第1卷，北京：经济科学出版社，1996年，第498页。
② Coase, Ronald H.:"The Problem of Social Cost", *Journal of Law and Economics*, 1960, 3(October): pp. 1~44.

的情况下,对于社会总福利没有影响,这就证明了科斯定理一。

当然,这里的分析是十分抽象的,未考虑外部条件的变化,也未考虑生产成本。在完全竞争的粮食市场条件下,并且农夫减少粮食产量不会对粮食产业产生影响,亦即不会由此产生粮食价格变化的情况下,农夫和牧民之间可以通过自由协商达成协议。只要农夫由于牧民增加养牛头数而导致的损失得到补偿,农夫也就愿意承受这种损失,牧民也就愿意赔偿这种损失。在上面分析的情况下,产权界定是清晰的:要么农夫具有自己的庄稼不被牛吃的权利,要么牧民的牛有吃庄稼的权利,不存在中间的情况;而且可以通过没有交易成本(如谈判的费用,产品价值的界定成本等)的讨价还价,达到有效率的生产(整个社会的福利水平没有变化)。

总之,"牛吃庄稼"的故事告诉我们,在产权界定清晰的情况下,如果交易成本为零,产权的初始配置状况对于市场资源配置的效率是没有影响的。其中向最优方向发展的调整过程表现为对初始产权的交易。

二、科斯定理二

科斯定理二是指,如果交易成本不为零,产权的初始配置状况将会影响到资源的配置效率。如果我们将交易成本引入"牛吃庄稼"的案例中,可以看到,产权的初始配置将会产生不同的配置效率。这里的交易成本,主要涉及到交易双方谈判的成本、界定损失的难度以及监督的成本等。现假设交易成本以货币衡量,为2美元,其中主要是签约谈判成本。

类似地,先假设初始产权配置有利于农夫:其庄稼有不被牛吃的权利。同样只考虑牧民养牛从3头增至4头的情形。牧民为此必须支付的总成本由两部分构成:农夫的庄稼损失(4美元)和交易成本(2美元),共计6美元。但是,牧民增养一头牛的收益为5美元,结果收益小于成本,牧民增养1头牛不划算,因此,牧民只得放弃养第4头牛。同时,农夫减少4吨粮食的损失,获得4美元的收益,社会总福利水平为4美元。

再看看另一种情况。假设初始产权配置为:牧民的牛有吃庄稼的权利。牧民养牛数从3头增至4头的收益为5美元,农夫没有激励去谈判。因为牧民增加1头牛,农夫的损失为4美元,交易成本为2美元,总成本为6美元,但其只能获得牧民5美元的赔偿,农夫的净损失为1美元。因此,农夫的理性行为是:任其庄稼被牛糟蹋,获得零收益(比协商索赔时的-1收益要好)。社会的总福利水平为5美元。显然,把初始产权(即牛有吃庄稼的权利)配置给牧民要好于把初始产权配置给农夫。交易成本为零和为正时牧民养牛数从3头增加至4头时各方收益损失总结为表3-2。

表3-2 交易成本、产权配置和社会福利　　　　　　单位:美元

交易成本和产权配置		牧民		农夫		社会总福利
		收益	损失	收益	损失	
交易成本为零	农夫产权(庄稼不被吃)	5	4	4	0	5
	牧民产权(牛可吃庄稼)	5	0	0	0	5
交易成本为正(2)	农夫产权(庄稼不被吃)	0	0	4	0	4
	牧民产权(牛可吃庄稼)	5	0	0	0	5

科斯定理二给我们的启发是,既然存在交易成本时的产权初始配置会影响到资源的配置效率,那么,产权制度应寻求有利于增加社会总福利水平的权利分配。由此,人们引入产权界定问题,提出所谓的科斯定理三:当存在交易成本时,通过明确分配已界定权利所实现的福利改善可能优于通过交易实现的福利改善。[①] 这里暗含着这样一个前提,即政府拥有充分信息,能够无成本地界定产权而且认识到不同产权配置对社会总福利的影响,这样政府行为就取代私人行为从而节约了交易成本。但是,现实中政府未必能做到这一点,因为基于习俗惯例的私序也许比公序更有信息优势。另一方面,政府通过立法来保护私有产权对于促进交易效率的重要性无论怎么强调都不为过。在"牛吃庄稼"的案例中,存在交易成本时,显然最有利的产权配置是把产权配置给收益受影响最大的一方,即牧民的收益(5 美元)受交易成本的影响要大于农夫的收益(4 美元),因此,牧民应该获得"牛吃庄稼"的权利。

牛有吃庄稼的权利,这听起来似乎很可笑,也有悖于常理,但是,这确实是从增加社会福利的角度进行分析的结果,事实上,也是赋予各种成本收益特定值的结果。一般的常理认为,"牛不应该吃庄稼",是因为产权的配置有利于农民,即农民庄稼有不被牛吃的权利,但从社会整体福利来说这并不代表这种权利配置一定是最优的。当然,上面的设定也没有考察生产成本问题(假设为零),而事实上产权的配置则要复杂得多。

在此需要提出的是,技术的变化对于资源配置效率的影响。无论是科斯定理一还是科斯定理二,技术的变化都会对双方的交易行为产生影响。在没有交易成本的情况下,如果一项技术足以使农户设立栅栏的成本很小,以至小于农夫为使牧民减少养牛数量而支付的成本时,农夫就可以建立起栅栏来保护自己的庄稼不受牛糟蹋,从而使牧民养牛的外部性控制在自己的领土之外。同样,如果牧民必须对自己的牛吃庄稼负责,那么,技术的变化也可以使牧民既不减少养牛的数量又不让自己的牛吃庄稼。在正的交易成本的情况下,技术的变化,如设立栅栏的成本很低时,不用谈判即避开交易成本问题,此时技术成本取代交易成本,从而减少了交易成本对资源配置效率的干扰。由此得到的启发是,技术的变革可以对产权制度产生影响。即使不划分哪一方对"牛吃庄稼"负责,但是保留农夫和牧民各自的土地产权,技术变革可以使排他性变得经济时,生产活动一样有效率,不过,其中的部分收益不是在交易双方之间再分配,而是用于购买排他性的技术设施。

三、科斯定理的应用:灯塔的故事

科斯的产权理论,极大地改变了人们对于许多事物的看法,特别是关于公共产品的提供问题。正如第一节提到的公共产品的外部性导致的市场失灵问题,从而为政府干预提供了借口。但是,对于新制度经济学家来说,政府干预并不是唯一的也不是最好的修正市场失灵的办法,相反,即使是公共产品问题,也可以由私人来提供,关键是要清晰地界定产权并将产权配置给有利于降低交易费用的经济主体。私有产权相对于公有产权的优势是显而易见的,它极大地降低了信息成本和激励成本。从这个角度讲,科斯定理提倡的是私有产权而非政府干预来提供公共产品。一些公共产品在一定的条件下,可以通过私人组织进行提供,比较常见的是公路桥梁的修建、河流污染问题,在美国甚至还有监狱、部分国防产品等等也常常由私人部门提供。科斯考察了英国 18、19 世纪的灯塔提供的演变历史,认为这类公共产品供给问题也可以通过

---

① 约瑟夫·费尔德:"科斯定理 1-2-3",《经济社会体制比较》,2002 年第 5 期。

私人提供的方式来解决。①

科斯并不是第一个谈及灯塔的经济学家。如约翰·斯图亚特·穆勒(John Stuart Mill)在他的《政治经济学原理》一书中这样写道:"为了确保航行的安全,建造和维修灯塔、设置浮标等属于政府适当的职责。由于不可能向受益于灯塔的海上的船只收取使用费,没有人会出于个人利益的动机而建造灯塔,除非由国家的强制性征税给予补偿。"亨利·西奇威克(Henry Sidgwick)也在其《政治经济学原理》中提到,"……某些公共设施,由于它的性质,实际上不可能由建造者或者愿意购买的人所有。例如,这样的情况经常发生:大量船只能够从位置恰到好处的灯塔得到益处,灯塔管理者却很难向他们收费。"另外,诺贝尔经济学奖获得者保罗·萨缪尔森(Paul A. Samuelson)在他的《经济学》一书中,也认为政府是灯塔之类的公共产品的提供者,"政府提供某些无可替代的公共服务,没有这些服务,社会生活将不可想像。它们的性质决定了由私人企业提供是不合适的"。在脚注中他也举了灯塔的例子。由此看来,在很长一段时间里,许多经济学家都对这样一个理念是笃信不疑的,即公共产品由于存在外部性应该由政府提供。

然而,科斯认为不了解英国的灯塔制度,就无法正确认识到这类公共产品的提供问题。在英国,建造和维修灯塔的机构是领港公会(英格兰和维尔市)、北方灯塔委员会(苏格兰)和爱尔兰灯塔委员会(爱尔兰)。船主们缴纳的灯塔税用于通用灯塔基金。这些机构的开支由基金负责。灯塔税由港口的税务局征收,受到商业部的控制。目前的英国灯塔服务支出由通用灯塔基金拨出;也有一部分的灯塔不是由基金支出而是由港务局拨款,用港口税弥补。在17世纪以前,英国几乎没有灯塔。17世纪初年,领港公会在卡斯特和罗维斯托夫设置了灯塔。而在1610~1675年,领港公会则没有建一座灯塔,倒是私人组织建造了10座以上。私人建灯塔的动机被认为是个人利益,但是尽管如此灯塔还是建立起来了。私人避免侵犯领港公会的法定权力而采取的办法是从国王那里申请获得专利权,对受益于灯塔的船只收取使用费。灯塔使用费由港口的代理者收取,这些代理者可能是个人,也可能是海关官员。领港公会为了自己的利益,也会申请专利,然后再将这些权力有偿转让给私人,从中获取租金。通过考察19世纪初的情况,不难发现私人和私人组织在英国灯塔建设中的作用。相当一部分的灯塔都是由私人提供和经营的(见表3-3)。

表3-3 英国1834年以前的灯塔提供与经营②

	1806年以前	1820年	1834年
私人和私人组织提供	拥有建造权	34座	不详
领港公会提供	转让建造权	11座	不详
私人提供比例	约100%	74%	不详

---

① [美]丹尼尔·史普博编:《经济学的著名寓言:市场失灵的神话》,上海:上海世纪出版集团、上海人民出版社,2004年,第44~61页。
② 其中1820年的灯塔总数为46座,有一座是曼切斯特理事会转让的,故私人和私人组织以及领港公会提供的总数只有45座。

(续表)

	1806年以前	1820年	1834年
私人和私人组织经营	不详	22座	14座
领港公会经营	不详	24座	42座
私人经营比例	不详	48%	25%

资料来源：[美]丹尼尔·史普博编：《经济学的著名寓言：市场失灵的神话》，上海：上海世纪出版集团、上海人民出版社，2004年，第53页。

但是，后来由于领港公会不断购买私人灯塔以获利，到1842年，除了地方性灯塔外，在英国不再有属于私人所有的灯塔。领港公会不断的将私有的灯塔收购为己有，理由是私人灯塔管理不善和降低灯塔税，而科斯认为由领港公会统一管理灯塔不能降低灯塔税。事实上，到1848年领港公会清偿完购买私有灯塔的贷款以后，灯塔税仍没有降低。1853年设立了商业海洋基金，用于经营灯塔的支出和其他涉及航运的开支，灯塔税提供给该基金。1898年取消了商业海洋基金，设立了通用灯塔基金，这项制度延续至今。

这样一个英国灯塔制度变化的事例，说明被普遍认为是公共产品的灯塔服务的提供可以由私人组织提供，即灯塔可以由私人建造、管理、筹资和所有，政府的作用只是局限于灯塔产权的确定和行使方面。甚至可以认为领港公会也是对公众负责的私人组织，从这个角度讲，政府从普通税中筹措资金从未在英国真正实施过。由此看来，对于某些公共产品来说，将产权配置给国家并不一定优于将产权配置给私人或者私人组织，关键在于哪一方受交易成本的影响较大。对于灯塔来说，也许把它的建造和运营权利交给私人组织会更好些。

四、科斯定理的拓展与评价

1. 科斯定理的拓展

如同前文指出的那样，在存在交易成本时，初始权利的配置应该寻求有利于增加社会总福利水平的配置方式。美国法学家波斯纳在《法律的经济分析》一书中给出了权利配置的一般性规范：如果市场交易成本过高而抑制交易，那么权利应赋予那些最珍视它们的人。[1] 这一结论被称为"波斯纳定理"。无疑，它与科斯定理的内涵有异曲同工之妙。也就是说，理想的合约安排应该把权利配置给从事最具有生产性活动的那些人。另外，波斯纳还在这本书中通过大量的例证断言：当交易成本很低时，习惯法主张将资源所有权的分配留给市场决定；当交易成本很高时，习惯法倾向由政府干预来处理这种分配。这与科斯定理三的内涵是一致的，即外生的（政府）产权界定、保护对于经济绩效的重要意义。

德姆塞茨、诺思和维拉把科斯定理引申到政治分析之中。科斯定理三已经指出产权界定和保护的重要性，但是对于产权的政治分析框架，即产权如何通过政治交易产生变化，经济学家探讨得不够。德姆塞茨认为政治民主的含义是当政治竞争的功能完好无缺时，即政治活动的交易成本为零，个人对从事政治活动的偏好与民主制度无关。换言之，政治活动（利益集团之间的竞争谈判）决定着产权制度的形成，当交易成本为零时，有效率的制度一定会产生，而且

---

[1] [美]理查德·A·波斯纳：《法律的经济分析》，北京：中国大百科全书出版社，1997年，第20页。

与政治权利的初始配置无关。正是因为政治市场的交易费用过高,才导致有效率的产权制度无法产生。维拉总结出"政治科斯定理"——"在给定的诸如投票权、游说权等政治权利的初始配置下和给定的宪法框架中,如果政治交易成本为零,最优的制度将会出现而且和政治权利的初始配置无关。"①

对科斯定理的拓展还表现在租佃合约研究以及金融领域。张五常在其经典著作《佃农理论》中,提出租佃合约理论中的一个类似于科斯定理的结论:在产权清晰界定和可以自由流转的情况下,如果交易成本为零,不同的合约安排的经济效率是一样的。② 在金融学领域,莫蒂里安尼(Modigliani)和米勒(Miller)证明如果资本市场是完美的,那么公司的资本结构与其市场价值无关。③ 在这里,资本市场完美的含义和交易成本为零没有两样,不过该定理的提出要早于科斯定理,但是科斯定理更具有一般性。

2. 对科斯定理的评论

科斯定理在其自身的假定范围内是正确的,但是对于这些假设的现实性以及交易成本的不同认知导致诸多对科斯定理的质疑和批判。科斯定理的一个重要的假定是产品价格是外生的,或者说存在一个竞争性的外部产品市场,因此不同的产权配置导致的交易双方收入的变化不会促使产品价格发生变化。关于这一点,德姆塞茨这样评论:"这一有效等式中所包含的产品组合的预期改变在科斯那里并没有得到讨论……他简单地将相互影响的双方视为生产者,而不是消费者。……由于他没有考虑到生产者财富改变对消费者模式是重要的,因此他视相应物品的市场价格为给定的。他假定收入效应不存在则意味着对相应物品的需求不受作为生产者的农民与牧民之间的财富再分配的影响,这内含着由第三方对这些物品的消费不包括有费用的相互作用;农民或牧民的家庭在一般被假定为他们在消费品之间的预期没有偏好上的差异。"④

另外,黄有光也指出,即使交易成本为零,但是如果交易双方采取策略行为,也会导致双方无法达成帕累托最优。如果把这些策略行为以及由此引发的各种成本也看成属于交易成本的范畴,那么科斯定理"在形式上是成立的,但却成为一个没有实际内容的东西。"⑤丁利则对黄有光的观点进行细化,运用博弈论的框架分析即使交易成本为零的情况下,也可能存在多重均衡的结果,从而不能保证交易的结果是帕累托最优的,并提出一个所谓的"反科斯定理:即使没有交易成本,由于博弈(交易)的物理结构、信息结构和相应的策略性行为,明晰的产权安排也不一定导致满足帕累托效率的结果。"⑥显然,如果把博弈的物理结构、信息结构和策略性行为

---

① Vira, B: "The Political Coase Theorem: Identifying Differences between Neoclassical and Critical Institutionalism", *Journal of Economic Issues*, 1977, Vol. 16. Sept.: pp. 761~779.
② 张五常:《佃农理论》,北京:商务印书馆,2000 年。
③ 即大名鼎鼎的 MM 定理。最早出自:Modigliani, Franco and Merton H Miller: "The Cost of Capital, Corporation Finance and the Theory of Investment: Reply", *American Economic Review*, 1958, 48. 3 (June): pp. 261~297.
④ 德姆塞茨:"一个研究所有制的框架",载[美]R. 科斯等:《财产权利与制度变迁》,上海:上海三联书店、上海人民出版社,1994 年,第 184 页。
⑤ [澳]黄有光:《福利经济学》,北京:中国友谊出版公司,1991 年。
⑥ 丁利:"博弈结构、'无交易'命题与科斯定理——关于交易成本的一个笔记",《中国社会科学院研究生院学报》,2004 年第 6 期。

当成交易成本的话,科斯定理还是成立的。

  Cooter 给出了由强到弱的三个版本的科斯定理。自由交换版:只要这些权利能自由交换,法定权利的初始配置与经济效率无关。换言之,由法律所规定的权利分配不当,会通过市场上的自由交换得以修正。交易成本版:只要交换的交易成本为零,初始法定的权利配置不会影响经济效率。完全竞争版:只要这些权利能够在完全竞争的市场进行交换,初始法定的权利配置不会影响经济效率。Cooter 认为自由交换版是错误的,因为有交易成本时,自由交换并不能达到效率。交易成本版也是错误的,因为在垄断条件下没有交易成本,但不是有效率的。① 显然,对自由交换版的批判是有失偏颇的,因为科斯定理二已经表达了这样的观点,即正交易成本下产权配置影响经济效果。对交易成本版的批判主要源自对交易成本内涵的争论:如果把垄断看成是一种策略性行为,如果把策略性行为及其后果看成是一种交易成本,那么,交易成本版的科斯定理仍然成立。换言之,如果把交易成本为零与完全竞争等价起来,科斯定理就是成立的。②

  科斯定理还有一个缺点,即不考虑成本和收益分配问题。只要一次交易的收益超过成本,不管该收益或者成本是如何分配的———一方独获收益另一方承担成本还是其他情况,都被认为是增加了社会的福利。③ 以"牛吃庄稼"为例,无论牧民是否对牛吃庄稼负责,只要权利可以自由交易(转让),那么交易的最终结果就是有效率的,而不考虑不同的权利配置对双方产生的收益/损失的不同。因此,科斯定理没有考虑不同初始产权配置所涉及的公平含义。

  尽管对科斯定理的批判不绝于耳,但是我们不能因此而否定科斯定理的重要性。正如张五常所言,科斯的贡献不在于提出了任何定理,而在于提供了一个新思路和新视角,让经济学家的注意力从交易成本为零的世界转向交易成本为正的世界,让制度和法律分析凸现其重要性,并由此奠定了法经济学和新制度经济学的基石。④

第四节 产权理论的发展

  产权学派的经济学家在科斯研究的基础上把目光转向现实世界。巴泽尔的分析立足于产权界定的现实成本。如果产权界定成本极高,以致不界定产权是理性选择,那么,这些无法界定的产权会进入所谓的"公共领域",人们就会花费资源去夺取这些权利。由此产生一个问题,即如何在产权界定不清的情况下配置资源呢?除了出现本章开头分析的"公地悲剧",还会产生什么样的结果呢?在《产权的经济分析》一书中,巴泽尔建立了一个产权分析的理论模型,考察产权界定、经济组织、排队问题、合同安排、奴隶制等问题。阿尔钦对不同性质的产权进行了解析,详细分析了权利配置对于公共产品的使用效率的影响。德姆塞茨则对所有制的理解洞若观火。下面将简要介绍一下他们的思想。

---

① [英]约翰·伊特韦尔等编:《新帕尔格雷夫经济学大辞典》,第 1 卷,北京:经济科学出版社,1996 年,第 497~500 页。
② 其他的批判认为科斯定理是"同义反复"以及哲学意义上的逻辑错误等等,这里我们不打算讨论,感兴趣的读者可以参阅:柯华庆:"科斯命题的谬误",《思想战线》,2006 年第 2 期。
③ 约瑟夫·费尔德:"科斯定理1-2-3",《经济社会体制比较》,2002 年第 5 期。
④ [美]罗纳德·科斯:《论生产的制度结构》,上海:上海三联书店,1994 年,第 358 页。

一、巴泽尔的产权思想

1. 产权和公共领域

巴泽尔认为,"个人对资产的产权由消费这些资产、从这些资产中取得收入和让渡这些资产的权利或权力构成。"①这与我们前面分析的产权内涵是一致的。即产权是一组权利,它们可以进行转让,同时需要法律的保护。巴泽尔进一步指出,产权"不是永久不变的",人们对资产的权利是产权所有者的自我保护、他人的抢夺的可能以及政府保护的函数。产权与交易成本密切相关,在这里交易成本是指"与转让、获取和保护产权有关的成本"。显然,这种定义是与产权为中心的分析相适应的一个概念。如果产权被清晰的界定和保护,信息是完美的,那么,交易成本就为零;反之,交易成本不为零,产权就难以完整的界定,而交易成本不为零的情况是现实生活的常态,原因在于交易的产品属性的多样性、难以测量,或者说关于产品的信息的获取是有成本的,人通常无法做到全知全能。因此,从这种意义上讲,"每一桩交换中都存在攫取财富的潜在机会"。

巴泽尔的产权分析的一个非常重要的概念就是公共领域。他认为在每项交易中,那些由于存在交易成本导致产权无法充分界定,那么,未被充分界定的财产权利就进入"公共领域"。如果攫取财富的机会等价于在公共领域中寻找财产,那么个人就会花费资源去攫取它。说明这种情况的一个很好的例子是卖樱桃。由于存在买卖双方之间的信息不对称,就会出现挑选过程中的财富攫取现象。因为,买者需要通过"试尝"和"捏摸"才能知道樱桃的质量和味道。如果,买卖双方对产品的质量了如指掌,或者质量可以不费成本地观测到,那么,卖者就不会放弃任何权利(让买者挑选、试尝),过度挑选的问题也就不存在了。

只有与收入最大化一致的权利转让,才有助于清晰地界定产权,换句话讲,权利应该配置给受交易成本影响最大的一方,这与科斯定理的涵义是一致的。在巴泽尔看来,一项资产产生的收入流越易于受到他人的影响而该人又不必为此承担成本,那么该项资产的价值就会越低。换句话说,实现资产净值的最大化需要有效地约束那些不承担成本就可以利用所有权的行为。城市的供水公司的转让价值往往会小于它的实际资产价值,原因在于,供水公司提供的产品具有公共产品的性质,即使政府将它私有化给个人经营来提供公共产品,政府往往也会由于自来水的公共产品的性质而干涉甚至接管自来水公司的经营活动。私有化的自来水公司的收入流实际上受到了政府行为的潜在威胁,个人获得的自来水公司的产权不是一个完整的私有产权,相反,是放弃了一定权利的部分产权,所以自来水公司的资产转让价值比较低。巴泽尔归纳出"决定所有权最优配置的总原则是:对资产平均收入影响倾向更大的一方,得到剩余的份额也应该更大。"②

从以上的分析可以看出,资产交换过程中有两个方面影响到交易效率:一方面是资产带来的预期收入流;另一方面是测度衡量权利转让的成本和约束产权不被无偿使用的成本。如果预期收入流容易受到他人的无偿侵犯而界定控制权利的成本很昂贵,那么就会产生攫取他人财富的机会。由此可见,资产的交换价值是该资产能产生的总收入和测度、控制它的交易成本的函数。这就是巴泽尔的产权模型的基本分析框架。

---

① [美]Y. 巴泽尔:《产权的经济分析》,上海:上海三联书店、上海人民出版社,1997年,第2页。
② [美]Y. 巴泽尔:《产权的经济分析》,上海:上海三联书店、上海人民出版社,1997年,第8页。

2. 排队问题：价格不是唯一的协调机制

产权研究的重要性在于交易成本大于零。瓦尔拉斯一般均衡模型中,市场是完全竞争的,这就意味着充分信息、交易成本为零、产权可以完全界定。巴泽尔认为,正的交易成本模型和瓦尔拉斯模型的根本区别在于价格的作用。具体来说,在前者中,交易不仅仅需要价格协调还需要非价格的配置和组织协调;在后者中,单纯的价格调节即可,制度、组织是多余的,所有的市场协调问题可以在充分信息的条件下通过价格瞬间完成。

巴泽尔将价格控制和排队结合起来分析市场上的协调机制。在政府将价格控制在零的时候,可以按照先来先获得商品的排队原则进行配置产品,当然前提条件是存在一个有力的组织(如政府、警察机构)保证大家都排队。在此,排队的时间实际上就成了决定商品分配的标准。那些需求最强的人,则愿意花较多的时间进行排队;相反,对于需求不强的人来说,就不愿花长时间等待。因此,巴泽尔认为,在定量供给的条件下,需求的大小决定被分配商品的单位均衡价格,根据个人在排队中所花的时间进行商品分配。"在分配是根据等待进行的时候,在标准情况下关于货币所说的一切,都适用于时间。"[①] 在此,这些免费配置的商品实际上已经成为巴泽尔所说的"公共领域"了,在所有权实现之后,即分配之后,这些商品是没有价值的。消费者为了攫取这些公共领域的产品必须花费一些资源,在此,这些资源就是排队等待的时间。

在存在价格控制时,等待时间和控制价格一同起作用。假如政府对某一商品进行限价供给,那么就会出现市场短缺的现象。为了分析这种价格控制的结果,我们利用图3-1进行说明。[②] 在图3-1中,P_c表示控制价格,P^*、Q^*为市场出清的均衡价格和数量,P_1为消费者愿意支付的价格。D是需求曲线,S为供给曲线。由于控制价格低于均衡价格,所以出现供不应求的现象。在控制价格P_c下,提供的商品数量是Q_1,而消费者愿意支付的价格是P_1。假如控制价格的措施不能被违背,那么对于Q_1数量的供给,消费者支付P_c的价格,并通过排队来支付差额(P_1-P_c)。由于价格不能够调整,那么排队等待便成了反映消费者需求的竞争方式。价格控制还会导致一个净的福利损失,即图中的三角形ABC的面积。

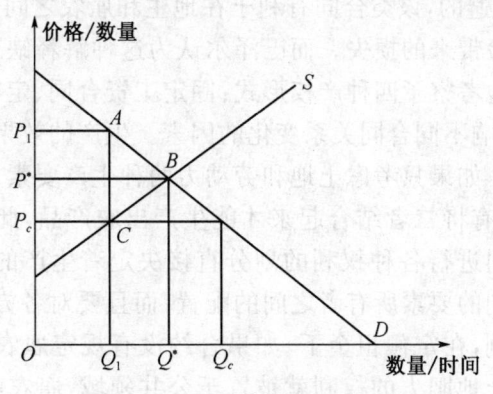

图3-1 限价供给与市场短缺

如果政府的价格控制不力或者监管难度很大,那么黑市贸易就会盛行。一些人通过排

---

① [美]Y. 巴泽尔:《产权的经济分析》,上海:上海三联书店、上海人民出版社,1997年,第18页。
② [美]Y. 巴泽尔:《产权的经济分析》,上海:上海三联书店、上海人民出版社,1997年,第21页。

队购买限价的产品,然后按一个较高的价格在黑市把限价产品卖出,从中牟利。如果政府可以有效地控制价格,那么供应商也可以通过其他的手段来攫取处于公共领域的财富,即图3-1中的控制价格和消费者愿意支付价格之间(P_1与P_c之间)的长方形。价格控制实际上就是控制了供应商的一部分财产权利即价格调整的权利,但是供应商可以利用政府的疏忽通过对数量、生产成本、产品质量和服务水平的调整来夺取处于公共领域的价值。因此,除非政府是全能的——对于供应商的所有的(现在的和潜在的)权利通过法律进行详细的界定,否则,政府的控制就会因供应商的权利调整而达不到预期的效果,甚至不如市场自发调节。就拿美国里根政府在1970年代实行汽油价格控制的例子来讲。尽管政府实行价格控制,但是只要存在汽油品质和服务的差距,汽油供应商就可以通过改变汽油的质量(如将辛烷值为92的高级石油降至90,而按照辛烷值为92的控制价格出售)或者通过减少汽油配套服务(如洗车、擦车)来变相地攫取处于公共领域的价值。汽油供应商之所以能够这样做,原因在于政府对汽油价格的控制只是对汽油供应商的财产权利的某一个方面的控制,但由于汽油质量和服务难以控制从而导致政府价格控制的效果有限。[1]

消费者排队购买短缺的商品实际上是一种资源浪费,但是,从上面的分析可以看出,只要卖者通过调节其服务水平以获取本来可能落入公共领域的价值,就可以实现浪费最小化。巴泽尔的控制价格和排队配给的分析告诉我们,由于交易的复杂性,市场参与者除了可以以价格和数量作为市场调节的手段外,还有其他的调节余地。最大化意味着这些其他的调节方式可以被有效的利用,即"人们将利用约束条件下他们所能采用的成本最低的办法来获取由管制置于公共领域的价值。"[2]

3. 组织的合同分析

产权分析的核心是研究那些用于界定和转让产权的合同。巴泽尔认为一切权利分析的基本单位是个人,或者说诸如市场、企业和政府之类的组织都可以理解为个人之间的权利关系的整合,而这些财产权利关系又是通过合同来界定和维系的。以农业生产为例,巴泽尔考察了土地所有者和农户之间的合同关系问题,这也是张五常的研究内容。[3] 张五常认为分成地租的流行是由于人们是风险规避的,该类合同有利于在地主和雇农之间进行风险分担,从而减少农业生产的不确定性风险带来的损失。而巴泽尔认为这种解释缺乏说服力,他从交易费用假说来解释分成合同。他考察了四种产权形式:固定工资合同、定额租金合同、分成合同和独占所有权,并探讨了影响不同合同关系变化的因素。生产的效果取决于各种生产要素是否能够最大地发挥作用。如果只考虑土地和劳动力两种生产要素,而且这两种要素分别归地主和雇农所有,那么只有将二者结合起来才能生产出农产品,此时,如何进行合同安排,即如何在地主和雇农之间进行各种权利的划分直接决定着生产的效率。这些合同安排不仅要划分最终产品在不同的要素所有者之间的配置,而且要对各方生产要素的单个属性进行控制安排。以土地为例,在定额租金下,如果合约没有规定雇农不可以过度开垦而不注重保持肥力,那么,维持土地肥力的权利就被置于公共领域,雇农就可以进行过度开垦,从而获得更多的收入,显然这是以地主的土地肥力损失为代价的。

---

[1] [美]Y.巴泽尔:《产权的经济分析》,上海:上海三联书店、上海人民出版社,1997年,第21~32页。
[2] [美]Y.巴泽尔:《产权的经济分析》,上海:上海三联书店、上海人民出版社,1997年,第35页。
[3] 张五常:《佃农理论》,北京:商务印书馆,2000年。

固定工资合同的劣势在于雇农会偷懒,他的努力程度会低于自我雇佣时的努力程度。由于对雇农劳动的监督是有成本的,当监督的结果不确定时,雇农的偷懒就有可能不受到惩罚,而由此带来的损失却由地主承担。但是,工资合约不会产生土地过度开垦的问题。分成合同的好处是雇农保留一部分边际产出,此时他的偷懒的倾向小于固定工资的情形,也不会出现严重的过度开垦问题。而定额租金合同则完全与固定工资合同的情形相反。雇农不会偷懒,但是耕地会被过度开垦。独占所有权的情况,即所有的生产要素全归一方所有,暂且不考虑人力资本发挥程度的问题,独占所有权会牺牲专业化带来的好处。巴泽尔将各种产权合作形式归结为表3-4。

表3-4 各种合同形式的损失来源

	监督劳动	监督土地	监督产出	专业化程度低
高损失	FW	FR	SC	SO
中等损失	SC	SC	FW,FR	SC
低损失或无损失	FR,SO	FW,SO	SO	FW,FR

SO:土地和劳动的独占所有权;　　FW:固定工资合同
SC:分成合同　　　　　　　　　　FR:固定租金合同

资料来源:Y.巴泽尔:《产权的经济分析》,上海:上海三联书店、上海人民出版社,1997年,第56页。

显然分成合同在监督劳动、土地和专业化方面具有优势,这也是巴泽尔对于分成地租的解释与张五常解释的不同之处。当然,没有一种合同的安排是只有收益而没有损失的,关键是要在不同的情况下作出不同的占优的合约安排,从而降低由于财产权利划分不清而进入公共领域,导致对公共领域价值的争夺而产生低效。

巴泽尔还运用合同来分析组织现象。交易的复杂性和较高的监督度量成本使交易双方无法对交易的全部属性进行定价,未定价的属性就会被过度使用而且供应不足,这些属性实际上被置入了公共领域。组织就是为了减少损失而对交易各方进行约束的合同安排。巴泽尔不同意传统企业模型那种不考虑交易费用而将企业看成一个投入生产要素最大化产出的生产函数的做法,也不同意科斯的企业和市场的两分法,即交易要么在市场上进行,要么在企业内部进行。他认为交易远远比这种两分法更加复杂,主要表现为交易并不都是"货物出门概不退换"的情形,这实际上就是交易双方在交易发生以后,双方的权利关系尚未结束,或者说未能明晰的界定。有些交易关系在交易发生后仍然保留在企业内部(如售后服务),并未因为产品的售出而迅速结束,所以两分法过于简单。

正是由于交易成本的存在,交易对象性质的复杂性,在交易过程中难免出现产权的转让无法做到清晰界定。这些未能清晰界定的财产权利会进入公共领域,落入到公共领域的财产权利形成共同财产,会以另一方损失为代价而被一方过度使用。组织的作用就是要通过合同集将资源各方的未能清晰界定的权利进行约束。资源各方通过相互的协商签约,对产出结果进行分配。巴泽尔认为,"作为组织基础的中心原则是,一个交易者影响平均结果的意愿越大,该交易者承担的对于剩余的索取权也就越大。"[1]

---

[1] [美]Y.巴泽尔:《产权的经济分析》,上海:上海三联书店、上海人民出版社,1997年,第82页。

巴泽尔还将他的产权思想运用于解释奴隶制问题。他认为,虽然当时奴隶在法律上没有人身自由,但是,由于监督问题,奴隶主们并未拥有对奴隶的绝对所有权。为了提高效率,奴隶主对奴隶的劳动监督变为产出监督,于是奴隶获得了一些权利。由此可以看出,巴泽尔的产权体系是以承认交易成本的存在为前提的,各种各样的交易成本就决定了交易各方在交易合作的过程中无法清晰地界定各方的财产权利。那些没有界定清楚的财产权利被置入公共领域,形成公共财产。此时交易的一方就会花费资源去攫取这些公共财产,从而对另一方造成损失。各种组织形式(包括企业),就是为了约束对公共财产的攫取和提高产权的效率。在组织中,对于最终收入影响最大的交易一方应该成为最大的剩余索取者。另外,巴泽尔认为价格不是唯一的市场调节的机制,非市场资源配置也广泛存在。政府就是资源配置的可能主体之一。巴泽尔还将他的产权理论运用于分析非市场下的资源配置、反垄断、发明创造、盗窃等方面。

二、阿尔钦的产权思想

阿尔钦将产权定义为"一个社会所强制实施的选择一种经济品的使用的权利。"[①]这里至少隐含了两层含义:首先,产权是"强制实施的",即产权如果界定清楚了,存在一个外在的制度在保护财产权利;其次,产权是一种使用权,产权的实现体现在产权所有者在不同的权利之间进行选择。

1. 私有产权

如果将某种财产权利分配给特定的人并可以与其他类似的权利进行交换,就会形成私有产权。一个人对某物完整的私有产权将排斥他人对该物的使用,如我的计算机属于我个人所有,产权界定很清晰,只有我自己能使用,其他人未经允许不能使用。现实中的情况是,私有产权不一定能够界定清楚,界定清楚了的私有产权并不一定能够得到有效的保护。案例 3-1 中,小村庄的林地已经划分为私人经营而且具有受益权,但是,林地如此之大,以致无法监督其他村民的"盗木"行为,这就是有私有产权无保护的情况。当然,政府对于私有产权的保护也是产权保护的一个方面。阿尔钦认为,私有产权的强度由实施它的可能性和成本来衡量,这又依赖于政府、非正规的社会行动和伦理道德规范。基于此,可以得出的结论是,较强的(得到有效保护的)产权比较弱的(保护不力的)产权价值更大。

2. 公司产权

阿尔钦的另一个研究领域是公司产权问题。由于私有产权可以通过让渡、转移以实现流动、分离,那么不同的产权就可以通过结合从事生产活动,这就是现代法人企业组织存在的前提。在阿尔钦的企业产权理论中,有一个重要的概念就是"队生产"。[②] 在"队生产"中,产出不是每个特定投入的产出之和,而是由一个团体生产出来的无法分解的价值。特定的某种投入往往无法独自生产出产品,只有将不同的要素结合起来才能生产出产品,要素结合会产生"1+1>2"的效果。与巴泽尔不同的是,阿尔钦认为每一种投入的边际产出是可以衡量的,因此,"队生产"的价值大于单个投入的产出之和时,对于"队生产"影响较大的专有资源的所有者应

[①] A. A. 阿尔钦:"产权:一个经典的注释",载[美]R. 科斯等:《财产权利与制度变迁》,上海:上海三联书店、上海人民出版社,1994 年,第 166 页。

[②] A A Alchian, H Demsetz: "Production, Information Costs, and Economic Organization", *American Economic Review*, 1972, Vol. 62: pp. 777~795.

该获得剩余索取权。若专有资源用于其他地方,其价值将大大减少,因而企业的成败对专有资源的所有者影响最大,他们应成为企业的雇主或者老板。由此,企业就是特有资源和受合约约束的一般性投入组合起来的团队。[1] 根据以上理论,我们来具体分析一下现代企业的产权。企业所有者是专有(特有)资源的拥有者;企业的经营者和劳动力以及原材料的提供者是一般性投入的拥有者。他们的结合会产生一种不可分割的价值,但在竞争性的要素市场中,管理者、工人和其他要素各自对企业产出的贡献可以清楚地衡量,分别是管理者、工人的工资以及各种投入要素的购入价格(即按照每种投入要素的边际产品价值付给要素所有者报酬)。特有资源的所有者受企业成败的影响最大,如破产、亏损,他们应该成为企业的老板,享有的利益也要多,获得剩余索取权。这样的安排激励会更大。企业老板只是通过合约与一般要素投入者建立生产合作关系。当然,这种特有资源的所有者(或者说老板),不一定是个人,也可能是一些具有专长或者掌握某些核心资源的企业。

现代公司所有权与经营权的分离实际上是财产权利的分割,即企业特有资源的决策权和剩余索取权的分离,前者为管理权(又称控制权),后者为所有权,两者之和为公司产权。公司的所有者让渡管理决策权实际上是为了发挥专业化分工带来的好处,实现产出最大化。

3. 公有产权与过度拥挤

阿尔钦指出,并不是所有的资源都能够由私有产权得到满意的控制。例如,空气、水、噪音和风景等。空气随风流动,上风向的居民造成的污染会导致下风向的居民受害;上游的水污染会对下游的居民健康产生危害;KTV的彻夜不停的音乐会影响附近居民的正常休息。公有产权会产生两种情形:一是资源的过度使用,二是资源的使用不足。如果自由的进入会导致进入者的成本和收益不对称,进入的成本由所有的进入者共同承担,而进入的收益则由私人获得,这就会导致资源的过度使用,如案例3-1中的集体林地就是这种情况;如果资源属于一个小范围的公有产权,由少数人控制并能阻止他人的进入,那么资源可能会利用不足。

与科斯定理一样,阿尔钦认为权利的配置通常可以用来解决过度拥挤问题。阿尔钦举了一个例子,即无主的湖里会发生过度捕鱼,这可以通过将湖的产权配置给某个人来解决,私有产权可以激励人们有效地管理自己的财产。另一个例子是推销商与消费者自由接近会导致产品广告的过度拥挤。两个例子有异曲同工之妙。[2] 消费者就像鱼,销售者就像是钓鱼者,广告就像是湖。通过权利的重新划分可以有效地解决过度拥挤的问题。在原来的情况下,一个隐含的假设是,销售者有通过广告无限接近消费者的权利,而钓鱼者有在湖上随意钓鱼的权利。现在如果这样重新配置一下双方的权利,即消费者拥有不被广告/销售商无限接近的权利,鱼有不被钓的权利(听起来似乎荒唐,但有助于理解),那么,过度拥挤就不会发生。这实际上是建立了消费者和鱼的产权,在这种情况下,销售者/钓鱼者想占有消费者/鱼的权利,就必须支付一定的成本。当然,能够进行这样的产权再分配的前提条件必须是交易成本不会太大。

---

[1] A. A. 阿尔钦:"产权:一个经典的注释",载[美]R. 科斯等:《财产权利与制度变迁》,上海:上海三联书店、上海人民出版社,1994年,第170页。

[2] A. A. 阿尔钦:"产权:一个经典的注释",载[美]R. 科斯等:《财产权利与制度变迁》,上海:上海三联书店、上海人民出版社,1994年,第174~176页。

三、德姆塞茨的产权思想

1. 产权及其作用

德姆塞茨认为,可以自由议价的交易就是两束产权的交换,商品的价值反映的不是物品的价值而是财产权利的价值。在此,产权就是一种社会工具。如果在只有一个人的鲁滨逊世界里,产权是无关紧要的,因为这个世界完全是自给自足的,不会发生财产权利的各种交换关系。德姆塞茨特别强调,"产权包括一个人或其他人受益或受损的权利。"[①]一种财产权利的变动会包含着另一种权利的变化乃至对其他产权产生影响。如生产者通过提供优质的产品就会使竞争者的权利受损,这样做是被允许的。另外,不同的界定产权方法也会导致产权变化而对他人的财产权利产生好的或者坏的影响,例如把河水的产权判给居民,会对上游的化工厂的废水排放权产生影响;反过来,化工厂拥有废水排放权会对下游居民的饮用健康水的权利产生影响。

产权的重要性主要体现在两个方面。首先在于它能帮助交易双方形成一个稳定合理的预期。如果一项产权得到认可和清晰的界定,这项产权的拥有者就可以通过交易或者经营产生合理的收益。产权所有者就会有足够的激励进行产权维护,以使产权带来的稳定的跨期最大化收入。因此,如果一项资产随时都有可能被剥夺,那么该项资产不会得到很好的管理和维护,也不会按照最大化原则进行交易。其次,产权可以有效地引导人们实现将外部性全部或者部分内在化。根据科斯定理,在交易成本为零的情况下,产权的配置不会影响交易的效率。但是,在交易成本为正的时候,产权的配置则会对交易效率产生影响,此时,应该将产权配置给受交易成本影响较大的一方。

德姆塞茨还考察了产权的形成问题。他以18世纪初以来魁北克地区印第安人公共狩猎区如何向私有产权转变为例,说明私有产权是如何形成的。他的结论是:"新的产权的形成是相互作用的人们对新的收益-成本的可能渴望(预期)进行调整的回应。"[②]换句话说,就是当通过产权把外部性内在化带来的收益大于成本时,这种产权就会应运而生。这也可以用来解释公共物品或者公共产权如何变为私有产权的。在印第安人的例子中,私有产权的建立是由于皮革贸易的兴起极大地增加了私有产权的收益,并可以补偿将共同狩猎的外部性问题内部化的成本,此时私有产权有利于收益最大化而不至于产生"公地悲剧"。值得一提的是,这里提到的产权的形成问题,具体来说,是指公共产权如何向私有产权转变以及私有产权的变迁问题。

2. 所有制问题

所有制似乎与产权很相近。德姆塞茨对所有制问题进行了深入研究。但他似乎没有对所有制给出一个清楚的定义。如果说产权是一个抽象的一般性的概念,那么所有制可能就是产权的具体体现形式了。根据德姆塞茨的分析,所有制大概就是指产权的归属,即产权为谁所有的问题。产权为私人所有则为私有制,为国家所有则为国有制,为某一共同体的所有成员所有则为共有制。德姆塞茨将三种所有制描述为:"共有制意味着共同体否定了国家或者单个的市民干扰共同体内的任何人行使共有权利的权利。私有制则意味着共同体承认所有者有权排除

---

① 德姆塞茨:"关于产权的理论",载[美]R. 科斯等:《财产权利与制度变迁》,上海:上海三联书店、上海人民出版社,1994年,第97页。
② 德姆塞茨:"关于产权的理论",载[美]R. 科斯等:《财产权利与制度变迁》,上海:上海三联书店、上海人民出版社,1994年,第100页。

其他人行使所有者的私有权。国有制则意味着只要国家是按照可接受的政治程序来决定谁不能使用国有资产,它就能排除任何人使用这一权利。"①

在共有产权的情况下,由于某个人的活动产生的成本不是由他本人而是他的邻居或者后人承担,因此就会存在很大的负的外部性问题,从而使共有制效率低下。一般来说,所有者数量增加,财产的公有性越大,外部性也就越大,内在化的成本也就越大。界定清晰的私有产权由于能排斥他人的使用从而能够低成本地把大多数外部性问题内部化。

与巴泽尔一样,德姆塞茨也认为产权不可以完全清楚的界定。只不过在巴泽尔那里,不能界定清楚的权利被置于"公共领域"内,而在这里则用"所有制残缺"表示。对于价格管制导致非价格的资源配置方式(如排队),二者似乎也可以达成一致。德姆塞茨认为,"人们对限制了他们的所有权的内容做出反应的调整替代途径有许多,然而它们更多地依赖于特定的情形。一般的结论是,对人们实施专门的所有权的能力的制约,会导致他们在更大的程度上依赖于企图使效用最大化的边际替代调整。"②例如,如果农民对于土地的租佃期限没有保障,那么农民的效用最大化不是通过长期的产出最大化来实现,而是通过短期的产出最大化来实现,换句话说,农民对土地产权的残缺会导致农民通过调整自己的行为来实现效用最大化,在这里表现为对土地长期保肥投资不足。

所有制作为一种内生现象,可以通过个人的行动进行配置,也可以通过合作行动配置。对于非稀缺性资源,个人可以通过对这些资源的实际使用配置资源,有无产权无关紧要;对于稀缺性资源,通过配置产权可以提高效率。一个社会规模越大,合作的成本就越大,产生代理问题就越严重,私有制就越有效。德姆塞茨认为集权化的社会与分权化的社会进行和平竞争时具有显著的劣势。

巴泽尔、阿尔钦和德姆塞茨三位经济学家是产权学派重要的代表性人物,他们的思想存在很多的相似之处。但是,目前仍没有一个统一的产权分析框架,这大概也是产权学派活力四溢的原因所在。当然,还有很多经济学家对产权理论做出了贡献,如著名的华人经济学家张五常,他的研究方法和视角也是令人耳目一新的,但在此就不再赘述了。

第五节　产权制度与经济结果

以上几节主要是从微观层次上论述产权理论,然而,一个国家在宏观层次上建立有效的产权制度对于微观产权的效率和宏观经济绩效起着积极的作用。本节主要从企业产权制度、经济管制和国家产权制度三个方面介绍产权制度与经济绩效之间的关系。

一、企业产权制度与企业经营绩效

产权和产权制度是两个不同层次的概念。正如前文的分析,产权即财产权利,它包括所有权以及由所有权派生出来的各种支配使用权。产权制度则主要表现在宏观层次上政府对产权

---

① 德姆塞茨:"关于产权的理论",载[美]R. 科斯等:《财产权利与制度变迁》,上海:上海三联书店、上海人民出版社,1994年,第105页。
② 德姆塞茨:"一个研究所有制的框架",载[美]R. 科斯等:《财产权利与制度变迁》,上海:上海三联书店、上海人民出版社,1994年,第187~188页。

进行界定、保护和执行。它往往通过立法的形式建立,通过法院、警察、政府机构等国家权力机关执行。产权制度一旦生效,就会强制性的实施,任何违法的行为将依法受到惩罚。一项产权制度的确立对于社会经济生活的影响是全方位的,从这个意义上讲,产权制度往往比单纯的产权影响深远而且重要,甚至可以说前者是后者的基石。因此,微观层次的产权交易有赖于宏观层次的制度保障。

关于宏观层次的制度安排的经济效应,埃格特森指出:"当交易成本为正时(如其在现实世界中那样),资源不需要找到其由市场衡量的最有价值的用途。经济结果依赖于社会和法律体系的详细具体运作,依赖于有关的责任法规。企业、市场和法律体系都是成本很高的社会安排。社会和经济组织既影响资源的配置,又影响资源配置过程涉及的成本。某种社会安排可能比别种安排能带来较多的净产出。新的法律设施就像新的生产技术一样,能极大地影响生产效率。"①

企业的产权制度安排主要是企业的所有制问题,包括企业的所有制形式以及经济中不同所有制的结构。一般来讲,产权可以分为公有和私有两种形式。具体到企业制度层面,又可以分为公有制企业和私有制企业。在我国,还存在一种企业所有制,即集体制企业。不同的国家都存在公有的和私有的企业,但是不同国家的所有制结构存在显著的差异。以我国为例,新中国成立以后的企业制度在相当长的一段时间里是以国有和集体企业为主,改革开放以后,开始出现各种私营企业。纵观我国社会主义市场经济改革的历程,可以看出我国企业产权制度改革既涉及到企业所有制形式改革,又涉及到不同所有制结构的改革。

国有企业和集体企业的一个共同的特征是,虽然企业的所有权从法律的意义上讲属于国家和集体所有,但是这种产权形式具体实施起来是很空洞的,其实质是一种企业权属不清的产权形式。前文我们已经提到清晰的产权对于经济主体的激励作用,但是由于计划经济属于一种短缺经济,国有企业产权模糊并不会导致大面积的亏损,但是一旦短缺经济时代结束,国有和集体企业的效率劣势就会暴露无遗,特别是在同私营企业的竞争过程中往往处于下风。虽然私营企业在政策法律等方面(如税收优惠和政府补贴)没有任何优势,但是它的竞争力以及经营绩效远远超过国有和集体企业。

公有制企业产权模糊的部分原因在于,国有和集体企业不仅要从事商业生产活动,还要承担社会功能;不仅是企业单位,还是政府部门。国有企业的多重任务给它带来的沉重负担也会导致国企的低效。例如,许多国企承担着员工的生老病死等一切费用,没有有效的劳动力流动机制,职工偷懒行为也就在所难免。国有企业低效的另一个原因是委托代理关系过于复杂而产权分散的分工好处不足以弥补其产生的巨大的交易成本。人民是国有企业的真正所有者(主人),而政府机构代表人民管理国有企业;在政府机构中,又有主管官员控制着国有企业的人事任免等工作;在国有企业内部,国有企业管理人员则在主管官员的"指导"下开展生产管理工作。② 在这些层层委托代理关系下,国有企业能不低效么! 私营企业的好处在于简单的委托代理关系和清晰的产权产生的巨大的激励作用。

---

① [冰岛]思拉恩·埃格特森:《经济行为与制度》,北京:商务印书馆,2004年,第92页。
② 有的学者用"五龙治水"来描述国有企业面临的多头管理的情况。参见:谢志斌、郑江淮:"控制权的分割与整合——国有产权'五龙治水'体制变迁效率的博弈分析",《产业经济研究》,2005年第6期。

【案例 3-2】

苏南模式 VS 温州模式

一、发展阶段

苏南模式：① 1953~1978年属于萌芽阶段，农村工业星星点点、断断续续、时隐时现，所谓"五小""三就地"，这时的"社队企业"是后来集体所有制乡镇企业的前身或基础；② 1979~1984年为全面发展阶段，由于国家轻重工业比例调整及其严重的短缺经济，乡镇企业遍地开花，乡镇企业在基层政府推动下，经济规模呈现出粗放式的快速增长；③ 1985~1988年为快速扩张时期，这一阶段乡镇企业受到政策鼓励，抓住了大发展的机遇，但转轨期间流通秩序紊乱，经营管理机制灵活却难以规范；④ 1989~1991年底，乡镇企业普遍进入徘徊和受压抑的困难阶段，治理整顿，关停并转，政策收缩，这时能够生存并得到发展的企业一般都是在内部管理和技术改造方面过了关的企业；⑤ 1992~1995年底，乡镇企业受整个宏观经济形势带动，又跃上新台阶，"三外"总量大大增加，大企业呈现出集团化趋势，社区公共建设和农村面貌极大改观；⑥ 1996年至今，这一阶段也可以称为整合阶段或再生阶段，"软着陆"及"亚洲经济危机"使乡镇企业发展速度放慢，尤其是通过1998年之后的产权改革，乡镇企业剧烈分化，泡沫消失，一批"官营企业"破产倒闭，一批民营性的名牌企业脱颖而出，改制也为多数乡镇企业发展重新注入活力。

温州模式：1956年正当全国合作化高潮如火如荼之时，温州永嘉县年轻的县委副书记李云河却搞起了包产到户。随后的1957年反右运动，李云河和他的追随者们很快被打压下去。后来的家庭工业就是包产到户的复辟和延伸，它们都是利用家庭这个中国人天然的经济细胞来搞农业或务工经商。20世纪80年代初，一大批温州人背井离乡做小生意、跑供销，家庭工业、联户企业迅速成长起来，在此基础上，一村一品，一乡一业的大型专业市场迅速崛起。如苍南宜山晴纶纺织品，金乡的小标牌，平阳肖江塑料编织袋，永嘉桥头的纽扣，塘下的汽摩配件，瑞安仙降的再生塑料鞋，乐清柳市的低压电器等等。整个80年代，温州人先是以"挂户企业"的变通（家庭工业挂靠在某公有制单位，以便出外跑供销交通住宿、接洽业务时有一个盖大红印章的正式介绍信），后是以"股份合作制"的创造（1982年6月温岭市工商局颁发了第一个"联户集体"企业营业执照；1987年11月，温州市政府颁发了我国股份合作制企业第一个政策性文件，将企业所有制性质明确定性为公有制），在市场化改革的制度博弈中获得了先行优势和体制落差。20世纪90年代中期之后，温州模式进入制度、技术、市场和产品的全面创新阶段，工业和人口向城镇集聚，城镇建设市场化，产品和企业向规模化、公司制和品牌经营迈进，而本地专业市场进入衰退期。

二、比较

从工业化的发动者看，"温州模式"属私人发动型，"苏南模式"更倾向于政府（社区）发动型；从筹资途径看，"苏南模式"和"温州模式"倾向于资金自给型（内生型）；从制度变迁、体制转轨的路径依赖看，苏南是典型的自上而下的体制内供给型强制性制度变迁，温州则是自下而上的体制外需求型诱致性制度变迁。

苏南模式产生于短缺年代，生存在计划经济的夹缝之中。这个夹缝最终被它越撕越大，而在夹缝消失之时，它却显得无所适从。能人和社区干部的角色融合在一起催生和推动了乡村工业的发展，由此就有了企业和社区政府之间千丝万缕的依存关系，进而还有可能成为制度性腐败和地方性腐败的温床。苏南模式所暴露出的弊端其根源在于"社区政府公司主义"。产权模糊，所有者缺位；严重的内部人控制；强调离土不离乡，进厂不进城，从而造成农村企业的社区封闭性。

"小计划经济"、"政绩经济"、"块块封闭式经济"严重阻碍市场化进程。

温州发展主要来自外部的制约,外部制度创新滞后,如市场准入、信息共享、技术支援、资金融通和人才开发等。苏南主要是来自内部的制约,内部制度创新滞后,如法人治理结构,政企关系(政企双方的干涉和依赖都有点欲罢不能),内部管理方式。

三、变革、问题与启示

从股份合作制企业向股份有限公司或有限责任公司特别是企业集团的演变,是温州民营企业在制度结构上从非正规制约向正规制约的进一步创新。在股权结构上,绝大多数公司仍然采取集中持股的形式,但在一些规模较大、技术水平较高从而管理人员和技术人员的作用日益突出,同时"老板"素质较高的企业里,开始出现了适当分散持股的倾向。

苏南人认识到自身的不足,并于20世纪90年代末开始进行以产权为核心的改制。但改制仍然是自上而下,政府推动,力度大,速度快,以致改制中也不排除一些不规范的做法甚或黑箱操作。"二次改制"之际,苏南经济也出现了新的迹象:资本经营、个私经济、园区经济、外向经济都有大动作。当然,苏浙都有各自前进中遇到的新问题和阻力。

整个苏南,在以下六个方面尚需进一步深化改革。一是产权制度改革动手晚,相对于全国其他地区滞后;二是非公有经济发展滞后,受到种种有形无形的抑制,个私经济的政策环境还不够理想,重外资,轻内资,民间生产力没有得到很好的释放;三是由计划向市场的转轨尚未完成,要素配置上市场取向的改革相对滞缓,党政权力向市场领域过溢;四是政企不分等微观机制问题难以解决;五是文化、观念的建设和开放程度急需进一步提高;六是城市化明显滞后于工业化,城市化的前提是工业化,但农村工业化并不必然引起农村城市化。

温州经济发展的历程和良好势头表明了这样一个硬道理:真正的发展权蕴藏在民间,来自底层的自发秩序和自组织形式往往是人类行为的理性选择。温州已成为当今中国通过市场内生的民营经济的突出代表。而温州的行业性商会,使人们欣喜地发现了中国人在"自组织能力"、"民间自治"方面并不缺少天赋。纳税人的发言权受到重视,自身权益清晰可见,政治参与热情高涨,基层体制的变革已出现良好的开端。

资料来源:根据新望、刘奇洪的"苏南、温州、珠江模式之反思"组编而成,原文载于《中国国情国力》,2001年第7期。

二、经济管制的实际效果

政府不仅仅会建立产权制度来保护个人和组织的产权不受侵犯,往往还会对特定的产权进行限制,以达到"改善"公共服务的目的。在前文分析科斯定理中,我们已经提到该定理过分强调效率而忽视了不同产权配置导致的不同收入配置问题,或者说它忽视了公平之义。事实上,政府往往也会以维护社会公平为借口进行经济干涉,或者说进行经济管制。然而,历史经验告诉我们,政府的经济管制(实际上是对公民权利的限制)通常不会达到预期的目的。原因有两点:首先,由于财产权利具有复杂性,政府无法事先把所有的权利——发生的和未发生的,可预见的和不可预见的——详细地用法律书写出来,也就是说合约是不完全的;其次,经济主体会通过调整自己的产权来避开管制,而这一点也是源自合约不同程度的不可执行性。因此,既然政府不能做到全知全能,那么政府管制往往不仅不能达到预期的效果,而且会产生比市场调节更坏的结果。

经济学家对于政府管制的经济结果作了大量的研究,但很遗憾,结果表明基于公平之义的政府管制的经济效果往往很不理想。张五常就分析了战后香港政府实行的租务管制的实际经济后果。[1] 如果香港政府想为租户提供低于均衡价格的房屋,仅靠控制房屋出租价格是不够的。因为房东可以选择不出租自己的房子,也可以把自己的房子用于其他可替代的用途。即使政府不准房东把房屋投入他用,但房东还是可以通过降低房屋的质量、服务水平或者增加其他隐性的收费来使管制前后实际房租是一样的。比如,在租务管制时,房东可以不提供家具、不提供热水供应、另收水电费等等。此外,政府还无法实时对房东的收费进行监督,因此房东可以收取高于所记录的房租。当管制房租远远小于市场出清的房屋价格而且新房客入住时需要缴付这笔差额时,房东就会为了获取这些差额而驱逐租户并重新建房。大量的房屋重建热潮对当时的经济产生了冲击。

政府价格管制实际上是从制度层面对产权进行限制,从这一点看房东在政府租务控制下的产权是一种残缺的产权。在合约是不可执行或者执行成本较高时,无论是房东还是房客都会对政府租务控制做出反应,以把权利管制造成的经济损失降低到最小,从而使非排他性收入的耗散减到最小。张五常在另一篇文章中这样总结人们对政府管制的反应:"假定非排他性收入存在,而且它倾向于耗散,有关各方和每个人将寻求尽量减少因限制引起它的耗散。一般做法包括:寻求使用或者生产产品的另外方式,以便使资源价值的降低程度最小;探寻新的契约安排,以便能使其在产品生产实施过程中增加的交易成本最小;或者综合使用以上两者,达到最低成本的目的。"[2]

总之,一项不利于产权完备的产权制度,如价格控制,往往会导致坏的经济后果,原因在于产权往往以复数的形式出现,并且随着合约条件的变化而变化,只要政府不能做到全知全能,限制产权的合约就是不完全的,被管制者就可以通过反应性调整来减少管制带来的收益耗散。

三、产权制度与国家竞争力

产权制度的经济效果取决于该项产权制度是否有利于界定保护人们的产权从而使交易者可以从产权交易中获得十足的收益。政府在界定产权方面往往无法做到比市场有效,因而政府的作用应该主要是通过立法保护产权及其自由交易。政府的产权界定往往是对产权初始界定,而此后政府需要对产权及其交易进行保护。在产权界定之后,政府对产权的再分配就是"政府掠夺",除非这些产品具有特殊性,如公共产品,否则,这种对产权的"重新界定"就不利于产权在交易中充分实现其价值。政府干涉的财产权利是残缺的,这就是为什么前文提到的涉及到公共产品生产的企业(如供水公司)的转让价值比较低。如果政府对一般的物品也是随意限制而不是保护产权的话,那么它对整个社会的影响将是灾难性的。

大量的历史资料表明,有效的产权保护制度是一国经济增长从而提升竞争力的重要源泉之一。阿西姆格鲁等反驳传统的关于地理因素决定一国贫富的观点,认为是否建立有效的私有产权制度是民富国强的关键。[3] 众所周知,在1500年,富裕国家的地理分布与今天有天壤

---

[1] Cheung, Steven N: "Rent Control and Housing Reconstruction: The Postwar Experience of Prewar Premises in Hong Kong", *Journal of Law and Economics*, 1976, 19(No. 1): pp. 27~53.
[2] 转引自:[冰岛]恩拉恩·埃格特森:《经济行为与制度》,上海:商务印书馆,2004年,第110页。
[3] 达龙·阿西姆格鲁等:"贫富的逆转",载吴敬琏主编:《比较》,第23辑,北京:中信出版社,2006年。

之别。那时候中国、印度莫卧儿王朝、奥斯曼土耳其帝国乃至北非都是比较富裕的国家,而在今天,北美、欧洲和澳大利亚才是世界上富裕的国度,那么是什么导致了这种国家兴衰的变迁或者说贫富的逆转呢?阿西姆格鲁等认为这与欧洲殖民国家在殖民地采取的制度有关。对于一个人口众多、城市化水平较高的国家,殖民者在这里建立的是一种掠夺制度,以图从当地尽可能掠夺更多财富。但是对于未开垦的荒蛮之地,如北美洲、澳洲来说,殖民者大量移民并打算长期居住在这些殖民地,因而建立了比较完善的私有产权制度。另外,殖民者国内的政治制度也会对它在殖民地政策安排产生深刻的影响。如高度集权的西班牙在南美的殖民地主要是进行血腥掠夺,相反,英国殖民者在北美则建立比较完备的私有产权制度,不同的政策安排导致如今南北美洲巨大的财富差距。掠夺制度尽管对经济的长期发展不利,但这并不阻止它成为一种均衡的制度安排,因此,一个好的外部冲击可以打破这种坏的制度均衡,换言之,历史上殖民者制度安排的颠倒导致了后来贫富的逆转。

另一个产权制度的社会试验是战后德国的发展比较。① 二战后,德国作为战败国被资本主义阵营和社会主义阵营分为两个分裂的部分:西德和东德。战后德国的经济落入低谷。西方盟国在西德建立起一套资本主义宪法,并在那里扶持私人产权,倡导竞争和宪政政府,稳定和开放经济。这些制度变革产生极好的效果:从1950年至1960年,实际产出增长了一倍,年均增长率为8.8%,就业人口从2 000万增加到25 000万,失业人数从190万下降到30万,劳动生产率年均增长5.7%,工人年均收入增长率达到4.9%。到1988年,西德成了收入水平最高的国家之一。苏联占领的地区(东德)成了单独的一元化的社会主义国家,并实行苏联式的高度集中的中央计划和集体经济,结果40年下来,东德居民的平均收入大概只有西德同胞的40%。

从更广阔的历史视角,诺思和托马斯考察了欧洲是如何从停滞不前的中世纪迅速走向兴盛繁荣的。他们的观点是,有效率的经济组织是西方世界兴起的原因。有效率的组织能够通过制度安排和确立所有权把个人的经济努力变成私人收益率和社会收益率近似一致的活动。诺思等分析经济增长动力的关注点与新古典理论不同。在新古典框架里,经济增长被解释为劳动、资本、技术等要素的结果,制度是外生给定的,而且是不重要的,因为市场是完全竞争的,没有交易成本,也就无需制度安排。诺思等则不以为然,他们把创新、规模经济、教育以及资本积累等看成是经济增长本身,把制度——有效率的经济组织——看成是经济增长的原因。②

通过把法国、西班牙与英国、荷兰进行比较,诺思和托马斯认为经济绩效的关键在于能否创立一套提高经济效率的所有权。在16~18世纪这段时间,法国王室通过战争获得对征税权的控制,通过出售官职来增加王室岁入,由此产生的官僚体制唯王室之命是从。文艺复兴时期的财政制度沿用到17世纪,全国的市场由30多个孤立的市场组成,市场规模和一体化水平受到限制,垄断、行会以及出售某些农产品的权利都被看作特权。值得一提的是行会,它们是政府控制的主要代理机构,行会和庞大的官僚队伍控制着整个国家的经济系统。王室具有所有商业活动的垄断权,而行会则向王室购买各种垄断权。在这样一种财政体系下,法国产业制度的经济效率低下:劳动力和资本要素流动困难,复杂的行会规定限制了创新活动,价格长期不变,居民甚至没有自由贸易的权利。因此,当时法国的产权制度是一种抑制竞争、创新和贸易的低效的制度,

---

① [德]柯武刚、史漫飞:《制度经济学》,北京:商务印书馆,2004年,第502,569~571页。
② [美]道格拉斯·诺思、罗伯特·托马斯:《西方世界的兴起》,北京:华夏出版社,1999年,第7页。

它极大地增加了市场交易的成本,从而阻碍了法国统一市场的形成和经济增长。

在政治上,西班牙的情形与法国有着惊人的相似:王权获得了对征税的绝对控制权,能单方面地改变税收结构和税收额;通过长期的战争取得政治上的统一,同时保留着地方自治。但是两国的税收来源不同,法国缺乏显而易见的税基,从而需要通过出售官职,建立一个庞大的官僚机构来增加税收,而西班牙王权有三条岁入来源:羊主团交付的税金、低地国家①和其他领地缴纳的款项以及新大陆的财富,其中又以羊主团交付的税金为主要的岁入来源。这种对羊主团财政上的依赖导致产权制度有利于保守的羊主团而非商人阶层,从而阻碍了有效的土地所有权的发展。居民的产权没有保障,王室在出现财政危机时随意侵占、没收或者单方违约来摆脱困境。由于产权得不到保障,经济衰落也就在所难免了。

与法国和西班牙相反的是英国和荷兰。这里的统治者不仅保护私有财产,而且鼓励自由贸易。商业贸易是荷兰近代初期经济发展的原动力,随着贸易的扩展,市场规模的扩大,分工和专业化不断演进,市场交易的成本就会降低。股份制公司的产生为大规模资金融通创造条件,也减少了单个资本的风险水平。伴随着商业和贸易发展的还有资本市场的发展,包括银行业的繁荣和金融工具(如各种商业票据)的创新。因此,既适合有效产品市场发展又适合短期资本市场发展的所有权已经在荷兰创立。类似地,英国经济的成功得益于它当时的法律不仅禁止王室垄断而且还鼓励任何真正创新的专利制度。在王室和国会的斗争中,国会占了上风,英国从此走上了一条与法国相反的道路。新兴的商人阶层在政治上处于有利的地位,自由贸易、规模经济以及航海技术的进步极大地降低了市场交易成本。贸易导致羊毛价格上涨,牧羊的收益增加,而公有的牧地不利于降低他人放牧的外部性,于是一场圈地运动在英国蔓延开来,从而逐步建立起明晰的私有土地产权。都铎王朝旨在冻结经济结构和阻止生产要素流动的努力由于市场结构的急剧变化而失败。专利制度的建立则为私人创新提供法律上的保障,它使创新的私人收益和社会收益之间的差距减小,从而激励着人们的创新活动。所有这些制度安排为英国产业革命的到来创建了条件。对于这段铺垫性的历史,诺思和托马斯这样总结道:"到1700年英国的制度框架为经济增长提供了一个适宜的环境。工业管制的衰败和行会权力的下降使劳动得以流动和经济活动得以创新,稍后又进一步得到专利法的鼓励。资本的流动受到合股公司、金首饰商、咖啡馆和英格兰银行的鼓励,它们都降低了资本市场的交易费用;也许最重要的是,国会至上和习惯法中所包含的所有权将政治权力置于急于利用新经济机会的那些人手里,并且为司法制度保护和鼓励生产性活动提供了重要的框架。英国在不利的开端之后到1700年经历了持久的经济增长。它发展了一套包含在习惯法中的有效的所有权。除排除了在要素和产品市场上资源配置的障碍外,英国已开始用专利法来保护知识的私有权了。现在舞台已为产业革命布置就绪。"②

当然,由于不适当的产权制度导致的经济衰退的历史经验也是不胜枚举,在此不再赘述。但是,应该强调的是,尽管公有制在许多场合下的经济效率远比不上私有制,但是我们不能因此就做出普适性的断言:公有制效率低于私有制。一个简单的反例是,在原始社会,公有制要优于私有制,原因在于原始社会的生产力水平不能保证个人能够生存下来。由此看来,制度及

---

① 所谓低地国家,是指近代欧洲民族国家未形成之前,今天的荷兰、比利时和卢森堡所在地区的各个小国家的统称。

② [美]道格拉斯·诺思、罗伯特·托马斯:《西方世界的兴起》,北京:华夏出版社,1999年,第192页。

其选择是其环境变量的函数。

本章小结

本章介绍产权理论。"公地悲剧"的解决办法是清晰地界定产权;而"牛吃庄稼"的案例表明资源配置的效率与产权配置密切相关,二者之间的关系总结为"科斯定理"。然而,现实中的产权很难界定得十分清晰,巴泽尔的产权思想正是考察这种情况下的资源配置。阿尔钦、德姆塞茨、张五常等人则把科斯定理运用于各种情况。产权制度从宏观层次对所有的经济行为产生影响,从而影响着一国经济发展。

关键术语

产权　　　　公地悲剧　　　　外部性　　　　科斯定理　　　　庇古税
科斯定理　　波斯纳定理　　　MM 定理　　　公共领域　　　　队生产
分成地租　　固定工资合同　　定额租金合同　产权制度　　　　经济管制

本章思考题

1. 阐述产权的概念。
2. 举例说明"公地悲剧",用什么办法可以解决它?
3. 举例说明外部性问题,怎样才能降低外部性?
4. 阐述科斯定理。
5. 除了价格可以配置资源,你能想像还有其他什么方式来配置资源?
6. 比较不同的农业生产合约在监督成本上有何不同?
7. 阐述产权与经济结果之间的关系。

学习参考资料

[1] Garrett Hardin. The Tragedy of the Commons[J]. *Science*,1968(162):pp. 1243~1248.

[2] Thorstein Veblen. The Beginning of Ownership[J]. *The American Journal of Sociology*,Vol. 4,No. 3,1898 Nov. :pp. 352~365.

[3] [美]Y. 巴泽尔. 产权的经济分析[M]. 上海:上海三联书店、上海人民出版社,2006 年.

[4] [美]R. 科斯等. 财产权利与制度变迁——产权学派与新制度学派译文集[C]. 上海:上海三联书店、上海人民出版社,2005.

[5] [冰岛]思拉恩·埃格特森. 经济行为与制度[M]. 上海:商务印书馆,2004.

[6] [美]道格拉斯·诺思、罗伯特·托马斯. 西方世界的兴起[M]. 第 2 版. 北京:华夏出版社,1999.

[7] [德]柯武刚、史漫飞. 制度经济学[M]. 北京:商务印书馆,2004 年.

第四章　企业理论

> **学习目标**
> 1. 了解主要的企业组织形式。
> 2. 了解不同理论对企业性质的解释。
> 3. 了解企业制度演化的历史。
> 4. 理解逆向选择和道德风险，并用以解释经济现象。
> 5. 了解企业的契约理论。

在新制度经济学中，企业往往被看作是契约，或者说各种契约的集合。[①] 本章介绍的理论正是契约视角的企业理论。第一节从不同的角度分析企业的性质，包括交易成本视角下的和奈特开创的风险和不确定性视角下的企业性质。第二节介绍委托代理理论。它又被称为是完全契约理论。由于企业的委托代理关系的产生和演化与企业制度的演化史密切联系着，所以本节首先回顾了美国企业制度的演化过程。信息的不对称是导致委托代理问题的基本原因，人的机会主义行为才是使委托代理关系成为问题的关键，其中的机制就是逆向选择和道德风险，这就是第三节分析的重点。最后一节介绍契约理论的最新进展，即不完全契约理论。

第一节　企业的性质

一、生活中的企业

我们的生活每时每刻都离不开企业。我们身着的衣服、乘坐的交通工具、享用的粮食和居住的房子大多都是企业生产的。如果不是企业为我们提供丰富多彩的物质和精神产品，我们的生活将难以想象。埃格特森将现代发达资本主义国家常见的经济组织分为六种：业主所有制、合伙制企业、不公开招股公司、公开招股公司、金融互助社和非赢利组织。[②] 从法律的角度讲，至少最后一种不是严格意义的企业，但是，在新制度经济学中，把企业理解为契约，这样后两种经济组织形式是不是企业就很难说。在此，我们只介绍前面五种经济组织形式，即通常所

[①] 这里的"契约"与前文的"合同"为同一个意思。
[②] ［冰岛］思拉恩·埃格特森：《经济行为与制度》，北京：商务印书馆，2004年，第156～166页。

说的企业。

1. 业主所有制

这类企业的剩余索取权和最终决策权为同一主体。这类企业的成员由单个人或者家庭为主，为附近的居民提供最简单最基本的生产生活资料。如学校旁边的小吃店、小卖部、五金店，小镇的公路两边的小型商店、菜农、饭店、旅馆、报摊等等一般都采用业主所有制形式。由于剩余索取权和决策权为同一主体，所有者和管理者为同一个人，因此不存在所有权和控制权相分离导致的代理问题。但是，这类公司融资规模受到企业的自有资金的限制，而外部融资的成本很大，无法实现大规模的投资。当消费与投资发生冲突时，还会产生投资视野问题，即可能更注重于消费。根据资产组合理论，分散投资可以降低风险。业主的人力和财力大多投资在自己的企业内，因而承担很大的风险。

2. 合伙制企业

合伙制就是几个人将各自的资源集中起来建立企业，个人根据自己出资额的多少分享企业的收益和承担风险。这种企业有利于扩大企业的初始规模，也有利于分散风险。但由于是共有企业产权，入伙的人数越多，就越难克服合伙人的搭便车行为，合伙的优势就越难发挥出来，这也是很少有大量合伙人的合伙制公司的原因。合伙人带给企业的重要资源不仅仅是物质资本，更重要的是人力资本，因为物质资本如机器设备、厂房等，可以从市场上购买轻松获得，而人力资本的培养和获取则没那么容易。比如，律师事务所、会计事务所、管理咨询公司等等。在这类合伙制企业中，律师和会计师的人力资本对于企业具有重要的意义，而设备器材这些物质资本则容易从市场上购得。另外，很多饭店、旅馆、贸易企业也可以采用合伙制的形式进行生产经营活动。

3. 不公开招股公司

所谓的"不公开招股"是指不向企业外部无关的人进行公开招股，也就是说，公司股份的持有者为公司内部人员及其相关者，如管理者以及与管理者、所有者有各种关系的人，包括亲戚朋友。由于是通过特定的关系建立的所有权与控制权，因此可以部分地消除代理问题，同时也可以分散风险。但是，股东的股份不能在市场上自由的流通，单个股东放弃股份的成本很大，企业的市场价值也无法很好的评价。

4. 公开招股公司

这种公司形式是发达资本主义社会的主要形式，它的优势在于鼓励大规模的风险投资，企业可以通过上市在证券市场上获得大量的资金。企业的市场价值也可以通过股票的市场价值进行评估，股份可以在证券市场上自由流动。劳动分工使得公司管理与风险承担分离，由专门的经理进行管理并实际控制着企业，由分散的股东承担经营管理的风险并享受剩余索取权。竞争性的外部经理人市场和投资者用脚投票的机制约束着经理人的行为，从而有效地缓解了委托代理问题。但是，这并不是说管理者和所有者之间没有利益冲突。现代生活中的各种上市公司就是这种类型的企业。

5. 金融互助社

金融互助社的特征是它的客户同时又是互助社的剩余索取者，是一种拥有专业化经理人员的组织，这些客户不承担风险。这些剩余索取权可以重新赎回，而且被看作是低成本的、有效的控制机制，即客户可以低成本地抽出自己的资金，互助社的资产不是专用的，或者说存在竞争性的外部市场，转卖资产就变得很容易了。由于互助社具有这种低成本的分散控制机制，因此,对于剩余索取者来说,利用管理委员会来控制决策的作用就不大。管理委员会的作用主要是防止剩余索取者的赎回行为得不到保障。这类企业有互助保险公司、共同基金以及一些银行。阿尔钦和伍德沃德把互助社形式扩展到私人疗养院、乡村俱乐部以及其他社会性俱乐部等。在他们看来,"互助性"能够使这种组织形式里的成员可以:"① 防止外部资本持有人提供低质服务来剥夺价值;② 保护现有的内部成员享用来自接纳新成员而增加的好处。"[①]俱乐部的资源具有相互依赖性,成员的资本具有专有性,但是如果社会关系网中的交换是没有成本的,那么专有资本不会被人以独立所有者的形式所剥夺。

非赢利组织的收入既来源于捐赠又来自销售,它不存在剩余索取权。资产的捐赠者占有资产管理委员会的大部分比例,该组织中存在资产管理委员会(决策者)和管理者之间的代理问题。这种组织形式是以非赢利为目的的,因此,不是严格的法律意义上的企业,但是,这种组织形式与企业的活动是紧密地联系在一起的。

二、企业的性质

新制度经济学关于企业的一个核心观点是契约,即企业是一组契约关系的集合。企业的性质的问题就是关于企业为何物的问题,或者说企业存在的原因的问题。在这里主要沿着张树民给出的思路,[②]从回顾新古典世界的企业开始,然后分别从交易成本、劳动分工和风险的角度分析企业的性质。

1. 新古典世界的企业

亚当·斯密在《国富论》的开始部分就分析了铁针厂的内部生产情况,指出劳动分工对于提高经济效率的意义,但是,斯密没有对企业组织进行深入的分析,也没能涉及到科斯提出的关于企业的性质的问题,而是将注意力转向市场体系、经济增长和发展等方面。斯密特别强调市场调节资源配置的作用,这就是著名的"看不见的手"的命题。以后的经济学家沿着这一思路,更多的将研究的视角放在市场上,这也就是此后长期以来经济学的研究的主题:资源配置问题。

在新古典理论中,企业被当成"黑箱"来处理,经济学家了解到的企业是这样一种情形:在投入方面,大量的生产要素,如资本、劳动、土地等基本的生产要素,不断地进入企业;在产出方面,各种各样的产品被生产出来送往各地市场销售。至于投入如何转变为产出,新古典理论将这一过程简化为一个由技术决定的"生产函数"。至于企业内部的具体的组织生产的方式、企业制度对于企业生产效率的影响,则被抽象掉了。也就是说,在新古典的世界里,人是无限理性的,信息获取的成本为零,因而每个人可以充分地认识到对方的行为,也可以预测到未来的发展。在这样的一个世界里,关于制度和组织的讨论是没有意义的。甚至可以说,无论是市场还是形形色色的企业形式,都没有什么差异。企业的行为就是,在一系列的投入约束和生产技术(生产函数)下最大化其产出。这种不考虑企业内部组织结构的处理方法后来成为新制度经济学家批判新古典理论的对象之一。

---

① [冰岛]思拉恩·埃格特森:《经济行为与制度》,北京:商务印书馆,2004年,第165页。
② 张树民从两条思路分析企业理论,一是专业化与企业,二是风险与企业。前者以介绍科斯、杨小凯的企业理论为主;后者则以奈特的风险理论来分析企业。详见:张树民:"专业化、风险与企业理论——经典企业理论述评",《经济学消息报》,2001年11月30日。

有人认为,"从新古典出发,对于企业的理解的最可能出现的逻辑发展是从把企业作为一组要素契约来发展企业理论。"[①]要素组合的有效性成为解释企业存在和内部结构的逻辑内核,并由此导致了两个企业理论的源泉:一是从企业内部分工和专业化解释,一是从风险配置来解释。而对于新古典世界的批判正是从它的假设与经济现实不符开始的。

2. 交易成本视角中的企业

科斯在1937年的经典文献"企业的性质"中向新古典的企业"黑箱"理论提出挑战,开始引发了人们对于企业的性质问题的讨论。科斯认为,交易可以以两种方式进行,既可以通过企业内部的管理协调活动进行,也可以通过市场上的价格机制进行,企业和市场分别是两种可以替代的组织交易的方式。决定生产和交易是在企业内部还是在市场上进行的依据是交易成本。正如第二章分析的那样,由于有限理性、不确定性和人的机会主义行为,市场交易是有成本的。在科斯看来,企业是作为高交易成本时的市场的替代机制而存在的。当然,组织内部的管理协调也是存在成本的,科斯称之为组织成本。这实际上也是一种交易成本。于是,交易费用的存在和企业降低交易费用的功能就是企业存在的理由。

科斯的交易成本的分析,为其他经济学家打开了大门。他提出了一个好的问题,并把经济学家的注意力引向企业内部。交易费用理论的集大成者威廉姆森构建了一个框架,极大地增强了交易成本解释和分析问题的能力(见第二章的内容)。另外,沿着把企业内的组织成本一般化的思路,斯蒂格勒、詹森、麦克林和张五常等人将企业内部的管理协调也一般化为契约关系,因此,组织成本也就是一种交易成本,并用于解释企业内部的结构问题。这就是企业理论的契约观点。

巴泽尔对科斯的企业和市场的二分法进行了批判。尽管他的贡献主要在产权理论方面,但是,对于经济组织,他认为除了企业和市场之外,还有很多的非企业组织。因此,他的分析中很少直接定义企业,而是利用"组织"这个词。在他看来,"似乎不可能精确地指出,哪些活动应是被指定的企业活动,而哪些活动则不是。只有当交易是在货物出门概不替换的条件下进行时,交易者之间的分离才是彻底的。"[②]而这种情况几乎是不可能的。企业是通过各种显性和隐性的契约联系在一起的,如果把企业看成是契约集,那么,由于企业与外部的广泛联系,企业的定义和界定也就是徒劳的。这与张五常的观点相似。张五常认为,"问题的关键在于人们如何看待'企业'。'企业'小到可以被看作是两个投入品所有者之间的契约关系,但是通过把一系列契约延伸和组合,它就大到可以被看作是整个经济。"[③]例如,苏宁电器是一个大型的电器连锁企业,但是,它的连锁店里的柜台却可以出租给电器公司经营,这时,就很难说苏宁连锁店到底是一个企业还是许多企业的联合体。又如百货商店和购物中心,前者可以看作是一个企业,而后者则更像是多个企业的组合。因此,把企业和市场交易看成契约关系的结果使我们无法对企业给出一个很精确的定义。

3. 新兴古典理论中的企业

有人将影响企业的契约特性的因素归结于两点:一是降低交易费用,二是获得分工与专业

[①] 张树民:"专业化、风险与企业理论——经典企业理论述评",《经济学消息报》,2001年11月30日。
[②] [美]Y. 巴泽尔:《产权的经济分析》,上海:上海三联书店、上海人民出版社,1997年,第79页。
[③] Steven Cheung: "The Contractual Nature of the Firm", *Journal of Law Economics*, 1983, 26(April): pp. 1~21.

化的收益。① 对于第二种影响契约特性因素的考虑来自杨小凯等人的研究。由于杨小凯的企业理论是建立在(亚当·斯密等人)古典的劳动分工理论基础之上的,因此,我们称之为"新兴古典企业理论"。② 有助于理解企业内部复杂的组织结构的两种分工是企业间的分工和企业内部的分工。斯密详细系统地讨论了企业内部的分工。他认为企业内部的分工可以从两个方面带来好处:节省转换工序的时间和积累人力和物质资本。当然,还有一个专业化与分工的好处是由现代企业的经营管理的专业化带来的,这就是钱德勒所说的"经理人革命"。

杨小凯继承了这一思路。他认为,企业内部分工的好处在于可以获得专业化的收益,这种收益来自于一定的技术和知识特征。技术上的原因在于不可分性,而知识上的收益主要来自于管理和决策知识在企业内作为共用资源的范围经济性质。③ 对于企业,杨小凯是这样分析的,"企业制度是一种特殊的组织分工交易的形式,它的出现不过是个人选择其专业化水平和组织交易决策的一种后果。如果劳动的交易成本系数小于产品的交易成本系数,则企业制度将被用来组织分工,此时产品的交易和定价被相应的劳动交易和定价所取代。"④ 他还给出了企业制度的三个条件:① 同企业有关的贸易伙伴有两类:雇主和雇员。雇主拥有雇员劳动的剩余控制权;② 合约从来不设定雇主应该得多少,雇主拥有剩余索取权,即企业所得减去雇员的工资;③ 这个企业必须涉及这样一个过程,即企业的所有者将其雇员的劳动转换成能在市场上出售的东西。只有这三项条件都满足的交易关系,才称之为企业制度。

另外,企业内部分工的好处如果主要来自于管理和经营知识的不可分性和专业化,则会产生委托代理问题。这一问题随着企业规模的扩大和融资结构的复杂化而变得更为突出。因此,专业化和委托代理二者之间的关系,就决定了企业的内部结构。针对这一问题的理论是机制设计理论和不完全契约理论,本章后面的章节将进一步分析。

4. 风险理论中的企业

张树民认为,为了获得分工收益只是要素组合在一起构成企业的一种可能解释,另外一个可能的解释就是基于要素所有者效用最大化的选择机会。不同的要素所有者对于风险的态度不同,有些人偏好风险,有些人规避风险。那么要素的所有者可以对自己拥有的要素作出这样的选择:是自己使用自己的要素,还是让渡自己对要素的部分权利,获得要素的一个边际收益水平,把风险和剩余收益转移给那些偏好风险的人。例如,劳动者将自己的劳动部分让渡给企业家,归他们支配和使用,从而获得一个稳定的工资收入。企业的长期契约代替了劳动力市场的短期契约,从而降低了劳动力在劳动市场不断地出卖劳动而产生的不确定性。这种要素的不确定性带来的风险并不是消失了,而是由偏好风险的企业家承担了。企业家的才能和各种所有者的要素,通过契约关系建立的要素组合就构成企业。换句话说,不同风险偏好的要素所有者通过经营权和控制权的配置组合在一起形成不同于市场的企业契约。

---

① 张树民:"专业化、风险与企业理论——经典企业理论述评",《经济学消息报》,2001年11月30日。
② 杨小凯等人以专业化和劳动分工为基础,开创了一个新的理论体系,他自己把它称为"新兴古典经济学"([澳]杨小凯:《经济学——新兴古典与新古典框架》,北京:社会科学文献出版社,2003年)。
③ 杨小凯:"企业理论的新发展",《经济研究》,1994年第7期。
④ [澳]杨小凯:《经济学——新兴古典与新古典框架》,北京:社会科学文献出版社,2003年,第151页。新兴古典经济学关于企业的相关观点还可参见:杨小凯:"微观经济学的新发展",载汤敏、茅于轼主编:《现代经济学前沿》,第二集,北京:商务印书馆,1993年,第249~269页。

这一理论的渊源来自奈特。[①] 传统的观点认为,利润来自风险,高风险与高利润往往是结合在一起的。但是,奈特不以为然。他认为,现实生活中存在很多的缓冲风险的机制,除了金融制度,还有企业等组织,即企业本身就是缓解风险的制度安排。因此,用风险来解释利润并不充分。在企业里面,承担风险的人获得剩余收益,而不承担风险的人则获得固定的契约收益。风险降低的代价是放弃了对要素的控制权,因此那些承担风险的人获得了对企业内要素的控制权。但是承担风险的人还是尽力降低风险。这种方法有两种,一是企业试图控制环境,另一个是专业化企业内部的管理。对于前者,企业可以通过一体化来实现,也可以通过寻求政策支持来实现;对于后者,可以通过企业内部的管理活动专业化来实现。企业内部的专业化分工会产生道德风险和逆向选择之类的问题,这也就要求企业进行内部组织机构设计,以降低这些问题带来的低效。这些理论还用于分析现代企业的公司制度,其中涉及到企业产权的配置问题。沿着这一思路分析的还有 Langlois。他从企业家职能的角度去认识企业,认为在充满变化的环境里,企业是为解决协调问题而存在的,而企业家的职能正在于此,也就是说,"企业由于企业家职能而存在。"[②]

此外,对于企业性质的探讨还有阿尔钦和德姆塞茨的"队生产"理论。他们认为,企业实际上就是一种"队生产",但是"队生产"的一个主要的问题是很难评估各种投入要素的边际生产力,于是会产生"卸责"行为。要想使"队生产"的产出大于队中各个成员单独生产的产出之和,一方面要增强市场上各种投入的竞争性,另一方面要调整企业内部权利关系,也就是说通过把剩余索取权分配给监督者来降低测度各种投入贡献的难度和监督偷懒行为的成本。

总的来说,对于企业性质的讨论源自科斯的交易成本的假设,放松了新古典理论的关于市场零交易成本的假设。在新古典理论中,企业是要素组合,按照一定的技术进行生产,但是对于企业内部的具体结构却一无所知。或者说,在零交易费用的情况下,无需探讨企业的内部结构问题(新古典企业);在科斯那里,企业只是市场的替代,即在交易成本为正时,价格机制和企业管理活动之间的替代。后来的学者,一方面将这种交易成本一般化,把企业内外的交易关系统统称为契约关系,企业也就成了契约关系的集合(交易费用企业);另一方面,进一步研究决定企业契约结构特性的原因,从而产生了从劳动分工视角的新兴古典企业理论,企业就是一种特殊的组织分工交易的形式(新兴古典企业)。还有一种观点是从风险与利润的角度出发,认为企业是一种在不同的风险偏好的要素所有者之间配置风险和收益的组织形式,简而言之,企业是一种分散风险的机制(风险分散企业)。尽管这些理论从不同的角度对于企业的性质作了深刻的分析,但是,也许企业的性质不只是其中的任何一种,而是这些不同分析的综合。另外,企业的生产性的功能也是新制度经济学家们很少谈及而又不容忽视的企业存在的理由之一。

第二节 委托代理关系

企业的委托代理关系产生于企业内外的劳动分工和专业化过程。因此本节首先回顾一下一般企业发展的历史,然后分析企业内外部的委托代理关系。

[①] [美]弗兰克·H·奈特:《风险、不确定性与利润》,北京:商务印书馆,2006年。
[②] Richard N Langlois:"The Entrepreneurial Theory of the Firm and the Theory of the Entrepreneurial Firm", University of Connecticut, Department of Economics Working Paper Series 2005—27.

一、企业制度简史

企业制度的发展伴随着整个资本主义经济的萌芽和发展过程。特别是几次工业革命导致资本主义世界的技术发生重大变迁,从而要求其生产组织形式也随之发生变革。虽然我国的资本主义萌芽远在宋朝就初现端倪,但是,真正意义的自由资本主义经济制度几乎从未建立过。近代国民政府时期开始建立资本主义制度,出现了一些现代意义的企业,但是由于政治混乱、战祸连年、法治落后,大部分企业无法做到基业常青。[①] 1949 年新中国成立,在经过七年左右对农业、手工业和资本主义工商业的社会主义大改造后,初步建立了社会主义制度,形成了高度集中的计划经济体制。在这种体制下,企业与其说是企业,倒不如说它是政府部门,即政府实施计划调节的工具。1978 年以来,中央政府开始推行改革开放,真正意义的企业制度才在中国大陆建立起来,但事实上,直至 20 世纪末,政府主导型的企业仍然占有很大的比重,政府对于经济的干涉仍然很多,发展市场经济的环境仍未完善,但是这种状况在进入 21 世纪以后得以迅速的改善。因此,如果考察中国的企业制度变迁,将无法得出企业自然演化的历程。因为中国企业的发展是一种非正常持续的自然演化进程,受到诸多外部因素的影响。例如,改革开放以后的大陆企业发展是一种超常规的、跳跃性的演进过程。大量外资带来的技术和管理知识导致中国企业的不平衡发展,从原始的手工作坊到现代的高科技企业都可以在中国这片热土上找到。政治事件(如邓小平的南方谈话、中共大会的精神)通过影响经济发展绩效从而对企业制度产生深刻的冲击。在外部冲击复杂而又深刻的情况下,我们无法从中国短暂的企业发展史中抽象出企业制度演化的一般规律。相反,美国企业演化史基本上是一个正常的演化历程,具有一贯性,容易得出一致的观点,因而我们主要借助美国的企业发展历史来考察企业制度演化的内部机制。[②]

Langlois 主要是从演化的视角分析美国的产业演化问题,其中的基本要素有技术、市场规模和不确定性。三者之间的关系决定着美国产业的变迁。根据他的分析,我们把美国企业制度的演化历史分为三个阶段:南北战争以前的古典企业、19 世纪末 20 世纪初中期的公司制度和 20 世纪末以来的新经济中的专业化企业。在不同的技术和市场规模下缓冲不确定性或者说交易成本的需要促进了产业和企业组织制度的演化。

(一)南北战争以前的古典企业:手工生产

南北战争以前的企业基本上是手工业。由于交通的阻隔,人口密度比较小,居民的收入水平较低,这些手工业之间的贸易往来比较少。维系这些分散的手工生产者的组织是独立的商人和中间商。根据斯密定理,市场规模决定劳动分工。处于手工业阶段的美国,人口稀少导致市场规模有限,因而专业化与分工的水平较低,换句话说,在此时的企业——手工业中,几乎所有的生产环节都由手工工匠来完成。他们几乎要自己从事产品生产的所有活动:从购买原料到加工设计,再到寻找买主。维系生产与消费之间联系的贸易商几乎是无所不能的通才,从事着各种各样的贸易,因为市场范围的限制,从事多宗贸易可以分散风险。在这种条件下,

---

[①] 关于这段时期的企业和企业家的历史,参见杨德才:《中国经济史新论(1840~1949)》,第 11 章,北京:经济科学出版社,2004 年。

[②] Richard N Langlois:"The Vanishing Hand: The Changing Dynamics of Industrial Capitalism", University of Connecticut, Department of Economics Working Paper Series 2002—21.

斯密的"看不见的手"起着协调生产和分配的作用。由于这时的经济系统不是一个快节奏高产出的系统,低水平的劳动分工之间的连接主要由贸易商以价格机制为主的调节方式完成。

在贸易的价值链中,商人占有重要的地位,因为此时的获利能力不是依赖有形资产的所有权,而是依赖专门的知识和适应能力,这正是贸易商和中间商所具备的。商人的作用不仅在于他们加总分散的需求和供给,还在于他们为生产提供资金帮助。在手工生产阶段,市场分散、市场规模较小,企业很难为生产投资进行融资。原因就在于借贷双方广泛的信息不对称。只有这些商人和制造商才愿意为企业提供融资支持。这些商人和制造商投资建立银行,作为内部人向手工生产者和商人们提供资金,并由此产生了银行这种最早的融资性质的企业。随着人口增长和贸易量增长,商人开始通过专业化的企业而不是企业内的专业化在商品和职能上进行更大范围的专业化。这种贸易商主导的古典企业一直延续到19世纪早期,直到有利于大规模的降低交易成本的技术变革的到来,从而呼唤企业制度的大范围变革。

(二) 规模经济:纵向一体化

"经理人革命"是钱德勒在《看得见的手》中提到的美国19世纪末20世纪初产业演化的主要特征。他认为,在这一阶段,企业朝纵向一体化方向发展,企业与企业之间的市场调节在许多方面逐步为企业内部的管理协调所取代。由此而产生专门从事经营管理的经理人阶层。从演化的视角来看,这一过程的发端要远远早于19世纪末,其结束也要晚于20世纪初。伴随着第一次工业革命的不断深化,1815年以后,美国的人口不断增长、地理不断扩张和贸易不断增长,使得市场的规模逐步增加。特别是铁路和电话的发明和使用,对美国的生产和分配组织产生了深远的影响。这两项发明有利于在全美国范围内建成统一的大市场、降低交通成本和增强各地之间的联系。用Langlois的话来讲,就是引发了一场全美国范围的"全球化"。市场规模的扩大,才能够使用迂回生产的方式建立并发挥规模经济优势。

企业的组织形式,也从古典企业的手工业企业形式发展到工厂生产阶段。市场范围的扩展,就可能进行大规模生产,引入高产出的机器设备,就可以降低单位成本,并且将不同的生产阶段整合在企业内部实现规模经济。在这一条件下,企业的制度结构会发生两种变化。

(1) 规模经济简化了转换和分配产品所需的公司的数量。企业之间会进行一系列的兼并活动:一是通过卡特尔组织,对产出进行配置;但是由于这种合谋难以成功,于是产生另外一种影响深远的企业组织形式,即控股公司。它把卡特尔条件下的欺骗激励转变成对总资产价值最大化的激励,而且企业有了生命,不因原始所有者的死亡而终止,这或许是一次意想不到而又意义重大的制度创新。这种组织形式后来发展成事业部(M)型企业,由许多相同的独立生产者形成的传统组织转变成对管理职能进行统一划分的统一结构。

(2) 中间商在价值链中的地位发生变化。由于企业处理大宗交易能力的增加,企业可以将原来中间商的职能内部化为它的一个部门,例如,采购部和营销部。另外,投入和产出的标准化导致原来的通才贸易商的才能的重要性降低。例如,石油质量的标准化,石油企业可以将原材料的采购和营销完全整合在企业之内。

这一段时间的另一个意义重大的制度创新就是金融市场的发展,特别是证券市场的发展。股东掌握的股份可以在证券市场上自由流通,促进了企业的所有权和控制权的分离,以及有限责任公司和财务制度的标准化,使人们在没有具体的商业知识和不接近企业的情况下就能确定证券的价值,一定程度上降低了信息不对称带来的成本。管理者也可以通过证券市场的融资,降低经营企业的风险。

企业进行纵向一体化的重要原因就是技术和市场机会要求对生产和分配的结构进行系统性重组。此时,集权组织往往比分权组织更能有效地调动资源,有助于克服局部参与者的狭隘观念带来的不良影响,战胜既得利益者,从而顺利地实现重组。在 Langlois 看来,"纵向一体化发生在当它可以克服系统变化的动态交易成本的时候。"

大量的美国企业在这一段时间建立起庞大的一体化企业。如福特汽车公司就是在这段时间迅速发展壮大的。另外还有肉食加工业。由于铁路运输网的建立,西部的猪肉可以迅速运往东部地区销售,从而可以发挥规模经济。肉类加工公司把猪肉的包装、运输和销售系统进行重新整合设计,建立一体化企业。一体化,即将所有的生产、销售和分配的环节纳入企业之内,只要其成本低于说服所有的相关者通过市场交易的成本,就是有效的。

(三)范围经济:企业集团

范围经济的运用几乎与规模经济的运用同时进行。在向规模管理调整的过程中,企业的组织能力系统不断增强。Edith Penrose 认为,企业由"资源"束构成,其中包括管理资源。[①] 但是企业内部的各种资源不是均质的,因此总有些资源会能力过剩。这就意味着在一个领域上形成的组织能力可以低成本地运用到其他领域。以肉类加工企业为例,这些企业不仅可以通过纵向一体化来整合肉类的生产、分配和销售系统,而且可以利用它们已建成的营销网销售屠宰车间生产的副产品,如肥料、皮革、肥皂等等。范围经济的概念最初来源于副产品,但是,随着企业组织能力的不断增加,企业可以把这种能力低成本地向其他领域扩展,当然不一定是副产品,也可能是开拓一个全新的领域,这就是产品的多样化经营。例如,家电产品企业可以利用它的资金收购一家房地产公司或者一家银行。这种多元化并购的产物是极其庞大的企业帝国,通过控股关系把不同性质的企业联系在一起,形成了企业集团。美国国际电话电信公司(ITT)最初只是电话交换设备的国际供应商,后来又介入其他产业,如保险公司、连锁旅馆和制造业。在我国,也有类似的情况,如苏宁电器涉足房地产开发。又如,北京鹏润集团是集地产、零售和资本运作为一体的多元化集团组织,旗下拥有国美电器、鹏润房地产、国美置业、鹏润投资等多家子公司。这种公司的形式最主要的特色是它由许多独立的公司组成,这些独立的子公司和分公司受总公司的领导,剥离其中任何一个子公司都不会对企业集团产生重大的影响。

企业一旦做大了,它的组织能力就会不断增强。由于组织具有自我强化的功能,组织能力越强,组织适应和影响环境的能力也就越强。换句话说,企业不仅能够适应环境,还能够改变环境。垄断就是企业试图改变环境的做法。这种限制性反竞争行为一般是遭受经济学家们反对的,但是熊彼特认为垄断是企业缓冲不确定性的表现和创新的源泉。企业影响环境的另一个重要的做法就是寻求政府干预,从而使环境变得容易控制,也可以获得垄断利润。

(四)新经济:中小型企业的兴起

到 20 世纪 80 年代,大型公司变得越来越脱离经济现实。美国的企业发展很大程度上得益于二战期间欧洲和日本经济的重创。但是此后,欧洲和日本经济的复兴给美国的企业造成很大的压力,企业之间的竞争日益激烈,美国企业的无敌形象也一去不复返。市场结构的变

---

① Penrose, Edith T. *The Theory of the Growth of the Firm*. Oxford: Basil Blackwell, 1959.

化、市场密度的增加和技术变迁要求美国的企业进行相应的组织变革。创新的基本趋势是企业规模的不断减小和日益重要的市场调节作用。技术和市场的变化创造了新的诱人的获利机会,从而也要求对现有的组织结构进行重组,特别是打破原来的纵向一体化的公司结构,取而代之的是通过市场进行交易的规模较小的企业。历史似乎又回到了南北战争以前的情形:中小企业又一次居于主导地位。

证券市场,以前作为大型企业分散风险的金融机制,现在又在瓦解着这些大型企业。20世纪80年代的融资收购风潮分解了60年代形成的企业集团,公司非一体化和专业化经营的趋势日益明朗,企业成功的诀窍是回归到它的核心竞争力。企业开始将自己不太熟悉的业务剥离出去,甚至把自己的生产环节外包。最引人注目的企业制度创新当属虚拟企业的产生。其中最有代表性的企业是世界著名的运动鞋制造商耐克公司。它主要从事产品的设计开发工作,而其他的生产销售环节全部外包给外部市场:由我国台湾或者大陆沿海的企业按照它的设计进行生产(用术语说就是"代工");然后将产品外包给专门的销售商。耐克公司控制着这一价值链中的关键资源:品牌宣传和产品设计(研发),其他非关键资源完全通过市场上的价格机制获得。

这种专业化的企业之所以能够成功,除了市场规模和范围的不断扩展外,还在于市场支持制度的发展,其中包括各种标准化的制度。企业生产阶段的分散化和标准化,使得企业的各个生产环节可以在很低的协调成本的情况下就可以交给外部的组织和个人去完成,换句话说,就是将企业的生产环节肢解,然后由市场上不同的交易主体通过价格机制进行联合生产、分配和销售,这也是模块化生产的特征。一辆汽车就是一个有效的模块化系统,它的许多零部件已经实现了标准化。标准化降低了协调的信息成本,也方便了产品的维修。比如说,汽车的某个标准化零件坏了,换一个新的就行了。计算机领域也是一个标准化的光辉典范。电脑由不同的标准化器件组成,如显示器、鼠标、键盘、CPU、光驱、内存条、硬盘以及各种软件等等,任何一个器件出现问题都可以更换而无需重新购置一台电脑。大量的企业则专门从事特定零部件的生产,标准化的产品使得厂商即使不知道计算机的原理,也可以组装出计算机来。企业的专业化水平不断提高,产品内分工异常活跃。青木昌彦又把标准化称为"模块化",认为模块化有利于提高产业的竞争力。[①] 计算机系统的模块化有利于各种企业在不同的子系统下进行研发竞赛,具有前景的企业会受到风险资本的关注和支持,并通过上市迅速获得丰厚的报酬,模块化的小企业因其专业化程度高而具有异常的生命力。

这些支持分工和专业化的市场及其支持制度,使得企业将获取资源的能力从企业内部延伸到企业外部。纵向一体化和多元化企业显然是在充分地利用企业内部的资源,或者将外部资源内部化;非一体化和专业化企业则相反。它们充分利用企业外部的资源,这也得益于外部资源成本更低。由内部能力向外部能力转变,这就是新经济的特征——企业在这一过程中的专业化和非一体化。

当然,不同的时期往往会出现各种企业制度并存的现象。在现代经济体中,小企业和大企业,公司制企业和合伙制企业,大型企业集团和小型业主所有者同时并存,而且在一定的时期内任何一种公司制度都是必不可少的。这里谈到的公司制度的演化历史,主要是反映一段时期的企业制度的主导形式和发展趋势。在我国,企业制度呈现出多样化的特征,美国两百年左

[①] [日]青木昌彦、安藤晴彦:《模块时代:新产业结构的本质》,上海:上海远东出版社,2003年。

右的企业制度几乎都可以在我国找到：从手工作坊为主的家庭手工业到钱德勒式的管理人企业、纵向一体化公司、企业集团，再到各种中小型的高科技企业。现代企业的发展导致一个严重的问题就是委托代理问题，这就是我们下面要讨论的主题。

二、生活中的委托代理

现实生活中有许多委托代理关系。只要存在交易关系，就会存在不同程度的委托代理关系。在委托代理关系中，代理人往往掌握着全面的信息，而委托人则缺乏信息。房东和房客之间的关系就是一种委托代理关系。一方面，房东是委托方，房客是代理方。房客交租后，房子的实际使用权就掌握在房客的手里，但是房产还是属于房东的。由于很难将房客和房东之间的权利义务关系详细的划分，或者说很难以合同的形式表达出来，或者即使二者之间的权利义务关系可以详细的界定，但是房东可能无法充分预测到房客的行为，于是就可能存在房客过度使用房子的问题。例如，房客可能会在墙上乱涂乱画、钉钉子造成墙体的破坏，随便地改造房间等等，从而对房东的利益造成损害。另一方面，房客是委托方，而房东是代理方。房屋的条件到底怎样，只有房东知道，房客看一看房间不能够充分掌握房屋的质量。只有在房客入住房子以后才会慢慢地发现房子的问题，如出现污水渗漏、天花板上的墙面脱落、电线线路老化等等。这些问题会给房客带来额外的成本，但是房客在入住之前是无法充分预知的，交了租金以后，房东往往以合同未说明为由拒绝修缮房屋。即使是一项极其平常的交易关系也往往会产生委托代理问题。比如说买鸡蛋，买蛋人总是担心鸡蛋已经变质，因为他不可能把所有的鸡蛋都磕破看看。此时委托方是买蛋人，希望买进未变质的鸡蛋；代理人是卖蛋人。同时，卖蛋人也是委托人，买蛋人也是代理人，因为卖蛋人害怕买蛋人用假钞买鸡蛋。如果假钞的伪造技术很高，不容易区分假钞和真钞，卖蛋人的利益就有受到危害的风险，因为只有买蛋人最清楚自己的钞票是真是假。善于思考和观察的人可以举出很多日常生活中的委托代理关系，如股东与经理、经理与员工、选民与人民代表、公民与政府官员、原告（被告）与律师、土地所有者与佃农、雇主与雇工、买者与卖者等等。我们将这些委托代理关系及其存在的代理问题列在表 4-1。

表 4-1 生活中的各种委托代理关系

委托人	代理人	存在的代理问题
土地所有者	佃农	土地使用程度/耕作努力程度
股东	经理	管理决策努力程度
经理	员工	工作努力程度
员工	经理	经营决策
债权人	债务人	项目风险
房客	房东	房屋修缮
房东	房客	房屋维护
选民	人民代表	代表选民利益
公民	政府官员	廉洁奉公
原告/被告	代理律师	努力办公
雇主	雇员	工作努力

(续表)

委托人	代理人	存在的代理问题
保险公司	投保人	风险防范
买者	卖者	商品质量
病人	医生	诊断能力和医药费用控制

资料来源:刘东主编:《微观经济学新论》,南京:南京大学出版社,1998年,第195~196页。

委托代理关系产生的问题源自委托方和代理方的信息不对称,即代理方比委托方拥有更多的信息。这种信息不对称导致一种风险,即代理人利用自己的信息优势做出有利于自己而侵害委托人利益的行为。我们将在下面的部分探讨解决这种问题的方法。

三、现代企业的委托代理

在本节的开头部分,我们已经简单地向读者展示了美国企业的演化历史,而企业的委托代理关系的产生和变化是伴随着企业制度的演变历程的。在古典的企业中,企业的所有者和管理者融为一体,手工工匠既是手工作坊的所有者,也是手工产品的生产者,还是作坊生产的管理者和产品的销售者。极端的个人企业,即企业所有的活动都由业主独自完成,是不存在委托代理问题的。但是一旦企业的规模不断扩大,业主生意兴隆,一个人照顾不过来,请了一名小工,就会有可能产生委托代理问题。业主监督小工劳动存在成本,因此小工就有偷懒的倾向,这对于业主来说是一种利益损失。

单个人的企业固然不存在委托代理关系,因而也就不存在由此引发的问题,但随着市场范围的扩展和专业化水平的提高,企业的规模开始扩大,于是企业内部存在雇主和雇员之间的差别,也就产生了企业中初步的委托代理关系。然而,只要人口不断增长,技术进步不断持续,人们的收入不断增长,市场的范围不断扩张,企业制度的演化就不会停止。南北战争以来,由于美国铁路和电话业的发展以及市场密度的增加,使得通过纵向一体化来壮大企业以增强企业控制环境不确定性的能力就显得势在必行。与此同时,劳动分工的发展使得管理成为一种职业,这就催生了专门从事经营管理活动的经理人阶层。管理知识一般化,经理才能可以通过培训获得,企业的所有者开始把管理的职能进一步分离出去,让职业经理人从事企业的管理活动,于是产生了企业内的第一层委托代理关系:企业所有者和管理者之间的委托代理关系。企业的所有者拥有企业产权,但是企业的日常管理决策活动却控制在经理层手中,这就是所有权和控制权的分离过程。

经理人会追求什么样的目标呢?不同的经济学家对于管理者的行为具有不同的假设。鲍莫尔认为管理者的目标是实现销售收入的最大化,玛瑞斯则认为管理者追求企业增长的最大化。对此,威廉姆森不以为然,基于人的机会主义行为假设,他认为管理者追求的是自身效用的最大化。基于交易费用理论,威廉姆森的假设更符合现实。以经理人的在职消费为例,经理人追求自身的在职消费必然会与企业所有者的利益相悖,而所有者自身利益的最大化结果必然是追求企业资产的最大化或者利润的最大化。这种利益相悖的关系构成了企业的第二层委托代理问题。

然而,企业的演化还在持续。股份公司和证券市场的发展给企业的委托代理关系注入了新的内容。股份公司的兴起、证券市场的形成,使得企业可以通过证券市场筹集资金,降低了资本成本和经营风险,同时,企业的股东日益分散,由大股东成立董事会代表所有股东决定企业的重大议程,于是形成了企业内第三层的委托代理关系,即董事会与股东之间的委托代理关系。董事会比一般的股东更清楚企业的经营状况,掌握着绝大部分的股东权利,于是有可能通过剥夺中小股东的利益来维护自己的利益。

现代企业制度随着劳动分工深化、市场规模扩大和技术变革一起演化。企业制度的演化不会停止,企业内部的委托代理关系也会更加复杂和不断变更。企业内部的委托代理关系也许远不止上述的三个层次,随着企业制度的演化,有些委托代理关系产生了,有些则退出舞台。总之,企业内部的委托代理关系伴随着企业制度的演化而演化。

四、缓解企业的委托代理问题

经济学家们对于如何解决企业内部的委托代理问题作出了很多研究。现代企业公司之所以能够产生,必定有自发的或者设计出来的缓解企业内部多重委托代理问题的机制。

1. 声誉机制

企业的管理者,或者雇员为了以后更好地在某个行业生存,或者说为了实现终生的职业收入最大化,就必须在这一行业建立起自己良好的声誉。良好声誉实际上需要两层机制:重复博弈和竞争性的劳动力(经理人)市场。重复博弈导致代理人追求长期利益最大化,而不会做出损害委托方的短视行为。竞争性的劳动力(经理人)市场,可以约束劳动者(经理),一旦经理人出现劣迹,信息可以在劳动力市场迅速传开。但是,一般来讲,人力资本具有特殊的性质,劳动者的技能不可能同质,会出现不同性质的专用性,市场也不完全是竞争性的,所以声誉机制不能够完全解决委托代理问题。

2. 权利的安排

企业因所处的行业不同而不同。对于有些企业,雇员的工作可以很好地衡量,有些企业则很难衡量。对于容易衡量业绩的工作,可以通过计件工资或者员工实际付出给予报酬。有些企业通过考核制度来监督和激励员工,但是,这种做法的有效性有多大不可一概而论。相对于员工的工作,管理活动更难衡量和监督,因为很难判断企业的绩效好是因为经理的管理能力强还是运气好或者经济景气,因而不能简单地通过判断公司的绩效来判断经理是否代表企业所有者的利益。最好的激励当然是把剩余索取权完全分配给管理者,但是这又不可能(因为与所有者的利益相悖),因此,让管理者拥有一定的公司股份,从而使管理者的利益与企业的利益绑在一起,也许是一个不错的激励办法。让企业员工持有公司股份的做法也是同样的道理。例如,日本公司采用"员工持股计划"把员工和企业的利益绑在一起,从而培养和维持员工对企业的忠诚度、认同感和归属感。

3. 变革企业

这实际上是以一种成本较低的委托代理关系取代另外一种成本较高的委托代理关系。如果企业内部的分工带来的委托代理问题很严重,那么通过企业的变革,例如把企业的内部分工转化为企业外的市场分工——如果是有效的话,就可以缓解委托代理造成的组织低效。比较典型的例子是虚拟企业,即企业把许多业务外包,而自己只保留核心业务。当然,哪种委托代理关系比较合适主要看企业所处的环境,而且一种委托代理关系的终结可能会导致另外一种委托代理关系的产生,问题的关键不在于有没有委托代理关系,而在于何种委托代理关系带来的效率扭曲比较小。现代经济的高度专业化和劳动分工的特征决定了人们不能根除委托代理问题。①

4. 技术引进

技术也会在很大程度上改变委托代理问题。从手工生产到机器大工业，特别是有名的福特制，雇员的行为很大程度上受到机器运转的控制，只要机器在运转，雇员就无法偷懒，因为某个生产环节的中断会导致整个生产的中断。因此，雇主和雇员之间的委托代理问题由人和机器之间的协作缓解了。技术可以改进效率在很大程度上就是由于它可以降低由委托代理关系而产生的交易成本。

5. 企业文化

文化对于缓解委托代理导致的问题具有深层次的意义。文化是一种观念，它作用于人的内心深处，决定着人的价值观、人生观。根据交易费用理论关于人的基本假设，人是有限理性而又投机的。我们的确不能做到全知全能，但是我们可以通过改变人的观念来减少人们的投机心理和投机行为，从而缓解各种委托代理问题。如果员工有良好的职业道德感、对企业有认同感和归属感，那么偷懒现象就会大有改观；如果管理人员具有良好的职业操守，凡事兢兢业业，那么管理人员利用信息优势为自己牟利的做法就会减少。企业越来越重视企业文化的建设，原因就在于企业文化具有节约交易成本的功效，就像涂抹在齿轮之间的润滑剂一样，使人与人之间的关系变得积极和谐。企业文化的构建是一个缓慢的过程，一旦在员工心中生根发芽，它就会产生不竭的动力。

第三节 逆向选择与道德风险

委托代理问题的关键在于交易双方之间的"信息不对称"。没有信息不对称但存在相关执行机构的情况下，就不会有委托代理问题。因此，委托代理的症结之一是人的有限理性。由于人们不能充分掌握所有的信息，而且人的行为具有机会主义特点，这就会产生交易成本问题。委托代理问题只是信息不对称问题的表现形式之一。由信息不对称带来的交易成本问题，在极端的情况下会导致交易失败或者市场萎缩，而其中的重要机制就是事前的逆向选择和事后的道德风险。

一、逆向选择

对逆向选择问题作出开创性研究的是阿克洛夫，他在1979年发表了一篇题为"柠檬市场"的文章。② 在一个质量参差不齐的产品交换市场，卖主知道产品的质量而买主只有等到消费该产品之后才知道产品的质量状况，但是买主知道市场上的产品质量的分布情况。在这些情

---

① 此处的思考主要受启发于Langlois关于企业演化和性质的两篇文章。请参见：Richard N Langlois："The Vanishing Hand: The Changing Dynamics of Industrial Capitalism", University of Connecticut, Department of Economics Working Paper Series 2002—21 以及 Richard N Langlois："The Entrepreneurial Theory of the Firm and the Theory of the Entrepreneurial Firm", University of Connecticut, Department of Economics Working Paper Series 2005—27。

② G Akerlof："The Market for Lemons", *Quarterly Journal of Economics*, 1970, 84(3), August: pp. 488~500。所谓"柠檬市场"又称为旧货市场，其特征是产品质量参差不齐，买卖双方往往存在严重的信息不对称。

况下,就会发生逆向选择问题。

阿克洛夫以旧车市场为例解释了逆向选择问题,不过他的分析是一种极端情况,最后市场由于逆向选择问题而完全消失。假设卖主在市场上销售不同质量的二手汽车,而买主除非使用一段时间,否则不知道某一汽车的具体质量,但是买主知道旧车市场上产品的平均质量水平。在买主不能辨别旧车质量的情况下,买主只愿意按照不高于平均质量水平的价格买入汽车,因为信息不对称导致买主在高于平均水平的价格买入旧车时容易上当受骗。于是那些销售的汽车质量高于平均水平的卖主将不愿意在该市场出售这些二手汽车(因为买主只愿意按平均质量水平的价格购买),而出售低于平均质量水平的卖主则会利用暂时的信息不对称获取超额利益。但是这会导致旧车市场上产品的平均质量水平进一步降低。当买主知道此情之后,他现在愿意在旧车市场上支付的价格随着二手车的平均质量的下降而下降,由此带来的结果是,高于平均质量水平的汽车进一步退出市场,市场的整体平均质量水平将进一步下降,买主愿意支付的价格水平也会进一步降低,如此循环,最终将导致旧车市场完全消失。

但是一般来说,市场并非完全消失,一方面由于阿克洛夫的研究是建立在一系列的假设基础之上的:如买主只能知道旧车市场的平均质量水平,卖主可以欺骗买主而且没有考虑担保机制;另一方面,现实生活中总有一些机制可以约束这些信息不对称导致的问题,例如声誉机制。旧车的卖主为了建立一个良好的声誉,可能会愿意按照质量索要价格而不是利用自己的信息优势欺骗买主,或者他可以提供产品质量的保证。

值得注意的是,逆向选择是先于交易的行为,即当事人的逆向选择发生在缔结一桩交易关系之前,当事人根据自身掌握的信息优势通过是否参与交易来影响交易活动。例如在旧车市场上,买主对于旧车质量水平的判断和愿意支付的价格是发生在交易之前的行为,而对二手车的质量和价格的判断影响着市场上买卖双方交易能否成功。

二、道德风险

道德风险很早就被经济学家注意到。① 亚当·斯密在他的著作《国富论》中这样写道:"无论如何,由于这些公司的董事们是他人钱财而非自己钱财的管理者,因此很难设想他们会像私人合伙者照看自己的钱财一样警觉,所以,在这类公司事务的管理中,疏忽和浪费总是或多或少存在的。"

但是经济学家们对道德风险的研究主要集中在近四分之一个世纪。《新帕尔格雷夫经济学辞典》是这样定义道德风险的:"从事经济活动的人在最大限度地增进自身的效用时做出不利于他人的行动。"② 由于不确定性和合约的不完全使负有责任的经济行为者不能完全承担他的行为带来的损失或者收益,或者说不完全承担他的行为的后果或者好处,其结果是导致不能达到一个有效率的均衡状态。合约的不完全可以归结于以下几个原因:① 信息不对称条件下的风险规避或者联合生产(又称"队生产");② 签订和实施合同是有成本的。

从事经济活动的当事人可能会有信息优势,即自己掌握而不被另一方知道的信息,亦即信

---

① [英]约翰·伊特韦尔等编:《新帕尔格雷夫经济学大辞典》,第三卷,北京:经济科学出版社,1996年,第588~591页。
② [英]约翰·伊特韦尔等编:《新帕尔格雷夫经济学大辞典》,第三卷,北京:经济科学出版社,1996年,第588页。

息不对称。阿罗把当事人的信息优势区分为两种:"隐藏行动"和"隐藏信息"。[①] 前者是指当事人通过隐藏自己的行为,从而使其不能被他人准确地观察或臆测到;后者是指当事人隐藏自己的信息,从而使从事经济活动的人不能充分了解事态的性质。道德风险和逆向选择不同,它是一种事后的行为,无论是隐藏行动还是隐藏信息。换句话说,道德风险发生在当事双方产生交易关系之后。

隐藏行动和隐藏信息的做法在现实生活中很常见。隐藏行动的例子有:工人的劳动——因为雇主不可能无代价地监督工人;投保人的损失——由于保险公司无法完全监督投保人的行为,因此难以知道损失到底是因为投保人的预防措施不够,还是确实由于意外事故;另外,犯罪活动也有类似的情况。这些隐藏行动的做法都发生在当事人产生交易关系以后:工人和雇主已经建立雇佣关系;居民已经为自己的财产投保。隐藏信息的例子有:专家为一般的居民提供的服务,如医生为病人提供的服务;律师为诉讼当事人提供的服务;咨询公司为客户提供的服务等等。这些隐藏信息的行为也是一种事后的行为,只有当你需要这样的服务的时候才会存在信息优势方隐藏信息的做法。只有生病的人,才有可能受到医生的欺骗,开出的药方远远超过治病的需要,换句话说,医生利用病人不懂医疗知识而隐藏病人病况和治疗措施的信息,从而为自己牟利。"专家也会撒谎"显然就是一种隐藏信息的道德风险。[②]

三、理论的运用

逆向选择和道德风险导致的后果是交易成本的提高,在极端的情况下会导致交易停止。一个既存在逆向选择又有道德风险的市场是医疗保险市场。在投保人和保险公司建立保险和被保险关系之前,投保人知道自己生病的风险、自己的身体状况,而保险公司则不知道,因此投保人具有信息优势。结果生病风险较高的人会投保,从而导致保险公司面临着较高的赔付成本,保险公司要盈利,就会提高保险费。对于那些觉得在新保险费下不值得投保的人(保险费大于生病的费用成本),会退出医疗保险市场,而剩下来的患病风险更高的人继续投保,结果又导致保险公司面临更高的赔付成本,保险公司为了不亏本,就会进一步提高保险费。于是较低风险者继续退出医疗保险市场,市场上的投保人的患病风险和保险公司的赔付成本更大,保险公司进一步提高保险费……长此以往,医疗保险市场会萎缩。解决此问题的方法是强制性全民投保。道德风险是指投保人在投保之后,由于保险公司不可以无成本的监督投保人的行为,投保人可能会减少防范生病的措施,从而增加保险公司赔付的成本。例如,投保人过度酗酒、抽烟等等会导致投保人患病的概率增加。医疗保险的部分赔偿而非全额赔偿的做法就是降低投保人的道德风险的措施。

此外,斯蒂格利茨和韦斯用逆向选择和道德风险来解释信贷配给问题。他们的研究表明竞争性均衡状态下的借贷市场会出现信贷配给的特征。产生这种结论的机制有两个:通过区分潜在的借贷者(逆向选择)和影响借贷者的行为(道德风险),银行利率本身会影响一组贷款的风险。不同的借贷者偿还可能性不同,但是银行不能把"好的"借贷者从"坏的"中区分开来(信息不对

---

① K Arrow:"The Economics of Agency", In Pratt and Zeckhauser eds. *Principals and Agents:The Structure of Business*, Boston:Harvard Business School Press, 1985:pp. 37~51.

② 关于专家利用信息优势撒谎的精彩分析,请参阅:[美]斯蒂芬·列维特、斯蒂芬·都伯纳《魔鬼经济学》,引言和第二章,广州:广东经济出版社,2006年。

称)。于是价格(利率)就成了一种甄别的工具。较高的资本价格(利率)激励着借贷者选择高风险的项目。当利率高于一个最优的水平,由于银行会吸引高风险的借贷,价格机制将不能出清信贷市场。此时,银行的最优策略就是当需求把利率拉向一个高于最优的水平时,进行信贷配给。信贷配给的含义就是:当贷款申请者条件相同时,有些申请者可以获得贷款,有些即使愿意提供一个较高的利率也不能获得贷款;有些人在某种方案(Schedule)下不论利率为多少也不能获得贷款,但是可以在一个更大的方案(Larger Schedule)下获得贷款。总之,在信息不对称的条件下,银行和借贷者之间会产生如下的一系列行为:① 逆向选择一:高利率吸引高风险借贷者;② 道德风险:高利率激励企业选择高风险的项目;③ 逆向选择二:高抵押担保吸引高风险借贷者;④ 监督产生信贷配给。[1]

【案例 4-1】

天价医疗费用

背景:

这是一项"中国之最":一位老人翁文辉在哈医大二院住院 67 天,住院费用 139.7 万元,平均每天两万多元。而病人家属又在医生建议下,自己花钱买了 400 多万元的药品交给医院,作为抢救急用,耗资合计达 550 万元。针对哈医大二院天价医疗费事件,一位曾在该院工作过、不愿具名的人士,向记者透露了当地某些医院高价收费的具体操作手段。

1. 过度医疗:小病开贵药

"过度医疗"是最常见的一种高收费方式,例如一个普通的小病,就能开出最好、最贵的药;一点小伤,就开出 CT、核磁共振检查的单子;门诊可以解决的问题却要入院治疗;在晚期癌症患者身上进行费用昂贵的手术、化疗……这些医疗行为实际上脱离了病人的实际病情,超出了病人的承受能力。"过度医疗"一般有两种不同的情况:一种是病人自己的特殊要求;另一种则是医务人员的有意行为。

2. "特诊"招牌:医生拼命暗示

某些医院挂 4 元的普通门诊号做一个 B 超需要 60 多元,但最少要排三四天队。如果挂 38 元特诊号,交 100 多元,当天就可做。另外,如果是手术,挂特诊号就可以由患者本人指定专家做,挂普通号的话就只能听从医院的安排了。当地有些医院的医生为了创收,拼命暗示病人挂特诊号,有的医生看特诊每天到晚上 8 点多还没完,甚至有医生利用年假做手术。医生在普通门诊看病一分钱拿不到,但看特诊挂号费、手术费收入,可以与医院五五分成。

3. 高价耗材:多层回扣患者买单

使用钛夹、切割吻合器等新式手术耗材既有利于缩短手术时间,也有助于减少手术意外。但在某些监督机制不健全的医院,这些新式耗材增加病人治疗费用,而医生从中获得回扣。以冠状动脉介入手术为例,如果使用国产普通支架,整套产品的出厂价仅为 8 000 多元,但如果经销商以近 3 倍的价格即 23 170 元的高价卖给医院,医院再按规定加价 15% 后卖给患者,此时的价格已高达 26 645.5 元。中间庞大的利润在经销商、医生和医院之间分配。

---

[1] Stiglitz, J and A Weiss:"Credit Rationing in Markets with Imperfect Information", *American Economic Review*, 1981, 71, June: pp. 393~410.

4. 暗箱操作：最大胆最恶劣

医疗机构最恶劣也是最大胆的一种高收费行为就是暗中操作收费单。由于医患双方信息的不对称，患者往往很难发现其中的"奥秘"。但大多数正规大医院对此的监督都很严格。

<small>资料来源：东方网-中国新闻-天价医疗费-天价医疗费事件追踪："监督不力催生天价医疗费"，2005 年 12 月 5 日。网址：http://news.eastday.com/eastday/node81741/node81762/node104367/userobject1ai1695528.html，采用时稍作调改。</small>

四、缓解问题的出路：激励问题

现实生活中存在大量的信息不对称问题，但是并非总是出现由此带来的极端的市场完全萎缩的情况，因此，市场一定会自发或者非自发地演化出不同的机制设计来缓解信息不对称带来的交易成本问题。这些机制设计，或者称之为制度，就是要产生一种有利于交易双方减少机会主义行为的激励。如果某种机制可以促使代理人和委托人的利益是一致的，那么，我们可以称该机制是激励相容的。一般来说，这些有利于减少交易成本的激励措施有以下几个方面。

1. 重复博弈下的声誉机制

以上关于信息不对称条件下的当事人双方行为的分析，显然是一个静态的分析，没有涉及到时间的概念。在一个重复博弈的框架里，很多的信息不对称导致的委托代理、逆向选择和道德风险问题可以得到有效的遏制。一旦涉及到多期交易的问题，声誉机制就会发生作用，交易双方追求的不是短期的利益而是跨期收益的最大化。在卖鸡蛋的例子里，如果卖蛋者和买蛋者之间进行交易不是一次性的，而是重复进行的，那么双方都不会进行欺骗：卖蛋者不会卖变质的鸡蛋，即使卖了也可以换；买蛋者也不会用假钞。即使是在信息不对称极其严重的医疗市场，在一种重复博弈的市场环境下，道德风险的问题也可以得到很好的解决。例如，在农村地区的医疗市场上，私人诊所和村民之间就会建立起一种很好的信任关系，虚开药方和欺瞒病人的情况比较少见。[①]

2. 契约理论下的权利分配

我们注意到道德风险存在的原因之一是不完全合约。当涉及到未来的不确定性时，签订一项合约的成本就很高，或者根本无法签订合同。在某事件发生的概率很小而协议的费用又很高的情况下，那么任凭合同不清晰，等到不确定因素发生后再解决问题，这样做也许更加合理。总的来说事前的签约成本与事后的签约成本具有不同程度的替代性，事前为预测未来的不确定性而签定的合约越详尽，投入的成本越多，那么事后可能产生的纠纷会越少，因而事后因签约问题而产生的解决纠纷的成本就越小。例如投资问题。投资依赖于交易的价格，而价格又取决于其未来的预期收益，但未来又是不确定的，因此，可能将协议留到未来也许更好，但是这又会导致道德风险的产生，交易的一方有可能根据自己的投资优势，利用对方投资资产的专用性，要挟对方，从而带来效率损失，至少是一方利益的损失。这种可能是可以在事前预期到的，因此投资的积极性就会减弱。通过签订长期合同，将交易的各方整合起来就可以解决这些问题，企业的纵向联合就是这种情况的解决方案之一。政府提供可以作为普遍性合同的公平交易法律，也有利于减少交易市场上的各种机会主义行为。保险合同的保险单设计就可以

<small>① 关于改革开放以后我国农村医疗市场特性的分析，可以参见：高彦彦、尚长风："从非正式医疗机构的视角构建新型农村合作医疗网"，《财经科学》，2006 年第 5 期。</small>

在一定程度上降低逆向选择和道德风险带来的问题。如医疗保险的全民强制性投保安排,保险合同中的免责条款等。① 剩余索取权的合理划分,也可以在一定程度上减少信息不对称导致的激励不足问题。例如,让企业内部的关键资源的所有者拥有剩余索取权,就有利于提高企业的效率。这里涉及到的契约理论,我们在下一节还将深入讨论。

3. 信息不对称下的信息传递和信息甄别

尽管当事人双方存在广泛的信息不对称,但是,当事人可以通过创造一些条件,向另一方传递信息,或者通过间接信息,可以在不同程度上缓解信息不对称的问题。斯宾塞的研究表明劳动力市场上雇佣双方之间具有广泛的信息不对称,但是,雇主还是可以通过一些信号来粗略地区分雇员的能力。例如,雇主很难在劳动力市场获得关于劳动者工作能力的信息,即使是试用一段时间,也不一定能够完全获得劳动者这方面的信息,而且这样做还有成本,因此,最好的办法就是在雇佣之前就能准确知道潜在雇员的工作能力。如何获得? 在缺乏有效信号的时候,受教育水平就是劳动者质量的一个有用的替代信号,其中包括学历、专业、毕业学校的声誉以及学习成绩等等。② 与雇主通过雇员传递的信息来缓解不对称信息不同,信息甄别则是委托人主动去识别代理人的类型,然后让代理人"愿者上钩"。例如,保险公司在设计保单时,针对保费、年限和理赔方式等设计出各种不同的组合,让投保人根据自己的情况去选择相应的保险合同。③ 信息传递和信息甄别实际上就是当事人双方通过主动地增强对信息性质的理解从而缓解信息不对称带来的不利后果。④

第四节 不完全契约理论

一、契约

"契约"一词在新制度经济学中的重要性不亚于"交易成本",特别是在企业理论中。在第二章我们讨论交易费用理论时也简略地分析了契约方式的问题,在此我们将更加具体地分析契约的定义、起源与种类。⑤

契约,又称合同或者合约。《拿破仑法典》第1101条规定:"契约为一种合意,依此合意,一人或数人对于其他人或数人负担给付、作为或不作为的债务。"在《牛津法律大辞典》中,契约是指两人或者多人之间为在相互间设定合法义务而达成的具有法律强制力的协议。由此可以看

---

① 更为全面而又严谨的分析见肯尼思·阿罗关于在确定和不确定条件下医疗保健市场行为特征的分析。参见肯尼思·阿罗:"不确定性与医疗保健的福利经济学",载吴敬琏主编:《比较》,第24辑,北京:中信出版社,2006年。
② Spence, M:"Job Market Signaling", *Quarterly Journal of Economics*, 1973, 87(3), August: pp. 355~1005.
③ 段文斌、陈国富等:《制度经济学》,天津:南开大学出版社,2003年,第252~253页。
④ 关于信息不对称下的信息传递和信息甄别理论已经广泛地运用于各个领域。在农业生产中,当地主只知道佃农能力的种类,而不知道其具体属于哪个种类时,信息甄别的机制是不同的合约安排。不同能力的佃农选择与自己能力对应的合约安排,从而实现分离均衡。这就是运用信息甄别理论分析农业合约安排的自选择假说。详见:William Hallagan:"Self-Selection by Contractual Choice and the Theory of Sharecropping", *The Bell Journal of Economics*, 1978, Vol. 9, No. 2: pp. 344~354.
⑤ 李风圣关于契约的总结性介绍很精彩,此部分主要参考了他关于契约的讨论。详见:[瑞典]拉斯·沃因、汉斯·韦坎德编:《契约经济学》,译者前言,北京:经济科学出版社,1999年。

出,契约的核心原则是契约自由,其中包括是否缔约的自由、与谁缔约的自由、决定缔约内容和选择缔约形式的自由。契约自由的原则又要求以缔约的机会均等为保障,否则难以实现真正的缔约自由,另一方面缔约要受到法律的约束,即缔约的内容要公正合法。新制度经济学中采用契约的概念来描述现实生活中的各种关系,似乎有将契约泛化的倾向,因此比法律中契约的概念更加广泛。不仅包括法律意义上的契约,还包括各种隐性契约。不仅雇主和雇员、地主和雇农之间是契约关系,而且国家与公民、企业与企业之间、市场交易等都被视作契约关系。①

原始社会人与人之间的关系,如果也称为一种契约关系的话,主要是基于礼仪、习俗、宗法的简单偶然的交易。用马克思的话说这种交易形式就是"偶然的物物交换"。受市场规模的限制,当时交易的频繁度和数量都是很少的。例如,在利比亚有个地方的土著人是这样与外部人交易的:外来的人将要交换的物品沿着海岸线摆放,然后回到自己的船上并燃放烟雾信号。当地的土著人看到信号以后,来到岸边留下一些黄金并拿走物品。船上的人下船来收取黄金,如果他们觉得价格不公道的话,他们就会回到船上继续坐等,土著人于是回来再增加一些黄金直至船上的人觉得可接受为止。尽管没有政府制度甚至语言的约束,交易仍可以以双方认同的惯例(放烟雾信号和价格的调整方式)进行。② 这种交易规则,或者说是习俗,就构成了当时的一种交易契约关系。

现代社会的契约关系可以分为人情式和非人情式的交易契约安排。人情式的交易也是以交易者的宗法关系为基础的。这种契约模式下的典型经济形式是集市贸易、中世纪的庄园经济和岁入经济。这些交易都是一次性的现货交易,不存在信息问题和交易的滞后问题。庄园制中,按照投入分摊的契约形式,采用农奴制进行生产是一种有效率的合约安排,原因在于产品市场不发达,劳动力市场尚未建立,通过合约将农奴和庄园主的关系稳定起来有利于降低市场不发达造成的交易成本。这种宗法式的契约形式被诺思称为是基于人情式的准交易关系(也称为人格化交易)。

一旦贸易规模扩大,贸易形式复杂化以及远程贸易发展起来,这种基于宗法的交易关系显然不能适应现实需要,于是一种新的制度创新开始了,伴随着这一过程形成了非人情式交易关系。非人情式交易关系是相对于人情式交易关系而言的,这种交易关系的特征就是基于法律和制度约束而不是宗法关系。具体来说,远程贸易带来了五个方面的变化:① 商品度量尺度的发展;② 专门从事交易的中介组织的发展;③ 货币信用问题的产生,如货币的质量和不同国家货币之间的换算等;④ 代理人的行为规范问题以及风险的分担问题,产生了对保险的需求和设计。保险内容的规范和细化方便了契约;⑤ 商人阶层的出现而且其作用加强,行会和商法保证了契约的履行和资本金融市场的发展。一系列有利于非人情式交易关系发展的各种制度创新和完善保证了在复杂的远程交易中合约的执行并减少了各方当事人的机会主义行为,从而极大地降低了各种交易成本。

经济学家对于非人情式交易关系契约的研究,可以根据思想的演变过程分为古典契约理论、新古典契约理论和现代契约理论。古典契约的思想可以追溯到古希腊。现代契约精神是

---

① 关于契约关系的泛化,尤以张五常为最,他认为企业和市场都是契约关系并被新制度经济学家广泛接受,详见:Steven Cheung:"The Contractual Nature of the Firm",*Journal of Law Economics*,1983,26(April):pp.1~21。

② 曼库尔·奥尔森:"通往经济成功的一条暗道",载吴敬琏主编:《比较》,第11辑,北京:中信出版社,2004年,第9~30页。

从罗马法体系中沿袭出来的。在罗马法体系中,"契约是由双方意愿一致而产生相互间法律关系的一种约定。"罗马法关于契约的思想成为以后欧洲各国颁布相关法典的基础,而且对人们的生活各个方面产生深远的影响,如以霍布斯、洛克、卢梭和孟德斯鸠等人为代表的社会契约论。其中洛克的自由契约论的思想成为古典契约理论的指导思想,这一价值判断构成了古典经济学的哲学基础。古典契约思想有三个特点:第一,契约是具有自由意志的交易当事人自主选择的结果,他们所签订的契约不受任何外来力量的干涉。第二,契约是个别的、不连续的。第三,契约是即时性的,契约的所有内容和签订程序都可以现时完成。① 古典契约的这些特征显然决定了它有很大的缺陷,不能适应长期的连续的交易关系。

新古典契约理论与19世纪70年代以来的边际革命联系在一起。在不同性质的千千万万个卖者和买者之间,是否存在均衡?如果存在,又如何实现均衡?当时著名的经济学家瓦尔拉斯通过研究价格和数量之间的关系回答了这个问题,认为市场可以通过调节价格实现均衡。后人为了纪念他的贡献,将市场均衡的状态称为"瓦尔拉斯均衡"。瓦尔拉斯均衡包含以下几个基本假设:① 市场的参与者对市场有完全的信息;② 经济中不存在不确定因素;③ 经济中存在着为供求双方不断地喊价直至最后达到双方都能接受的均衡价格的类似拍卖商这样的中介人。瓦尔拉斯一般均衡的结论是在整个市场上的过度需求一定与过度供给相等。注意到假设③,我们可以看出,从契约的角度看,供需双方存在一个调整的机制,就是不断的连续签约过程,直至实现市场均衡价格。另外,埃奇沃思也对此作出贡献。在一般的经济学教材里,我们学过埃奇沃思盒,其中有一条契约线,当初始的条件并不在这条契约线上时,交易的双方可以通过重新订立契约关系逐步调整,重新实现均衡。而且他认为契约是不确定的。这些理论后来得到了希克斯和阿罗等人的发展,尽管认识到不确定性问题,但是他们的研究假设人们具有完全理性,因此与现实存在很大的差距。新古典契约特点是:① 契约是抽象的,是实现市场均衡的手段;② 契约是完全的,契约的条款可以明确地写在契约之上,事后可以完全执行;③ 契约的不确定性,即未来是不确定的。不确定性的契约可以通过事前和事后的措施来转换成确定的契约,如保险和事后的契约协调。第三方协调机制也可以缓解不确定性带来的契约调整问题。

现代契约理论是从科斯等人开创的新制度经济学中发展起来的,分为完全契约理论和不完全契约理论。前者又称为委托代理理论,我们已经在前文作了不少分析。接下来我们就分析它们的假设前提、逻辑和理论框架。

二、不完全契约理论

(一)完全契约

国内已经有不少学者对不完全契约理论按照不同的线索作出了很好的综述。总的来说,完全契约理论和不完全契约理论的主要差别在于前提假设不同。契约理论的核心问题就是委托人如何通过契约解决代理问题。完全契约的假设是,尽管存在信息不对称问题,但是当事人双方可以认识到所有的或然状况,从而可以设计出一个包含所有这些状况和行动决策的合同。例如在旧车市场上,尽管买卖双方存在信息不对称,但是,当买者对于市场上的汽车质量的分布情况和当事人可能的行为完全了解时,此时的分析就是一种完全契约前提下的分析。由于交易当事人可以充分认识到所有的或然状态和在这些或然状态下的行动决策,因此,双方可以

---

① [瑞典]拉斯·沃因、汉斯·韦坎德编:《契约经济学》,译者前言,北京:经济科学出版社,1999年,第8页。

签订完全契约,约束交易当事人的投机行为以降低交易成本,而且事后也没有必要进行再谈判调整契约。完全契约理论的暗含假设是委托人拥有选择代理人和设计合同的权力,因此在此分析框架下也就无需控制权和权威等变量存在的空间,而这些变量正是分析组织和产权的因素,因而完全契约理论的框架下,无法解释组织的形成和产权的配置问题。

(二) 不完全契约[①]

1. GHM 模型[②]

新制度经济学认为交易成本是解释企业存在的重要概念。但是,不同的学派对于交易成本的来源有不同的理解。Hart 等人认为交易成本源自契约的不完全性。在给定当事人风险偏好中性、信息对称以及当事人可以进行事后谈判这三个假定后,他们认为有三种因素导致契约的不完全性:① 在不确定性的世界里,人们无法完全预知未来;② 即使能够预知未来,但是无法用语言描述清楚;③ 即使可以描述清楚,但是会出现可观察但不可证实的情况,即当契约纠纷出现时,第三方协调机制无法证实所发生的事情。[③] 其中的第三点就是 GHM 模型分析的基础。由于存在可观察但是不可证实的情况,就需要有人拥有"剩余控制权",以便在那些初始契约未能明确规定的或然情况发生时作出相应的决策。

Hart 等人认为剩余控制权就是关于如何在初始契约不完全的情况下使用物质资本的排他性决策权,这种权力由物质资本拥有。他们断言物质资本的所有权是不完全契约条件下的权力基础,对物质资本的所有权的占有将导致对人力资本的控制,因此企业就是由它所控制的非人力资本决定。建立在以上独特的权力和契约观点以及假设之上,GHM 模型突破了完全契约的分析框架,从而很自然地进入对物质资本所有权和剩余控制权的最佳安排分析。

通过进一步假设当事人双方不受财富约束,有充足的闲置经营能力,再谈判的成本为零以及事后按照纳什谈判解的方法来分配盈余,GHM 模型分析了剩余控制权的配置对专用性投资的影响,从而由此得出事后的帕累托最优解。对于如何解决事前的专用性资产投资效率的问题,该理论认为应该通过在事前分配物质资产所有权,但是一方的物质资产所有权增强了一方的专用性投资的积极性的同时,又削弱了另一方的专用性投资的积极性,因此,Hart 等人主张通过最大化总盈余来解决此问题,即让控制或拥有关键资源或者投资的一方拥有所有权。

2. 最优融资结构理论

由于以前的分析是建立在当事人财富不受约束的假设之上,这就会产生脱离现实的问题。人们不禁要问,如果企业家贫穷而有才能,资本家只有资本,结果会怎样?怎样安排控制权更有利于收益最大化?这正是 Aghion 和 Bolton 研究的问题。[④] 他们假设企业家拥有不可证实

[①] 鉴于杨其静的分析思路最好,此处的分析主要参考了他的分析思路。原文参见:杨其静:"合同与企业理论前沿综述",《经济研究》,2002 年第 1 期。

[②] GHM 模型是经济学家们对两篇关于不完全契约理论的开创性文献的简称:Grossman, Sanford and Oliver Hart: "The Costs and Benefits of Ownership: A Theory of Vertical and Lateral Integration", *Journal of Political Economy*, 1986, Vol. 94(4): pp. 691~719; Hart, Oliver and John Moore: "Property Rights and the Nature of the Firm", *Journal of Political Economy*, 1990, Vol. 98(6): pp. 1119~1158。

[③] 虞慧晖、贾婕:"企业的不完全契约理论述评",《浙江社会科学》,2002 年第 6 期。

[④] Aghion, Phlippe and Patrick Bolton: "An Incomplete Contracts Approach to Financial Contacting", *Review of Economic Studies*, 1992, Vol. 59: pp. 473~494.

且又不可让渡的在职私人收益为 l，但是某企业可以产生可证实的货币收益为 y，从而导致追求货币收益的资本家和既追求货币收益又追求私人收益的企业家之间产生利益冲突。为了使总收益（$y+l$）最大化，最佳的控制权结构为：如果货币收益（或企业家的私人收益）与总收益之间是单调递增关系，那么资本家（或企业家）单边控制总是可以实现社会最优效率；如果货币收益或私人收益与总收益之间不存在单调递增关系，那么控制权的相机配置将是最优解，即企业家在企业经营状态好时获得控制权，反之资本家获得控制权。

3. 权力理论

杨其静将 GHM 模型的权力理论概括为："剩余权就是'可以按任何不与先前的合同、惯例或法律相违背的方式决定资产所有用法的权力'；它天然地归资产所有者所有，因为'拥有剩余控制权实际上已被作为所有权的定义'；更重要的是'在合同不完全时，所有权是权力的来源'，因为对物质资产的控制权能够导致对人力资本的控制：雇员倾向于按照他的老板的利益行事。"[1]这就是所谓的"资本强权观"。

但是这种权力观点，一旦用于解释现实中所有权和经营权相分离而且人力资本在组织中起着重要作用的企业时，就难以自圆其说了。因为在许多的企业和组织中，特殊的资源和能力占据着重要的地位，例如管理咨询公司、律师事务所、注册会计师事务所、医院、私立学校等等，一项特殊的技术或者才能将导致其所有者对企业和组织有重要的控制地位。Rajan 和 Zingales 提出了一种称为"进入权"的概念，即使用和处理企业关键资源的能力。"如果关键资源是一台机器，则进入权是操作机器的权力；如果关键资源是一个想法，进入权就是了解这个想法细节的权限；如果关键资源是一个人，那么进入权就是与之紧密联系的权力和能力。"[2]由此，他们打破了物质强权的观点，认为掌握着关键资源的人才是对企业的各种权力的来源。对于人力资本在企业中占据越来越重要的位置的今天来说，这种权力观点无疑是更有说服力的。

本章小结

本章的题目为"企业理论"，但从一个广泛的企业视角来看，新制度经济学的所有微观理论都可以视为企业理论。因此，要想将交易费用理论、产权理论和企业理论清楚地区分开来是不可能的，所能做的只是为读者提供一个比较清晰的思路，而这又是建立在许多学者的工作基础之上，特别是各种相关的文献综述。本章的企业理论包括企业性质、企业演化史、委托代理理论和契约理论。总的来说，人的有限理性导致信息的不对称，投机行为产生交易成本，而契约就是为了通过事前和事后的制度安排来降低交易成本。通过事前的契约就可以解决投机行为的理论分析就是完全契约理论，而涉及到事后的再谈判问题的分析就是不完全契约理论。完全契约又称为委托代理，投机导致委托代理关系成为问题，如果没有激励相容的契约来约束，将会导致交易效率低下，而其中的机制便是"逆向选择"和"道德风险"。在极端的情况下，投机导致的交易成本如此之高，以致市场完全萎缩。

---

[1] 杨其静："合同与企业理论前沿综述"，《经济研究》，2002 年第 1 期。
[2] Rajan, Raghuram and Luigi Zingales: "Power in a Theory of the Firm", *Quarterly Journal of Economics*, 1998, Vol. 113(2): pp. 387~432.

关键术语

企业性质　　委托代理关系　　信息不对称　　逆向选择　　道德风险
声誉机制　　契约　　　　　　不完全契约　　完全契约　　激励相容

本章思考题

1. 现代企业组织形式主要有哪几种？结合生活中的例子谈谈。
2. 什么是企业的性质？不同的理论是如何解释企业性质的？
3. 什么是委托代理关系？信息不对称下的委托代理关系会产生哪些问题？
4. 企业制度演化大致经过哪几个阶段？其中的委托代理关系有哪些变化？
5. 阐述逆向选择和道德风险并举例说明。
6. 如何解决信息不对称情况下的逆向选择和道德风险？请用医疗市场的例子说明。
7. 比较并阐述企业的完全契约理论和不完全契约理论的差异。

学习参考资料

[1] Steven Cheung. The Contractual Nature of the Firm[J]. *Journal of Law Economics*, 1983(26), April：pp. 1~21.

[2] Richard N Langlois. The Vanishing Hand：The Changing Dynamics of Industrial Capitalism[J]. University of Connecticut, Department of Economics Working Paper Series 2002—21.

[3] G Akerlof. The Market for Lemons[J]. *Quarterly Journal of Economics*, 1970(84：3), August：pp. 488~500.

[4] Stiglitz, J and A Weiss. Credit Rationing in Markets with Imperfect Information[J]. *American Economic Review*, 1981(71) June：pp. 393~410.

[5] [冰岛]思拉恩·埃格特森. 经济行为与制度[M]. 北京：商务印书馆, 2004.

[6] 刘东主编. 微观经济学新论[M]. 南京：南京大学出版社, 1998.

[7] 曼库尔·奥尔森. 通往经济成功的一条暗道[A]. 载吴敬琏主编. 比较. 第11辑. 北京：中信出版社, 2004.

[8] [美]斯蒂芬·列维特、斯蒂芬·都伯纳. 魔鬼经济学[M]. 广州：广东经济出版社, 2006.

第五章 国家宪政理论

学习目标

1. 掌握国家的起源与国家的实质。
2. 了解诺思国家模型的主要内容。
3. 了解国家宪政与制度的关系。
4. 掌握国家在制度变迁过程中的作用。
5. 了解"诺思悖论"的相关内容。

国家理论是新制度经济学的理论基石之一。新制度经济学认为,影响一个国家经济发展绩效的基本制度,如宪法秩序、普通法律和规章等都是由国家供给的。因此,道格拉斯·诺思指出:"理解制度结构的两个主要基石是国家理论和产权理论。因为是国家界定产权结构,因而国家理论是根本性的。"[①]新制度经济学的国家理论主要来源于诺思等人对经济史中有关经济增长与产权和制度变迁关系的研究。诺思等人充分吸收企业理论的一些观点和科斯的研究成果,将经济组织理论引入政治学领域,就国家的相关问题进行了多视角、全方位的探讨,从而创立了颇具特色的新制度经济学的国家理论。

第一节 国家起源与国家实质

一、国家起源

国家理论旨在解释国家的形成、国家的性质和国家的功能等。在新制度经济学之前的西方理论界中,关于国家起源或性质主要有两种不同的解释:一种是契约理论;另一种是掠夺或剥削理论。

契约论最早是作为西欧新兴资产阶级反抗封建主义和中世纪神权的有力武器而出现的,它可以追溯至文艺复兴时期,其代表人物为霍布斯、卢梭等。就其实质而言,契约论只是关于国家产生前社会状态和国家产生过程的一种假设性的描述,其中被广为推崇的是霍布斯在《利

---

① [美]道格拉斯·诺思:《经济史中的结构和变迁》,上海:上海三联书店、上海人民出版社,1994年,第17页。

维》中所构建的国家契约论。在霍布斯的《利维坦》中,有两个最基本的假设:第一,国家产生前的社会状态是一种"一切人反对一切人"的自然状态。人性的自私和利己造成了人与人之间的相互斗争,即"霍布斯丛林"假说。第二,国家是人们为了摆脱"自然状态",订立契约的产物。为了保护自己的生命和权利,人们共同约定,订立契约,通过契约把自己的部分权力交给一个人或一些人组成的会议,使其担当起他们的人格,为订立契约者提供必要的保护。

关于国家的具体形成,霍布斯这样写道:"如果要建立这样一种能抵御外来侵略和制止相互侵害的共同权力,以便保障大家能通过自己的辛劳和土地的丰产为生并生活得很满意,那就只有一条道路:把大家所有的权力和力量托付给某一个人或一个能通过多数的意见把大家的意志化为一个意志的多人组成的集体。这就等于是说,指定一个人或一个由多人组成的集体来代表他们的人格,每一个人都承认授权于如此承当本身人格的人在有关公共和平或安全方面所采取的任何行为、或命令他人作出的行为,在这种行为中,大家都把自己的意志服从于他的意志,把自己的判断服从于他的判断。这就不仅是同意或协调,而是全体真正统一于唯一人格之中;这一人格是大家人人相互订立信约而形成的,其方式就好像是人人都向每一个其他的人说:我承认这个人或这个集体,并放弃我管理自己的权利,把它授予这人或这个集体,但条件是你也把自己的权利拿出来授予他,并以同样的方式承认他的一切行为。这一点办到之后,像这样统一在一个人格之中的一群人就称为国家,在拉丁文中称为城邦。这就是伟大的利维坦(Leviathan)的诞生——用更尊敬的方式来说,这就是活的上帝的诞生;我们在永生不朽的上帝之下所获得的和平和安全保障就是从它那里得来的。因为根据国家中每一个人授权,它就能运用托付给他的权力与力量,通过其威慑组织大家的意志,对内谋求和平,对外互相帮助抗御外敌。国家的本质就存在于它身上。用一个定义来说,这就是一大群人相互订立信约、每人都对它的行为授权,以便使它能按其认为有利于大家的和平与共同防卫的方式运用全体的力量和手段的一个人格。"①

同契约理论相比,掠夺或剥削理论则力图从历史事实中找出国家起源的证据。一般而言,这一理论又可以分为两大派:一派认为国家起源于战争,另一派认为国家起源于阶级剥削。

剥削论者一般都是将国家看作是一个集团或阶级的代理机构,其职能是代表该集团或阶级去剥削、榨取其他集团或阶级,以实现其收入的最大化。"掠夺性的国家将界定一套产权,使权力集团的收益最大化而无视它对整个社会福利的影响。"②

在剥削论者看来,国家是一种工具,它只维护统治者的利益,而不管整个社会的福利。剥削理论的主要代表人物是马克思和恩格斯。恩格斯在《家庭、私有制和国家的起源》里描述了原始氏族的解体和国家产生的过程并得出结论指出:"国家是社会在一定发展阶段上的产物;国家是表示:这个社会陷入了不可解决的自我矛盾,分裂为不可调和的对立面而又无力摆脱这些对立面。而为了使这些对立面,这些经济利益互相冲突的阶级,不致在无谓的斗争中把自己和社会消灭,就需要有一种表面上凌驾于社会之上的力量,这种力量应当缓和冲突,把冲突保持在'秩序'的范围以内;这种从社会中产生但又自居于社会之上并且日益同社会脱离的力量,就是国家。"③换言之,在马克思主义看来,国家是一个历史范畴,它不是从来就有的,而是同一

---

① [英]霍布斯:《利维坦》,北京:商务印书馆,1985年,第131~132页。
② [美]道格拉斯·诺思:《经济史中的结构和变迁》,上海:上海三联书店、上海人民出版社,1994年,第22页。
③ 恩格斯:"家庭、私有制和国家的起源",《马克思恩格斯全集》,第四卷,北京:人民出版社,1972年,第166页。

定历史发展阶段相联系的,是社会发展到一定历史阶段的产物。只有经济发展到一定阶段出现阶级时国家才会产生。"所以,国家并不是从来就有的。曾经有过不需要国家、而且根本不知国家和国家权力为何物的社会。在经济发展到一定阶段而必然使社会分裂为阶级时,国家就由于这种分裂而成为必要了。"[①]为了缓和阶级冲突,把冲突控制在秩序的范围内,就需要有国家作为表面上凌驾于社会之上的第三种力量来压制阶级的公开冲突,这样国家就应运而生。

新制度经济学派敏锐地观察到上述两种理论的不足,认为它们不能准确地界定国家并有力地解释国家同经济发展的关系。诺思认为,契约理论是西方经济学中交易原理合乎逻辑的延伸。它实际上把国家假设为在交易中使社会福利最大化的角色。契约理论成功地解释为什么国家可以潜在地提供一个节约利用资源的框架,从而可以促进福利增长。但由于契约理论只假设了订立契约的原因和契约本身的功能,没有进一步分析订立契约各方的利益要求以及为了实现各自利益最大化所进行的斗争及争夺,因而契约论实际上忽视了国家作为契约各方实现各自利益最大化工具的功能。因此,契约论最大弱点就在于没有提供契约实现过程的有力证明。对于掠夺或剥削理论,诺思认为这种解释虽然揭示了国家为了实现统治者利益最大化而竭力榨取选民租税的本质,但却忽视了国家同选民之间的互动关系。实际上选民也在通过追求个人利益最大化来制约国家行为。这种解释的另一个弱点是没有看到国家也会成为促进社会总收益提高的一种力量,而单纯地把国家同选民以及社会之间的收益关系看成是零和博弈。

针对上述两种理论的缺陷,诺思提出了"暴力潜能"(Violence Potential)的分配理论。[②]这个理论认为,若暴力潜能在公民之间进行平等分配,便产生契约性的国家;若这样的分配是不平等的,便产生了掠夺性(或剥削性)的国家,由此出现统治者和被统治者,即掠夺者(或剥削者)和被掠夺者(或被剥削者)。

诺思的"暴力潜能"这个范畴具有丰富的内涵,它既包括军队、警察、监狱等暴力工具,也包括权威、特权、垄断权等"无形资产"。国家的"暴力潜能"类似于企业拥有资金、劳动力、技术等生产要素后所具备的"生产能力"。

具体地说,"暴力潜能"是指国家是一种在使用暴力方面具有潜在比较优势的组织,或者说同人类社会其他任何组织形式,如社区、市场、企业等相比,国家所具有的比较优势就在于它能够合法地使用暴力;并且在使用暴力的时候比其他任何社会组织都更有效率。因为使用暴力是国家的基本职能之一,国家在这方面具有专业化的优势。军队、警察、司法部门这些暴力机构都是由国家掌控。诺思认为,用产权分析的方法来看,暴力也是一种资源,因为暴力可以影响经济绩效。自从人类社会产生以来,使用暴力就是一种社会组织的权利,不过,在国家出现以前使用暴力的权利是分散的,分散在不同的社会组织手中。

诺思认为,在国家出现以前,对暴力资源的运用是低效率的,只有国家才能够有效率地使用暴力这种资源。

在人类历史的发展过程中,很长时期既不存在国家,也不存在暴力。那时候,人们以家庭(家族)和庄园作为生产活动的主要组织形式。各家各户、各个庄园把自己的资源全部用于生

---

① 恩格斯:"家庭、私有制和国家的起源",《马克思恩格斯全集》,第四卷,北京:人民出版社,1972年,第170页。
② 本文关于诺思"暴力潜能"分配理论的分析,主要引自朱琴芬编著:《新制度经济学》,上海:华东师范大学出版社,2006年,第244～288页。

产活动,比如狩猎和农桑。但是,人们逐渐发现,由于没有相应的保护,自己的财富和生产成果常常被其他人所侵害、偷盗、抢劫。于是,为了维护自己财产安全和利益,各庄园便划出一部分资源(人力、物力、财力)去行使维护财产安全和秩序的职能。依靠这支庄园的暴力工具的保护,别的庄园和个人不能再来侵害本庄园的利益,财产和人员安全得到保障。不过,由于一部分资源特别是劳动力分出来用于维护安全,便不能再从事生产活动,这使庄园的生产效率降低,产量减少,资源被浪费。每个庄园都这么做,更是把大量本来可以用于生产活动的资源用在互相防范上,造成巨大的浪费。由于劳动力的紧张,人们越来越感到浪费的严重,于是,有人便尝试将几个庄园的暴力机构配合起来,共同出人,共同维护几个庄园的治安。这样的效率比一个个庄园各自为政效率高,大大节约社会资源,可以将更多的社会资源用在生产活动上。在一个可以控制的疆域内建立单一的一套暴力组织,其效率是最高的。于是,人们慢慢将各庄园的暴力机构统一起来,由一批人专门从事维护秩序、安全、正义的活动,其他资源从事生产活动。国家就这样慢慢地产生了。国家产生后,就能比较有效地使用暴力,维护秩序、公正和安全。

如前所述,新制度经济学把国家视为在暴力方面具有比较优势的组织,国家的比较优势就体现在暴力方面。概括起来主要表现在两个方面:一是可以克服"搭便车"的行为,二是在提供暴力方面具有规模效益。

先看"搭便车"行为。安全是一种公共资源,在一个社区中生活的居民都需要安全。但是,不同的人对安全这种公共产品需要的迫切程度是不一样的。

富人对安全保护的需求高于穷人。因为一般而言,富人遭到人身、伤害的危险要比穷人大。在这种情况下,穷人就有可能不愿意为安全这种公共资源支付费用,这就出现了一种"搭便车"的行为,即费用由别人支付,而自己只管享受好处而不花费代价。

为了防止这种"搭便车"行为,就需要强制性地向所有需要安全的居民收取费用,包括那些对安全的需要比较多和不多,甚至那些自以为不需要安全的居民。而这一点,只有具有强制力的国家才能做到。比如,对享受公共资源征税就是一种防止"搭便车"的行为。征税就是强制性的行为,强制性的后盾就是国家暴力。国家暴力是对付暴力的暴力,即对付非法暴力的合法暴力。

再看国家在提供暴力这种资源方面所具有的规模效益。正如前面所说,在国家出现以前,其他的一些社会组织,如庄园、氏族也承担着为居民提供暴力保护的责任,但由于庄园、氏族的规模都比较小,能够为居民提供武力保护的能力比较有限。暴力资源分散在庄园、氏族等组织手中,影响了暴力这种资源的质量。而国家的出现,弥补了上述缺陷。国家具有强制力,可以通过强制的手段,分摊提供公共资源的费用,如征税;又有能力保持一支常备军和其他专门的国家暴力机构,提供专业化的暴力资源。

从历史上看,调节人类社会的社会经济生活、维护社会的经济秩序,都离不开暴力,因此,暴力实质上也是一种有价值的资源。在国家未产生以前,这些暴力资源分布在"社区"或"庄园"之类社会组织的手里。暴力资源的这种分散配置方式无疑将会导致暴力资源使用的低效率。因为这种分配导致暴力的使用既无规模效益,也缺乏专业化效益。在这种情况下,产权保护的费用也就相当高了,由此所决定的一个基本规则是:暴力潜能形成的边际成本=产权保护的边际收益。

不同于市场和企业,国家这种制度安排的特点在于它的强制性,即国家是在暴力方面有比较优势的组织。强制性的后盾是国家机器。

国家暴力资源之所以能更有效地使用,在于其能达到规模经济和防止"搭便车"行为。但是,既然国家暴力被视为一种资源,那就意味着国家暴力不能被滥用。这是因为:第一,国家暴力是对付暴力的暴力,即对付非法暴力的合法暴力,这种合法性起源于每个人捍卫自己利益,抵御别人侵害的合法权利。第二,国家暴力只有在能够实现某种社会合作,并且比其他制度(如市场)更有效时,才被采用。由此可见,国家是在使用暴力方面具有潜在的比较优势的一种组织。

关于国家的起源,新制度经济学派的另一位代表人物曼瑟尔·奥尔森提出了另一种解释,即"匪帮论",也十分令人瞩目。

奥尔森在论文"独裁、民主与发展"中,将最初创建国家的功劳归于"匪帮"。他认为,在以狩猎、采集为主要生产方式的原始社会里,原始部落一般由50到100人组成。由于人数不多,部落内的和平与秩序可以通过自发、自愿的协商来实现。而到了农业社会,生产力提高,人口增长,这时,社会无法自动实现和平与秩序。

和平与秩序是一种公共物品。它使个人财产有保障,使人们愿意为积累财富而积极从事生产活动。反之,在缺乏和平与秩序的社会里,在强盗横行的地方,大量资源被用于防盗和保安,人们不积极从事生产活动,甚至装穷、装懒。

在社会人口众多的情况下,要自愿达成和平与秩序一致协议的成本非常高,个人收益与成本极不相称,"搭便车"是理性的选择。结果,和平与秩序无法自动实现。在这个无政府的社会里,"暴力企业家"很快地发现,组织强大的暴力机器进行掠夺是谋生的一种手段。于是流寇四起、土匪丛生。然而,流寇无组织的竞相掠夺使人民失去投资和生产的积极性,创造的财富越来越少,流寇抢到的东西也越来越少。社会就极为贫困。流寇把富裕的地方抢穷是一种"公地悲剧"。任何一帮流寇都不希望杀掉"会下金蛋的母鸡",但又唯恐其他流寇先下手,抱着不抢白不抢的心态。聪明的"暴力企业家"发现,只有垄断了掠夺权才能杜绝这种恶性竞争。于是,群雄争霸的局面出现在世界的每一个角落。能组织最大暴力机器的"暴力企业家"最终胜出,垄断了掠夺权。奥尔森说,理性的自利的流寇头子好像在一只看不见的手引导下变成坐寇,戴上皇冠,自封君主、国王、天子或者皇帝,以政府取代无政府状态。坐寇同时还发现,如果提供和平与秩序,保证财产权利和契约的执行以及提供其他公共产品,甚至将抢夺的份额(即税率)降低到一定程度,就能够提高生产力从而提高自己的收入,他的理性也会驱使他这样做。于是国家诞生了,这个"坐寇"(常驻匪帮)给社会带来了比无政府状态更高的生产力。

奥尔森以"匪帮论"来论述国家的起源,确实独树一帜,开阔了人们关于国家起源问题的视野。虽然奥尔森有关国家起源的理论与诺思的"暴力潜能"分配理论及契约论、掠夺论不同,但就国家的职能而言,它们是相同的:提供秩序、安全和保护。[①]

二、国家实质

虽然关于国家究竟是如何起源的争论,并不会因新制度经济学派提出了新的国家起源理论而终结,但我们却不得不思考一个问题:国家的出现究竟有什么作用?这实际上涉及到国家

[①] 曼瑟尔·奥尔森:"独裁、民主与发展",载盛洪主编:《现代制度经济学》,上册,北京:北京大学出版社,2003年,第361~364页。

的实质问题。正因为国家在社会经济发展中有着重要的作用,在历史的漫长进程中,一个又一个国家纷纷出现了。那么,国家的实质究竟是什么呢?

对国家实质的讨论,可以用国家的双重身份、三只"手"和国家的本质两难这三组相关的概念来概括。

1. 国家的双重身份

国家拥有双重身份。首先,国家和其他所有市场经济中的主体一样,是一个经济实体。其次,国家还是一个强制性的机构。

(1) 国家作为经济实体

说国家是一个"经济实体",是因为它占有资源,雇用劳动力,有大量的消费,而且也生产许多的产品,其中既包括像国防、法律体系这样的公共物品,也包括某些私人产品。国家占有资源,为社会提供劳务和产品,需要消费,在这些方面,和普通"经济人"有很大的相同之处。

作为经济实体的国家,和普通"经济人"的不同之处在于,它的规模非常巨大。世界上的很多国家,政府都是最大的雇主;国家也是很多最重要的资源的最大占有者,比如土地、矿山;它的收入是无人能比的。由于国家有这么多的资源,这么大的收入,所以当它作为一个消费者时,它的购买力也是个人或其他机构所不能比的。

(2) 国家作为强制性机构

国家的第二重身份是一个强制性机构。国家对强制力具有垄断地位,这个身份是他人所不能具备的。国家垄断强制力,拥有武力,是为了起两个作用:对内保证合同的执行,对外保证国家安全。国家对内要保证合同的执行,包括私人间合同和公共合同。私人间合同指个人之间、企业之间或个人与企业之间的交易合同。公共合同即我们通常所说的法律法规,比如,任何人都不能暴力侵犯他人,都不能卖假货,都不能污染环境等。

国家的强制力不仅能用于保障合同的执行,也能用来表达自己的意志。比如说,国家税收的实现,就是以强制力为基础的。个人要获得收入,必须在自愿的基础上,征得别人的同意,向别人提供有用的劳务或产品,换取对方的报酬。而国家为了获得收入,却不需要与别人交换,只需使用自己的强制力。虽然国家也为居民提供国防等公共产品,但这些产品与国家的收入之间,并没有完全对等的交换关系,也无需遵守双方自愿的原则。

2. 国家的三只"手"

国家在经济活动中应该或者实际起什么作用?对这个问题,有三种不同答案,都可以概括地用"手"来比喻:无为之手、扶持之手和掠夺之手。①

(1) 无为之手

国家应该是一只"无为之手"的理论,来自经济学的鼻祖亚当·斯密。他把市场比喻成一只"看不见的手",认为自由竞争的市场可以导致社会福利的最大化。在市场上,所有个人都是主观为自己,客观为别人、为他人、为社会而服务的。通过市场交换,经济资源实现最优配置,社会福利实现最大化。

按照斯密的理论,有了市场这只有效的"看不见的手",国家在多数情况下就应该充当一只"无为之手",政府应当越小越好。总的来说,除了提供国防、治安、维持和执行合同这些最基本的公共物品以外,政府不应该再去过多地干预经济活动。换言之,政府主要是充当"守夜人"的

---

① 王一江:"国家与经济",载吴敬琏主编:《比较》,第18辑,北京:中信出版社,2005年,第1～26页。

角色。

(2) 扶持之手

国家的第二只"手"是"扶持之手"(Helping Hand),这是福利经济学的基本思想。福利经济学研究的基本框架是,首先定义社会福利(比如生产者剩余和消费者剩余的总和),确定社会福利最大化的目标,然后讨论市场失败的可能性和由此造成的社会福利损失,最后讨论如何通过政府干预,采取诸如反垄断和消除信息不对称的措施,来帮助增加社会福利。这类讨论的基本假设前提都是国家的目标是使社会福利最大化,国家是善意的,是对市场不足的必要补充。

国家干预的手段和程度,可以有相当差别。在最低的干预层次上,国家可以通过价格机制,比如通过税收和补贴,来改变企业的成本收益结构,从而改变其行为。税收和补贴、转移支付这些方法,有时也用来作为调节社会收入分配的手段。在中等的层次上,国家可以通过行政和法律手段,鼓励、禁止和规范产业和企业的行为。在最高层次上,国家可以拥有并直接管理和操作企业,将企业资源直接用于实现政府的就业、居民收入和其他经济或非经济目标。

(3) 掠夺之手

近些年来,越来越多的学者们注意到,国家在经济中发挥作用,并非总是出于善意——为了增加社会福利。国家也有自身利益,并会使用强制力来实现自身利益。国家这样做时,它就成为"掠夺之手"(Grabbing Hand)。

安德烈·施莱弗(Andrei Shleifer)等学者认为,不能天真地假设国家的目标是使社会福利最大化。国家和掌握国家机器的人,都有自己的目标,有自身利益。要理解国家的种种行为,一定要理解掌握国家机器的人自身的利益和利己行为。施莱弗等通过研究英国王位继承的历史发现,实际上国家统治者的利益经常是不长远的。这里有王位继承中的斗争和不确定性的问题,也有统治者个人当前高消费需要的问题。统治者当前和短期利益的需要,经常会驱使他们去过度掠夺。[①]

从现实和客观的角度来看,多数时候国家都同时扮演了三只"手"的角色。有时候在某些领域,市场自己运行良好,不需要国家过多介入,国家也甘当"无为之手",没有过多介入。也有很多时候,国家采取了措施,促进了社会效益和社会福利的提高,起到"扶持之手"的作用。然而,历史和现实生活中,也不乏国家过分掠夺的例子。

国家在市场运作良好时充当"无为之手",在市场失败时充当"扶持之手",都有利于社会财富总量的增加,不会引起太大的争论和社会矛盾。但当国家成为"掠夺之手"时,对社会和经济来说是破坏性的,有时甚至是灾难性的。因此,如果国家仅是"无为之手",它越小越好。如果国家仅是"扶持之手",它越强大越好。如果国家仅是"掠夺之手",对它的限制越多越好。

3. 国家的本质两难

关于国家作用的"本质两难"(Fundamental Dilemma),最先是由政治学家巴里·温加斯特(Barry Weingast)表述的:国家需要足够强大,才能具有足够的强制力去做它该做的事,即执行合同,但国家又不能过分强大,以至于它可以不受约束,滥用自己的强制力,任意侵犯公民的财产和权利。那么,怎样才能解决这个本质两难的问题,即怎样使国家强大,使它能做它该做的事,同时又受到限制,不能滥用权力成为"掠夺之手"? 这不仅是关系到对国家实质认识的

[①] 布拉德福特·德龙、安德烈·施莱弗:"君主与商人:工业革命前的欧洲城市增长",载[美]安德烈·施莱弗等编著:《掠夺之手:政府病及其治疗》,北京:中信出版社,2004年,第17~48页。

问题,而且更是处理国家与经济关系时最棘手的问题。

【案例 5-1】

国家的类型

要理解国家的基本类型,我们设想一个由政府和 A、B 两个民间游戏者构成的简单的三人游戏就可以了。

1. 自由民主主义国家(Liberal Democratic State)

一般而言,我们是把政府作为具有征税和保护私有权的强制力的组织来描述的。那么就会产生一个问题,即政府既然拥有保护私有权的潜在强制力,为什么政府不利用其强制力侵害私有权本身呢?这是文嘎斯特所谓的"政治经济学的基本悖论"。他与诺贝尔经济学奖得主道格拉斯·诺思合作,以英国的光荣革命为例对这个问题作了如下的思考。

在 17 世纪英国的斯图加特王朝的詹姆斯二世时代,存在辉格党和托利党两个政党。虽然两者基本上都是代表地主势力的政治结社,但前者通过自由贸易获得利益,因此主张降低关税,而后者的利益所在是降低地租税。詹姆斯二世开始时是与托利党相勾结,削弱辉格党的政治影响力,成功地通过强化关税而获得了私利。但随后他又把攻击的矛头转向了托利党。于是,原本利益不相容的两个政党转为协调合作,将詹姆斯二世赶下了台。两个政党将迈阿里和威廉姆斯扶上王位,此时把他们所不能容许的国王对私有权的侵害行为在"权利宣言"中加以列举,并将如果国王不能遵守此项时可以废除王权的契约作为即位的条件。这就是所谓的"光荣革命"。

在这个例子中,我们可以把王位作为"政府",把两大政党当做 A 和 B。我们来设想这样一个游戏的构成。A 和 B 如果能够从政府那里得到私有权的保护以及其他公共服务时,是愿意以纳税的形式支付一定代价的。如果这种交换能够实现,那么可以类比为亚当·斯密的"夜警国家"或诺吉克的"最小限度国家"。但是,假设政府超越其限度,以增税的手段对某个民间主体(比如说B)的私有权进行侵犯从而获得利益。要对此进行抵抗,无论哪个民间游戏者都需要支付费用。而且,如果二者不协调一致进行抵抗,政府对 B 的侵犯权利的行为就获得成功。但如果二者协调行动进行抵抗,政府就需要付出极大的代价(丧失王权、爆发革命、丧失对政权的支持等)。

在这样的游戏中,如果只进行一次的话,那么总会以政府侵害 B 的私有权,而 A 和 B 都对这种侵害听之任之作为"均衡"。这是因为,对 A 而言,抵抗对 B 的私有权的侵害并不给自己带来任何利益;而对 B 而言,如果不能得到 A 的协调行动,单靠自己的抵抗是不能奏效的。但是,实际的政治经济游戏一般都是重复进行的。在重复进行的游戏中会出现什么样的均衡呢?从博弈的理论中我们知道,一次性游戏的均衡在反复游戏中也是可以作为均衡之一种的。从而,政府持续地侵害某个特定的民间游戏者的私有权也可以成为一种均衡。在上面的例子中,如果詹姆斯二世只是停留在侵犯辉格党的利益上,也许他的王权可以继续维持下去。事实上,为什么詹姆斯二世把托利党也放到了对立面,其动机至今在历史学家中仍未有定论。

但是,我们现在假设政府由于某种理由,将会随机地(无差别地)对 A 和 B 的私有权进行侵害。在这种情况下,以概率可以预见到的由于政府侵害私有权而产生的费用的现值若是超过抵抗费用的现值,那么每个民间游戏者的最优反应就是一致抵抗政府对私有权的侵害。比如说,政府如果试图侵害 B 的权利,对 A 来说抵抗就是最优选择。其原因是,如果不这样做,政府将来也有随机地侵害 A 的权利的危险。另一方面,如果政府可以预见民间游戏者将会采取抵抗的反应,政府的最优反应就是约束自己而不去侵权。也就是说,游戏的所有各方有着同样的预期,即民间游戏者相互之间尽管存在政治和经济利益的不一致,但对于政府的侵权将会一致抵抗。这种预期又抑制了政府的侵权。我们姑且把这种状态称之为自由民主主义国家。这是因为,在对政府的侵权有着协调抵抗这样一种民主的制约之下,民间游戏者在受到保护的私有权的范围内确保了行动的自由(如图5-1)。

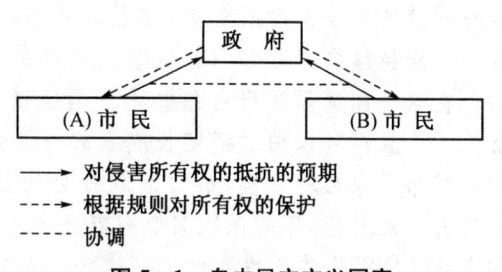

```
                    政　府
                   ／    ＼
                  ／      ＼
               (A)市民    (B)市民

  ──→  对侵害所有权的抵抗的预期
  ----→ 根据规则对所有权的保护
  ----  协调
```

图 5-1　自由民主主义国家

那么在什么样的条件下,可以预期政府有随机地侵害民间主体的权利的可能性呢?我们假设政府不是像光荣革命的例子中那样独立地存在,而是政权更迭的未来可能性不确定、在两大政党制下的选举中可能当选的代表政府。在这种状况之下,被选出的政府,如果采取放肆地侵害其他政党的支持母体的市民的权利,那么过去曾支持该政府的市民也将以一致抵抗侵权作为最优选择。因为若不如此,就有可能会在政权更迭之时遭到报复性的权利侵害。文嘎斯特举出了罗斯福总统曾试图随意改变最高法院的构成从而遭到民主党和共和党一致抵抗的例子。

这个例子表明,这里所定义的自由民主主义国家(同时也是小政府)在蕴涵着政权更迭的可能性的两大政党制之下更容易实现。

2. 勾结国家(Collusive State)和开发主义国家(Developmental State)

我们假设在与上述相同的博弈结构中,政府持续地侵犯某个游戏者(比如说B)的私有权(例如通过征税)。这种政府的行为损害经济总体的效率,并有损害游戏者A的未来经济收益的可能性。在这种情况之下,游戏者A也由于与前面的例子中相同的理由,有与B协调行动对政府进行抵抗的激励。但是,政府也许可以通过承诺把从侵害游戏者B的权利所得到的利益的一部分转移给游戏者A,从而防止这种协调的实现。我们把这样形成的均衡状态称之为勾结国家。例如,像撒哈拉南部非洲那样,政府与特定的部族相勾结而侵害其他部族的利益,其结果产生低效率的状态。或者,从20世纪60年代至70年代的南美各国那样,与都市大众或有产阶级的勾结政府交替循环出现,这是由于民间游戏者过高地估计与政府勾结所得到的当前利益,而相对低估勾结失败所造成的未来的利益损失(如图5-2)。

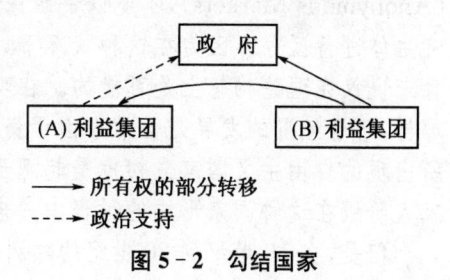

```
                    政　府
                   ／    ＼
                  ／      ＼
              (A)利益集团   (B)利益集团

  ──→  所有权的部分转移
  ----→ 政治支持
```

图 5-2　勾结国家

根据寺西重郎的实证研究,在从农业部门向城市工业部门进行资源转移这一点上,撒哈拉南部非洲、南美各国、东亚和东南亚各国之间是相同的。但是,如果说从农业部门(相当于B)向城市工业部门(相当于A)的收入转移促进了经济成长,这是在什么样的条件之下呢?现在我们假设在重复进行的博弈中,政府以企业家持续采取追求增长的战略(投资)为条件,向工业部门持续进行收入转移(补贴)。也就是说,如果企业家发生不再积极追求增长的道德风险,政府将课以停止产业保护的惩罚。但是,在什么样的场合下应该合理地认为这种惩罚的威胁是实在的,当企业家的道德风险实际发生以后可以保证不会把继续产业保护作为事后交涉的对象呢?

这是当政府拥有长远的视点,并且政府在中止对于特定的企业家的收入转移(投资补贴)

· 105 ·

时,存在可以取而代之的企业家的场合。例如我们可以设想这样的情况:政府是独裁的,或者被永续的官僚制度所支撑,并且政府与企业家之间的亲缘关系被抑制。在这种条件下,成为政府持续向工业部门进行收入转移的媒介的状态可以称之为开发主义国家(如图5-3)。在这个国家里政府自身也通过国家威信的提高和在国内的权威的增大来满足自己的动机。而且也可以通过把增长成果的一部分返回给农业部门,对来自农业部门的增长资源的转移给予事后的补偿,从而达到社会的稳定。根据寺西的实证研究,东亚和东南亚国家的这种事后补偿,不是采取向个别农民和地主提供个人利益的形式,而主要是采取提供灌溉和交通手段等公共产品的形式。这与撒哈拉以南非洲各国及南美各国形成鲜明的对照。但是,如果独裁政府的永续性受到怀疑,或者政府与特定的企业家之间产生勾结关系,政府对企业家的规制就会出现隐患。政府将会无法控制企业家的道德风险,开发主义国家将堕落成无效率的勾结国家。

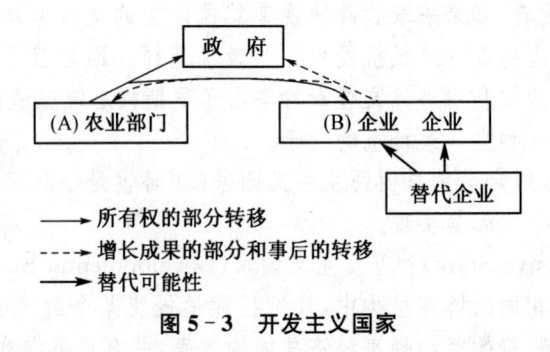

```
                    政 府
                   ↗    ↘
          (A) 农业部门   (B) 企业  企业
                              ↑
                           替代企业
```

⟶ 所有权的部分转移
--⟶ 增长成果的部分和事后的转移
⟶ 替代可能性

图 5-3 开发主义国家

3. 社会民主社团主义国家(Social Democratic Corporatist State)

我们已经指出,作为自由主义国家的存在条件,是政府不能蓄意打击特定的民间游戏者并侵害其利益。在经济上,我们可以设想这样一种理论状态,即展现在世人面前的是无名的市场(Anonymous Markets),不能以资源保有特征(如工业资产保有者、地主、工人等)来对民间经济主体进行区分。因为在这种状况下,政府对私有权的侵犯只可能是随机的。但是,这种状况毋宁说仅在理论构想上是可能的。在现实中,正如古典经济学和马克思主义经济学所研究的那样,市场经济的发展是会带来由于资产保有状况不同而造成的阶级分化的。事实上,在英国所出现的自由主义国家最初也是起源于王权与土地所有者阶级利益集团之间的利益关系,而工人阶级在这种国家形成的过程中并未能够参与并发挥作用。

但是,在19世纪到20世纪的欧洲,随着古典经济学中所说的工人阶级,或者马克思主义经济学中所说的无产阶级开始发挥其政治力量,或者说企图发挥其政治力量,这种市场关系之下所产生的经济阶级之间的利益矛盾以及政府在解决这种矛盾中的作用就成为一个新的问题。特别是在德国和俄罗斯等在资产阶级中没有能够确立起自由民主主义传统的后发资本主义国家中,这种矛盾表现得极为尖锐。以知识分子为中心组成的所谓"前卫党"或"社会民主党"与工人阶级联合企图夺取政权的运动开始具有某种程度的现实性(第一次世界大战之后的德国),或者像俄罗斯那样实际取得了成功。但是,这种博弈的解或者是不稳定的,或者即使实现也在效率性方面存在欠缺。可以说20世纪前半段的历史以充满艰辛的经验证明了这一点。

从这种经验中脱胎而出的是,在德国、奥地利、斯堪的纳维亚各国中形成的所谓社会民主社团主义国家。具体而言,就是这样一种国家形态:企业的所有者和工人这两个由资本主义市场关系形成的经济阶级各自形成自己的代表团体(产业工会、雇主团体),政府对代表团体之间交涉的结果赋予准法律的权威。政府对这种地位的认可,是以各种经济利益集团的成员以选民身份所进行的民主的控制作为担保的。政府不再与某个阶级紧密勾结,而是建立代表团体之间交涉的法律框架,把自己的活动领域限制在外交关系和市场中立性的货币政策等超越团体交涉框架的政策领域内。在全国组织之间达成的交涉结果将成为自律强制。这是因为,违反协定或拖延比起遵守协定来说利益损失更大(如图5-4)。

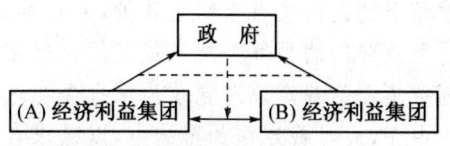

```
              政　府
               ↑
    ┌──────────┼──────────┐
(A)经济利益集团    (B)经济利益集团
 ←→ 团体交涉对所有权的确定
 --→ 赋予准法制的权限
 ─→ 对侵害所有权的抵抗的预期
 --- 协调
```

图5-4　社会民主社团主义国家

社团主义的问题在于,它的存亡完全依赖于国民的全国组织的存在和交涉。但是,随着人力、金融、组织等资源可以跨越国界移动,国民的交涉成果开始变得容易被侵蚀。现在德国所面临的高失业率就与这种社团主义国家的局限性有着密切的关系。

4. 官僚制多元主义国家(Bureau-pluralist State)

官僚制多元主义国家或条条分割型多元主义国家,是对日本的政治经济体制的某个侧面加以抽象而得出的模式。在这一模式和社团主义国家模式中的民间游戏者都是经济利益集团。二者在这一点上,与作为规定对称的(无名的)民间游戏者与政府之间关系的机制而模式化的自由民主主义国家有所区别。但二者之间又在下列两点上相互区别。第一,在社团主义国家中,政府赋予经济利益集团的代表团体以自主裁定利益的能力,而在官僚制多元主义国家中,利益集团之间的利益裁定是在市场之中,由以分权的官僚机构为核心的政府作为媒介。第二,构成社团主义基础的代表团体是企业所有者和工人这样一些以要素市场关系为基础形成的利益集团,而在官僚制多元主义国家中,与分权的官僚机构具有接触点的是各种(企业)组织的团体,特别是由产品市场所区分的业界团体。用我们的概念化模式来描述的话,在社团主义国家中民间游戏者A和民间游戏者B分别是行业工会和资方团体,而在官僚制多元主义国家中则是业界团体(钢铁、汽车、银行等)。

在官僚制多元主义国家中,企业所有者与工人利益对立的调停一般是以经营者裁定的方式在企业层次进行。在这个意义上,可以说官僚制多元主义(如图5-5)包含了经营社团主义(Managerial Corporatism)或微观社团主义(Micro Corporatism)。各企业为了追求包括各自的企业所有者和工人的共同利益而在产品市场上相互竞争。与此同时,处于同一产品市场内的诸企业为了提高在公共政策领域谋取共同利益时的交涉能力而组织起业界团体。但是,官僚制多元主义体制下的业界团体与社团主义体制下的雇主团体不同的是,前者代表的是企业所有者与工人的共同利益。

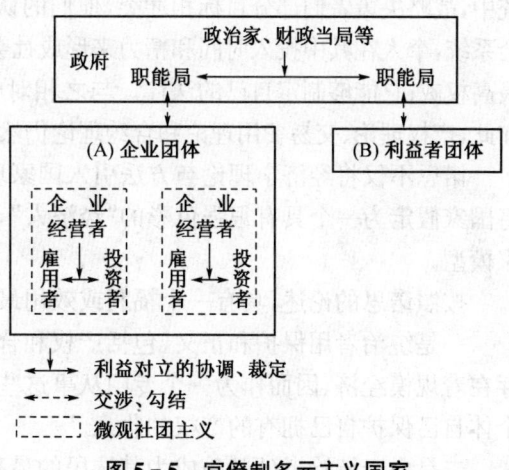

```
              政治家、财政当局等
    政府    ┌────────┬────────┐
           职能局            职能局
            ↑                ↑
      (A)企业团体        (B)利益者团体
      ┌─────┬─────┐
      │企业 │企业 │
      │经营者│经营者│
      │雇↕投│雇↕投│
      │用 资│用 资│
      │者 者│者 者│
      └─────┴─────┘
 ←→ 利益对立的协调、裁定
 --→ 交涉、勾结
 ┄┄ 微观社团主义
```

图5-5　官僚制多元主义国家

各业界团体与分权化的官僚机构中的管辖部门(日本称之为职能局)保持经常性的接触,试图通过这一接口将自己的共同利益反映到公共政策形成的过程之中。职能局有选择地代表管辖下的民间利益来制定政策,并与其他职能局进行交涉。这种官僚机构内部的交涉多是通过财政部门的预算分配来裁定的。但在安定的状态之下将会逐渐过渡到通过行政过程来进行利益集团的裁定。政党政治家也会在这种公共政策的形成过程中通过为自身选举地盘的利益作中介,或对裁定施加影响力,以谋求自身在政治上更多的租金(再选可能性、在政权内部的影响力)。另一方面,各部委在具有管辖下利益的代理人的一面的同时,还有使自身的独特的政治利益最大化的一面。这种政治利益包括通过获得预算来支配资源、审批权限、政治上的权威等等。但是归根结底,官僚是与民间游戏者相区别的游戏者,在安定的环境下,与各个利益团体相对应的管辖职能局之间会产生分权的和多元的勾结。

在日本,官僚制多元主义国家是在分权的官僚机构与民主代表制的框架之下,以开发主义国家(所谓铁三角)进化的形式形成的。它在最初是以产业的成长(政府与产业界的勾结)为主导力的,随后随着产业成长的成果逐渐为处于弱势地位的阶层(农业、中小企业、领取退休金者等)所均沾,成为超越单纯产业界的极其广泛的利益集团。这样在日本,几乎所有的利益集团都通过利益代表团体以及对其进行管辖的职能局获得了对公共政策形成过程的影响力。

资料来源:[日]青木昌彦等编著:《市场的作用国家的作用》,北京:中国发展出版社,2002年,第6~14页。

第二节 诺思的国家模型

一、诺思国家模型的特征

国家可以、有时也确实被理解成一个企业、一个岁入或社会产品最大化的组织,这个组织可能由一个统治者、一个统治阶级或人民的代表把持着。国家和企业都是一个政治系统,在这个系统中,战略决策者们部分目标相冲突,他们的认知能力也有限。当然,二者也可以看成是一个社会系统,个人在其中投入时间和精力来形成社会关系。然而,企业和国家有重要的区别。国家是最高权威;它能够制定自己的法律。与之相对应,企业则不能;它必须遵守所在国的法律。尽管如此,产权理论、交易费用理论和合约理论仍然可用于对国家及其组织进行分析。

诺思不仅将经济学理论与方法引入国家理论的分析中,而且还在效用最大化的假设之上,将国家假定为一个具有很强色彩的"经济人",把国家这个政治组织人格化,从而构建了一个国家模型。

按照诺思的论述,具有一个福利或效用最大化的统治者的国家模型具有三个基本特征:

一是统治者用保护和正义(包括产权和合约权的保护)来交换收益。"由于提供这些服务存在着规模经济,因而作为一个专门从事这些服务的组织,它的社会总收入要高于每一个社会个体自己保护自己拥有的产权的收入。"

二是由于统治者(国家)成为其选民的最高权威,国家有权领导,有权要求被服从,从而也有提高强制性税赋的能力。国家"像一个带有歧视性的垄断者那样活动,为使国家收入最大化,它将选民分为各个集团,并为每一个集团设计产权。"[①]

[①] [美]道格拉斯·诺思:《经济史中的结构和变迁》,上海:上海三联书店、上海人民出版社,1994年,第23页。

三是统治者在其活动中受到或多或少的约束,大小取决于其选民在下面一些情况上所面临的困难:① 移民到另一个有较好生活条件的国度的成本("退出");② 罢免现在的统治者,而推举另一个许诺给选民提供更好服务的竞争者上台("发言权")所需的成本。统治者总有潜在的竞争对手,这些人也能提供类似的服务。

基于上述这三个假设,诺思又进行了如下的深入解释:[1]

第一,国家(统治者)提供的基本服务在于宪法的形成和执行——不管它是成文的还是不成文的。宪法规定了选民的产权结构,其目标是最大化受政治和经济交易费用约束的统治者的租金(根据诺思的新古典原理)。为了达到这一点,它必须提供系列的公共(或半公共)物品和服务"以便降低作为经济交易基础的合约定义、谈判和执行的成本"。

第二,根据诺思的观点,国家规定产权的目的是最大化其垄断租金。从这个角度可以解释私有产权和公共产权的配置。为了征税,统治者需要征税者(即代理人)。委托代理问题出现了,统治者的垄断租金在一定程度上被代理人所挥霍,像民选国家中的官僚。

第三,因为总是存在竞争者,统治者要么同别的国家竞争要么同自己国家中的潜在对手竞争。"替代者越是势均力敌,统治者所拥有的自由度就越低,选民所保留的收入增长的份额也越大。不同的选民有其不同的机会成本,这种机会成本决定每一团体在界定产权和承受税负方面具有的谈判能力。机会成本同时也反映了统治者提供的服务的配置,这些服务在相当程度上并不纯粹是公共品,而统治者要给那些势均力敌的对手比那些无威胁的人们以更多的服务。选民也许会以某种代价转向某个竞争的统治者(即另一个现存的政治-经济单位)或支持在现存国家中某个统治者的竞争者。前一种选择依赖于相竞争的政治单位的结构。当然,地理上较贴近的就具有优势。统治者争取选民的努力将取决于保护的供给曲线和从增加选民中所得到的边际收益。后一种选择取决于相竞争选民的相对暴力潜能。统治者自己的代理人也许会组织反对势力,并通过更好地分配现有租金来从选民中获得支持者。然而,其他能控制足够的资源来取得军事力量(或在封建社会贵族拥有现成的军事力量)的人也是潜在的对手。"[2]

在这里,选民变更政府或离开这个国家的机会成本起着重要作用。我们必须注意到,即使是在现代的西方社会,永久地离开某个国家的成本也是相当可观的。公民的专用性投资(沉没成本)一般高于一个企业中的雇员。在一个特定的国度里出生并长大的事实,更加强化了这些投资。沉没成本包括他们在其祖国度过的青年阶段所掌握的语言、正式的和非正式的行为规则、宗教以及文化等等。而且专用性投资是那些投入其家庭、朋友和业务关系中的成本。因而选民发现自己被祖国锁定,较之于企业中的雇员程度更深——这种状况可能诱致一个政府的机会主义行为,任何类型的政府都不例外。

诺思在其简单的静态模型里还提到,统治者要注意两类约束:竞争约束和交易费用约束。由于这两个原因,最大化社会产品的产权结构可能就不会最大化统治者的(长期)垄断租金。一般地说,统治者目标函数的最大化不必同选民的相符。诺思的看法是相当悲观的。他说统治者为了稳定其权力,不管对效率的影响如何,都将同意一个有利于某些集团的产权结构,因为这些集

---

[1] [美]埃里克·弗鲁博顿、[德]鲁道夫·芮切特:《新制度经济学》,上海:上海三联书店、上海人民出版社,2006年,第535~537页。

[2] [美]道格拉斯·诺思:《经济史中的结构和变迁》,上海:上海三联书店、上海人民出版社,1994年,第27~28页。

团最接近那些替代性的统治者。诺思这样分析到:"在第一个约束下,统治者将避免触犯有势力的选民。如果势力接近候选统治者的集团的财富或收入受到产权的不利影响,那么统治者就会受到威胁,因而,统治者会同意一个有利于这些集团的产权结构而无视它对效率的影响。"①同时,由于决定和征集税收有成本,收入最大化的统治者可能更喜欢一个相对无效率的产权结构。

导致无效率产权出现的又一个重要原因是人们"搭便车"行为的存在。按照诺思的论述,"搭便车"会妨碍对无效产权的调整,因为只有私人收益超过私人成本时,调整才会发生。"这种状况严重束缚了选民调整的意愿,它有助于解释无效率产权的存在,但当私人收益微不足道成为负数时,它显然不能解释改变产权结构的大集团行动。"②

二、诺思对其国家理论的总结

诺思的国家模型理论是十分丰富的,诺思的假定及其分析也是较符合历史演变事实的。诺思对自己的国家模型理论进行总结,认为主要有如下四点:③

第一,虽然"搭便车"可能导致产权无效,但"搭便车"却解释了历史上国家的稳定性。诺思认为,抵触国家强制力的个人成本通常源于对国家规则的漠不关心与顺从,而与压制无关。当前许多民主制中出现的低投票的情形,与过去个人为阶级和大集团去推翻社会的行动的失败有历史的相似。

第二,制度创新来自统治者而不是选民,这是因为后者总是面临着"搭便车"问题。诺思写到:"对统治者来说,既然他没有'搭便车'问题,他就要不断进行制度创新以适应相对价格的变化。因此,使得劳动更加稀缺的土地与劳动相对稀缺性的变化就会促使统治者变革制度以适当地增加劳动的租金。只要劳动的机会成本不变(即其他统治者的潜在竞争不存在变化),这些创新就会实行。"

第三,革命将是由统治者的代理人或由相竞争的统治者或列宁主义者式的少数精英集团发动的宫廷式革命。

第四,在统治者是一个集团或阶级代理人的地方,某些成功的规则要设计得使在统治者死后革命或巨变的机会最小。这是因为正如第三点所述,倒台或革命绝大多数来自统治者的代理人。

虽然上述四点有助于解释历史上国家结构变迁及其稳定的大部分根源,但诺思认为,如果把分析仅仅局限于识别行动者净私人收益(就狭窄的经济意义来说),会给国家结构变迁的研究设置致命的障碍,因此,为解决搭便车难题,诺思认为需要将意识形态理论引入进来,以使分析更加合理、科学。

第三节 国家与宪政

一、宪法、宪政与民主

所谓宪政,就是以宪法为最高准则来治理国家,既不是一党专政也不是多党专政,更不是

---

① [美]道格拉斯·诺思:《经济史中的结构和变迁》,上海:上海三联书店、上海人民出版社,1994年,第28页。
② [美]道格拉斯·诺思:《经济史中的结构和变迁》,上海:上海三联书店、上海人民出版社,1994年,第31页。
③ [美]道格拉斯·诺思:《经济史中的结构和变迁》,上海:上海三联书店、上海人民出版社,1994年,第32页。

一人专政或几个人说了算。无论一党也好多党也罢,必须遵照宪法来"执政",这就是宪政。也就是真正的"依法治国",而这个被依照的"法",指的是宪法。

诺思指出,"宪法是基本法则,它的制定是用以界定国家的产权和控制的基本结构。"[①]宪法决定了基本的产权,并成为一个制度最基本的约束,国家通过界定产权及强制控制的基本结构使统治者的效用最大化。诺思认为宪法有三大目标:一是设立一个财富和收入分配方式;二是在竞争性世界中界定一个保护体制;三是为执行该体制设置一个框架以减少经济部门中的交易费用。

由于宪法是基本法则,所以它不仅是一个国家和社会的根本大法,而且还包含着高层次制度,它不可能像低层次制度那样被轻易改变,也因此为低层次制度中不可避免的调整提供了连续性和可预见性方面的框架。宪法包含着对基本的、不可剥夺的个人权利的肯定。这些权利不应该被低层次规则、民间公民的强力或各种政府机构所否定。个人主义的宪法包括保护私人财产,因为私人财产为个人自治提供着物质基础。个人主义共同体的宪法还坚持公民在选择其代表上的主导权。这类代表要决定集体行动。当然,宪法还包含关于权力分立的规定。

将管理集体行动的那些人置于特定约束之下的立宪政体,其效能有赖于选举制民主、法治的盛行、经济和社会向存在于政府之间和经济主体之间的外部竞争开放(如图 5-6)。这些条件构成了一张相互支撑的子秩序之网。这一子秩序之网巩固着个人自由。

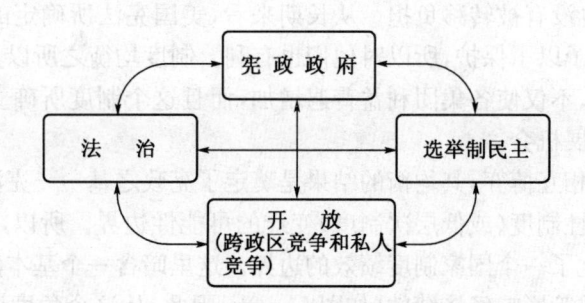

图 5-6 立宪主义:相互支持的制度系统之网[②]

虽然宪法是根本大法,但却不是天然之物,而是各个利益集团相互博弈均衡的结果,因而,诺思认为宪法的形成是与不同人的利益相关的。在这种与社会各方面都相关的基本利益制度框架下,不同集团对宪法的形成必将有不同的行动。

美国学者彼尔德在"美国宪法的经济观"一文中认为,社会的进化是社会内部互相竞争的利益集团——一方面拥护变革,另一方面反对变革——的结果。他进一步明确指出"宪法并不是法官所说的那样,是全民的创造;也不像南方废宪派长期主张的那样,是各州的创造。它只是一个稳固的集团的产品,他们的利益不知道有什么的州际,他们的范围的确包罗全国。"[③]从

---

① [美]道格拉斯·诺思:《经济史中的结构和变迁》,上海:上海三联书店、上海人民出版社,1994年,第227页。
② [德]柯武刚、史漫飞:《制度经济学》,北京:商务印书馆,2000年,第407页。
③ 彼尔德:"美国宪法的经济观",转引自:余甡编:《利益集团的微观分析——〈美国宪法的经济观〉精粹》,武汉:湖北人民出版社,1989年,第146页。

彼尔德对美国宪法的分析中,可以得到一些非常重要的结论:[1]

第一,宪法作为最基本的规则,所规定的主要是一个制度最核心的内容,或者说是最基础的制度框架。它所界定的是一个社会的产权制度和产权结构,也就是规定了财产权利的基本形式。一个新的制度要得到创立,不仅要创新产权制度,更关键的是要将这种新的财产制度确定为一个社会的最基本的规则,也就是以宪法的形式予以确定。彼尔德将宪法称之为经济文献是有一般性的,一旦宪法确定了一种新的财产权利制度,其他制度安排就必然与之相互一致,也就决定了一个社会最基本的制度框架。从而制度也就处于一个相当长时期的均衡状态。

第二,宪法的确立,或基础制度的决定,是利益集团相互之间博弈的结果,是利益集团的行动推动了宪法的制定,而不是政府或议会决定了宪法的制定,即使政府或议会确定了宪法的修改和表决,那实际上也是利益集团行动的结果。这就是彼尔德对美国宪法的经济分析留给我们最一般的结论。当利益集团不开始行动的时候,在《联邦条例》制度下的联邦议会,即使希望强化联邦权力,实际上也是无所作为的。政府在基础制度变化方面的权力,远不像人们所想像的那样漫无边际,实际上受到利益集团的约束,只不过这种对利益集团意志的表达,在某些时候更明确一些,而在另一种体制下体现得更隐蔽一些。宪法作为一个基础制度,是利益集团博弈的结果,而不是政府单方面制定的结果,这是一个可以一般化的结论。

第三,宪法作为基础地位制度的推行,实际上是一个有利于整个社会利益增加的制度改进,这个改进是各集团分享的结果。在这个制度下,不仅动产集团推进这个制度获得了新增收益,而且不动产集团也没有被转移负担。从长期来看,美国宪法所确定的新的制度,对于覆盖全体公民的财产权也予以了保护,所以对他们也有利。制度均衡之所以具有稳定性,是因为这个制度所确立的规则,不仅使各集团利益普遍增加,而且这个制度所确立的规则,对于不同集团来说具有更大的发展机会。

各个利益集团的相互博弈,其均衡的结果是奠定了宪政之基——宪法。宪法产生后,从而局限了一个社会一般性制度(或低层次制度)变迁的可能性边界。所以,一个国家一旦确立了宪法,实际上也就确立了一个国家制度绩效的边界。这里暗含一个基本假定:宪政制度是影响经济政策的,而经济政策影响经济绩效(如图5-7)。因此,从这个角度说,国家最主要的功能就是要供给出一部有利于提升经济绩效的宪法。

```
                    ┌──────────────┬────────────┐
                    ↓              ↓            ↓
历史
地理  ──→  宪政制度  ──→  经济政策  ──→  经济绩效
文化
```

图 5-7　宪政制度、经济政策与经济绩效的关系

宪法的不同,决定了各国不同的宪政体制。经济学家托尔斯腾·佩尔松通过实证研究指出:宪政安排不仅成为联系历史和推进经济增长政策的重要纽带,而且宪政对改进长期经济绩效的结构性政策有重要的影响。[2]

各国宪政体制的不同无非外在地表现为各国政治的民主或不民主。事实上,一般意义上

---

[1] 程虹:《制度变迁的周期》,北京:人民出版社,2000年,第190~191页。
[2] 托尔斯腾·佩尔松:"宪政的影响",载吴敬琏主编:《比较》,第10辑,北京:中信出版社,2004年,第39~58页。

的制定宪法,最初的本意都是出于这样的假定:掌权者将滥用政治权力去促进特殊的利益。因此,为了避免这种情形的出现,需要制定宪法来加以约束。从这个角度来说,宪政的精髓就在于限制国家和政府的权力。①

各国的历史证明,对掌权者滥用政治权力进行约束的最好的方法就是政治民主,换一个角度而言,各国宪政的根本诉求应该是一致的——维护民主政治。虽然关于宪政与民主的关系,学术界从来就没有停止过争论,但正如有的学者所指出的那样:"宪政约束并不是旨在反对民主,相反,却能巩固和加强民主体制。"②

不受宪政约束的民主,不仅不能带来经济的增长,而且极有可能反而成为经济增长的障碍。有一位政治家说:"没有任何人假设民主是完美的或全知全能的。的确,除了所有其他反复加以实验的、被证明不可行的国家形式以外,民主是最差的。"③经济增长的实践也已证明,民主并不是经济发展的必要前提。

世界上有很多国家或地区,没有民主,但经济发展非常成功。中国台湾地区在蒋介石统治时期没有民主,但实现了经济起飞。韩国在军政府统治的时代也没有民主,但仍然创造了经济发展的"汉江奇迹"。而在很多民主国家,经济发展非常差。菲律宾独立以后大部分时间实行民主选举,但经济发展一直不好。印度是世界上最大的非常稳定的民主政治国家,但长期以来经济发展并不理想,近年来才开始有所起色。还有很多拉美和非洲国家,也搞民主,但经济发展缓慢或停滞,有的甚至倒退。

上述这些正反两方面经济发展成功的和不成功的例子,说明了民主既不是经济发展的必要条件,也不是经济发展的充分条件。更有甚者,民主对于经济发展,经常是有害的,其原因至少有二:④

首先,民主政治的实质是多数人专政,剥夺少数人。而世界上有钱人总是少数,成功的企业家总是少数,穷人或不太富裕的人总是多数,所以发动穷人或不甚富裕的人来剥夺富人,这个做法在民主政治中和非民主政治中一样,是得人心的,常常会获得多数民意支持。不同的是,没有民主程序,多数人就用枪杆子来剥夺少数人;有民主程序,多数人就用他们的选票来剥夺少数人。剥夺,无论谁剥夺谁,都是一种再分配行为,都会对生产、储蓄和投资产生影响。

其次,民主政治还有一个特点,就是决策特别容易受利益集团的影响,当权者的游戏就是规则的制定、资源的分配,这些都受利益集团的影响。谁给政党和政治人物捐款多,谁就可以见到政治人物,影响他们的思想;谁跟某个议员利益关系密切、交往多,谁就能争取到该议员的投票。在民主国家里,游说团体可以公开注册,他们代表的都是集团而非社会利益。

所以,在民主政治里,存在两种可能性:一种是多数人通过选票剥夺少数人,"劫富济贫";另一种是强势集团通过政治游说,"劫贫济富"。不管是谁剥夺谁,都不符合公平的游戏规则。公平的游戏规则应该是尊重每一个人的利益和权利,谁也不能通过任何手段抢夺谁的、偷盗谁的。任何形式的抢夺和偷盗都不允许,这样才能消除人们通过剥夺他人而致富的动机和可能

---

① 高全喜:"国家理性的正当性何在?"载王焱编:《宪政主义与现代国家》,北京:生活·读书·新知三联书店,2003年,第7页。
② 转引自:[日]猪口孝等编:《变动中的民主》,长春:吉林人民出版社,1999年,第85页。
③ [美]埃里克·弗鲁博顿、[德]鲁道夫·芮切特:《新制度经济学》,上海:上海三联书店、上海人民出版社,2006年,第545页。
④ 王一江:"国家与经济",载吴敬琏主编:《比较》,第18辑,北京:中信出版社,2005年,第1~26页。

性,迫使人们把自己的资源和创造力都用于生产,增加财富的总量。但在民主政治中,种种不合理的再分配,都成为合法的,成为政治生活中的重要组成部分。因此,民主对经济来说是有不利影响的。对经济发展来说,民主之弊在于它为相互剥夺提供合法的途径,破坏公平的游戏规则,造成效益的损失。

二、经济发展需要的是法治

在现代国家制度中,什么才是经济发展最重要的条件呢？大家知道,对经济发展来说,最重要的是合同要得到执行、财产要得到保护,这些都是法律与法治的概念。保护产权的意思,就是谁也不能通过抢夺别人的财富使自己致富。有了法治,产权得到保护,激励人们把自己的资源和精力用于创造财富,经济才能发展,整个社会才能走向富裕。这正是宪政所能够提供并加以保证的。

经济发展真正需要的,是好的游戏规则,是法治。但法治有个自身无法解决的最大难题,就是谁来监督监督者,对执法者执法？如果执法者本身——最高统治者个人或集团,不受法律的约束,法只是最高统治者用来管别人的,这样的社会就不是法治社会。我们且称此为法制(Rule by Law)社会,即统治者以法去管制他人的社会。在这种状态下,统治者自己可以不受法律的约束,独立于法律的权威之外,想守法就守法,不想守法就不守法,而当他不守法时,别人都没有办法强制和迫使他守法。

在中国历史上,历朝历代也曾制定和使用过很多的法律法规,例如"大明律"、"大清律"。这些法典,对各种犯罪行为及相应的处罚,都作了明确的规定。比如贪污如何处理、宦官干政如何处理等。有些特别重要的规则,开国皇帝有时甚至用铁券丹书之,悬于宫门,随时提醒自己的子孙,谨记不忘。但这些规定,最后往往没有真正执行下去,因为后来的皇帝自身违法,破坏祖宗定的规则,别人都奈他不何。

怎么样才能管住执法者,使法制(Rule by Law)变成法治(Rule of Law)？人们想回答和解决这个问题时,才会明白民主的重要性。尽管民主有种种的弊端,但它有一个最大的积极作用,即它是管最高统治者、最高执法者的。我们经常看到,在真正的民主国家,对最高国家领导人的监管和惩罚,往往比普通人更加严格和严厉,这就是民主的真谛和威力所在。

管住最高执法者,防止最高执法者成为法治的破坏者,从根本上保证法治,这就是民主之长,这就是为什么虽然民主政治中包含了种种不利于经济发展的因素,但民主却仍然是现代国家制度中最核心组成部分的主要原因。

从上面的分析可以看出,真正的民主政治应该是宪政制度之下的民主政治,而真正的宪政制度也应该是充分民主之上的宪政制度。宪政制度与民主政治呈现出相互联系、相互依赖的、千丝万缕的关系。

作为国家,首先应该在民主的基础上供给出宪政制度,以便当政策制定者在激烈的冲突中受到诱惑要放弃原则时,能够束缚住他们的手脚,使一个国家或社会能够在制度的框架内有序、平稳运行。

虽然宪政制度是关系一个国家经济发展的根本制度,但宪政制度能不能束缚住掌权者的手脚,则与最高权力者是尊重还是藐视宪政制度有着密切的关联。《美国宪法》自颁布实施以来一直得到很好维持,就是与美国第一任总统华盛顿严格维护宪政制度的示范作用有关。当然,如果最高权力者肆意违背宪政制度,宪政制度也就名存实亡了。因此,在抵御政治家对宪政制度的进攻方面,宪法只是一个虚弱的堡垒。

在藐视宪政制度的最高权力者面前,宪法虽然是虚弱的,但要使虚弱的宪法落到实处、得到贯彻,充分的民主政治就成为必不可少的重要保证。按照奥尔森的论述,民主政治的出现需要三个条件:[①]

第一,不存在产生专制政治的常见的一些条件(即权力平衡)是民主政治能否出现的一个关键条件。奥尔森指出,那些组织或者协助推翻专制统治的新领导人之所以不会使自己成为一个新的专制者,是因为在那些促使专制政权垮台的人中没有一个个人或者团体领导人有足够的能力使自己成为专制者。也就是说,有些历史偶然事件会导致一小群领导人、团体或者家族之间形成权力平衡,而这种权力平衡使任何一个领导人或者集团都会很谨慎地避免获得大于他人的权力,这种情况使民主成为可能。

第二,不同力量之间存在的权力的大致平衡不会出现破裂是民主政治产生的第二个必要条件。这是因为,即使当权力的平衡使任何一个领导人都不足以完全控制其领地,领导人也完全可以使自己成为小地方的专制者。在一块面积大的区域,权力和资源的分配可以导致小块地方的专制或民主的缺失问题。然而,如果不同的争论团体一致行动以控制更大的地方,那么小地方的专制者也是行不通的。

第三,免遭周边其他政权的征服是民主政治产生、实施的第三个必要条件。由于一个专制者从税收中积聚的财富经常要多于他花在公共物品上的开支,所以,在其他条件相等的情况下,一个专制者控制的领地越大,他拥有的税收和盈余就越多,这样,专制者们总是有动机通过侵略去扩大他们的领地。倘若致力于扩大其领地上投票权的民主国家总是处于遭受周边其他政权征服的危险中,真正的民主政治几乎是不可能产生或实施的。

可以这样说,权力平衡不仅能阻止领导者自身成为专制者,而且也能使由民主而产生的宪政制度得到切实执行。"一旦存在权力平衡,每个领导者都有动机去降低任何可能的专制者成为真正专制者的可能性。这不仅是因为他们看到,窃取更多权力的政治竞争对手可能会利用权力去击垮他的主要竞争对手,也因为他们本身不想成为专制统治迫害的牺牲品。如果权力只掌握在政府行政首脑手中,那么用以防止专制行为出现的机制往往就难以发挥作用,但是,那些同意分享权力的人却有很强的动机去使这些机制发挥作用。重要的是,同样的条件使代议制或者民主政府的自发出现成为可能,并导致限制政府权力特别是政府行政首脑权力的制度结构和程序的相应出现。"[②]

当专制已经成为不可能而民主政治成为现实的时候,宪法在一个社会经济发展与制度创新中的作用就日益凸显出来,宪法对经济的影响是通过一套非常多样化的市场制度来传导的。具体而言,宪法的功能表现在四个方面:

第一,宪法秩序可能有助于自由的调查和社会实验,或者可能起根本性的压制作用。如果是后者,制度变化所依赖的知识基础将受到削弱,变化将受到扭曲或阻碍。

第二,宪法秩序直接影响进入政治体系的成本和建立新制度的立法基础的难易度。如果在现有宪法秩序下利益主体无法承受进入政治体系的成本或者既得利益格局对新的立法阻力过大,都将有可能限制制度创新;反之,则有助于制度创新。

---

① [美]曼瑟尔·奥尔森:《权力与繁荣》,上海:上海世纪出版集团,2005年,第26~27页。
② [美]曼瑟尔·奥尔森:《权力与繁荣》,上海:上海世纪出版集团,2005年,第29页。

第三，宪法秩序为制度安排规定了选择空间并影响着制度变迁的进程和方式。如宪法通过对政体和基本经济制度的明确规定来界定制度创新的方向和形式。

第四，一种稳定而有活力的宪法秩序会给政治经济引入一种文明秩序的意识——一种关于解决冲突的基本价值和程序上的一致性，这种意识会大大降低创新的成本和风险。

第四节 国家与制度变迁

国家作为一种在某个给定地区内对合法使用强制性手段具有垄断权的制度安排，国家具有强制性、垄断性以及规模经济的优势。所以，国家一旦形成，就能利用其优势干预和推动制度变迁，对制度变迁发挥重要的作用。

一、从需求供给角度的分析

国家在制度变迁中的作用首先可以从制度变迁的需求方面来分析。从制度变迁的需求上看，国家的作用表现为：

(1) 国家可以通过引进或集中开发新技术来推动制度变迁。技术变化对制度变迁的影响主要有两个方面：一是技术变化通过改变生产要素的相对价格促进制度变迁；二是技术变化能够产生新的利益从而推动新制度的建立。因此，国家可以将国内有限的人力、物力资源集中起来进行研究攻关，更快地开发或引进某些新技术，以便激发制度变迁。

(2) 国家可以通过改变产品和要素的相对价格比率来促进制度变迁。新制度经济学认为产品和要素相对价格的变化会产生新的盈利机会，从而改变人们之间的激励结构和讨价还价的能力，进而引发人们重新缔约、订立制度以获取和分配新利润的努力。产品和要素相对价格的变动是制度变迁的一个重要源泉。这在经济史中表现得尤为明显。在没有国家介入之前，产品和要素的相对价格比率的变化，往往是由自然规律决定的。然而一旦有了国家后，国家则可以有意识地采取某些措施，通过积累某种产品或要素、改变相对价格来影响制度变迁。

(3) 国家可以通过修改宪法或制定法律、法规等促进制度变迁。宪法秩序的变化即政权的基本规则的变化，能深刻地影响创立新的制度安排的预期成本和收益，也对制度变迁的需求有着深刻的影响。修改宪法，对于普通的个人或团体来说是难以做到的，只有国家才能在其职权的范围内，按照一定的程序进行。国家通过修改宪法和法规，可以极大地减少交易成本，促进新的有效率制度的出现。

从制度变迁的供给上看，国家可以凭借自己的优势，既降低制度供给的成本又增加相关制度的供给：

(1) 国家可以通过改变宪法秩序促进制度变迁。宪法秩序既能对制度需求产生影响，也能对制度供给产生影响。首先，宪法秩序规定了制度创新可以选择的范围，并影响着制度变迁的方向和方式。其次，宪法秩序通过确认某种价值观或意识形态为社会的主导观念而鼓励或压制社会科学的研究与进步，进而影响知识的积累和制度创新的能力，以至于最终扩大或削弱制度变迁的知识基础，影响社会的制度供给能力。再次，宪法秩序直接决定了利益主体参与政治过程的成本和难度。如果成本太大、难度太高，制度变迁就会受到限制，反之则有利于制度创新，因而不同的宪法内容会对制度创新产生不同的影响。

(2) 国家可以通过加强知识存量的积累增加制度的供给能力。社会科学与相关知识的存量积累及其进步降低了制度变迁的成本,正如自然科学和工程知识的进步降低了技术变迁的成本一样。现有知识和社会科学的进步对降低制度变迁的成本、增加制度供给的影响主要表现在:第一,现有知识积累限制了制度创新可供选择的范围。第二,知识存量的增加有助于提高人们发现制度不均衡进而改变这种状况的能力。第三,在一个社会中占统治地位的知识体系一旦产生,它就会激发和加速该社会政治经济制度的重新安排。第四,知识的积累和教育体制的发展导致了知识和技术信息的广泛传播以及与工商业和政府机构的发展密切相关的统计资料储备的增长,从而在很大程度上减少了与制度创新相联系的成本。因此,如果国家鼓励或直接参与科学研究以及对外交流学习,加强知识存量的积累,就能增强制度的供给能力,促进制度变迁。

(3)国家可以利用其强制性和规模经济的优势降低制度变迁的供给成本。制度供给是要付出成本的,这些成本至少包括:规划设计的费用、清除旧制度的费用、实施新制度的预期成本以及随机成本。这些成本有时会大到使得一般的行为主体难以进行制度创新,而国家则可以发挥其强制性和规模经济优势,降低或弥补制度供给中的各项费用,使制度创新成为可能。

(4)国家干预有利于解决制度供给的持续性不足。制度供给的持续性不足是指由于制度变迁中客观存在的外部性和"搭便车"而引起的制度供给少于制度需求的现象。制度变迁中的外部性产生的原因是由于制度创新不能获得专利,制度变迁中的"搭便车"现象是因为制度安排是一种公共物品而产生。当私人收益率低于社会收益率时,鼓励制度创新的激励将会不足,从而制度创新将少于作为整体的最佳量,进而导致制度供给的持续性不足或制度供给的短缺,在这种情况下,国家既可以通过建立并严格执行专利法来减少外部性,也可以通过税收政策等强制性手段,克服或减少"搭便车"现象,藉以鼓励制度供给。

二、从制度变迁方式角度的分析

从制度变迁的方式看,在不同类型的制度变迁中,国家的作用是不同的。制度变迁的方式有两种类型:诱致性制度变迁和强制性制度变迁。诱致性制度变迁指的是现行制度安排的变更或替代,或者是新制度安排的创造,是由个人在响应获利机会时自发倡导、组织和实行。诱致性制度变迁是否发生,主要取决于个别创新者的预期收益和预期成本的比较。诱致性制度变迁的特点可以概括为盈利性、自发性和渐进性。作为一种自发性变迁过程,在诱致性制度变迁中,国家的作用主要是以法律、命令等形式承认由个人响应获利机会而创立的新制度。

强制性制度变迁是由政府命令或法律引入和实行。与诱致性制度变迁不同,强制性制度变迁可以纯粹在不同选民集团之间对现有收入进行再分配而发生。强制性制度变迁的主体是国家,国家发挥了决定性的作用:第一,凭借自己垄断的强制力,国家能以最短的时间和最快的速度推进制度变迁,从这一点上看,强制性制度变迁的效率很高。第二,对于个人或团体无能为力的"搭便车"现象,国家可以通过制定强制性规则、意识形态控制、税收等手段减少或抑制"搭便车"现象,从而降低制度变迁的成本,加速制度变迁的进程。第三,凭借自己的暴力潜能和规模经济的优势,国家可以在强制性制度变迁中降低组织成本和实施成本。

新制度经济学在强调政府(也就是国家)在制度变迁中作用的时候说:"对一个民族的经济增长来说,比文化素质更为重要的是政府的政策。由于政府提供的是经济剩余赖以建立的秩序构架,而如果没有由政府提供的这种秩序稳定性,理性行为也不可能发生,所以政府政策对经济增长的重要性是怎么强调也不为过分的。……没有政府一心一意的支持,社会上不会存

在这样的制度安排。"①政府(也就是国家)在强制性制度变迁过程中至少具有以下几个方面的重要作用:②

(1) 政府可以利用其自身的力量,在很短的时间内提供最根本性的制度变迁,克服自发式制度变迁的局部性。

在一个涉及社会发展全局的制度框架内,一些微观的制度变迁或制度供给、民间自发出现的一些诱致性制度变迁等虽然也能促进社会或经济的某些发展,但是,从总体上看,这些类型的制度变迁却无法解决约束社会发展的根本性制度障碍,因此,在此种背景下,任何形式的制度变迁都只能属于暂时性的、修补性的,无法突破根本性制度框架的限定。

要寻求解决社会发展问题的方法或路径只有一个,即彻底抛弃或全面修正传统的、存量的制度安排。这是一个十分困难的制度变迁,更是一个另辟蹊径的制度变迁。这种制度变迁如果仅仅依靠民间力量、依靠市场机制来推动将是困难重重和不可想像的,即使最后推动了这样的制度变迁,也必将是一个非常漫长的过程。然而,如果借助政府的力量来推动这样的制度变迁,则会在很短的时间内迅速地变为现实。政府在制度变迁中的这种作用是其他任何组织和个人所无法取代的。

政府提供的这种根本性制度变迁,对解决经济发展问题能起到一步到位之功效,有效克服市场条件下制度变迁的局部性,起到将一揽子问题一次性解决的作用。

(2) 政府可以借助其自身的力量,打破路径依赖制度变迁的陷阱,而进行全新路径的制度变迁。

进行制度变迁经常遭受路径依赖因素的影响,这种影响往往随着经济发展取得好的绩效而不断加固,使制度变迁一步步掉进路径依赖的陷阱,而要打破这种陷阱,依靠自发的力量很可能将无法做到。而借助政府的力量,则能比较容易地打破并脱离这个陷阱。当然,这就对政府提出了较高的要求,要求政府必须是明智的、理性的。新制度经济学认为,明智的政府和不明智的政府的区别在于政府如何引导个人激励,而我们认为,在对待制度变迁中路径依赖因素的影响上,明智的政府和不明智的政府的区别在于政府是否意识到了路径依赖因素的影响、是否认识到了制度变迁已掉入路径依赖的陷阱、是否能找到打破并脱离这个陷阱的新的制度变迁方法。

同样,通过政府的力量来打破制度变迁路径依赖的陷阱比通过市场自发要迅速、节约得多。路径依赖理论告诉我们,制度变迁一旦进入路径依赖的锁定状态,要想脱身将是非常困难的,这个时候,市场机制已基本上不再发生作用,制度变迁实际上到达了表面似乎很平静而内部却汹涌着惊涛骇浪的地步。如果此时继续依靠自发式力量来推动相关的制度变迁,仍然只能是对该制度陷阱的修修补补,最后的结果很可能是通过社会的极大震荡来实现新的制度安排。而如果借助政府的力量,明智的政府一般会作出新的制度供给,通过新的制度安排而脱身于原有制度变迁路径依赖的陷阱,继续推进社会、经济的发展。

(3) 政府可以依据经济发展规律提供适度超前的制度供给,引导经济的发展,而克服市场背景下制度变迁的时滞性。

---

① 林毅夫:"关于制度变迁的经济理论:诱致性变迁与强制性变迁",载[美]R. 科斯等:《财产权利与制度变迁》,上海:上海三联书店、上海人民出版社,1994年,第402~403页。
② 杨德才:《中国经济史新论(1840—1949)》,北京:经济科学出版社,2004年,第247~249页。

制度变迁按其属性来分应该有两类：一类是属于临时性的，着眼于经济运行中时常出现的问题而不断进行制度变迁；另一类则是属于长远性的，着眼于经济发展的长远未来而进行的制度变迁。

临时性的制度变迁一般发生于现实经济运行中不断产生着制度需求的背景下，它只是为了解决制约经济发展的现实问题而进行的，如果初始的制度变迁路径选择就是失误的话，那么，这些临时性的制度变迁一般会引领着制度变迁一步步走向路径依赖的陷阱。即使临时性的制度变迁没有把制度变迁引向路径依赖的陷阱，它一般也很难安排或引导经济发展的方向。临时性的制度变迁一般总是发生于现存制度对经济发展已形成制约以后，它无法克服市场背景下制度变迁的时滞性。

由政府供给的制度变迁，如果是着眼于经济发展长远未来的，政府可以依据经济发展的规律提供适度超前的制度供给，避免制度总是经常性地成为经济发展的约束而引导经济未来发展的方向。一般而言，像这样的制度供给或制度变迁靠市场自发力量是提供不出来的，市场自发提供或要求的制度变迁一般都是为解决当前问题而进行的，是临时性的，属于边走边改的性质。明智理性的政府着眼于社会、经济发展的长远规划，总结经验教训、依据经济发展规律，完全可以提供适度超前的制度供给，节约制度变迁的探索成本。

（4）政府推行的强制性制度变迁，不仅可以有效地克服制度变迁的外部性，而且也可以大大节约制度变迁的交易成本。

古典经济学认为用市场这只看不见的手自发地调控经济运行，完全可以取得最大化的经济绩效，然而，在现实中，资本主义各国却为此付出了极大的代价，20世纪30年代大危机更是几乎将资本主义带到了崩溃的边缘。为了克服市场失灵弥补市场不足，凯恩斯理论应运而生，从此，经济运行中政府的干预就如影随形，供给制度变迁就成为政府职能中的一个重要内容。由政府向社会提供制度供给或由政府进行制度变迁，可以大大地节约制度变迁的交易成本，并可以有效地克服制度变迁的外部性。

市场失灵出现以后，为了弥补制度的缺陷，必须进行相关的制度变迁。如果这样的制度变迁不是由政府来发动，而是由民间或市场来自发形成，为达到大家一致同意，则需支付高昂的制度谈判成本。大家达成一致、制度变迁发生后，由于制度具有可模仿性或可移植性，所以制度变迁具有外部性。实践证明，制度变迁是外部性的大小的减函数，外部性是导致制度变迁不充分和制度供给不足的重要原因。制度变迁的这种外部性靠市场自发力量是无法克服的，而制度变迁如果是政府推动的，则就不存在外部性了，从而也就节约了社会进行制度变迁的成本。

三、约束国家在制度变迁中作用发挥的因素

虽然一再强调政府在制度变迁过程中的重要性，但绝非意味着政府可以包办一切制度变迁，实际上，现实中有相当多的制度变迁仍然是由市场自发提供的，政府绝不等于一切。"政府在经济发展中究竟应当起到一个什么样的作用完全取决于国民经济的具体情况。如果出现'市场失灵'，说明在过去政府没有起到应有的作用，管得不够或者管得不当，应当相对应地增强政府的作用。如果出现了'政府失灵'，显然政府干预过多，应当减少政府对经济活动的干预，让市场起到更多的作用。'看不见的手'和'看得见的手'就像一个硬币的两面，不能只强调

了一个方面而忽略了另一个方面。"①

与诱致性制度变迁一样,国家推行强制性制度变迁也要遵守成本与收益原则。只有预期收益高于预期成本,国家才会采取措施来消除制度不均衡。然而,国家进行制度变迁的动力远比个人复杂,国家的预期效用函数中除了经济因素外,还有非经济因素,因此,以国家为主体的强制性制度变迁中,国家官僚机构作用发挥的有效性受到许多因素的制约。按照林毅夫的论述,主要有以下几个因素:②

1. 统治者的偏好和有界理性

制度安排的效率由它对国民总财富的影响界定。如果统治者是一个财富最大化者,而且他的财富正比于国民财富,那么统治者会在他权威限度内具有建立最有效制度安排的激励。然而,如果新制度安排带给国民的收入较高而带给统治者的收益较低(由于统治者交易费用的缘故),那么在和原先制度安排进行比较时,统治者可能会发现,建立这种新制度安排并不是他的利益所在。而且,财富仅仅是被统治者所重视的许多商品中的一种。例如,如果统治者更为关心他在国际政治舞台上的威望,那么他可能牺牲国民财富而建立强化军事力量的制度安排。根据统治者效用最大化模式,我们也可以预言,随着国民财富的增加,统治者将更为关心他的威望。历史上这样的事例是如此之多,以至于用不着再举例来支持这一观点了。最后一点要说明的是,即使统治者是一个财富最大化者,由于他的有界理性和认识、了解制度不均衡以及设计、建立制度安排所需信息的复杂性,他仍然还是不能矫正制度安排的供给不足。

2. 意识形态刚性

如果选民们对统治者权威的合法性和现行制度安排的公平性有较强的确信,那么统治国家的交易费用将下降。因此,统治者将发展一种服务于他的目的的意识形态,并投资于教育使人们能受到这种意识形态的谆谆教诲。因而,统治者个人和他所倡导的意识形态是被人们联系在一起的。随着制度不均衡的出现,意识形态和现实之间的缝隙在增长。然而,为了恢复均衡而强制推行新制度安排、并改变原来的意识形态,很可能会伤害统治者权威的合法性。因此,统治者可能不是去创造新的制度安排,而是去维持旧的无效率的制度安排并为纯洁意识形态而战,他害怕如果不这样做,他的权威可能被动摇。因此,新的制度安排往往只有在老的统治者被新的统治者替代以后,才有可能建立。

3. 官僚机构问题

统治者必须拥有一些官僚机器并按照他的意图执行法律和维持秩序、征集税收、惩处罪犯、保卫国家主权和提供其他服务。政府机关中的每一个官僚机构本身都是理性的个体。它的利益从来就没有与统治者完全吻合过。当然,统治者会试图监视他的代理人的行为,实施一种能促进它们忠诚于统治者的奖励制度,并反复向它们灌输诚实、无私、尽职的意识形态。然而,这些官僚机构并没有被统治者完全控制住,官僚自利行为也没有彻底消除掉。结果是设计成统治者偏好最大化的政策,却扭曲成使官僚机构本身受惠。统治者效用最大化以及建立有效制度安排的能力,取决于有多少个官僚机构把统治者的目标视作它们自己的目标。官僚机构问题恶化了统治者的有界理性并增加了统治国家的交易费用。如果建立新制度安排所能带

---

① 徐滇庆等:《政府与经济发展》,北京:中国经济出版社,1996年,第263页。
② 林毅夫:"关于制度变迁的经济学理论:诱致性变迁与强制性变迁",载[美]R.科斯等:《财产权利与制度变迁》,上海:上海三联书店、上海人民出版社,1994年,第397~400页。

来的额外利润被官僚自利行为滥用掉的话,新制度安排就建立不起来。

4. 集团利益冲突

正如舒尔茨所指出的,"处于统治地位的个人在政治上依赖于特定群体集团的支持,这些集团使政体生存下去。经济政策在这个意义上讲是维持政治支持的手段"。制度安排的变迁经常在不同群选民中重新分配财富、收入和政治权力。如果变迁中受损失者得不到补偿(在大多数情况下他们确实得不到补偿),他们将明确地反对这一变迁。因此,如果制度变迁中受损失者是统治者依赖其支持的那些集团,那么统治者会因为害怕自己的政治支持受到侵蚀而情愿不进行这种制度变迁。

一个强有力的集团也可能促进那些有利于这个集团收入再分配的新制度安排,尽管这种变迁将损害经济的增长。不仅如此,统治者的垄断权还受到国内外能提供相同服务的潜在对手的制约。与统治者的对手有较多接近机会的集团,其讨价还价的力量较大。统治者因此将给这些集团提供较多的服务。如果变迁会把这些集团驱向统治者的对手一边,而且统治者从剩下的人民那里得到的好处不能补偿由于失去这些集团而使统治者蒙受的损害,那么变迁就不会发生。

5. 社会科学知识的局限性

如前所述,制度安排选择集合受到社会科学知识储备的束缚。即使政府有心建立新制度安排以使制度从不均衡恢复到均衡,但由于社会科学知识不足,政府也可能不能建立一个正确的制度安排。舒尔茨根据近三个世纪以来英国和其他西方国家经济的历史发现,一个社会中各种不同的政治经济制度安排的变动和确立,都是由那个时代占统治地位的社会思想诱发和塑造的。从以下这种意义上讲,占统治地位的社会思想可能并不是"正确"的思想:即体现在这种思想中的解决方案,将导致更高的收入增长速度和更合乎人们理想的收入分配。从根本上说,社会思想也受到人们有界理性限制。因此,从这个角度说,如果占统治地位的社会思想,是在一个范围广泛且受过不同训练的社会科学家之间经过充分的相互作用和商议的结果,而不是一小撮权威人物谋划的结果,那么它的危险会较小。

第五节 国家与经济增长

一、国家的双重矛盾身份

在经济增长的过程中,国家究竟是起着积极的促进作用还是起着消极的阻碍作用,或有时起着促进的作用有时起着阻碍的作用,这就是国家的双重矛盾身份。用诺思的话说就是,"国家的存在是经济增长的关键,然而国家又是人为经济衰退的根源。"[1]国家在经济增长中的这种双重矛盾身份,现在被国内的众多学者表述为所谓的"诺思悖论"。[2]

按照诺思的分析,国家双重矛盾身份的根源在于国家的目的是双重的。国家的第一个目

---

[1] [美]道格拉斯·诺思:《经济史中的结构与变迁》,上海:上海三联书店、上海人民出版社,1994年,第20页。
[2] 实际上,诺思自己都不知道有所谓的"诺思悖论"。1995年3月9日,诺思在北京一次演讲结束后回答听众提问时说:"我自己都不知道有一个所谓的'诺思悖论'。"参见《经济学消息报》,1995年4月8日,第4版。

的是通过界定形成产权结构的竞争与合作的基本规则——即在要素和产品市场上界定所有权结构——而使统治者的租金最大化;第二个目的是在第一个目的的框架中降低交易费用以使社会产出最大,从而使国家税收增加。这两个目的并不完全一致,第二个目的包含一套能使社会产出最大化而完全有效率的产权,而第一个目的是企图确立一套基本规则以保证统治者自己收入的最大化(或者,如果我们愿意放宽单一统治者的假设,那么就是使统治者所代表的集团或阶级的垄断租金最大化)。从历史上来看,使统治者(和他的集团)的租金最大化的所有权结构与降低交易费用和促进经济增长的效率体制之间,存在着持久的冲突。[①]

既然租金最大化与收入最大化都是国家(或统治者)追逐的目的,那么统治者能不能努力使两项收入都最大化呢?诺思的答案则是否定的。因为国家的两个目标存在着内在的矛盾。统治者要使租金最大化(其措施是以国家权力干预市场,尽量多地限制生产要素的供给量,从而使其市场价格长期高于成本),就必然会降低社会总产出,最终减少统治者的税收。统治者要使社会产出最大化,从而最大程度地增加税收,就必须建立一套最有效率的产权制度。这就要求统治者放弃对生产要素供给量的限制,放弃对租金的追求,使市场尽可能接近完全竞争的市场。也就是说,如果统治者追逐的是收入最大化而非租金最大化,则所谓"诺思悖论"似乎就可以避免。

因此,从上述分析可以看出,所谓"诺思悖论"的存在是有条件的:① 国家税收好像是统治者的私有财产;② 国家似乎没有什么制度措施或其他措施来制约统治者对租金的贪婪追求。总之,这个国家似乎是统治者的私有物,以致统治者可以在租金最大化和税收最大化之间进行选择,并且常常选择了租金最大化。而能够满足上述条件的国家只能是专制国家,所以越是专制,"诺思悖论"也就越严重。

【案例 5-2】

为什么人们会选择对自己不利的制度安排?

一、悖论的提出

经济学假设每个人都是有理性的经济人,他们会自动地选择对自己最有利的方案。由于社会是由多人组成的,所以一个人的利益最大化目标最初可能会与另一个人的相冲突。但以损害他人利益为结果的利益最大化不是真正的利益最大化,因为被损害者总会报复或采取其他对策,从而导致损害制造者的利益损失。所以在社会中,一个人的利益最大化是以不损害别人的利益最大化为条件的。制度安排就是在解决人与人的利益最大化目标的冲突中诞生和发展起来的。由于人们总是会赞同别人的有利于自己的行动,而反对和抵抗别人的不利于自己的行动,在长期的互动过程中、在多次重复的博弈之后,就会形成对大家都有利、或至少不损害任何人的制度安排。所以制度可以被理解为是所有的人之间的集体最佳稳定对策。如果制度最初形成时的情境发生变化,如果人们发现了更有效率的导致制度形成的交易方式,又会出现新的一轮人与人之间的互动过程,从而使新的制度安排从旧的制度安排中脱颖而出。这就是制度变迁。

这种对制度形成和变迁的解释导致了这样一种看法,即:自然形成的制度是最好的制度,

---

① [美]道格拉斯·诺思:《经济史中的结构与变迁》,上海:上海三联书店、上海人民出版社,1994年,第24~25页。

制度存在本身就包含了它的合理性；制度变迁总是意味着制度从效率较低的形式走向效率较高的形式。从长时间的历史过程来看，这样的看法是无懈可击的。因为任何存在弊端的制度或制度中的弊端总是要被淘汰掉。但这样的看法还是不能解释一切。它不能解释，在人类历史的某些时期，人们确实生活在一个对大多数人都不利的制度结构下。无论这种制度是怎样产生的，它的存在并不必然说明它的合理性。并且这种效率较低的制度未必不是从效率较高的制度中演变过来的。例如蛮族入侵（如蒙古人之于欧亚各国）所导致的文明衰落，中国魏晋之后的制度结构相对于汉代的退步（从自耕农、地主-佃农制度到庄园制，从货币经济到实物经济），德国国家社会主义对于市场制度的替代以及苏联的集体农庄和中国的人民公社所带来的农业生产效率的下降等等。这些现象提出了理论上的挑战：作为理性的经济人及其组成的社会会选择对自己不利的制度吗？会做出对自己不利的事情吗？如果答案是肯定的，是否会动摇经济学的理性人的基本假定呢？

这一问题打破了制度经济学家对制度变迁一贯所抱有的自然主义信念和乐观主义态度。一些学者也开始思考这样的问题。例如诺思教授在他1990年的新著——《制度、制度变迁和经济绩效》一书中就对这一问题进行了讨论，尽管他把人们选择低效率的制度归因于偶然的"路径依赖"是缺乏说服力的。张宇燕博士在他的最近出版的论著——《经济发展与制度选择》中，也专辟一节来讨论这一问题。他也提出了一些解释，如"初始条件的敏感依赖性"、"制度非中性"、"搭便车"和"合乎理性的无知"等。有一点可以肯定，对这一问题的讨论刚刚开始。

二、问题的实质和理论假定

对于"人们为什么会选择对自己不利的制度"这一问题，会有很多解释。比如，可以把这种制度的出现视为是少数人的阴谋，多数人之所以没有反对是因为他们受了欺骗。然而，这种解释很容易被归结为信息不完善的问题。由于获得信息要有成本，所谓受欺骗云云，不过是大多数人保持了"合乎理性的无知"罢了。用"信息不完善"的理论似乎可以解释一切。由于信息不完善，人们犯错误都是"有道理的"；由此推论，"对人们自己不利的制度安排"的出现也是"有道理的"。没有没有道理的制度。这种解释没有给出新的信息量。我们怎么区别对人们有利的制度安排的"道理"和对人们不利的制度安排的"道理"呢？制度的创立不就是为了节约人们的"有限理性"吗？

在本文中，我将"理性"概念和"信息"概念区分开来。理性是指根据现有信息进行成本-收益分析、并选择利益最大化方案的能力；信息则是有关成本或收益的数据或情报。所以无所谓"有限理性"和"无限理性"，以往所指的"有限理性"在这里可以被理解为"有限的信息"。有理性的人并不能保证不犯错误，是因为信息不完善。但犯错误本身会给人们带来非常重要的新信息，使人们可以在这样的信息基础上，进行新的计算，以纠正错误。所以我们可以把理性看成是人们赖以纠正错误的能力。在本文中，我所追求的对问题的解释，不在信息概念层次上，而在理性概念层次上。也就是说，我不用"信息不完善"来作为问题的解释因素，而力图在"理性"中寻找突破。这并不意味着，我假定信息费用为零，而是把对信息的处理交给理性。理性判断虽然依赖于信息的质量和数量，但理性本身也可以通过选择获得信息的方案来改善自己的信息条件。这样的假定会使我们的理论更有解释力。

最后，我还要对问题作进一步的区分。这一问题实际上包含了两个问题：(1) 人们如何选择了对他们自己不利的制度安排？(2) 人们为什么不能在选择以后（很快）摆脱它？在本文中，我主要讨论第一个问题。

三、公共选择方式的多样性

在西方发展起来的公共选择理论中,公共选择的方式是投票。但是很显然,这是过于简化的假定。即使在西方,投票也不是公共选择的唯一方式。院外活动,游行示威,罢工,联合抵制,迁移,政治冷漠(不投票)以至骚乱等等,无不对公共决策产生影响。广义地讲,人类所有表示"同意"和"不同意"的方式,都可以用来进行公共选择。在这个极端的意义上,投票和战争的区别都不存在了。投票的原则是少数服从多数,战争的规则也是少数服从多数。因为战争的胜负取决于人心向背。在1949年,中国共产党的军队之所以打败了国民党的军队,是因为获得了人民的支持。那些自己吃糠咽菜,却用小车推着白面饼支援解放军的中国农民,不是在用自己的行动进行一项比投票更为强烈的"偏好显示"吗?可以猜想,投票起源于战争,民主政治是战争的仪式化。战争是用枪支数量的多少来定胜负,民主是用选票的多少来定胜负。区别在于,举手投票比开枪射击的成本要低得多,并且战争的胜利者比投票的胜利者要有更多的强制性。

一种制度安排是不可排他性地消费的,所以是一种公共物品。这就是说,制度的创立和变迁是有外部性的。然而我们可以区分两种类型的制度安排。一类是,尽管存在着外部性,人们仍愿意创立这种制度安排。即人们可以不在乎别人是否凭空受益,只要认为对自己有益,就采用这一制度的规则。例如市场制度及货币制度。但这类制度在社会中普遍运用还依赖于人们的分别同意。另一类,则只有在公共选择的条件下才能创立,如国家制度及法律制度等。在现实条件下,就是需经多数人的同意。根据上述看法,不存在少数人用强力把不利的制度安排强加给大多数人的可能性;所有的制度安排都是公共选择的结果。

四、公共选择:个人理性和集体理性的对立

所谓追求利益最大化,就是追求更小的成本和更大的收益。在就私人物品进行交换的领域中,一个人的这种倾向必然会受到与之打交道的另一个人的强烈抑制。因为在交易收益既定的情况下,一个人的收入就是另一个人的损失。价格的改变必然会在增加一个人收益的同时,降低另一个人的收益。因此两个人之间的谈判是硬碰硬的,没有投机取巧的余地。一个通过谈判达成的合约,是双方都同意的合约,它意味着双方都认为赚了或起码认为是不吃亏的。这样的合约还有一个含义,即它表明,任何一方都承担了他应该承担的成本,同时获得了他应该获得的收益。如果任何一方认为对方的交换条件有损于自己,可以"不同意"的手段、即拒绝签约的手段来避免损失。在这一领域中,谁也不能将自己的成本转嫁给对方、或窃取对方的收益。

但是,当两个人之间的交易出现外部性的时候,情况就发生了变化。在这时,两个人的交易有可能转嫁成本于第三者,也可能使他人凭空受益。例如,化肥生产者在把产品卖给农民的同时,使周围的居民承担了化肥生产的部分成本(空气污染和水污染)。具有正的或负的外部性的物品和服务,就是公共物品。在公共物品领域中,只有当所有利害相关的人都参与了有关决策,这一决策才是可接受的或有效率的。由此形成了狭义的公共选择。我已经说过,无论公共选择的具体方式是什么样的,基本规则是不变的,即:少数服从多数。所谓多数是一个变量,从简单多数到百分之百。一旦进入到这种公共选择的规则中,在私人物品领域中的对交易双方的强烈约束就不复存在了。由于为公共物品付费的规则——纳税规则,与对公共物品的享受没有严格的对应关系,就会导致这样一个后果,即:一个人转嫁成本或凭空受益变得可能了。

对于典型的公共选择过程——投票过程的缺陷,已经有了不少分析,如孔多塞-阿罗的"循环的大多数","波德效应"以及布坎南对多数主义的抨击。第一种分析指出,在三个以上投票者对三个以上方案进行投票时,有可能产生循环的结果,导致少数服从多数规则的失灵;第二

种分析指出,简单多数的投票规则有可能使大多数人最不喜欢的人上台。较之前两种分析,布坎南的分析要严厉得多。他指出,即使少数服从多数的规则没有上述弊端,即使投票结果真实反映了多数人意愿,也必然存在着多数人对少数人利益的侵害。这种侵害被布坎南和图洛克称之为"外部性成本",即一些人无端地为他人的利益承担的成本。公共选择过程的理想规则是一致同意规则,但因为有着不同偏好的所有个人就某一公共选择达成一致的成本(即决策成本)非常之高,少数服从多数规则作为一种节约决策成本的方式被广泛采用。外部性成本是少数服从多数规则的一个必然结果,因而也是现实中的公共选择过程的不可避免的事情。例如一个对某项公共工程投反对票的少数派成员,仍然要为这一工程付费(纳税)。由于公共物品具有外部性和纳税具有强制性,少数派不可能通过"不同意"来退出公共选择过程,以避免损失。这进一步加强了一个人转嫁成本或凭空受益的可能性。

但是,不能误解,认为公共选择中的问题是因为决策成本的存在。假定决策成本为零,一致同意规则可以实行,公共选择过程中的问题仍然没有解决。布坎南的更为深入的研究表明,即使在公共选择过程中实行了一致同意规则,也不能完全避免人们转嫁成本或凭空受益。例如所有的人都会同意实行政府财政的赤字预算,这样做在理论上会使每个人的名义收入有所增长,或名义成本有所降低;人们也可能会一致同意用发行债券代替增税来抵补赤字,这样做使人们感觉公共物品的"价格"更便宜。在这时仍然存在着成本的转嫁,即现代人将成本转嫁给了后代人。没有出生的人是不能举手投票的,更不能抵制现行的公共决策对自己的损害。所以,一旦进入公共物品的领域,也许就存在个人理性和集体理性之间的根本性对立。个人理性追求的是个人的成本最小、收益最大,集体理性追求的是社会的成本最小、收益最大。无论在私人物品市场中,还是在公共物品领域里,个人理性是没有区别的。只不过在交换私人物品的市场中,一个人的个人理性会直接地、不可避免地受到另一个人的个人理性的强烈制约。没有人能够转嫁成本或凭空受益,所以个人理性与集体理性是一致的。而在有关公共物品的公共选择过程中,一个人追求更小成本和更大收益的目标,有可能通过转嫁成本或凭空受益实现。这就使得个人理性和集体理性之间发生冲突。因为如果人们不能承担他们应承担的成本,获得他们应获得的收益,就不能实现资源的最优配置——社会的利益最大化。所以奥尔森说过,在需要集体行动的领域中,"个人理性不是集体理性的充分条件"。

五、损害少数人如何会导致损害所有的人

现在的问题是,既然公共选择过程只是损害了少数人,仍是一个可以接受的选择,因为大多数人受益了。如果为了大多数人的利益不得已损害了少数人,也不能说这一制度安排对所有的人都不利。本文已经排除了少数人使用暴力将某种制度安排强加于大多数人的可能性,但是还有一种可能性。奥尔森在《集体行动的逻辑》中指出,少数人也许比多数人更有力量。因为人越少,结成联盟的成本越低,分摊到每个人身上的"集体产品"越多,实行集体行动的动力越大,从而使制度有利于自己,而不利于多数人。但是这少数人的成功和多数人的"合乎理性的容忍"有关。因为多数派中的每个人的成本-收益分析表明,采取集体行动对抗少数派是得不偿失的。因此不能说,少数人把有利于自己的制度安排强加给多数人了。这种制度安排起码是多数人不反对的。

那么,结论只有一个,就是,对大多数人不利的制度安排是他们自己选择的。于是,问题是:如何将这一结论与理性人的假定协调起来呢?我们用两个例子来说明。第一个例子是,人们就一个公共物品投票。多数人认为值得为这一公共物品付出价格(税率)X,而少数人认为不值得。结果是少数人和多数人一样要为这一公共物品支付价格 X。这样,对于多数人来说,这一公共物品比他们应该支付的要便宜,从而重新调整他们自己的消费公共物品和私人物品的比例:更多地消费看来便宜的公共物品,而更少地消费私人物品。对于少数人来说,这一公共物品比他们应该支付的要贵,却仍然被迫更多地消费公共物品,更少地消费私人物品。这两种情况,尤其是后一种情况,都会带来每个人的总效用的降低,从而对每个人都不利。但是,因为公共物品就是因存在外部性而无法通过市场提供的物品,所以上述效用的降低在一定范围内(即不能提供公共物品所带来的损失的范围内)是值得的。当超出这一范围,尤其是将私人物品交易领域中的事情拿到公共选择过程中来投票,就必然会带来对所有人都不利的后果。第二个例子就是分析这样的情形。例如,如果就某一私人物品(如电视机)进行投票,情况将会怎样呢?假定电视机市场中有 N 个人,其中买者人数为 M 个,卖者人数为 $(N-M)$ 个,显然有 $M>N-M$,因为买者人数多于卖者人数。如果就价格进行投票,结果会使价格低于市场中自发形成的均衡价格。这样的结果似乎对多数人(买者)有利。但是,由于价格低于均衡价格,一些其最低平均成本高于投票规定的价格的卖者就会退出市场,从而带来供给的减少;当执行多数人决议的政府禁止卖者退出时,卖者也会将其产量调整到边际成本等于价格的那一点上。这样的产量必然引起短缺。只要价格不调整,对付短缺的办法只能是排队和配给,并且会引起腐败和黑市交易。不仅短缺本身已经给大多数人(买者)带来了消费者剩余的损失,而且排队、配给和腐败等现象又吞噬了其余的大部分消费者剩余。因此多数人投票决定的价格最终对他们自己是不利的。

更为重要的是,这种实际上由多数人选择的后果,并不被这些多数人拿来与自己在公共选择中的投票相联系。布坎南和瓦格纳曾经指出,公众赞成的赤字财政政策以及通货膨胀政策会导致价格的上涨,但公众并不把这一现象看成是自己投票的后果。"在公众看来,个人的实际收入之所以下降不是因为政府征收了更多的实物税,而是由于私人企业提高了其产品的价格。结果,通货膨胀所产生的政治压力总是采取这样的形式,即主张直接限制私人企业的产品价格。""和价格水平稳定相比,在通货膨胀情况下,民主将更迅速、更严格地控制每个生产者",而通货膨胀又恰是"民主"的选择。所以,公共选择的一个错误又会导致另一个错误。这经常表现为政府过度干预的后果,又成为政府进一步干预的理由。最后导致政府不断扩张和政府干预的领域不断扩大。其结果是,市场领域逐渐地被政府所取代,人们越来越多地失去他们本来拥有的经济自由。这样人们就通过自己的选择把不利于自己的制度安排强加于自己。

六、结语

对于每个有理性的经济人来说,追求更少成本、更大收益是自然而然的事情。在公共选择领域中,这种每个个人的理性可以合成为有效率的公共决策或制度安排,也可能合成为对每个人都不利的公共决策或制度安排。导致这种结果的一个重要方面,是人们不恰当地将公共选择过程运用于市场领域或私人物品交换领域中。然而,在公共物品领域和私人物品领域之间的分界并不十分清楚,也没有一个自动约束的机制阻止人们跨越这一界限。所以,从短期看,人们选择对自己不利的制度安排也是自然发生的。这与"自然发生的制度是最好的制度"的信念相悖。当然,在"对自己不利的制度"与"最好的制度"之间有两点区别。第一,尽管在投票过程中,人们是"自然"选择的,但投票产生的公共决策却是要强制性执行的,因而,"对自己不利的制度"最终表现为是被强加的,尽管是被自己强加的。这种结果也说明,在"自然的选择"和"强加的"之间没有表面上看来的那么势不两立。人们可以自然地选择强制性。第二,从长期看,"对自己不利的制度"最终是要被淘汰掉的。只要时间足够长,只要"对自己不利的制度"出现的次数足够多,人们就会逐渐把公共选择过程中的弊端和"对自己不利的制度"联系起来。和这样长的时间相比,每个人的寿命是相当短的,不足以使大多数人在自己有生之年内明白这样的联系。这就需要历史的记忆和思考,需要有跨越世代、前赴后继的知识分子群来承担这一使命。但是知识分子只是全部人口中的很小一部分,因此除了在观念上影响其他人以外,除了在民主制度中设立增加知识分子权重的安排(如参院、政协等),在公共选择过程的基本逻辑中,他们不可能、也不应该起决定性作用。所以,历史也许是这样的,从长期看,人们总会淘汰对自己不利的制度;但不能保证阻止在任何短期内通过大家自己的选择滑向这样的制度。

本文的分析表明,人们之所以会选择对自己不利的制度安排,与在公共选择领域中个人理性和集体理性的对立有关。这种对立表现为一部分人对另一部分人的利益的损害。事实和逻辑都告诉我们,损害一部分人就会损害全体的人。人与人之间的任何利益均衡被打破以后,都会产生对所有的人都不利的后果。损害他人就是损害自己。损害的基本形式,就是把别人不同意的方案强加于人。在市场规则下,这种情况不会发生,因为人们可以运用"不同意"的手段退出市场以避免损害。在公共选择过程中,这种情况就有可能发生,因为人们已经不能运用"不同意"来避免损失了。个人理性只有将追求更少成本、更大收益与损害他人就是损害自己联系起来,才能与集体理性相一致。

最后,本文又一次强调了制度经济学一贯的主张:历史悲剧和社会灾难不可能是个人或少数人造成的,它们往往是某种制度安排的结果。而所有制度安排都是大多数人选择的。因此,尽管每个人的选票(或公共选择的其他形式)对制度形成的作用是微乎其微的,使得几乎每个人从来都扮演指责别人的角色,但事实是,正是这种不易察觉的责任的集合,才最终构成了制度选择的失败。

资料来源:盛洪:"为什么人们会选择对自己不利的制度安排?",《中国社会科学季刊》(香港),1995年春季卷。

二、国家与产权制度形成

从人类社会发展的历程来看,迄今为止,产权形态的演变经历了三个阶段:公有产权→排他性公有产权→排他性私有产权。这三种产权形态在许多国家是并列存在的,而不是非此即彼,即使在十分崇尚私有产权的美国,也仍然存在着一些公共土地、社团产权、集体产权和国家产权。

产权形态的形成不是与生俱有的,而是产权的利益相关者共同努力的结果。在经济组织、集团和国家出现之后,各种层次的产权形态依次形成,其中国家在产权形成中的作用最为重要。诺思说:"公正和实行所有权不过是政府提供的公共产品的又一范例。"[1]也就是说,如果没有国家来供给产权制度,那么真正具有激励效应的、能够刺激经济增长的产权制度很可能就无法产生。因此,从这个角度来说,国家在经济增长中的作用将首先表现为国家在产权制度形成中的作用。具体而言,国家在产权制度形成中的重要作用表现如下:[2]

1. 国家凭借其暴力潜能和权威在全社会实现所有权

没有政府的权威,很难想像所有权会普遍的实现。尽管许多民间组织能够为其所有权提

---

[1] [美]道格拉斯·诺思、罗伯特·托马斯:《西方世界的兴起》,北京:华夏出版社,1999年,第12页。
[2] 卢现祥主编:《新制度经济学》,武汉:武汉大学出版社,2004年,第218~219页。

供小规模的保护,但是不能解决"搭便车"问题。与各种民间组织相比,政府能以更低的成本确立和实行所有权,并且由此获得的好处要比经过扩大市场获得的好处明显得多。因此,各种经济组织和个人在政府严格确立和实行所有权的条件下,才愿意付出来自贸易的收入。从这个意义上看,司法和财产所有权的实现是由公众出资的公共物品。

2. 有利于降低产权界定和转让中的交易费用

产权的界定涉及一系列费用,如度量费用、信息费用等。度量费用非常高的东西将是一种共有财产和资源。投入与产出范围的考核成本将决定不同经济部门的不同产权结构,因而这种产权结构依赖于考核技术的水平。哪里资源测量成本高于收益,哪里就会存在公共产权。度量衡标准化的出现几乎同政府的历史一样悠久,并通过国家得以发展。国家的标准化有利于降低交易成本。在缺乏有组织的市场的情况下,人们将花很多时间与费用去搜寻信息。过高的交易费用往往限制了排他性产权制度的建立和产权的转让。而国家作为第三种当事人,能通过建立非人格化的立法和执法机构来降低交易费用。当交换的基本规则确立之后,只要存在法律机构,谈判和行使的费用会不断减少。

3. 国家在产权制度形成中的作用还取决于国家权力介入产权安排的方式和程度的差异

在历史与现实中,有的国家只为产权安排和产权变革提供"游戏规则";有的国家不仅提供"游戏规则",而且还直接参与甚至干预产权的安排与产权变革。国家权力介入产权安排的方式和程度的差异,会导致出现不同的产权制度,从而促进经济增长或引起经济衰落。总之,离开了国家,现代意义上的产权制度无法建立起来。

诺思进一步指出,有效率的产权制度将促进经济长期增长,从而也使国家的收入最大化,按理说,国家应选择一种最有效率的产权安排,然而,即使是对历史和当代世界最一般的考察,也可以清楚地看到无效率的产权是常态而不是偶然。原因在于:

(1) 统治者面临着交易费用和竞争的严重约束。界定一套有效率的产权,需要耗费一定的监督和检测费用,从短期来看,统治者的收入会减少。由于统治者的理性和生命都是有限的,因此,当统治者的短期利益与经济增长的长期利益相冲突时,统治者往往会注重眼前利益。竞争约束是指统治者总存在竞争对手,包括与之竞争的国家和本国内部的潜在统治者。在这种情况下,统治者将避免触犯有势力的选民集团。如果这些集团的势力达到威胁统治者利益的边界时,统治者会同意一个有利于这些集团的产权结构而无视它对效率的影响。

(2) 统治者偏好的多元性。产权的有效性主要视它对国民财富的影响而定。统治者可能是一个财富最大化者,但财富仅仅是被统治者所重视的许多效用中的一种,其他的效用还有威望、历史地位、国际影响等。随着财富的增加,财富的边际效用在降低,然而其他非财富的边际效用却在增加。在这种情况下,统治者就有可能界定一套有利于获得非财富效用却不利于财富增长的产权制度,从而导致经济增长的停滞。

(3) 不同集团利益的冲突。国家在某种程度上是不同集团的集合体,而统治者就是这些不同集团利益的"均衡者"。制度安排(包括产权制度)的变迁经常在不同群选民中重新分配财富、权力和收入。如果在制度变迁中受损者得不到补偿,他们将明确地反对这一变迁。一个强有力的集团也可能促进那些有利于这个集团收入再分配的新制度安排,尽管这种变迁将损害经济的增长。显然,包括产权在内的各种制度安排并不完全取决于效率(或经济)原则,还取决于不同利益集团的规模、地位以及与统治者的关系。人类历史上无效率产权之所以成为"常态"的根源也在于此。

由于国家与产权的形成关系密切,因此,为充分发挥国家在产权制度建设方面的积极作用而限制其消极影响,诺思指出:一是要明确国家在产权方面的基本职能。国家在产权方面的基本职能之一是为产权的运行提供一个公正、安全的制度环境。如果没有一个公正、安全的制度环境,任何产权都失去了意义与价值。国家在产权方面的另一项基本职能是为产权的运作提供"游戏规则"。如资产评估、产权的量度、产权交易契约的实行、产权市场的建立等都需要国家制定相应的法规。二是要利用法律和宪法制约利益集团通过国家重构产权实现财富和收入的再分配。为此,应该建立三道防线:① 健全有约束机制的政治体制和权力机制,使人们难以通过重构产权实现财富和收入的再分配;② 建立宪法秩序,使限制国家权力的一整套综合性规则体现在宪法结构中,并使之不因政治的需要和统治者的变动而变化;③ 完善法律制度,使产权交易规范化法律化,因为有效的产权制度的基本标志之一就是产权的交易能否法制化。

【案例 5-3】

政府与经济增长:拓宽生产可能性边界

实施产权要靠权力,而使用武力的规模经济通常赋予政府独断使用武力的法定权力。不过,产权与政治结构之间的关系是很复杂的,排他性产权可以和一系列不同的政治权力结构相并存。试看下面三种:

1. 一个既没有立法、司法机关和执法部门,又没有共同法规的社会。
2. 一个由共同法规明确排他性产权,并有立法机构和法院但无警察或军队,故由私人执法的社会。
3. 一个完全由政府制定法规、裁决纠纷和实施排他性产权的社会。

在私人实施各自法规的第一种社会中,我们进一步假定,诸如土地这类生产性资产是稀缺的,人们分户团居,进行劳动分工,并相互贸易。在这种社会,我们可以毫不奇怪地发现每一户家庭的大部分资源将被迫用来保护大人、小孩和非人力资产,或花费在维护与他人的联谊上。这种社会的政治均衡很难达成,很可能滑向动乱和分裂,或转向权力集中和组建国家。

历史上曾出现过虽有公共法规但由私人执法的第二种社会。比如有人发现,从公元930年到1262年,冰岛共和时期就属于这种社会。这时,它的政治体制由宪法、立法议院和一连串法院组成,但是政府没有警察或军队等执法部门。由于实施产权要由私人负责,所以对于那些要与强大且残忍的敌手斗争才能保护产权的人们来说,成本自然很高。在冰岛共和时期,人们为了行使自己的权利(或侵犯别人的权利),不仅从亲朋好友处取得支持,而且还从对手的仇人那里借用势力。

在政府规定产权的基本结构、裁决纠纷和实施法规的第三种社会,由于耗费相对很少的资源就维持了秩序,所以政府实际上将国家的生产可能性边界拓宽。

资料来源:[冰岛]思拉恩·埃格特森:《经济行为与制度》,北京:商务印书馆,2004年,第58～59页。

本章小结

本章主要探讨作为新制度经济学三大理论基石之一的国家(宪政)理论。第一节主要探讨了国家的起源及国家的实质;第二节重点分析诺思的国家模型,并介绍该模型的基本内容及基本结论;第三节分析国家与宪政的关系,剖析了宪法与其他基本制度的关系以及宪法的功能;

第四节分析国家与制度变迁之间的关系,分析了国家在制度供求、制度变迁方式选择方面的不同作用;第五节分析国家在经济增长中的作用(正面的或负面的),重点介绍"诺思悖论"及国家在产权制度形成中的作用。

关键术语

国家契约论　　国家匪帮论　　掠夺之手　　暴力潜能　　宪政　　宪法
意识形态刚性　　诺思悖论　　诺思国家模型

本章思考题

1. 国家是怎样产生的?如何评价各种国家起源学说?
2. 如何理解国家的双重身份、三只"手"和国家本质两难?
3. 简要叙述诺思国家模型的主要内容。
4. 完全的民主政治为什么不一定有利于经济发展?
5. 为什么国家在强制性制度变迁中具有重要的作用?又有哪些因素约束国家在制度变迁中作用的发挥?
6. 何为"诺思悖论"?试述"诺思悖论"产生的原因及存在的条件。

学习参考资料

[1] [美]道格拉斯·诺思.经济史中的结构和变迁[M].上海:上海三联书店、上海人民出版社,1994.
[2] 曼瑟尔·奥尔森.独裁、民主与发展[A].载盛洪主编.现代制度经济学.上册.北京:北京大学出版社,2003.
[3] [美]安德烈·施莱弗等编著.掠夺之手:政府病及其治疗[C].北京:中信出版社,2004.
[4] [美]埃里克·弗鲁博顿、[德]鲁道夫·芮切特.新制度经济学[M].上海:上海三联书店,2006.
[5] [日]青木昌彦等编著.市场的作用国家的作用[M].北京:中国发展出版社,2002.
[6] [德]柯武刚、史漫飞.制度经济学[M].北京:商务印书馆,2000.
[7] 程虹.制度变迁的周期[M].北京:人民出版社,2000.
[8] [美]曼瑟尔·奥尔森.权力与繁荣[M].上海:上海世纪出版集团,2005.
[9] [冰岛]思拉恩·埃格特森.经济行为与制度[M].北京:商务印书馆,2004.

第六章 意识形态理论

> **学习目标**
> 1. 了解意识形态的内涵及其基本特征。
> 2. 掌握意识形态的形成及其变化原因。
> 3. 掌握意识形态的制度性作用。
> 4. 了解意识形态与制度变迁的关系。
> 5. 掌握意识形态对经济增长的影响。

在新制度经济学理论中,意识形态理论与产权理论、国家理论一道被看成是影响制度变迁和经济增长的基石。新制度经济学家对于意识形态的理解没有像马克思一样,建立在经济基础和上层建筑的相互关系上,但是他们也把意识形态看成是一些文化信仰和价值观念的总和。诺思认为,意识形态对于解释人类社会的长期发展和变迁具有重要的意义。由于新古典经济学在分析经济发展或经济史时,只能解释一个相当短的时期,一旦用它来说明某种经济在整个历史时期的演变时,就会出现较大的困难,因而新古典经济学对长期经济变迁的动态过程缺乏解释力。一种经济长期变化的主要来源是经济结构的不断变迁,结构变迁的参数包括技术、人口、产权和政府作用等,而这些参数如何发生变化、是否发生变化,在很大程度上受到意识形态的影响,所以,从这个角度说,不论一个理论如何完美、一个模型如何健全,如果它们忽视了意识形态的影响,则这个理论、这个模型必然是存在不足的。分析长期的经济增长不能不重视一个社会意识形态的影响。

第一节 缘起、内涵及特征

一、意识形态理论的缘起

新制度经济学家认为,新古典理论对于国家的存在和"搭便车"问题、对于现代的资源配置方式和历史变迁问题等是缺乏说服力的,并且在国家理论上还存在着逻辑矛盾。

通过建立一整套控制人们行为的制度安排来限制行为是新古典模式分析方法的必要前提,从新古典模式对国家存在的逻辑推演,便可以发现霍布斯绝对国家主义理论与新古典模式在逻辑上是内在一致的。但从新古典模式的个人效用最大化角度来说,违反这些制度安排也是合理的。然而,这样的行为会导致任何国家无法存在,因为这些制度的执行费用可能会大到足以使制度不能正常运行。它既假定个人追求效用最大化又假定存在霍布斯主义的国家模式,而这将限制创建一个可行的政治制度的行为。如果人们的行为根据第一个假定是合理的话,那么他们的行为根据第二个假定则是不合理的了。这说明新古典模式并没有把握住个人行为的全部因素,不可能完全反映个人效用函数中的变量和个人行为所受约束的程度。

新古典模式能够说明大量的个人行为,可以解释"搭便车"问题,可以解释为什么大的团体如果没有明确的利益目标将会变得不稳定,也能够说明为什么人们对投票并不感兴趣。通常情况下,人们都知道自愿献血给整个社会带来的好处,但都期望其他人去献血,自己却享用献血所带来的好处,其结果是自愿献血的数量不能满足社会的需要。但新古典模式没有充分说明的事实也大量存在:为什么个体经过仔细权衡之后,即使实际成本的付出并没有明显收益时,仍然会去参与某些活动,例如大的团体仍然在行动;人们仍然花费时间和精力去参与投票;人们通常也会主动去献血。这些都说明新古典模式使用的收益-成本的分析方法存在局限性,对于影响人们决策过程中的其他因素还不能充分解释,个人效用函数远比新古典理论迄今为止体现的简单假定要更复杂。

可以观察到的是,对于个人而言,当收益超过成本时人们会违反社会规则,以获取利益;但我们同样也可以观察到,尽管个人主义的计算要他们不要这样做,但人们却遵守这些规则。例如,即使无人监督,人们也不会在公园里乱扔垃圾;即使有些财物很容易偷到手而被抓住的可能性很小,人们也不会去偷。类似的行为并非仅仅只是个别现象,而是普遍存在于社会生活之中。然而依照新古典模式对人的自利行为的基本判断,这种行为是不应该较大范围地存在的。这些现象并不仅仅意味着人们利他和自律行为暗含着互利互惠的要求,如我帮助别人,其目的是为了有时我也需要帮助,更为重要的是,人们所持有的价值观念限制了诸如"搭便车"这样的行为。

诺思还观察到,在经济组织中个人的行为也并不按照新古典模式的假定那样追求个人效用最大化,其中的原因可能也无法排除意识形态的影响。诺思指出:"新古典经济学家由于缺乏远见,故看不到,尽管有一整套不变的规则、检查程序和惩罚措施,在限制个人行为程度上仍存在着相当的可变性。社会强有力的道德和伦理法则是使经济体制可行的社会稳定的要素。"①

考察历史上的经济发展,也不能脱离对意识形态的系统研究。在许多经济问题的分析中,对意识形态的研究都被忽略了。但是,要探讨政治法律制度的作用,把握历史上经济发展所面对的种种约束条件,就不得不涉及到对意识形态的研究。"更一般地说,如果没有一种明确的意识形态理论或知识社会学理论,那么,我们在说明无论是资源的现代配置还是历史变迁的能力上就存在着无数的困境。另外,如果不能解决'搭便车'问题中的基本矛盾,我们就不能解释每一个社会在合理性方面作出的巨大投资,这包括无法把对教育体制的许多投资是解释为人力资本投资,还是作为一种消费产品。……我们也无法说明独立的司法机关的决策,在那里,终身的补贴和薪水降低了大多数普通利益集团的压力,并经常抵制了主要利益集团的压力。……我们既无法解释历史学家们一代代改写历史的倾向(实际上是一种自夸),也无法解

---

① [美]道格拉斯·诺思:《经济史中的结构与变迁》,上海:上海三联书店、上海人民出版社,1994年,第51页。

释许多历史争议中所包含的感情成分。"①

因此,从这个角度而言,解释历史、解释经济发展、解释个人行为,仅仅借助新古典模式显然是不充分、不完备的,新古典模式无法做到、也不可能解释一切。意识形态潜移默化的影响有时则更为重要,因为它提供了一种价值和信念,是个人和社会达成协议的一种节省交易费用的工具,具有确认现行制度合法性或凝结某些社会团体的功能。

二、意识形态的内涵

关于意识形态的含义,长期以来学术界存在着大量不同的,甚至是对立的定义,尤其是哲学、社会学中的意识形态内涵与经济学中的概念有着较大的差别,以至于造成了一定的理论混乱。

1. 哲学、社会学中的意识形态内涵

最早的定义出现在法国大革命时代哲学家特拉西的作品《意识形态原理》中,他认为意识形态表示的是"思想的科学"或者"观念科学",而这种观念科学是一切科学的基础。意识形态是关于实际的理智过程的理论批判而形成的,与那些解释性的理论、体系和哲学等有区别,是一种负有使命的科学;它的目标在于拯救人类和为人类服务,使人们摆脱偏见,为理性统治做好准备。据说,特拉西曾经设计了一套国民教育制度,以期把法国改造成为一个理性科学的社会。这一学说曾经得到拿破仑的支持,成为法兰西的法定学说。但是由于后来拿破仑把1812年12月份的军事失利归咎于意识形态的影响,使意识形态在一段时间内被抛弃。

随着1827年马克思《德意志意识形态》和1929年曼海姆《意识形态和乌托邦》的发表,意识形态这一概念重新兴起,使得该领域的社会学研究成为极为重要的学科。

许多学者认为,马克思并没有给出意识形态一个统一的概念,也未形成一套系统的理论。但是,诺思认为:"马克思使'意识'依赖于一个人在生产过程中的地位,这种见解是对发展成'阶级意识'的一个重大贡献"。② 马克思的意识形态理论在解释大集团行为的时候具有旺盛的生命力,意识形态在马克思那里也具有特定的内涵。有的学者将马克思的意识形态定义为"观念上的上层建筑",阶级性、总体性和实践性是其重要特征。G. 马尔库斯的研究指出,马克思的意识形态有三种含义:一是对历史唯心主义的否定和揭示;二是一种对社会存在的解释,主要关心统治阶级的思想如何成为社会的统治思想;三是从总体上看,它是一类确定的文化,是社会存在的反映,受到社会存在的制约。

曼海姆把意识形态看成是一种思想方式,并据此区分了两种意识形态。一种是"特殊"意识形态,是指由于情景真相不符合其利益,因此对某一社会情景真相进行掩饰或扭曲,包括有意识撒谎、半意识或者无意识的掩饰、有心欺骗或者自欺。另一种是"全面"的意识形态,指一种世界观或者对一种生活方式的彻底信奉。

马克斯·韦伯在论及统治合法性时提出,每一种真正的统治中都包含最起码的自愿服从的成分。但只有这一点还不足以构成真正的统治,必须要有对统治合法性的信仰,通过信仰体系把物质统治转化为真正合法统治。信仰体系指的是说明为什么某人或者某些人要服从某一

---

① [美]道格拉斯·诺思:《经济史中的结构与变迁》,上海:上海三联书店、上海人民出版社,1994年,第51~52页。

② [美]道格拉斯·诺思:《经济史中的结构与变迁》,上海:上海三联书店、上海人民出版社,1994年,第56页。

统治的理论体系或者意识形态。

苏联1962年出版的《哲学百科全书》第二卷解释说，意识形态是"在或多或少系统化的理论形式下，反映人对周围现实世界的关系以及人和人的相互关系，并为社会关系的巩固或变革、发展而服务的思想和观念的总和"。一定的社会利益是意识形态反映现实的基础。在阶级社会中，意识形态总带有阶级性，反映一定阶级在社会中的地位、各阶级之间的关系以及各阶级的利益。意识形态是以政治、法律、宗教、哲学、美学和伦理等观念的形式出现的。

2. 意识形态的经济学含义

对意识形态与经济发展的关系，马克思论述了经济基础与上层建筑的关系，指出了意识形态对生产力与生产关系的作用及反作用关系，它可以在一定程度上推动经济发展，也可阻碍经济发展。德国经济学家弗里德里希·李斯特提出，在社会发展中，存在着两组力量：物质力量与精神力量、社会力量与个人力量。这两组力量之间互为因果，相互作用。而马克斯·韦伯对基督教在西方经济发展中的作用的强调和儒教对东方经济阻碍的论述，也揭示了意识形态与经济发展的关系。

阿罗在社会行为包括伦理学行为的准则中看到了社会为了平衡市场失灵所做出的反应，因为伦理学准则的有效性降低了经济契约的额外交易成本，因此使所有人的境遇都得到改善。科斯洛夫斯基则指出，事实上经济不是"脱离道德的"，经济不仅受经济规律的控制，而且也是由人来决定的，在人的意愿和选择里，总会受到期望、标准、观点以及道德等的影响。贝克尔和斯蒂格勒通过对时间价值、人力资本以及相应决策影响的考虑，根据严格的机会成本方面的条件，揭示出一个年轻人的意识形态和中年人的重大差别。

诺思则认为，应使意识形态成为经济发展过程中的重要解释机制，要正确认识人类社会的长期发展，有必要扩展效用函数的自变量以解释意识形态的功能。他认为应把意识形态定义成为相互关联、包罗万象的世界观，它必须解释现存的产权制度和交换条件是如何成为现存体制合理的组成部分。意识形态是普遍存在的，但并不适用于任何阶级。它具有一定的制度功能。

上述分析表明，意识形态具有丰富的含义，虽然不同学派、不同流派对意识形态范畴的界定不同，但是有两点是共同的：一是把意识形态看成是一种认知体系，是人们对世界的认识；二是它与个人、集体行为有着密切的关系，是思想的行动前提，在一定程度上决定着个人和集体的行为。

需要强调的是，在新制度经济学中，虽然意识形态的概念与社会学、哲学中的概念相关，但是并不完全等同。哲学中意识形态的"法律"等构件并不在我们的讨论之列，恰恰可以把法律等纳入正式制度安排的范畴。同时我们也不强调意识形态阶级斗争的功能，而把它看作是集团成员共同拥有的认知、信仰、思想、价值、伦理、道德、习俗、精神状态等非正式制度安排。它为集团成员提供了价值取向和利益取向，为集团行为提供了合理性辩护，同时也为个人行为提供了一套约束机制。

因此，新制度经济学中的意识形态的概念，通常具有三个层面的含义：第一个层面是世界观的总和，是人们关于世界本质的认识。这一层面是基本的哲学层面，与哲学和社会学中的意识形态内涵最为接近；第二个层面是关于现存制度的认识，例如现存制度是否公平，分配制度是否合理。这一层面的意识形态通常是由政府通过教育体制进行灌输，因为这也是一种"公共投资"，有利于维护现存的制度和政权；第三个层面是个人的道德准则。"内心的道德准则"被看作和"头顶的星空"一样永恒。它是个人与其他人交往过程中的规范与原则,通过家庭教育和社会教育来获得。

虽然行为的道德伦理规范是构成制度约束的一个主要方面,但它得之于对现实的理解(意识形态)。人们往往发展了这种理解而与环境相抗衡。意识形态不完全等同于道德,虽然两者都是对世界总体认识的方法,并都起着节约信息费用的作用。意识形态是与人们对制度特别是对交换关系的正义和公平的判断相连的。

当一个领域的个体具有共识时,一致的意识形态就会出现,而歧异的意识形态起源于对现实感知的差异和矛盾。所以一致的意识形态可以代替规范性规则和服从程序。随着各种意识形态的出现,对使其他委托者和代理者相信制度的合理与合法性进行投资,从而降低服从费用,对统治者自身来说是有益的。进一步说,有着一致意识形态的可行的制度随着各种各样的意识形态的发展会变得不可行,因而考虑到检测和惩罚违法的费用,规则必须形式化,服从程序也必须进一步发展。正是宪法与相互关联的道德伦理的行为规范的结合,构成了制度稳定的基础并使其变迁减慢。

三、意识形态的特征

虽然学术界关于意识形态的内涵存在着较大的分歧,但这并不影响对意识形态一般特征作出抽象和概括。意识形态的一般特性可以归纳为以下几个方面:[1]

(1) 意识形态是指一定历史时期的特定社会团体的群体意识而非个体意识,尤其是指该团体的全体社会成员基于共同社会生活环境所产生的社会共识部分。这样看待意识形态,不仅可以解释为什么不同团体有不同的意识形态,也可以推断出一个国家的意识形态应当是全社会各个社会利益集团的社会共识。

(2) 意识形态尽管从形式上看是与社会存在相对立的精神现象,但它对于某个特定的个人甚至特定的社会群体来讲,仍然是一种既得的社会力量,是他们所必须面对的广义的"社会存在"或广义社会结构(包括经济结构、政治结构和文化结构)的一个组成部分。[2] 这是因为只要有了人类社会,"不论我们上溯到过去多么远,不论我们所考察的民族多么原始,我们处处都只能遇到社会化了的意识。"[3]特别是在语言符号系统发明并完善之后,这种"社会化了的意识"(意识形态)的传承和复制就变得十分方便;而现代学校教育的发展则为它的传承与复制提供了新的更有效的途径和手段。正因为如此,意识形态已成为现代社会生活中普遍存在和不可避免的现象。由此也可以推知,在现代西方学术界(以丹尼尔·贝尔、西摩·马丁·李普塞特、弗朗西斯·福山等人为代表)出现的风靡一时的"意识形态的终结"(主要是指马克思主义意识形态的终结或破产)的观点,其本身也不过是一种意识形态或一个意识形态陷阱而已。[4]

(3) 意识形态作为嵌入到社会结构当中的一个客观存在且变动不大的社会现象,并不是社会存在或社会经济与政治结构的消极分泌物。相反,意识形态作为社会结构当中的一个能动的结构性要素,作为整个社会有机体的一个子系统,既与社会存在共同依存,又具有自身的

---

[1] 柳新元:《意识形态与制度变迁》,南京大学博士后研究报告,2003年9月。
[2] [匈]卢卡奇:《社会存在本体论导论》,北京:华夏出版社,1989年,第315~319页。
[3] [法]列维·布留尔:《原始思维》,北京:商务印书馆,1985年,第16页。
[4][4] 沈湘平:"合法性与意识形态建设",《天津社会科学》,2002年第1期。

相对独立性或自我发展轨迹。正如我们所经历的事实一样,任何意识形态既是同时代的社会存在的反映,又是以前的意识形态的继承和发展;任何社会的意识形态生产作为精神生产现象虽然必定与该社会的物质生产有某种对应关系,但任何社会的意识形态的生产都有其自身的发展规律。正因为这样,我们就不能采取简单的还原主义的态度,置意识形态与现实社会生活环境之间的异质性于不顾,单纯地从现实社会存在中寻找某种意识形态存在和发展的原因。相反,我们必须明确,大凡意识形态都带有"某种和现有的实践的意识不同的东西"①(而这种不同的东西是来自文化符号系统遗传密码的复制,还是来自于特定社会群体或阶级遮蔽性意图,则无关紧要)。明确了这一点,对于我们正确理解意识形态在社会结构中的功能及其对社会变迁的正向和负向作用具有至关重要的意义。那就是,在历史地研究意识形态与制度变迁的动态关系的过程中,任何机械联系的观点和绝对主义的态度,都必须予以剔除。

(4) 意识形态在形式上总是以一种认知体系或一种整体性世界观的面目出现,它整体地表征着某一群体对世界(包括自然界、人类社会和人类思维活动)的系统认识方式及其对这种系统认识方式正确性的信仰(不管这种系统认识方式是正确的或歪曲的,但这一群体往往把它看成是通向真理的唯一道路),因而它也就成为该群体成员与外部世界之间联系的中介。④任何意识形态(特别是现代意识形态)在哲学层面上总是以一种整体性世界观的形式存在,它包括本体论、认识论和方法论三个层面。其中本体论是根本性和基础的,它关系到人的正确认识的本源或源泉的问题;有什么样的本体论,便有什么样的认识论(它们主要是关于人们获取知识正确途径以及人的认识能力的限度的洞见);而对不同的世界观和认识论确信便有对同一研究对象(包括自然现象和社会现象)进行理论建构的不同方法论。正因为这样,不同的意识形态,往往提供的是不同的理解或不同的认识-思维模式;它们之间的差别则主要表现在同一学科领域内对同一研究对象的基于本体论和认识论根本不同的科学范式的差别。而且,这些认知-思维模式一旦适时被创制并逐步形成为自治的理论体系,往往会被它们各自所属的群体的绝大多数成员接受,直至成为人们的普遍接受的具有相对稳定性的思维方式,并最终发挥着连接已归化为一个社会性组织或团体的人们与世界之间的认识和实践活动的中介或便捷的工具的作用。

(5) 尽管意识形态在形式上或多或少地表现为一种认知-思维模式,但从其实质性内容以及它创设的最终目的来看,意识形态在本质上都是一组融贯一致的价值观念体系。这种价值观念体系一般具有"中心-外围"的结构特点,它往往要以一个或几个显然的价值观(如自由、平等、解放、民族纯粹性等)作为其核心价值观或系统的表征;②而且各种价值观之间是相互联系和内在统一的,以至于人们提起其中一个或几个价值观念,就能联想到它的整个信念结构。正因为这样,历史上的各种融贯一致的世俗性的意识形态,都在思想史上获得了"主义"的地位和声名(如无政府主义、社会主义、自由主义等等);相应地,人们对各种各样被贴有主义标签的意识形态的甄别就不单是从其思想方式(认识方法)差别上能够获得,更主要地是必须从其价值取向特别是其核心价值取向的不同中才能最终完成。

(6) 从社会意识形态(相对于社会经济结构和社会政治结构)的构成来看,意识形态包括政治、经济、法律、道德、文学、艺术、宗教等社会意识的各种形式,其涵义与狭义的文化定义近

---

① 《马克思恩格斯全集》,第1卷,北京:人民出版社,1972年,第36页。
② 刘军宁等编:《经济民主与经济自由》,北京:生活·读书·新知三联书店,1997年,第346页。

似或同义。狭义的文化主要是指一切观念形态的东西或一切人造的精神产品,在这一向度上意识形态范畴得以扩大和普遍化。但要看到,无论是意识形态还是狭义的文化,都不是社会意识的各种形式的简单加总,而是社会意识的诸形式相互作用、相互影响所组成的一个有机整体;与此同时,在社会意识的诸形式当中,又有许多具体内容不能还原到一个整体性特别是阶级性的世俗意识形态当中(无论是在文学和艺术领域,还是在道德和宗教领域,这种情况都很明显)。例如,虽然意识形态作为对一切社会性的制度安排的评价体系不可避免地包括道德,但道德毕竟不同于意识形态;道德规范中的家庭美德与社会公德并不能简单地还原于意识形态,意识形态中的道德理想也不可以当作现实社会生活中的普遍道德规范而强加于社会公众。明确了这一点,对于我们正确理解道德与意识形态的关系,正确区分道德与意识形态起作用的不同领域和机制,反对把一般意义上的道德之争上升为意识形态领域内的斗争的错误倾向,都有特别重要的意义。

第二节 意识形态的形成与变化

诺思从人的认知体系出发,论述了意识形态的作用;青木昌彦从交易的"囚徒困境"模型出发,解释了道德准则等作为一种交易治理机制的产生来源;而林毅夫则认为意识形态本质上是一种人力资本。

一、"现实"与认知体系

经济学的基本假设是理性假设,这是一种纯粹的状态,即人们清楚地知道自己的偏好和兴趣。这是完全理性的假设,如果人们真的如此睿智,人类的历史将会完全不同。作为替代,人们对世界如何运作的看法实际上是主观性的,在社会科学领域没有真正的"现实"。这里的"现实"在引号里,因为它并不是真实的客观存在。与物理学和化学不同,社会学拥有的是建构在头脑中的对外部世界的理解和认知。同样,经济学建构的只是人们的心智。在经济学中,所谓的制度、组织、市场都存在于人的头脑中,它们不是客观存在,不能触摸到,这种建构完全是主观意志上的存在。

人们对外部世界理解和认知的这种"主观意志"至关重要,否则我们就不能理解"9.11"事件中为什么会有人驾驶飞机撞击美国的建筑物而不惜毁灭自己的生命。因此,我们应该从了解人的心灵和头脑起步,了解人们对周围世界的信仰,了解人们是如何理解和认知这个世界的。

根据诺思的观点,人们的决策过程是下列循环过程:"现实"→信仰→制度→政策→组织→结果→改变了的"现实"。

人们对世界的认识为人们提供了对世界的理解,然后依据这些理解和认识,试图向政治体系中从事个人选择加总的决策者们提出建议,然后试图建立制度体系,从而通过他们建立我们所认可的世界运行的方式。

在这个过程中,首先建立的是我们对这个世界的理念,然后通过制度来实现我们的理念,而制度是用以规范人们行为的方式。这种规范产生了我们设计制度的结果,于是实现了我们的目的。规范是信仰和认知的函数,而信仰和认知的基础不同,产生的结果就会不同。

认知体系的灵活性、适应性和学习功能具有非常重要的意义。在一个适应性有效的体系中,当体系运行出错的时候,必须可以修改信仰、认知体系和理论,以适应外部环境的变化。这是一个学习、反馈、改变的体系,因为世界是一个"有回声"的世界。①

二、意识形态的形成

那么,这种信仰体系是如何产生的?意识形态形态的来源是怎样的?它是如何形成的?

诺思认为,不同的意识形态起源于地理位置和职业的专门化。人群在地理位置上的分隔使人们的经验各异,这种各异的经验逐渐结合成语言、习惯、禁忌、神话和宗教,最终形成与其他人群相异的意识形态。职业的专门化也导致了对于现实的相异的经验和不同的乃至对立的观点(即相互冲突的意识形态)。

如前所述,意识形态有非常丰富的含义,可能含义不同的意识形态的来源也不相同。但是新制度经济学中注重的是道德准则和习俗等非正式的制度安排,因此,下面我们运用博弈论中"囚徒困境"模型,主要探讨道德准则的起源及形成。

1. 合作的缘起:"囚徒困境"模型

物品的交易可以概括为一种典型的一次性"囚徒困境":双方能从相互诚实的交易中获益,但是如果任何一方欺骗对方,则可能带来更大的利益。所以,若不存在限制这种不诚实行为的机制,潜在的对双方有利的交易可能无法发生。

贝茨假设一个社会没有国家只有两个大家庭(X 和 Y)的模型,每家都拥有同样的武力潜能和侵犯倾向,都拥有相当于 10 头牛的净财产。每家都有两种行为选择:侵犯对方行为 A,不侵犯对方行为 N。两个策略的收益与另一家的策略选择有关,因而就有四个可能的结果。表 6-1 是一个假设的收益矩阵。

表 6-1 "囚徒困境"模型

		家庭 X 的选择	
		A(侵犯)	N(不侵犯)
家庭 Y 的选择	A(侵犯)	(4,4)	(18,2)
	N(不侵犯)	(2,18)	(10,10)

X、Y 同时选择不侵犯策略 N 使财富总量达到 20 头牛并两家平分;如果双方同时选择侵犯策略 A 则消耗了资源,财富总量降为 8 头牛,也同样由两家平分;如果只有一方采用侵犯策略,则两家总财富不变,但从(10,10)的分配变成了(2,18)或(18,2)的分配。在不知道对方行动策略的情况下,要求每一方都作出不可更改的选择,就会导致"囚徒困境"。这时,不管对方采取什么策略,每一方选择侵犯策略可以使他的期望财富达到最大化,因为存在 4>2 或 18>10,于是,均衡的结果便为(A,A)。这就是说,双方采用非合作而不是选择合作的情况下,财富分配的结果是一种"纳什均衡",即(4,4)。

要解决这个基本的社会困境,可以通过两个方法。一是让两个家庭反复博弈而不是一次性博弈;二是第三方实施机制。从长期来看,在一个多次反复的"囚徒困境"博弈中,当事人会发现,相互对抗的机会成本会远远大于合作的预期收益;单方的侵犯会招致对方的报复。只要

---

① 道格拉斯·诺思:《经济变迁的过程》,《经济学(季刊)》第 1 卷第 4 期。

博弈不是有限次,那么理性的和追求财富最大化的家庭终会选择非暴力,这样,最优的结果(10,10)便可能会实现。

2. 合作意识:引入非经济因素

上述"囚徒困境"博弈仍存在两个疑问:第一,博弈论的运用假定,个人采取某种策略,其中各种可能事件的收益情况事先是可知的,遭到报复也是确知的。然而,实际上结果并不一定是可知的。第二,影响个人目的和目标的因素没有受到重视,特别是习惯、传统、观念等非经济因素受到了忽视。所以,要解释社会的合作问题,就必须加上一些似乎天生的因素(如习俗等)和社会因素(如忠诚、声誉等,乃至于整个意识形态)来限制个人行动。

可以设想,在一个无国家的社会里,被侵犯群体的出现增加了报复侵略者的倾向。于是这个社会可能在力量对比中形成一种补偿制度:为了避免报复,给予受损者一定的补偿以逃避惩罚,但赔偿过程可能面临高昂的谈判费用,于是可能会形成一种中立的仲裁制度;同时报复和赔偿对潜在的侵略者起到了威慑作用。惧怕报复威胁的心理成本与谈判的交易费用以及其他方面的代价,都会大大降低侵略行为的预期收益。假定侵略行为的全部机会成本为9头牛,则表6-1就变成了表6-2。

表6-2 引入非经济因素的"囚徒困境"模型

		家庭 X 的选择	
		A(侵犯)	N(不侵犯)
家庭 Y 的选择	A(侵犯)	(−5,−5)	(9,2)
	N(不侵犯)	(2,9)	(10,10)

由于存在2>−5,10>9,所以对任何一方来说,最佳策略都是不侵犯N,从而均衡结果(N,N)→(10,10)使总体和个体的财富均达到最大化。所以,社会联系的加强及意识形态的约束,增加了侵犯的成本,从而导致了合作。于是合作规则及其习惯、惯例便由此自发地产生。

总之,解决"囚徒困境"的前提是建立习俗性产权制度。习俗性产权制度一旦确立,尊重别人的产权将符合每个人的最大利益,只要他们预期其他人也会同等地对待他们。一方面,这种元制度会外化为具体的法律条文,另一方面,也会在每个人的头脑中内在化为道德判断,如"你不能侵犯别人的财产",使每个人下意识地去遵从。这种道德判断既不是来自抽象的超自然的公理,也不是被外在的权威所强加,而是可能从习俗中演化出来的。只要违反了规则,都会在人们心目中自动产生消极的道德情感,如内疚感、羞耻感或者焦虑感。这种情形会增加人们消极道德情感的心理成本,从而对人的行为产生约束作用。

三、意识形态的变化

意识形态是普遍存在的,社会中的任何团体,不管是正式的还是非正式的,都有一套自己的意识形态。因为世界是复杂的,而人的理性是有限的。当个人面对错综复杂的世界而无法迅速、准确和低费用地做出理性判断以及现实生活的复杂程度超出理性边界时,他们便会借助于价值观念、伦理规范、道德规则、风俗习惯等相关的意识形态来走捷径。如果世界是简单的或人的理性是无限的,那么个人也不会用意识形态这种形式来判断他周围世界的公平性。

由于意识形态被人们用于判断周围世界的公平性,因此当相对价格变化后,个人会改变对周围世界公平性的看法,因此,是否公平将成为人们意识形态是否变化的一个重要因素。诺思在对贝克尔和斯蒂格勒有关意识形态的研究进行评价时指出:贝克尔和斯蒂格勒利用新古典理论的概念和分析方法,通过对时间价值、人力资本以及相应决策影响的考虑,揭示了意识形态方面的大量变化。例如,根据严格的机会成本方面的条件,可以揭示出一个年轻人的意识形态与一个中年人会有很大的差别。"但贝克尔和斯蒂格勒的观点对于说明大多数的意识形态太有局限性了。这是由于两个基本原因:第一,对于人们所具备的大多数理性和理论而言,不存在任何决定性的检验,即通过这个检验来决定非此即彼的选择结果。根据贝克尔和斯蒂格勒的观点,个人的经验并没有提供明确的选择。因经验不同而立场不同的人们具有不同的理性和世界观,并且没有任何办法来肯定或否定这些不同的看法。第二,贝克尔和斯蒂格勒忽视了伦理和道德的评判,而这是一个意识形态构成的不可或缺的组成部分。每个人的意识形态的一个固有部分乃是关于'制度'的公平或公正的评判。当这个评判超出个人所面临的交换的特定条件时,这些条件在评价这个制度的公平性方面就是至为关键的。"①

诺思认为意识形态会因人们所处的地位、所获的具体经验的不同而呈现显著的差异,甚至常常表现为对立状态,尤其当相对价格发生变化而使不同要素所有者相对位置出现变化时更是如此。具体地说,他提出了四种有关相对价格变化的情形,这些情形均有可能导致意识形态的变化。这四种情形是:

(1) 产权的改变,即否定了个人对其过去一直拥有的资源的权利,而这些权利已被人们作为习惯或公正予以承认(例如公共土地的圈定)。

(2) 在要素市场或产品市场上,交换的条件偏离了已为人们认为是公平的比例。

(3) 在劳动中,一个特殊的集团的相对收入状况发生了偏离。

(4) 信息成本降低,人们相信不同的或更优惠的交换条件可能在别处占优势。

不同层次的意识形态各自变化的原因、驱动力和变化路径可能也会不同。一般说来,作为世界观和道德准则的意识形态,变化较为缓慢,而且变化前后具备延续性。例如,一个民族的优秀美德就可能会有几百年,甚至是上千年的历史。但是,关于制度公正性的判断的意识形态,却会随着制度的变更而发生改变。这种意识形态的变化与制度变化的速率一样。如果制度变革是渐进和缓慢的,意识形态也会呈现一种较慢的变化状态;但是如果制度变革是快速和断然的,意识形态也会发生剧烈的变革。

此外,一个社会从封闭走向开放,从专制走向民主,从思想禁锢变得自由,会改变意识形态的可选择集合,这也会促使人们对原有意识形态的摒弃,选择符合现实的意识形态。

第三节 意识形态的制度性作用

一、意识形态的制度性作用

就制度安排的形式而言,意识形态属于一种非正式制度形式,它是"软性"的,具有较强的"渗透力"。它的影响弥漫在几乎所有的其他制度安排中,因此,许多人将之称为最重要的制度

---

① [美]道格拉斯·诺思:《经济史中的结构与变迁》,上海:上海三联书店、上海人民出版社,1994年,第51页。

安排。综合相关学者的观点,意识形态的制度性作用具体表现在如下几个方面:①

第一,节约交易费用。意识形态是个人与环境达成"一致"的一种节约交易费用的工具,即人们通过在实践中形成的意识形态和习惯准则,达成一种个人与外部世界的确定关系,并以"世界观"的形式出现,从而减少了关于是与非、善与恶、美与丑等若干价值判断与行为判断并进而达成"一致同意"的信息费用与谈判费用,因而大大简化了人们认知和选择的过程,节约了信息费用。同时,它所包含的与公正相关的道德评价,有助于缩减人们在相互对立的理性之间进行选择时所耗费的时间和成本,节约交易费用。正如诺思所说:"意识形态是种节约机制,通过它,人们认识了他们所处环境,并被一种'世界观'导引,从而使决策过程简单明了。"②

第二,激励功能。一方面激发起所有成员的信心与热情,坚定实现行动目标的决心;另一方面使团体的长远目标对全体成员来说更具吸引力、说服力,以获得所有成员的支持,使其愿做出短期利益的牺牲。在经济生活中,任何团体采取的集体行动不是盲目的、无意识的,而是受其意识形态影响并支配着。按照奥尔森的解释,集体行动存在明显的外部性,理性的个人将不愿承担集体行动的成本而使集体行动(尤其是大集体的行动)困难重重。但诺思指出,"日常的观察同样表明,在大量事实中,大集团活动确实存在,并是导致社会变迁的基本力量"。诺思认为,大集团活动之所以产生的一个主要原因就是因为意识形态能约束理性个人对收益-成本计算的无限运用,使其自觉承担集体行动的成本。同理,各种道德共同体以其特有的一套价值观念广泛地影响其成员的行为,这就是为什么社会中会有许多利他行为及从事无明显报酬的自愿性活动。对团体成员而言,意识形态使之确信采取与集体一致的步骤和做法是合理的、应该的,由此实现团体内部成员间的团结协作。对其他团体以至整个社会来说,意识形态的作用在于使团体的行为披上代表全社会利益的外衣,表明其行为的合理性,减少其他团体的抵触,尽可能争取社会的认同与支持。对此,马克思和恩格斯论述说:"每一个企图代替旧统治阶级地位的新阶级,就是为了达到自己的目的而不得不把自己的利益说成是社会全体成员的共同利益。"对于团体行动而言,这一经典论述至今仍有适用性。某个企业把巨额资金捐赠给希望工程,初看起来,这是在增进社会其他人员的福利,细究起来,这实质上是在利用比广告更好的方式塑造企业形象和进行市场营销,是一笔回报丰厚的投资。因此,从这一角度讲,任何一种意识形态都不公开表明本团体行为的自我效用,而是强调团体行为效用的普遍性能够促进社会福利水平的提高。

第三,约束功能。任何一个成功的意识形态都必须克服"搭便车"的问题,其基本目的在于促进一些群体不再按有关单一的或短期的成本与收益的简单的、享乐主义的和个人的计算来行事。意识形态通过约束团体成员的行为,减少或克服集体行动中的"搭便车"机会主义行为的出现。"经济人"追求个人效用最大化的本性和组织对人的行为计量和约束的困难,必然造成人们"搭便车",即不付出成本去获取收益的倾向,从而产生偷懒、欺骗、偷盗等机会主义行为。要解决"搭便车"问题,主流经济学以传统"经济人"为假设的相关理论显得力不从心,诺思则用意识形态理论来弥补主流经济学的这一缺陷。意识形态能够修正个人行为,从而减少"搭便车"行为。成功的意识形态教育,有利于人们提高对诚实、信赖、忠诚、良心等的效用评价,从

---

① 罗必良主编:《新制度经济学》,太原:山西经济出版社,2005年,第728~733页。
② [美]道格拉斯·诺思:《经济史中的结构与变迁》,上海:上海三联书店、上海人民出版社,1994年,第53页。

而使个人"搭便车"或违反规则的行为减少。当社会形成一种有效和积极的道德风尚,大多数人能够自觉地信奉某种意识形态所提倡的价值观念和伦理道德时,就可以有效地克服和抑制人与人交往中的各种机会主义行为倾向。无论是在个人相互关系的微观层次上,还是在组织的意识形态的宏观层次上,意识形态都提供了关于过去和现在的整体性解释。正因为如此,意识形态能够纠正个人行为,减少"搭便车"现象。

第四,保持团体内部团结和稳定。意识形态通常是以某个团体的意识形态存在的,是团体成员共有的。因为它是团体成员共同拥有的认识,所以有助于团体成员彼此达成共识并采取一致的行动。在社会经济生活中,参加活动的个人要服从团体或社会的共同惯例与传统,也许对他们来说这些东西难以理解或不符合理性,但他们仍要服从,因此意识形态将使得人们能够和谐有效地在一起工作。此外,社会中存在着各种不同利益取向的团体,这些团体之间的关系在社会经济生活中或者是相互宽容、合作,或者是彼此对立、排斥。团体之间这种关系的形成有多种原因,但主要应归因于意识形态。作为认识和解释世界的工具,每个团体的意识形态都有一套符合团体利益的信念与价值观。基于不同的信念和不同的利益取向所形成的各团体意识形态上的差异,反过来会进一步影响基于利益取向的团体关系。需要指出的是,意识形态对社会团体之间的规范不是最终决定性的,只是第二性的。

第五,调节经济运行。成功的政治、经济单位总是与意识形态的发展相联系,这些意识形态会令人信服的使现有的产权结构和相应的收入分配合法化。传统理论认为,国家(或政府)与市场是调节经济运行的两种手段,但这种理论并不能完全解释人类整个经济史中的经济运行状况,即使在今天的农村地区,意识形态对经济运行的调节作用也是显而易见的。事实上,在原始社会早期,在既无国家,市场又极为脆弱的情况下,社会经济运行是靠什么调节的呢?在恩格斯看来,这主要靠意识形态,在研究易洛魁人的氏族时,他发现那里的"一切问题,都由当事人自己解决,在大多数情况下,历来的习俗就把一切调整好了"。① 而习俗在当时来说,恰好是意识形态的主要表现形式。在市场出现、国家起源后,习俗在经济生活中的作用并未消除,只不过其调节经济的功能大大减弱。但在市场与国家都调节不到的地区或领域,按照习俗来调节经济运行依然起主导作用。意识形态对经济运行的调节作用在康芒斯那里也得到了较为系统的论述。

第六,降低正式制度的执行费用。意识形态教育能使人们强化遵纪守法的意识,从而能减少强制执行法律的费用以及实施其他制度的费用。正如诺思所说,意识形态是减少其他制度安排服务费用的最重要的制度安排,一定的意识形态的伦理道德提高了人们遵循正式制度安排的自觉性,从而大大地减少了实施时的摩擦与冲突及监管费用。从维持国家的稳定性方面看,成功的意识形态可以使社会成员相信这个制度是公平的,并促使人们自觉地不违反规则和不侵犯产权。另一方面,如果要推翻现有秩序,必须要有成功的"反"意识形态。成功的反意识形态不仅要使人们确信他们的不公正是现行体制的一个不可或缺的部分,而且要使人们确信只有通过改变现行体制的活动,一个公正的体制才能到来。另外,意识形态在资源的非市场配置,如政治和司法程序中,具有重要作用。科斯认为,法院法官的判决活动与其说是在执行法律,倒不如说是在进行资源配置的活动,在这一活动中,当立法、协调和执行者面对众多选择时,意识形态便成为决定性因素。

---

① 《马克思恩格斯全集》,第 21 卷,北京:人民出版社,1965 年,第 111 页。

二、个人意识形态的特点

意识形态之所以具有上述制度性功能,是因为它是一种人力资本,它能帮助个人对他和其他人在劳动分工、收入分配和现行制度结构中的作用作出道德判断。而作为每个个体人力资本重要组成部分的意识形态,其又有区别于一般的、社会的意识形态的特点:

(1) 较大的意识形态拥有量能够减少消费虔诚的影子价格,①因此个人"搭便车"或违反规则的可能性较小,而他对周围的制度安排及制度结构是合乎道德的意识形态信念较强。

(2) 个人的意识形态是相对稳定的。收入分配、劳动分工或其他制度安排的变迁,并不立即引起个人意识形态的变迁。这是因为个人不能立即说出这种变迁是暂时的还是永久的,对个人而言也需要时间以剥除旧的意识形态资本。

(3) 如果发生永久性变迁,青年人会比老年人更快地投资来获得新的意识形态(即使他们的偏好相同),原因在于:一是一般来说老年人具有较多要剥除的意识形态资本,这需要时间和努力;二是老年人在投资方面的激励较少,因为剩下来积聚报酬的年数相对较少。

(4) 对现行制度安排合乎义理性的意识形态信念,能淡化机会主义行为。因此,意识形态还是能产生极大外部效果的人力资本。所以,任何政府都通过向意识形态教育投资来对个人意识形态资本积累进行补贴。

新制度经济学进一步指出,意识形态发挥制度性功能作用的程度取决于人们对虔诚商品的需求的大小。根据贝克尔的分析,个人用市场货品及服务、自己的时间、人力资本以及其他投入品来生产一套被定义为生活的基本方面的商品,其目的在于使他的偏好最大化。虔诚(边沁认为是十五种简单快乐中的一种)也是进入个人偏好函数的商品之一。生产虔诚这种商品的能力,尤其依赖于个人意识形态资本。个人意识形态的信念强,说明他的意识形态资本大,因而生产虔诚的影子价格低,他配置到虔诚上的时间边际效用高。为此,他会配置较多的时间来消费虔诚。诺思指出,大多数人投票是出于意识形态的考虑。分析表明,投票也是一种生产个人消费商品的活动。个人投票是因为投票生产他所看重的某种虔诚商品。但是,只有在他的收益超过成本时他才投票。虔诚也是商品,也要遵循成本-收益计算的原则。

第四节 意识形态与制度变迁

对于一个完整的制度变迁过程来说,其既要有制度变迁的发动者,也要有制度变迁的参与者,用诺思的语言来说,就是参与制度变迁的第一集团军和第二集团军。正是由于考虑到制度变迁参与者构成制度变迁的重要一极,且在制度变迁中发挥着重要作用以及他们发挥作用的独特性影响制度变迁的制度绩效,所以诺思把意识形态纳入了制度变迁的分析视野,并认为意识形态在制度变迁中的作用就是减少制度变迁和制度运行的成本。②

---

① 所谓虔诚(Piety),就是指对某物或某人深信不疑。这里的"虔诚的影子价格",是指对产品的市场供求均衡价格(或没有市场背景下的产品推算价格)的深信不疑。

② 本节分析主要参考:曾世宏:"意识形态在制度变迁中的作用:理论与模型",http://www.cenet.org.cn。

一、诺思等论意识形态与制度变迁

意识形态减少现行制度运行的成本,诺思是从制度变迁参与者对现存制度感知的角度分析的。诺思认为意识形态的形成,在一定程度上是人们纯粹知识的发展,知识发展的方式就会影响人们对周围世界的观念,因而会影响对世界进行的理论化解释和评价,这些反过来又会影响合约议定的成本。如果人们对现存体制规则结构的感知是公平和公正的,就会降低现行制度运行的成本,同样,在给定衡量和实施合约有成本的时候,如果他们认为体制是不公平的,则会提高合约议定的成本,从而提高制度运行成本。显然,在诺思看来,制度变迁是制度变迁发动者和制度变迁参与者一个不断签订合约的过程,制度变迁成本的减少是通过制度变迁参与者的意识形态影响合约的签订和实施而进行的。在这里,制度变迁参与者的意识形态与制度变迁发动者的意识形态还没有发生重合,也就是说,制度变迁发动者没有把占统治地位的意识形态传递给制度变迁参与者,制度变迁成本的减少是建立在制度变迁参与者以自己的价值判断来感知现行的体制规则是否公平和公正,如果是公平的,就会自觉遵守合约的执行,否则,合约的签订和执行的成本,即制度运行的成本就会高昂。之所以会出现这种制度变迁的成本有条件的减少,主要是因为制度变迁发动者的意识形态还没有渗透到制度变迁参与者的意识形态中,没有发生重合和共鸣,从而没有形成共同的价值观和判断标准。要使制度变迁成本无条件的减少,必须使制度变迁发动者和制度变迁参与者对现行或者未来的规则有共同的价值观和判断标准,这就必须要求制度变迁发动者对制度变迁参与者进行意识形态的灌输。这是诺思的意识形态理论所没有分析的,林毅夫对此进行了独特的分析。

林毅夫在"关于制度变迁的理论:诱致性变迁与强制性变迁"一文中,分析了意识形态对于减少制度变迁与制度运行成本的作用。他认为,意识形态是一种节约认识世界费用的工具,随着世界的改变和个人经验的积累,个人对世界公平与否的看法也会改变。因此,要使意识形态有效率,必须相当好地合乎个人对世界的经验,成功的意识形态必须足够的灵活,不仅能赢得新团体成员的信赖,而且能够保持老团体成员的忠诚。为此,林毅夫提出了意识形态的人力资本理论:较大的意识形态拥有量能减少消费虔诚的影子价格,个人"搭便车"或违反规则的可能性因此会较小,而他对周围的制度安排及制度结构是合乎道德规范的意识形态信念就较强;个人的意识形态一旦形成,就会比较稳定,收入分配、劳动分工或其他制度安排的变迁,不会立即引起个人意识形态的变迁;对现行制度安排的合乎理性的意识形态信念,能淡化机会主义行为,所以,意识形态是一种能产生极大外部效果的人力资本,任何政府应通过对意识形态教育投资来对个人意识形态资本积累进行补贴,这将会减少制度变迁和制度运行的成本或相对价格。林毅夫的意识形态人力资本理论,很好地解释了有效率的意识形态为什么会减少现行制度运行的成本以及这种意识形态获得的途径。但是,有效率的意识形态为什么也能够减少制度变迁过程的成本呢?意识形态的人力资本理论似乎没有解释。关于意识形态为什么能够减少制度变迁过程的成本,新制度经济学家是通过引进制度理性预期来加以说明的。

阿夫纳·格雷夫分析了文化信仰对制度变迁的影响。他认为文化信仰为制度变迁提供激励,是因为文化信仰影响到制度变迁发动者发动制度变迁的动机。制度变迁发动者之所以要发动制度变迁,是要预期从制度变迁中获取收益,这些预期取决于文化信仰,不同的文化信仰可能导致不同的制度变迁的轨道。他认为,对制度变迁作出解释时,把文化信仰和价值观念排出在解释变量之外,这种做法可能会妨碍我们理解制度变迁,可以说,无论文化信仰抑或价值观念都会通过正式的社会结构如法律，或者非正式的社会结构如共同遵守的社会行为规范，或者它们的相互作用来影响制度变迁发动者的预期利益。意识形态的制度理性预期理论只是说明了制度变迁发动者为什么要充分发挥文化信仰和价值观念在制度变迁中的作用，是因为意识形态能够给他提供激励，带来预期利益，但没有说明为什么制度参与者也一定要接受这种意识形态。

西奥多·舒尔茨通过研究也发现，一个社会中各种不同的政治经济制度安排的确立和变动，都是由那个时代占统治地位的社会思想诱发和塑造的。如果占统治地位的思想是在一个范围广泛且受过不同训练的社会科学家之间经过充分的相互作用和商议的结果，且这种社会思想被政治代理人充分肯定，作为一种宣扬制度变迁的社会意识形态被制度变迁参与者接受，那么政治代理人发动的政治经济制度变迁所遇到的阻力和危险性就会减少，而且会给制度变迁发动者和制度变迁参与者带来预期的制度变迁利益。

通过对以上最具代表性的意识形态制度变迁理论的分析和评价，可以得到一个相对完整的意识形态制度变迁理论：意识形态是一种节约和减少制度变迁和制度运行成本的工具，包括文化知识、理想信仰和价值观念。意识形态能减少现行制度运行的成本，是因为制度变迁发动者倡导的意识形态使制度变迁参与者对现行制度运行有合乎理性的认识和获得现行收益，从而减少了制度变迁参与者的机会主义行为。意识形态能减少制度变迁过程的成本，是因为制度变迁发动者倡导的意识形态使制度变迁参与者积极吸收，制度变迁发动者和制度变迁参与者都能够在制度变迁中得到预期收益。所以，制度变迁发动者应该加大意识形态的教育投资来对制度变迁参与者个人意识形态资本积累进行补贴。

二、意识形态对制度变迁的正向功能

意识形态的这种作用和功能主要是通过制度变迁发动者和制度变迁参与者反复博弈，获得一致利益来实现的。制度变迁发动者要通过向制度变迁参与者进行意识形态的灌输，让制度变迁参与者相信即将发生的制度变迁能够给他带来预期的收益，只有这样，制度变迁才能比较容易地获得成功，因此，制度变迁成功发生的必要条件是制度变迁发动者和制度变迁参与者有一致性的意识形态。

不论在哪个社会，一致性意识形态的形成都是一个社会稳定的基石。当然，这种一致性的意识形态对一个社会的经济发展、社会进步的作用既可能是促进的，也可能是阻碍的。一般而言，意识形态对制度创新或制度变迁的正向功能主要表现在如下三个方面：

第一，意识形态创新往往会作为某个制度变迁的先导力量而发挥作用。这种意识形态创新可以是新生利益集团根据其生存环境和奋斗目标的需要而构建或独创的，也可以是既定制度下主张改革的利益集团从旧有的意识形态的意蕴和张力中，经过经典文献的重新解读和话语体系恰当转换以及价值排序的适当调整而发生和延展出来的（例如，中国市场化改革过程中意识形态创新就是这样做的）。不过，无论创新的意识形态是怎么得来的，对于制度创新来说，它都发挥如下两个方面的基础性作用：一是对旧制度的合理性进行全方位的反思和解构，使人们确信现存的一切不合理现象都是由现存的制度带来的，不改变这制度人们就没法摆脱困境；二是为新制度的创新提供相应的指导思想或构建相应的理论模型，并藉此向人们指明新制度将带来的美好前景以及实现这一美好前景的正确途径。总之，任何意识形态创新总是首先作为制度创新的先验模式而存在的，其基本功能在于为新制度的创新进行广泛的社会启蒙和舆论宣传，即准备必要的思想条件。

第二，新的一致性意识形态在制度变迁中的根本性作用还在于寻求对变革的合法性支撑，并保持变革社会中秩序的稳定。历史经验证明，任何不具有合法性（合理性和正当性）的制度变革，都会因为得不到民众的支持而归于失败。因此，变革者发动制度变革的第一步就是要从民众那里获得合法性支持或默许。而意识形态宣传正是获取这种合法性支持的有效工具。历史经验同样证明，任何在理论上具有合理性和正当性的既定社会制度下的制度变迁，如果缺乏相对稳定的社会政治环境，就很难进行下去，甚至会因此导致社会动乱。而制度变迁中的社会秩序，一方面要靠制度创新收益的不断社会化分享来支撑，另一方面要靠一个主流意识形态的不断创新及其整合功能及时而有效地发挥来塑造。这两个方面都离不开政府的作用。特别地，在一个不可能人人受益而无人受损的制度变迁过程中，有一个官方的主流的和不断创新的意识形态在起作用，既可以通过其特有的防御性功能过滤掉有害于变革中社会秩序稳定的因素，又可以通过其特有的意向性功能把人们（特别是当前受损者）的目光引致到美好的未来（新制度完善时），从而使制度变迁中必然发生的利益集团冲突及其相应的意识形态冲突能在一定程度上得到及时有效的整合或缓解，进而使制度变迁始终具有相对稳定的社会政治环境。

第三，一致性意识形态还可以通过减少可供选择的制度品种、节省谈判费用（或缔约成本）、抑制制度变迁过程中相关行动主体的"搭便车"行为等来降低制度变迁的总成本（或交易费用），使潜在的有效的制度创新能够得以发生和实现。任何潜在的制度创新得以发生的一个必要的前提条件是制度创新主体（无论他们是谁）的成本要小于制度创新的收益。制度品种的选择成本、相关制度主体的谈判成本以及制度变迁中相关行为主体"搭便车"成本构成了制度创新成本的主要方面。如果这方面的成本足够的高，则潜在的有效的制度安排便会因为受到成本的约束而不能发生。而一致性意识形态则可以通过减少可供选择制度品种数量、节省制度创新过程中的谈判费用以及克服人们在制度变迁中普遍存在的"搭便车"行为（即既想从新的制度安排中获得好处，又不想为此付费或付出代价的机会主义行为），使潜在的有效的制度创新在绝大多数情况下都能实际发生。一致性意识形态之所以能发挥上述作用，是因为一致性意识形态作为一个整体性的世界观和社会共识，不仅是任何集体行动中节省信息费用的有效工具，也是任何社会中克服人们按短期的纯物质主义的个人成本与收益计算行事的有效社会安排。

制度变迁有自己的路径依赖，这是由制约意识形态的各种因素及制度变迁发动者和制度变迁参与者的初始条件决定的。意识形态具有刚性，即它不容易被接受，由于人们的生活目的、外界环境的影响以及个人的性格、气质和偏好不同，这些都可能制约制度变迁发动者的意识形态灌输效果。排斥、抵触的逆反心理使得制度变迁发动者对意识形态的灌输量并不与制度变迁参与者对意识形态的拥有量成正比，而是在不同时期呈现边际收益递增、不变和递减的效果，从而进行意识形态灌输的时期和方式变得可选择。同样，意识形态一旦被接受，也不容易改变，被内化成人们的理想信念和价值观念，最后又外化成人们立身处世的价值判断和行为标准。如果制度变迁参与者对制度变迁发动者权威的合法性和现行制度安排的公平性有较强的确信，那么制度变迁和制度运行的交易费用就会降低。因此，制度变迁发动者要发展一种服务于他们利益目的的意识形态以及投资于教育使制度变迁参与者能够受到这种意识形态的谆谆教诲，并保证他们在制度变迁中获得预期的制度变迁收益，这是克服制度变迁路径依赖的最佳政策选择。

第五节　意识形态与经济增长

意识形态与经济增长之间存在着双重作用:成功的意识形态可以促进经济增长;相反,当现实经济发生变化,而原有的意识形态由于种种原因却变化滞后,这时意识形态就会成为经济增长的绊脚石。

一、意识形态对经济增长的促进

诺思的研究发现,通过比较25个国家的交易费用的高低,并对此进行回归分析,可以发现高收入国家的单位交易成本较低,而低收入国家正好相反。交易费用的高低取决于现实世界中的制度,包括正式制度和非正式制度,取决于具有强制性特征的正式和非正式规则的执行情况和特点。制度建立和变迁的主体是组织和社团,它们建立公共规则和权利,并由此形成制度的框架和结构。在社会经济发展过程中,意识形态起着重要的作用,成功的意识形态的作用一般具有以下几个特征:

第一,意识形态可以简化决策过程从而节省交易费用。随着专业化的不断深入和交易的不断扩大,使得人们之间的交易费用不断增加。这里涉及两个费用:一是衡量费用,衡量是对商品和劳力的品质和性能进行检查、监督和评估,没有相应的衡量形式和体系,所有权不能建立,交易也不可能进行。二是遵循费用,如果违约都可以不受损失地得到交易收益,就会产生一系列问题,诸如逃税、欺诈、敷衍塞责、投机取巧。因此,为确保交易的安全,必须由国家设立一套完整的法律体系。如果国家作为交易的第三方,发展一套作为公共物品的法律体系并督促法律得到全体公民的遵循,也就是建立一套非人格化交易体系,这样交易双方用于谈判和履行的费用便会大为减少。因为国家已为交易各方明确规定了交易规则,从而降低了交易费用。但是,衡量需要费用,而且其费用随衡量的精确度而提高;另外,遵循费用也因为逃税、欺诈、敷衍塞责、投机取巧而变得十分高昂。

总而言之,由于对交易实施约束行为所需费用十分高昂,衡量和遵循都必须付出代价,因此,如果没有一套思想理念和价值体系对追求个人利益最大化的行为实施约束,任何政治、经济组织都会受到严重威胁。这就需要一种价值体系,用于说明现行制度的正义性和合法性。由此可见,意识形态是一种节约交易成本的机制,它有助于实现交易双方决策过程简化,并促进社会稳定发展。

第二,意识形态有利于克服"搭便车"问题。"搭便车"是新制度经济学家探讨的一个重要问题。在他们看来,产权界定不清、外部性、公共物品的存在都是"搭便车"产生的根源。现代经济学分析表明,经济活动中的人并不是完美无缺的,一般说来,人都希望以最低的成本(或代价)获得最大的利益。若能搭上"便车"那么成本就最低了(有时几乎为零)。但是这种成本的降低是建立在别人成本提高基础上的。"搭便车"现象越普遍,整个社会的经济效率就越低。人到底是性本"善"还是性本"恶"是经济学家和哲学家都在探讨的一个问题,但是人的有限理性、人的"搭便车"倾向却是客观存在的。从界定产权、减少外部性、加强对公共物品的管理等方面入手有利于克服"搭便车"问题,但这些还不能完全克服"搭便车"的问题。而意识形态,按照诺思的说法,作为人们解释他们周围世界时所拥有的主观信念(即模型和理论),无论在个人相互关系的微观层次上,还是在有组织的意识形态的宏观层次上,它都提供了对过去和现在的整体性解释。正因为如此,意识形态能够修正个人行为,减少或克服集体行动中的"搭便车"倾向。进一步讲,关于公平和平等的意识形态影响着个人在产权形成中或政府分配与执行中进行讨价还价时采取的立场。

第三,意识形态能在一定程度上解决非市场机制的资源配置问题。即使是在当代发达的市场经济国家里,资源配置也是由市场配置机制与非市场配置机制构成的。例如企业内的一些经济活动、家庭内的大多数经济活动都是由非市场配置机制决定的。市场配置机制是由供求关系、价格等因素构成的,而意识形态在非市场配置机制中起着举足轻重的作用。在社会主义传统计划经济体制时期,意识形态在社会经济生活中所起的巨大作用就是一个佐证。统一的意识形态替代了价格、市场在资源配置中的作用。而即便是在市场经济体制国家,市场在资源配置方面的效率并不一定比非市场的效率高。在各自发挥作用的范围内,市场配置和非市场配置具有同样的效率。

另外,意识形态在诸如司法和政治等程序中也具有非常重要的意义。诺思就指出,法院法官的活动与其说是执行法律,不如说是在配置资源,在这一活动中,当"立法、协调和执行者面对众多选择时,意识形态就成为决定性因素"。[1]

如前所述,意识形态是能产生极大外部效果的人力资本,具有相对的独立性,并通过许多方式世代相传。而人力资本是一种生产要素,可以为它的拥有者带来收入,所以从这个意义上说,人力资本是一种能够带来财富的、稀缺的经济资源。一个社会的意识形态人力资本越丰富,资源配置的效率就越高。这是因为作为人力资本的意识形态减少了是与非、善与恶、美与丑等若干价值判断与行为判断从而达成"一致同意"的信息费用与谈判费用。

第四,成功的意识形态还必须是灵活的,具备包容性和全局性,必须为更多的人所共识、认可或接受。同时它还应该是开放的,从而可以减少集团之间的摩擦,促进社会协作,提高社会合作效率。

为什么成功的意识形态有助于维持现存秩序?这是因为维持现存秩序的成本与现存制度的明显合法性有关,而合法性由意识形态来巩固和证明。成功的意识形态可以使社会成员相信现行制度是公平的,并促使人们自觉地不违反规则和产权,将大大减少对规则和产权的执行费用,从而维持现存制度的成本便会降低,人们的"搭便车"行为将大大减少。

诺思举例指出:如果每个人都相信公民住宅"神圣不可侵犯",房屋便不需关门闭户,即使空着也不必担心有人盗窃或故意破坏;如果一个美丽的乡村被认为是公共物品,个人就不会随地丢抛杂物;如果人们相信民主政治的价值,他们就会把投票当作一项公民的义务来履行;契约就会像在法律上那样,同样在精神上受到当事人的尊重。由是观之,一个国家要维持相对稳定性,使公民不成为"搭便车"者,就要反复用灌输的方法使公民接受一套价值观念即意识形态。当然,政府这么做是要花费一大笔费用的。

如果占支配地位的意识形态旨在使人们相信现存的制度与正义是共存的,相应地使人们出于一种道德感来遵守这些制度,那么一种相反对立的意识形态要获得成功,它的目标就要使人们确信他们众目睽睽的不公正是现行体制的一个不可或缺的部分,只有通过人们参与改变现行体制的活动,一个公正的体制才能到来。不仅如此,成功的对立的意识形态还要为未来的公正制度描绘出一幅可信的令人向往的图景,指出现行制度的不公正不仅已由不同集团所觉

---

[1] [美]道格拉斯·诺思:《经济史中的结构与变迁》,上海:上海三联书店、上海人民出版社,1994年,第62页。

察,不同社会当中的知识分子企望改变现存制度的愿望紧密联结起来,并且还要提出摆脱这些不公正的乌托邦计划和行动的指导原则。

第五,意识形态能在一定程度上降低社会经济运转的费用。一部人类社会经济发展史在某种程度上就是一部在摩擦、矛盾中运转的历史。正因为如此,相同或相似的意识形态是民族国家形成的重要原因之一。相似的意识形态能够减少社会经济生活中的摩擦或矛盾,从而降低社会经济运转的费用。当社会成员相信这个制度是公平的时候,由于个人不违反规则和不侵犯产权,那么规则和产权的执行费用就会大量减少。

第六,意识形态能直接促进或阻碍经济发展。诺思指出如果现实中正式经济制度变革(创新)是为了获得潜在利润,那么就可以认为,一种意识形态及其变革如果与现实中的经济变革相一致,它就会促进经济发展。这种促进作用表现为:一是能有效地发现或识别潜在利润;二是迅速达成制度变革的一致同意,减少谈判费用;三是迅速产生集体行为,降低组织费用;四是对新制度的认同,从而降低其运行成本。

如果意识形态与现实经济变革不相容,则会阻碍经济发展。这种阻碍作用源于以下几个方面:随着经济增长及与之相伴随的制度不均衡的出现,意识形态和现实之间的缝隙在加大。然而为了恢复均衡而推动新的制度安排,必须改变原有的意识形态,这可能会伤害社会团体中部分团体、个人既得利益的合理性、合法性。这样,这部分人可能就不会去创造新的制度安排而是维护无效率的旧制度,与此同时也会维护旧的意识形态。

二、意识形态对经济增长的阻碍

由于意识形态是人们长期积累并世代相传的结果,新的意识形态与过去有一定的渊源和联系。每一种意识形态都会通过边际革命的方式而渐变,一旦一种意识形态的变迁跟不上现实世界的发展,或者说它不能对已经变化的事实或经验给出一套更合理的解释,意识形态就表现出滞后性,从而沦为一种保守力量。结果意识形态与经济增长之间的缝隙越来越大。

除此之外,现实社会也并非一个同质社会,而是由许多利益集团构成。不同的集团往往意识形态也不同,由此可能导致相互约束甚至损伤,增加社会动荡以及社会运行费用,影响经济发展的绩效。意识形态对经济增长的阻碍主要表现在以下几个方面:

第一,抑制创新。经济增长是制度创新和技术创新的结果,创新的实质是旧的制度、组织以及为之辩护的意识形态被打破,因此创新必定会遭受到旧的利益集团的反对和压制。另一方面,新的制度安排会伤害统治者权威的合法性,统治者成为新的意识形态的主要反对者。例如,欧洲中世纪宗教裁判对其所认为的异端的迫害、中国历史上封建统治者对民众思想的禁锢都是压制创新的典型例证。

第二,破坏正在变革中的团体存在的合法性。意识形态一方面可以保证团体内部的稳定性,另一方面随着团体内部变革的进行,由于意识形态变化滞后,使之与正在出现的团体的新功能、新结构不相吻合,否定正在出现的新的制度和组织。

第三,造成团体成员的分裂,阻挠集体行动,增加经济运行的交易成本。意识形态变迁的滞后造成了新旧两种意识形态的斗争,使原来意识形态下的稳定关系出现裂痕,希望保存既得利益的集团会借用原有的意识形态证明自己地位的合法性。而希望改变利益分配格局,通过改革获得利益增长的团体则会发展出一套新的意识形态,用以反对和替代原有的意识形态。新旧意识形态的斗争分裂了集团,阻挠了一致的集体行动,从而增加了交易费用,降低了经济效率。

【案例 6-1】

正式制度、非正式制度与商业资本转化
——论中国历史上商业资本向土地资本转化的原因

中国历史上曾经出现过许多著名的商人和商帮,他们在商业流通领域纵横捭阖,赚取了巨额的商业利润,这些商业利润除了一小部分作为追加资本继续用于扩大商业经营之外,大部分却从流通领域中游离出来,不是不断地向产业资本转化而是向土地资本转化并沉淀在土地中。这些商业资本为什么总是不断地向土地资本转化呢?

一、正式制度安排与商业资本转化

有学者认为,商业资本转向投资土地的根本原因是由于土地的投资回报率高于商业利润率。然而,历史真实却并非如此。对于土地回报率,学术界流行的观点却是,越是到了封建社会后期和近代时期,投资土地的回报率越低。据曹幸穗研究,到了近代后期,投资土地的最高利润率只有13.3%,而工业、商业投资的平均利润率则在40%左右,远远高出土地投资利润率,因此,从回报率而言,对大多数人来说是不可能指望通过来自土地的收入而不断增加财富的。① 也就是说,中国历史上(尤其是前近代时期)商人们趋之若鹜地投资于土地,显然不是土地投资收益率高的诱致,而应该是别的因素。那么这个因素可能是什么呢?新制度经济学理论告诉我们,制度才是决定一切经济活动是否发生的最重要因素,不同的制度,不仅会形成不同的发展模式,而且也将造就不同的经济形态。

一个社会的制度,有正式制度与非正式制度之分。而正式制度则总是由国家权力部门供给出来的。一般而言,国家确定规则又是以使统治者及其集团的收入最大化为目标的。从对商业资本不断向土地资本转化的影响来看,最重要的正式制度安排有三个:

一是重农抑商制度安排的影响。重农抑商肇始于春秋时期,自秦朝始作为全国正式的制度安排,一直实施到20世纪初的"清末新政"时期才被废除。虽然重农抑商制度安排并没有完全阻止住人们经商的步伐,但在重农抑商制度安排下,商人经商所获得的财富则总是经常受到政府和权力部门的侵扰。为了避免更大的损失,人们在经商赚取了一定的利润后,总是有意无意地转向土地投资。另一方面,在中国历朝历代全力推行重农抑商制度的同时,统治者还大力推行官方垄断商业的禁榷制度,打压商人们的市场生存与盈利空间。所谓禁榷,就是对关系到国计民生、利润高的行业实行产、供、销一体化政府独营,在官控生产的基础上,由官办商业专门从事商业经营,承销官办工场、作坊和种植园等官办生产单位生产的产品,并包揽从进货到零售的全部商业经济活动。它是一种用行政方法管理经济的行为,不可能符合市场经济的原

---

① 有学者根据曹幸穗的研究,进行了这样的描述:直到近现代时期,中国的农业资本回报一直高于工业的资本回报,这可以从1949年以前南方大量存在的不在村地主现象得到证明。不在村地主指的是那些住在城镇,但拥有土地的人。这些人之所以到农村购买土地,而不是投资工商业,主要是因为土地的平均回报率高于工商业的平均回报率。江南地区的工商业在全国最发达,其回报率尚低于农业,其他地区的情况可想而知。……高额的土地回报诱使人们投资农业,工业因此缺少资金,无法发展起来。相反,欧洲由于人口密度低,较低的农业水平也足以支撑人口的增长,工业回报因此高于农业回报,资金向工业集中(姚洋:"高水平陷阱——李约瑟之谜再考察",《经济研究》2003年地1期。实际上,曹幸穗的研究并没有讲投资农业比投资工业的回报率高,而是恰恰相反(曹幸穗:《旧中国苏南农家经济研究》,北京:中央编译出版社,1996年,第47~48页)。

则,制度建立的目的能够最大限度地控制和支配社会经济生活,根据统治阶级的利益最大化对经济运行进行干预,抑制民间工商业的发展,维护社会秩序。禁榷制度下官府控制的都是生活必需的盐、铁、茶等生活必需品,需求价格弹性小,利润通常很高。普通商人无法染指,以法规在行业进入时树立了不可逾越的壁垒,从而大大挫伤民间商人在流通领域追求最大利益的信心。

二是产权保护制度缺失的影响。在制度变量集合中,产权关系的作用最为突出。它是主要的约束因素。产权明晰,将为有效率的经济组织的正常运行提供条件,进而"形成一种刺激,将个人的努力变成私人收益率接近社会收益率的活动。"产权不明晰,私人经营产业就没有合法的保障,行为人的交易行为不能受到保护,就不可能一心追逐利润。而中国恰恰始终没有建立起完整的财产权利,政治上对财产的观念是"普天之下莫非王土,率土之滨莫非王臣。"如果从中国制度变迁的长期过程中观察,历朝所推行的"均田制"改革、历代农民起义"均贫富"的呐喊以及改朝换代时对土地的大规模地重新分配的背后都掩藏着残缺的产权保护制度。而作为国家与社会相互协商、妥协结果的制度化安排,法律体系结构最能反映一国产权保护装置所达到的水平。中国的封建社会几乎不存在有关财产权利保护的法规。学者们的研究表明,中国封建社会的法规以刑法为主。对于民事行为的处理,要么没有做规定(例如契约行为),要么以刑法加以调整(财产权、继承权等)。而对于受到国家损害的个人或团体利益,法律根本不予保护。法律的出现,既不维护传统的宗教价值,又不保护私有财产,其基本任务是政治性的,是国家对社会施行更加严格的政治控制的手段。由于缺乏产权保护的法律装置,那么社会的技术进步与投资欲望就会受到遏制,"即使发了财的人也宁将财富用于购置地产和兴办教育,而不投资发展早期工业。"

三是货币制度混乱的影响。在西方国家,货币的出现是颠覆封建领主经济的重要力量。货币的价值尺度、支付和贮藏的职能使货币获得了不可替代的地位,它的出现是工商业经济顺利发展的先决条件。统一、稳定的货币制度,是商人从事商品流通克服地域限制、不断扩大其活动范围,进行商业资本积累的前提和激励因素。由于中国没有确切的货币本位制度,货币具有的地方性造成了混乱的货币制度。尽管白银一直是最主要的流通货币并广泛流通,但仍不具备当时本位货币的条件。据记载,康熙、乾隆年间官私出入皆用"纹银",而商民行使的十成、九成、八成不等,交易时按十成核算。除此之外,民间尚有各种名色,如江南有元丝银、湖广有盐撒银、云贵有茶花银等,名色不一,极为混乱。即使到了近代时期,货币混乱的状态也没有丝毫改变。这种混乱导致交易成本的居高不下,阻滞了商业的发展。此外,到了前近代时期,币制改变的频率加快,致使商人积累的大量货币财产丧失。虽然当时实行的是以银为主、银钱并用的银两制度,但银钱比价长期的摇摆不定以及银贱钱贵、钱贱银贵相交替,成为了货币制度方面最复杂的问题。这种人为造成的商业经济壮大和繁荣的制度环境的残缺,直接影响着商业经济的发展壮大。混乱的货币制度环境,把商人限制在了有限的地理空间内;币值的不断变更,使得商品交易用货币进行支付,也包含了一定风险。这对商人现有资本的使用决策有不可忽视的引导作用。

二、非正式制度与商业资本转化

影响个体行为的除了正式的制度安排之外,还有非正式制度。非正式制度是人们在长期交往中无意识形成的,具有持久的生命力,并构成代代相传的文化的一部分。它包括价值规范、道德观念、风俗习性、意识形态等因素。而对中国商业经济发展抑制、约束的核心则是儒家伦理思想的一整套价值规范,它包括农本思想、家族制度和重义轻利等价值观念。这也正是封建统治阶级实施其正式制度设计约束的哲学基础。就促进商业资本向土地资本不断转化而影响最大的非正式制度而言,主要表现在:

首先是农本思想对商业资本向土地资本转化的影响。农本思想不仅是与重农抑商正式制度安排相伴相随的,而且农本思想的日益强固还正是重农抑商正式制度安排实施的结果。《管子·权修》记载说:"上不好本事,则末产不禁,末产不禁,则民缓于时事而轻地利,轻地利而求田野之辟,仓廪之实,不可得也。"这里所说的"本事"即是指农业生产。随着历朝历代重农抑商制度的严厉执行,轻商业、重农本已逐渐成为整个社会的主导性意识,农本意识的强化,自然也加强了人们对土地的认同,以致人们普遍认为"凡置产业,自当以田地为上,市廛次之,典当铺又次之。""农本"思想的深入人心,使得商人们即便获得了巨额的商业利润,也不肯放弃土地所能带来的微薄利益。而一旦商业上的收益不再丰厚或者不能稳定地获得利益时,他们首先想到的还是回到土地去。土地在商人眼中是可靠的储备财产,是可以带来稳定收益的摇钱树,正所谓"以末致富,以本守之"。

其次是宗法观念对商业资本向土地资本转化的影响。中国的传统文化一贯注重集体的发展,尤其儒家伦理文化从一开始就是以家庭宗族的血缘关系为本位的。个人的自由发展、开拓性的商业行为都被放到了次要的位置上。个性的被束缚使得这些商人只能从宗族那里找到精神上的动力,而无法通过个性的扩展去促进自身的发展。他们的精神支持都是宗族主义的,不可能离开宗族。孙中山曾说:"中国人最崇拜的是家族主义和宗族主义,所以中国只有家族主义和宗族主义,没有国族主义……中国对于家族、宗族的团结力非常强大,往往因为保护宗族起见,宁肯牺牲自家性命。"虽然商人开始从商的目的可能是出于理性经济人的考虑,使个人的利益达到最大化,然而,当他们一旦致富并有所积累后,对这些商人们而言,以财力支持家族的兴旺发展(即所谓的"光宗耀祖")就变得异常重要了。这是因为在宗法制下,谁在"尊祖、敬宗、收族(或睦族)"活动中表现突出,谁死后就能入主祠堂,名垂宗谱,受到本族后辈的敬仰,为了适应宗法制的需要,商人们在经商致富后,在捐资修祠堂、族谱的同时,又大置祭田、祠田、义田、义家等以为宗族的公产。

再次是传统的义利观对商业资本向土地资本转化的影响。中国传统"义利观"主张重义轻利,"万事莫贵于义","义者正也"。认为天底下没有什么比"义"更重要的了,"义"代表着正义和公正。并提出了所谓"君子喻于义,小人喻于利"的君子、小人的区分标准。人们不能追求"利",否则就是为社会不齿、为世人不容的"小人"。既然"义"是如此的重要,那么,想做"君子"的诸君不仅不能再讲"利",而且为了"义",应该"舍生取义"。孟子说:"鱼,我所欲也,熊掌,亦我所欲也;二者不可得兼,舍鱼而取熊掌也。生亦我所欲也,义亦我所欲也;二者不可得兼,舍生而取义者也。"把"义"看得比生命还重要,那还奢谈什么"利"呢?对"义"的过分强调,使得人们不愿、更不敢去谈论或追逐"利",商人们在追逐到一定的"利"后,在整个社会重义轻利的氛围重压下,为了避免成为被社会所诟病的逐利"小人",纷纷加速商业资本向土地资本的转化而"购田置宅"。虽然明朝以后,由于大儒王阳明等倡导"四民(士农工商)异业而同道",轻商的传统价值观念有松动的迹象,但以价值系统而言,商人始终是四民之末,即使到19世纪以后,轻商的传统偏见依然继续存在,商业资本向土地资本转化的步伐不是放慢而是更加加快。究其原因,就是因为"当时还没有产生足以吸引地主资金的工商投资环境。"

最后风险厌恶的本性也促进了商业资本向土地资本的转化。如果把商人看成是风险的厌恶者,其厌恶风险的程度随偶然性的增加而增强,这样就存在一种进一步偏向于更为确定的结果的活动的倾向,而避开那些报酬变化很大的活动。由于利润的预期值在那些没有人从事的高变异活动中要高于低变异活动,如果有能够克服厌恶风险倾向的机制被创新,总利润可能增加,或使得风险的结果相应于所获取的收益表现得更加稳定,人们当然愿意从事高变异活动。然而,真实的经济活动却并非如此。由于诸多的不确定因素的存在,商人选择一部分报酬较为稳定的地租收入,把"分散化"思想引入其投资函数,就能达到使总利润增加或所获得的收益更加稳定的效果。当农地价格逐步上升、米价随之上涨时,商业资本将不可阻挡地会流向土地。商人对风险厌恶的结果加速促进了商业资本与封建地租的结合。

商人投资土地,很大程度上并不是出于对利润最大化的要求,而是在正式、非正式制度的重重约束下,为了谋求生存、保护自身利益。表面上似乎商人们有选择、组合投资方向的自由,实际上正式、非正式制度安排则早已从大的环境上约束了其投资的方向。表面上看起来商人们的选择是个别、自主的行为,但实际上却具有普遍性和一般性。

按照制度经济学的论述,制度就是集体行为控制个体行动。一方面,作为个体独立存在的民间商人,对于统治阶级的强制性制度安排,不具备与其谈判的能力。纵然商人们对现行制度有着强烈的不满,对自身权利具有普遍的需求,而他们一盘散沙式的自主经营方式,使他们无法形成有共同目标、共同利益要求的商人阶级,以要求可能带来预期收益的制度创新。另一方面,根深蒂固的"农本"思想、宗法观念和"重义轻利"的价值观等非正式制度安排,又从社会价值观上规定并局限了商人们行为的可能性边界,从而使得投资土地成为商人们必然的选择。

商人们将商业资本转化为土地资本的行为,给中国社会的发展及其进程所带来的影响是十分深远的。大量商业资本投资于土地,不仅大大削弱了工商业自身的资本积累,而且还使商业资本与产业资本相结合受阻,直接影响了产业革命的发生,因此,从这个角度讲,如果没有来自外界的冲突,在中国的封建社会,要像西方国家一样,单纯依靠商人阶层推动制度的变革则是根本不可能的。

资料来源:杨德才:"正式制度、非正式制度与商业资本转化",《福建师范大学学报》,2006年第6期。

本章小结

本章主要探讨作为新制度经济学三大理论基石之一的意识形态理论。第一节主要探讨意识形态的内涵及其基本特征;第二节分析了促进意识形态形成与变化的一些因素;第三节就意识形态的制度性作用进行了详细分析;第四节探讨了意识形态对制度变迁的影响;第五节分析了意识形态在经济增长过程中的作用。

关键术语

意识形态　　囚徒困境　　搭便车　　非正式制度

本章思考题

1. 简要分析意识形态的基本特征。
2. 以"囚徒困境"为例,分析意识形态是如何形成的?
3. 意识形态的制度性作用有哪些?社会的意识形态与作为个体的人力资本的意识形态有什么区别?
4. 如何分析意识形态对经济增长的影响?

学习参考资料

[1] [美]道格拉斯·诺思.经济史中的结构与变迁[M].上海:上海三联书店、上海人民出版社,1994.

[2] 罗必良主编.新制度经济学[M].太原:山西经济出版社,2005.

[3] [美]丹尼尔·贝尔.意识形态的终结[M].南京:江苏人民出版社,2001.

第七章 社会资本理论

学习目标

1. 了解各门学科是如何理解社会资本的。
2. 掌握社会资本的划分及其类型。
3. 了解社会资本的特征及其形成。
4. 了解社会资本的作用机制及其对经济增长的影响。

为什么具有类似自然禀赋和物质资本的国家的经济增长率和个人平均收入水平却相差甚远？为什么生产要素投入上的质量和数量的差异不能全面解释经济绩效上的差异？从20世纪80年代开始，人们又将新的研究焦点放在了对个人交往的影响（微观和中观层次）以及制度的作用（宏观层次）上，提出了"社会资本"概念，并形成了颇具影响的社会资本理论。该理论的提出对解释各国经济发展绩效的差异具有决定性意义。

第一节 社会资本的涵义

社会资本作为一个经济学术语，传统上被广泛理解为与个人资本相对应的一个纯粹经济学概念。① 但自1980年法国社会学家皮埃尔·布迪厄（P. Bourdieu）在"社会资本随笔"一文中再次重新界定"社会资本"这个概念以后，社会资本开始成为一个重要的社会学概念，而到后来，随着越来越多的跨学科的学者加入讨论，其又成为一个重要的政治学概念和广泛使用的跨学科的概念，它的内容也逐渐发生了重大的变化。正如有的学者所指出的："在社会资本身上，历史学家、政治学家、人类学家、社会学家和决策者——及各个领域'内'的各阵营——又一次开始发现了存在于彼此公开的、建设性的争论中的一种共同的语言，一种在过去的150年中受到狭隘的学科主义严重压抑的语言。"② 由于关于社会资本的研究已经有多学科的学者分别进行了深入研究，因此，对于社会资本的理解至少有社会学、经济学和政治学的三种解释。

---

① 马克思在《资本论》中将"社会资本"定义为整个社会中相互交错、互为条件的单个资本的总和。
② 迈克尔·武考克："社会资本与经济发展：一种理论的综合和政治构架"，载李惠斌、杨雪冬主编：《社会资本与社会发展》，北京：社会科学文献出版社，2000年，第301页。

一、社会学的理解

从社会学的角度解释、定义社会资本的杰出学者是罗伯特·普特南(Robert Putnan)和詹姆斯·科尔曼(James Coleman)。

普特南主要从微观层次上对社会资本进行了定义。他在论述意大利民间团体的重要著作中,首次将社会资本定义为诸如个体和家庭网络这类社会组织以及有关的规范和价值观。[①] 普特南指出:"与物质资本和人力资本相比,社会资本指的是社会组织的特征,例如信任、规范和网络,它们能够通过推动协调和行动来提高社会效率。社会资本提高了投资于物质资本和人力资本的收益。"[②] 从普特南的定义可以看出,社会资本具有明显的外部性特征,而外部性可能是正的,也可能是负的。

例如,在学校这个团体中,良好的个人素质会形成浓厚的文化氛围,而这种文化氛围在周围地区会产生较强的外部性,不属于学校团体里的个人(俗称外部人),同样对他们产生了良好的外部性,也称之为正的外部性。后来,普特南和其他学者意识到人与人之间的交往可能会产生负的外部性,这正是一些特殊利益集团所表现出来的情况,一个极端的例子可以很好地说明负的外部性的存在。黑社会从内部来看,他们团结统一,有严密的组织和信条,但对于社会而言却显现出负的外部性,如他们经常通过暴力手段获取非法利益,这对社会秩序和公共安全造成巨大的危害。在这种情形下,社会资本能够给组织内的成员带来好处,但并不一定能够惠及非组织成员。正是基于这样的认识,普特南认为:"和清洁的空气、安全的街道这些公共产品一样,社会资本不能由私人部门提供。"[③]

科尔曼则主要从中观层次上给出了社会资本的定义。他主要考察的对象是组织之间的关系,而并非个体之间的关系。在《社会理论的基础》一书中,科尔曼通过扩大观察对象,增加了社会资本的垂直组成部分,从更广泛的层次或中观层次对"社会资本"这一概念进行了分析。他将社会资本定义为"一系列不同的实体,这些实体都具有社会结构的某些特征,并且能够促使结构内部的参与者——无论私人参与者还是组织中的参与者行使某种行为"。[④]

在科尔曼看来,"社会资本是根据它们的功能定义的。它不是一个单一体,而是有许多种,彼此间有两个共同之处:它们都包括社会结构的某些方面,而且有利于处于同一结构中的个人的某些行动;和其他形式的资本一样,社会资本也是生产性的,使某些目的的实现成为可能,而在缺少它的时候,这些目的不会实现。"科尔曼认为,"就有目的的行动而言,许多社会资本具有的公共物品特征是社会资本与其他形式资本最基本的差别。社会资本是影响个人行动能力以及生活质量的重要资源。因此,人们尽力创立这种资本。但是,创立社会资本的行动往往为行动者之外的人带来利益,因而,创立社会资本成为不符合行动者利益的行动。其结果,许多社会资本成为他行动的副产品。多数社会资本的出现或者消失都不以人的意志为转移,因此,社

---

① Robert Putnan: *Making Democracy Work: Civil Traditions in Modern Italy*, Princeton University Press, 1993: p. 167.
②③ 转引自:张文宏:"社会资本:理解争辩与经验研究",《社会学研究》,2003年第4期。
④ James Coleman: *Foundations of Social Theory*, Harvard University Press, 1990: p. 598.

会资本不易被人识别,以致始终未能进入社会研究领域。"[1]

普特南所考察的社会资本概念主要是指水平型的关系,而科尔曼扩展了社会资本概念的内涵,使之不仅包括了水平型联盟,还包括了垂直型组织以及不同实体(如厂商)之间的关系。与水平型联盟不同的是,垂直型联盟的特征是科层关系、成员之间权力不对等,和微观层次的社会资本一样,以联盟为基础的社会资本也能够产生正的外部性或负的外部性。

二、经济学的理解

与单纯的社会学研究不同,迈克尔·伍考克、彼得·埃文斯和简·弗泰恩等从创新、制度经济学、经济发展和国家政策等方面研究了社会资本概念。[2] 也有学者认为,以诺思等为代表的新制度经济学派,虽然没有明确地将制度与社会资本关联起来进行研究,但这并不排斥他们同样认同社会资本是影响经济增长的决定性因素。因为在经济学家所解释的社会资本内涵中,制度是社会资本的一个重要内容。

迈克尔·伍考克高度肯定了社会资本的经济学意义。他在回顾了生产手段的发展历程后指出,古典经济学家发现了土地、劳动和物质资本这三个影响经济增长的要素,20世纪60年代的新古典经济学家(舒尔茨和贝克尔)则引入了人力资本概念,认为受过教育和经过培训的健康工人的社会天赋决定了古典生产要素的利用率。而社会资本理论则进一步发现,当各方都以一种信任、合作与承诺的精神来把其特有的技能和财力结合起来时,就能得到更多的报酬,也能提高生产率。[3]

彼得·埃文斯从发展经济学的意义上指出:通过把规范和网络称为社会资本,"普特南等当代理论家把基本关系具体化为具有潜在价值的经济资产"。埃文斯抱怨当代发展战略只重视宏观经济学的成就,却不花大力气了解其所依赖的宏观制度的功能。他认为,作为推动市场交易制度的社会资本,在发展理论中一直具有十分重要的作用。[4]

简·弗泰恩和罗伯特·阿特金森认为,在新经济中,社会资本已经成为科技创新的一个关键因子。"社会资本表示的是在一个组织网络能够进行团结协作、相互促进生产收益的情况下形成的'库存'。它是公司建立有效合作关系、联邦政府将某些科技职责下放各州的关键所在,同时也是一项更具合作性和积极性的联邦政策。因此,联邦政府需要制定一系列政策措施,培养企业的相互沟通与相互信任,加快科技创新步伐,促进生产力的发展。"[5]

弗兰西斯·福山也从经济的发展和社会的繁荣方面研究了社会资本概念。福山的讨论集中在这样一种思想,即经济学家在分析时除了应该考虑传统的资本和资源之外,也需要考虑相对的社会资本实力:社会团体中人们之间的彼此信任,蕴涵着比物质资本和人力资本更大而且

---

[1] 詹姆斯·科尔曼:《社会理论的基础》,上册,北京:社会科学文献出版社,1991年,第345、349～350页。
[2] 李惠斌、杨雪冬主编:《社会资本与社会发展》,北京:社会科学文献出版社,2000年,第9～11页。
[3] 迈克尔·武考克:"社会资本与经济发展:一种理论的综合和政治构架",载李惠斌、杨雪冬主编:《社会资本与社会发展》,北京:社会科学文献出版社,2000年,第240～302页。
[4] 彼得·埃文斯:"跨越公私界线的发展战略",载李惠斌、杨雪冬主编:《社会资本与社会发展》,北京:社会科学文献出版社,2000年,第228～239页。
[5] 简·弗泰恩等:"创新、社会资本与新经济——美国联邦政府出台的新政策,支持合作研究",载李惠斌、杨雪冬主编:《社会资本与社会发展》,北京:社会科学文献出版社,2000年,第209～227页。

更明显的价值;高信任度的社会,组织创新的可能性更大。福山在其专门论述信任的著作中写道:"社会中存在高度信任感,能够促进大规模企业的产生,如果大科层组织能够透过现代化信息技术,使小一点的公司慢慢转型并加入它们的网络,这时候拥有高度信任感就如虎添翼了。"①

三、政治学的解释

社会资本及其理论同样也引起了政治学家的关注。对社会资本及其理论做出重要贡献的普特南,其著作《让民主政治运转起来》就是从政治学的角度来研究社会资本的。政治学家认为,由于社会资本强调集体行为或组织行为的重要性,强调信任、规范和网络的重要性,因而这本身对于社会的稳定和社会的发展就具有十分重要的意义。

肯尼思·纽顿认为,按照普特南的定义,社会资本至少可作三方面的理解。首先,社会资本主要是由公民的信任、互惠和合作有关的一系列态度和价值观构成的,其关键是使人们倾向于相互合作、信任和理解;其次,社会资本的主要特征体现在那些将朋友、家庭、社区、工作以及公私生活联系起来的人格网络;第三,社会资本是社会结构和社会关系的一种特性,有助于推动社会行动和搞定事情(Getting Things Done)。

在此基础上,纽顿进一步提出了社会资本的三种模型,用以解释社会资本与现代社会的关系。他提出的三个模型是:① 深度信任的迪尔凯姆模型。在小型的面对面共同体中,深度信任是机械团结基本的组成部分。机械团结是由通常来自同一宗族、等级、种群或具有本地共同体渊源的人们在广泛的日常接触中产生的。此类群体、共同体或宗族不但具有社会同质性,而且倾向于把自己封闭起来。作为一种结果,社会控制也就很强烈。此类共同体中的深度信任是由紧密的和内聚性的社会互动网络以及在小型封闭社会中最为有效的形形色色的社会制裁创造和支持的;② 浅度信任的托克维尔模型。该模型的主要特征是:第一,正式组织和次级关系,它与机械团结中的人格化的和非正式的关系相对应。第二,多样化的组织成员身份,与宗族的或共同体社会中单一的或者一小束相互嵌套的关系相对应。第三,创造出一组纵横交错的纽带和义务的、相互交叠和相互连锁的组织。一组封闭的、排他性的社团会创造出累积性的断裂,从而更有可能在现代社会内部造成冲突和民主制度的不稳定。第四,非人格化的浅度的信任。该模型的核心是正式组织的成员身份创造出了节制、合作、信任和互惠的公民道德;③ 现代社会中的抽象信任。如果深度信任起源于亲密的人格化关系,而浅度信任起源于志愿性组织中的次级关系,那么抽象信任又从何而来? 答案是可能来自两种主要渠道。第一种,也是最显而易见的一种是教育,它教育孩子们去理解和运用诸如信任、公正、平等和普遍主义等抽象原则。教育提供给现代社会中秉性各异的公民们一整套共同的文化参照物。另一种渠道是大众媒体。其通过不断重复一套共同的社会价值观,完全可能有助于创造这种类型的抽象信任和社会团结。不仅如此,纽顿还论述了"初级民主"、"次级民主"和"抽象民主"这三种民主模式与社会资本的关系。②

---

① [美]弗朗西斯·福山:《信任——社会道德与繁荣的创造》,呼和浩特:远方出版社,1998年,第41页。
② 肯尼思·纽顿:"社会资本与现代欧洲民主",载李惠斌、杨雪冬主编:《社会资本与社会发展》,北京:社会科学文献出版社,2000年,第379~411页。

综合社会学、经济学和政治学对社会资本内涵的不同解释来看,社会资本是一个囊括微观、中观和宏观等多层面的、内容十分丰富的概念。根据已有的研究成果,社会资本宏观层次上的定义是内涵最为广泛的定义,它包括了塑造社会结构,促使规范发展的社会环境和政治环境。除了前面两个定义包括的地方关系、水平关系和科层关系(大部分是非正式关系),还包括了最正式的制度关系和制度结构,比如政权、法律规则、法院体系、公民自由和政治权力。从这个角度而言,我们认为,社会资本不仅包含了正式制度与非正式制度,而且还是影响制度变迁、制度绩效的一个无法忽视的重要因素。

社会资本在微观、中观和宏观三个层次上的定义具有很强的互补性,它们的共存将社会资本对经济和社会发展的影响最大化。比如,宏观制度提供了区域联盟得以发展和繁荣的环境,区域组织维持了社会制度的稳定,而社会资本在三个层次上的相互关联使之具有某种程度的替代性。比如,法律规则的强化,能够让人们更好地履行契约,从而导致了区域交易行为的增加;对企业或组织的发展不具有决定意义的冲突,则主要依赖声誉和其他非正式方式来解决。虽然从区域层次上看,社会网络关系的松懈意味着社会资本在微观层次上的作用变小,但这个作用应该以国家层次上相互均衡的作用来度量。社会资本主要通过在家庭、组织和国家三个层次上对发展起到影响作用。

第二节 社会资本的类型

学术界关于社会资本的争论虽然一时难以休止,但这并不妨碍人们对社会资本相关问题的热情研究。根据已有的研究成果,社会资本可以划分为以下几种类型。

一、个人社会资本与团体社会资本

社会资本是个体或集体有意识行动的结果,可以由个人和集体投资和占有,个人或集体为了从中获益,必须通过社会交换对此投资和维护。由此,我们可以把社会资本划分为个人社会资本和团体社会资本。[1]

所谓个人社会资本是指个人拥有的被用来实现个人目标的社会资源,包括个人所拥有的人际关系和成员资格,它从一个方面反映了个人的社会生活能力。它意味着个人的社会关系网越广,个人所具有的社会身份越多,他的社会资本存量越大。这里的个人社会资本,实际上同经济学家所说的人力资本十分类似。

所谓团体社会资本是指一个组织或一个团体,甚至一个社会、地区和国家所具有的追求团体目标、实现集体合作的组织资源,包括组织网络、关系和文化等内容,表明了一个组织或团体的组织凝聚力。它意味着组织的横向和纵向结构越密集,成员之间的组织关系、信任关系越密切,组织共享的文化价值观念越是一致,它所提供的集体资源就越大。

二、政府社会资本与民间社会资本

斯蒂芬·奈克在"社会资本、增长和贫困:一个跨国经验调查"中,将社会资本划分为政府

---

[1] 燕继荣:《投资社会资本》,北京:北京大学出版社,2006年,第117页。

社会资本(Government Social Capital)和民间社会资本(Civil Social Capital)。①

政府社会资本是指影响人们互利合作能力的政府制度,包括契约的实施、法治和政府允许的公民自由范围。民间社会资本包括共同价值、规范、非正式沟通网络以及社团性成员资格。

斯蒂芬·奈克认为,政府社会资本是可以测量的,具体可以从公民自由、政治自由、政治暴力爆发的频率或政治危机发生的概率等几个方面进行。政府社会资本的根本目的在于形成良好的政治治理,这是因为良好的治理和经济增长之间具有显著的正相关关系,也就是说,良好的政府社会资本将导致更高的经济增长。②

民间社会资本通过两个主要的机制来影响经济绩效:微观经济机制和宏观政治机制。在微观经济层面上,社会纽带和人与人之间的信任可以降低交易成本,有助于契约的实施,提高私人投资者获得信贷的能力。在宏观政治层面上,社会凝聚力和公民参与能够增强民主治理的水平,提高行政机构的办事效率和诚信,提高经济政策的绩效。

一般认为,政府制度被认为是正式制度,因此,政府社会资本也可以被看作是正式的社会资本,相对而言,民间社会资本就可以被视为非正式的社会资本。这两种类型的社会资本都通过克服集体行动困境而有助于解决社会秩序问题。政府制度提供了公共规则以约束人们的行为;社会规范和普遍信任类似于带有法律强制性的财产权和契约权,它们减少了不确定性和交易成本,促进了交易效率,鼓励了专业化以及激励理念、人力资本和实物资本方面的投资。③

三、结构型社会资本与认知型社会资本

结构型社会资本(Structural Social Capital)主要是指通过规则、程序和先例建立起社会网络和确定社会角色,促进分享信息、采取集体行动和制定政策制度。因此,结构型社会资本相对客观,并且易于观察,因为它包含一些可观察到的成分,这些成分可以通过集体讨论进行设计,所以,通常情况下更容易设计一个指标来进行测量。

认知型社会资本(Cognitive Social Capital)则是指共享的规范、价值观、信任、态度和信仰,它是一个更主观、更难以触摸的概念,常常与人们的想法和感受有关,存在于人们的大脑中,不易被外部行为所改变,因此,也更难于进行计量分析。④

认知型社会资本的形式是从私人契约中获得的信任,这种信任有助于提高经济运行的效率。法肯姆普斯和明腾在"社会资本与厂商:来自马达加斯加农业贸易商的证据"一文中认为,马达加斯加的贸易商把关系看得比投入品、产出品的价格还要重要,甚至将能够通过关系获得贷款或设备的能力作为生意成败的重要因素。控制物质投入、人力投入以及企业特征这些条件,建立了良好关系的商人比没有建立良好关系的商人的生意更好,总利润也更高。这类社会资本可以使贸易商能够用更可信的方式进行交易,从而降低获取贷款以及提供贷款的成本,降低搜寻有关可信价格信息的成本以及进行质量调查的成本。不对社会资本进行投资的贸易商

---

① [美]C.格鲁特尔特等编:《社会资本在发展中的作用》,成都:西南财经大学出版社,2004年,第63、76页。
② [美]C.格鲁特尔特等编:《社会资本在发展中的作用》,成都:西南财经大学出版社,2004年,第75页。
③ 燕继荣:《投资社会资本》,北京:北京大学出版社,2006年,第118页。
④ [美]C.格鲁特尔特等编:《社会资本在发展中的作用》,成都:西南财经大学出版社,2004年,第122页。

无法扩大自己的生意,而要进行社会资本投资,首先就要进行建立他人对你信任的投资,也就是认知型社会资本的投资,只有取得他人的信任,生意才有可能逐步发展起来。属于认知型社会资本的"信任"是一切社会资本投资的起点和基础。我们所说的"人无信而不立"与此确有异曲同工之妙。通过认知型社会资本投资所形成的信任网络(实际上就是社会资本),具有与其他生产要素如物质资本和劳动力类似的特征。和这些投入品一样,社会资本可以在时间上进行积累并能够提高经济绩效。[1]

我们可以通过表7-1的比较分析,进一步明确这两种形式的社会资本各自不同的特点。

表7-1 结构型社会资本与认知型社会资本的比较

类　别	结构型社会资本	认知型社会资本
来源及表现	网络及其他人际关系	规范、价值、态度、信仰
存在方式	社会组织	公民文化
动力因素	水平联系和垂直联系	信任与合作
主要功能	实现合作效果	产生互利期望

资料来源:燕继荣:《投资社会资本》,北京:北京大学出版社,2006年,第119页。

社会资本的这两种形式能够互补,但也不是一定要互补。个人之间的合作是建立在个人认知的纽带基础之上的,并无强制的规则要求一定要进行合作。同理,各种类型的组织并不一定能够证明它可以加强成员之间的私人联系,要么是因为成员参加组织活动是非自愿的,要么是因为当初导致组织成立的外部因素对组织的存在已经不再起作用了。社会性相互作用通过认知渠道和结构渠道这两个作用机制持久地保留其影响,这样,社会性相互作用就成为资本。

四、制度社会资本与关系社会资本

美国学者安尼鲁德·克里希娜在题为"创造与利用社会资本"一文中提出社会资本的两种类型:制度资本与关系资本。根据她的解释,制度资本与促进互利集体行动开展的结构要素有关,如作用、规则、程序和组织;关系资本涉及到在与他人合作中影响个人行动的价值观、态度、准则和信念。[2]

安尼鲁德·克里希娜认为,这两种类型社会资本的差别不仅仅是纯理论的。虽然从一些实际案例的结果看它们并没有什么差别,但它们明显的差别可能存在于每一纯粹类型具有协助社区其他共同行动的潜力上面。一般而言,关系资本更缺乏组织性,也更分散;而制度资本本身又难以被替代,因此,只有当制度资本与关系资本相互支持时,才能使社会资本发挥最佳的作用。也就是说社会资本的每一类型都需要与另一类型互为补充。安尼鲁德·克里希娜通过表7-2比较了上述两类资本的不同特点。

---

[1] [美]C.格鲁特尔特等编:《社会资本在发展中的作用》,成都:西南财经大学出版社,2004年,第172页。
[2] 安尼鲁德·克里希娜:"创造与利用社会资本",载[英]帕萨·达斯古普特、伊斯梅尔·撒拉格尔丁:《社会资本:一个多角度的观点》,北京:中国人民大学出版社,2005年,第91～121页。

表 7-2 制度性社会资本与关系性社会资本的比较

类　　别	制度资本	关系资本
集体行动的基础	交易	关系
动机来源	任务	信任
	规则和步骤	价值
	制裁	意识形态
动机性质	最佳行为	合适行为
例　　子	各类市场、法律框架	家庭、伦理、宗教

资料来源：安尼鲁德·克里希娜："创造与利用社会资本"，见帕萨·达斯古普特、伊斯梅尔·撒拉格尔丁：《社会资本：一个多角度的观点》，北京：中国人民大学出版社，2005 年，第 99 页。

从理论上讲，这两种类型的社会资本可以有四种不同的组合方式，即：① 强制度资本——强关系资本；② 强制度资本——弱关系资本；③ 弱制度资本——强关系资本；④ 弱制度资本——弱关系资本。组合的不同，效果也不同。不同的组合反映了一个社会或组织社会资本的拥有量。第一种是最乐观的状态，第四种是最悲观的状态。[①]

五、"网状"社会资本与"柱状"社会资本[②]

雅森特·佛丹纳认为，"社会资本基本上是通过网络而存在的，其生存、运用和享受都是在个体间的互动中完成的"。因此，他将社会资本划分为网状（Web-like）社会资本与柱状（Maypole-like）社会资本两种。这两种社会资本分别又被称之为"水平"结构的社会资本与"垂直"结构的社会资本。[③] 这种分类依据的是社会或组织结构的特点——呈现横向结构特点（开放的），或者纵向结构特点（封闭的）。前者体现为对称的横向联系，后者体现为等级制的纵向关系。

对社会资本如此分类起始于普特南对意大利的研究。普特南指出："任何社会，现代的或传统的，专制的或民主的，封建主义的或资本主义的，都是由一系列人际沟通和交换网络构成的，这些网络既有正式的，也有非正式的。其中一些以'横向'为主，把具有相同地位和权力的行为者联系在一起。还有一些则以'垂直'为主，将不平等的行为者结合到不对称的等级和依附关系之中。……不管怎么说，横向和垂直联系的基本区别，'网状'（Web-like）和'柱状'（Maypole-like）网络的根本不同，是相当清楚的。"[④]

邻里组织、合唱队、合作社、体育俱乐部、大众性政党等所提供的公民参与网络，都属于密切的横向互动，创造了社会资本的基本部分。根据普特南的观点，在一个共同体中，此类网络越密集，其公民就越有可能实现为了共同利益的合作。因为这样的网络：① 增加了博弈的重

[①] 燕继荣：《投资社会资本》，北京：北京大学出版社，2006 年，第 120 页。
[②] 燕继荣：《投资社会资本》，北京：北京大学出版社，2006 年，第 120~122 页。
[③] 雅森特·佛丹纳："集体行为理论的比较分析框架"，载曹荣湘编：《走出囚徒困境：社会资本与制度分析》，上海：上海三联书店，2003 年，第 216 页。
[④] [美]罗伯特·普特南：《使民主运转起来：现代意大利的公民传统》，南昌：江西人民出版社，2001 年，第 203 页。

复性和各种博弈之间的联系性,从而增加了人们在任何单独交易中进行欺骗的潜在成本;② 强化了信守诺言、遵守行为规范的美德和声誉,从而培育了强大的互惠规范;③ 促进了交往,促进了有关个人品行的信息之流通,从而提高公民之间的互信程度,使合作更加容易;④ 推广了以往成功合作的模板,使非正式约束成为社会长期变迁中的连续性之重要来源。[1]

然而,垂直的网络,无论多么密集,无论对其参与者多么重要,都无法维系社会信任与合作。"密集但是彼此分离的垂直网络维持了每一个集团内部的合作",但却不利于形成全社会的信任与合作。

从普特南等人的研究可以看到,网状社会资本有助于解决集体行动的困境,更多地发挥的是正效应;柱状社会资本往往与传统等级组织(如血缘和家庭组织、家族企业、黑手党等)相联系,具有高度的排外性,更多地发挥的是负效应。所以,一个组织的建构越具有横向性,它就能在更广泛的共同体内促进制度的成功。横向组织的成员数量(如体育俱乐部、合作社、互助会、文化团体和自发工会),应该与好政府有着正相关;垂直状的等级组织的成员比率应该与好政府有着负相关。[2]

上述对于社会资本的分类代表了五种理论分析模型。这五种模型的分析角度各不相同。第一种模型提供了社会资本最一般的分析角度和方法,它澄清了科尔曼以来人们对于社会资本拥有者、存在形式的模糊认识,让人们可以分别对待属于个人的和属于团体的两种不同性质的社会资本。第二种模型建立在对社会资本不同来源和主体的分析基础上,帮助我们进一步理解了社会资本积累过程中分别来自政府和民间两个方面的责任,从而明确了扩大社会资本的两个主要方向。第三种和第四种模型有一定的相似性,它们的分析来自于对社会资本性质、构成和功能的综合分析,让我们明白了社会资本的构成要素和呈现方式,以便更加细致地确定社会资本改造的工作内容。第五种模型建立在社会组织结构分析和社会资本实际效应分析的基础上,它的积极意义体现在两个方面:① 扭转了以往人们对于社会资本的认识——以为社会资本只具有正面效应,从而平息了由此引发的学术争议;② 使社会资本概念在解释现实和规划未来两种功能之间保持了一贯性和自然的衔接,垂直的联系会产生更多的"负社会资本",而水平的联系会促成更多的"正社会资本"。

第三节 社会资本的形成

一、社会资本的特征

社会资本的概念从一诞生便不断地遭到了人们的质疑,尤其是一些学院派的学者,他们认为"资本"一词并不能准确地表达社会性相互作用和社会态度的本质。如美国著名的经济学家、诺贝尔经济学奖获得者肯尼思·阿罗在"放弃'社会资本'"中说到:"更应该强调的是,我强烈建议放弃资本的这个隐喻以及'社会资本'这个词。'资本'这个词有三个方面的涵义:① 时

---

[1] [美]罗伯特·普特南:《使民主运转起来:现代意大利的公民传统》,南昌:江西人民出版社,2001年,第203~204页。
[2] [美]罗伯特·普特南:《使民主运转起来:现代意大利的公民传统》,南昌:江西人民出版社,2001年,第206页。

间的延续性;② 为了未来的收益有意地作出当前的牺牲;③ 可让渡性。最后一方面的涵义不适用于人力资本,甚至完全不适用于实物投资(也就是说,在不可逆转的投资的场合)。上述第一个方面的涵义还可以稍微说得过去,我们常常说建立一种声誉或一种信任的关系。但这些东西和实物投资是不一样的,一点点信任什么用也没有。特别是第二方面不适用。社会网络的本质是,它们的建立并非出于它们对参与者而言的经济价值的原因(即给予社会交互行为的奖赏是内在的)。实际上,恰恰是内在的奖赏,才使它们值得我们加以控制。在学术界,我确实没有看到所有人都同意把某种叫做'社会资本'的东西,当作资本的另一种形式。"①

传统的资本形式有三种:自然资本、物质资本和人力资本。这些资本形式所具有的共同特征都是具有积累性质的存量,并能产生一束利益。

社会资本具有其他资本形式的一些特征。社会资本的生产同样要花费成本,也需要投资——即使不投资金钱,至少也要投资时间和精力。一个运动俱乐部和行业组织成员间的信任关系需要经过很多年的交易和磨合才能发展起来;个人之间关系的建立也需要多年的交往才可以确立。世界上各种冲突事件也证明,和建立(或重建)信任相比,摧毁信任是更加容易的事。因此,要维持社会资本需要花费一定的代价,更多情况下花费的是时间,社会资本往往需要经过几代人才可以稳固并对发展产生影响。

但是,社会资本的很多其他方面的特征使其和其他形式的资本区别开来。首先,社会资本能够在使用中得到积累,从这一点上看,它更类似于人力资本,而不像物质资本。与人力资本不同的是,社会资本既是集体行动的投入又是集体行动的产出。更准确地说,社会性相互作用一方面可以产生互利互惠的结果,另一方面又可能增加社会性相互作用的数量,并提高其质量。其次,三大传统资本都具有潜在的生产能力,但社会资本却并不直接具备这个能力。社会资本活动具有集体活动的特性,这意味着社会资本具有公共品的特征。公共品由于具有非竞争性和非排他性,使公共品的供给相较社会需要而言常常不足。"虽然社会资本可以为个人所用,但这种资本形式是不受个人支配的。在这个意义上,社会资本不像金融资本那样容易转移,也不像人力资本那样具有流动性。……虽然社会资本是随着时间而'慢慢地'产生的,但它可以很快地失去。一个人或者一次失误都会极大地浪费集体的信任资源和社会联系。"②

美国著名政治学家 A. 奥斯特罗姆在"流行的狂热抑或基本概念"一文中详细比较了社会资本与物质资本的差别,并认为主要有四点:③

首先,社会资本与物质资本区别在于它不会因为使用但会由于不使用而枯竭。事实上,只要参与者保持优先责任、维持互惠与信任,社会资本就会因使用而得到改进。为初始目标使用社会资本创造了共识和关联方式,由此,只需较低的启动成本就能完全实现全然不同的共同活动。但社会资本的可替代性是很有限的,因为不存在适合所有任务的工具。在某些共同活动中运转良好的社会资本可能难以成为其他活动的模板,因为它们需要大量不同的关于预期、权

---

① 肯尼思·阿罗:"放弃'社会资本'",载曹荣湘编:《走出囚徒困境:社会资本与制度分析》,上海:上海三联书店,2003年,第227页。
② 弗兰·汤克斯:"信任、网络与经济",载曹荣湘编:《走出囚徒困境:社会资本与制度分析》,上海:上海三联书店,2003年,第239页。
③ A. 奥斯特罗姆:"流行的狂热抑或基本概念",载曹荣湘编:《走出囚徒困境:社会资本与制度分析》,上海:上海三联书店,2003年,第31~34页。

威、报酬与成本的分配模式而不是应用于初始的一系列活动。

如果不使用,社会资本就会迅速恶化。如果不经常锻炼自己的技能,个人也会迅速地丧失其人力资本。当某些人必须全部记住相同方式的同一路径时,群体中至少有一个成员会忘记某些方面,这种可能性随着时间的推移而迅速增加。此外,随着时间推移,有些人会加入而另一些人会离开这些社会团体。如果在新成员加入时将既有的互动模式通过培训、启蒙教导或者社会资本的其他(如代际传递)的方式教授给他们,那么,原有的社会资本将随着人员流动而消逝,以至于最后,没有人能知道他们过去是怎样完成某种特定的共同活动。该团体要么必须重新付出大部分启动成本,要么放弃他们先前获得的共同利益。

其次,与物质资本不同的是,社会资本不容易被发现、观察和度量。人们可以很容易地观察到保健中心、学校的道路。但社会资本几乎是看不见的。社会资本作为一种共识通常很难用准确的语言来表述,而当身份差别在一开始就使交流变得困难时,尤其如此。如果过去的社会资本被摧毁而又不存在替代物,那么外部的"帮助"就会损害而不是增进福利。

对社会资本感兴趣的研究者不能从外部假设一个团体已经(或没有)形成促使其成员互相依赖并以预期的、有效的方式行为的共识。理论用语或外在命名与参与者的共识是不相同的。社会资本推动的自组织过程产生了显著的、有形的、可度量的结果,但过程本身却难以观察、理解和度量。

第三,同物质资本相比,社会资本更难以通过外部干预建立。捐赠者可以提供资金雇用建设者修筑道路或开凿渠道,但是,要建构充分的社会资本以使基础设施有效运作则需要地方性的实践知识,而这些知识是因地而异的。对于建构有效的社会资本来说,地方性知识是必不可少的。

创造促进物质资本长期运作的社会资本是成功地反复使用物质资本的个体要做的事,但它并不像建构物质资本的技术那样容易理解。就私人部门活动而言,企业家职责的重要方面就是整合相关的生产要素并将它们联系起来。同私人企业有关的社会资本,其形成的动因要归功于利润动机。企业家所做的大量工作是创建能增加可获得利润的关系网络。

提供公共物品和服务的公共企业家,其动力和动机并没有像私人企业家那样得到充分理解。公共雇员被认为是追求其自身利益的个体行动者,而不是以最有效的方式按要求或命令行事的自动机器。追逐自己利益可能会或也可能不会生产出净公共产品,这取决于影响他们动机的规则是如何引导他们实现更高业绩的。因此,简单地将创造社会资本并促进物质和人力资本有效运作的任务移交给公共官僚机构可能不会产生预期结果。

第四,全国和区域性政府机构强烈影响着个人追求长期发展目标的社会资本类型与范围。大规模的政府机构能够通过公民设法解决协作或集体行动问题,或使之变得更为困难而促进社会资本的形成。当必要的政府行为领域之外的相当自组织空间被授权时,它们就会促进社会资本的形成。然而,当全国性和区域性政府接管大量公民活动领域的责任时,它们就会排挤进入这些领域的其他尝试。当全国性政府接管所有森林或其他自然资源所有权,或关闭由宗教团体为提供所有教育和健康服务而兴办的学校和医院时,它们就会迅速地摧毁社会资本的巨大存量。原有状况很难迅速地恢复起来。创造依赖型公民而非开拓型公民减少了个体创造资本的能力。

然而,许多地方性基础设施和公共物品既不是由公共官僚也不是由私人企业提供,而是由那些直接从集体行动中受益的人们提供。例如灌溉系统组织是由即将从其运作中直接获益的农民团体组成的。但一组潜在受益者在预期提供共同用于地方公共经济的物质资本时，还面临着一个长期的试错学习以及就将要和怎样使用规则进行讨价还价的过程。考虑到制度建设涉及的大量集体行动问题，要解释个体如何克服这些问题是相当困难的。此外，参与者各不相同的非对称性资源使解释个体如何解决棘手的分配难题变得更为困难。

二、社会资本的形成

从社会资本的特征可以看出，社会资本无疑是其他类型资本的补充，并对人力资本、物质资本和自然资本的投资起到杠杆的作用，但社会资本是如何形成的呢？其形成中间又经历了哪些历程呢？对于这些问题，学术界至今没有统一的答案。弗朗西斯·福山在"公民社会与发展"中说："如果我们把社会资本定义为能够产生合作、可用事例说明的非正式规范的话，经济学家就会对其来源给出一种直截了当的解释：社会资本是重复的囚徒困境博弈的自然产物。……显而易见，社会资本始终都是通过重复的囚徒困境博弈而自然产生的。"[①]

如果想要借助改变社会资本水平来促进社会的进步，那么就必须构建一个社会资本形成的模型，并进行实证研究，格拉泽在"社会资本的投资及其收益"中给出了一个社会资本形成的模型。[②] 格拉泽认为，原有社会科学的研究手法在社会资本研究的起始阶段实际上妨碍了对社会资本形成原因的正确理解。社会资本几乎总是被视作一个集合变量，比如说一个特定社区的规则和网络。然而，作出社会资本投资决定的主体是个人，而非社区集体。所以撇开对起始于个体水平的社会资本的精确分析，我们将难于理解社会资本的形成。

格拉泽试图对社会资本给出一个个体层面上的分析，然后讨论在什么情况下，个体层面的社会资本会聚合成为社区集体层面的社会资本。格拉泽的社会资本投资模型阐述了若干决定投资的因素，主要有可预期的财富期限、社会技术效益、私房房主资格、道德异质性的教育。当个人较长时间地居住于某一社区时，他们将愿意更多地进行社会资本投资。他们最初创建并积累社会资本财富，然后再使之慢慢消耗。他们如果从事社会化程度越高的职业，就会投资越多的社会资本。具备私房房主资格也会提升个人对社会资本的投资水平。假如建立在个体基础之上的社会资本模型失效，那么仅有一种可能：没有任何证据表明社会资本投资水平将随着时间机会成本的上升而下降。接受教育和社区同质性异常强烈地驱动着社会资本的投资。总的来看，学校教育是影响社会资本类型变量程度最深的单一性决定因素。这种联系表明政府教育政策可能是向社会资本投资施加影响的特别重要的手段。相对较强的社区同质性也强烈刺激着社会资本的投资，这也许意味着政府采取得力措施消除种族或道德歧视是十分有益的。

从格拉泽的分析来看，政府、个体和组织应积极进行社会资本的投资和建设。但只有在有限的、特殊的情况下，他们的努力才是有效的，尤其是对结构型社会资本以及像超社团组织这类正式机构。另外，考虑到社会资本对福利和社会安全存在潜在的负面影响，在投资前需要充分了解目标社会资本的性质和作用机制。

虽然通过格拉泽式的投资可以促进社会资本的形成，但现有的研究告诉我们，社会资本形

---

① 弗朗西斯·福山："公民社会与发展"，载曹荣湘编：《走出囚徒困境：社会资本与制度分析》，上海：上海三联书店，2003年，第86～87页。
② 爱德华·格拉泽："社会资本的投资及其收益"，载曹荣湘编：《走出囚徒困境：社会资本与制度分析》，上海：上海三联书店，2003年，第179～196页。

成的路径并非只有一条。除此之外,还有自组织理论说和公民参与网络说等。

自组织理论说认为,社会资本产生于志愿性社团内部个体之间的互动。这种社团被认为是推动公民之间合作的关键机制,并且提供了培养信任的框架,所以,志愿性组织一旦启动,社会就有可能走出理性人互不信任的恶性循环的困境,而促进社会资本的逐渐形成与聚积。

针对自组织而导致社会资本的形成,保罗·怀特利提出三种模型,作了进一步的解释:"第一种,社会资本是由个体的人格特征创造的,这些人格特征主要是由家庭内部的社会化过程形成的,尽管它受到志愿性组织内部个体之间互动的影响。第二种,社会资本是由个体关于规范的信仰和道德密码创造的,这些信仰和道德密码尽管也许会受到志愿性组织的影响,但从根本上说,它们是从早年生活中习得的一组内化了的价值观。最后,社会资本是由'想像的'社群的成员身份创造的。所谓'想象的'社群,指那种个体认同的、但从未在面对面的基础上实际互动过的社群。"①第一种模型表明,信任他人依赖于个体人格,而信任他人的个体人格的形成取决于个体的社会满意度。第二种模型表明,社会信任产生于个体道德。第三种模型表明,社会资本起源于个体的社会认同和社会归属感。

为便于计算并量化社会资本,保罗·怀特利还特意将社会资本形成的可供选择的模型用下列等式来具体表示:②

$$S_i = a_i + b_1 L_i + b_2 M_i + b_3 V_i + b_4 I_i + b_5 SES_i + b_6 AGE_i + b_7 SEX_i + b_8 IDEOL_i + b_9 RELIG_i + u_i$$

其中:

S_i = 个体 i 的社会资本水平(社会信任)

L_i = 个体 i 的生活满意程度

M_i = 个体 i 的道德密码的强度

V_i = 个体 i 的志愿性活动水平

I_i = 个体 i 的爱国主义,或对国家的忠诚水平

SES_i = 个体 i 的社会经济地位

AGE_i = 个体 i 的年龄

SEX_i = 如果被调查对象为男性,赋值1,否则赋值0

$IDEOL_i$ = 个体 i 的意识形态得分

$RELIG_i$ = 个体 i 的宗教虔诚

u_i 为误差项,其中 $E(u_i) = \sigma_u^2$

公民参与网络说认为,以合作和信任关系为核心的社会资本起源于公民互动的参与网络。普特南分析了公民参与网络对于社会资本的关键作用:③

---

① 保罗·怀特利:"社会资本的起源",载李惠斌、杨雪冬主编:《社会资本与社会发展》,北京:社会科学文献出版社,2000年,第53页。
② 保罗·怀特利:"社会资本的起源",载李惠斌、杨雪冬主编:《社会资本与社会发展》,北京:社会科学文献出版社,2000年,第57页。
③ 罗伯特·普特南:"繁荣的社群——社会资本与公共生活",载李惠斌、杨雪冬主编:《社会资本与社会发展》,北京:社会科学文献出版社,2000年,第158~159页;燕继荣:《投资社会资本》,北京:北京大学出版社,2006年,第151页。

首先，公民参与网络培养了生机勃勃的普遍化互惠惯例，即我现在这样诚恳地对你，希望你或者其他人能够相应地回报我。一个依赖普遍性互惠的社会比一个没有信任的社会更有效率。信任为社会生活提供了润滑剂。公民参与网络增加了交易中背信弃义的成本，有利于克服机会主义，从而使互利互惠的规范更加牢固。

其次，公民参与网络也有利于协调和沟通，并且放大了其他个人值得信任的信息。研究"囚徒困境"以及相关博弈的学者提出，通过反复的博弈，更容易维持合作关系。当经济和政府交易是在密集的社会互动网络中进行时，导致机会主义和胡作非为的激励因素就减少了。而密集的社会联系容易产生公共舆论和其他有助于培养声誉的方式，这些是在一个复杂的社会中建立信任的必要基础。

最后，公民参与网络在体现过去合作成功的同时，也为将来的合作树立了模本。意大利中北部地区的公民传统所促成的历史上的合作形式，不仅证明了自己在过去岁月中的价值，而且也为现在的公民解决集体行动的新问题提供了方法。社会资本存量有自我强化和积累的倾向。一次成功的合作就会建立起联系和信任，这些社会资本有利于未来进行其他不相关的任务时的合作。广泛的公民参与网络为成功的合作因而也为社会资本的积累创造了机会。

第四节 社会资本的作用机制

一、社会资本影响发展的作用机制

资本的核心涵义是指能够产生利益的一类资产，社会资本也是资产的一种形式。社会资本是资产的观点，即社会资本代表真实资本，意味着它不仅仅是一种社会组织或社会价值。对社会资本进行的实证研究表明社会资本能够直接提高产出水平，并且能够提高其他资本形式（如人力资本和物质资本）的生产能力。如一个企业里拥有更为和谐的人际关系，将使企业的生产能力得到提升，资源的使用效率得到提高。

微观层面上，社会资本影响发展的作用机制包括了几个相关的因素，如信息共享、互利互惠的集体行动和决策制定。反过来，这些利益又能够给家庭、社区和国家带来更高的收入。

社会资本有利于传播有关其他人行为的信息，通过重复交易来建立信任和声誉，从而减少机会主义行为。在格鲁特尔特、范·贝斯特纳尔的《社会资本在发展中的作用》一书中，有关的几个研究案例高度评价了信息共享的作用。社会资本可以通过传播有关世界观的知识或提供能够更好地预测别人行为的方法来降低信息的不确定性。

例如，若交易双方对某国的文化传承和意识形态有比较深入的理解，则交易的不确定性将会大大降低。在鄂西北的农村里有专门种植西瓜的地区，每到收获的季节，大量的客商都集中过去，互相之间交流西瓜在全国各地的价格信息，他们也和农户之间构建了良好的信用关系，因此每年种植西瓜的农户都可以获取不错的收益。一个良好的信任关系可以更有效地减少不确定性，使交易更为顺畅，也会直接减少因不确定性而带来的交易成本。组织通过提高成员遵守共同的行为规范所带来的收益以及增加违反行为规范所带来的成本，来促使采取集体行动和决策制定。

社会资本有利于传播技术和市场信息，从而减少市场在信息传播中的失败。知识的传播既可以通过在网络和俱乐部中的信息共享来实现，也可以通过模仿行为来实现，而后者只需要进行单方面的相互作用。此外,依靠规范和规则,社会资本还可以成功地减少集体行动中的"搭便车"行为而促进集体行动的发生。

互惠性集体行动的一个核心特征就是能够产生积极的结果。一方面,人们通过共同工作和互相帮助,可以逐渐获得较大的心理满足感;另一方面,人们通过共同工作和互相帮助,还可以节约成本、改善绩效、增进收益。

在宏观层面上,社会资本对经济运行的效率以及收入分配产生影响。经济学家们通过构建经济模型,引入社会资本变量,以观察社会资本对经济绩效的影响。"克拉克和珂佛的研究则表明,假如对整个国家层面的诚信进行计量,诚信值上升1个标准差就会带来超过0.5个标准差的经济增长;珀尔塔等人则发现,在许多国家,这样的诚信值如果上升1个标准差则会带来0.7个标准差的司法效率的提高以及0.3个标准差的政府腐败的降低。"[1]现有的研究成果表明,保护契约实施以及保护私人财产权的法律机制极其重要,除此之外,共同的价值观、规范、非正式网络、协会的成员身份等对法律机制的补充同样极其重要。尽管对宏观层次上的社会资本进行度量的各种方法均存在着一定的缺陷,但基本可以肯定地说,社会资本对经济增长具有显著的正面影响。社会资本对于经济发展的作用是渐进性的,较高水平的社会资本往往使收入分配更加公平合理。

弗朗西斯·福山在"公民社会与发展"一文中指出:"社会资本的主要经济功能是降低交易成本。虽然在没有社会资本的群体之间也可能实现协调,但是这往往会增添额外的(如监督、协商、诉讼及执行正式协定等等)交易成本。事前订立的契约不能预料到所有可能发生的情况,也没有契约能够对所有可能发生的附带事件都加以细致的规定;相反,大部分契约都预设了一些商誉[2]的存在,这些商誉可以防止订约者们利用契约中无法预见的漏洞而实施机会主义行为。"[3]非正式的协调机制随着历史的发展逐渐被正式的协调机制所替代,社会资本曾经在历史上充当过唯一的协调机制,社会发展的现代性主要体现在理性的科层制。非正式规范的协调机制(如社会资本)随着社会分工的进一步复杂和精巧,其作用不仅不会消亡,甚至会变得更加重要。"显然,我们所谓的'社会资本'至少有一项重要功能,就是补充或者代替以市场为基础的交换和分配。"[4]

现代的大型经济组织在管理方面支出的成本很高,如果可以借助内化的职业准则辅助监督,将会大幅度减少管理费用。如企业里的管理者对于员工的真实能力无法彻底掌握,存在着信息不对称的问题,如果通过构建企业文化,提高员工的内在职业道德水准,会比直接监督的效果好很多。"从组织学视角出发思考社会资本,有助于一个人集中注意力于它的非市场方面:企业内部的大多数活动并不受标准化的市场机制的调节。然而,企业内部发生的事情显然

---

[1] 爱德华·格拉泽:"社会资本的投资与收益",载曹荣湘编:《走出囚徒困境:社会资本与制度分析》,上海:上海三联书店,2003年,第179页。
[2] 商誉是指一个企业的市场价值超出其物质资产的和附着于企业的人力资本的相当大的数额。参见斯蒂格利茨:"正式和非正式的制度",载曹荣湘编:《走出囚徒困境:社会资本与制度分析》,上海:上海三联书店,2003年,第117页。
[3] 弗朗西斯·福山:"公民社会与发展",载曹荣湘编:《走出囚徒困境:社会资本与制度分析》,上海:上海三联书店,2003年,第76页。
[4] 斯蒂格利茨:"正式和非正式的制度",载曹荣湘编:《走出囚徒困境:社会资本与制度分析》,上海:上海三联书店,2003年,第122页。

与企业外部发生的事情、与企业的环境有着密切的联系。因此,市场和社会资本之间有着密切的联系。"①

有的学者将社会资本的作用,分别就经济增长、制度变迁、劳动力转移和技术创新等四个方面提出了若干假设:②

就经济增长而言,提出了一个假设:

① 社会资本有利于传统经济增长,对现代经济增长的影响难以确定。

就制度变迁而言,提出了两个假设:

② 社会资本不利于公有产权向私有产权转化,它提高了公有产权的配置效益;

③ 社会资本不利于市场交换的扩展,在公有产权制下尤甚。

就劳动力转移而言,提出了一个假设:

④ 在人口过剩条件下,社会资本促进劳动力转移,人口过剩条件消失后,社会资本妨碍劳动力转移。

就技术创新而言,提出了三个假设:

⑤ 社会资本对技术创新的积极影响随着经济水平的提高而递减。在经济水平低、生存压力大时,社会资本有利于技术创新,一旦超过生存临界线,社会资本在其他条件不变时将不利于技术创新;

⑥ 社会资本在人口过剩条件下不利于节约资本的技术创新,一旦人口过剩消失,趋势将发生反转;

⑦ 社会资本对技术创新的影响在农业社会和工业社会是不同的。

二、社会资本与制度变迁

事实上,仅就制度变迁的绩效而言,社会资本的影响作用是十分巨大的。罗伯特·普特南的研究告诉我们,一项好的制度变迁并不一定必然产生好的制度绩效。而制度绩效的大小很大程度上取决于社会资本的多少。社会资本越多的地方,制度变迁的绩效必将越好。社会资本的性质和存量决定了社会成员的行为方式:是倾向于互惠合作,还是倾向于背信弃义。

在普特南看来,任何社会都会面临"集体行动的困境"③。在历史上,至少存在两种广泛的社会均衡(即互惠合作均衡或背信弃义均衡),所有面临集体行动困境的社会,往往都会朝着其中之一发展,均衡一旦实现,往往会自我增强。社会资本,如信任、规范和合作网络,通常具有自我增强性和可累积性。良性循环会产生社会均衡,不断形成高水准的合作、信任、互惠、公民参与和集体福利。与此相反,缺少社会资本的共同体,将面临公共精神的日益缺乏。在恶性循环的有害环境下,背叛、猜疑、逃避、利用、欺诈和无序也在相互强化。这也就是新制度经济学家所谓的"路径依赖"。④

---

① 斯蒂格利茨:"正式和非正式的制度",载曹荣湘编:《走出囚徒困境:社会资本与制度分析》,上海:上海三联书店,2003年,第118页。
② 朱国宏主编:《经济社会学》,上海:复旦大学出版社,1999年,第144页。
③ [美]罗伯特·普特南:《使民主运转起来:现代意大利的公民传统》,南昌:江西人民出版社,2001年,第207页。
④ 燕继荣:《投资社会资本》,北京:北京大学出版社,2006年,第57页。

普特南曾这样描述"路径依赖"及其作用:"你能到哪儿,取决于你从哪儿来。有些目的地,你从这里就根本无法到达。路径依赖会在两个社会之间产生持久的绩效差距,即便这两个社会的正式制度、资源、相对价格和个人偏好相差无几。"[①]

正是基于实际案例的分析,普特南认为:第一,社会环境和历史深刻影响着一个国家和地区制度的有效性,"一个地区的历史土壤肥沃,那里的人们从传统中汲取的营养就越多;而如果历史的养分贫瘠,新制度就会受挫。"[②]第二,制度变迁能够带来认同、价值观、权力和战略上的变化,因此,改变正式制度能够改变政治实践。第三,制度历史大多发展得非常缓慢,就制度构建而言,时间的计量是以10年为单位的。在建立互惠规范和公民参与网络方面,历史可能发展得更加缓慢。"建立社会资本并非易事,然而,它却是使民主得以运转的关键因素。"[③]

【案例7-1】

社会资本获利的源泉与数量:一个斯里兰卡案例分析

在斯里兰卡,美国国际发展机构聘请康奈尔农村发展委员会与耕地研究培训学院合作,通过引导和运作农民组织来提高高尔·鳌丫(Galoya)灌溉系统水资源的管理效率。我们是从1980年开始的,当时根本没有什么社会资本概念来告诉或指导我们工作,而且"参与"是一个操作性概念。然而,我们现在能看到,我们努力建造并从社会资本受益,两者都是通过建立水用户协会并通过调用和巩固合作与慷慨的某种价值定位,在文化范围内得到充分利用,但那时候在那个地区并不影响我们的行为。

据工程师和官员们说,高尔·鳌丫是该国最糟糕和紊乱的灌溉系统。一旦以一个有效的计划方式来处理农民参加联合系统管理这件事,它还是成为最有效率、极富合作水平的管理系统之一,甚至相当迅速。通过引进"社会基础设施",水的使用效率在两年内成双倍增长,甚至在计划的物质恢复完成以前。相当保守的成本-收益计算表明对社会基础设施投资的回报率达到50%。

可能更有意义的是,在项目竣工后的4年,由国际灌溉管理学院委托所做的一个事后项目评估,计算出每单位已流出的灌溉水所生产的大米已经增长到300%。尽管不能把所有这种增长归因于社会资本,大概至少一半应归因于建立了新的角色和社会关系,并且激活了一定的规范和态度——分别是结构型和认知型社会资本形式。比起物质结构的变化,那个社会组织是获得更高生产力的一个比较重要的决定因素。

为决策、资源调用和管理、交流和冲突解决而建立的社会结构是一个农民组织的网络,该组织起始于很小、非正式的团体(10—20个成员)。每一个团体由一个农民代表领头,他是大家意见一致后选出,并在不付报酬的基础上为大家服务。那些为田间水沟从一个给定的支流渠道里抽水的所有农民代表,就形成了一个支流渠道组织(DOC),最终,它有一个正式的法律

---

① [美]罗伯特·普特南:《使民主运转起来:现代意大利的公民传统》,南昌:江西人民出版社,2001年,第210页。
② [美]罗伯特·普特南:《使民主运转起来:现代意大利的公民传统》,南昌:江西人民出版社,2001年,第214页。
③ [美]罗伯特·普特南:《使民主运转起来:现代意大利的公民传统》,南昌:江西人民出版社,2001年,第217页。

地位。农民代表也定期在一个较大区域委员会里开会,他们从中选出一些信得过的农民代表为有工程师和其他官员的联合项目管理委员会服务。

参与式灌溉管理在1988年通过一个内阁法案成为国家政策,这个组织结构成为斯里兰卡主要灌溉计划的一个模范(那些计划都带有超过80公顷的面积)。项目委员有一个管理委员会,其中农民占大多数,通常还有一个农民主席。可能别的灌溉系统没有几个同高尔·鳌丫一样富有成效和充满效率的组织结构,但是在其他计划中,就其创建的社会资本而言,它获得的投资将会更少。

所使用的投资方法是去补充、培养和展开,年轻人把机构组织者称做"催化剂",它用以催化集体行动和组织的形成。机构组织者住在农村公社,在个人基础上了解农民及其家庭,鼓励解决问题的努力,它是以很不正式的方式来开始的。策略是"工作第一、组织靠后",目的是阐述通过参与式灌溉管理可获得的利益。这就为地方组织建立了需求,而不是靠建立一批组织来开始,因为这方面的需求没有被清楚地感觉到。

农民代表的角色创建在农村公社范围内有一个显著的转化效果,并出现在更有效率和更加宽广的水资源分布领域里。已经在农民代表开始工作后的6个星期之内,在一个缺水的年份里,主要水库只有满时的1/4,有90%田间水沟的农民正在参加某种联合:(a)自愿性集体清理渠道(一部分有10年甚至20年没有被维修了);(b)沿着渠道在用户间循回运水(以便于尾部农民得到他们公平的那一份,以前是不可能的);(c)节省已流出的水资源但不是绝对为渠道沿线农民所需的水,把多余的水赠予下游更需要的农民。大约有1/6经认可的供给水以这种方式被放弃了,在某些情况下,僧伽罗的农民放弃部分水以帮助在尾部区域耕种的泰米尔(Tamil)农民。

对集体行动的快速动员,这在以前是没有的,它给康奈尔和耕地研究培训学院带来的意外,绝不亚于给工程师、官员和农民自己造成的惊奇程度。假如严重缺水,可以预料将会有更多的冲突而不是合作。实际上,下一年的旱季首先始于水库水量的下降(只有满时的1/5),然而增强的合作模式得以继续,并生产出大量可被公平分配的切实利益来。

农民代表的作用是建立了一个组织结构,它从田间水沟上升到项目水平,能够作出决定、动用资源、利用通讯、解决冲突。以农民和官员以前无法实现的方式做到了这一点——并能够被大量借鉴。一个地区委员会主席自豪地告诉我,"这儿的农民过去常常要打很多场架,甚至杀人。如果你不相信我的话,可以去核查警察的记录。现在不再有(暴力冲突)"。能够利用上面所列四个活动的作用来提高互利集体行动的可行性和功效。

可能更为重要的是存在于传统文化中的公正和公平标准,深受佛教影响,组织者有时候可能会求助它。在高尔·鳌丫,违反这些很好的标准要多于对它的遵守,在那个地方争论、偷水和破坏结构的这类事很平常。然而,这些规范一旦被公开清楚说明,并被建议为灌溉管理行为的标准,那么它们就容易被农民所接受。存在于高尔·鳌丫居民集体意识里的东西是一种重要的社会资本,方案要求能得到更为公平的水量分配,同时有助于提高用水效率。

特别要考虑调用资源去恢复和维修渠道时,有一个尽人皆知的夏拉玛达娜(Shramadana)传统,在印度、尼泊尔和其他南亚国家也都能找到它。这个风俗迫使人们以自愿劳动去参与生产一些社区产品,如扫公路、建庙、重漆、翻盖小学等。为夏拉玛达娜活动贡献劳动的人笃信可以获得精神"优势",现在或将来他们都会从中受益。

当我们用以灌溉或其他目的的方案在1981年启动时,当地正在进行着小夏拉玛达娜活动。高尔·鳖丫是一个安置性计划,来自全国的家庭在 20 世纪 50 年代得到重新安置。一般,地方领导的作用在于动员地方劳动力来谋求公共利益,包括乡村首领和寺院主持等一般角色在内,他们的作用不是丧失就是减弱。结构型社会资本的力量很弱,但一些重要的认知型社会资本被潜在地运用着。

让农民清理塞住的河道或开挖新渠的建议容易被理解并迅速被采用,假定人们对这种集体行动持赞成态度并得到传统信仰所认可的话。鉴于公共机构所享有的信任水平,人们会迅速实施各种任务——有人会为翻修去筹资,有人会去分配工作职责。我们相当清楚这个领域,如果没有已经存在于人们认知性清单上的可接受的、的确为社会所批准的行为,我们不可能从高尔·鳖丫农民那里得到这么迅捷和普遍的反应。

正向相互依赖效用函数重要性的发现同样是经验性的。可以肯定,农民个人从他们的合作中获得好处,合作通过减少损失和提高使用效率来增加可用水供给。但他们几乎总是表明,在要求流露合作时,他们的部分动机是帮助他人获得更多机会,一旦别人的困境成为一个公众问题,组织手段(结构型社会资本)就会使慷慨行动更为有效。

通过激活用以支持公平性和利他主义的潜在价值,农民大脑中已经有了这种价值,尽管在实践中这些东西并没被表达出来,组织者和后来的农民代表参与形成了夏拉玛达娜的一个新标准。理所当然应把劳动用来清理渠道的实践变成为一个标准,而不是不正常的行为。分享水并把水节省下来帮助其他人,这时候就可能成为标准。

在新的组织结构中以及在农民中产生的相互作用,农民逐渐意识到别人也有用水需求,而且这会让他们考虑他们(充满了浪费)的行动对别人的影响。他们开始考虑别人的利益,而不是只留意自己。对向工程师和官员们说明农民实际上是有责任心、有能力的个体这件事,他们也很满意。友谊的语言,在农民之间以及农民和工程师之间,是很普通的,尽管以前这些词还是充满冷漠或敌对的。我不能说,这种重新关注他人所达到的程度,是由生产和其他利益的增长来支持的。很大方的合作行为对个人有利,他们的邻居当然会使这种行为更有吸引力、更为持久。

合作性水资源管理实践,用经济术语来说,就是帕累托最优。通过仔细和有效分配水资源,在不损失任何人作物产量的情况下,就有这样的利得者存在。这个新的、更为集约的管理系统涉及一定成本,它要求人们支出时间和劳动。但这可被不同方式的补偿,包括许多物质性补偿,但非物质的除外;许多利益是属于个人的,只有部分是属于集体的。一旦渠道里面没有杂草、淤泥和石块,而且当每个农民在特定时期里依次得到充分的水流时,渗漏和运送损失就会大大减少。这增加了对稀缺资源的供给,当按照次序进行时,浇灌某人的田地就能在几个小时内被满意实现,而不是几天之内还不能被满意完成。

这需要信任,以前在供给上就特别短缺。高尔·鳖丫系统开始运转的前 30 年,主要以冲突著称。水资源的零和竞争导致结构破裂和送水混乱,产生负结果——几乎每个人的处境都在恶化。工程师(部分因为他们缺乏手段,而且也因为他们在管理上没投入多少精力)很少按照在季节开始前宣布过的送水日程来运营。5 天应该用完支流渠道里的水,然后转到那条备用渠道,经过 5 天的再继续,停歇 5 天后再回转。事实上,4 天能收到水,然而再过 6 天就没有了,或整个顺序就被打乱了。

因此在没有一个可靠的输送时间表时,让农民轮流用水就是一个很不错的成就。我们有一些激活信任态度的客观证据,不只是合作和慷慨的一般价值。在第一年期间,实验区约有

1/5 的田间水沟在季节里改变它们的循回计划;所有这些变化是从首端循回到尾端,据此可以更好地保证公平和效率。假定主系统运水不可预测,这就值得注意,因为首端农民在他们的庄稼上冒险(尽管可以理解,如果分配计划改变就可能欺骗首端的农民,他们将被给予用水优先权)。

我自己对所发生事情的解释是:不是价值被改变,而是存在于文化和当地人之中的价值被激活,并通过互利集体行动的机遇突显出来,这个机遇是机构组织者帮助农民适应改革所应该具有的。没有时间去"改变"价值,而且,机构组织者并不能被指导着去尝试这一点。相反,他们通过团体努力来启动一个供人分享的问题识别和解决过程。认知型社会资本是潜在的——可以说是处于闲置状态——能够被利用起来的,一旦其他相关地方的领导被动员着去主动改变社区内带有支持性社会结构的标准气候(风气)。

康奈尔和耕地研究培训学院介入高尔·鳌丫的项目结束于 1985 年,所以那里的农民组织在很大程度上都独立了 12 年以上了。它们仍然在有效地运转,尽管不总是很完美。还有一些失望和不足,正如在任何人的机构中那样。在一些继续的支持下它们能够被保持下来并更为有效。正像灌溉系统的"硬件"需要一些维护性投资那样,农民组织这一"软件"同样需要一些正在进行的投资来运转和维护。

这些组织的社会资本在结构型和认知型上依然都有效,可以从 1997 年旱季的业绩看出,那时候主要水库的水量是如此的低,以至于灌溉部门拒绝批准在高尔·鳌丫左岸耕种 65 000 英亩的水稻。它能提供正好 60 000 英亩-英尺水量,只批准了种植 15 000 英亩的其他田间作物(不是水稻)。

农民通过他们的组织反对这种对耕作的优先削减。他们中一个受过相当良好教育的领导所收集的资料表明,在旱季,集水区里的地下水应该有一部分流入水库。他也指出在该季节里无法考虑可能有的降雨量,即使不是很多。他和其他农民确信通过自己的组织,无论有多少可利用的水,他们都能够比工程师估计的要管理得有效得多。最后,他们让项目管理委员会的政府成员同意大面积种植水稻,如果农民希望——尽管没有任何承诺会有额外的水从水库流出。

不是设法决定哪个农民分配到有限的水量,组织决定平等地分享可利用的水量(这意味着位于左岸系统的僧伽罗农民愿意和末端的泰米尔农民分享他们因为位置优势能够垄断的水)。农民正确地预测了水库有额外的水,差不多有 100 000 英亩-英尺水流出;在这个季节他们很幸运地拥有比平均降水量稍多一点的水量,从而给地里多增加了 24 英尺的水量。他们耕种了 65 000 英亩水稻,曾被认为只够种 15 000 英亩其他田间作物的水量,而且得到比平均产量更好的收成(80~90 蒲式耳/英亩)。

在耕作季节,田野可利用的总水量大约是 3.5 英亩-英尺,远低于旱季平常要求的 5~5.5 英亩-英尺(在农民组织被引入之前,高尔·鳌丫的用水量一直是 8~9 英亩-英尺)。农民采用的角色、规则、程序和先例在本质上是很有生产力的,是生产价值 20 000 000 美元的大米所必须,不同的是别的任何地方都种不出来。在一旦形成组织的高尔·鳌丫农民中变得很强大的公平标准,也是生产力"公式"的组成部分,因为没有它,水将无法在整个左岸分配。

政府依旧很不情愿对社会资本进行投资,尽管其好处可能已被阐述过了。他们更喜欢把钱和人员投入更具体的物质资产。现在至少供人分享的灌溉管理政策环境在斯里兰卡有很强的支持力,没有几个工程师喜欢回到以前的状况,即在农民组织分享系统管理的责任之前。

世界银行对社会资本进行投资存在着某些困难。在 1983 年,银行的一个计划团队拒绝成立农民组织,在主要灌溉恢复项目中拒绝利用机构组织者和农民代表的作用。团队领导人把这种投资描绘为"镀金",即使我们向他出示资料,来阐述高尔·鳌丫地区的社会基础设施投资在头两年就有50%的回报率。正如结果所证明的,在灌溉计划中没有恢复中的农民组织,项目就陷入了困境,随后它占用来自高尔·鳌丫优秀的机构组织者,设法把组织"更新"为业已按自然法则来恢复的系统。这种情况要比组织在项目开始时就处在合适位置时的获利小得多,该项目把农民卷入到规划和实施中,而不仅仅是事后的恢复性操作。

即使在20世纪90年代,参与性发展在政策水平上已被世界银行很快批准,这类思考不是"从上面缓慢滴下"到操作水平。当银行在1990年启动一个国家级灌溉恢复项目时,方案中它包括机构组织者(因为斯里兰卡政府坚持要求这一点)。但然后就匆忙开始实施起来,它就开始了物理恢复,在机构组织者被征募之前,更不要说在这个领域受到培训和安置。

在斯里兰卡灌溉部门内部,经验显著地指出结构型和认知型社会资本的生产潜力,旨在为农民获得一些具体的物质利益以及更有效地利用物质资产和自然资产。这项支付超出所增产量及更大的用水效率。它们包括节省劳动和获得睡眠。农民也注重生活质量的改善,说明他们的社区现在有伊克牧特卡玛(Ekemutekama,意为一种统一的精神),它在传统的僧伽罗文化中具有很高的价值,因为在世界上的许多社区里都存在这种现象。

在高尔·鳌丫所动用和提高的组织技能被扩展成其他有利的活动,如作物保护和储蓄、贷款发放(以阻止私人放债人的高利贷行为,每个月收费率达25%)。一个人可以从当地社会组织的许多例子中看到,当这种能力已发展成熟时,成员就利用它们来解决范围更广的问题。

资料来源:诺曼·厄普霍夫:"理解社会资本:学习参与分析与参与经验",载[英]帕萨·达斯古普特、伊斯梅尔·撒拉格尔丁编:《社会资本:一个多角度的观点》,北京:中国人民大学出版社,2005年,第294~303页。

第五节 社会资本与经济绩效

社会资本影响人们的思维方式和行为方式,影响制度变迁和制度绩效,从而也深深地影响经济绩效。为了简单分析起见,我们将分别从内生社会资本模型、社会资本对生产函数和经济增长的影响等方面进行阐述。

一、内生社会资本模型

为了说明社会资本对经济绩效的影响,罗特利奇(Bryan R. Rortledge)和艾姆斯伯格(Joachim von Amsberg)通过构建内生社会资本模型,详细论证了社会资本的不同对人们交易收益的不同影响。[①]

1. 模型

内生社会资本模型把社会资本定义为在纯粹经济交易中有助于实现均衡的社会结构。社会资本在这个模型中是相对于均衡的可能性来定义的。

一个人居住在社区之中,在每个时期 $t \in (0, \infty)$,他和社区中的其他人进行交易。假定

[①] Bryan R Rortledge, Joachim von Amsberg: Endogenous Social Capital, working paper, 1996。转引自,张其仔:《新经济社会学》,北京:中国社会科学出版社,2001年,第76~78页。

每个人都从交易中追求其一生的总收益最大化。交易者的数量为$(0,1,\cdots,N)$，每一次交易只有两个人。每一次交易和每个交易人都有两种选择，一种是朋友式的，就是进行合作；一种是非朋友式的，就是进行剥削。对于交易者 0 来说，其函数可以写成：

$$U_0 = (1-\delta)\sum_{t=0}^{\infty}\delta^t[p_{0i}(x_i)U(\sigma_{0i}(x_i),\sigma_{i0}(x_i))] \tag{7.1}$$

这里的 δ 是折扣因子。假定交易人生命无限，所以，交易无限次重复。x_t 代表 $N+1$ 个交易者到时间 t 时的过去的行动记录。交易者 0 在时间 t 遇到 i 的概率是 $p_{0i}(x_t)$。交易者 0 的战略用 $\sigma_0 = (\sigma_{01},\sigma_{02},\cdots,\sigma_{0N})$ 代表，一次交易的效用函数用 $U(.)$ 代表。假定行动的收益是共同知识，所谓共同知识就是每个行动者都知道收益矩阵，如图 7-1 所示。

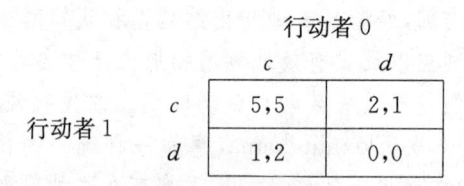

		行动者 0	
		c	d
行动者 1	c	5,5	2,1
	d	1,2	0,0

图 7-1 收益矩阵

图 7-1 中，c 表示采取朋友式交易，d 表示采取非朋友式交易。从图 7-1 中可以看，朋友式交易会产生较高的贸易收益，其原因就在于它节约了交易费用。

2. 模型的假定

① 贸易是匹配的（Pairwise）。收益来自于双方的交易，没有集体行为或群体的介入。

② 博弈有私密性。任何人都无法获得其他行动者的行动信息。行动者的行动策略完全依赖于行动者之间的过去行动的历史。

③ 两个行动者相遇的概率与过去无关。行动者不能因为不喜欢而不与一些行动者进行交易，所以，交易的概率实际上对任何两个人都是一样的，两个行动者发生交易的可能性，是社区规模的函数。

④ 如果是均衡的，那么，行动者就会采取合作策略。社区模型实际上是一个"囚徒困境"型的重复博弈。只要折扣因子和相遇的可能性足够大，子博弈的完美均衡就会存在。

3. 合作均衡的条件

根据假定②和③，公式(7.1)可以被改写为：

$$U_0 = \sum_{i=1}^{N}\left\{(1-\delta)\sum_{t=0}^{\infty}\delta^t[p_{0i}(x_i)U(\sigma_{0i}(x_i),\sigma_{i0}(x_i))]\right\} \tag{7.2}$$

设 V_{0i}^c 和 V_{0i}^d 分别是无条件地采取朋友式交易与非朋友式交易的预期效用函数。符号 +、— 代表行动者现在相遇或不相遇。根据公式(7.2)和图 7-1，可以计算出效用函数如下：

$$V_{0i}^c = 2p_{0i} \qquad\qquad V_{0i}^d = 1p_{0i}$$
$$V_{0i}^{c+} = 2(1-\delta) + 2p_{0i}\delta \qquad\qquad V_{0i}^{d+} = (1-\delta) + 1p_{0i}\delta$$
$$V_{0i}^{c-} = 2p_{0i}\delta \qquad\qquad V_{0i}^{d-} = 1p_{0i}\delta$$

很显然，要使行动者采取朋友式交易而不是非朋友式交易，就必须使朋友式交易所获得的

收益大于或至少等于非朋友式交易所获得的收益,亦即:

$$V_{0i}^{c+} = 2(1-\delta) + 2p_{0i}\delta \geqslant V_{0i}^{d+} = (1-\delta) + 1p_{0i}\delta$$

通过计算得:

$$p_{0i} \geqslant p^c = \frac{1-\delta}{\delta} \tag{7.3}$$

亦即要让行动者采取朋友式的合作交易,就得满足公式(7.3)。

4. 社会资本的形式化定义

虽然社会资本的定义各种各样,但各种定义都承认社会资本是一种有助于合作产生的社会结构。根据内生社会资本模型,社会资本就是这样的一种社会结构,在这种结构中,对所有的行动者来说,采取朋友式交易的收益大于采取非朋友式交易的收益,亦即:

$$p_{ij} \geqslant p^c$$

二、社会资本与经济绩效

1. 社会资本对生产函数的影响

为了测算社会资本对生产函数的影响,有的学者使用了下面的生产函数:[①]

$$Q = f(L, K, H, S)$$

其中,Q 代表产量,L 代表劳动力,K 代表物质资本,H 代表人力资本,S 代表社会资本。如果 S 对绩效有影响,那么,将其归入生产函数中必然导致其他变量的回归系数降低。

这里,还可以使用下列公式来确定社会资本发挥作用的途径:

$$Q = f(L, K, H, S; C)$$

其中,C 代表不同的作用机制(该机制的作用由于不完全信息和搜寻成本而降低,用该机制来替代市场制度)。如果 S 对 Q 的影响仅仅因为它降低了 C,那么在回归分析中包含 C 将导致 S 产生一个不显著的系数。但是,如果 S 对 Q 的效应超过了它对 C 的效应,C 和 S 两者都应该是显著的。

经济学家、社会学家的实证结果表明,社会资本并不仅仅是经济成功的一个副产品,而是影响生产函数变动的。也就是说,即使社会资本的积累需要花费成本或社会资本被用于非商业目的,社会资本对生产函数也能起作用。

2. 社会资本对经济增长的影响

长期以来,经济学家们在分析经济增长的影响因素时,分析的无非是资源、劳动、资本(不包括社会资本)和技术(包括知识)等因素,至于社会资本则从来没有进入过他们的视野。

20 世纪 60 年代以来东亚经济的快速增长,经济学家们就将其归因于物质资本存量变化和生产劳动时间变化的贡献,他们用这两个因素解释了 20 世纪 60 年代以来东亚国家几乎所有的经济发展。虽然东亚国家被人们普遍认为拥有丰富的社会资本,它们也是有助于经济发

---

① [美]C.格鲁特尔特等编:《社会资本在发展中的作用》,成都:西南财经大学出版社,2004 年,第 194 页。

展的,但经济学家则视而不见、熟视无睹。①

然而,随着对"东亚奇迹"探讨的深入,越来越多的学者认为东亚国家和地区的成功,除战略和政策因素之外,和谐的人际关系及儒家文化的道德规范相结合表现出来的社会资本,是东亚经济发展的特殊动力和深层原因。

在探究"东亚奇迹"的根源时,许多研究者将考察的目光转向文化因素,认为东亚国家在文化方面具有如下共同特点:②

(1) 具有共同的文化背景。东亚国家同属于儒家文化圈,深受儒家传统影响,重视人际关系,在现代化过程中,实现了"企业精神"与"儒家传统"的契合。

(2) 具有稳定和谐的人际关系结构。由于历史上文化渊源的关系,东亚国家受儒教、道教文化影响较大,在人际关系中注重"和合"、"和谐"、"中庸",强调矛盾的统一与均衡,避免和克服人际关系中的对立与冲突。

(3) 具有稳固的家庭网络。东亚国家受儒家伦理观念的影响,以家庭为核心,强调孝、慈、敬等观念,把保持家庭和睦、人际友爱、社会和谐和国家稳定视为个人与社会的理想目标。

(4) 具有强烈的国家认同。东亚国家通常采用高度中央集权的管理模式,国民对于政府权力具有较高的认同和忠诚,在政治观念中,强调国家与个人的一致性,个人服从国家,并能够为整体利益做出牺牲。

上述特点被认为是成就东亚国家和地区经济繁荣的重要因素。儒教重群体、重情意、重人际关系和谐的价值理念,正成为克服技术时代的物质主义、极端个人主义的对症良药;"家国一体"的儒家观念,更使国民能够在国家和民族遭遇危机的时候组织起来共赴国难;市场经济与儒家文化的结合,为全世界的现代化开创了新局面,树立了新样板。有人还进一步认为,东亚社会所共有的儒家伦理是:工作勤奋,敬业乐群,和睦关系,尊敬长上,强调配合协调与合作,而不是突出个人或个人利益等等。这些"新儒教文化"(Neo-Confucian Culture)提倡个人对组织的忠诚、奉献和责任,对现代社会和现代企业组织乃至经济增长大有裨益。

那么,"新儒教文化"是如何转化为一种现实的经济动力而影响经济增长和经济发展的呢?有学者认为正是社会资本这个桥梁,完成了"新儒教文化"向经济增长和经济发展输送动力的功能,即:新儒教文化→社会资本→经济增长与经济发展。

在"新儒教文化"主导和影响下形成的东亚国家和地区特有的家庭组织、社会结构、人际关系网络作为一种"社会资本",提高了人与人之间的信任程度,降低了社会交易费用,为实现合作创造了条件,为人们的经济行为提供了激励机制,从而促进了经济增长和经济发展。

而作为影响东亚地区社会资本形成的"新儒教文化",其与社会资本一道实际上就构成了新制度经济学所谓的"非正式规则"的内容。正如斯蒂格利茨所说:"社会资本受到发展过程的影响,并影响发展过程。"③

---

① 帕萨·达斯古普特:"经济发展与社会资本观",载[英]帕萨·达斯古普特、伊斯梅尔·撒拉格尔丁:《社会资本:一个多角度的观点》,北京:中国人民大学出版社,2005年,第486页。
② 燕继荣:《投资社会资本》,北京:北京大学出版社,2006年,第51~52页。
③ 斯蒂格利茨:"正式和非正式的制度",见曹荣湘编:《走出囚徒困境:社会资本与制度分析》,上海:上海三联书店,2003年,第127页。

本章小结

本章介绍了新制度经济学的前沿理论——社会资本理论。虽然学术界关于社会资本的争论喋喋不休,但越来越多的学者认为社会资本对经济增长、社会发展有着重要的影响。第一节分析了社会资本的涵义,分别从社会学、政治学和经济学的角度进行了介绍;第二节分析了社会资本的各种类型;第三节不仅分析了社会资本的特征,而且重点分析了社会资本是如何形成的;最后两节则分析了社会资本的作用机制及社会资本对经济绩效的影响。

关键术语

社会资本　　　　结构型社会资本　　认知型社会资本　　制度社会资本
关系社会资本　　政府社会资本　　　民间社会资本　　　正社会资本
负社会资本

本章思考题

1. 何为社会资本?社会资本的特征有哪些?
2. 简述社会资本的类型及各类型的区别。
3. 根据保罗·怀特利社会资本形成模型,分析影响社会资本形成的因素。
4. 社会资本是如何影响经济增长及其绩效的?
5. 何为内生社会资本模型?其意义是什么?

学习参考资料

[1] 李惠斌、杨雪冬主编. 社会资本与社会发展[C]. 北京:社会科学文献出版社,2000.
[2] [美]弗朗西斯·福山. 信任——社会道德与繁荣的创造[M]. 呼和浩特:远方出版社,1998.
[3] 燕继荣. 投资社会资本[M]. 北京:北京大学出版社,2006.
[4] [美]C.格鲁特尔特等. 社会资本在发展中的作用[C]. 成都:西南财经大学出版社,2004.
[5] [英]帕萨·达斯古普特、伊斯梅尔·撒拉格尔丁编. 社会资本:一个多角度的观点[C]. 北京:中国人民大学出版社,2005.
[6] 曹荣湘编. 走出囚徒困境:社会资本与制度分析[C]. 上海:上海三联书店,2003.
[7] [美]罗伯特·普特南. 使民主运转起来:现代意大利的公民传统[M]. 南昌:江西人民出版社,2001.

第八章 法经济学理论

学习目标

1. 了解法律与经济学的接轨。
2. 理解法律的成本收益分析。
3. 掌握法经济学的核心理论（谈判理论）。
4. 了解法律实际上是一种正式的制度安排。
5. 理解法律的供求及其均衡。

法经济学是20世纪50～60年代发展起来的一门经济学和法学交叉的边缘学科,在过去的几十年中已取得了辉煌的成就。法经济学的发端、成长和发展是近30年来世界范围内法学理论研究的一大成就,从经济学视角去研究法律为法学研究开辟了一块新的领地。

法律作为一种行为规范,不仅是社会现象的产物,而且是经济现象的产物。马克思指出:"无论是政治的立法或市民的立法,都只是表明和记载经济关系的要求而已。"[①]因此,法律现象是经济关系、经济现象在法律上的反映,法律同经济的这种联系,正是法律最具有现实性、实用性的体现。在这个意义上,利益规律是法律的基础,法律制度实质上是一种利益制度。从制度经济学的角度而言,作为一种行为规范的法律及其修订则是一种正式的制度安排和制度变迁。

第一节 法律与经济学的接轨

法律与经济学的关系是法经济学研究的前提和出发点。法律与经济学之所以有关系并能接轨,根本原因是由于经济学和法律在研究主题和价值观上有相当的共通性。法律和经济学的起源都是社会生产力和生产关系这一基本矛盾发展的必然结果,也就是说,它们的产生是与经济增长联系在一起的。经济学研究的是理性"经济人"为追逐利益最大化而发生的一切市场行为,而法律研究的则是理性"经济人"追逐利益最大化的一切市场行为是否损害他人利益及是否值得保护。从这个角度而言,它们的研究对象都是理性"经济人"的行为。

[①] 《马恩列斯论法》,北京:法律出版社,1996年,第17页。

一、法律是什么

一般而言,法律有广义和狭义两层含义。广义的法律是指法的整体,包括法律、有法律效力的解释及行政机关为执行法律而制定的规范性文件;而狭义的法律则专指拥有立法权的国家机关依照立法程序制定的规范性文件。在我国现代法律制度中,法律也有广义和狭义两层含义。广义是指包括宪法、法律、法规在内的一切规范性文件;狭义是指全国人大及其常委会制定的基本法律以及基本法律以外的法律。

法律是以文件形式存在的,但不论是以何种文件形式存在,都具有共同的特征:第一,法律是由国家制定或认可的,这是国家创制法律的两种形式。所谓国家制定法律,是指国家立法机关按照一定的立法程序直接创制法律,即制定出新的、过去没有的法律规范。所谓国家认可法律,是指国家立法机关根据实际需要,对社会上原来已经存在的某些风俗习惯、道德规则、宗教教规等加以确认,赋予其法律效力,使之成为法律。第二,法律的实施方式是靠国家强制力保证实施,这是法律最主要的特征,也是法律同其他行为规范最显著的区别。保证法律实施的强制力主要指军队、法庭、警察、监狱等。第三,法律具有普遍约束力,即在国家权力管辖范围内对全体社会成员都具有普遍约束力。第四,法律的内容是规定公民的权利和义务关系,并且这些权利和义务是由国家确认和加以保障的。

总之,法律是一种特殊的行为规则,它不仅规定人们什么能做、什么禁止做、什么必须做,而且还是调整社会关系、维护社会秩序、实现国家意志必不可少的手段。

美国著名法学家庞德认为,"法律的功能在于调节、调和与调解各种错杂和冲突的利益,……以便使各种利益中大部分或我们文化中最重要的利益得到满足,而使其他的利益最少的牺牲。"[1]法律是适应利益调节的需要而产生的,法律的变化和发展根源于利益关系的变化和发展,归根到底根源于人们利益要求的变化和发展,"抽象的利益并不构成法律。构成法律的是要求,即真正施加的社会力量。"[2]法律并不创造或发明利益,而只是对社会中的利益关系加以选择,对特定的利益予以承认或者予以拒绝。

在以法律为主体的现代社会中,每个人的行为在受到法律约束的同时,也受到了法律的保护。不管是法律的制约功能,还是法律的保护功能,都存在一个如何最有效地实现法律规则的问题。法律规则实现的有效程度集中体现了法律本身的经济性。法律在调整人们行为规范的同时,也把人们的价值观念、效益观念等融合在法律行为之中,进而影响人们对法律行为的选择。法律表达利益的过程,同时也是对利益的选择过程。正如爱尔维修所言,"利益支配着我们对于各种行为所下的判断,使我们根据这些行为对于公众有利、有害或者无所谓,把它们看成道德的、罪恶的或可以容许的。"[3]

【案例 8-1】

法律的作用及其他

法律是靠第三方实施的规范,第三方可以是个人也可以是集体(如国家)。这种靠第三方

---

[1] 转引自:黄文平:"法律行为的经济学分析",《上海经济研究》,1999年第12期。
[2] [美]弗里德曼:《法律制度》,北京:中国政法大学出版社,1994年,第359页。
[3] 转引自:苏宏章:《利益论》,沈阳:辽宁大学出版社,1991年,第9页。

来实施的法律究竟有何作用？经济学家看来，法律的作用可能在于两个方面。首先，法律可以改变博弈，包括当事人的选择空间，收益函数，从而改变博弈的均衡结果。假如没有法律，违约可能得不到制裁；有了法律，违规者就会被处罚。例如在借钱博弈中，如果规定违约处罚，一旦违约，你就亏了十五，而不是赢利十五，那么，你的最优选择是守约，均衡就会改变。这样，法律通过改变支付矩阵就改变了博弈。法律也可以改变当事人的选择空间，使得原来在技术上可行的选择，经法律规定后就不能选择。如行车可左可右，假如法律规定你只能右行，那么左行的惩罚就很大，你就不会左行。但是，除了这种可以归结为对当事人选择空间及选择之后的支付来刻画法律的所谓"庇古观点"之外，现有一种更新的观点认为，法律不改变博弈本身，但改变博弈的均衡结果。法律的这种作用是通过改变个人行动的预期来实现的。

为何认为法律不会改变博弈呢？法律是由政府官员或法官实行的。在前面，我们假定执法人员是独立于博弈之外的，事实上，执法人员也是人，也有他们的选择空间和对应的效用函数。如果我们把执法人员也引入博弈，在一个更大的博弈框架里考虑法律，那什么也不改变。如A选择信任或不信任，B选择守信或不守信，法官选择惩罚或不惩罚。在这个博弈中，法官也是其中一个参与者（当然，博弈也可拓展到公众对司法部门的节制，但为了方便，我们只选这三个参与者），如果A预期B不会守信，B认为法官不会惩罚他，法官实际上也选择不惩罚，那么A的最优选择就是不出钱。这样，如果每人都像原来那样行为，结果与原来一样，有没有法律都一样。问题是为什么有《合同法》的话，人们更可能还钱？因为法律可以改变人们的信念和预期，从而改变均衡结果：如果有了法律，A预期B不守信将会受法官的惩罚，就会信任B；B预期不守信的话将受到法官的惩罚，守信的话将不被惩罚，就会选择守信；这样就会出现相互信任的结果。

这种理论很有洞见，有许多例子可以说明它。如刚才讲的交通规则，如果没有法律规定，开车时大家自然会形成走左还是走右的习惯，这是一种社会规范。但如果有法律，尽管博弈本身没有改变——每个人都可以左行或右行，但如果法律规定右行，每个人将预期别人都右行，并且每个人都预期别人预期自己会右行，则每个人的最优选择是右行，所有人都将选择右行。类似地，如果法律规定左行，每个人将选择左行。同样如果法律规定男女进门时，女的要先行，那男的预期女的要先行，女的预期男的后行，所以女的先走了。这就是通过改变人的预期来改变博弈的均衡结果，而非改变博弈本身。还有一个例子，如去飞机场接人，事先没说好地方，就有很多个纳什均衡。你去什么地方等人，依赖于你预期他去什么地方；而他去什么地方依赖于他预期你去什么地方。在英国希斯罗机场，每个航站都有个会客厅（Meeting Point），如果你找不到你的朋友，你预期你的朋友会去会客厅，你朋友也会有同样的预期与行为，你们就会在这个会客厅见面。此时，会客厅类似一个法律，它使得人们不再预期其他众多的均衡。假如机场管理当局建立二十个会客厅，那就毫无用处了，因为它不能使人们形成一致预期。这时你可能就会用另外的预期，比如你知道你朋友喜欢看书，你朋友也知道你知道他喜欢书，在书店碰面就可能应该是纳什均衡。这里法律并没有起作用。所以法律与文化都样，可能只改变"虚"的东西（Perception），不改变"实"的东西（Reality），即改变一种预期。但预期一变，结果就完全变了。回头来看专制者为什么令人害怕，因为每个人都预期别人害怕他，如果预期别人不害怕，那就造反了，齐奥塞斯库是一个很好的例子。既然如此，就有下面一些问题：究竟法律与文化有什么关系？

法律和文化的关系。Basu(1997)提供了一种理论，也即这里要介绍的"核心定理"（the

Core Theorem)：任何能够通过法律来实施的行为和结果，都可以通过社会规范来实施。也即说只要法律能做到的，社会规范一样能做到。这里有两个推论：(1) 任何可以通过法律实施的结果，没有法律也能实施(Order without Law)。这不难理解，在许多情况下没有法律的确也能实施某些规则。比如几年前你去北京口腔医院看牙，看牙的人特别多，经常要排队。这些人自动达成一个规则，最早来的人会给每个人发一个号。这不是政府行为，只是自发行为，但大家都会遵守这个规则。形成这种自发秩序的原因在于，首先，最早来的人最有积极性发这个号，因为他可以给自己发个一号；其次，第二个人肯定尊重他的第一号，因为他可以是二号，否则可能第二号都排不上；第三个人也同样，如此等等。在这种规则下，只要前面的人数足够多，后面的人捣乱的可能性就很小，给定别人遵守这个游戏规则，每个人的最优选择是遵守这个游戏规则，所以是一个纳什均衡。这就是没有法律的秩序，不是任何一个政府施加上的。这类现象在抗震救灾中也容易出现。(2) 如果一个特定的结果不是纳什均衡（即不能通过社会规范实施），那么，没有法律能够得到这个结果(Disorder with Law)。这种例子俯拾即是，我们许多规定为什么会成为一纸空文、许多行为屡禁不止就是因为它不具备自我实施的基础。

　　既然这样，那么法律和社会习惯有何区别？为什么还需要法律？这是因为社会规范的形成可能是一个缓慢的进程，而法律通过加快信息的传递，来加快形成一致预期、达到纳什均衡的时间；同时法律的强制性也使人们更容易造成一致，减少冲突。像交通规则，当没有汽车时，农村里走左或走右没有什么问题，汽车多了，没有法律，自然也会形成一种规范，左行或右行，但这需要一个很长时间。如果有了法律，它能够在已知两个均衡中选一个，宣布从明天开始大家靠左行或右行，这个试错过程就可以缩短很多。反过来，这也使规范改变起来比法律慢多了，法律废除了，会有新的，但社会习惯形成慢，消失也慢。

　　其次，法律特别是在处理不同的规范之间的冲突时往往很有威力。例如，英国人习惯靠左行，美国人习惯靠右行，一个英国人到美国后，由于不同的规范，可能会发生冲突，此时有法律的话，就比较好解决。如果去美国之前，记住美国法律规定人们靠右行，有些冲突就不会出现。否则光靠规范，英国人到美国撞两次车后自会走右边，但可能他会先被撞死。与此相联系的问题还有，一个规则本身是否是纳什均衡也能预见法律执行起来的容易程度。为何在许多交通规则中，靠右行的法律容易得到遵守，但不要抢行这个法律难以被遵守？这是因为大家都靠右行并不会带来损失（而且有好处），是一个纳什均衡，但如果抢先，你就可能得到好处。

　　再次，法律和文化还有一点重要的区别是，法律可以通过加快信息的传递来起作用。假如在北京，一个人向好多人借钱，他骗过你之后，你没有时间告诉别人他骗了你，但如果有法庭，你只要告上法庭，就可以了，信息很快就传递到其他人去了。中世纪商人当时有自己的法庭，当时地中海一带都是一些小的诸侯国家，法律不统一，在其他国家做生意得不到法律保护。商人就自己成立一个法律机构(Law Merchant)，如果你要与某人做生意，先可到这个机构来调查这个人过去是否有骗人的记录，如果你调查了，那么你被骗之后可以向这个机构投诉，否则，不可以投诉，这样形成一个私人法院(Private Court)。无须每个人都告诉别人他做了什么事，你只要告诉这个Private Court 对方骗过你，做生意时，它就会告诉你谁有信用。这样信任就可以建立起来了。

　　至于法律是怎么建立起来的，传统的观点认为法律是有意识设计的产物，代表政府的意志；但现在的研究表明，大部分法律是自发形成的，很多法律都是由社会规范演变过来。最典型的例子是英国普通法演变的故事。英国的普通法来自商法,而最近对商法的演变的研究表明,许多法律都不是由立法者当初就设计好的,而是在吸收商人习惯法基础上长期演变的结果,是各个参与人长期博弈的一组均衡。法律在这里不过是确认了的一种社会规范,这样它具有自我实施的基础。

最后,在这里我要特别提及经济学上的不完全合同理论对法律的研究有推进作用。不完全合同理论是由 Grossman 和 Hart(1986)首创的。所谓不完全合同是指对未来可能的状态及行为没有明确规定的合同。合同不完全,不仅仅是说字面上写不清楚(或成本很高),更重要的是即使在字面上写清楚,还有两个实施中的问题,一是事件的不可观察性(Unobservability),二是第三方无法确认性(Unverifiablity)。但是法律执行一方面要求的是完全合同,另一方面法律的实施依赖于可确认的证据,这导致了不完全合同在法律上往往是不可执行的。更进一步说,法律本身也是不完全的,否则,就不需要律师了。合同的"空当"导致了"权威"(Authority)的出现,或者说权威就是填补合同中没有规定的东西。因此不完全合同理论对于法律的完善大有帮助。这也适用于对政府行为的研究。政府的权威往往来自不完全的"合同",因为合同不完全,到法律没有规定清楚的事情发生时就由政府说了算,所以政府官员喜欢把法规政策写得很模糊。法律法规规定得越模糊,政府的权威就越大,因为一方面法律越模糊解释的权威就越重要,另一方面,法律越模糊自由裁量权就越大。而且,进一步说,政府与企业不同,企业是有竞争的,这自然会使条约模糊度达到最优点(比如有两个饭馆,一个饭馆明码标价,即条约明确,另一个没有标价,吃完再说,后面这家就没有生意了);但是政府是一个垄断者,没有别的一个"饭馆"与它竞争,这样它就有可能将法规写得很模糊。所以,政府文件上常有诸如"或由政府有关部门规定的什么什么"的条款。如中国过去的保密条例有"不该说的不说,不该写的不写"这样的规定,但没规定什么不该说,什么不该写,判别一个人是否泄露国家机密的权力都交给了管事的官员。政府法规的最佳模糊度在什么地方是一个值得研究的问题,这样的研究有助于法制建设。基于不完全合同理论,我自己的观点是:能够写清楚的交给法律管,写不清楚的交给文化管。运用法律的成本非常高,如果把法律都不能写清的行为交给法律管,那肯定会有问题。例如现在,见义勇为之后的纠纷很多,把你救起来之后我向你要钱。如果法律规定把人捞上来可以收钱,这没有什么不好,至少这样可以调动大家救人的积极性;但人们认为你既然做好人好事,那为何还向别人要钱?所以在这一点上有争议,还没有形成一个一致的预期。还比如拾钱酬金问题,我国古代也有这种规矩,先是招领,如果没人认领,那么这个钱包就是他的;有人认领的话,失主就给拾金者一定比例的报酬。

不完全合约可以用来解释企业文化。只有理解了不完全合约才能理解企业文化。企业中有许多行为没规定清楚也无法规定清楚,在这种情况下对他人的行为的稳定预期必须要求在一种"默契"的基础上才能建立起来,否则企业运行的交易成本将很高甚至根本无法运作。这种"默契"和稳定预期就可以认为是企业文化。企业文化主要就是用来弥补正式合约的缺陷,如果合同是完全的话,那么可能就不需要企业文化或者说企业文化的作用要小得多。为何中国现在企业文化炒得特别热,就是因为我们的企业制度很糟糕,所以我们才要拼命地去宣传企业文化的重要性。

资料来源:张维迎:"法律:通过第三方实施的行为规范",《读书》,2000 年第 11 期。

二、法律与经济学的接轨

将法学(法律)与经济学有机地结合起来用以分析、思考社会问题,并非肇始于当代的经济学家或法学家。早在上个世纪之初甚至更早时期,就有学者论述法与经济的关系了,马克斯·韦伯在《经济与社会》一书中对此就有比较详尽的论述。他认为,法与经济的最一般关系概括起来有六个方面:[①]

(1) 法绝不仅仅保障经济的利益,而且保障各种各样的利益,一般地说,从最基本的利益:保护纯粹的个人安全,直至纯粹的思想财富,如自己的"荣誉"和神力的"荣誉"。它首先也保障政治的、教会的、家庭的或者其他权威的地位和各种社会的优越地位。这种地位虽然在五花八门的关系中可能受经济的制约,而且是至关重要的,但是本身并非是经济的,也不是必然地或主要地出于经济的原因令人孜孜以求的东西。

(2) 一种"法的制度",在有些情况下,可能保持不变地存在着,虽然经济关系激烈地变化着。

(3) 从法学的思维范畴的立场来观察,一个事实的法的制度可能是根本不同的,而经济关系却不会因此受到极大的触动,如果仅仅在经济上一般至关重要的问题上,对于有关利益者来说,实际的效果是相同的话。这是极为可能的,而且实际情况也这样,虽然在某一点上,法的结构的任何不同都可能会产生某些经济的后果。

(4) 当然,法的保障最广泛地直接服务于经济的利益。一旦表面上或确实不直接出现这种情况,经济的利益就属于影响法的形成的最强有力的因素,因为任何保障法的制度的权力,都在某种程度上由所属社会群体在其生存中的默契行为所支撑,而社会群体的形成在很大程度上受到物质利益的情况所一起制约的。

(5) 由于在法的制度背后可能实施强制所能取得成就的规模,特别是在经济行为的领域里,除了受到其他情况的限制外,也受到行为的固有方式的局限。因此,影响人们的经济行为的可能性程度,并不简单地是一般服从法的强制的职能。

(6) 纯粹从理论上看,国家的法的保障并非对任何基本的经济现象都是不可或缺的。

基于上述对法与经济关系的分析,马克斯·韦伯进一步指出:"对于一个确知自己实际上对某一物品或某个人享有所有权的人来说,法律担保的是这种权利持续的确定性。对于接受承诺的人来说,法律担保的是一种更高程度的承诺将会被遵守的确定性。这实际上是法律与经济生活的最基本的关系。……(另一方面),法律在如下过程中同样发挥着作用,即在控制强制机器运行的主要规范中,存在一种诱发某种经济关系产生的结构。"[②]

虽然马克斯·韦伯对法与经济的关系作了大量的先驱式的探讨,但毋庸置疑的是,在法律与经济学接轨方面做出最大贡献的则是美国著名法律经济学家理查德·A·波斯纳。波斯纳在其代表作《法律的经济分析》一书中,开门见山的第一句话就写到:"本书的写作是建立在经济学是分析一系列法律问题的有力工具这一信念基础之上的。"[③]法律和经济学之所以能够被

---

① [德]马克斯·韦伯:《经济与社会》,北京:商务印书馆,1997年,第370~373页。
② 转引自:[瑞典]理查德·斯威德伯格:《经济社会学原理》,北京:中国人民大学出版社,2005年,第146页。
③ [美]理查德·A·波斯纳:《法律的经济分析》,北京:中国大百科全书出版社,1997年,第3页。

牵扯在一起,是因为法律和经济学对人性的理解是一致的,即人是一种追求极大化自利的理性动物。

波斯纳认为,作为追求极大化自利的人,其首先会思考如何运用手中有限的资源去达成最大的满足;再者会对外在加诸的"刺激"或"诱因"(Incentive)做出反应。这也意味着法律的设计也可以依此而得到灵感。因为:

第一,既然人类的欲望无穷而资源有限,国家亦莫不以照顾民众福祉为目的,则法律应该被设计成为如何减少资源的浪费、追求效率以协助人们实现其最大满足之工具。

第二,既然人会依据追求自利的原则对"诱因"做出反应,则国家若欲借着法律达成某项目标,自然可依此加以设计。当国家增加司法人员以提高刑案的破案率,并修改法律加重刑罚时,企图为非作歹者就会认为犯案是不敷成本的行为而放弃。此外,人类对利润之诱因的反应,显然也启发政府应该去想到用因势利导的方式解决问题;否则法律将无法达到其目的,甚至适得其反。

第三,追求最大化自利的人们在人际的往来中,在无法律的干涉下将会彼此自行协商达到让双方都获得最大利益的结果,而符合效率的要求(当然,这是假设没有强者胁迫弱者的情况)。因此,对于规范人际互动的法律之设计,应该全面立足实际:"若是当事人彼此在自由协商下,他们将会希望是采取何种交易方式",即会达成何种共识。反之,法律若是忽略人性的趋向,却老是死抱一些"正义的理念"而定出不合人类理性的法律,必定是不符效率,甚至是窒碍难行的。①

从现实来看,法律与经济学不仅完全能够接轨,而且经济学对法律或法律对经济学的影响越来越大。首先,经济思考总是在司法裁决的决定过程中起着重要的作用,即使这种作用不太明确甚至是鲜为人知;其次,法院和立法机关更明确地运用经济理论会使法律制度得到改善。波斯纳指出:"将经济学看作是一种理性选择理论——即诉讼所要达成的理性选择,换句话说,也就是以最小可能的资源花费来达成预期目标的理性选择,从而将省下的资源用于经济系统的其他领域。无论一种法律制度的特定目标是什么,如果它关注经济学中旨在追求手段和目的在经济上相适应的学说,那么它就会设法以最低的成本去实现这一目的。"②换句话说,法律和经济学都关心成本与收益,并且经济学理论有助于法律降低成本增进效益。

从上述分析可以清楚地看出经济学对法律的影响,但是,另一方面法律对经济学的影响也是不言自明的。法律作为一个社会正式的制度安排,首先,它限定了人们行为的合法与非法空间。每个人都是理性人,理性人会合理地预期他的行为性质及行为的成本收益,在一个有法可依、执法很严的社会里,理性人会非常理智地决定他的社会(或市场)行为、活动。其次,法律及法律变迁还深深影响着一个社会的经济绩效。这可以用符号表示为:△法律或法律变迁→△激励结构→△制度行为→△经济绩效。这也就是说,如果法律发生了一个改变,例如,① 私有财产权的定义或分配的改变;或② 通过司法的、行政的或立法决定制定方式的变化导致其运行规则的改变;或③ 特权(行政管理的要求)的改变;或④ 公共权利的扩张或收缩,激励范围也将随之被改变,从而,个人行为也必将因受到影响而发生改变,而所有的这些都将共同影响

---

① 林立:《波斯纳与法律经济分析》,上海:上海三联书店,2005年,第40~43页。
② [美]理查德·A·波斯纳:《法律的经济分析》,中文版作者序言,北京:中国大百科全书出版社,1997年。

市场经济的经济绩效。简言之,也就是:△法律→△经济绩效。①

三、法律的成本效益分析

任何一项新制度的变迁、确立和实施,都是要支付成本的。立法的过程实际上就是一项新制度确立的过程,其同样也是要支付成本的。新制度经济学理论告诉我们,只有当一个新制度带来的收益大于制度变迁的成本时,制度才会被改变,否则制度变迁是不会发生的。因此,我们在进行立法时,有必要对其成本和效益进行分析。②

在经济学上,成本指的是包括机会成本在内的经济成本,而不仅仅是会计成本。经济成本包括会计成本和机会成本,会计成本只包括投入的资本、人员、厂房等显性成本,机会成本指的是为了得到一种东西所必须放弃的所有东西,或者说,机会成本指用于某种用途的生产要素在其他各种可供选择的用途中的最好用途的收益。所以在作出一项选择或者进行一项立法时,不仅仅要考虑投入的显性的会计成本,而且要考虑到隐性的机会成本。

立法的成本主要表现在两大部分:社会成本(社会为遵守法律规定而付出的成本)、执法司法成本(即政府与法院体系为实施和监督法所花费的公共支出)。立法的社会成本往往无法计算,因为政府对市场进行干预的立法可能会给社会造成巨大的负担或影响。从世界经验来看,各国法律制定过程中多采用立法预算与成本效益分析的法定程序对立法进行控制,立法机关只能在预算上限的范围内立法,不得超出预算规定的立法社会成本。立法机关制定重要法规之前,必须对该法规制定进行成本效益分析。

成本效益分析的含义是,对一个拟议项目将导致的所有社会和经济成本及其收益作出评估。在国外的实践中,立法的成本效益分析程序作为强制性要求进入立法过程,最先是20世纪80年代在美国通过总统12291号行政命令加以采用,要求任何潜在经济影响每年超过1亿美元的行政立法案必须通过成本效益分析,并且只能制定效益大于成本的行政立法。德国、日本、英国等立法法中都确定了成本效益分析原则。成本效益分析有助于克服立法者与普通人对风险估计常常犯有的常识性错误,同时促使公众对公共财政支出给予更直接关注。

执法司法成本可以计量,一项立法往往涉及机构的成立与运行,如司法方面的成本至少包含四方面公共支出:一是司法系统本身运作和制度的实施所要发生的支出,如随着犯罪率的提高,为打击和防止犯罪,需要增加警察和法官方面的支出。一项新法律的实施需要增加相应的施法费用。二是对司法系统的监督所要付出的支出。如现在我们缺乏对法官不公裁决的有效的纠错机制,也缺乏对法官正确裁定的执行机制。出现了法院给胜诉当事人打白条现象,司法效率低下,也出现了许多司法不公正现象。这反过来说明,国家将不得不为可能的纠错和对法官的监督支付足够的纠错或监督成本。三是政府培训相关执法人员的成本。四是由执法司法结果对社会公众产生的正负激励而产生的社会成本(下降或上升)。因此,法律规定优劣之辨就很重要。举例来说,我国原《公司法》规定,公司的最低注册资本是10万元,那么很多没钱但想创业的人就被排斥在了这个门槛之外。而相比之下,其他很多国家与地区的注册资本门槛就要低得多。同样,我们对资本维持的规定也完全是一种神话,是一种对社会资本的巨大浪费,而且现实中也不可能有一家公司把上千万元的注册资本用资本维持和不变的原则搁置不

---

① [美]尼古拉斯·麦考罗等:《经济学与法律》,北京:法律出版社,2005年,第28页。
② 李曙光:"法律的经济学分析:立法的成本和收益",《南方周末》,2006年1月13日。

用。这就说明,立法时只考虑准入门槛,并不符合市场经济,而且实际中也贯彻不了。这样带来的执法和司法成本必将是十分巨大的。

【案例 8-2】

法学家与经济学家对同一案件的分歧究竟有多大?

假定 X 被粗心大意的猎手 Y 打中。当事人和其律师所感兴趣的唯一问题,也即法官和陪审团所要裁决的问题就是是否要将伤害成本从 X 转向 Y,X 接受损害赔偿是否"公正"或"合理"。X 的律师将会主张,X 得到损害赔偿是公正的,因为 Y 有过错而 X 并无过错。Y 的律师可能会主张,X 也有过失,所以由 X 自身承担其损失是公正的。不仅公正和合理不是经济学术语,而且经济学家(人们可以想像)对受害人及其律师所关心的问题也不感兴趣:谁应承担这次事故的成本? 对经济学家而言,事故是一个定局,它所引发的成本已经沉淀。经济学家感兴趣的是预防未来(成本不合理的)事故和降低事故总量和事故预防成本,但诉讼当事人却对未来绝不感兴趣。他们所关心的仅限于过去发生事故的经济后果。

但是,这种分歧有点言过其实。案件的裁决将对未来产生影响,所以也会引起经济学家的兴趣,其原因是裁决建立或确认了作为人们从事危险活动指南的规则。裁决是一种警告,如果有人以某种方式从事某种行为而发生了事故,他就不得不支付裁决所规定的损害赔偿(或者如果他是受害者时就不能取得损害赔偿)。由此,通过改变当事人所面临的(危险行为的)影子价格,这种警告可以响他们的行为,从而影响事故成本。

相反,法官(和律师)不能忽视未来。由于法官的法律裁定都将成为先例,法官就必须考虑到不同的裁定对从事下述活动的人们的未来行为可能产生的影响,这些活动所产生的事故与他所面临的案件所产生的事故是一样的。例如,如果裁决以被告尽管有过失但不应受处罚为理由而判决其"胜诉",那么该裁决将鼓励其他同样的人去从事疏忽大意的行为,而这是一种成本高昂的行为。所以,一旦这种参照框架由此扩展到案件的直接当事人以外,公正和合理就比其在原告和被告之间具有更广泛的涵义。这个问题变成了什么是由一类行为所引起的公正和合理,如果我们不考虑不同的规则对事故发生率和事故预防成本产生的影响,这个问题就不会得到妥善的解决。所以,法律过程和事后研究方法最终没有过大的分歧。

资料来源:[美]理查德·A·波斯纳:《法律的经济分析》,北京:中国大百科全书出版社,1997年,第28~29页。

第二节 法经济学一般理论

波斯纳指出,法律的经济分析就是运用经济学来解释尽可能多的法律现象。[①] 既然作为正式制度安排的法律可以用经济学来进行解释,那么,经济学分析中所应用的一些基本理论同样也适用于法经济学,并成为法经济学的一般理论。

一、法经济学分析的基本假设:理性人假设

稀缺性是经济学的根本。如果资源丰富得可以自由免费取用,那就没有必要节省资源,也

---

① [美]理查德·A·波斯纳:《法律的经济分析》,北京:中国大百科全书出版社,1997年,第29页。

就没有经济问题。如果人们不存在需要,也就不会有资源多寡的问题,甚至不会有资源这个概念。正是由于资源的稀缺性,节约和选择才成为必要,才产生了如何有效配置和利用资源这个基本的经济问题,也才有经济学存在和发展的根据。经济学上的这一假设并不是经济学家想像的情景,而是经验中的痛苦事实。在现实世界中,无论人们如何努力,所能获取的资源总不能完全满足他们的需要。

稀缺这一中心事实,使人们不得不努力选择。经济学认为,人是理性的自利主义者,每个人都是他自己利益的最好改善者,每个人都在追求资源对自身效用的最大化。概言之,在经济活动中,"经济人"存在尽可能增加自身利益的愿望和行动,可以肯定,当他认为采取行动 A 比行动 B 得益更大时,他一定会采取行动 A。实际上,这就是波斯纳所指的"人是其自利的理性的最大化者"[1]。在现代主流经济学中,最大化行为被当作"一般的、统一的原则"应用于对各种经济问题的考察。对于理性人假设理论(或称最大化行为假设理论)最早可以追溯到亚当·斯密的"经济人"理性假设。最大化地实现自利是决策者行为选择的标准,消费者追求的是个人效用的最大化,厂商追求的是利润最大化。自我利益最大化理论在经济学理论中使用的时间最长,也是最容易被理解的理性假设。法经济学关于人类行为的基本假设也坚持了"经济人"理性假设。

比自我利益最大化更进一步的是将决策者的追求目标限定在经济利益甚至仅是货币化收益的财富最大化理论,它认为行动选择的唯一目标就是最大化行为人的经济利益,并将追求目标限定为货币收益或转化为货币收益。

从规范意义上讲,一切法律活动也都要以资源的有效配置和利用,即以社会财富的最大化为目的,立法、执法和守法的真正根据是以法律修辞掩盖着而不是阐明了的经济理由,市场经济规律内在地决定着法律逻辑,寻求法律的经济根源是法律的本性使然。由此,理性和最大化的假设决定了法经济学的研究前提,即人们总是会考虑每一种可能发生的法律后果,然后做出符合其个人效益最大化的法律行为。[2]

随着经济学研究的深入及其发展,人们发现在许多情况下,行为人并不能实现最大化,甚至也不是追求最大化,不是根据成本与收益比较,而是根据其他的依据进行决策。原因在于,一是现实世界中存在着行为人不能克服的困难,现实中存在的困难主要有:信息不完全或者信息过于复杂、社会规范的重要约束作用、行为人自身受环境影响的偏见、行为人意志力有限、行为人的利他主义行为等。这些困难限制了理性的最大化追求。二是行为人的心理认知在一些因素的影响下产生了偏离成本-收益计算的趋势。因此,许多经济学家提出了"经济人"有限理性的假设。从已有的历史经验来看,"经济人"有限理性假设是比较符合实际情况的。

在法经济学看来,人们对世界的理性认识是有限的,历史上法律由国家制定就是克服人的有限理性的产物。由于环境的不确定性和复杂性以及自身生理和心理的限制,法律关系当事人要想穷尽所有的行为选择并预见其后果实际上是办不到的。在现代的市场经济条件下,交换经常是跨地域、跨国度、跨文化的;潜在的买方和卖方都是复数;交换双方不很熟悉,甚至完全陌生,既无法在短期内建立起足够的信任,又无共同的惯例可依赖;由于语言和习惯的差别,

---

[1] [美]理查德·A·波斯纳:《法律的经济分析》,北京:中国大百科全书出版社,1997年,第5页。
[2] 曲振涛:《法经济学》,北京:中国发展出版社,2005年,第63页。

很可能产生误解;由于人员的流动性,有了错误、欺诈和胁迫也难以追究经济责任;而且交易额经常很大,风险很大。因此,国家制定法就必不可少。法律制度通过设定一系列行为规则,提供何者可为、何者不可为等信息,减少各种风险和不确定性,提高人们认识环境和事物的能力,从而使人们预先知道自己行为的法律后果,并对他人可能采取的行动产生一种稳定的预期,进而为法律主体提供与环境有关的激励信息和认知模式,使之可以按照法律指引的方向和确定的范围作出选择。因此,从长期来看,法经济学的基本假设前提还是理性选择理论。[①]

二、法经济学分析的基本理论:交易费用理论[②]

科斯定理认为,法定权利的最初分配从效率角度上看是无关紧要的,只要这些权利能自由交换。可是现实世界中往往有很多的摩擦和阻力,使得自由交换难以实现。因此经济学家们认为,除了交换自由之外,还必须具备一些其他条件,才能使市场有效地配置资源。条件之一就是关于交易费用的概念。

正如本书第二章所分析的那样,交易费用理论提出的基本假设是"经济人"的有限理性与机会主义行为。而科斯在对交易费用这个概念下定义时,却只是做了一般性的列举,既没有充分分析上述基本假设,又没有明确地提出交易费用的内容。由于假设在零交易费用状态下,权利的初始分配对资源配置的效率没有影响,正如物理学中的无摩擦平面,无成本交易只是一种逻辑推理的结果,在现实生活中是不存在的,所以有人对科斯的交易费用提出了批评,认为交易费用在理论上就有一个坏名声,所有的事情只要引用了交易费用就都可以合理揭示了。但交易费用的提出确实使人们认识到这样一类成本的存在,并指出它们使资源的配置产生了不同于新古典经济学所展示的配置结果。

从狭义上看,交易费用指的是一项交易所花费的时间和精力。有时这种成本会很高,比如当一项交易涉及处于不同地点的几个交易参与者时。高交易费用就会妨碍市场的运行。从广义上看,交易费用指的是协商谈判和履行协议所需的各种资源的使用,包括制定谈判策略所需信息的成本,谈判所花的时间以及防止谈判各方欺骗行为的成本。任何一部法律的制定都需要进行成本收益的分析,同时法律制度所界定的权利格局也将会内在地影响到资源的配置。尤其是当交易费用特别高,阻止了交易的时候,当事人之间的谈判不能进行,不能达到有效率的结果,此时"一种权利的调整会比其他安排产生更多的产值,但除非这是法律制度确认的权利调整,否则通过转移和合并权力达到同样后果的市场费用如此之高,以至于最佳的权力配置以及由此带来的更高的产值也许永远不会实现"。可见,对于某种社会行为或关系是否进行法律调整,选择现有法律还是制定新的法律,这些都需要进行成本收益的权衡。法律本身就是适应利益调节的需要而产生的,其变化和发展也根源于不同时期人们利益要求的变化和发展。在此意义上说,利益规律乃是法律的基础,法律制度实质上是一种利益调节的制度安排。法律通过对权利的合理配置,可以给人们带来实际的收益。法律活动的实质就是权利义务遮蔽下的利益交易。因此说,交易费用理论是进行法律的经济分析的核心。

---

① 曲振涛:《法经济学》,北京:中国发展出版社,2005年,第65页。
② 曲振涛:《法经济学》,北京:中国发展出版社,2005年,第65~66页。

三、法经济学分析的核心理论：谈判理论①

1. 谈判是实现效率的最佳途径

谈判理论以传统价格理论为基础，认为自愿合作可以使一项资源从估价低的主体手中转移到估价高的主体手中，从而提高资源的使用效率，优化资源配置，同时也提高了合作双方的福利水平。由于在谈判过程中，谈判各方的目的都是希望达成一致，进行合作，因此，通过谈判以期进行合作的过程是一种合作博弈。在谈判过程中，双方自愿自主地对交易对象、价格、数量、方针以及风险分配等进行协商，结果或是达成一致进行合作，或是难以达成一致无法合作。在零交易成本的前提下，出现何种结果取决于合作风险值的大小和如何分配合作剩余。所谓合作的风险值是合作各方进行合作的机会成本，也就是如果双方不进行合作所能够得到的收益。一般地在没有替代竞争者的情况下，合作的风险值就是各方的资源禀赋状况，在有替代者的情况下则是替代竞争者的出价。合作剩余则是资源由于合作从对其评价低的地方流入到对其评价高的地方所产生的福利水平的增加。谈判理论认为合作成功也即合作的均衡解是每个参与谈判的主体获得合作剩余的一个均等份额。

谈判的过程可以分为三个阶段：① 确定风险值，不仅要明确各方的资源禀赋状况，还要明确交易双方的竞争情况，确定竞争出价；② 预测合作剩余，找出交易双方的评价差异，预测双方福利水平提高的可能程度；③ 分配合作剩余，在预测的基础上，明确各方获得的份额，分配合作中的风险，履行协议获得剩余。在不存在外界压力和双方判断实力均等的情况下，当事人可以通过谈判找到合作均衡解，提高资源配置效率和社会福利水平。

然而有诸多因素阻碍着自愿合作的进行，合作是有成本的。合作失败使资源难以正常流动，无法被用于最能发挥作用的地方，难以形成最佳的资源配置格局，也无法提高社会的整体福利水平。如果采取非正常的手段进行流动，如偷窃将会造成更大的效率和福利损失。所以要克服合作障碍，努力减少因合作失败带来的福利损失，建立法律以使私人协议失败造成的损害最小，成为立法的基本原则。这就是罗伯特·考特和托马斯·尤伦所谓的"规范的霍布斯定理"。

2. 阻碍谈判顺利进行的内部因素及其克服

哪些因素阻碍了谈判的顺利进行呢？就谈判过程来看，每一阶段都有阻碍因素出现，我们将这些因素称为内部阻碍因素。

（1）谈判风险值的确定。首先，因产权不清将使谈判各方难以确定彼此的禀赋状况，也就无法确定各方的风险值。产权不清晰：一是谈判各方的权利范围不清，无法判断权利边界；二是权利边界重叠，难以划清界限；三是权利性质不清，难以定价；四是参与人是否享有权利不明，根本无法交易。需要指出的是，在这里"产权"是广义的，泛指所有权利。

如何克服产权不明的障碍呢？财产法、契约法及其他法律制度用法律将参与谈判各方的权利性质、边界等信息公开出来和固定下来，明确了各方在谈判中的权利地位及可以采取的产权处置方式，建立起可以预期的产权界定及流动框架，从而使谈判的风险值较易确定，达到消除合作障碍的目的。

其次，交易的市场结构将影响谈判风险值的确定，它主要是影响风险值的大小。

---

① 魏建："谈判理论：法经济学的核心理论"，《兰州大学学报》，1999年第4期。

(2) 预测合作剩余。预测合作剩余，先要寻找合作解。寻找合作解就需要有搜寻成本，并且为获更大的剩余份额，在理性选择前提下，谈判各方会一方面只传递对己方有利的信息，一方面会提出过分的分享要求，因而出现对策成本。搜寻成本和对策成本都将使合作剩余难以准确预测。搜寻成本和对策成本都源于信息的不完全，但对策成本更源于信息不完全基础上的机会主义。

降低搜寻成本和对策成本，不仅要有公开信息的安排，更要有防范机会主义的制度。但针对这些成本尚没有较为成功的制度安排，信息不完全和机会主义都是难以消除的社会现象，法律只能降低它们，不可能彻底根除。财产法、契约法以及有关信息披露、禁止欺诈的制度，虽起到了一定的作用，离彻底消除却还有相当远的距离。在这一点上，实践又一次走到了制度的前面，针对信息不对称出现的信息筛选和激励传递真实信息的诸多做法，已经较有效地降低了因信息不对称造成的搜寻成本，消除对策成本的长期契约在实践中也大量被采用。但这些做法还远没达到制度化的水平。

(3) 合作剩余的分配。分配合作剩余不仅要有各方的一致同意，更要有各方对协议的履行。这就需要对协议的履行进行监督，以确保协议得到正确、全面、真实的履行，监督成本由此产生。监督一方面是督促各方积极履行义务，另一方面是分配履约过程中出现的各种风险（主要是违约风险和意外事件风险），通过对履约风险的分配进一步激励积极履约。监督成本从本质上也起源于对交易中的机会主义的防范，而机会主义在信息完全时将难以存在，所以监督成本也是信息不完全的产物。它既包括获得决策信息的成本，也包括实施监督的成本。

降低监督成本的法律安排主要是契约法律制度。这里"契约"是广义的，包括合同关系，也包括被视为是契约关系的企业组织关系和宪政法律关系。契约法律制度主要是通过分配履约风险，树立法定的信赖信心，来降低监督成本。合同法律制度通过固定谈判各方可采取的交易方式和风险分配形式，形成有关私人协议的谈判框架。每个参与者依据此框架可以合理地预期本人及他人参与谈判和履行协议的结果，因而降低了未来的不确定性。企业组织法律制度则通过确认和支持"纵向一体化"，将企业契约面临的不确定性从所有参与者的身上集中到特定参与人身上，达到降低不确定性的目的。宪政制度则建立了社会的合作基础，使人们普遍有足够的信心对未来进行投资，相信与人合作会相应地产生合作剩余。

以上种种阻碍因素，都存在于谈判过程中，是交易过程中必须面对的交易成本。它们或使自愿合作难以达成，或使自愿的合作博弈走向非自愿的非合作博弈。也正是由于它们产生于谈判过程中，所以对它们的克服主要是围绕着契约制度展开，对由信息不完全而产生的风险进行防范是契约法律制度的中心议题。

3. 阻碍谈判顺利进行的外部因素及其克服

还有一些因素产生于谈判过程之外，它们的存在使合作面临重重障碍。即使当事人有合作的意愿，由于这些因素导致的高昂交易成本，使合作根本不可能出现，或使合作剩余的分配出现不公平。我们将这些因素称为阻碍谈判的外部因素。前面已说明谈判理论的基础是传统的价格理论。传统价格理论是以市场完全、竞争充分为前提的，即不存在"市场失灵"。但已证明有三种因素使市场失灵，它们的存在使自愿的市场交易无法进行，合作成为泡影。

市场失灵的第一个来源是各种形式的垄断。垄断改变了交易中风险值的大小。因为在完全竞争的谈判中，交易的任何一方都有充分的选择余地，风险值在作用相反的力量的影响下会保持不变，等于各方的资源禀赋状况。而垄断打破了这一均衡格局，使垄断者的风险值因交易双方间的相互竞争而上升。风险值的上升使交易双方在完全竞争时应获得的一部分合作剩余转移给了垄断者(即消费者剩余降低),这就减弱了自愿合作的动力,使垄断市场中的交易数量大大低于充分竞争市场中的交易数量,从而降低了效率可能达到的高度。更重要的在于垄断导致的交易强制性,破坏了谈判的自愿基础,使交易向着提高垄断者福利水平的方向发展,这样,交易双方的福利水平不仅提高很少或没有提高,而且甚至会出现下降。因此需要借助于交易各方以外的力量来恢复平衡,政府的力量通常是被借助的主要力量。

政府针对垄断而担负的主要任务是维护和创造充分竞争的市场环境,这也是反垄断法律制度的主要目的。反垄断法律制度通过采取限制厂商间的不正当联盟、对价格进行管制及禁止各种不正当竞争行为等手段,来维护正常的市场秩序,以求用竞争代替垄断。但是,一方面政府的管制行为在促进效率的同时也会损伤效率,因此政府需谨慎从事。另一方面在有些领域用竞争代替垄断是不符合效率原则的,如公用事业中的垄断可以获取规模收益。为此政府就必须在规模收益和垄断损失间找出平衡点,以获取最大的社会福利。再如在知识产权领域,垄断被作为激励供给知识产权的手段。所以,对垄断的作用不仅要认识到它有阻碍自愿合作的一面,还要认识到在某些领域它又有促进效率的作用。关键在于最小化效率损失的同时,努力最大化垄断带来的收益。

市场失灵的第二个来源是外部性的存在。所谓外部性是一个或更多人的自发行为未经第三者同意而强加给他们的费用或强行给他们的收益。外部收益使一部分合作剩余被他人无偿获得,降低了对自愿合作的激励。而外部成本则是强加给他人以额外成本,降低了其他主体对外部成本负担者拥有的产权的评价高度,从而降低了外部成本负担者的风险值,进而使其获得的合作剩余份额降低。因此,外部性严重地阻碍了自愿合作的进行,由外部性形成的当事人间的关系完全是一种事后的强制交易关系,根本不同于谈判形成的自愿合作关系。如何对外部性进行调整、促进自愿合作是法学和经济学面临的共同课题。

从总体上看,克服外部性的途径是外部性内部化,但又根据正、负外部性的特点而有所不同。正外部性是社会进步的主要动力,科学技术、公共产品、新闻自由等都是典型的正外部性产品,对于它们需要通过平衡供给者的供给成本和社会收益,来激励供给,同时又要防止激励过度而引发过度投资。负外部性是广泛存在于社会生活中的一个事实,它或是社会进步所不得不负担的成本,或完全是对正常社会秩序的反动。因此,负外部性内部化的途径是,针对前者主要是寻求其产生的收益与成本间的最佳结合点,选择交易成本最小的法律制度。在使外部社会成本内部化的同时,又不致阻碍社会的正常进步。如对环境污染的治理,既不能让污染超过环境承载能力,又不能使厂商难以负担治理成本,无法进行正常生产。这也是科斯的观点;对于后者,由于完全是社会所不需要的,内部化的主要途径就是制裁,目的即是使其制造者全部承担所引起的社会成本,使其没有动力制造外部性。如对故意侵权的惩罚。

由于外部性形成的是强制交易关系,因此对它的克服主要是形成有利于自愿合作的良好外部环境,使每个主体都处于一个较为稳定的产权环境中,权利不受意外事件的侵扰,提高未来的确定性,从而也就降低了合作不成的风险。对外部性的克服涉及到了许多法律部门,在这一点上,法学和经济学的结合才刚刚开始,有着广阔的发展前景。

市场失灵的第三个来源是信息不完全。信息不完全可分为两种情况,一是信息不对称,二是信息不确定。信息不对称会使人们在交易时产生道德风险和逆向选择问题。拥有信息优势的一方会利用其优势地位,在机会主义的诱惑下,只传递对己方有利的信息,以扩大己方在合作剩余中的份额(即道德风险)。为防范(道德)风险,信息劣势一方会提高交易价格,提高对合作剩余的占有份额,作为信息风险的保险费用。但交易价格的上升,使交易的选择范围集中到了高风险的交易对象上。合作失败的概率因交易对象的高风险而上升,从而在社会平均水平上降低了合作剩余总量,使提高交易价格获得较多合作剩余、防范风险的初衷落空(即逆向选择)。并且交易价格的上升,也会使资源的优化配置产生扭曲。因为高风险的使用者并不一定是高效率的使用者。信息不确定则直接使合作丧失了产生基础,从根本上使合作剩余的产生面临极大的困难。

信息不完全使自愿合作如履薄冰,它不仅从外部环境上严重阻碍自愿合作,而且如前面指出的,它还使合作中的搜寻成本、对策成本和监督成本大幅度上升。在某些情况下信息不对称可以通过自愿合作得到纠正,如卖方自愿为买方提供质量担保。但更重要的是通过法律强制信息优势一方披露信息,同时采取给予"信息租金"激励传递真实信息的措施,降低信息不对称带来的非效率和不公平。信息不确定的风险则可通过保障制度安排予以防范,如企业组织制度中将经营风险固定于投资者或经营者的做法。不过信息不完全是普遍的社会现象,广泛存在于社会中,仅靠法律的力量难以防范其所带来的风险。但毫无疑问的是从经济学角度对信息不完全进行全面深入的分析,显然有助于提高法律制度的有效性。

综上所述,我们可以将谈判理论归结为以下四个方面:① 自愿合作是实现效率的最佳途径;② 但实际上存在着诸多阻碍自愿合作的因素;③ 必须克服阻碍谈判进行的因素,恢复效率;④ 在恢复效率的诸途径中,又以能够促进当事人进行自愿合作的安排为最佳。

谈判理论具体说明了合作的益处和阻碍自愿合作的交易成本的来源,为建立制度、克服阻碍、促进合作提供了理论基础,同时也提供了评价标准。谈判理论实际上揭示了在交易成本为正的世界中,如何实现效率的问题。对各种阻碍因素的克服涉及到了多方面的经济理论,克服阻碍的制度安排也涉及到了几乎所有的法律制度,谈判理论将它们都统一到降低交易成本、促进自愿合作的宗旨之下,形成了一个较为完整的理论体系,使资料散乱的对部门法律制度进行的经济学分析,有了一个统一的理论核心。谈判理论因此成为法经济学的核心理论。

第三节 法律:一种正式的制度安排

作为正式制度安排,法律是属于最规范的正式制度之一。正式制度从供给到实施,实际上就是一个多方博弈的过程。不论博弈的过程如何复杂、繁复,一旦博弈过程结束,就将立刻转化为正式的制度安排。由于法律是正式的制度安排,是显性的规章制度,因而,理性的"经济人"很清楚法律的底线,这样,法律便成为维护社会稳定、市场秩序的有力工具。

一、制度安排及其选择

法律作为一种正式的制度安排,对人们经济行为的影响无疑是巨大的,但非正式制度安排对人们行为的影响也不可忽视。非正式制度安排产生于个体间的相互作用,它由演进着的社会关系所推行,并在正式组织规则的架构内起作用;它既可以限制也可以鼓励经济行为。正式制度安排可以是外生的,而非正式制度安排则是内生的,非正式制度的执行是人们互动的结果。[①]

正式制度和非正式制度在任何社会中都存在,但两者给不同的经济当事人带来的成本和收益不同,而且在不同的环境下,对同一当事人的影响也存在差异。为了不失一般性,我们不妨把人们的收入 M 划分为正式的制度收入(M_x)和非正式的制度收入(M_y),相应地,也存在正式的制度价格(P_x)和非正式的制度价格(P_y)。假定当事人的偏好用柯布-道格拉斯(Cobb-Douglas)效用函数的对数形式表示,$U(x,y) = \alpha\ln x + \beta\ln y$,其中,$0 \leqslant \alpha, \beta \leqslant 1, \alpha + \beta = 1$,$x$ 和 y 分别为当事人购买正式制度和非正式制度的数量。给定社会环境,当事人在面临正式的制度价格 P_x 和非正式的制度价格 P_y 的约束下,选择购买适当规模的 x 和 y,以使自身效用最大。当事人的预算约束方程为:

$$xP_x + yP_y = M_x + M_y = M$$

从当事人的效用函数可推出当事人在正式制度与非正式制度之间的边际替代率 MRS:

$$\text{MRS} = -MR_x/MR_y = -\alpha y/\beta x$$

显然,给定 P_x 和 P_y,α 值越大,无差异曲线斜率的绝对值也越大,换句话说,当事人将倾向购买更多的正式制度,这意味着当事人更乐于服从正式制度的约束;反过来,α 值越小,则 β 值越大,当事人将减少对正式制度的需求,转而增加在非正式制度上的支出,以增大对非正式制度的需求。

一般地,当正式制度与当事人的利益及偏好相一致时,正式制度与非正式制度是相容的。在正式制度与非正式制度相容的情况下,经济活动的交易费用会下降,因为监督和执行能自动实现;相反,当正式制度与非正式制度不相容时,对正式制度的服从成本愈高,当事人对正式制度的需求也就愈低,经济活动的交易费用会上升。

当事人的违法犯罪行为,是对正式制度或明或暗的违反。除偶然性因素之外,当事人不遵守正式制度,必然会寻求非正式制度以维护自身的权益。非正式制度的一个显著特点,在于它本身源自试错过程,其执行没有国家强制力作后盾,因而具有某种程度的随意性。因此,倘若当事人通过非正式制度仍不足以解决其面临的困境,而他又无力或不愿意借助正式制度来加以解决,此时,当事人有两种选择:要么放弃自身权益,要么以违法犯罪的形式释放对正式制度和非正式制度的反抗。

二、法律:一种最规范的正式制度安排

一般而言,新制度经济学将制度分为三个层次:① 宪法秩序。它是具有普遍约束力的一套政治、经济、社会、法律的基本规则,是制定规则的规则。宪法秩序就是第一类制度,它规定集体选择条件的基本原则,这些原则是制定规则的规则;② 制度安排。它是在宪法秩序下约束特定行为模式和关系的规则,具体指各种法律和制度;③ 规则性行为准则。它是源于意识形态的习俗和伦理道德原则,是赋予宪法秩序和制度安排的合法性的基础。意识形态既被看作是一种规范制度,又被看作是一种完整的世界观,由它支配、解释信念并赋予合法性。从这

[①] 黄文平:"法律行为的经济学分析",《上海经济研究》,1999年第12期。

三个层次来看,法律作为正式制度属于第一和第二层次的制度。①

按照威廉姆森对经济分析中关于人的行为特征的基本假定,经济生活中的人总是尽最大能力保护和增加自己的利益,也就是说,在市场经济中,每个市场主体都是利益主体,为实现利益最大化目标,每个主体都存在着机会主义动机(即为了利己,甚至不惜损人),并将必然导致机会主义行为的发生。这种机会主义行为,除了会导致交易成本的扩大外,还极有可能让一些人利令智昏、胡作非为。不过,人的行为要受到法律的制约,违反了法律,就要受到法律的制裁,所以法律使损人利己的行为受到一定的节制。

法律是威严的、刚性的,俗话说"法律面前人人平等",作为理性的"经济人",谁都明白并能大致预期其违法的成本究竟有多大。也就是说,法律——这种正式制度安排的存在,一方面威慑着人们,使他们尽可能去遵纪守法;另一方面增强了人们对未来的合理预期。可以说,法律制度安排的不同,人们的行为方式必然也将呈现巨大的差异。

【案例8-3】

<h3 style="text-align:center">应用不同博弈模型比较法律制度</h3>

针对涉及司机与行人的交通事故,法学家长期以来一直假定,如果司机对交通事故和行人遭受的损失负责的话,司机应该会更加谨慎地驾驶。但是,这个假定并不能正确地告诉我们如何制定侵权法律。如果要在更加复杂的事件中理解法律的作用,我们还必须知道更多的东西。博弈理论为这样的分析提供了可能。下面,我们将应用标准形博弈来模型化司机和行人之间的相互作用。由于要研究的是不同情况下法律规则的作用以及所依赖的理性,因此,我们在模型中简单地假设:每个参与人只有两种选择,即适度谨慎和不谨慎;如果保持适度谨慎,每个参与人得承担10美元成本;交通事故的发生将对行人产生100美元损失;除非参与人保持谨慎,否则事故将会发生;双方都保持谨慎时,交通事故可能性为1/10。在纯粹严格责任制度下,即只要发生交通事故,司机就要承担责任,支付行人所有损失,而不论他是否谨慎驾驶,该博弈可用图8-1加以说明。

在此博弈中,我们不难得到:如果双方都不谨慎,那么司机的收益为-100美元,行人的收益为0美元;如果双方都谨慎,那么司机的收益是-20美元,行人的收益是-10美元(司机保持谨慎需要承担10美元,同时他还面临10美元的期望事故成本);如果司机保持谨慎而行人不谨慎,那么前者的收益为-110美元(谨慎成本加事故成本),行人的收益为0美元;最后,如果司机不谨慎而行人谨慎,司机的收益为-100美元,行人的收益为-10美元。下面我们找出参与人将选取的策略。在此博弈中,行人有一个占优策略,即不管司机如何行动,行人将选择不谨慎。在严格责任制度下,司机承担完全责任,补偿行人所有事故损失,行人谨慎所花费的成本不能带来任何收益,因此,行人将不保持任何谨慎。更进一步,司机认识到行人会这样行动,他也将选择不谨慎。因此,在这种法律制度下,事故必然发生。该模型揭示,由于司机承担事故的损失,行人将没有充分的激励来保持谨慎。在某些事故中,比如空难,牺牲者完全没有能力保持谨慎。在此场合下,法院无法确定牺牲者是否谨慎,人们倾向于支持纯粹严格责任制度。然而,在受伤者能够采取办法来防止事故发生的场合,人们就不希望这样的责任制度了。这时,那种能激励受伤害者保持谨慎的法律规则是重要的。在严格责任制度或无责任制度(行

---

① 罗必良主编:《新制度经济学》,太原:山西经济出版社,2005年,第682页。

人完全承担所有的事故损失)下,将至少有一方当事人为了自身的利益致使谨慎的程度低于适度谨慎水平。

我们接下来讨论的法律规则是,行人只有在司机存在过失而自己没有过失时才能获得损害赔偿。从这个法律规则我们可以得出图8-2表示的标准形博弈。在本博弈中,行人有占优战略适度谨慎。司机认识到行人会选择适度谨慎之后,也将选择适度谨慎。因此,在这种法律规则下,司机和行人都将保持适度谨慎。这时,事故出现的可能性只有1/10。

		司机	
		不谨慎	适度谨慎
行人	不谨慎	0,−110	0,−100
	适度谨慎	−10,−100	−10,−20

图8-1 司机全部责任制度下的博弈

		司机	
		不谨慎	适度谨慎
行人	不谨慎	−100,0	−110,−10
	适度谨慎	−10,−100	−20,−10

图8-2 行人无过失而司机有过失制度下的博弈

上述分析给我们的提示是,法律规则的改变能够改变当事人的行为。

在后一种情况下,均衡结果是行人不适度谨慎就得不到任何东西。许多人认为这个结果不恰当,他们倡导的是比较过失制度,即司机和行人双方都不谨慎时应分担事故的损失。许多法律制度在它们的事故法律中采取了比较过失制度。在此,我们要对之加以考察,我们的注意力集中于过失制度是如何区别于其他制度这样一个主要方面。我们从双方都不谨慎时如何分摊责任以改变当事人激励的角度来考察比较过失制度。

比较过失制度给予当事人的激励,取决于双方都不谨慎时责任如何分摊。在某些裁判制度中,法官要求陪审团对"所有的相关因素"或"每个当事人的行为状况及相应地导致或促成了对原告的损害"作出考虑,之后再来划分责任。当然还有其他分摊规则。这就要求对不同的分摊规则作出选择。我们在此只考虑一种极端的分摊规则,即较粗心的人分担不对称的大部分的事故成本。

我们假设,参与人可以在不谨慎、有点谨慎和适度谨慎之中进行选择。如果双方都不谨慎或都有点谨慎,那么,两人平均地分摊责任;如果一人不谨慎,另一人有点谨慎,则不谨慎一方承担不对称的大部分责任,而有点谨慎的一方只承担很小的一部分事故损失。不妨事故的损失为100美元,并且除非双方当事人都适度谨慎,否则事故就会发生。我们假设,适度谨慎给每个参与人带来的成本是3美元;有点谨慎给每个参与人带来的成本是1美元。当双方都适度谨慎时,事故的几率降至1/50,这时行人承担的事故期望成本为2美元;如果双方当事人都不谨慎,每人承担50美元损失;如果双方都有点谨慎,则他们都承担50美元的事故损失和1美元的有点谨慎成本;如果一方不谨慎而另一方有点谨慎,前者承担99美元的事故损失,而较为谨慎的后者则承担1美元的事故责任和1美元的有点谨慎成本。如图8-3所示。

		司机		
		不谨慎	有点谨慎	适度谨慎
行人	不谨慎	−50,−50	−99,−2	−100,−3
	有点谨慎	−2,−99	−51,−51	−101,−3
	适度谨慎	−3,−100	−3,−101	−5,−3

图8-3 多种复杂制度下的博弈

从上述博弈我们不难发现,双方当事人都适度谨慎的策略组合才是纳什均衡。当对方选择适度谨慎时,自己选择适度谨慎策略总是最优反应。如果参与人采用了任何其他策略组合,则至少有一个参与人选择的策略不是对对方所选择策略的最优反应。因此,该参与人可以选择别的策略而获得更高的收益。比如说,假定行人有点谨慎而司机不谨慎。给定司机的策略选择,行人没有激励保持适度谨慎,行人偏好一2美元的收益而不是一3美元。然而,对于司机来说,不谨慎不是对行人有点谨慎战略的最优反应。司机选择有点谨慎(从而有一51美元的收益而不是一99美元)或选择适度谨慎(从而有一3美元的收益)将改善自己的状况。

上述模型显示,比较过失制度将引导双方当事人选择适度谨慎。重要的是,这一点不随所选择的特定分摊规则而改变。比较过失规则给予参与人正确的激励,而不管分摊规则是如何确定的。

资料来源:贺卫、吴山林:《制度经济学》,北京:机械工业出版社,2003年,第187~189页。

作为正式制度安排的法律,还有一个重要的功能就是在配置稀缺资源方面有着重要的作用。许多人认为,配置资源只是市场的事情,其实不然,现实社会中的所有法律活动(包括一切立法、司法活动等)实际上也都是以资源的有效配置和利用——即效率最大化为目的的。

就资源配置方法而言,法律和市场的根本区别在于市场是一种用以评价各种竞争性资源使用方法的更有效的机制。在市场中,人们不得不以货币或某些可选择机会的相等损失来支持其价值判断。支付意愿比法庭上的辩解能力能为更高价值的权利主张提供更大的可靠性。在司法上确定价值和相对价值的困难性,可以解释普通法及法院竭力回避重大资源配置这一倾向。尽管如此,谁也无法否定、忽视法律配置资源的作用。虽然在有些时候,法律扭曲了资源的配置,即便如此,也不能否定法律具有配置资源的效应。

与一般的正式制度一样,法律制度也随着制度环境的变化而发生着变迁。影响其变迁的因素固然很多,但一项法律制度是否变迁、何时变迁,根本上受着法律制度变迁成本与收益的影响。根据法经济学家的论述,法律制度变迁一般总是滞后于社会需要的。究其原因,可以有三种解释:[①]

(1)马克思主义关于经济基础和上层建筑关系的理论。法律作为上层建筑的重要组成部分,其变化滞后于经济关系,这是必然的。根据马克思历史唯物主义理论,经济基础是决定上层建筑的力量;经济基础变化,上层建筑必然相应发生变化。但由于上层建筑具有相对的独立性,它的变化并不一定与经济基础的变化同步,事实上总是滞后于经济基础的变化。经济基础的要求反映给上层建筑,总是要经历一个过程。法律制度存在刚性,即使法律制度与经济基础的矛盾趋于尖锐,法律制度的变迁也要经历社会各阶级斗争和较量的过程。所以,作为上层建筑一部分的法律制度变迁,总是滞后于经济基础的变化。

(2)成本与收益关系的平衡。法律变迁的滞后还可以通过法律变迁的成本与收益之间的关系得到说明。一个社会为什么要改变现有的法律制度,最根本的原因或者是发现了现有法律制度存在着低效率问题,或者是发现了新的法律制度的潜在效益。总之,改变现有法律制度,目的是能够使整个社会获得更高的经济效率,获得更高的生活质量。但是,法律变迁并不是无成本的。在一定条件下,这种成本会很高,以至于根本无法实施变迁。法律制度不同于经

---

① 贺卫、吴山林:《制度经济学》,北京:机械工业出版社,2003年,第198页。

济制度和其他方面的制度,它的特点是变迁的成本往往非常高昂。比如立法过程需要立法部门经过长期的探讨,协调各方面关系,最后经过一系列的立法程序才能得以成立。变迁成本高,从另一角度说,也就是变迁净收益低。如果变迁的收益进一步提高,抵消了变迁成本,变迁将能够进行。这事实上是法律制度均衡的问题。不过,这种均衡关系的转变是一个较长期的过程。

(3) 国家经济学的解释。财产权制度是基本的法律制度,财产权是由国家界定的。所以,国家决定法律制度的变迁。在某些情况下,国家可能推进法律制度变迁。但是,法律制度的特点之一是它的相对稳定性,一旦建立起来就要在相当长的时期里保持稳定。当经济发展提出变迁要求时,要经过一个较长时间的反馈过程。在这一阶段,国家往往是作为既得利益集团的代表要求保持现有的法律制度。诺思认为,由于竞争约束和交易费用约束,使国家总是保护无效率的产权。在竞争约束下,统治者将避免触犯那些有势力的选民;如果某个集团的势力与之比较接近,其财富或收入又受到了产权的不利影响,那么统治者就会受到威胁,这时,统治者就会同意有利于这些集团的产权结构,而无视它对效率的影响。

第四节　法律的供求及其均衡

在法律市场上,法律供给的主体是立法、执法和司法部门,它们的活动是在给定的社会环境下,提供和适用以规范人们行为的法律规则。法律需求的主体则是进行各种社会活动的人们,包括立法者、执法者和司法者自身在内,他们需要用法律来捍卫自身的权利,履行法定或约定的义务,并预期在一定法律的规范下能实现的最大利益。[①]

一、法律的供给需求

与一般市场上的物品相比,作为公共物品的法律,其供给具有自身的特点:

(1) 法律供给者与需求者效用函数的近似一致性。普通物品,尽管自由的市场交易能使双方获利,但交易利益的分配则存在此消彼长的关系。但法律市场上供需双方所进行的交易,其交易利益完全为需求方占有,即法律的供给者是一个纯粹的利他主义者。用符号表示为:

$$U_X = f(U_Y); dU_X/dU_Y = 一个正的常数$$

其中,X代表法律的供给者,Y代表法律的需求者,U代表效用。

(2) 具体法律供给者的效用函数的"内在性"。所谓"内在性"是指,国家机关组织内确立用以指导、规制和评估机构运行和组织成员行为的准则目标,与该组织的法定职能、社会公共目标不一致。[②] 法律供给者和需求者效用函数一致性的假定,是评价法律实际运行成效的标准,而非现实的说明。"内在性"决定了法律供给者在提供法律的活动中,不可避免地要顾及自身的特殊利益,从而可能扭曲法律的供给。效用函数"内在性"的假定实质上是对效用函数"一致性"假定的矫正。

(3) 法律供给的不确定性。人们对法律的需求根源于法律的价值,即法律所象征和保障

[①] 黄文平:"法律行为的经济学分析",《上海经济研究》,1999年第12期。本节分析主要参考此文。
[②] [美]沃尔夫:《市场或政府》,北京:中国发展出版社,1994年,第45～46页。

的秩序、自由、正义、效率等目标,而法律的供给仅仅是确定并实现法律价值的一个过程。法律的这种工具属性,说明了法律供给者仅能提供中间产品——法律,而不能提供最终产品——秩序、自由、正义、效率等社会目标。

(4) 法律供给的强制性与垄断性。法律作为一种公共物品,其供给权一般由立法部门垄断。在现代民主国家,法律供给以公共选择为基础,投票规则不同,其法律规范的强制程度也不同。公共选择的实质在于,只能作出单一的决策,互相冲突的偏好必须得到调和。在民主国家,民主的表现形式通常有两种:一种是直接民主,即公民通过一定民主程序来进行投票;另一种是代议制民主,也就是先由个人投票选出代表,再由代表通过一定程序对公共问题进行表决。不同的投票规则,将对团体的合作结局带来极为不同的影响,即法律的"制度非中性"。[①] 譬如,我国宪法的制定和修改必须经全国人民代表大会代表人数 2/3 以上的多数同意才能通过,而其他一些法律和法规的制定和修改的条件就没有宪法那么严格,因为宪法是根本法,其他法律和法规都必须以宪法为依据,不得与宪法相抵触。

供给与需求相互依存,缺一不可。法律的供给以法律的需求为前提,不论这种需求是积极的需求,还是消极的需求;也不论是直接的需求,抑或是引致的需求。倘若不存在对法律的需求,任何法律的供给至多只能是一种潜在的供给,或者形式上的供给。从"经济人"的角度出发,人们需求法律,根源于需求主体期望获得最大的"潜在利润"。

所谓"潜在利润",即"外部利润"。如果一种制度安排没有使资源达到帕累托最优,我们就说原有的制度安排存在"潜在利润"。根据新制度经济学,通过法律使显露在现存制度安排结构之外的利润内在化,即潜在利润(或外部利润)内在化,实际上是法律需求产生的基本原因。因此,法律是一种将外部性内部化的制度设计。

法律需求是一种非市场需求,隶属于制度需求的范畴。它具有如下特点:

(1) 法律需求的盈利性。主体对商品的需求是因为商品能给主体带来效用或满足,同样,主体需求法律,也在于主体期望通过法律来获取潜在的最大利益。在知识分裂和信息不完全的现代社会,人类通过各种各样的法律创新,希望以此规避风险,增加合作剩余。

(2) 法律需求的层次性。市场经济是分散决策的经济,主体的广泛性和主体利益的多元性,使得主体对法律的需求呈现出多层次的特点。同一法律规范对不同主体有着不同的"既得利益"和"潜在利益"。根据社会学的观点,不同的主体对法律的需求不同,有的人偏好公平,有的人偏好效率。例如,较富裕的人更多地需求有关不动产、遗嘱或继承等调整财产关系的法律。[②]

(3) 法律需求的不确定性。这是指人们对于法律的需求内容和需求量难以准确的把握。法律产品是一种无形的知识产品,而主体对法律产品的需求又是通过公共选择进行的,是一种"非市场"需求,故相对于普通商品而言,法律需求的显示和度量较为迂回,也难以准确测度。

二、法律供求的静态均衡

法律市场区别于其他市场的一个显著特点,是法律市场的形成必须依赖媒介物,这个媒介物就是法律行为。法律行为包括合法行为与违法行为。如果所有人的行为都是合法的,那么

---

① 张宇燕:《经济发展与制度选择》,北京:中国人民大学出版社,1993年,第292页。
② [美]布莱克:《法律的运作行为》,北京:中国政法大学出版社,1994年,第20页。

法律也就没有存在的必要;反之亦然。

正如有的学者所指出的,法律规则所产生的激励是主体选择法律行为的"参照物"。法律规则的存在事实上为主体的不同行为种类产生了不同的隐含"价格",这样就可以把主体的行为(如守法或违法)视为对这些价格参数做出反应的结果。可以把主体对法律的态度当成主体对其他商品类似的偏好来看待。主体守法或违法代表着主体对法律的选择和偏好,每个主体都有一个以此来定义的效用函数。当然,主体对法律的态度并非完全一样,对大多数主体来说,守法也许是多多益善的商品,而违法可能是个劣等品。在这种情况下,要让这部分主体"消费"更多的劣等品,必须向他们支付更高的"收入"才行。对另外一些主体而言,守法和违法也许都是好商品,但两者的边际替代率呈递减趋势,在此情形下,该主体消费哪种商品取决于两种商品的相对价格,如果相对守法,违法的价格高,他们将趋于减少对违法的需求而更加守法;反之亦然。

在图 8-4 中,法律供给线 S 与法律需求线 D 的交点 E,是一定的法律环境下法律供求的静态均衡点(q_1,p_1)。在其他条件不变时,随着法律供给的增加或减少,S 线会向右或向左平移到 S'' 或 S';对需求线 D 可作类似的分析。法律供给或需求的变化,会引起法律市场均衡价格和均衡数量的变化,从而使主体改变心理预期。例如,"严打"就是法律供给者主动增大法律供给,在法律需求不变的条件下,均衡点将从 E 变动到 E'。此时,相对守法价格来说,违法价格增加了,这样违法犯罪者将趋于减少违法行为。

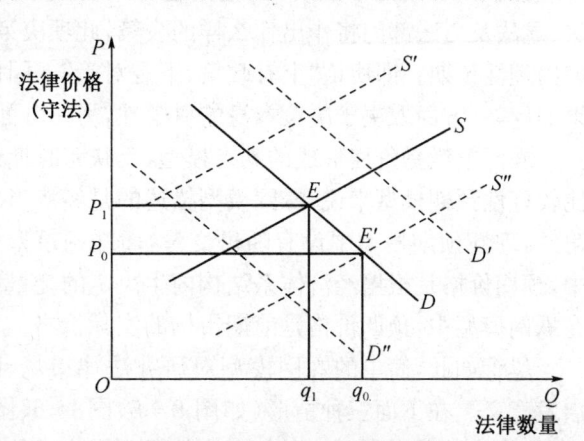

图 8-4 法律市场均衡分析

法律供给和法律需求共同决定法律的价格。影响法律供给或法律需求的变量,都将影响法律的价格。在比较静态模型中,社会法制环境,尤其是执法和司法变量的变动将对法律均衡价格的改变产生根本影响,因为一定时期经济活动主体的素质较为稳定,主体对法律的需求不会发生剧烈变动,其需求弹性较小,相比之下,法律的供给则更易波动,其供给弹性也较大。

这里,我们只需分析守法价格即可(守法价格与违法价格成反向关系)。低的守法均衡价格,或者说高的违法均衡价格意味着"硬法制",相反,高的守法均衡价格或者低的违法均衡价格意味着"软法制"。可见,从均衡价格的决定过程中,我们不难领会,我国社会治安的综合治理,重点在于尽快从"软法制"过渡到"硬法制",而不能总在法律供给左右波动的环境里,过分要求民众提高法律意识,增大法律需求。民众的理性预期将极大地削弱任何不利于自身利益的法律供给效应。

三、法律供求的动态均衡

预期是决策主体对于那些与其决策相关的不确定的环境变量所做的预测。预期直接来源于未来的不确定性。对企业、组织或者个人而言,只要存在未来的不确定性,就会对未来的环境形势形成一定的预期。

所谓理性预期,按照约翰·穆思的观点:"经济活动当事者的预期由于相同的信息背景,趋向于理论预测的结果。理性预期的概念包含三条假设:其一,信息是稀缺的,而且经济系统一般不会浪费这种信息;其二,预期的形成方式具体地依赖于所描述经济的有关体系的结构;其三,一种公开的预测……对于经济系统的运转不会产生实质性影响(除非这种预测是根据内部消息做出的)。"

理性预期假说的提出,突出了作为理性的"经济人"的理性预期行为,这对于政府或执法、立法及司法部门决策的科学化具有极为重要的意义。一般地,决策有两个层次:一个是政府或执法、立法及司法部门层次的决策,一个是公众层次的决策。不论哪个层次的决策,都必须考虑理性预期的作用。对前者来讲,当其作出某项决策或者提供某个法律规范的时候,应该对公众对此可能做出的反应,进而在公众做出反应之下该项政策或法律规范的实际效果等预先进行理性预期。对后者而言,当他们进行某项决策的时候,应根据现有的环境形势对政府或执法、立法及司法部门将作出什么样的决策,此项决策对自己的经济活动将会产生什么样的影响做出理性预期。即所谓"上有政策,下有对策"。因此,政府或执法、立法及司法部门决策的效果如何,一方面取决于决策本身的科学性,另一方面取决于公众的反应。

蛛网模型是价格形成的动态模型,反映跨时期的产品需求、供给和价格之间的变动关系。比较理性预期模型来说,蛛网模型描述的是经济当事人简单的预期行为。两者的差别体现在:第一,理性预期模型中设有随机变量,而蛛网模型中则没有随机变量;第二,在理性预期模型中,预期价格是根据经济体系结构内生决定的变量,它等于均衡价格加随机但独立的扰动,而在蛛网模型中,预期价格是前期市场的实际价格。

尽管如此,简单的蛛网模型对研究法律市场动态均衡极富启发意义。在下面三种情形(如图 8-5、图 8-6、图 8-7 所示)中,P 代表法律价格,Q 代表法律数量,P_e 代表均衡法律价格。法律价格将分别收敛于均衡价格、发散于均衡价格和始终与均衡价格保持一定距离的循环价格。

值得指出的是,这里的法律数量指社会有效需求的法律数量,它绝不仅仅意味法律规范的数字变量,如立法、司法或普法的速度、大小、力度等等,它更强调的是法律规范的质量。民众

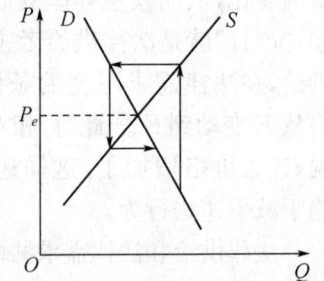

图 8-5 法治国家的法律市场

对法律规范的认同,对执法和司法体系的信赖以及对实际法律服务的支付能力,是法律最终发挥作用的基础。

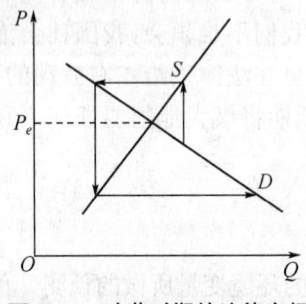

图 8-6 动荡时期的法律市场

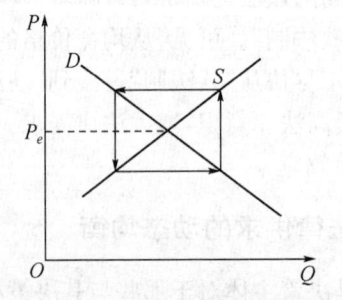

图 8-7 专制国家的法律市场

比较图 8-5、图 8-6、图 8-7,实际价格究竟是收敛、发散还是循环,取决于法律供求曲线的相对倾斜程度,即斜率的相对值大小。

在图 8-5 中,供给线斜率的相对值较需求线斜率的相对值小,即法律供给缺乏弹性(硬法制)。比较来说,民众对法律的需求富有弹性,即民众素质高,对法律变动较敏感。此种情形法律市场的实际价格将趋于均衡价格,经过一定时期,最后收敛于均衡价格。此时的经济主体会预期实际价格将等于均衡价格,从而不会改变自己的行为,整个社会较为和谐。

在图 8-6 中,供给线斜率的相对值比需求线斜率的相对值大,即法律的供给富有弹性,而民众的法律需求相对缺乏弹性,这样法律的均衡价格是发散的,无法达到均衡,这种情况属于动荡时期的法律市场。

在图 8-7 中,供给线斜率的相对值和需求线斜率的相对值大小一样,即法律的供给弹性和需求弹性一致。在这种条件下,法律市场受到外力的干扰偏离原有的均衡状态,法律的实际供给和实际价格始终按照同一幅度围绕均衡点上下波动,不偏离均衡点,也不趋向均衡点,这种市场是专制国家法律市场的情形。

第五节 一个案例:财产法的经济分析

这里要分析的财产法指的是英美法系中普通法重要的组成部分。财产法为配置财富和分配资源提供了一个法律框架,它包括四个基本问题:什么资源是可以被私有的？财产权是如何建立起来的？所有者可以如何处置其财产？如果财产权受到侵害,侵权者如何作出赔偿？

一、财产的法律概念

"从法学的角度看,财产是一束权利。这些权利描述一个人对其所有的资源可以做些什么、不可以做些什么的规定:在多大程度上他可以占有、使用、开发、改善、消费、消耗、摧毁、出售、馈赠、遗赠、转让、抵押、贷款、或阻止他人侵犯其财产。"[1]这组权利会随着时点的变化而变化,在任何一个时点上,它们构成了上述财产法四个基本问题详尽的法律答案。构成财产所有权的这一组法律权利具有双重含义:第一,所有者是自由地行使他的权利的,法律不能强制所有者怎么去行使其权利,而是赋予所有者合法行使其权利的权力,即法律不是规定所有者应该怎么做,而是有权力做什么。譬如,一个人是一块牧场的所有者,那么,他可以自由选择是用来放牧还是让牧场荒废着,他还可以将它用于其他任何合法的用途。第二,其他人不能干涉所有者行使其权利,这是保护所有者权利所必要的,可以制止来自私人和政府对所有者行使权利的干预,如政府就不能强制将这块牧场挪作他用。如果受到干预,所有者有权对此提出法律要求。

由此可以看出,财产的法律概念是"一组所有者自由行使并且其行使行为不受他人干涉的关于资源的权利。"因此,"财产创造了一个所有者无需告知他人就能够想怎么做的隐私权。……所有权给予其所有者关于处置某物的自由。"这是财产的一般性定义。波斯纳说得更简洁明了,财产就是"对有价值资源进行排他性使用的权利。"[2]

---

[1] [美]罗伯特·D·考特、托马斯·S·尤伦:《法和经济学》,上海:上海财经大学出版社,2002年,第66页。
[2] [美]理查德·A·波斯纳:《法律的经济分析》,北京:中国大百科全书出版社,1997年,第39页。

二、财产法四个基本问题

1. 私人能拥有什么

在回答"财产权利是应该被私有还是被共有"这个问题之前,不妨先区分一下私人产品和公共产品的内涵。私人产品在消费上具有竞争性和排他性,公共产品则具有非竞争性和非排他性(或排他的成本太高),所以产权界定在私人产品上时执行起来比较容易。从法学上看,效率要求私人产品应该被私有,公共产品应该被公有。也就是说,效率要求竞争性和能够排他的产品应该由个人或小群体控制,而非竞争性和无法排他的产品应该由较大的群体(如政府)来控制。效率要求每一个私人产品应该由对其评价最高的一方使用和消费,法律可以通过界定清晰的财产权以降低交易费用,排斥他人使用和消费,获得私人产品的有效配置。而公共产品的消费总会出现"搭便车"的问题,排他的技术特征也阻碍了利用交易提高效率,所以市场提供的公共产品要小于社会需要的和效率要求的最优数量。

当然,实际中也存在着私人产品公共所有的例子,但此种情况下私人产品通常不是由对其评价最高的消费者所持有,其一般会导致资源配置的扭曲。例如,在公共土地上放牧的出租牌照也许会给予政治家的朋友,而不是对其出价最高的使用者。如果政府控制了私人产品市场,那么,政府在这个市场上应该起到润滑的作用,而不是直接干预资源配置。

从交易费用的角度分析的话,在私人所有还是公共所有之间的选择取决于私人执行和交换的成本与公共管理、政治上的讨价还价和资源配置扭曲带来的成本的比较。公共资源在什么时候可以被私有呢?主要在于资源作为公有和私有的时候哪种界定维持成本低。当资源处于非拥挤状态时,公共进入的成本比私人所有的成本低。随着时间的推移,越来越多人的进入将导致资源的过度使用,拥挤问题变得严重,当达到私人所有的成本比公共进入成本低时,社会将会私有化资源。

2. 产权是如何建立起来的

财产是一束权利,自发的交换一般会将资源从对其评价较低的人手中最终转移到对其评价最高的人手中,所以,有效率的产权要能够润滑交易、保护和促进自发交换以及通过所有者内部化使用资源的收益和成本来实现财富的最大化。正如波斯纳所指出的:财产"排他权的创设是资源有效地使用的必要条件,但并非是充分条件:这种权利必须是可以转让的。"[1]概而言之,产权可以通过谈判实现资源的配置效率,以流动或转让的方式实现生产上的效率。"如果任何有价值的(意味着既稀缺又有需求的)资源为人们所有,所有权意味着排除他人使用资源和使用所有权本身的绝对权,并且所有权是可以自由转让的,或像法学学者说的是可以让渡的,那么,资源价值就能最大化。"[2]

如何建立和核定产权呢?我们可以列举法律中的一些规定。例如,通过对不确定所有权所产生的谈判费用与维持核实制度的成本的对比权衡,通常可以得到这样的结论:对于土地和其他价值量大的产品如汽车等进行登记和转移所有权的核证成本和注册成本小于可能产生的

---

[1] [美]理查德·A·波斯纳:《法律的经济分析》,北京:中国大百科全书出版社,1997年,第41页。
[2] [美]理查德·A·波斯纳:《法律的经济分析》,北京:中国大百科全书出版社,1997年,第42页。

谈判费用,要建立产品登记体系以更好的判断卖方是否为真正的所有者,而对于一些小型交易则不做要求以促进产品的有效流动。那么我们如何核实所有权呢？假定一个小偷 B 从所有者 A 处偷得一件物品卖给 C,之后 A 找到 C 要求其归还物品,那么这件物品应该归谁呢？根据美国法律,小偷没有物品的所有权,也不能将所有权转让给 C,物品必须归还原主 A,C 有权要求小偷还钱,这个规则是让购买者承担全部责任。欧洲规则则不同,让原所有者承担责任,促使原所有人尽力保护其财产免遭偷窃。美国的失主表明条款规定了发现者获取丢失或遗弃财产的程序,如果发现的财产超过一定价值,发现者要在法院人员面前签订一个有关发现财产事实的文件。这个条款可以杜绝财产的偷盗行为。再如,法律中的故意占有也是确定产权的一种方法。其相关原则是逆向拥有,人们通过占有某种财产并持续了法律特定的一段时期就能获得另一个人的财产,只要在此时期内,这种占有违背了所有者的利益并且所有者没有反对或采取法律措施。故意占有一方面消除了财产所有权上的不确定性,另一方面通过规定一个生产性使用者从另一个非生产性使用者手中获得所有权的程序可以阻止有价值的资源长期被闲置。

3. 所有者如何处置其财产

在普通法中,对于一个人应该如何处置其财产只有少量限制,一般规定任何使用只要不干涉到其他人的财产或权利都是被允许的。其中"不干涉"的限制可以在与公共产品密切相关的外部性理论中找到理由。如果所有者的行为造成了外部不经济,且这种外部影响是公共产品,这时受影响的某个人与所有者的私人谈判也会使其他人受益,"搭便车"问题就会阻止外部性问题通过私人谈判的途径解决,某种形式的法律干预就成为必要。法律要禁止私自的侵犯行为,一种方法是当侵犯发生时要对受害者进行补偿,补偿可以采取支付货币赔偿金的形式。另外一种解决方法是由管理部门对制造外部性的活动进行管制。

财产的所有者可以怎样处置其财产呢？法律对所有者处置其财产在某些方面也有所限制。像所有者可以遗嘱将财产转让给其继承人,但遗嘱中可能会对其继承人对财产的用途或其他有一些限制,如果继承人对财产的处置方式与遗嘱所规定的有冲突的话,法律若对这个限制不管,立遗嘱者将有激励耗尽资源或钻法律的空子,相反,法律若执行这些限制,继承人就有耗尽资源或钻法律空子的激励。英国普通法是根据"非永恒规则"来处理的,该规则对有关赠与、出售、遗赠或其他交易方式上的财产限制条款加以时间限制,当一个法定时间限制到期后,限制条款自动作废。这个规则是让每一代限制下一代,而不是下下一代,可以最大化代际间的财产价值。一般来说,未经财产所有者同意,不能使用其财产,而"私人必备原则"是针对侵入行为的一般规则的一个例外。这个规则允许在紧急状况下的可赔偿性的侵入行为,因为在紧急状态下,交易费用可能阻碍了正常的谈判,谈判不可能时,自愿交易不会导致物品由对其评价最高的人使用。私人必备原则保证只有在给侵入者带来的收益大于给所有者带来的成本的情况下发生。出于传统道德的约束,法律会禁止一些有价值物品的出售,如人体器官、海洛因、选票等,这些物品也就具有不可转让性,无法通过某种形式将对这些物品的所有权转让出去。对于不可转让性,经济理论不可能对此提供理论支持。

4. 如何保护私人财产

常用的形式通常有两种:一是法律赔偿,即被告向原告支付损失赔偿费,它是"向后看",给已经受到伤害的原告进行补偿,让原告能够不受损。二是禁令,即由法院颁布用于指导被告的行动或以一个具体的方式限制其行动的法令,它强调"向前看",力求阻止被告在将来对原告造成损害。法律也可能会把这两种形式结合起来,对过去的损害给予货币补偿,禁止可能在未来的损害行为。另外,赔偿金常常是对毁约和意外事故的处理方法,在合同法和刑法中较常见;禁令则主要是针对盗用、侵入或干预他人财产的解决之道,常被财产法采用。

禁令和赔偿在效率上的差异主要取决于交易费用的高低,当交易费用为零时,它们是效率等同的解决方法;当交易费用比较低、双方可以相互谈判时,采用禁令的方式或许比赔偿金更有效。因为禁令权赋予了一方清晰的权利,在谈判中自己可以确定出赔偿金的数额,而由法院判定赔偿费是很难预测的。所以,在交易费用很低的情况下,法律上最好的政策是明确一个简单、清晰的权利使交易容易进行;而当成本很高阻止了谈判的进行时,赔偿金则可能是一个更为有效的办法。一般而言,对于侵犯法律权利的行为判定赔偿应该遵循以下原则:"当合作存在阻碍时(即有较高的交易费用),更为有效的赔偿方式是判定一个补偿性质的货币赔偿金。当合作存在较少的阻碍时(即有较低的交易费用),更为有效的赔偿方式是对被告干扰原告财产的行为判定禁令。"①

财产法中,有害外部性叫妨害,妨害是公共性的还是私人性的,影响着人们解决问题所采用的赔偿方法。解决财产使用上相互关联问题的方法是将它们移入市场交易中,即外部性的内部化。内部化问题的有效解决办法取决于外部性所影响的人数,若只影响一小部分,则外部性是"私人性"的,谈判的成本会相对较低,各方就容易达成合作协议并有效的行事。选择哪种赔偿方式对最终的效率都没影响,但如果禁令被人们认为是一种指导各方通过自愿的交易来解决争端的方式,对于私人妨害来说就具有很大的吸引力。受影响的人数众多时,外部性就具有"公共性",这时的谈判就会因涉及太多人而以失败告终,损害赔偿比禁令更为有效。当补偿性赔偿是最好的解决办法时,可以将赔偿分为暂时的和永久的。在暂时性赔偿下,原告从对他或她造成损害的被告那里获得赔偿。如果损害持续下去,原告必然会到法院要求得到额外补偿,这样暂时性补偿在解决纠纷上就有较高的交易费用,但激励了被告者通过技术改进措施来降低外部成本。永久性赔偿则要求原告将获得过去损害的赔偿和所有未来的合理预期赔偿的贴现值,但技术和价格的变化很难预测,这种方法具有较高的错误成本,削弱了减少未来损害的激励。但是,普通法传统上并没有用赔偿作为解决公共性妨害的方式,而是让受到损害的各方对其进行禁止。

财产法规定了一系列的权利,财产所有者可以在他们认为合适的任何时候自由行使其权利,并且保护这些权利不受私人或政府干涉。财产法通过制定便利谈判和交易的法规,减少谈判的障碍,以促进交易、鼓励人们有效使用资源,因此,"对财产权的法律保护创造了有效地使用资源的激励。"②

---

① [美]罗伯特·D·考特、托马斯·S·尤伦著:《法和经济学》,上海:上海财经大学出版社,2002年,第89~90页。
② [美]理查德·A·波斯纳:《法律的经济分析》,北京:中国大百科全书出版社,1997年,第40页。

本章小结

本章主要分析法经济学的相关问题。法经济学属于法律与经济学的交叉学科，是近年来新制度经济学家探讨的又一个前沿问题。第一节分析了法律与经济学的接轨问题；第二节介绍了法经济学的一般理论，尤其重点介绍了谈判理论；第三节阐述了法律实际上是一种正式的制度安排；第四节分析了法律的供求均衡问题，重点分析了法律供求的静态均衡、动态均衡。第五节介绍了法经济学的一个案例。

关键术语

法经济学　　　　法律成本收益　　　谈判理论　　法律供求
法律供求静态均衡　法律供求动态均衡　财产法

本章思考题

1. 法律的共同特征有哪些？法律与经济学为什么能够接轨？
2. 试述法经济学核心理论——谈判理论的主要内容。
3. 分析作为正式制度安排的法律的作用。
4. 分析法律制度变迁滞后于社会需要的原因。
5. 法律的供给和需求各有什么特点？其静态均衡与动态均衡又是如何实现的？

学习参考资料

[1] [美]尼古拉斯·麦考罗等.经济学与法律[M].北京:法律出版社,2005.
[2] 曲振涛.法经济学[M].北京:中国发展出版社,2005.
[3] 魏建.谈判理论:法经济学的核心理论[J].兰州大学学报,1999(4).
[4] 黄文平.法律行为的经济学分析[J].上海经济研究,1999(12).
[5] [美]布莱克.法律的运作行为[M].北京:中国政法大学出版社,1994.
[6] [美]罗伯特·D·考特、托马斯·S·尤伦.法和经济学[C].上海:上海财经大学出版社,2002.
[7] [德]马克斯·韦伯.经济与社会[M].北京:商务印书馆,1997.
[8] [美]理查德·A·波斯纳.法律的经济分析[M].北京:中国大百科全书出版社,1997.
[9] 林立.波斯纳与法律经济分析[M].上海:上海三联书店,2005.

第九章 制度变迁理论:供给需求视角

> **学习目标**
> 1. 了解制度变迁的基本概念以及制度变迁的原因。
> 2. 掌握诺思的制度变迁理论。
> 3. 掌握制度变迁的方式及其异同。
> 4. 理解制度供求变化与制度均衡的关系。
> 5. 了解影响制度需求和供给的主要因素。

一旦引入时间变量,就不存在制度的最优状态,要追求制度最优状态就要进行制度变迁。现代经济学的分析往往忽略制度变迁对经济增长的影响,或是将其视为外生变量。事实上,制度变迁耗费资源,同时也影响资源的使用效率,所以需要将制度变迁纳入到现代经济学的分析框架中,作为一个内生变量来考虑。

在现有的制度安排下,无法获得的潜在利润为行动团体进行制度变迁提供了动力,但在实现潜在利润的过程中,哪些原因引起了潜在成本和收益的改变?潜在利润被识别后如何选择制度安排的层次和创新时间?制度变迁采取什么样的方式和路径?所有这些问题都会对新制度安排的需求和供给产生重要的影响。本章将围绕这些问题来展开分析。

第一节 制度变迁:概念与原因

制度变迁是目标模式(新制度)替代原有模式(现有制度)的一个过程,可以简单地理解为:在目前的制度环境中,由于某些条件发生了变化,使得一部分人(初级行动团体)的成本收益结构改变,为了得到这一外在的利润,制度变迁的主体通过一定的制度装置来改变现有的制度安排。为了便于下文对制度变迁的分析和阐述,有必要先对制度变迁所涉及到的相关概念作出恰当的解释,避免引起理解上的不一致。

一、制度变迁的相关概念

1. 制度

诺思认为:"制度是一系列被制定出来的规则、守法程序和行为的道德伦理规范,它旨在约束追求主体福利或效用最大化的个人行为。"①"制度提供了人类相互影响的框架,它们建立了构成一个社会,或更确切地说一种经济秩序的合作与竞争关系。"②也就是说,制度是一系列对人施加约束的正式或非正式的规则的集合,它为行为主体设定了一个特定的成本收益结构,并为行为主体提供了稳定的预期。也有一些经济学家认为制度的概念应该包含组织的含义,但是,在本章中我们认为制度和组织是有所区别的,制度是游戏规则,是用于约束人们行为的框架;组织是游戏的角色,是某些规则的外在物化形式,是被施加一定规则约束的载体。因此,本章主要遵循的是诺思对制度的定义。

可以从两个层次上来理解制度,即制度环境和具体的制度安排。

(1) 制度环境。"制度环境是一系列用来建立生产、交换和分配基础的基本的政治、社会和法律基础规则。"③制度环境是一个社会中所有制度安排的总和,其中最重要的是宪法和法律结构。制度环境虽然会因宪法和法律的修正或公众偏好的改变等原因而发生变化,但是它改变得相对缓慢,因此,在分析制度变迁时,一般都是假设制度环境是不变的,将其视为一个外生变量。

(2) 制度安排。制度安排是支配经济单位之间可能合作或竞争的方式的一种安排,制度安排是最接近于"制度"一词的最通常使用的含义了。制度安排可能是正式的、也可能是非正式的,可能是暂时的、也可能是长久的。

任何一项制度安排都是在一定的制度环境中形成的,它定义和限制了可用于经济行动者切实可行的组织形式。一般来说,制度环境决定着制度安排的性质、范围和进程等;同时,制度安排也可以反作用于制度环境,每一个制度安排都作为制度环境的一部分而影响着下一个新制度安排的出现,一系列制度变迁使得制度环境不断完善。制度安排相对于制度环境来说容易改变,本章出现的制度变迁即指制度安排的变迁。

2. 制度变迁

制度变迁是指制度创立、变更及随着时间变化而被打破的方式。从历史的角度来看,制度不是一成不变的,而是一个产生、发展、消亡的过程,即制度变迁。一般而言,制度变迁有两重含义:一是制度创新问题,即新的制度安排如何产生的问题;二是如何从旧制度安排过渡到新制度安排,即新旧制度如何转轨的问题。"在一种给定的环境下,可能存在可以获取的外部潜在利润,但一种新的制度安排只有在下述两种情形下才会发生:一种情形是创新改变了潜在的利润,一种是创新成本的降低使制度的变迁变得合算了。"④而要分析制度如何变迁,则不得不涉及到制度变迁主体和制度装置两个重要概念。

(1) 制度变迁主体。按照新制度经济学家的论述,制度变迁主体分为两个行动团体:其一是初级行动团体。初级行动团体是制度变迁的一个决策单位,其构成可以是个人和团体组织,他们能够发现在现有制度安排中不能实现的潜在收入并能意识到通过改变现有制度可以获取

---

① [美]道格拉斯·诺思:《经济史中的结构与变迁》,上海:上海三联书店、上海人民出版社,1994年,第225~226页。
② [美]道格拉斯·诺思:《经济史中的结构与变迁》,上海:上海三联书店、上海人民出版社,1994年,第225页。
③ L. E. 戴维斯、D. C. 诺思:"制度变迁的理论:概念和原因",载[美]R. 科斯等:《财产权利与制度变迁》,上海:上海三联书店、上海人民出版社,1994年,第270页。
④ L. E. 戴维斯、D. C. 诺思:"制度创新的理论:描述、类推与说明",载[美]R. 科斯等:《财产权利与制度变迁》,上海:上海三联书店、上海人民出版社,1994年,第296页。

这些收入。任何一个初级行动团体的成员都应该是熊彼特意义上的企业家,勇于创新并敢于承担风险,当然,制度创新在可以获得潜在收入的同时还要承担创新成本和风险,这些成员一旦发现潜在利润大于潜在成本,就会启动制度创新的进程。其二是次级行动团体。次级行动团体也是制度变迁的一个决策单位,用来帮助初级行动团体获取新收入而进行一些制度变迁。次级行动团体可以作出一些能够获取收入的策略性决定,但一般不能增加收入总量,还可能会使初级行动团体的一部分潜在收入转入到他们手中。另外,并不是所有的制度变迁中都会出现次级行动团体,初级行动团体才是制度变迁的主力军。

从对制度变迁主体的区分可以看出,初级行动团体和次级行动团体都是制度变迁中的一个决策单位。初级行动团体发现制度变迁的机会并发起制度变迁,是制度变迁的创新者、策划者和推动者,并且在实现制度变迁的过程中创造新的收入;次级行动团体只是制度变迁的实施者,不能创造收入,只参加收入的再分配过程。

(2) 制度装置。制度装置是行动团体所利用的文件和手段,当这些装置应用于新的制度安排结构中时,行动团体就可以利用它们获得创新收入。例如,中国电信拆分改革中的移动通信牌照就是制度装置。有些制度装置如道德、文明、法律法规、意识形态等的约束范围较广,但执行力度较弱,而另一些制度装置如公告牌、栅栏、许可证等约束对象较窄,但执行力度却较强。

二、制度变迁的原因

经济制度与产权在大多数经济模型中被设定为具有独特的和不变的价值,但是,在研究长期经济增长时,这些价值常常会发生根本变化。我们假定经济制度会被创新,产权会得到修正,它表现为个人或团体愿意承担这类变迁的成本,他们希望获得一些在旧有的制度安排下不可能得到的利润。

如果预期的净收益超过预期的成本,一项制度安排就会被创新。只有当这一条件得到满足时,在一个社会内部才可能产生改变现有制度和产权结构的企图。例如,如果生产在大企业内完成比在小企业更为廉价,则一个公司的经营可能比独有制更为廉价;如果两个市场之间的价格差异很大,则通过组织第三市场将商品从低价市场运到高价市场可能是有利可图的;如果一个企业家期望建立一个水坝以生产电力,水坝的建立同时也减少了下游的洪水损害,那么,建筑者可以通过事先购买下游的部分财产以占有这些收益的一部分。另一方面,他也可能要求政府对下游的受益者强制征税,以帮助补贴他的建筑成本。[①]

1. 制度安排的形式与层次

在制度变迁的过程中,制度安排的形式从纯粹自愿的形式到完全由政府控制和经营的形式都有可能,在这两个极端之间还存在着广泛的半自愿半政府结构,因此,可以把制度安排的形式分为三类:个人独自推进、大家自愿联合行动和政府强制推行。例如,股票交易通过自愿安排的创新降低了交易费用,保险公司则是通过自愿安排降低了风险,政府的就业培训及提供就业岗位则是政府创新的例子。贸易壁垒和累进所得税也是政府性制度安排的实例。那么哪些因素是在个人、自愿合作的和政府安排之间进行选择的基础呢?

---

① L. E. 戴维斯、D. C. 诺思:"制度变迁的理论:概念与原因",载[美]R. 科斯等:《财产权利与制度变迁》,上海:上海三联书店、上海人民出版社,1994年,第274页。

制度安排选择在哪个层次主要取决于各自收益和成本的比较以及受影响的团体的相对市场与非市场权力。在个人安排中,既没有与之相联系的组织成本,也没有强制成本,但是收益的增长只限于一个人。在另外两种形式的安排中,都要支付创新的组织成本,组织的总成本将随参加者的人数的增加而增加。不过,在自愿的安排下,要达成一致性可能会进一步增加组织的成本,给定同样数量的参与者,在政府安排下的组织成本可能要低于自愿安排下的成本。由于政府可能利用其强制力,并强制实现一个由任何自愿的谈判都不可能实现的方案,所以一个政府的强制性方案可能会产生极高的收益。但是,在政府安排下内含着一个追加的成本要素,因为每个参加者都受制于政府的强制性权力,政府的安排并没有提供退出的选择权,因此,行动并不要求有一致的同意,而只要遵从一些决策规则就行了,不管他对政府的强制性方案有多大的不满意,他都不可能退出。

2. 外部收益的来源

现实中究竟有哪些收益来源在不断地诱致人们去努力改变他们现有的制度安排呢?从理论上讲,有许多外部事件能导致利润的形成。在现有制度安排状态给定的情况下,这些利润是无法获得的,我们将这类收益称之为"外部利润"。在本文中我们的分析主要限于四个方面:规模经济、外部性、风险和交易费用。如果一种新的制度安排成功地将这些利润内部化,那么总收入就会增加,创新者可能会在不损失任何人的情况下获取收益。①

(1) 规模经济。生产中的规模经济是一种技术现象,它所反映的一个事实是,最有效(单位成本最低)的产出可能需要企业达到某一规模,一个企业在任何时刻都可能面临着这种技术的制约。而获得规模经济的好处并不是仅仅取决于生产技术水平的高低,还受到制度因素的影响。例如企业采用的组织形式对融资的可得性就有着至关重要的影响。如果所有企业能够等额地增加资本和技术,就无法预言哪些企业将发展,哪些企业将衰亡。而在现实世界中,即使假定每个企业的技术水平并不存在多大差异,也不是所有企业都能等额地得到资本,如企业自身的组织形式可能会成为它的可得资本供给量的决定性因素,那么企业的发展也将会是不同的。单独所有和合伙制的特征是有限的寿命和无限的责任,这类企业的长期外部融资的供给常常会受到很大限制,因为这类投资附着无限责任。而具有无限寿命和有限责任的公司的组织形式创新解决了规模扩张面临的资本受到限制的问题,创新者能够获取内含于规模经济中的利润。可见,企业组织形式这一制度创新在实现规模经济中所起到的作用。

(2) 外部性——外部成本与收益的变化。"外部性"一词是指有些成本或收益对于决策单位是外在的事实,如果潜在利润(或增加产出的成本)不是由作出产出决策的单位来获取(或承担)的,也就是说,如果私人收益(或成本)和社会收益(或成本)不相等,那么,无论这些外部成本和收益何时存在,它们都无助于市场产生最有效的结果。外部性会导致市场失灵,如果情况确实如此,那么那些允许对所有成本与收益进行计算——即将外部成本和收益内部化以消除外部性的新的制度安排将会增加社会的总收益。

外部性是外部利润的一个重要来源,制度创新从某种程度上讲就是将外部性逐步内部化的过程。制度的创新旨在内部化外部性,使一些团体获取潜在利润成为可能,但在此过程中,当排他很困难时或当一个联合体的任何潜在成员具有一个潜在的垄断投票权时,要组织私人

---

① L. E. 戴维斯、D. C. 诺思:"制度变迁的理论:概念和原因",载[美] R. 科斯等:《财产权利与制度变迁》,上海:上海三联书店、上海人民出版社,1994年,第277~291页。

方面的市场以将外部性有效地内部化是有成本的。而这类成本常常使得私人的再组织不经济。这时通过组织私人方面的市场以追求潜在利润、推动制度创新就成为不可能。现实中,这种情况一旦真的发生,制度的变迁就可能发生于市场外部,即通过政府的干预来完成。但是制度的再安排一旦包括一些政府行动,就不能保证新的安排比旧有的安排优越,结果可能正好是相反的。

(3) 克服对风险的厌恶。风险的盛行是另一个削减经济活动的因素,有些风险在未来的交易中是不可能预测到的,而制度有一个功能就是降低风险和减少不确定性。现实中,大多数人都是厌恶风险的,人们偏好于有更为确定的结果的活动而倾向于避开那些报酬变化很大的活动。很显然,在那些没有人从事的高变异活动中,利润的预期值要高于低变异活动,如果有些能够克服厌恶风险倾向的机制被创新(如一些机制可以将厌恶风险的人的风险集中于不厌恶风险的人),总利润就可能增加,或使得风险的结果相对于所能获取的收益来说表现得更为确定。例如,可以通过发展远期市场、利率互换市场、期权市场等一些专门的市场来实现,也可以通过保险以分散或降低风险来实现。虽然并不是所有的风险都能被保险,但一旦它们能被保险时,旨在创新一些保险方案的制度创新常常能使总利润增加,降低市场经济中的交易成本。

(4) 市场失败和不完善市场的发展。传统经济学家关于所有市场都是完全的假定,排除了由市场运作失败所引起的任何可能的潜在利润。然而完全的市场在现实中并不存在,市场经济中存在着交易费用,其主要表现为信息的获得和使用都是有成本的。信息成本的存在会减少经济活动甚至使经济活动无法进行。因此,相关的经济信息流的组织与增进(交易费用的许多形式之一)可能是安排创新的主要领域。一般来说,信息不仅是有成本的,而且是报酬递增的,即人们常常可以反复使用信息,但成本不会有很大变化,而不管这一信息是被用于影响一种、一百种或一千种交易。如果信息成本十分大,而且是属于成本递减的,则人们从使不确定性降低的信息流的递增中可能会获取巨额利润。最为经济的制度安排创新可能是一种专门化的企业,因为它不仅供给了信息,而且也实现了潜在的规模经济。

市场失败和市场不完善所引起的潜在利润为制度创新提供了作用空间,通过制度创新转移和降低交易费用,使市场更容易运作,以增加社会净收益。

在现有的制度结构下,由外部性、规模经济、风险和交易费用所引起的收入的潜在利润若不能内部化,一种创新的制度安排可能允许获取这些潜在收入。但是,进行制度变迁还取决于潜在成本的大小,分析制度变迁时要考虑到潜在收益和潜在成本两个因素,通过成本-收益分析来衡量一项制度安排变迁是否应该进行。成功的制度创新应该能导致总收入的增加,而且在原则上要保证没有人在这一过程中受损。另外,在制度变迁的过程中还要考虑初始的制度环境以及采用哪种制度安排形式等。

第二节 诺思的制度变迁模型

制度变迁模型描述了不同时期制度安排更替的现象,诺思的制度变迁理论更具一般性。他认为由于获利能力无法在现存的安排结构内实现,才导致了一种新的制度安排或变更旧的制度安排的形成,因此,诺思的模型为我们提供了一种有助于解释或预测这些新制度安排形成的理论,并分析了在制度变迁中存在的时滞问题。

一、模型的基本假定

1. 新"经济人"

一直以来,新古典经济学都是在"经济人"的传统分析框架内解释和预测各种经济现象的。认为经济中的人都是理性的、利己的,能够根据完全信息对收益和成本进行精确的计算,这其实是对真实经济世界的简化。诺思在坚持传统"经济人"分析的前提下,把利他主义、意识形态、自愿负担约束和非财富最大化引入了"经济人"的预期函数,使得这一假设更接近于人的现实行为。非财富最大化的动机具有集体行为倾向,一般认为,个人为表达他自己的价值和偏好所需要的代价越低,这种非财富价值和偏好在他所作决策中的地位就越重要。当一个人的财富价值趋于0时,他就可能去追求非财富的最大化,如威望、权力、声誉等。制度的改变能够影响人们的偏好和预期,从而影响对财富价值和非财富价值的权衡。因此,人类行为的动机是双重的,一方面追求财富价值最大化,另一方面追求非财富价值最大化。另外,诺思还强调了有限理性和机会主义倾向。由于神经生理、语言和环境以及不完全信息等方面的约束,人的理性意识是有限的。机会主义则是以有限理性为前提的,是人们借助于不正当的行为谋取自身利益的行为倾向。

2. 诱致因素

诺思的制度变迁模型假定制度变迁的诱致因素在于制度变迁主体希望获得制度变迁的最大潜在利润(外部利润),这种利润在现有的制度安排中无法获得。只要潜在利润存在,就说明整个经济中还存在着可以改善的余地,通过帕累托改进可使社会的总福利水平得到提高,而制度变迁就是将外部利润内在化的过程。正是潜在利润的存在,才是制度变迁主体进行制度变迁的根本性诱因。

二、模型的主要内容

诺思认为,外部利润在现存的制度结构下无法实现,制度变迁的目的是使外部利润内部化。利润是模型外在事件的结果,但模型可以预测新安排出现的层次和时间选择。我们假定企业家是利润最大化者,潜含于任一外在变化中的利润都将诱致企业家为获取它而尝试进行重新的安排组织。我们首先检查外部潜在利润、成本或基础规则的变化传递给潜在企业家的过程。然后,我们检查决定创新层次和创新时间选择的各项条件。这样,我们便会发现一个完整的制度变迁(或创新)的过程。

1. 制度均衡和制度非均衡

由于模型分析假定制度是处于初始均衡状态的,并且制度的演变过程大致可表示为:制度均衡→制度非均衡→制度均衡,因此,我们有必要首先对制度均衡和制度非均衡的概念加以介绍。

制度均衡"即指这样一种状态,在给定的一般条件下,现存制度安排的任何改变都不能给经济中任何个人或任何个人的团体带来额外的收入。"[①]即假定在既定的制度安排下,出现以下情况时,该制度结构都处于均衡状态:① 已获取了各种要素资源所取得的全部利润,此时不

[①] L. E. 戴维斯、D. C. 诺思:"制度变迁的理论:概念和原因",载[美]R. 科斯等:《财产权利与制度变迁》,上海:上海三联书店、上海人民出版社,1994年,297页。

存在不能获得的潜在利润;② 虽然潜在利润存在于现存的制度安排,但由于实施制度变迁的成本高于潜在利润,制度变迁无法进行,仍然保持原来的制度安排;③ 存在潜在利润,但是如果制度环境不发生改变,制度变迁也无法展开。也就是说,在制度均衡的状态下,要么现存制度安排下不存在潜在利润,要么即使存在潜在利润但由于变迁成本或制度环境等原因也无法获得(即它的任何改变不能为经济中的任何个人和团体带来额外收入)。

制度非均衡则指在存在潜在利润并且潜在利润大于制度变迁成本的情况下,人们对现存制度不满而意欲改变现有制度安排的状态。一般而言,制度非均衡之所以出现,其根本原因在于出现了一个新的盈利机会,而这种盈利机会(或潜在利润)在召唤着人们产生新的制度需求、变革现有的制度安排。

与变与不变的关系类似,制度均衡只是暂时的,它会不断地向非均衡转化,并通过新制度安排对原有制度安排的替代从而达到新的均衡,这一过程将不断反复地无限循环下去。那么为什么在历史上的某一个时期形成的制度安排是有利可图的,而在另一个时期则不然? 这可能是因为一些外在因素产生了制度变迁的动力,下列三种类型的外在事件中的任一个事件都能衍生出制度创新的压力。

第一,制度安排改变的潜在收入增加,增加到足以弥补制度变迁的成本。例如,在个人企业和合伙制企业的规模扩大没有受到资金约束时,股份公司未必就是一个更好的企业组织形式。随着市场规模的扩大和技术进步,最有效的生产对企业规模大小也有了要求,这时无限责任公司相对于股份公司在融资程度上就显现了劣势,规模经济的收益使得建立新的企业组织形式的潜在收入增加。

第二,组织或操作一个新制度安排的成本降低,使原本因为制度变迁成本过高而无法进行的制度变迁成为可能。这种成本变化可能是由于技术进步,也可能由于新制度安排中要素的相对价格发生了变化。比如,私有产权的界定需要产权所有者的私有产权收益大于排除其他人使用这一产权的费用。当费用过高时,财产将成为共同所有。在带铁蒺藜的铁丝构成的低费用围栏出现之前,美国西部牧场的私有边界由于围栏费用过高很难确定,牧场共同所有,这一创新引起了美国西部公共牧场中的私人所有和牧场出租。

第三,法律上或政治上的变化改变了制度环境,如法律的修改、执政党的替换或执政政策的改变等。一些团体可以利用这个机会实现再分配,实现原有制度环境下不可能进行的制度创新。

2. 改变潜在收益和成本的因素分析

制度变迁的诱致因素在于潜在利润的存在,并且潜在利润应该大于制度变迁成本,因而能够改变潜在收益和成本的因素也是引起制度变迁的动力因素。无数事件都可能引起外在于现存制度安排的利润产生,以下分析几个主要因素。

(1) 市场规模的变化。市场规模的变化之所以能够改变制度创新的收益和成本,其原因在于搜集信息的成本、排除非参与者的成本、为了维持市场分散风险等目的而创建新安排的成本和次级行动团体的活动成本并不随着交易数量的增加而同比例增长,这些活动都体现了边际成本递减特性。可以这样理解,以上成本的支出特别类似于启动成本的支出,单位成本随着总交易量的增大而下降。例如,现在发展起来的电子商务,不管交易量大小,首先必须建立起网络交易的设备,因而其成本是固定的。而一旦网上交易量不断增长时,电子商务这种交易形式会越发表现出其优越性,其边际成本具有显著的递减特性。

(2) 技术的影响。技术对改变安排的利益有着普遍的影响。具体体现在:第一,一般地,技术变迁可以使产出在相当范围内发生规模报酬递增,因此使得更复杂的组织形式的建立变得有利可图。第二,作为规模经济的一个副产品,技术变迁产生了工厂制度,同时也使人口及其经济活动得以集中,城市化进程加快,产生了当今的城市工业社会。这些结果反过来产生了广泛的外部效应,既扩大了市场规模,降低了信息成本等外部正效应,又产生了像空气污染、水污染和交通拥挤这样的负面影响。技术进步所带来的以上这些变化都会促使制度安排的改变。第三,技术进步不仅增加了安排改变的潜在利润,而且降低了某些安排的操作成本。特别是使信息成本(电报、电话、广播和互联网)迅速降低的技术发展,使得一系列旨在改进市场和促进货物在市场间流通的安排革新变得有利可图。

(3) 社会团体收入预期的改变。一个社会中各种团体对收入预期的改变会导致它们对建立新制度安排的成本-收益评价做全面修正。1929~1933年世界资本主义经济危机引起了经济学界对自由市场经济的反思,同时,在经济危机的持续重创下,当时长时间的经济萧条形势足以改变人们对其收入前景的预期和对以前繁荣的自由市场经济可否持续下去产生了质疑。在这种情况下,政府不再只做"守夜人",对经济不加干预,而是开始尝试宏观调控改善市场经济绩效。

(4) 知识的积累及教育体制的发展。知识的积累和教育体制的发展导致了社会和技术信息的广泛传播,使信息使用者的知识水平提高,可利用的知识存量增加,信息搜集和传播手段以及信息资料本身都得到改进,减少了与安排革新相联系的成本。如果无法对需要保险的风险进行估价,任何保险计划都将没有办法制定。例如人寿保险,正是关键统计数据收集方法的改进,为制定一个适当的死亡率表提供了基础,才使像人寿保险计划这样的革新成为可能。在更现代一点的历史上,正是从人口调查、统计抽样技术知识和从心理学汲取的具体行为命题中积累起来的关于人口特征函数的知识的扩展,使得广告领域里的革新变得有利可图。

(5) 团体推动制度变迁的组织费用的变化。组织费用是设立任何组织所需成本中的一项主要部分。如果组织费用过高,很可能会使制度创新搁浅。如果组织费用因某种意图已有人愿意承付,那么安排革新的成本就会显著的减少,使一种安排调整到实现新目标的方向上来的边际成本可能低到足以使革新变得有利可图。

(6) 政府权力的影响。政府权力和威望的稳固上升和它对社会生活更多方面的渗透,明显减少了政府性安排革新的成本,也使政府推动制度变迁变得更为有利可图。这是因为:一方面,一旦一个政府性安排因政府的威望而为人们所接受,那么推广它的政治成本就会下降;另一方面,因某项计划而建立起来的现存官僚政治的基础,经常可以相对更便宜地扩展到另一个方案的使用上。

3. 制度安排的创新时间选择

相对于潜在利润的出现而言,制度创新会有一定程度的时间滞后,那么如何选择和决定制度创新时间呢? 诺思认为,从潜在利润的出现到使外部利润内部化的制度革新之间间隔的时间可以根据某些可辨识的因素来确定,虽然有许多因素会影响间隔时间的长度,但其中最重要的因素是现存法律和制度安排的状态。而在现存法律和制度安排状态中,又有三个特别重要的方面。①

（1）不管什么时候，现存法律（普通法和成文法）都会限制制度安排的演化范围。尽管法律是可以变化的，但至少在短期里，它制约了安排的选择。例如，在美国，由于谢尔曼反托拉斯法的限制，要创新一个从政府那里获得强制力量的类似卡特尔的安排就相当困难。

此外，居先的法律和其他安排结构的存在，不仅影响安排革新的形态，而且还影响安排创新需要酝酿的时间。人们可以预料，如果法律必须改变，或是在一项革新之前已形成的原有安排仍能被采纳，那么酝酿一种新安排的时间必定会延长。

（2）现存的制度技术状态也以另一种方式影响着制度供给反应的时滞。在旧技术的平均可变成本还低于新技术的平均总成本期间，企业在短期内是不会革新一个旧的技术程序的。当旧资本装备耗用完竭后，新技术才会替换旧的资本设备。对于制度安排来说，相同的规则似乎也是成立的。像资本设备一样，安排也能得到准租金，即使其折旧部分（不是指废弃）难以表现，安排也有残余成本。安排的生命周期经常取决于潜在创新团体的全体人员，这就像资本设备会耗尽一样，人也会退休或死亡。

（3）发明是一个困难的过程，如果革新必须等新安排形式的发明和出现，那么，新制度安排的供给时滞一定很长。然而，如果在一种情况下被证明可行的安排形式稍作变动后也能适用于另一情况，安排供给的时滞可能被缩减。譬如，在处理 A 事件时出现了某种情况，针对这种情况的安排革新由于各种原因需要很漫长的时间，一旦一种新安排被用于解决 A 事件，那么，如果以后在处理 B 事件时遇到了相同或类似的情况，且 A 事件中的新安排形式可以借鉴的话，解决 B 事件的制度安排供给的时滞就很可能明显缩短。

4. 制度变迁中的时滞

时滞就是一种时间差，它是指某项活动从计划开始到产生实际效果之间的一项时间间隔，是经济学中的一个重要概念。新制度经济学关于制度变迁中时滞问题的研究，对于我们认识制度演变规律是颇有启发意义的。从认知和组织制度变迁到启动制度变迁有一个过程，这个过程就是制度变迁中的时滞。诺思认为，可以把制度变迁中的总时滞分成四部分。需要注意的是总时滞并不必然是各部分的加总，时滞长短与否应在分析问题时根据实际情况具体对待。

（1）时滞 1：认知与组织时滞

这个时滞是指从辨识外部利润到组织初、次级行动团体所需要的时间。这个时滞的长短受到以下几个因素的影响：① 一种安排创新得到的潜在利润越大，时滞越短。如果收益越大并且越接近于时点（即制度创新的临界点），所获知的预期成本和预期收益的确定性程度也越高，则这些利润越大。② 已知的合法安排选择单子越长，制度环境排斥的潜在安排选择越少，时滞越短。因为选择单子越长，某种创新获取利润的可能性越大，加速行动团体组织起来的理由也就越多。③ 组成有关行动团体的成员越少，时滞将越短。因为组织是既费成本又耗时间的，组织人数越多，达成一致所需要的时间就越长。④ 如果组成有关行动团体成员的原型组织已经存在，时滞将较短，如果这一团体存在，不仅进行重组的代价不会很大，而且它也可能比从头组织一个相同团体的时间更少。⑤ 交通和通讯条件越好，时滞越短。在其他条件相同的情况下，交通和通讯的条件越好，组织就能进行得更快。

---

① L. E. 戴维斯、D. C. 诺思：'制度创新的理论：描述、类推与说明'，载［美］R. 科斯等：《财产权利与制度变迁》，上海：上海三联书店、上海人民出版社，1994 年，第 303～320 页。

(2) 时滞2：发明时滞

这里的发明不是指技术发明，而是指一种新的制度安排设计。任何新制度安排设计总是需要一定时间的，并且新制度的设计不像技术发明那样可以通过获得专利来从中获取全部利润，制度安排的模仿会出现"搭便车"行为。影响发明时滞长短的因素有：① 假定安排的发明者也是利润最大化者，从新安排中能够实现的利润越大越确定，发明时滞就越短。② 可被借用的其他行业或经济中的完整形式或修正形式的相似安排数目越多，时滞越短。③ 基于法律和政治环境的经济安排越可靠，能为将来安排的广延性提供基础的现存安排数目越多，发明的时滞就越短。④ 经济环境对可选择方案的制约越少，时滞就越短。

(3) 时滞3：菜单选择时滞

它是搜寻已知的可替换菜单和从中选定一个能满足初、次级行动团体利润最大化的安排所需要的时间。影响这一时滞的主要因素有：① 已知菜单上可行的安排选择数目越多，时滞就越长，众多的合法安排会增加对可选菜单的评估进而作出选择的时间。② 显现在菜单上的选择方案的现值分布越大，各方案优劣差异越大，时滞将越短。③ 对外部利润内在化至少能起部分作用的现存安排的总成本中，固定成本部分越大，时滞就越长。只有当旧安排运作的可变成本大于新安排的总成本时，更有效率的安排对现存安排的替代才可能发生。

(4) 时滞4：启动时滞

启动时滞是指可选择的最佳安排与旨在获取外部利润的实际行动之间存在着的时间间隔。在不同的制度安排层次上，对启动时滞的决定因素也不完全相同。① 不管在哪个制度安排层次上，潜在利润越大越确定，启动时滞就越短。利润越大，行动团体花时间来解决新安排创新中的疑难问题就越值得。② 在自愿合作安排中，初级行动团体的成员规模越小，成员间的意见一致程度越高，而且成员间对潜在利润的分配越公允，启动时滞越短。成员越少，意见一致程度越高，在意见分歧的条件下进行谈判达到某种协调的时间就越少。③ 在政府性安排层次中，选举频率越高，时滞越短；相互对立的政治联盟的力量越平衡，时滞则越长。

总体而言，个人安排的总时滞应该小于自愿合作的安排的总时滞，而个人安排与自愿合作安排的总时滞又要小于政府性替代安排的总时滞。任何增大潜在利润规模或确定性的行动都将减少总时滞；而任何扩大相应行动团体规模的行动都有可能产生一个较长的总时滞。

三、模型的总结性结论

现在，我们对诺思的制度变迁理论给予一个简单的概括。某些外生性变化(如技术、市场规模、相对价格、收入预期、知识流量或者政治和经济游戏规则等的变化)使得某些人收入的增加成为可能。但是，由于某些内在的规模经济、外部性、厌恶风险、市场失败或政治压力等原因，外生性变化引起的潜在利润并不一定能够在现存的安排结构内实现，只有那些经过制度创新能够克服这些障碍的人或团体才能够获得潜在利润。某些人或这些人组成的团体意识到潜在利润的存在，经过认知时滞后把目标调整到获取这些潜在利润。如果此时还没有技术可以使上述目标在成本小于利润的情况下得到实现，就会有行动团体尝试发明新技术或修改旧制度安排。如果一个或多个经济可行的安排已经存在，行动团体将通过比较、评估，从中选择一个报酬最高的安排。所以，菜单选择的时滞很大程度上就取决于可行选择的数量和多样性。另外，还有一点需要说明，在任何一个时点上，制度环境总是要排除某些潜在的选择。一旦安排选定，制度变迁主体就必须做出创新，由于这种安排为团体间的合作或竞争设置了新规则，所以创新和执行的过程同样需要时间。一般说来,在个人安排的场合,创新的启动时滞最短,涉及自愿合作团体的其次,涉及政府的最长。一旦取得了外部利润,系统就复归均衡,这时,就不再有改变安排的任何压力,除非一些外生性变化又产生新的外部利润,均衡重新被打破,重新实现新的均衡,制度变迁就如此循环往复地进行下去。

第三节　制度变迁的方式比较

外部利润的存在为制度变迁提供了动力,在由制度均衡到打破这种均衡进而实现新均衡的过程中,制度框架创立、变更及随着时间变化而被打破的方式是不同的,所谓的制度变迁方式则是指"制度创新主体为实现一定的目标所采取的制度变迁形式、速度、突破口、时间路径等的总和。"[1]诺思认为,制度变迁是制度不均衡时追求潜在获利机会的自发交替过程,而现实中制度变迁方式的选择主要受制于一个社会的利益集团之间的权力结构和社会的偏好结构。从不同的角度看,制度变迁方式有不同的分类。[2]

一、制度变迁方式分类

1. 根据制度变迁的层次划分:基础性制度安排和次级制度安排

基础性制度安排是指一些用来建立生产、交换与分配基础的政治、社会和法律基础环境,也称为制度环境,是一国的基本制度规定,它决定、影响其他的制度安排。除此之外的其他制度安排称之为次级制度安排。制度环境决定着其他制度安排的性质、范围、进程等,但其他制度安排也反作用于制度环境。制度环境相对于其他制度安排,其变迁相对缓慢。

2. 根据制度变迁的主体划分:诱致性制度变迁和强制性制度变迁

诱致性制度变迁是指现行制度安排的变更或替代,或者是新制度安排的创造,由个人或一群人,在响应获利机会时自发倡导、组织和实行。诱致性制度变迁必须由某种在原有制度安排下无法得到的获利机会引起。其特点可以概括为:改革的主体来自于基层;改革的程序自下而上;在改革成本的分摊上向后推移。尤其在改革的初始阶段,那些影响较大、会迅速产生巨大成本、减少私人净收益的改革措施,要么被化整为零,通过分步实施向未来分摊巨额成本,要么向后推移,推迟到以后阶段,等到实施的阻力显著下降,或者大多数社会成员积累的改革收益远远超过这些成本时再进行。在改革的顺序上,先易后难,先试点后推广,先经济体制改革后政治体制改革;改革的路径是渐进的,最显著的特点就是采取非暴力、非突发式,根据制度的需求和决策的安排逐步地推进,以避免社会产生巨大的震荡。

强制性制度变迁是由政府命令和法律引入实现的。强制性制度变迁的主体是国家政府,国家在制度供给上不仅具有规模经济的优势,而且在制度的实施及其组织成本方面也具有优势。强制性制度变迁的特点有:政府为制度变迁的主体;改革程序是自上而下的;具有激进的性质,制度一出台就一步到位;强制性制度变迁能从核心制度开始进行改革,而不必像诱致性制度变迁那样先从外围开始。虽然强制性制度变迁是以政府为主体的一种制度变迁形式,但在具体的运用过程中又有不少类型,而且各种类型具有不同的功能和不同的运用环境。从强

---

[1] 杨瑞龙:"论我国制度变迁方式与制度选择目标的冲突及其协调",《经济研究》,1994年第5期。
[2] 卢现祥主编:《新制度经济学》,武汉:武汉大学出版社,2004年,第175~180页。

制性制度变迁的主体来看,可以分为两种,即以中央政府为主体的制度变迁和以地方政府为主体的制度变迁。从对制度需求的回应来看,也可分为两种,即需求回应性的强制性制度变迁和没有需求的强制性制度变迁。从制度变迁的暴力性质来看,可分为暴力性质的强制性制度变迁和非暴力性质的强制性制度变迁。

3. 根据制度变迁的速度划分:渐进式制度变迁和激进式制度变迁

渐进式制度变迁是在制度变迁过程中相对平稳、新旧制度之间衔接的轨迹平滑、未引起大的社会震荡的变迁方式。其改革的特征可以概括为:改革是先试点后推广,一般选择双轨制改革方案;是自上而下的强制性制度变迁的过程;是一种倾斜式的改革方式,即选择那些旧体制影响较小又有建立新体制条件的地区作为改革的突破口;是一种增量改革,即在保留、改革旧体制的同时,不断引入新的体制。

激进式制度变迁,又被喻为"休克疗法"或"震荡疗法"(Shock Therapy),是一种大爆炸式(Big Bang)的跳跃性的制度变迁方式,其特点是在较短时间内完成大规模的整体性制度变革,一般是较迅速地废除或破坏旧的制度,制定和实施新的制度。

苏联和东欧国家为迅速实现体制的转变,向市场经济转轨,选择了激进的方式,即"休克疗法"。这种方式强调转轨是一种涉及制度、体制和机制转变的全面改革,认为局部的、零碎的改革是不起作用的,甚至会起反作用。转轨的过程是利益重新分配的过程,也是规则再造的过程,这两个过程宜短不宜长。因此,改革的速度、力度成为至关重要的因素。在俄罗斯和东欧国家的实践表明,"休克疗法"在宏观经济管理方面的特征主要是"三化",即稳定化、自由化和私有化。具体表现是通过财政信贷双紧政策以达到经济稳定化;实行一次性放开价格和废除对外贸易国家垄断制,以价格和外贸自由化来启动市场配置资源的机制;对国有企业实行私有化改造,以达到市场主体的多元化,启动竞争机制。

4. 根据制度变迁的规模划分:整体制度变迁和局部制度变迁

整体制度变迁是一个国家或者地区制度体系的改革,这种制度变迁涉及几乎所有的制度,又可称为宏观制度变迁。局部制度变迁是单个制度变迁。整体制度变迁就是特定社会范围内各种局部制度相互配合、协调一致的变迁。

二、诱致性制度变迁与强制性制度变迁比较

诱致性制度变迁必须由某种在原有制度安排下无法得到的获利机会引起,其变迁的主体是一个人或一群人或一个团体,即初级行动团体。他们认识到了在现存安排下无法取得的潜在利润,从而愿意改变现状。从这个角度而言,他们都是熊彼特意义上的企业家,对获利机会予以响应,他们不但是制度的创新者,还是制度变迁风险的勇于承担者。这是因为获利机会的出现并不一定必然引起进行制度变迁的行动,革新成本过高或风险过大都可能成为制度变迁的障碍。总之,诱致性制度变迁是对原有制度安排下潜在利润的响应,潜在利润和制度革新成本的相对大小决定着制度变迁是否进行。

诱致性制度变迁的主要依据是一致性原则和经济原则,其特点主要有三个:第一,具有盈利性。变迁主体是为了追求潜在收益,在变革之前会将这一收益与制度变迁的预期成本进行比较。第二,具有自发性。自发性反应的诱因是潜在利润的存在,像我国的家庭联产承包责任制就是在安徽农村自发发起的。第三,具有渐进性。诱致性制度变迁是一个自下而上、由局部到整体的过程,不是在短期内就可以完成制度替代的。

【案例 9-1】

诱致性制度变迁：家庭联产承包责任制

以包产到户为内容的家庭联产承包责任制是农业管理体制的一场重大改革。1958年的人民公社化运动曾使中国农民在劳动和分配上都实行绝对的平均主义，甚至有饭都是大伙一块儿吃。"大锅饭"的结果是饭越吃越少、人越过越穷。

到了20世纪70年代末，安徽省部分农民冒着"割资本主义尾巴"的危险，偷偷摸摸地把一些麦田、油菜田承包到自己家里去种，搞起了"包产到户"，凤阳县小岗村便是这项改革的发源地。结果，包产到户加快了生产进度、抓住了季节，提高了产量。1979年10月，小岗村包干到户见成效，粮食总产量6.6万公斤，第一次向国家交了公粮，还了贷款。1980年，小岗村产粮6.95万公斤。1980年初，时任中共安徽省委书记的万里来到小岗村，逐户慰问村民，正式肯定了村民的做法。这便是"家庭联产承包责任制"的雏形。

1980年1月11日至2月2日，国家农委在北京召开了全国农村人民公社经营管理会议。安徽省农委副主任周日礼在全体大会上作了题为《联系产量责任制的强大生命力》的发言，主要介绍了安徽省实行联系产量责任制的情况。一石激起千层浪。在大会分组讨论时，周日礼的发言引起了一场激烈的争论。有的同志说，联系产量责任制是半社会主义性质的，包产到户实质上是分田单干，它与社会主义沾不上边，是资本主义性质的。有的说，包产到户调动的是农民个体的生产积极性，不符合社会主义方向。中央49号文件明确规定，不许分田单干，也不要包产到户，安徽这个搞法，既违反了中央文件的规定，也违反了宪法规定。针对这一情况，1980年5月31日，邓小平在同中央负责工作人员谈话时，旗帜鲜明地支持了家庭联产承包责任制这一重大改革。他明确指出："农村政策放宽以后，一些适宜搞包产到户的地方搞了包产到户，效果很好，变化很快。安徽肥西县绝大多数生产队搞了包产到户，增产幅度很大。'凤阳花鼓'中唱的那个凤阳县，绝大多数生产队搞了大包干，也是一年翻身，改变面貌。有的同志担心，这样搞会不会影响集体经济，我看这种担心是不必要的。我们总的方向是发展集体经济。实行包产到户的地方，经济的主体现在也还是生产队。这些地方将来会怎么样呢？可以肯定，只要生产发展了，农村的社会分工和商品经济发展了，低水平的集体化就会发展到高水平的集体化，集体经济不巩固的也会巩固起来。关键是发展生产力，要在这方面为集体化的进一步发展创造条件。"

1980年9月，中共中央发出当时著名的75号文件，对包产到户的形式予以肯定。交够国家的，留足集体的，剩下全是自己的。由于"包产到户"从根本上打破了农业生产经营和分配上的"大锅饭"，使农民有了真正的自主权，因此受到中国各地农民的广泛欢迎。到1981年，家庭联产承包责任制已经在中国农村绝大部分地区推广。

1982年1月1日，中共中央批转的《全国农村工作会议纪要》，对全国农村已有90%以上的生产队建立了不同形式的农业生产责任制作了初步总结。《纪要》指出："目前实行的各种责任制……都是社会主义集体经济的生产责任制。"1982年12月31日，中共中央政治局讨论通过的《当前农村经济政策的若干问题》对联产承包责任制给予高度评价。1984年1月1日，中共中央《关于1984年农村工作的通知》再次强调："继续稳定和完善联产承包责任制，帮助农民在家庭经营的基础上扩大生产规模，提高经济效益。"

资料来源：李占才：《当代中国经济思想史》，开封：河南大学出版社，1999年，第503~507页。

由于强制性制度变迁是由政府命令、法律引入和实行而导致的制度变迁,所以强制性制度变迁不完全是对成本-收益变动的自发反应。强制性制度变迁的主体是国家,国家作为一个合法使用强制力的垄断者,可以扩张它的影响范围,在使用强制力时具有很大的规模经济。另外,这种强制力可以降低组织成本和实施成本,不需要经过每个参与者的一致性同意,所有参与者都受制于政府的强制性权力,无论是否满意某方案都不可能退出,正如穆勒所说,政府有权力"决定什么样的制度将存在"。所以,政府利用其强制力可能实现一个由自愿谈判无法实现的方案,产生极高的收益。但另一方面,因为强制性制度变迁不需要每个参与者的同意,违反了一致性同意原则,这个原则在某种意义上是经济效率的基础,如果有些人不按照制度规则规范自己的行为,就很难保证这个制度本身的效率。

当经济增长时会出现制度不均衡,由于私人和社会在收益、费用之间存在分歧,这种不均衡将会继续存在下去。统治者要强制推行一种新制度安排,其预期边际收益至少要等于预期边际费用,只要统治者的预期收益高于他强制推行制度变迁的预期费用,他将采取行动来消除制度不均衡。但是国家的基本职能是提供法律和秩序,并保护产权以换取税收。统治者进行制度变迁的诱因往往是按税收净收入、政治支持以及其他进入统治者效用函数的商品或效用来衡量的,如果制度变迁会降低统治者可获得的效用或威胁到统治者的生存,那么国家可能仍然会维持某种无效率的不均衡。所以,国家是从统治者效用而不是从社会福利角度来考虑的,没有人可以保证效用最大化的统治者会有激励去履行那些增进制度安排供给的政策,以达到整体的社会财富最大化。

【案例 9-2】

强制性制度变迁:中国期货市场的产生

在不到六年的时间里,中国完成了由政府高层有建立期货市场的想法到中国期货市场正式产生的过程。虽然存在由于经验缺失导致的一系列失误,但中国期货市场的确在很短的时间内完成了美国期货市场"远期交易——交易合约标准化——环形结算原则与对冲机制"三次重大制度变迁,政府权威设计制度并强制推行在其中的作用尤为显著。笔者认为,中国期货市场的产生是一次政府主导的强制性制度变迁。

(一)中国期货市场产生历程回顾

20 世纪 80 年代以来,中国经济逐步从计划经济向社会主义市场经济过渡。国有企业改革初见成效,私营、个体企业占国民经济比重有所提高,企业独立经营意识逐渐加强;1985 年后,商品价格逐步放开,几年之中部分商品实行自由价格体制,"双轨制"价格改革使商品价格波动幅度很大;外贸依存度逐年增加,这使得规避国际贸易中的价格风险成为企业需要考虑的问题。正是在这样的一系列制度环境下,中国政府开始了对期货市场的探索。根据一般的看法,中国期货市场产生的时间跨度应从 1987 年至 1993 年,直到 1994 年开始对期货市场的全面治理整顿,中国期货市场的产生过程才完全结束。这六年的时间可以分为三个阶段。

1. 理论研究时期(1987—1990 年)

1987 年,美国培基证券物业投资有限公司亚太分公司的杨亮瑜先生访问北京,并向政府高层建议发展期货市场。时任国务院总理李鹏 1988 年初作出批示:研究一下国外的期货制度,运用于城市副食品的供销,特别是大路蔬菜和猪肉,保护生产者和消费者双方利益,保持市场价格的基本稳定。中国期货市场的研究和探索阶段从此开始。1988 年,由国务院体制改革委员会和国务院发展研究中心成立一个"期货市场研究工作小组",并于当年5月4日向国务院报送了第一份《关于期货制度研究报告》。5月26日,李鹏批示:同意试点,但要结合中国实际情况制定方案。

我国期货市场研究进入方案制定、试点试验的新时期。1989年1月16日,"期货市场研究工作小组"发表一份试办农产品期货市场初步方案。3月,河南省成立了以副省长为组长的筹备小组,负责起草《郑州中央粮食批发市场的交易条例和管理条例》。1989年7月,国家期货市场和批发市场的咨询小组正式成立。咨询小组负责起草《关于试办粮食中央批发市场的报告》和《粮食中央批发市场的基本交易原则》。1989年10月10日,五易其稿的报告以九个部委的名义呈送国务院。

2. 现货试点时期(1990—1992年)

1990年5月23日,关于郑州中央粮食批发市场的报告批准通过。7月27日,国务院以国发[1990]46号的国务院文件,发出《国务院批转商业部等八部门关于试办郑州粮食批发市场报告的通知》。10月12日,中国郑州粮食批发市场正式成立。它起初以现货交易为基础,引入部分期货交易机制。

郑州粮食批发市场是中国第一个以现货交易为主、具有期货交易性质的交易所。在国务院发展研究中心期货研究小组的支持下,该市场基本上实行了以下国际通行期货交易制度,这包括会员制度、保证金制度、集中交易制度、公开竞价制度、集中环形结算制度等。这些制度安排保证了良好的市场秩序,公正、准确、真实的价格信息开始显现,现货市场的交易商们的交易费用大大降低,使现货交易空前活跃。

3. 期货试点时期(1992—1993年)

1992年1月8日,深圳有色金属交易所正式开业。同年5月,上海金属交易所开业,由于吸取了国内外期货市场创建时的经验,短短几个月交易量即高达数十亿元。10月,苏州物资交易所也宣告成立。同时,国务院发展研究中心期货研究小组牵头,组织了数个部委和单位的研究人员,开始探索由现货试点向期货市场转变,并研制出了标准化交易合约的设计原则以及其他交易规则。其后成立的交易所基本上在该基础上不断完善。合约的标准化是中国期货市场发展中最关键一步,它标志着期货交易制度全面植入中国。

在先期创办的交易所的轰动效应刺激下,特别是地方利益和部门利益的影响,中国期货市场出现了飞速发展的局面。1992年下半年至1993年,各地区和各部门纷纷筹办期货交易所。截至1993年底,全国共开办33家交易所,注册资金总额72 583亿元;共有会员2 337家,代理客户33 629家,经批准的期货经纪公司高达300多家,其中还有50家属于中外合资企业。1993年全年交易总额高达7 150亿元。交易品种涉及石油、农产品、有色金属、农资、建材、化工、国库券等七大类50多个品种。

期货交易所、期货经纪公司盲目发展,期货市场管理和制度建设明显滞后。这主要表现在:缺乏法律法规和管理部门,交易所数量过多、交易品种重复,部分交易所和经纪公司运作不规范,盲目开展境外交易等等。由于以上原因,期货市场出现混乱局面,风险事件不断发生。于是,迫于公众压力的政府下决心整顿期货市场秩序,1993年11月4日,国务院发出《关于坚决制止期货市场盲目发展的通知》。至此,中国期货市场进入了长达八年的清理整顿阶段。

（二）对中国期货市场产生进程的制度分析

1. 制度变迁主体分析

从中国期货市场的研究阶段到试点阶段、正式创办，我们可以看到政府机构（国务院发展研究中心、商业部、河南省政府等）是整个制度变迁过程的主体。有的学者总结中国期货市场产生的直接动因为"国家领导人的倡导和支持、政策和方案研究者的推动、各级政府官员的努力、国际期货贸易的发展"，其中三项动因都与政府机构及其代言人有关。

政府机构通过领导人指示、研究机构负责制度设计等形式，推动了这一自上而下的制度变迁。它既是期货市场制度的需求者，又是期货市场制度的供给者，这使得一方面具有制度变迁边际成本较低的优势，另一方面又可能存在制度创新的边际收益较低的劣势。在其后的期货市场超高速发展过程中，几乎所有交易所都是由政府部门或行业内大型国有企业投资组建，因此地方利益和中央部门利益牵连其中，造成了"搭便车"者众多的情况终于出现。市场投资者、需要套期保值的企业不是这一制度变迁的主体，在其后的制度运行中应得到的收益被地方利益和部门利益夺走。所以，对于整个社会而言，如果说在试点之初，制度变迁的边际收益大于边际成本，那么在1992年、1993年之间，制度变迁的边际收益是小于边际成本的。制度重新回到不均衡状态迫使政府进行清理整顿以图再次回到制度均衡，即进入另一个逆向的制度变迁过程。

2. 制度变迁过程分析

制度变迁过程一般可以分为五个步骤：第一，形成推动制度变迁的第一行动集团，即对制度变迁起主要作用的集团；第二，提出有关制度变迁的方案；第三，根据制度变迁的原则对方案进行选择和评估；第四，形成推动制度变迁的第二行动集团，即起次要作用的行动集团；第五，两个集团共同努力实现制度变迁。

纵观中国期货市场的产生过程，这一制度变迁过程的确依据这些步骤依次进行。1988年发生的"抢购风潮"震惊全国，粮价呈现大起大落，政府最高决策层及政策研究者陷入反思之中。对期货市场制度的"认识和组织"源于对这些经济现象的反思，并在随后形成了第一行动集团——政府机构及其代言人。通过一段时间的学习和研究，政府部门的研究者逐步提出了试点引入期货交易机制的初步方案，并多次联合各部门评估该方案，最后选择郑州粮食批发市场作为第一个试点市场。这正是制度变迁的第二、第三个步骤。1991年前后，河南省政府与中央各部委、研究机构紧密配合，在郑州创建中国第一个期货交易市场；中国有色金属工业总公司在原国家体改委、国务院发展研究中心的支持下，组织几家企业投资兴办深圳有色金属交易所。其后不断创办的交易所实现了制度变迁的第四步骤，即以地方利益、部门利益为代表的第二行动集团形成。但是，随着期货市场越来越混乱、制度缺陷日益显现，第一行动集团与第二行动集团之间的矛盾也日益显现。第五步没有完成制度变迁就进入了停滞阶段。

3. 制度环境与制度安排的协调性分析

从交易费用的角度看，政府主导的强制性制度变迁能够节约组织成本、学习成本和实施成本，而且政府权威能一扫制度变迁中存在的阻力，但由于制度是设计出来的而不是利益主体重复博弈出来的，其背后可能隐藏着制度缺陷。在强制性制度变迁带来的制度安排投入运行时，首要考虑的问题是制度安排与制度环境之间的协调问题。

期货市场发轫于自由市场经济时代，自由市场经济体制便现实地构成了其制度环境，这些环境条件包括：私人企业制度、统一的大市场、市场价格机制。回顾当时的中国经济环境，笔者认为,制度环境并不适应制度安排,这主要表现在:首先,国有企业改革虽然初见成效,但要真正建立现代企业制度尚有较大差距,私营企业、个人企业方兴未艾。没有大量企业对套期保值的需求,期货市场产生初期的交易必然会出现套期保值者少、投机者多的局面,为日后的风险事件埋下祸根。而且,这一点远离了期货交易制度的内核:规避价格风险。其次,改革开放推行只有十年时间,市场区域性分割、地方保护主义屡见不鲜,还未形成全国统一的大市场。再次,各类产品的价格尚未完全放开,某些产品还存在计划价、市场价两种价格平行出现的局面,因此价格并不是由市场自发形成。

上述分析表明,在中国政府强制植入期货交易制度时,虽然降低了交易费用,刺激了现货交易,促进了部分产品发现真实价格,但由于制度安排不适应当时的制度环境,制度变迁过程中政府利益、地方利益、部门利益发生了一系列冲突,而且缺乏管理部门和正式法律法规激励制度建设者、惩罚"搭便车"者。因此,中国期货市场产生之初的混乱是制度发展的必然,而这让中国期货市场进入了长达数年的沉寂。

中国期货市场经过长达数年的清理整顿,在承受沉重打击的同时也赢得了更好的发展条件:期货市场的监管由空白状态演变为由中国证券监督管理委员会负责监管,中国期货业协会正式成立使期货行业拥有利益代言人;《期货交易管理暂行条例》和与之配套的《期货交易所管理办法》、《国有企业境外期货套期保值业务管理办法》等法规颁布施行,形成了比较完整的期货法规体系;全国统一的市场体系已经基本形成,独立的企业法人成为市场经济体系中的主体,完全由市场调节的价格机制已经形成。

在中国期货市场产生过程中,强制性制度变迁留下的制度缺陷导致了随后的停滞。虽然经历了数年的波折,但期货市场这一制度安排毕竟已经深深植入中国市场经济体系之中。未来的发展道路上,中国期货市场制度还需要通过不断的制度创新发展壮大。笔者认为,未来的制度创新路径应当转向诱致性制度变迁,而不是强制性制度变迁。

资料来源:徐欣:"从强制性制度变迁到诱致性制度变迁——中国期货市场产生的案例分析及其现实意义",http://www.maozong.com。

虽然诱致性制度变迁和强制性制度变迁有着明显的差异,但在现实中它们却又是相互联系、相互补充、相互制约的。一方面,当诱致性制度变迁因为组织成本过高等原因而不能满足社会对制度需求的时候,强制性制度变迁可以缓解制度短缺,弥补制度供给不足。另一方面,制度作为一种公共产品,本身也具有层次性、差异性和特殊性,有些制度变迁(如法律秩序等)最好或只能由国家来实施,即使有巨额的潜在利润,自发性团体也无法通过制度变迁获取;但有些制度变迁却又最好或只能由市场或民间自发供给。

诱致性制度变迁和强制性制度变迁都是对制度不均衡的反应,两者都遵循成本收益比较的基本原则。但是由于两种制度变迁的主体和诱因不同,其变迁过程也呈现出不同的特点,主要表现在四个方面。

(1) 制度变迁主体和诱因不同。诱致性制度变迁来自于微观主体对潜在利润的追求,其变迁主体是一个人或一群人,程序为自下而上。而强制性制度变迁是国家在追求租金和产出最大化的目标下,通过政策法令实施的,它是以政府为制度变迁主体的,程序是自上而下的。另外,诱致性制度变迁主体的形成主要依据共同的利益和经济原则,而国家进行制度变迁的诱因则比竞争性组织更复杂。

（2）组织和谈判成本不同。诱致性制度变迁的主体是一群人或一个团体，且每个人都是有限理性的，所以，具有不同经验和在结构中具有不同作用的个人对制度不均衡的程度和原因的认知也不同，他们还要协商寻求分割变迁收益的方式，在这种情况下，要使一套新的行为规则或规范被接纳或采用，个人之间需要经过长期的讨价还价谈判才能达成一致的意见，谈判成本非常高，往往使一些诱致性制度变迁无法产生。而强制性制度变迁是国家使用具有规模经济的强制力进行制度变迁，可以降低组织成本和实施成本，以比其他竞争性组织低得多的费用提供制度性服务。

（3）新制度安排的效率不同。诱致性制度变迁是基于一致性原则和成本收益比较原则而发生的，一旦诱致性制度变迁成为新的制度安排，它往往具有很高的效率。强制性制度变迁是政府通过命令和法律引入实现的，虽然其强制力能够降低制度变迁成本，能以最短的时间和最快的速度推进制度变迁，但它违背了一致性同意原则，在某种意义上损害了经济效率，由此形成的制度安排可能是低效率的甚至是无效的。

（4）所面临的问题不同。诱致性制度变迁是自下而上、从局部到整体的制度变迁过程，制度的转换、替代、扩散都需要时间，从外在利润的发现到将其内在化需要经过许多复杂的环节，仅仅是达成团体内部一致就是一个旷日持久的过程，非正式制度变迁的时间则更长。并且，制度安排的外部性和变迁过程中可能出现的"搭便车"问题往往是诱致性制度变迁不能得以进行的主要障碍。而强制性制度变迁主要面临着有限理性、意识形态刚性、官僚政治、集团利益冲突等问题的困扰。

从两者之间的比较可以看出：诱致性制度变迁的主体是一个人或一群人，诱因是潜在利润的存在；强制性制度变迁的主体是政府，诱因除了获取潜在利润，也有可能纯粹是不同选民集团为了对现有收入进行再分配。也正是由于这些不同，在制度安排革新过程中它们都有各自的特点。

一方面，诱致性制度变迁具有盈利性、自发性和渐进性，具有内在的优化演进机制和广泛的举措修正机制，降低了决策失误率，并且激励机制持久起作用，保证了源源不断的改革动力；强制性制度变迁则体现出自上而下的强制性，节约了组织成本和实施成本，但违反了一致性同意原则。

另一方面，这两种制度变迁方式都有自己的比较优势，它们之间相互联系、相互制约，共同推动了制度安排的变迁。制度安排是一种公共品，其外部性问题和制度变迁过程中的"搭便车"行为使得仅仅通过诱致性制度变迁不能够达到社会需要的最优量，会造成制度不均衡和制度短缺。强制性制度变迁依靠政府的强制力可以缓解制度短缺，特别是有些制度变迁只能由国家完成。但是，强制性制度变迁本身也存在一些问题，国家设立的制度安排的有效性受到多个因素的制约。如政府主导的制度变迁不以一致性为原则，而是通过国家的强制力自上而下地予以落实，很难适用于所有地方和所有领域。若违背一些地方利益，可能会产生"上有政策，下有对策"的现象；政府主导的制度变迁方式还有可能抑制个人自愿合作的制度变迁的产生；另外，如果政府在制度变迁中拥有的权力过大，会导致制度寻租现象的产生。

第四节 制度需求与制度供给

在本节中,我们将把"需求-供给"这一分析经济问题的基本方法拓展到制度分析领域,利用供求分析的框架来阐明制度变迁理论,说明制度变迁的内生变量和外生变量。

一、制度的供求分析框架

从前面的介绍中,我们可以知道:对制度变迁的需求可能是由要素与产品相对价格的变化以及与经济增长相关联的技术变迁所引致的;对制度变迁的供给可能是由社会科学知识及法律、商业、社会服务和计划领域的进步所引致的。

现在我们将制度的需求和供给纳入到一个框架中去,戴维·菲尼认为在制度供求的分析框架中应该要明确制度的含义和划分制度类别(主要是采用诺思的定义和分类),还需要具体说明哪些是内生变量,哪些是外生变量。戴维·菲尼在戴维斯、Hayami、诺思、拉坦和托马斯等人已有著述的基础上,建立了一个制度供求分析框架。这个分析框架的内生变量包括制度安排及其利用程度,宪法秩序和规范性准则被认为是外生变量。该分析框架旨在说明制度安排创立和解体的原因以及现存制度安排的利用程度。[①] 详见表9-1。

表9-1 制度安排的需求与供给的分析框架概览

类 别	内 容
制度类别	宪法秩序、制度安排、规范性行为规则
内生变量	制度安排、制度安排的利用程度
外生变量:对制度变化的需求	相对产品和要素价格、宪法秩序、技术、市场规模
外生变量:制度变化的供给	宪法秩序、现存制度安排、制度设计的成本、现有知识积累、实施新制度的预期成本、规范性行为准则、公众态度、上层决策者的预期净利益
动态顺序	变化途径/制度演变

资料来源:戴维·菲尼:"制度安排的需求和供给",载[美]V.奥斯特罗姆等编:《制度分析与发展的反思》,北京:商务印书馆,1992年,第155页。

这个分析制度供求变化的框架把比较静态均衡分析方法和动态演进观点融为了一体。其中,比较静态分析方法被用来分析外部冲击对制度安排的均衡所产生的影响,假定制度的初始均衡由于一个或几个外生因素的变化而受到冲击。演进观点则认为,一个时期的变化会成为另一时期组成要素和现状的一部分,继而影响随后变化的需求和供给。下面我们将根据这个框架对制度的需求和供给进行分析。

二、制度需求及其影响因素

对制度安排变化的需求可以理解为在现存制度安排下对外在利润的需要,行为者认识到改变现有安排可以获得原有制度安排下无法得到的利益。改变制度安排,使分配朝有利于自

[①] 戴维·菲尼:"制度安排的需求和供给",载[美]V.奥斯特罗姆等编:《制度分析与发展的反思》,北京:商务印书馆,1992年,第155页。

己的方向转变或是产生新生产机会的新式财产权,都是对制度变迁需求的动机。影响制度需求的因素有很多,其中比较重要的影响因素有产品和要素相对价格、宪法秩序、技术和市场规模。①

(1) 产品和要素相对价格。价格的变化改变了人们之间的激励结构,同时也改变了人们讨价还价的能力。而讨价还价能力的改变导致了重新缔约的可能,因而,产品和要素相对价格的改变是制度变迁的源泉。在历史的长河中这一点体现得更为明显。

诺思和托马斯通过对欧洲发展历史的考察,得出了制度变迁是对劳动力-土地价格率变化的回应的结论;其他经济学家在对当代发展中国家的调查报告中也得出了同样的结论。在许多发展中国家,更为集约的农作制度的使用已导致水的经济价值增加,这一增加的价值已诱致了更明确的灌溉产权的出现以及更多地使用市场机制分配水资源。T. W. 舒尔茨则验证了在经济发展的进程中,人的经济价值的上升是制度变迁的主要原因。

(2) 宪法秩序。宪法是一个政治-经济体制最基本的组织约束,其目的是通过界定产权及强权控制的基本结构使统治者的效用最大化。它们是在下述目标下建立的:建立一个财富和收入分配方式;在竞争性世界中界定一个保护体制;为执行法律体制设置一个框架以减少经济部门中的交易费用。② 所以,宪法是一套最基本的规则,其变化会导致产权和强权控制的基本结构的变化,这会深刻影响建立新制度的预期收益和成本,从而影响对制度的需求。③

(3) 技术。关于技术与制度变迁之间的相互关系,在研究领域内存在两种对立的观点:一种观点是技术决定论,认为制度变迁依赖于技术变迁;另一种观点则是制度决定论。暂且不去讨论这两个观点,现实中技术变迁所释放的新的收入流确实是引发对制度变迁需求的一个重要原因。技术变化对制度需求的影响是多方面的,既可能是改变了潜在利润从而提高了对制度变迁的激励,也可能是降低了制度变迁费用使得原本因费用过高而不起作用的制度安排变得可行。此外,技术变迁和它带来的新收入流的分割还可能导致与制度绩效的增进相联系的效率收益,这是进行进一步制度变迁的一个主要激励。技术进步可能会调动个人对其资源进行重新配置的积极性,也调动了为重新界定产权以实现新收入流的分割而组织和引进集体行动的积极性。

(4) 市场规模。首先,在制度变迁的需求中,固定成本是一个障碍,而市场规模的扩大会使单位成本降低,缩短收回固定成本的时间,这样就会增加对制度的需求。其次,市场规模的扩大加深了分工的程度,分工细化使得交易费用上升。交易费用的增加要求有可以降低交易费用的新的制度安排出现,从而转化为对制度的需求。再次,市场规模的扩大使一些与规模经济相适应的制度安排得以创新,如股份公司制度、跨国公司制度等。

以上分别说明了各个因素变化产生的影响,在现实中,每一个制度变迁需求的实例则涉及一个或多个因素,只不过不同的实例中有着各不相同的突出影响因素而已。

---

① 戴维·菲尼:"制度安排的需求和供给",载[美]V. 奥斯特罗姆等编:《制度分析与发展的反思》,北京:商务印书馆,1992年,第139页。
② [美]道格拉斯·诺思:《经济史中的结构与变迁》,上海:上海三联书店、上海人民出版社,1994年,第229页。
③ 戴维·菲尼:"制度安排的需求和供给",载[美]V. 奥斯特罗姆等编:《制度分析与发展的反思》,北京:商务印书馆,1992年,第141页。

三、制度供给及其影响因素

制度供给取决于政治秩序提供新制度安排的能力和意愿。而统治者的政治成本和利益,是对制度变迁的性质和范围作出解释的关键。[①] 因为宪法秩序在这个分析框架中被认为是外生变量,所以,现有的政治秩序和制度安排的一整套基本原则都会深刻影响政治秩序在制度变迁需求发生变化时做出反应的能力和意愿。影响制度供给的因素主要有宪法秩序、制度设计成本、实施制度安排的预期成本、现有知识的积累、现存制度安排、规范性行为准则和上层决策者的净利益等。[②]

(1) 宪法秩序。宪法秩序不但影响制度需求,而且还从四个方面影响制度供给。第一,宪法秩序可能有助于自由调查和社会实验,或者可能起根本性的抑制作用。就后者而言,制度变化所依赖的知识基础将受到削弱,变化将受到扭曲和阻碍。如果宪法秩序从根本上抑制了自由调查和社会实验,就会削弱制度变化所依赖的社会知识的积累,从而减少制度供给。第二,宪法秩序直接影响进入政治体系的成本和建立新制度的立法基础的难易程度。如果在现有宪法秩序下,利益主体无法承受进入政治体系的成本或既得利益格局对新的立法阻力过大,都将有可能限制制度创新。第三,宪法秩序影响到公共权力运用的方式,因而影响到由公共政策引入经济的扭曲的类型。如果这些扭曲很大,市场便会显示出引入的制度变化将发生方向性错误。宪法秩序还规定了制度安排的选择空间并影响着制度变迁的进程和方式,如宪法通过对政体和基本的经济制度的明确规定来界定制度创新的方式和形式。第四,一种稳定而有活力的宪法秩序会给政治经济引入一种文明秩序的意识———一种关于解决冲突的基本价值和程序上的一致性,这种意识会大大降低创新的成本或风险。[③] 总之,宪法秩序对经济的影响是通过一套多样化的市场制度规则、个人选择与宪法秩序的相互作用来实现的。

(2) 制度设计成本。每一项新制度安排的设计都是有成本的,其成本取决于用于新制度安排的人力资源和其他资源的要素价格。新制度的设计成本越低,制度变迁就越容易进行。如果设计某一制度需要更多的高度熟练和尖端的劳动投入或需要更多的昂贵资源的投入,那么这种制度的设计成本就会很大,在其他条件相同的情况下,这种制度就有可能会因耗费大而被淘汰。

(3) 实施新制度安排的预期成本。设计出来的每个制度在现实中能否顺利实施,主要取决于预期实施成本的高低。实施成本影响到了制度安排的选择及其利用程度,预期实施成本越高,制度安排越容易被搁浅。

(4) 社会科学知识的积累和进步。当科学和技术知识进步时,技术变迁的供给曲线会右移。假定制度变迁的供给与技术变迁的供给之间相类似,当社会科学知识和有关的商业、计划、法律和社会服务专业的知识进步时,制度变迁的供给曲线也会右移。对此,我们可以从目

---

① 戴维·菲尼:"制度安排的需求和供给",载[美]V. 奥斯特罗姆等编:《制度分析与发展的反思》,北京:商务印书馆,1992年,第144页。
② 戴维·菲尼:"制度安排的需求和供给",载[美]V. 奥斯特罗姆等编:《制度分析与发展的反思》,北京:商务印书馆,1992年,第144~152页。
③ 诺曼·尼科尔森:"制度分析与发展的现状",载[美]V. 奥斯特罗姆等编:《制度分析与发展的反思》,北京:商务印书馆,1992年,第12~13页。

前的知识基础和在此基础上的知识创新这两方面来理解。现在拥有的知识储备越多,人们对问题的认知水平就越高,学习和创新的能力越强,制度安排选择集合的可选空间也越大,那么在识别潜在利润、设计和实施制度安排过程中的成本和时滞大大降低,制度变迁更容易进行。因此,在现有知识存量的基础上,社会科学知识的进步必然促进制度供给的增加。

现实中,制度变迁并不完全依赖于对社会科学和有关专业的新知识的正规研究,制度变迁也可能是源于政治家、官僚、企业家及其他人指导他们的日常活动时所实施的创新努力。他们的实践应用提高了资源配置的效率,同时可以积累与发生制度变迁相联系的实践经验,所有这些都可以作为对新知识正规研究的一些有益补充。

(5) 现有的制度安排。现有的制度安排会对以后新制度的供给产生影响,这是因为在制度变迁中存在"路径依赖",存在自我强化机制。最初的制度安排保持有惯性,会制约或促进新制度的出现并影响制度变迁的路径和方式。另外,初始的制度安排是作为制度创新所处的制度环境的一部分发挥作用的,任何一次制度变迁都是在现有的制度环境下进行,同时作为之后制度变迁的前提条件而存在,其影响是长期的。

(6) 规范性行为准则。文化背景、社会习俗、意识形态、公众态度等非正式制度也是制度环境的构成部分,这些规范性行为规则也会深刻地影响对制度安排的看法和选择。制度安排要和社会行为规范、文化准则等相和谐,我们常常会发现,在一种文化下运行良好的制度安排在另一种文化中可能是无效的。制度供给必须考虑与规范性行为准则协调、相容的问题,否则,即使有制度供给,那也将是无效供给。

(7) 上层决策者的净利益。上层决策者如何在个人利益和社会利益之间选择也会影响制度变迁的供给。如果上层决策者是个利他主义者,真正"先天下之忧而忧,后天下之乐而乐",以人民的福祉增进为己任,则任何有利于增进社会利益的制度供给都将轻而易举;反之,则将困难重重。而按照经济学的假设,上层决策者也是"经济人",他不可能是一个社会利益最大化者,因此,从这个角度而言,上层决策者的净利益大小某种程度上将成为制度能否供给的决定性因素。

综上所述,对制度变迁的需求是制度服务接受者对制度的需求或社会需求,是在进行社会成本和社会收益的基础上确定的。只要原有的制度安排的社会净收益不再是制度选择集合中最大的一个,就产生了制度非均衡和对新制度服务的需求以及制度的潜在供给。制度需求是由制度的净收益决定的,和制度接受者的非均衡相联系,而不论潜在的制度供给能否变成实际的制度供给满足制度需求。与制度变迁的需求不同,制度供给一般指的是制度决定者的供给,由制度决定者提供。制度供给虽然也是在制度成本和效益分析的基础上决定的,但它也是在对制度变革的成本和效益进行比较分析的基础上决定的。

按照张曙光的论述,在正式制度变迁中,制度供给的成本主要包括六个方面:规划设计、组织实施的费用;清除旧制度的费用;清除制度变革阻力的费用;制度变革及其变迁造成的损失;实施成本;随机成本。[①] 影响制度变革的因素有很多,可以将其分为经济因素、政治因素和意识形态三类。这三种因素在制度变迁中会同时发生作用,但是在制度变迁的不同阶段、不同方式下,各种因素的作用大小是不一样的。一般来说,在制度变革的酝酿阶段和诱致性变迁中,

---

① 张曙光:"论制度均衡和制度改革",载盛洪主编:《现代制度经济学》,下卷,北京:北京大学出版社,2003 年,第 249~250 页。

经济因素的作用相对明显;而在制度的实施执行阶段和强制性变迁中,政治因素占主导地位。所以,不同时期、不同类型的制度供给发生的成本构成是不一样的。

对制度供给的成本-收益计算是依行为主体而异的,由于制度安排所涉及的主体具有多元性,不同行为主体的效用函数和约束条件的差异,使它们对制度安排的收益可能有不同的评价标准。个人、家庭或一个团体考虑的是个人成本和收益;各个主体的相互联系即整个社会考虑的是社会的成本和收益;从权力中心角度考虑的则是政治成本和收益。譬如,一项新的制度安排从个体的角度来看,个体收益大于成本,那么进行这一制度革新就是有利可图的。而从整个社会来说,社会收益和成本并不等于个体收益和成本的简单加总,在相互联系的现实中还存在摩擦成本和组织、实施成本,那么制度变革的社会净收益就未必可观了,甚至还可能不可行。即使从社会收益和成本来看是划算的,政治成本的加入也可能使这一制度安排变得不划算。在强制性的以供给为主导的制度变迁中,个体净收益大于零即可诱发微观经济主体对制度创新的需求,但它却不是正式制度安排的依据。而社会净收益大于零也并不必然导致全局性的制度变迁。有些人常常不理解为什么某一领域的改革进程很慢,主要在于他们的评价是从个人出发的,受到"制度变迁认知中的视角限制",忽略了制度安排的其他成本。

本章小结

制度变迁是行动团体在制度不均衡时追求潜在获利机会并将其内部化的过程。第一节介绍了制度变迁中涉及到的一些基本概念,详细论述了外部利润的来源;第二节分析了诺思的制度变迁理论模型,该模型为我们描述、解释了制度变迁的动力机制,并预测了制度安排层次和时间选择;第三节比较分析了各种不同的制度变迁方式及其特点;最后一节将"需求-供给"的经济学经典理论分析框架拓展到制度变迁,在戴维·菲尼的启发式框架下,分析了影响制度变迁需求和供给的外生因素,并对制度变迁过程予以阐述。

关键术语

制度环境	制度安排	制度装置	制度变迁
初级行动团体	次级行动团体	强制性制度变迁	诱致性制度变迁
制度需求	制度供给	制度均衡	制度非均衡

本章思考题

1. 如何理解制度的内涵?制度环境和制度安排有什么不同?
2. 现有制度安排下无法实现的外部收益来源有哪些?
3. 怎样理解制度变迁是将潜在利润不断内部化的过程?
4. 制度安排的层次选择和创新时间选择会受到哪些因素的影响?
5. 制度变迁中的时滞可以分为哪四个部分?可行选择的菜单规模会怎样影响时滞的长短?
6. 分析制度不均衡产生的原因,并比较诱致性制度变迁和强制性制度变迁的异同。

7. 宪法秩序的改变对制度的需求和供给会产生什么影响？

学习参考资料

[1] [美]道格拉斯·诺思. 经济史中的结构与变迁[M]. 上海：上海三联书店、上海人民出版社，1994.

[2] 卢现祥. 西方新制度经济学[M]. 北京：中国发展出版社，2003.

[3] [美]R. 科斯等. 财产权利与制度变迁[C]. 上海：上海三联书店、上海人民出版社，1994.

[4] 盛洪主编. 现代制度经济学[C]. 下卷. 北京：北京大学出版社，2003.

[5] [美]V. 奥斯特罗姆等编. 制度分析与发展的反思[C]. 北京：商务印书馆，1992.

第十章　制度变迁理论：博弈论视角

学习目标

1. 掌握博弈论框架的制度定义。
2. 掌握制度之间的互补关系是如何产生的。
3. 了解主观博弈模型以及在此基础上的制度变迁理论。
4. 掌握决定制度变迁的基本互动机制。

在诺思的理论中，制度是一系列被制定出来的规则、守法程序和行为的道德伦理规范，它旨在约束追求主体福利或效用最大化的个人行为。所以，诺思的制度变迁理论就是一系列规则、规范的改变，这些改变可以是有理性的经济主体追逐最大利益的结果，也可以是作为强势机构的国家的政治企业家追求最大化的政策推行的产物。这种理论很好地解释了很多现象，但是为什么会存在向无效率的制度变迁呢？可能的解释是推动制度变迁主体的利益与社会利益的不一致，或者是由于"意识形态"导致的非理性行为，这是诺思框架的解释。后来诺思本人也逐渐意识到了制度之间的关系，对"路径依赖"理论大加赞赏，用以解释非效率问题。这两个方向背离了《西方世界的兴起》中的乐观主义态度，也更多地吸取了现代行为经济学和博弈论的分析，而青木昌彦和格雷夫将这两个方向的研究向前大大推进，这种推进的根本即在于制度观的改进。

在青木昌彦和格雷夫那里，制度是社会制度博弈的参与人之间的策略互动并最后成为自我实施的结果，如果借用一个主流经济学的概念，则可以将其称之为"博弈的均衡"。[①] 我们可以这样认为：从短期来看，制度是对人们行为进行制约的人类自身设计的规则；但是从长期来看，制度又是人类社会内生的、社会博弈参与人之间策略互动从而最终自我实施的均衡结果。对于制度定义的取舍取决于我们的研究的目的，当研究短期现象的时候，当制度作为一种外生的约束而社会参与人无力改变制度的时候，我们采用前者（也就是诺思的理论）；但是，如果我们研究制度的演化、变迁以及社会制度的形成的时候，后者就成为合适的选择。本章将详细地论述这一制度观。

---

① ［日］青木昌彦：《比较制度分析》，上海：上海远东出版社，2001年，第2页。

本章的结构是这样安排的：①第一节主要介绍博弈论框架下的制度；第二节介绍制度的互补性关系；第三节介绍主观博弈模型和制度的变迁理论；第四节介绍决定制度变迁方式的基本互动机制。

第一节 博弈论框架下的制度

一、制度在博弈论框架下的基本特征

青木昌彦认为，制度是一种社会建构，在同一域还可能存在其他社会建构的情况下，它代表了参与人内生的、自我实施的行动决策规则的基本特征，因而治理着参与人在重复博弈中的策略互动。② 制度具有五个特征：内生性、信息浓缩、能够经受环境连续变化和参与人微小偏离的耐久性、与所有参与人相关的普遍性以及均衡的多重性。

为了准确把握青木昌彦的制度理论，可以借助新古典经济学的价格理论来理解。

从本质上讲，在马歇尔那里，价格本身就是一种均衡的结果，市场上影响供给与需求的各种因素诸如收入、原材料价格、消费者的偏好和生产技术等相互作用，最后形成了某一消费品的均衡价格，这一价格是内生决定的，是由整个社会系统内部的参与人相互作用最终形成的一种均衡。斯蒂格利茨认为，价格是一种信息浓缩，价格综合了社会上对于某种产品的需求与供给的信息，诸如收入、技术等等外在信息，每一个理性的消费者和生产者通过价格这一信息简约的形式传递了自己的信息，同时也接收到了整个社会的信息，从而进行生产与消费的进一步决策。这是一种历史与社会进步的结果，在最初的非竞争性和非匿名性的交易过程时，治理社会交易的可能是一些其他信息与规范，诸如参与人之间的个人认知，例如这个人或者那个人是否诚实守信，这个人或者那个人的财产状况如何，这种信息是十分庞大与繁琐的，而在更为匿名与竞争性的市场上，价格越来越成为一种信息的浓缩，甚至涵盖了许多产品与厂商的个人特质（例如这个人是否节约，是否精打细算）。但是，这一均衡本身是不具有耐久性的，它不可以经受系统微小的变化的考验，所以，青木昌彦认为价格制度本身不能构成他所定义的制度。③但是，一旦我们从一个更为广泛和动态的角度来看时，价格是具有一定的粘性的（特别是在一些非完全竞争模型中），所以，我们常常又将价格视为一种制度来对待。在一个完全竞争的市场中，虽然每个个体对于价格的影响力几乎可以忽略不计，但是，当所有的参与人都在行动时，就会改变均衡本身，在不同的参数条件下会获得完全不同的均衡，这是新古典均衡的比较静态分析方法的要义之一。

从以上论述出发，就不难发现价格与制度的相似之处，甚至也可以管窥到青木昌彦的制度理论的基础正是出自对新古典价格理论的一般化。价格本身就是一种制度，价格制度或者市场制度正是它的通常的名称。与价格理论非常类似，制度本身就是社会上各种具有不同参数的参与人之间相互作用的一种均衡结果，这种参数本身取决于所要决定的制度结果，但是也不

---

① 本章分析的大多数内容以及思路来自青木昌彦《比较制度分析》第7—11章，后面内容除非特别注释，基本来自该书，文中将不再一一标注。
② ［日］青木昌彦：《比较制度分析》，上海：上海远东出版社，2001年，第187页。
③ ［日］青木昌彦：《比较制度分析》，上海：上海远东出版社，2001年，第202页。

外乎参与人的偏好(影响博弈论中的后果函数)、技术(影响博弈论中的技术可行集)。这种制度本身是信息的一种浓缩结果,每一个社会参与者通过这一制度的形成过程传递自己对于这一事件或者这一决策的个人信息,而社会制度形成又传递着整个社会的参数信息,从而形成一种社会参与人的内在信念。参与人在进行决策的过程中,不必要也不可能预期别人所决定的每一个细节。参与人的决策在很大程度上又受到既定制度的指导和约束,这也表明制度是浓缩信息的载体,这些信息涉及参与人在一些重要场合行动决策的许多基本特征。这种均衡与其他均衡一样,存在着一种耐久性,它对于环境的变化有一定的抵御能力,当然,制度本身内在的互补性关系也深深地影响着这一点。

与完全竞争中的结果类似,制度形成中的个人作用可能也是比较微小的,这也是制度耐久性的一个原因。个人行为的变异与偏离并不能显著地改变制度均衡,但是所有的参与人信念的转变就会推动制度的变迁。只要社会制度信念的变异者达到一定的临界规模,制度变迁可能就难以避免了。也就是它能够经受环境的连续变化,但是当环境的变化超过某个临界值,或者当域内动态过程(积累)的后果导致了危机或者困局时,这种制度就要面临性质上的考验。正如我们观察到的这个丰富多彩的世界一样,制度的均衡也是多重均衡并存的,这一方面可能取决于外在参数分布的不一致性,另一方面则是因为制度的互补性(包括空间上的互补性和时间上的互补性)。

青木昌彦还认为,制度是一种人为的秩序。制度本身不是唯一地由经济域的技术和生态环境决定的自然秩序。在同一技术和生态环境下可以建立多种制度方式。

二、古典博弈论与演化博弈论下制度的比较

在博弈论理论中,纳什均衡可能是较好地反映制度形成理论的一个概念,它一方面强调了参与人之间的相互作用,另一方面强调了理性决策者之间的策略性最优。决策规则在静态条件下表现为纳什均衡,而在序贯博弈中表现为子博弈精炼均衡。在这些情况下,任何参与人想单方面偏离既定的策略都是不合算的,因而被选择的行动决策就会是自我实施的。在这种情况下,均衡规定了未来所有可能的状态下的每个参与人将采取的行动。[①]

以上的论述还属于古典博弈论的范畴,它在推演子博弈精炼均衡概念的时候,总是假定参与人是完全理性的,归纳推理得出关于其他人在非实际路径上的行动决策的理性预期以及在任何情况下自己的理性选择。[②]

与此相对照,另一种博弈论,也就是所谓的进化博弈论,对参与人的设定则明确地引入有限理性的因素,侧重于以经验为基础的归纳推理。这种框架假定参与人的行动集合是相同的,博弈从无限远的过去开始并重复进行。在每一期,参与人根据以往的经验和前一期行动组合的结果知道哪种行动决策导致的平均报酬最高。这里的平均报酬指的是某种相应行动决策的"适应性"。给定关于后果函数的信息的有限性,给定关于其他参与人一般都遵守从前一期行动决策的静态预期,参与人作出有限理性的行动决策,并通过模仿最适合的行为来实现收益最大化。而任何超出这个有限理性规则的行为决策都将被认为是随机事件——即变异、错误、试验。

---

① [日]青木昌彦:《比较制度分析》,上海:上海远东出版社,2001年,第192页。
② [日]青木昌彦:《比较制度分析》,上海:上海远东出版社,2001年,第194页。

第十章 制度变迁理论：博弈论视角

在参与人的所有决策中，由于博弈的长期性，必定有一个决策规则会使得参与人获得更高的平均报酬，也就是有一个更具适应性的决策规则。只要有超过临界规模的参与人在有限理性决策规则下，认识到这一点并选择这一规则，这一决策规则就会形成一个渐进稳定的动态均衡，这一均衡也被称之为"进化均衡"。如果初始条件下，参与人的初始分布邻近该均衡的话，进化均衡的参与人分布随时间的推移就会很快实现最终收敛的行动。而且这一均衡一旦实现就很难被摧毁。进化均衡总是纳什均衡。[①]

在初始的历史起点上，其动态过程是不稳定的，一些引入决策的随机因素可能会导致另一种类型的均衡演化。假定每一期与进化选择相容的行动组合中，任何个人行动决策都以一个很小的概率发生扰动，偏离进化选择，当扰动比例很小时，在长期内的概率分布总是收敛于特定的概率分布。这种极限分布我们称之为随机稳定的。但是当变异的进化动态系统经历无限长的时间，小概率变异和参与人有限的条件下，变异和进化选择相兼容时，唯有以组织多样性为特征的最优均衡是随机稳定的进化均衡。

传统观点认为，最有效的策略将会居于主导地位，其他策略将会被淘汰。但是，从博弈多重进化均衡的角度来看，非效率制度均衡是完全可能存在的，究其原因主要是由于决策参与人的有限理性以及无法解释的随机因素的冲击所导致的。

从粗略的角度看，古典博弈论和进化博弈论似乎在世界观方面完全对立。古典观点假定，参与人在信息收集、预期形成、后果推断和决策制定方面是超理性的。进化观点则假定，参与人的理性是非常有限的，他们的行动被惰性和简单模仿所驱使，受制于关于其他人的行动的基于经验的信念，而且收敛于效率结果与否还要依赖于无法解释的随机事件。事实上这两种观点是互补性的，因为这两种观点侧重于人类推断的不同的但又不可分割的两个方面：一个是模仿性、归纳性和有限理性；另一个是精于计算、演绎推理和完全理性。

我们不妨来看一下对于理性的理解。从哲学发展史来看，理性是被用来反对宗教神学的，它强调人类拥有自我计算与选择的能力，而不需要神的指导。[②] 作为对人类自身计算推理能力的认知，理性主义显示出强大的力量，但是非理性行为所引发的非理性主义也一直存在并发展迅速。赫伯特·西蒙提出了有限理性的概念，对长期以来居于统治地位的经济理性主义假定产生了冲击。西蒙认为，人的大脑类似于一个超级计算机，但是它的计算能力毕竟还是有限的，而且信息的收集是有限的，人的预期以及推断都是不完全的。最近行为经济学的一项有趣的研究将人的行为状态分为两种：一类是极其理性的冷静状态，一类是非理性的"热晕"状态。这也可以说在自我计算能力和可以自我控制的条件下，人是极其理性的，这样经济学传统的经济理性主义假定与新古典经济学的研究还是有意义的，只是其适用范围大大缩减了。而有限理性以及非理性行为也很好地描述了人类的一些行为原则，所以以这些假定为基础的经济学也拥有非常美好的前景。

一般认为，进化博弈论更适合于分析以惯例和习俗形式体现的制度的自我实施性。因为在这一类制度中，遵从隐含规则的基础是由参与人的"天然特性"（如价值观、偏好和才能）提供的，他们的特性经长期演化，最终与这些制度相适合而形成。制度和个人特性的共同演化可以

[①] [日]青木昌彦：《比较制度分析》，上海：上海远东出版社，2001年，第195页。
[②] 陈嘉映："德国古典哲学与精神生活"，载文池主编：《在北大听讲座》，北京：北京大学出版社，1999年，第136~145页。

更好地用进化博弈论模型加以解释,因为这一模型设定了相对较少的外在参数。[1] 举一个例子,如果在一个组织中由于外在参数或者随机冲击的原因,制度要求在组织内部进行合作与分工,每一个人就相应地发展出特定的人力资本类型和交流技术能力,这种特性就会进一步需要制度的协作,会进一步强化这种制度本身。

古典博弈论更适合于分析诸如规范、合同和治理结构之类的制度的可自我实施性。这些制度需要明确的实施机制,包括强制性惩罚和规范性预期。遵从这些制度规则的基础更多地来自于自利的参与人对违规行为的可能后果的理性信念。古典重复性博弈模型建立于相对设定明确的域特征和外在参数的基础上,因而可以更好地考察参与人的理性信念。第一章介绍的日本德川时代农业公共灌溉系统的例子也可以用在这里,在这一明确设定的域内,参与人可以根据自己的理性推断别人的策略规则,从而作出自身理性的选择。[2]

【案例 10-1】

中国:由灌溉系统的崩溃到西部乡村社区的瓦解

青木昌彦认为:在共用资源域,由于公共产品具有非排他性和非竞争性带来的外部性,极易产生"搭便车"行为,而且这时候技术上的排他是相当困难的;但是,由于在一个社区内部公共产品是由各种元制度交织复合存在的,我们可以从其他域——比如社会生活域——有效地进行惩罚以遏制"搭便车"的投机行为,从而自发地演进出一套公共产品有效供给的社区规范。青木教授研究了日本德川时代的乡村水利灌溉系统后发现,在一个封闭的乡村社区内,由于可以从社会域内排除偷懒者参与享受一些社区服务,从而可以对偷懒者进行有效的惩罚,从而形成了有效率的灌溉系统的维护维修体制。但是这种惩罚怎样才会是有效的呢?如果这种惩罚变得无效了又会出现什么样的后果呢?这种体制会不会总是存在的呢?这种关联博弈的惩罚方式是不是总是有效率的?事实上,我们的疑问来自于当代中国西部乡村所面临的困境。

本文所研究的中西部的乡村是一个相对封闭的社区。虽然这个乡村每年有20%~30%的农民外出务工,但是年平均的务工期一般不会超过10个月,而且外出务工者绝大多数是家庭内部的剩余劳动力,即对于每家每户而言,总是一部分人外出务工(比如年轻的子女),另一部分人(比如年长的父母以及小孩)留守社区;因此,乡村博弈参与人仍然是大体稳定的,从这一角度说,西部乡村社区是封闭的,长期存在的反复博弈的条件有利于人们形成集体理性的公共产品供给均衡的社区规范。

然而,笔者观察到的现实却是一种非集体理性的"囚徒困境"的状况。在这个社区内,灌溉系统几乎全部修建于20世纪60~70年代;在70年代末80年代初灌溉系统的有效运行对于农民境况的改进、粮食连年丰产是一个相当重要的因素。在这一时期,灌溉系统的维修维护工作也做得相当好。社区参与人经常性地进行过渠道的清淤、铲草等工作,而且这甚至持续到80年代中后期。自此以后灌溉系统便逐年荒废了,至90年代中期以后已经基本上废弃不用了。每遇干旱或者栽种季节,人们大多用小型农用或者人力机械从较远的坑塘或者河渠里拉水,还有的使用潜水泵从河沟汲水浇灌。笔者曾深入思考过当地的灌溉系统被废弃的原因,并作过实地考察,认为这一系统之所以被废弃主要是由于缺乏有效的维护与维修,渠堤的许多地

---

[1] [日]青木昌彦:《比较制度分析》,第5章,上海:上海远东出版社,2001年。
[2] [日]青木昌彦:《比较制度分析》,第2章,上海:上海远东出版社,2001年。

方破损到了水流无法通过的地步;渠道内杂草丛生、泥石夹杂,地下暗道淤塞严重,水流难以通行。而与此同时,当地农业生产因为缺水几乎每年都面临严峻的考验。据一些有经验的老人估计,即便在较好的年份,由于春季旱情对于许多作物诸如小麦、辣椒、玉米(春)的早期生长以及秋季旱情对于花生、玉米(秋)等等秋作物的扬花结实所造成的负面影响最保守的估计也在20%。

原有的灌溉系统明明于公于私都十分有利——人们每年所要付出的仅仅是少量的维修维护费用,甚至在系统出现十分严重问题时政府还会有援助,而人们宁愿接受不合作的现实,却让系统废弃。这种囚徒困境式的现实令人疑惑,因为在笔者所读过的教科书中,已形成这样一个认识:在一个相对封闭的社区中,彼此熟悉的人们通过长期的反复博弈自然会理性地认识到合作是有利的。然而在这个乡村,这种完全信息无限次动态博弈方式的结果却是完全信息静态博弈的纳什均衡的结果——囚徒困境。

究竟是哪里违反了走出囚徒困境的无限次动态博弈的条件?笔者发现,这一博弈可以实现的一个必需前提是可以"一报还一报"或者说可以"以牙还牙";也就是如前所说的有效的惩罚,即如果在这一期内有人进行投机行为,可以在下一期或者这一期对其进行有效惩罚。在反复的博弈中,理性的参与人就会发现虽然投机是暂时有利的,但是由于会在下一期招致严厉的惩罚、在以后一定时期内也会受到有形或者无形的惩戒,所以从长远来说投机总是不利的。可是,如果没有有效的惩罚措施,人们就会发现投机总是有利可图的。在这样的选择下,系统(均衡)就自然会迅速瓦解。下面是我们结合青木教授的关联博弈的例子(这里作为一种惩罚的手段)对上述困境进行分析的一种思路。

假设在一个村庄内共有 n 个均质农户,他们每期均参加灌溉博弈与社区博弈,如此进行无穷多个时期(家庭的延续可以通过长子继承制来实现,如果没有子嗣,可以领养一个继承人)。在灌溉博弈中,对于灌溉系统的建设、维护、维修这些集体任务村民可以从策略集{合作,偷懒}中选择。我们同时假定在灌溉博弈中,对每一个社区参与人而言,灌溉系统从技术上很难把谁排除在外,原因如前所论。因此,通过禁止使用灌溉系统来惩戒偷懒者在合理的成本下是十分困难的,社区内的惩罚主要来自于禁止其使用社会域提供的服务的方式(如盖房子时的帮助,协助照顾病人、老人、小孩以及社区教育、社区活动和社区认同感等等)。如灌溉系统每一期用于维修维护和建设的费用固定且为 C,它由所有的参与者均摊,当然这里的 C 应当包括对懒惰者进行惩戒的费用,因为这也是该系统得以维持的费用,或者我们假定这一成本不予考虑。

我们进一步假定如果某个参与人本期懒惰,那么在接下来的 t 期内要进行连续性的惩罚(同时假定 $t<+\infty$,因为我们要给予那些偶然犯错误的人以纠正的机会)。如果在 t 期内受罚者一直采取合作的策略,那么在 t 期之后社区将予解除惩罚。关于偷懒的惩罚的进一步的讨论,我们在后面还要涉及。假设惩罚对于参与者所造成的损失每年均为 c_1,再假设贴现率为 r,则 t 期内惩罚造成的总损失的现值为:

$$c_2 = \frac{c_1}{1+r} + \frac{c_1}{(1+r)^2} + \frac{c_1}{(1+r)^3} + \cdots + \frac{c_1}{(1+r)^t} \tag{1}$$

而由此在第一期内造成的成本节省为:$c_3 = \dfrac{C}{n}$ (2)

由于理性参与人选择合作的条件必然是:$c_2 > c_3$ (3)

解之可得:
$$c_1 > \frac{Cr(1+r)^{t-1}}{n[(1+r)^{t-1}-1]} \tag{4}$$

这时对于参与人而言选择合作的策略总是有利的。我们可以假定无论合作者还是偷懒者每期从灌溉系统中得到的收益均为 $\bar{b}$,则在 $t+1$ 期内合作者的净收益为(假定没有偷懒者):

$$Nb_1 = (t+1)\bar{b} - \frac{C}{n}(t+1) \tag{5}$$

如果偷懒者(这里以及下文均假设仅有一个偷懒者)在第一期进行偷懒,而在以后各期内均采取合作的策略,则他的净收益为:

$$Nb_2 = (t+1)\bar{b} - \frac{C}{n}t - c_2 \tag{6}$$

如果要求合作策略是最优策略那么:$Nb_1 > Nb_2$,

解之得:
$$c_2 > \frac{C}{n} \tag{7}$$

我们接着来考察一下偷懒者全面的净收益形式。假定在 $t+1$ 期内参与人采取合作性策略 s 期,那么采取偷懒策略的期数为 $t+1-s$,假定偷懒所造成的惩罚是可以累积的,那么可以将每一次偷懒的成本归为 c_2,则参与人在这种假设下的净收益为:

$$Nb_3 = (t+1)\bar{b} - \frac{C}{n}s - (t+1-s)c_2 \tag{8}$$

如果假定合作是最优策略那么必须有:$Nb_3 < Nb_1$,解之得:

$$Nb_1 - Nb_3 = (t+1-s)\left(c_2 - \frac{C}{n}\right) > 0 \tag{9}$$

由于显而易见:$t+1-s > 0$ \hfill (10)

故:
$$c_2 > \frac{C}{n} \tag{11}$$

但在 $t+1$ 期内所进行的偷懒活动的惩罚延续到了 $t+1$ 期之外,如果它不可能延续到 $t+1$ 期之外,会发生什么现象呢?这样就不是无限次重复博弈了,所以囚徒困境的结局就不可避免了。因为,如果 $t+1$ 期结束博弈,那么 $t+1$ 期偷懒就得不到惩罚,t 期甚至以前的博弈的惩罚都是不充分的,所以偷懒在很多时候由不优策略变为了最优或者较优策略,如果所有的人都这么做就必然陷入囚徒困境;而要想使对于理性参与人而言合作总是最优策略,那么必须使参与人总要为自己的投机行为付出足够的代价。如上所述,在有限次重复博弈中,不论是我们所论述的这种惩罚方式还是 Kreps 论述的方式都不能进行有效的惩罚,参与人总可以不为自己的一次或者数次投机行为付出足够的代价,囚徒困境就难以避免。由此我们所进行的机会成本比较的分析应当说是一种相对有效的研究方法。

以上的论述中有两个假设存在缺陷:一个是惩罚的刚性,即每年所能进行的惩罚所造成的偷懒者的损失均为 c_1。另一个是惩罚的可累积性。其实,惩罚的可累积性就是对刚性的挑战,但对于一个社区而言,它所能够对成员进行的惩罚总是有限的。这就出现了另一个问题:如果

· 238 ·

对于采取连续偷懒策略的惩罚是不完全的,那么连续偷懒可能是比较有效的。事实上,惩罚是可累积的,但是不可否认惩罚的总量可能是有限的。我们假设可以进行的惩罚总量的上限是 c_4,它代表不享受社区的全部服务所造成的最大的损失。我们用 c_5 来表示由于参与人选择偷懒策略所累积的惩罚的总和,如果 $c_5 > c_4$,即参与人总有一些偷懒行为可以不为之付出代价,那么连续偷懒就是有利可图的。历史上的社区是怎样处理这一问题的呢？我们注意到,在中国历史上农业社区对于连续偷懒的犯众怒者一般采取"永久性驱逐"的惩罚,使之每年连原有的外部收益也被剥夺了,所以连续偷懒也需要付出更大的成本与风险。这种规则的补充更加说明了对于社区参与人而言合作无疑是有利的。

这里回到前面的结论:由于可以进行有效的惩罚,所以社区的灌溉系统总是有效运行的,而下面要论述的情形是:由于外部环境的改变,要进行有效的惩罚以继续维持这一系统,要么成本太高,要么根本不可能。

(一)假定在这个时候发生了技术进步,这种技术进步可以使来自农业之内部的收益提高,但是不能忽视的是这种技术进步需要成本。我们假定:

(1) 合作者无成本约束,即合作者除了维护维修灌溉系统以及其他必需成本之外仍有余力改进技术。我们这里假定对于偷懒者的惩罚的收入全部进入了灌溉系统的维护费用之中;我们同时假定技术进步的成本为 c_6,技术进步之后的总收益为 b_1,社区惩罚的收入为 c_7,k 为社区中接受惩罚的参与人数,则参与合作者的净收益为:

$$Nb_4 = b_1 - \frac{C - c_7}{n - k} - c_6 \tag{12}$$

为了保持所讨论问题的一致性,我们回到前面假定的"只有一个偷懒者"的条件,那么 $c_7 = c_2$;必须说明的是,我们假定本期偷懒本期惩罚而且是一次性惩罚。那么不合作者的净收益为:

$$Nb_5 = b_1 - c_2 - c_6 \tag{13}$$

要使合作者的策略是最优策略,必须有 $Nb_4 > Nb_5$ ($c_7 = c_2$ 时),解之同(11),即维持原有的惩罚力度仍是有效的。

(2) 如果存在着合作者的成本约束,我们假定合作者可支付成本 λc_6 ($0 < \lambda < 1$),而且其收益可以同可支付的成本同比例分割,另一个假设是收益一定要大于成本;那么,合作者得到的净收益就是:

$$Nb_6 = \bar{b} + \lambda(b_1 - \bar{b}) - \frac{C - c_2}{n - 1} - \lambda c_6 \tag{14}$$

如果要使合作者的净收益仍然大于偷懒者,那么就需要:

$$c_2 > \frac{C - (n-1)(1-\lambda)(\bar{b} + c_6 - b_1)}{n} \tag{15}$$

由上假设知:
$$\bar{b} + c_6 - b_1 < 0$$
$$1 - \lambda > 0 \tag{16}$$
$$n - 1 > 0$$

所以:
$$c_2 > \frac{C - (n-1)(1-\lambda)(\bar{b} + c_6 - b_1)}{n} > \frac{C}{n} \tag{17}$$

即这个时候惩罚的力度必须提高,否则就会纵容投机行为从而导致系统的崩溃。由于我们所知的惩罚即不准享用社区服务的损失通常是相对刚性的,所以这种变化对社区系统而言并不是一种福音。

(二)假定由于市场的介入或者其他原因而出现了额外的机会,可以使偷懒者获得意外收益而合作者则根本不可能(例如逃避出义务工外出打工挣取收入)。我们这里假设使用额外机会的成本为 c_8,额外机会带来的收益为 b_2。这里与上面讨论的区别在于,上面二者均有可能得到带来的收益,而这里则是偷懒者所能得到的合作者根本不会得到。则偷懒者在这种假设下的净收益为:

$$Nb_7 = b_1 + b_2 - c_2 - c_6 - c_8 \tag{18}$$

则如果合作是有利的策略,要有:$Nb_4 > Nb_7$,解之可得:

$$c_2 > \frac{C + (n-1)(b_2 - c_8)}{n} \tag{19}$$

由上假设知:

$$b_2 - c_8 > 0$$
$$n - 1 > 0 \tag{20}$$

所以:

$$c_2 > \frac{C + (n-1)(b_2 - c_8)}{n} > \frac{C}{n} \tag{21}$$

即这个时候惩罚的力度必须提高,否则会导致系统的崩溃。但是,由于社区惩罚力度的弹性十分有限,而且难于控制,所以这给社区的维持带来巨大的挑战。但是,最为致命的打击来自于下面我们将讨论的市场化改革的效应。

(三)在这里我们将引入如前所述的市场化改革(或如学术界一直采用的经济体制转轨的概念)。这时,最为根本的挑战在于社区提供的服务遭遇外来的竞争,例如,乡民盖房子时可以采取雇工的方式解决"帮忙"问题;照顾老人、病人和小孩亦可雇人;社区活动可以被商业化活动所取代等。而且,由于外部市场的激烈竞争性,使得外部的供给可能比社区的供给更有效率,当然我们也不排除社区提供高效服务的可能性。我们假设社区服务的享用成本为 c_9,而外部同样服务的享用成本为 c_{10}。如果 $c_{10} < c_9$,那么由于外部的竞争更有效率,惩罚本身就变得毫无效力,因为合作者所遭受的是双重的无效率,所以更多的人会争取在外部享用服务,从而使合作变得毫无吸引力可言,最终系统迅速崩溃。如果 $c_{10} > c_9$,这时由于社区服务的高效供给使惩罚依然是比较有效力的,因为外部需付出更多的成本,所以社区的系统还是较为稳定的。但是,前面提及的两种效应的推进使这一系统还是存在潜在的崩溃的可能性,除非这个社区能够不断改进服务的供给效率,供给不同的品种以满足需求的变化。问题是,乡村社区服务高效供给的可能性有多大呢?一般情况下,我们发现市场力量、非社区组织、商业力量会更加有效地组织社会服务,而且盈利导向又会加速这一过程,竞争的力量会进一步缩减提供服务的成本。所以高效乡村社区存在的概率总是很小的,再加上我们前面所论的那种"永久性驱逐"的机制被有意或者无意的废止了,连续的偷懒得不到有效的惩罚,甚至惩罚本身也没有了。综上所述,我们的结论是,乡村社区系统在市场的冲击下陷入囚徒困境几乎是不可避免的。

资料来源:时磊:"由灌溉系统的崩溃到西部乡村社区的瓦解——一个博弈论的分析框架",《贵州财经学院学报》,2005年第2期。

进化博弈论和古典博弈论在相关域是相互补充的,甚至两者在有些情况下可以得出十分类似的均衡解(也就是制度)。我们也可以对之做一个并非严格意义上的区分,也就是古典博弈论框架下从一个均衡到另一个均衡的转变更类似于变迁的概念,是理性的参与人有意识的结果;而进化博弈论框架下从一个均衡到另一个均衡的转变固然有一定的参与人理性推动的结果,但是大多数参与人的认识都是非自发的,只是从与环境的相互作用中及从自己的经验中来认识的,从哈耶克的意义上,我们称后者类似于一种制度的演化。事实上现有的新制度经济理论并没有严格地区分制度变迁理论和制度演化理论,大多现有的制度演化理论也是从这种认知基础的区分上来分辨二者。但不论是古典博弈论还是进化博弈论,两者共同的缺陷就是依然假定参与人的决策集合是固定的。

从博弈均衡理论来看,制度实际上就是个体参与人竞争博弈而形成的一种可以自我维持与再生的均衡状态。在博弈竞争中,每个个体参与人都拥有制度的信息浓缩和个人的少量私人信息,根据这两种信息,个体参与人能发现或预期到如果他采取某种行为将会遭受到的后果,这时他就会作出最适合自身利益的决策。例如,在灌溉博弈中,农户根据制度的信息(也就是社区内的其他农户将会通过社会域对那些在灌溉博弈中偷懒的农户加以惩罚的信息)和他自身的私人信息(也就是从灌溉博弈中的好处和可能遭受的潜在惩罚)的比较,作出自身的选择。一旦农户预期到偷懒遭受惩罚是不利的,那么合作就是均衡选择,同时制度和私人信息又使得农户的共同信念也就是制度得以维持,制度的维持又强化了预期,再造了均衡。这里需要注意的是我们假设了农户是同质的这一前提,如果农户是不同质的,那么社区社会资本的存在对于这一组织(制度)的维持就显得极其重要了。①

在制度的演进中,制度通常采用的是自发秩序的形式,如习俗、惯例和文化信念等,这种制度化类型可以称之为自主性制度化,因为制度化是自主发生的,制度在博弈的外生规则下进行着自组织。另一种制度化类型则是制度可能是精心设计的改变博弈形式的产物,例如增加一个拥有独立的行动决策集合(如法律惩罚手段)和偏好序的参与者(组织),或者改变立法者的法律(如重新制定的法律)等。这种博弈形式因人为改变而引发的制度化被称之为诱导性制度化。不论是何种形式的制度化,制度必须是作为博弈的均衡结果来维持的,而"制定的"法律只规定了诱发均衡的博弈外在规则(后果函数)的一个参数,不论这种诱发是有意的还是无意的。

之所以要区分自主性制度化和诱发性制度化,目的只是为了强调颁布一项"制定的"法律本身不能看作是制度化。在实际过程中,自主性制度和诱发性制度的区分并不那么一目了然。也许根本就不存在一种纯粹的自主性制度,因为很难想像一种博弈情形,其中所有的规则对于域的参与人来说都是技术性的和外生的。即使惯例和规范的演化也主要发生在业已存在既定法律的域。反过来,为了使内生的非正式规则(习惯法)的含义确切无疑地被人们理解,甚至改进其实施效果,非正式规则就有必要成文化和精确化。政治家或立法者设立的政策如果成为人们信念收敛的聚焦点,也往往得益于以前流行的实践。例如,社团主义国家形态在德国的正式形成来自德国长期的社团主义传统,甚至来自纳粹时期的特定实践。

博弈内生性的规则一旦确立起来,不论是自主性的还是诱致性的,在和既定法律和新环境的互动作用下,都将成为进一步制度化的基础。这个过程可以螺旋式地无限进行下去。制度

---

① Platteau,Seki:Heterogeneity,Social Esteem and Feasibility of Collective Action, *Journal of Development Economics*, In Print,2006.

化对个人决策具有双重的意义：一方面，它帮助个体参与人节省决策所需的信息加工成本；另一方面，它又对个人的行动决策加以人为的约束，这体现在参与人决策过程被制度引向某种方向，而放弃了许多可能的其他方向。

综上所述，博弈论视角下对制度的理解主要包括五个方面：首先，制度是在一定域内生地产生的，而不是外在给定的。第二，参与人在作决策的过程中，不可能也不必要预期别人所作决定的每一个细节。参与人的决策在很大程度上受到既定制度的指导和约束，这表明制度是浓缩信息的载体，这些信息涉及参与人在一些重要场合行动决策的基本特征。换言之，可以把制度的一个重要作用归结为扼要代表了经济内在运行的一些基本特征，因而降低了有关他人决策的不确定性。第三，和通常理解的"制度"相关的一个性质是它的耐久性和稳定性，它能够经受住环境的连续变化，但当环境变化超过某个临界值或者当域内动态过程（积累）的后果导致了危机或困局时，该性质将要面临考验。因此，一种制度不能简单地等同于某个特定时刻上亚经济的特定（均衡）状态。它应该被看作是环境和内部变化在一定边界内相对不变的东西。而且，对制度的诠释还应该强调制度对参与人微小偏离行动决策的隐含规则的承受力。第四，在经济特定域里，参与人关于影响其行动决策的经济状态必须有一些共同理解或共享认知，虽然他们对这些经济状态的含义的解释可能因人而异。如果某种人为设置在一些人看来是相关的，从而影响他们的行动决策，而另一些人则认为与他们无关，置之不理，那么这种人为设置就不应该被看作是一种制度（虽然前一些人把它们视为相关的制度安排）。第五，制度是人为的秩序。制度本身不是唯一由经济域的技术和生态环境决定的自然秩序。在同一技术和生态环境之下可以建立多种制度方式。

第二节 制度之间的互补性关系

如同互补性市场之间存在着相互影响一样，互补性的制度之间也存在着相互影响，而且这种相互影响会形成一种新的制度均衡状态。一旦这种互补性是全社会性的，那么全社会的制度变迁或者变化就具有一种链动效应。

一、博弈关联与制度互补

现实中，制度之间的耦合可以理解为在经济不同域个人策略之间所产生的类似于一般均衡的反馈作用（博弈关联），这样，经济作为一个整体可以被看作是相互依赖的制度之间稳固而连贯的整体性安排（即制度关联）。[①]

可以将博弈关联分为两种类型。第一种情形是，人们在不同的域之间协调其策略决策，结果产生的制度是人们单独在不同的域分别作出决策所不能导致的。这种制度关联可以创造一定的外部性，使所有或者部分参与人从中获得一定的租金，从而促进这种关联的延续。

第二种情形是，人们因决策空间或者认知程度有限，或者其他原因，无法在不同的域之间协调其策略决策，但其决策在参数上受到其他域现行的决策规则（制度）的影响。其结果是，制度之间跨域的相互关系即所谓的制度互补性也可能会随之出现。这里可以举一个简单的例子来说明。例如，在20世纪中叶中国的制度选择可能受到了东欧和苏联的影响，而这种影响是

---

① ［日］青木昌彦：《比较制度分析》，上海：上海远东出版社，2001年，第210页。

中国无法改变的但又对中国制度均衡有着十分重要的影响。

一般而言,在某个域流行的制度,如从其他域的参与人的角度来看,只要他们把它们看作是超出自己控制范围的参数,那么它们就构成一种制度环境。这非常类似于在瓦尔拉斯经济中,参与人面对价格参数主观作出决策,实际上对价格形成会产生反馈作用。同样,某个域的参与人面对另外域的制度参数作出的策略决策实际上也会对另外域的参与人的决策和制度产生反馈作用,反之亦然。这种制度参数之间的相互依赖、相互影响可以称之为制度的互补性。互补性的存在意味着富有活力的制度安排——在结合不同域的制度的意义上——构成一个连贯的整体,任何单个制度在孤立情况下都不会轻易被改变或设计。这就是诺思所称的制度移植的困难性、制度学习的困难性的原因所在。另外,制度互补性还意味着,富有活力的制度安排不一定必然是帕累托最优的。

在不同域存在制度互补性的时候,帕累托低劣的整体性制度安排既有可能出现并延续,也有可能存在无法进行帕累托排序的多重制度安排。[①] 青木昌彦的实证表明,在存在制度互补性的条件下,跨域的制度均衡安排可能是次优的,这具体取决于嵌入的社会资本的分配和出面捆绑域的集成性参与人(内部的或者第三方)的组织能力。这表明整体性的制度安排在实践上的结构可能是纷繁复杂的。所以,为了改变一项帕累托低劣的制度安排,需要同时改变互补性制度或者需要改变某一域的制度,然后通过互补性关系引发其他域的制度的连锁反应。制度互补性的存在,让人们无法简单地评论任何一种制度变迁方式的优劣。不同的制度变迁方式的选择可能主要是由于原有的制度互补关系以及制度的连锁关系,如果存在这样的关系并且得到较好地维护,我们可以通过改变某一个域来推动整体性制度的变迁。中国经济的转型可能就得益于钱颖一等人所讲的那种称之为类似 M 型组织的经济制度安排以及与之相互补的一系列制度。[②] 俄罗斯的情况可能就是另一种情况。

需要强调的一点是,把制度化关联或者制度互补性理解为一种均衡并不必然意味着它们一定是有效率的。例如,某种制度化关联的出现为一些参与人创造了租金机会,但同时可能会使得其他参与人处境变坏。在这种情况下,制度化关联所带来的制度创新并不一定是一种帕累托改进。而且现存制度化关联下的租金可能会使得既得利益者抵制那些因为技术创新和知识进步从而威胁其租金机会的新的关联方式。可以证明,即使存在要求改进的渐进努力,帕累托次优的整体性安排因为各项制度元素的互补性仍可能出现耐久性和稳固性。正是制度化关联和制度的互补性为整体性制度安排提供了抵御来自域内外变化的一定的耐久性,使之成为经济发展的障碍。甚至同时,它们也影响制度沿着特定的方向进行演化和变迁。

二、制度化关联及其类型

我们再回到博弈关联的第一种情形,也就是考虑参与人可以在不同域协调其策略决策的情况。由于有了跨域协调的可能性,参与人的决策空间随之扩大,以前因缺乏这种关联而不可能产生的新制度现在则有可能出现。我们将这种促使制度产生并反过来由制度维系的不同域的关联概括为制度化关联。

[①] 相关证明参看:[日]青木昌彦:《比较制度分析》,上海:上海远东出版社,2001 年,第 229~232 页。
[②] Qian, Roland and Xu: Why is China Different from Eastern Europe? Perspectives from Organization Theory, *European Economic Review*, 1998, 43(46): pp. 1058~1094.

制度化关联的主要类型有社会嵌入式关联、合同性关联、整合性捆绑、中介性捆绑和市场中介性关联等。

1. 社会嵌入式关联

所谓社会嵌入也就是社会交换域嵌入到其他域，使得某些在关联发生前不可能的策略组合成为可能。[①] 例如公共产品供给问题。由于公共产品或者共用资源域的排除"搭便车"行为的技术困难，合作性的社区规范不可能自我产生；但同样的参与人如果同时参加一个能够产生足够规模的社会资本的社会交换博弈，合作性的社区规范就可能出现。这里的社会资本是指未来收益现值的总和，其中包括在社会交换博弈中与社区合作相处所产生的社会地位、社会认可和归属感。因为惧怕被其他社区成员拒绝接近这些社会资本，每个社区成员都有充分的激励来遵守合作性的社区规范。而每个成员对共用资源域博弈中的不合作行为的严重后果的关注，又使得人人愿意在社会交换域内惩罚犯规者。这里考察的是社会交换域和共用资源域之间的联结，同样的思路可以拓展到另外一些域与社会交换域的联结。

在社会嵌入状态下，参与人往往同时属于社会交换域和另一个被联结的域。参与人既可以是灌溉系统社区或者渔业社区的成员，也可以是现代化的工人团队。这些制度社会嵌入是广泛而普遍的。

这种社会嵌入也为我们提供了更多思考问题的方式。在现实中，由于技术的缺陷导致界定产权在很多情况下成为十分奢侈的事情，这样，在许多领域里(尤其是公共品领域里)不合作问题十分普遍，那么该如何解决这些不合作问题呢？社会嵌入式制度关联理论就为我们提供了一些思路。例如，在当代中国的转型背景下，由于现代化的技术与新的观念的冲击以及社区人员的流动，原有的社会规范开始逐渐瓦解，社区本身的存在性、维系社区的稳定以及社区内人与人之间的合作与和谐已成为一件十分困难的事情。那么，怎样实现由传统社会的稳定的社会规范到现代市场社会的稳定的社会规范的转变呢？通过研究传统社会我们将会发现，传统社会实际上是建立在社会嵌入与制度化关联、制度互补性基础之上的，它们之间的相互支撑、相互影响，促进了作为一个整体性均衡的社会制度的形成。同样，当代西方发达国家的现代化市场化道路过程中社会规范的"创造性毁灭"的过程也是在外来因素(包括制度因素)社会嵌入的形势下发生的，一方面传统的社会规范在社会嵌入下分化、瓦解，另一方面新的社会规范在社会嵌入下形成、完善。

2. 合同性关联

合同性关联一般是指不止一种博弈被某参与人通过合同设计加以联结的情形。[②] 这种联结方式通过创造租金机会改变了合同方的激励结构。

关于合同性关联，可以举一个乡村发展背景下关联交易的例子来说明。设想一个发展中国家的乡村，参与人由富裕地主、无地贫民和外部放贷者构成。假定贫民按照惯例或者合同在分成制下提供劳动力，如果贫民进入单独的劳动交换域的分成安排，那么贫民将选择边际合同收入和劳动边际负效用相等点，使效用剩余最大化，其结果就会导致努力不足。而且，因地主

---

① "嵌入"这个概念来自于社会学研究，指的是一种相互的关联。
② John Shuhe Li, Relation-based versus Rule-based Governance: An Explanation of the East Asian Miracle and Asian Crisis, *Review of International Economics*, 2003, 11(4): pp. 651~673；王永钦，"市场互联性、关系型合约与经济转型"，《经济研究》，2006年第6期。

监督能力有限,贫民偷窃种子和产出作物的情况也可能会发生。但是贫民由于在耕种之前缺乏足够的经济来源度过春天,他必须向地主或者外部放贷者按市场价进行借贷。假定这种消费借贷由地主来供给,贷款可以由秋天收获的作物来偿还,这样,信用交换域和劳动交换域就被联结在一起。可以进一步设想地主采取如下策略:按照低于外部放贷者的利率向贫民放贷;如果贫民因秋收收入在扣除基本消费水平之后不足以还债,违反了合同,那么地主就要求他提供极端艰苦的超额劳动。同时假定该约定的劳动服务条款在法律上是可实施的,那么贫民的策略将是在春天借一定量的钱,然后在耕种期间拼命干活,以避免违约。两个域的联合引致了贫民更高的努力水平。正是这种外部性,使得地主能够驱使贫民在低于市场利率的情况下借更多的钱。而且地主也没有提供高利贷的激励,对贫民的福利可能也是一种增进。

一般来说交易域的联结可以促进效率,并不一定是对特定制度环境的一种非效率的反应。上面的博弈关联分析是在分成制假设下进行的,但是其结果的效率性质并不以分成制为转移,它可以在比如分段线性的工资合同(即一定的收获量对应一个低的基本工资,在此之上对应着竞争性工资)下同样得到保留。但是在联结状态下收入分配的结果是不确定的,它可以是地主和贫民都受益,也可以是地主获得全部的效率受益,具体取决于各种社会政治和环境因素。

3. 整合性捆绑

整合性捆绑发生在如下情况:来自域内部的某参与人将同一类型的域捆绑起来,然后协调其策略,使单个域无法实施的结果成为可实施的。

这里举一个捆绑就业合同的例子。假定在一个雇主和一个工人之间所重复进行的就业博弈是一次性的"囚徒困境",在这个模型里,商人可以为了控制代理人的不尽责行为而采纳效率工资的办法。因为商人替换代理人不会产生成本,所以商人解雇不尽责的代理人的威胁是可信的。这里不妨来考虑这样一种情形,假设雇主采取一种最大化的惩罚策略,如终止就业合同,阻止工人怠工以引导工人合作。但雇主采取该策略的成本可能十分高昂,因为这样做的交易成本,例如替换工人的成本,可能会大于合作的延续价值和非合作静态纳什均衡的延续价值之差。这时雇主实施这种惩罚性策略的威胁就是不可信的,所以均衡仍然将是静态的纳什均衡。

现在假设雇主将两个博弈捆绑在一起,但两个工人不能协调其策略。于是,雇主采取以下策略:他在两个博弈中均选择最优合作水平的合作性投资;如果两个工人都没有怠工,就继续给两个工人支付效率工资;如果有一个工人怠工,雇主就采取最大化惩罚性策略,并由另一个工人取代他;如果两个工人都同时怠工,雇主就采取静态纳什均衡策略,也就是以低工资的形式继续雇佣。这样不难证明采取最大化惩罚策略的威胁虽然在单个博弈中是不可信的,但是在捆绑博弈中就是可信的了。因此,尽管单个博弈存在着雇主不会可信地实施最大化惩罚策略的问题,但捆绑使得合作性结果成为可能,虽然非合作性静态纳什均衡仍有可能成为均衡结果,但是概率已经大大下降了。

4. 中介性捆绑

上面讨论的是由属于博弈当中的初始参与人将同类博弈进行整合性捆绑,这里讨论的捆绑是由初始博弈之外的第三方作中介来进行的,也就是中介性捆绑。第三方联结不同博弈的激励来自域捆绑所带来的租金,租金来源可以是新的信息,也可以是初始参与人激励结构的改变。

我们仍然通过例子来解释中介性捆绑。假定有一批农民和一批消费者,每一个农民生产一单位的稻谷,但是稻谷的质量是不确定的,农民生产高质量的稻谷的概率是一定的。每个消费者只能拜访一位农民,在购买之前,消费者无法准确判定产品的质量。产品的真实质量越高,消费者愿意支付的价格就越高。在商定购买价格时,消费者没有任何谈判能力,但是他们可以在价格不合适时拒绝购买。这种消费者和农民之间的交易博弈为直接交易博弈,其中农民的决策集合包括某段区域上的销售价格,消费者的决策集合为{购买,不购买}。

假定中间商出现在农民和消费者中间,商人从农民那里收购产品,然后出售给消费者。他们能够识别产品的质量。如果发现某农民的产品质量低下,他们可以转向其他农民,花费一定的个人成本去搜寻质量更高的产品,如果他们愿意这样做的话。假定这些搜寻活动对社会是十分有利的(即消费者剩余减去商人的搜寻成本之后仍然是正的),但对于商人而言,只要消费者的信念保持不变,搜寻活动就不一定有利可图。因为不存在任何先验的理由让消费者相信,商人不会将他们的专业技能用于只为自己牟利的用途上。假定每一个商人能够在两个直接博弈中作中介,并在其中协调自己的策略。商人有两个策略决策需要决定:第一,当发现农民产品质量低下时,是否需要找别的农民,在一定的成本下搜寻高质量的产品;第二,当发现他们最初接触的两个农民的产品质量均质量低下,是否需要再找其他农民;如果需要的话,需要搜寻多少单位的高质量产品,一个还是两个。如果是两个单位的话,搜寻成本可能就会加倍。不管哪种情况,商人将有两单位的产品,或好或坏,等待销售。假定每个消费者随机选择商人的某单位产品,他或她有权在考察两个单位产品之后拒绝商人的出价。有的学者研究证明了在高质量的概率足够高的情况下,下述策略组合是唯一的稳定的均衡:当且仅当商人初始接触的农民中只有一个农民的产品质量低下,商人才愿意花费搜寻一单位高质量产品的额外成本;当且仅当消费者收到商人出售的两单位产品均是高质量的信号时,他们才愿意支付比在直接交易博弈更高的价格。给定商人的策略,商人出售的两单位产品,要么都是高质量,要么都是低质量。

中介性捆绑创造了外在性。那些储备了高质量产品的商人可以索要比消费者直接向农民出的价格更高的价格,而且这种价格存在被消费者接受的可能性。换句话说,商人的搜寻活动创造了外在价值。因此,即使要支付搜寻成本,商人仍可能获利。那些储备了低质量产品的商人则不得不降价销售,消费者也会因为低质量商品价格的降低使得消费者剩余增进。商人作为第三方中介的存在有效地改进了消费者的信息质量,可以增加消费者的剩余;同时商人也会从中获得一定的利润,同时降低了购买的不确定性。现代社会中作为投资、购买以及销售中介的中介机构已经越来越发达,也正是在这个意义上,它们减轻了这些活动中的不确定性,增加了社会资源的使用效率或者增加消费者的利益,从而使得市场更好地运转,促进经济更快速地增长。

除了上述四种制度化关联方式之外,还存在许多其他的关联形式,如封闭关联和捆绑、以市场为中介的关联等,它们也为跨不同域的现存制度增加耐久性和惰性。虽然新型的关联形式的出现可能意味着更合适的决策和制度创新,但它们的建立最终也会阻碍一种或者一些潜在的关联形式的存在,因为它们的出现必须要对现有的关联方式进行松绑。如果松绑失败,经济可能陷入停滞甚至衰落的境地。

三、制度关联与制度变迁

对于制度的关联或者说制度的互补性的讨论,是研究制度变迁理论十分关键的一步。这正如在新古典经济学价格理论中要研究均衡的变化,也需要研究产品之间的关系一样,产品之间存在互补品，制度之间也存在着很多的相互关联的制度。这种制度关联关系会互相嵌入，形成一种庞大的作为整体性安排的制度框架。这种框架一旦确立，制度变迁就会采用两种变迁方式，一种是激进的制度变迁，也就是重建制度的起点，然后一步步再建立与之相关联的制度框架，从而在一个漫长的历史进程中重新构建一个新的整体性制度安排。另一种是渐进的制度变迁，也就是利用原有的制度互补关系，从某一个关键的领域开始改变，利用原有的制度传导逻辑，从而缓慢地实现整个整体性制度安排的变迁。

至于选择哪一种制度变迁方式，这更是一个十分复杂的问题，不仅要考虑历史的起点、历史的遗留以及整个社会参与人的认知等等许多条件，还要考虑发展的目标、社会的外在参数等等。此外，在两种大的整体性制度安排的变迁过程中都可能出现很多的问题。激进的整体性制度变迁对整个制度框架的毁灭性破坏必然会带来整个社会生产、发展以及经济秩序的毁灭。这种经济秩序的毁灭导致经济进入一种混沌状态，经济发展将会向着怎么样的经济整体性状态收敛成为一种更为不确定的因素，因为这种混沌状态中随机因素会因为制度的互补性的"路径依赖"而被无限地放大。社会秩序的自组织是否会收敛于有效率的均衡成为不可知的事情，因为这既依赖于内部的初始条件也依赖于外在的条件与冲击。俄罗斯的激进改革就类似于这种情况，它为我们更加深入地思考制度的整体性变迁提供了一个好的、难得的例证。

渐进的制度试验或者说变迁方式也是问题重重，选择哪一个或者哪一些领域作为初始的起点呢？即使这种选择足以保证我们可能会收敛于一种有效率的均衡，但是原有的制度关联方式与新的制度关联方式在域与域之间是否能保持内在一致性呢？现实给我们的答案则是极其悲观的。在中国的渐进的整体性制度变迁改革中，社会规范的失衡，原有的社会状态与社会制度关联方式在新的制度与技术条件下就表现出了极大的不适应性。例如，市场化改革给农业社会带来的破坏性，损坏了原有社会规范得以维持的内在平衡条件。这种情况在现实中比比皆是，社会生产的发展带来劳动力的大规模流动，但是这种由原有社会规范约束下的社会秩序的制度约束被破坏，新的制度互补条件可能更宽泛，更需要与新的现代技术相结合，这些都没有被意识到或者没有被实施。新的社会规范的形成可能需要对原有社会制度的互补方式进行松绑，并且建立新的捆绑方式，而且这种捆绑方式还要与技术条件及参与人实现稳定的结合，但现实中我们却缺乏这些社会规范的形成条件。社会规范的缺失表现出一种社会的无秩序状态，生产、交换与投资的能力都受到了约束。

这里通过制度互补性理论来研究的是整体性的制度安排，与第一节的博弈论框架下的制度不同，如果对比于新古典的价格理论，这里是一般均衡的研究方法，而第一节是局部均衡的研究方法。第一种意义上的制度变迁理论是局部均衡的比较静态分析，这里的制度变迁是一般均衡的社会整体制度安排意义上的社会制度的变迁。这两种制度变迁是一种相辅相成的关系，第一种制度变迁是研究微观意义上的社会制度变迁方式，第二种制度变迁是研究宏观意义上的社会制度变迁方式。我们这里的"宏观"意义更类似于新的宏观经济学（也就是卢卡斯批判意义上的），而分析的哲学基础则是整体性的社会制度的变迁必然可以归因到具体的相互契合的制度的层面上。正是基于这样的思考与设定，我们认为，现实中的制度变迁不论采取了哪种方式（激进的或渐进的），任何一个细微点上的制度变迁或修补（更不要说大规模的制度变化了）都有可能打破原有的制度均衡而不断发生变化，直到收敛于一个新的均衡为止。因此，任何一项制度都不是孤立的，而是置身于制度网中的（关联或捆绑），单一制度的变迁真正具有"牵一发而动全身"的功效。

第三节　主观博弈模型与制度变迁

正统的博弈论,不论是古典的还是进化的,都在其分析框架里把参与人的决策集假定为是事先固定的。对这两种观点来说,多重均衡都是可能的。于是,被视为均衡结果的制度演进可以理解为是从一种均衡向另一种均衡的移动。但是这种移动是如何发生的呢？如果假定参与人所有可能的行动集合客观上众所周知并且固定不变,那么在纳什均衡下,任何理性的参与人都不会单方面改变其策略。但是,某些参与人通过归纳推理或者从其他地方学习,也许能够意识到一个"更好"的均衡的存在,并从事于使该项选择成为聚焦点的活动。通常人们希望政府来扮演这个理性的角色。但政府本身也是博弈参与人,它也有自己的动机,其推理、说服别人和控制自己行动后果的能力也都有限。所以政府能否或者是否愿意出面协调从一种均衡到另一种均衡的移动是不清楚的。而且,制度变迁的机制通常涉及到参与人的策略所赖以建立的行动集合的改变和创新。[①]

在本节中我们试图介绍青木昌彦发展的一种概念性框架,理解参与人在面临内部危机、外部冲击或者二者兼而有之的情况下寻求新的博弈方式的机制以及参与人互动使得新制度变为自我实施的机制。这样,我们就要抛弃博弈论有关参与人拥有博弈的客观结构的完备知识的假设。相反,我们认为,参与人对他们进行的博弈拥有一种主观认识,这里将这种认知模型称为主观博弈模型。特别地,这里认为在特定的时间,参与人只是主观地启用行动集合的一部分子集或者子集的某种结合作为行动的备选"剧目"。然后,我们考察参与人自觉或者不自觉地重新评价和大幅度修改行动决策的"主观"集合与决策规则的方式。这一切均不是随机和相互独立地发生的,而是以相互协调的方式进行的,最终将导致新的信念共享系统——即新制度。是什么机制导致制度变迁过程摆脱随机重建、最终走向内在一致的结果呢？我们下面来讨论这一问题。

一、现有制度变迁理论的缺点

制度存在耐久性,但是制度变迁总是要发生的。制度变迁的机制究竟是什么？根据内生性博弈规则制度论的观点,制度变迁可以理解为从一种均衡(序列)到另一种均衡(序列)的移动过程,其中伴随着参与人行动决策规则和他们对于制度共同认知信念的系统性变化。大致有两种实现均衡变化的方式:第一种是参与人从既定的行动集合中以分散化方式尝试新策略自发产生均衡变化。第二种是以集体方式设计法规或引入某种拥有全新的行动决策集合的新型参与人引发均衡变化。

一般而言,引入法规本身以及相关的管制机构仅是参与人所认知的博弈形式的数据——即博弈外生规则的变化,那么,这种法规或者政策的变动是如何通过参与人的策略变换提供聚焦点或者直接影响参与人决策的后果,从而对制度变迁施加作用的呢？

我们不难发现,虽然自发性和诱导性制度变迁存在明显的区别,但它们在变化过程中都必须满足一个共同条件:在初始的政治域,必须有超过临界规模的参与人修改对于域内部结构和外部环境的认知,并以分散化或相互协调的方式联合采取新策略,这样才能够导致新均衡序列

---

① [日]青木昌彦:《比较制度分析》,上海:上海远东出版社,2001年,第235页。

的出现。如果从这一角度去理解,两种制度变迁方式之间的区分就会变得模糊不清。即使参与人集体选择了法规,并引入了新参与人(如监管机构)来实施它,在此之前,也必须要由分散化的私人试验的积累,或在政治域内参与人必须达成高度一致的政治决策。另一方面,博弈形式的变化(如政策变化),无论有意还是无意,通过促成参与人在相关域内实现预期收敛而有助于一种新的均衡的出现。

但是参与人如何才能认识到改变策略的新机会来临了?是不是新机会只会偶然出现?从另一个角度讲,个体参与人采取新策略能否看作是在既定行动集下对环境变化所做的理性反应?如果是这样的话,制度变迁就唯一地和固定地为环境变化所塑造吗?这种制度变迁理论类似于诺思的框架,这里我们将介绍一个从参与人主观认知出发的制度变迁模型。为了建立这个理解制度变迁的框架,我们在参与人的决策集假定为是事先固定的这一方面对古典博弈论和进化博弈论进行修改,从而引入主观博弈模型。

二、主观博弈模型

为了简化起见,我们不论述具体的框架,只是这样简单地论述,我们假定个体参与人不可能具备关于由技术决定的博弈规则的完备知识,也不可能对其他人的策略决策和环境状态作出完备的推断。相反,我们假定,关于博弈结构每个参与人只拥有有限的主观认知,这些认知来自过去的经验,只有在环境发生重大改变时或者认知出现内部危机时才被修改。我们把每个参与人对博弈结构的主观认知称为主观博弈模型。这里假定每个参与人技术可行的策略决策的客观集合由一个无限维的空间所代表,但是由于每一个参与人本身认知的局限,他们只是启用了这一空间的一个子集,我们称这一子集为"启用子集"。这一子集的启用范围取决于历史经验与环境的状态,如果外在环境发生重大的变化,原有的博弈规则启用子集将出现重大的认知危机,也就是其后果函数出现重大扭曲,这时参与人就会转向未启用子集进行试验或者探索以寻求新的更为适应的最优反映决策规则。关于这一点,我们也可以从另一个角度来论述。

对于理性的"经济人"而言,决策很多时候并不是一件有趣的事件。我们首先作这样一个假设,假设一个人毫无社会经验可言,但是不可缺少的他是一个理性的"经济人"。[①] 那么他将如何决策呢?毫无疑问,他首先要做的工作是要搜集信息,但是同时对于信息的搜集和处理是需要成本的,无论这种成本是表现为货币成本、时间成本,还是生物能量的损耗或者是脑细胞的损耗。随着他搜集的信息越多,他作出正确决策的概率就会越大,这样他可能获得的收益的期望值就会不断地增大,但是随着信息搜集数量的增长,搜集信息的成本也会快速地增长。所以理性的"经济人"会在由于信息搜集数量增长而带来的期望收益增加的边际值与搜集信息带来的成本增加的边际值之间作出一个权衡,从而使得自己的福利达到最大化。

但是随着决策数量的增长,经验的积累会使得理性的"经济人"对于决策过程本身进行进一步的约简。因为不仅信息的搜集存在着成本,而且决策过程本身也存在着成本,这个过程包含着信息的处理诸如分类、集中、抽象、分析等等,还包含对于没有掌握的信息的推断以及对于不可测因素的分析等等。如果每一次决策都要反反复复地进行这一过程,这样的决策不仅将

[①] 对于"经济人"的理性我们需要加以说明的是,理性是一种计算权衡作出最优选择的能力,但是如果信息不完全或者环境发生变化导致决策无效这就不属于理性的范畴,也就是理性是静态完全信息条件下作出最优决策的一种能力。

要付出极高的成本,而且效率也必将是十分低下的。由于理性的有限导致的决策速度过于缓慢以使决策不能适应周围环境的迅速变化从而丧失许多收益,甚至这种决策的过于迟缓使得原有决策最终反而起到了截然相反的效果,那么这个时候对于决策规则程式的总结与运用就是十分必要的了,这样一方面搜集信息更有针对性可以节约一部分成本,而且对于一些特征可以作出迅速地判断以适应环境变化。诚如青木昌彦所说,在组织活动中,个体参与人运用一定的智力程序或者认知机制,推断环境状态,预测行动结果以及为解决问题而作出决策。这些智力程序由一系列"规则"构成,通常采取"如果……就……"的形式。他举例道,医院的大夫按以下方式动用他储存的规则来判断病人的病情:"如果 X 光照出这种图像,由听诊器听到这种声音,那说明病人犯的是支气管炎。""如果服用这种药,病人可能会有过敏反应,就不能给他服用"等等。这些规则经过长期累积和修改而成,以一定的秩序在大脑里加以组织,然后以认知的情况而"启动"。

必须强调的是,虽然这种程式化的决策规则本身是有利于节约决策成本的,但是如果这种决策规则是错误的或者说慢慢地变成了错误的,那么是不是抛弃这种程式化的决策规则呢?很多制度经济学家对这一点似乎十分悲观,他们认为非正式制度(例如规范和习俗等等)变革相对缓慢,因而,抛弃程式化决策规则将会成为十分困难的事情。但是他们也观察到,非正式制度在关于经济系统的大规模变革中往往也会迅速地变化,最为典型的例子就是计划经济向市场经济的过渡。那么我们可不可以将二者融入一个合适的框架,解释一下为什么非正式制度会发生变迁呢?

对于理性的"经济人"而言,决策规则的程式化必须有一个前提条件就是决策可以使收益达到最大化。诚如前文所说,决策的程式化本身是为了节约决策成本,以求得决策正确可以获取的边际收益等于决策成本的边际节约从而实现理性"经济人"的福利最大化。如果环境是稳定的,保留原有规则会使得以上过程重复进行,那么这种非正式制度的演进就是困难的。但是如果环境发生大规模的变化,原有的智力程序变得毫无价值,常常因作出十分愚蠢的决策而使得预期收益不断下降,从而边际预期收益不断增大,决策者就会投入更多的决策成本重新进行较为仔细谨慎的决策。这种决策过程中又会慢慢地建立一套新的决策规则与智力程序。如果环境变化较为缓慢,那么这一调整过程就会较为缓慢,如果环境(如转轨经济)大规模地系统性地变化,任何理性的"经济人"都会在自身感受的范围内以及自身受波及程度条件下迅速地改变自己的决策规则。哈耶克就认为,知识的获得能够形成一种具有发展特点的感知能力,在人类生命过程中独立发展,并发生变异。新获得的经验可以引发新的感觉,修正原有的分类模型,由此开始一种选择性学习的过程。

从另一个角度说,如果参与人反复运用同样的规则推断环境、预测报酬和选择行动决策,同时对制度现象的认知也是一样,这时主观博弈模型就是自我再生的,参与人可能就会固定在这一博弈规则的"启用子集",直到新的环境变化导致认知危机为止。值得强调的是,参与人的主观博弈模型与其他参与人的主观博弈模型之间是互动的,相互协调的。如果一个博弈参与人与其他参与人的主观博弈模型不同,可能就会获得不同的博弈后果函数,这种结果惩罚会使得社会上的主观博弈模型收敛于一个"认知均衡"。因此,主观博弈均衡是所有的博弈参与人以类似的方式建构和认知的制度的一个组成部分。主观博弈均衡是一个纳什均衡,它所描述的情况是,所有的参与人把制度现象看作是相关的约束,并相应地采取行动,其结果使得制度被不断地确认和再生,就形成了一种均衡。制度的再生性并不要求参与人的主观博弈模型必须完全重复地再生产,参与人可以在边际上或者参数上改变个人认知、报酬预测和行动决策或者随机试验的规则集合,但即便是这样,上述一般均衡条件对于给定的制度仍然是成立的。

与前面相比,主观博弈模型是一个建立于不同基础上的新的一般均衡框架。这里的基础是制度依赖于社会博弈参与人对于博弈规则主观认知的启用集合,这种启用子集在博弈参与人之间是相互验证、相互作用的,最终会形成一种主观博弈模型的认知均衡,这种认知均衡下的博弈规则启用子集构成了制度的决定因素。所以这种一般均衡理论与前面的制度分析以及制度的互补性理论都没有太大的相悖,前面的一般均衡分析、局部均衡分析都可以在这里加以运用。这种改变对于制度变迁的意义是重大的。如果博弈规则是客观完备的,那么环境就成为制度变迁唯一的和固定的决定要素,这与我们的常识是严重不符的,这种改变扩展了制度变迁的原因空间,为我们摆脱完全的环境决定论提供了一点希望。

如前文所说,当现行的决策规则相对于人们所希望的来说并不能产生令人满意的结果时,参与人将会较大幅度地修改或者重设规则系统,尤其是开始搜寻和试验涉及到扩大策略启用集合维度的新决策规则。可是,理想与现实的差距即所谓的"认知危机"在什么时候达到临界规模呢?一种可能的答案是,在环境发生巨大变化、连同客观博弈结构的内部均衡结果的影响积累到一定阶段的时候。

关于诱发性环境变化,青木昌彦列举了以下的一些例子:① 新技术创新发生了,使得新的行动成为可能(策略未启用维度可以被启用);② 以前封闭的经济交换域开始与外界扩展的市场交换域接触;③ 外部冲击,如战争时期,人们普遍意识到本国在生产率和创新方面与外国竞争者存在明显的差距,或者长期衰退迫使参与人感觉到有必要提高生产率或者其他绩效指标;④ 在具有强大的制度互补性的临近域(包括国际域)出现大规模制度变迁;⑤ 后果函数的政策参数发生了巨大变化。

关于相关域内部累积性影响,青木昌彦也列举了两个例子:① 在一定的外生和内生规则下重复博弈的累积性后果已经导致了资产、权利和社会角色分配的不平等,这些规则的合法性在域内受到普遍的质疑,并超过了临界规模;② 对于现存制度安排属于中性或略微缺乏效率的变异者数目以及变异者能力在域内部已经积累到显著的程度。

青木昌彦认为,外生冲击本身也许不足以引发制度变迁过程。在缺乏类似于上述所列的变化因素的内生性积累的情况下,相关域的参与人为了对外部冲击做出反应,可能只是在边际上更新其主观博弈模型,而无需改变行为决策规则的基本特征。在最差的情况下,也就是没有任何变异机会的协助、当经济面临严重的外部冲击时,经济无法产生有效的策略应对,导致普遍的制度危机。另一方面,如果相关域的经济绩效令人满意,社会参与人并没有感到这种理想与现实之间的距离,则创新性变异的影响也是十分有限的。一般而言,正是上述外部和内部因素的结合导致了参与人的主观博弈模型出现普遍认知的严重失衡,引发了参与人开始重新定位新的主观博弈模型。原来在稳定的外部环境和内部状态下无利可图的变异(偏离性)决策现在可能变得有利可图,或者预期将会有利可图,这里我们假定在同一域内的参与人采取类似的决策。这时,参与人开始重新审视过去决策启用集合的有效性,力图"发现"新的决策机会;或是试图对不同域的现有行动集合进行重新捆绑,扩大原有的决策启用集。如果变异决策和新决策被证明是成功的,人们就会去竞相模仿。搜寻和模仿在解决问题的激励下受到鼓舞,其结果又对搜寻和模仿过程有反馈作用。诱发性条件和反馈机制有利于消除搜寻和模仿的随机性。

一旦许多参与人开始同时修改其决策启用集合,系统实施新决策,那么,现存制度在新出现的决策组合下不再是有效的,因而不再有助于降低参与人预期的不确定性,也就不再成为个人决策的有用指导和约束了,青木昌彦把这种情况称之为制度危机。旧制度所隐含的一些"理所当然"的假定现在就变成可怀疑的了。参与人现在需要处理的信息量比在旧制度下大得多。他们尤其需要认识其他参与人的新的决策模式,并对此形成预期,该认识正确与否直接影响到参与人自己的报酬。与此相关联,参与人还不得不修改自己关于推断、预测和决策的各种规则。总之,参与人需要重建包括更多维度的主观博弈模型。

在制度危机下寻求新的出路的过程中,参与人可以利用各种预示未来博弈规则的信息。例如,他们可以模仿在其他域已经成功的做法,从国外先进经验中触类旁通、吸取经验。在政治域,不同的政治方案为争夺对新政策的影响而激烈竞争,在这一过程中,丑闻曝光也许会对参与人判断未来的政治走向具有决定性的影响。政治家还可以采取一些象征性的方式来示意未来的变化(例如1992年邓小平"南巡讲话",以此表示中国经济将进一步市场化)。如果新实验与现存制度之间存在某种互补性,那么新实验决策就会更富有成效。由于这些和其他一些原因,至多只有几个主要的预测性和规范性信念系统有可能逐渐演化出来,相互竞争。究竟哪一种信念系统最终会成为预期收敛的聚焦点,进而成为一种新制度,主要取决于学习、模仿、适应和惰性如何在相关域之间相互作用,最终趋于稳定。

新的主观博弈模型要达到认知均衡,必须满足三个条件:① 指导主要参与人学习的规范性和预测性信念系统被认为与相关域的内在状态是一致的;② 在运用新的推理规则预测行动结果时不会出现几乎令所有参与人吃惊的结果;③ 新决策启用集所作的决定产生了令人满意的报酬。随着参与人反复修改的主观博弈模型同时实现均衡,相互一致,制度的转型过程将趋于完成。在接下来的时期里,一种概括新均衡决策组合的主要特征的新制度方式也将演化和形成。伴随着新制度的确立,制度演进的转型过程开始告一段落,迎来了另一个在一定时间内相对稳定的阶段。

一个重要的问题是,制度转型过程需要多长时间。目前我们是在一个较为静态的框架下探讨,只涉及逻辑时间,没有涉及到任何的历史时间,所以不能用一个简单的长短来回答。而且假定在制度转型期和制度稳定期之间存在一目了然的界限也是不现实的。制度只在普遍性的制度危机之后才会逐渐演化和趋于稳定,直到下一轮冲击的来临。如果我们从单个域的制度变迁转向整体性的制度变迁,问题将会变得更加复杂。某些域的制度变迁速度相对快一些,而另一些域的制度变迁则可能相对缓慢。因此,制度转型过程的长短和激进程度取决于我们考察的相关域的范围。

制度转型期通常被进一步划分为两个阶段:一个是相对短的而且混乱的制度危机阶段,其中急速的环境变化(或者内部危机)引发了超过临界规模的参与人的认知危机,各种变异性决策以一定规模进行着试验;另一个是各种决策均在"进化选择压力"的作用下接受进化考验的阶段。随着某些决策在进化过程中逐渐上升为主导地位,后一时期最终和制度稳定阶段汇合在一起。如果我们关注前一阶段,我们会发现,制度演进过程是一个间或地被一些转折点所打破的过程。另一方面,如果我们的视野伸展到进化选择的第二阶段,制度变迁过程似乎又是渐进的。制度变迁是一种类似这样的过程,长时间的静态均衡偶尔被短时间的迅速的变异所打破。特定的决策或者选择系统一旦确立,它就倾向于自我维持。系统的变化与其说是连续的和渐进的,不如说它更可能是在外部冲击催发内部变化的情况下发生,外部冲击可能是累积的,也可能是突然出现的。

在关键性转折点上选择的决策规则的基本特征会对未来的机会施加一定的约束(路径依赖)。但另一方面,从初始的失衡状态转移到新制度的路径是否为宜,这是不确定的。主观博弈模型最终变成一般认知均衡取决于环境(技术)、跨域互补性、个体参与人的主观设计、学习、模仿和试验之间的复杂互动。因此,制度演进的特征可以概括为路径依赖和创新,也可以概括为间断和进化选择均衡。

第四节 制度的历时性关联与演进

在上一节,我们从参与人对博弈规则的主观看法及其相互作用的角度探讨了制度演进与变迁的机制。青木昌彦认为,在制度转型时期,参与人为了应对外部冲击和内部危机,竞相进行各种决策试验,以寻求一种有活力的新策略,替代旧策略。但是,有活力的新策略以及新制度并不是完全以随机的方式进行选择,而是受到不同域参与人策略的动态互动的影响。也就是说,与制度的共时(横截面)关联相平行,还存在着制度的历时(时间上的)关联。在第二节中我们探讨了静态框架下在横截面上制度的互补性问题,在本节中我们将介绍的是在时间框架下,在历时问题上的制度互补性问题,也就是一种基本的动态互动机制。

首先,将界定三种历时性的制度演进机制,这三种机制对于实现策略创新,引致新制度产生,或者反过来,对于防止导致系统危机或者绩效停滞的制度变迁都将发挥显著重要的影响。其次,还将对每一种机制进行形式化的分析,以从中引出一些理论推理,更重要的是提供一些阐释性的例子。因为我们前面已经说过,制度变迁的严重的背景依赖性质使得我们可能从例子的阐述中获得更多的启示。这些历时性的机制可能同时在一起起作用,也可能以先后顺序发生作用,其性质和效果有时难于区分。但作为研究制度演进与变迁的复杂过程的第一步,它们值得分别加以研究。

一、重叠的社会嵌入

历时性制度演进的第一种机制是重叠嵌入。在第二节中我们讨论了制度的产生可以通过将社会交换域嵌入到其他私人域,或者将不同的私人域结合起来的方式来实现。其中的域的参数特征(如政策与法律、制度专用性技能的积累水平等等)都会随着时间的变化而变化,因此,重叠嵌入的模式会随着时间的推移不断地变化。在时间框架下,一种与社会嵌入相似的结构可能会在历时性上不断出现,每次可能只是形式上略有不同,而在这些情况下,社会嵌入对于制度演进的影响是单一化的——要么是促进性的,要么是阻碍性的。域之间的重叠嵌入说明,制度具有高度的路径依赖的性质。唯有在特定的历史背景下才有可能令人满意地探讨制度变迁的机制问题。也就是说制度变迁因为其路径依赖的在时间上的互补性问题,对于制度变迁的机制的一般性探讨是比较困难的,因为特定的历史起点、特定的制度路径与随机的外来冲击都会改变制度变迁的方向,所以制度变迁的研究更多的是一种个案的研究,从个案中我们去体会历史的重要与变迁的起点和随机冲击依赖。格雷夫在这方面做了大量的富有成效的工作,他对中世纪欧洲经济史的详尽研究提供了更多的启示。[①]

---

① Avner Grief: *Institution and the Path to Modern Economy*, Cambridge University Press, 2006.

在第二节我们研究了参与人跨域协调其策略的情况下域之间在共时结构下的关联,并探讨了它的制度含义。我们看到,以前在两个域分开的情况下不可能出现的制度安排可以在一定条件下得以出现。我们主要考察的是社会交换域嵌入从而制止了在共用资源域、交易域以及组织域的非合作行为。如前所述,社会交换域的均衡决策规则的基本性质随着时间的推移而呈现出相对的稳固性,这大致对应着通常所说的文化模式。与此相对照,经济交换域的博弈形式则变化较快。参与人的技能、潜力和其他资产通过学习和人口变动逐步积累和折旧。与经济交换和参与人活动范围相关的信息结构会随着通讯和交换技术的进步而重新界定和扩张。在经济交换域,后果函数的参数如生产技术、法律规则等等也时常改变。因此,除了内生性的制度以外,正式表述为博弈形式的经济交换域的参数特征也会随着时间发生转型、衰变甚至重新构造。接下来的问题是,这些经济交换域和社会交换域联结之后究竟会产生什么样的后果?现有社会嵌入结构对制度变迁可能起到促进还是阻碍作用?甚至是否能为新的嵌入方式所取代?

青木昌彦首先讨论的是对社区适应环境变化起阻碍作用的社会嵌入。当经济交换域和社会交换域相嵌在一起时,社区规范协调着参与人的经济交换行为。假定经济交换域突然面对一次新的技术进步或者外部市场机会,然而,社区嵌入结构却有可能会阻碍社区向一种有效利用新的环境机会的制度安排过渡。例如,在非洲的乡村地区,年轻人在经济上供养老人,老年人给年轻人传授积累的农业技术以作为交换。在这里,社会保障系统嵌入到社会结构之中,使得老人享有社会的尊重。可是在引进机械化技术时,老人担心自己积累的技术会迅速贬值,因而极力阻挠。类似的例子还有很多。这些例子揭示:一个不允许任何创新活动的高度封闭的社区嵌入结构在面临严重的外部冲击时将显得极其脆弱,不堪一击。[1]

与上述情形相对照的是,联结社区和封闭经济交换域的社会嵌入结构也可能会促进经济交换域对环境变化的适应,环境变化包括与外部市场和新技术的接触、另一个互补域的制度变化等等。在一定条件下,社会嵌入结构最终可能会导致新制度诞生于扩展的经济域,或者使经济域从社区规范的嵌入状态下摆脱出来。例如,假定现在存在两种具有不同博弈形式的经济交换域,在开始的时候社会交换域嵌入在第一个经济交换域中,随着时间的变化,第一个经济交换域不断扩展,成长为另一个经济交换域状态,或者另一个经济交换域状态是新出现的。于是社会交换域可能以同构的方式嵌入在新的经济交换域。但是新的经济交换域与社会交换域的嵌入会产生一种新的制度,治理着本域的交易。这种制度不仅和经济交换域独立时所产生的制度不一样,而且也和如果经济交换域联结的不是这个交换域时所产生的制度不一样,也就是这种适应形式的制度关联的历史路径表现出路径依赖的性质,使得后续制度留下了原有制度结构的印记。在这里举的是农业社区的例子,封闭社区的社会交换域、共用资源域的嵌入,使得农民之间的"搭便车"行为成为不可能,这一机制预设了农户的相对均质性,而这一制度结构又再生了这种相对均质性。这时农户之间的互惠互利的交易机会就是十分有限的。这时外界比如城市的商人愿意与他们进行交易,但是没有信任与信誉机制来治理这种交易,农民不愿意进行交易,这时很多精明的商人就先和村长进行接触,双方就交易达成协议。只要市场是完全竞争的,村民有能力集体抵制商人的欺诈行为,而农民社区内的社区规范会制止那些低质量产品供给者的行为。这样,赋予村民一定的社会资本为开通对外交易和实施双边协议奠定了

---

[1] [日]青木昌彦:《比较制度分析》,上海:上海远东出版社,2001年,第251页。

基础,并成为一种均衡的结果。随着经济作物和手工艺品生产率差距的扩大,村民的社区凝聚力将注定会受到侵蚀。对于富有创新精神的村民,外部市场机会的价值就会增加,社区内从事社会交换博弈的社会松弛量则会不断下降。这时村民和商人的直接结合就会因为信息的发展成为可能。这样,首先由社区规范所诱导的交易关系就开始侵蚀社区关系的社会基础。基于社会交换博弈中的社区成员惩罚犯规者的对称能力的社区规范现在被个人信任和交易者社会规范所取代,后者只基于参与人在交易域识别和惩罚犯规者的能力。但维持后者所需的信息结构网络也许在转型前的社区就已经部分地准备就绪了。

第三种情况是社会规范或者说社会资本在不同交易域的转移。这种情况是指原有的经济交换域与社会交换域的嵌入,但是新的经济交易域中的一部分参与人从第一个交换域迁移到第二个交换域,再假设经过设计,一种自主的治理机制促使一种新的社会交换域变革发生了。也就是出现了与以前的嵌入方式同构的新的嵌入方式,最终演化出来的新的嵌入方式不是原有嵌入方式的完全复制。然而两种域部分重叠使得同构性嵌入方式成为自然的聚焦点。最为精彩的例子就是日本工业背景下社区规范的准复制的例子。通常认为,从日本的企业内部组织或车间所观察到的集体规范是对前市场经济的社区规范的复制,但移植的机制尚有待解释。如我们前面所看到的,在农业社区内,共用资源域被嵌入到社会交换域内从而阻止了"搭便车"行为,并且为两个域的参与人提供了大量的社会资本。在从前现代经济向工业经济的转型过程中,要维持这种条件是相当困难的。更可能的情况是,社会交换域的凝聚力逐步随着乡村人口向城市工业中心的迁移而不断被侵蚀和瓦解,如中国现在的情况。一种发挥同样功能的替代性社会交换域如何能在现代工厂背景下重构似乎也是不清楚的。一种可能的解释是日本的战时政府鼓励在企业成立产业爱国者协会的分支,该组织包含有白领和蓝领工人。这种协会逐渐演变成为一种互助组织。在战时政府对工人的流动加强监督和管制,对生产中的"非合作者"采取道义和肉体上的惩罚,类似于德川时代农业社区对不合作者的驱逐。在战后这种在车间自发衍生出来的集体解决问题的惯例形成一种准社区控制。战后,工人在工厂一级普遍工会化,而工会的领导人就是那些战时在车间进行控制的领头人。而且企业的管理人员选拔的等级序列制等等一系列制度强化了这种准社区规范。但是这种准社区规范并不必然是效率增进型的。例如丰田公司引进机器的行为就受到有技术优势的工人的反对。车间的集体规范(如互助和相互监督工作进度)只有与有效的治理机制相配合,才能成为整体性组织安排的有机部分,高效率地协调水平层级的活动。

二、制度性关联和捆绑的重构

历时性制度演进的第二种机制是对博弈关联方式的重新组合或者重新捆绑。该机制又分为两种类型。第一种类型是,随着经济活动在空间上的展开,过去在地理上相互分割的交易域得以融合,参与人开始跨域选择策略。以前各个域流行的旧制度在参与人策略互动的新条件下可能消失,也可能继续存在,或者新组织取而代之,居中协调着新的捆绑方式。第二种类型是,制度变迁在中介性组织的协助下作为域的新的捆绑方式出现,相应地,旧的捆绑方式必须拆散。另一方面,制度的停滞可以理解为陈旧过时的捆绑方式的持续阻碍了新的捆绑方式的出现。诚如熊彼特所指出的那样,创新是对经济因素的重新组合,是通过对旧组合的创造性毁灭实现的。

首先来分析两种特征各异的域整合之后对制度安排的影响。这里不妨设想两个域实现了一体化。这可能是交易和组织活动在地理上扩张的结果。在这种情况下,由于历史路径、管制政策、参与人积累的技能类型和水平以及交易性质等等的差异,不同域博弈形式的基本特征(参与人集合、决策集合后果函数)也会呈现显著差异。假定原有的各个单独的域分别产生的制度是制度一和制度二,在两个域进行相互作用之后,一种可能的结果是,在参与人新策略的支持下,在联合的域中出现一种新的制度——制度三。另一种可能性是不同域在实现一体化以后,原有制度仍然存续,它们的初始演化在一定程度上为它们各自域的博弈形式所制约。也可能是旧制度在联结两个域之前就发生作用影响后续制度,从而影响了旧制度的存续。因此,制度关联的历史路径即使在博弈结构已经改变的情况下也会在后续制度中留下印记,这就是路径依赖的全部含义。

其次来讨论一种相关但不同的关联博弈类型,也就是以组织或者第三方为中介的域的捆绑。正如前面所分析的,不同域的捆绑发生在捆绑主体能够获得足够的租金的场合,租金的来源可能是他所创造的新信息或者外在性。然而,在一种动态环境下,旧的捆绑方式因内部危机而消亡,或者因为它的租金基础为新的捆绑方式所侵蚀,这一切都将引致新的捆绑方式的出现。但是,新的捆绑方式的制度化不一定是一帆风顺的,它需要熊彼特式的企业家精神的强力推动,引发"旧组合的创造性毁灭过程"才可能出现。关于这一点,我们现实中的例子很多,诸如企业的一体化与非一体化过程。在阿尔弗雷德·钱德勒的著作《看得见的手》中,他预测到,内部组织和管理权威对于协调 19 世纪后期和 20 世纪初期的产业经济来说是必不可少的。管理协调这只看得见的手已经取代市场这只看不见的手。《看得见的手》就是关于商业制度对于这段独特的历史事件的反应。具体来说,南北战争以来美国的人口和人均收入大幅增长,与此同时,铁路运输、内陆水路网以及电信事业的发展导致交通和交易成本大幅下降。然而,也有学者指出,经理人革命表明了一种新的制度结构的出现,这是一种内生的、无论何时何地都比任何形式的分散产权和市场交易优越的制度结构。然而,历史向来对史学家不太友善,对于那些想把钱德勒的框架运用于现实的人来说,20 世纪最后四分之一世纪的事实似乎并不令人感到轻松。因为越来越明显,20 世纪后期(以及 21 世纪初期)正经历着一场可以说很重要但又与钱德勒描述的情况截然不同的革命。令人吃惊的是,这场新的革命的原则是对钱德勒经理人革命的颠覆。没有见到经理人控制延伸到垂直一体化各个阶段的多部门企业持续处于主导地位;相反,我们正看见垂直专业化的不断增加——正经历着"非一体化",特别是随着 20 世纪末高科技企业发展影响着传统的钱德勒式的产业。因此,看得见的手——在一个公司框架里多阶段生产的经理人协调——正在像半透明的幽灵那样逐渐消失。

为什么要一体化呢?Langlois 始终认为,如果不回顾组织结构产生的动态过程,就难以对它作出有效的解释。在他看来,当技术和市场机会要求对生产和分配结构进行系统性重组时,集权组织往往取代分权组织。出于同样的原因,在战时或者其他危机期间,决策权倾向于集中。当系统的许多不同的部分都同时需要变动以创造新价值时,集中控制通常有助于克服地方参与者的狭隘视角产生的不良影响,而且集中产权更易于战胜地方参与者的既得利益。简而言之,纵向一体化发生在当它可以克服系统变化的动态交易成本的时候。然而,到了 20 世纪末期前后,深层意义上的模块化掩藏在分散化的背后,它不想被人们理解为钱德勒式的公司让位于纯粹的模块化系统和匿名的商业市场。在许多情况下,看得见的手已被社会化成技术标准,这些标准允许外部协调机制的存在,减少了大量信息的转移。然而,在其他许多情况下,产品将继续保持"完整性",而且各个阶段之间的关系通常是合作的关系,其中涉及到信任、绩效和大量信息的转移。作为一个发展趋势,管理的缓冲功能正在移交给模块机制和市场——信息的分散化、适应性和风险分散。

三、历时性制度互补

历时性制度演进的第三种机制是历时性制度互补。新启用的决策集形成的决策或者某种变异性决策,单独看来并不合算,但如果另外的域已经有了一种互补性制度,或是参数发生了变化,两种域的相互支持会使得新决策获得强大的推动力。通过这种互补性机制,发生在域内的博弈形式的参数变化,比如说系统性政策改革,其效果会被放大和强化,有时可能导致一种全新的整体性制度安排。为了不陷于制度变迁的政策决定论,我们必须审慎地分析这种可能性。相关的实证研究表明,历时性的互补的后果并非必然都是政策设计者所可以预料的。其实这种制度整体性决策的实现可能更多的是一种巧合,格雷夫甚至就认为很多时候有效率的制度的实现也许就是一种巧合。如果相邻近的域没有实现互补性制度的安排,则这种从单个域看并不合算的制度是很难存在并持续的,但是由于偶然的或者是积累性的原因,正好在这种制度产生的时候,邻近域的互补性制度产生了或者已经产生了,那么就会放大与强化政策设计的作用。

我们特别感兴趣的是,互补域中的博弈形式中参数变化的影响,参数变化包括政策改革、新法案的通过、某种能力类型的积累、组织设计的变化和技术创新等等,它们可能会作为中介促成和引发新制度的产生,或者导致整体性制度安排的变化。

这些参数之所以发生变化,其中一个重要原因是政府的政策发生了变化,因此,这就不能不关注制度变迁中政府政策的作用。按照青木昌彦的论述,可以从三个方面来分析:① 作为政府组织设计和政策变化意料之外的制度后果。不妨设想某项政策变动的主要目的是为了改变参与人决策的方向,但政策变化通过互补性与参与人决策之间相互强化作用最终可能导致意想不到的整体性制度变迁。② 因缺乏相关的人力资产类型的政策失败。虽然政府政策有助于某些域新制度的演化,但如果不具备与新制度互补的人力资产类型,新制度仍然不可能出现。③ 制度相关参数的相互冲突时的政府作用。一般而言,在整体性制度安排的宏观层次中,制度相关参数变动的方向并不必然是互补的关系。制度相关参数的相互冲突可能是间断性的制度演进的主要特征,对未来制度的演进会产生显著的影响。这是因为政府可能与旧的利益集团相勾结,对新的捆绑方式进行管制或者阻碍新的参与者技能类型的积累。另一方面,政府也可能不与既得利益集团进行勾结,而是推动削弱旧制度的政策,那么转型过程就可能发生。虽然政府政策本身不足以导致私人域出现意想不到的制度安排,但从旧制度到新制度的转型的方向和速度将部分取决于国家的形态和性质。

本章小结

在博弈论的框架中,制度是一种社会建构,它代表了参与人内生的、自我实施的行动决策规则的基本特征,治理着参与人在重复博弈中的策略互动。我们从古典博弈论与进化博弈论的角度分析这一制度观念,以理解作为博弈均衡的制度概念。然后在此基础上,从局部均衡分析过渡到制度之间的互补性关系,进而分析作为社会整体性制度安排的一般均衡。接下来介绍的是改变传统博弈论的完备知识假设发展出来的主观博弈模型,在此基础上解释制度变迁。

最后分析的是制度在时间维度上的互补性,以及它怎么决定制度变迁的未来方向。

关键术语

纳什均衡	子博弈精炼均衡	互补性	古典博弈论
进化博弈论	进化均衡	有限理性	整体性制度
社会嵌入	关联性合同	整合性捆绑	中介性捆绑
主观博弈模型	认知危机	历时性互补	

本章思考题

1. 价格与制度有哪些类似的地方?新古典的价格是否是一种制度?为什么?
2. 古典博弈论与进化博弈论定义的制度有什么区别?分别在哪些环境下使用?
3. 怎样从制度的局部均衡分析过渡到一般均衡分析?举例说明。
4. 制度的互补性关系有哪些类型?它们是如何改变原有的制度激励结构?举例说明。
5. 主观博弈模型与其他制度变迁理论不同点在哪里?
6. 制度变迁的方向如何决定?如何区分制度的共时性互补与历时性互补?

学习参考资料

[1] John Shuhe Li. Relation-based versus Rule-based Governance: An Explanation of the East Asian Miracle and Asian Crisis[J]. *Review of International Economics*. 2003, 11 (4): pp. 651~673.

[2] Avner Grief. *Institution and the Path to Modern Economy* [M]. Cambridge University Press, 2006.

[3] [日]青木昌彦.比较制度分析[M].上海:上海远东出版社,2001.

[4] [美]赫伯特·西蒙.西蒙选集[M].北京:首都经济贸易大学出版社,2002.

[5] 王永钦.市场互联性、关系型合约与经济转型[J].经济研究.2006(6).

第十一章　利益集团理论

> **学习目标**
> 1. 掌握利益集团与制度变迁的关系。
> 2. 了解利益集团规模与集体行动难易。
> 3. 了解奥尔森关于利益集团的九条推论。
> 4. 理解利益集团投票与制度变迁的关系。
> 5. 掌握利益集团与制度低效、无效问题。

利益集团是指任何一个力图影响公共政策的组织,这种组织是由少数有公共利益特别是有共同经济利益的投票人组成的。具有共同利益的人,或者有共同的收入来源、大致相同的收入水平,或者处在同一行业、同一地区,或者年龄属于同一层次、同一性别,诸如此类。

利益集团对制度变迁有着重要的作用。单独的个人"呼声"极小,对制度变迁的影响力也极小,个人对制度变迁的影响作用主要是通过结成利益集团来实现的。不同的利益集团有不同的目标,制度变迁的路径一般取决于相关利益集团博弈的结果。

第一节　利益集团与制度变迁

一、利益集团的理论回顾

经济学家对利益集团和制度变迁的关系的研究由来已久,制度经济学家康芒斯将利益集团表述为压力集团,并在多数场合主张只有利益集团才是对美国经济政策最有代表性的力量。他认为市场机制本身存在缺陷,因此并不会给经济社会中各个集团带来公平。如果没有压力集团之间通过"呼声"来对政府施加压力,制度变迁就不能消除不同要素收入对比悬殊的状况,因为要素收入低的利益集团的消极无声将使得既得利益集团具有某种资源的垄断地位,具有收益优势的既得利益集团将一部分收益与政府分享,从而固化这种寻租的成果。在康芒斯的论述中,利益集团等同于实现公平合理的经济持续增长的不可或缺的工具。[①] 对于压力集团

---

① Commons: Economics of Collective Action, passion esp. pp. 33, 59, 262~291; Institutional Economics, passion; The Legal Foundations of Capitalism (Madison: University of Wisconsin Press, 1957), passion.

的性质,康芒斯通过对美国政治制度变迁的分析,阐述为:"关于压力集团应注意一个事实,即其总部近来在向政治首都华盛顿聚集。经济压力集团实际上已成为美国人民的职业性议会,比按地域选举出的议会有更真实的代表性。他们是非正式的而又相当于墨索里尼的'社团国家'——意大利职业国家。"①

康芒斯的这部分思想与政治学家的观点遥相呼应。在政治学中,研究利益集团与制度变迁关系的最重要的人物是阿瑟·F·本特利,经济问题是本特利十分重要的研究领域,可以说他既是一位经济学家,也是一位政治学家。他在著作《政府的过程》中把"集团分析法"运用到制度变迁上来,对其他学者的研究起了导向作用。本特利对利益集团的定义是:集团利益是集团存在的基础,"没有集团的利益就没有集团。"②在定义了集团利益以后,本特利继续的研究认为,利益集团压力的结果是政府制度变迁方向的一种并且是仅有的一种决定因素。"我们将要使用的名词——压力,始终是一种集团现象,它表明了集团之间的推与挡。集团压力的平衡就是社会的现状。"③按照本特利的思想,所有利益集团,不仅是社会政策、制度变迁的决定因素,而且也是最公平合理的决定因素。"政府的多数具体工作……都是由大的或弱者联合利益对为数相对较少但就其追随者又较重要的利益施加压力而形成的调整。如果有什么事物能用'由人民控制'这句话来表达,那么这就是一例。"④

后来,政治学家戴维·杜鲁门又对本特利的研究进行了发展。杜鲁门认为,当社会变得复杂时,利益集团的需求更多、变化更大时,便会自然而然地另外形成一些集团来稳定社会中的各种集团关系,利益集团有利于形成政治的公平结果,其主要原因有二:首先,一个利益集团不会无止境的提出过多的要求。他认为多数压力集团是弱小的、分散的,在那种环境中他们不会向社会索取太多,因为他们的成员也可能是其他不同利益集团的成员,因而也必然会多方面的考虑问题,而反对过度需求。其次,如果特殊利益集团有过分的要求,还会有"潜在的利益集团"即创新集团崛起向该特殊利益挑战。以国际贸易中的关税制度为例,如果某一利益集团为了自身的利益游说政府改变关税制度,提高关税税率,外贸壁垒的大幅度提高使得对该种进口产品消费者的实际消费水平大幅度降低,这部分消费者就很可能会组织一个游说团体来反对该新制度的实行。⑤

【案例 11-1】

利益集团的利益来源与利益集团的影响

1. 由行政或立法官员组成的利益集团

对国家官员本身就可能是一个利益集团并且力求以权谋私的讨论,恐怕已经多少超出了

---

① Commons: Economics of Collective Action, passion esp. p. 33.
② 转引自[美]曼瑟尔·奥尔森:《集体行动的逻辑》,上海:上海三联书店、上海人民出版社,1995年,第145页。
③ 转引自[美]曼瑟尔·奥尔森:《集体行动的逻辑》,上海:上海三联书店、上海人民出版社,1995年,第145~146页。
④ 转引自[美]曼瑟尔·奥尔森:《集体行动的逻辑》,上海:上海三联书店、上海人民出版社,1995年,第146页。
⑤ 转引自[美]曼瑟尔·奥尔森:《集体行动的逻辑》,上海:上海三联书店、上海人民出版社,1995年,第147~149页。

许多经济学家在这个领域所做的工作。经济学家通常又把利益集团所逐之"利"定义为"租金",将"寻租"活动定义为生产者通过政府管制等措施排斥竞争以将消费者剩余转变成生产者剩余的一种合谋得以实现的工具。

将官僚或是各行业的官僚管理者当成利益集团或潜在的利益集团来看待,曾隐约地出现在对于传统中央计划经济的批判性分析之中。在回答苏联型经济为什么曾经享有较高且持续的经济增长的提问时,有一种颇具说服力的解释:在政权建立初期,最高领导可通过利用下级官员之间的竞争来获取有用信息,从而有效地对下级进行监督并制订出切实可行的、能充分调动资源的计划;但随着时间的推移,高、中层官员便开始与国营企业的经理们"沆瀣一气",并逐渐结成了形形色色的利益集团,依靠"共谋"来欺下瞒上,攫取小集团的利益;最后高层官员贵族化,从而彻底地丧失了使其自身利益同全社会利益荣辱与共的纽带——"共容利益",结果苏联型经济便崩溃了。公允地讲,这种思路多少已经显露出视官僚阶层为利益集团之端倪了。

为什么官僚会结成利益集团的问题?因为他们在拥有特殊共同利益的同时,还可能满足了形成利益集团的其他诸项条件;因为他们不仅仅是某些利益的代表,同时还是那些利益的"直接所有者"。换句话说,在某些场合下,官僚们只有相互串通一气,才能最好地形成并最终实现其利益;当官僚与资本融为一体时,我们大家所熟知的"官僚资本"也就登上历史舞台了。

官僚利益集团的利益来源及实现的途径粗算起来大致有以下几种:

第一,充分利用手中的被合法授予的管制权来人为地制造租金并努力占有它们。以权谋私、权钱交易等等,所指的主要就是这种现象。原则上讲,寻租活动导因于租金的存在,而租金又滥觞于管制、限制或政府(国家)垄断。现实的或潜在的获利机会一旦被垄断、被限制,只要有利可图,逐利而行的企业家或个人便会想方设法地突破之。为了突破垄断或限制,为了打通"关节",他们必然会主动地付出成本(或行贿);也正是这一成本构成了官僚利益集团的收益(如受贿)。在此特别需要指出的是,人为地维持低价从而带来短缺,是官僚利益集团的主要活动方式之一,因为这样既可以提高自身的稀缺性,又可以要求国家在本行业或本地区投入更多的并且归其支配的资源,真可谓一箭双雕!

第二,官员们,特别是他们的亲属,直接从事受到自己或自己人保护的经营活动。看看清王朝末年出现的所谓官僚买办(亦官亦商)阶级——阶级从相当意义上讲与利益集团无异——的所作所为,我们就可大致理解这类利益集团的活动方式。此外,充分灵活地动用手中的人事任免权来维护本利益集团的团结与稳定,从而巩固既得利益的活动——中华民国晚期的"蒋宋孔陈"四大家族便是一例,亦应被纳入对官僚利益集团的分析之中。由此我们很容易地想像出,在这种背景下制定出的经济政策,几乎可以肯定是非中性的,是偏袒"自己人"的。

第三,凭借对立法过程的影响来满足自身的利益要求。当今世界的许多国家所采取的都是所谓议会内阁制。这种制度的一个性质是政府阁员本身必须同时又是议会议员。这等于将行政与立法两项职务集于同一批人(尽管存在反对党,但它必定是议会的少数派),英国的政治制度就是这样的。不难想见,在此种情形下通过的法律制度无疑会带有浓厚的非中性色彩。即使不是议会内阁制,考虑到官员阶层的人数相对较少,考虑到他们的受教育水平,考虑到他们所从事的职业性质,故他们对立法程序的影响,对法律条款的把握以及对法律施行后果的理解等等,均会比一般的人要大,要准确,要深刻。

在此极有必要补充几点。首先,官僚利益集团本身还可以进一步地区分为行业(或部门,或"条条")利益集团和地区(或"块块")利益集团。其次,官僚利益集团形形色色,而且数量也很多,因此各集团的利益发生冲突的现象也是屡见不鲜的,尽管它们有着一个明显的共同特点,即都是管制权垄断群体中的成员。最后,同时也是相当意味深长的是,把官僚及其集体行动纳入利益集团理论加以讨论,尤其是对那些曾经或目前仍旧是"政企"或"官商"不分的,或市场发育程度极低的国家及地区而言,恐怕是一种十分有益的分析视角。

2. 是非功过:一个假说

绝大多数经济学家认为,利益集团的活动必定会损害社会效率、降低经济增长、扩大政治分歧、限制竞争、延缓新技术的推广和使用,不仅如此,它还必须为20世纪70年代以来出现的所谓经济"滞胀"现象负主要责任。依我看,就相当多的情况而言这种判断基本正确。为了支持这一论点,我们可以看看下面这个十分具有典型意义的例子。

美国一直在实行一个所谓"糖价支持计划",其主要内容是对国外的食糖实施越多越严格的进口配额限制,如1979年为400万吨,而1989年则减少到125万吨。美国商业部1988年的研究报告指出,这项计划——典型的非中性制度——的实施导致了如下不良后果:① 美国国内市场上的糖价高出世界市场价格的数倍;② 美国消费者每年为此多花费了约30亿美元(平均每个家庭约为50美元);③ 它鼓励了对其他含糖食品的大批进口;④ 大量进口食糖替代品极度地打击了美国的糖加工业并砸了上万人的饭碗;⑤ 菲律宾和加勒比国家的糖业生产者们处境相当艰难,同时美国也因此被宣布为违反关贸总协定。与此相对应的是,那1万多的糖作物生产户平均每家得到了约25万美元的"补贴"。这也恰是他们愿意组成利益集团并花钱游说政府或议员的原因之一。

当人们大谈利益集团及其活动结果(即非中性制度)之危害时,我却要说任何结论恐怕都是要有条件的。在一个奉行市场经济的国家中,利益集团活动的基本目标是要借政府官员和立法者来排斥竞争,从而使自身利益得到有效的保护。这是因为在市场导向的经济中,往往存在着众多的竞争者,故用非中性制度来排挤打击竞争者,特别是将其他潜在的竞争者拒之门外,通常是有利可图的。然而,在一个正处于由非市场经济(如集中计划经济)向市场导向经济过渡的,或市场经济极端不发达的国家中,情况可能就会有所(甚至会迥然)不同。

在"官商"或是"政企"尚紧密结合、且一切都是被计划好了的国度内,是没有竞争者的影子的。微观经济学告诉我们,多一个竞争者,经济就会多一分活力,效率就会随之提高一分。在进行市场导向式的经济改革的国家里,虽说其基本目标之一在于最大限度地促进竞争以求享受那"来自竞争的繁荣",但对势单力薄的个人而言,这又谈何容易呀。究其缘由就在于官僚本身往往就自成利益集团,而更重要的是,他们清楚地意识到其现实的及潜在的获利机会将随着市场的充分发育和竞争的日趋激烈而受到损害。这批利益受到威胁的人通过人为设置进入市场之障碍,通过抓紧权力不放来阻止,更多的是延缓市场化进程,便是顺理成章的了。为了尽早地进入因竞争性弱而预期收益颇高的市场,分散的个人的一个选择便是贿赂官员。这种情况在第三世界国家如此之普遍,以至于经济学家专门为它起了一个名字:"加速钱"(Speed Money),即私人买通官员以求加快审批手续所付出的费用。

然而,为了更加"经济"地获取进入市场的机会,同时也为了使已经得到的私人利益更加安全,仅仅依靠分散且有限的个人之能力终究是不够的。合作将带来比较利益与规模效益。在经过多次博弈后的个人或群体之间,尤其是在那些最可能成功地解决"搭便车"难题的人群中,伴随集体行动而来的比较利益与规模效益也就最可能实现。毫无疑问,当分散的个人发现组成利益集团并用集体行动来铲除进入障碍或降低进入成本更有利可图时,他们是不会放弃这种机会的。此刻,我们便不难想像,在处于由计划经济向市场导向型经济过渡中的或市场欠发达的国家内,会产生一些新兴的利益集团。这些利益集团虽说眼睛盯着的仅仅是其自身的利益,但其活动——如积极参与有助于市场化改革的法律制订,或鼓动舆论来支持取消进入障碍等——的结果却在不知不觉中带来了一种"溢出效益",即在使自己方便地进入市场的同时,也为其他潜在的竞争者创造了参与市场竞争的条件。由此,市场的进入壁垒开始松动了,阻碍市场导向式经济改革的官僚利益集团也开始了瓦解过程,社会繁荣的步伐亦开始迈出了。

分析至此,我觉得引申出一个假说的时机已经成熟,那就是:如果说在市场导向的经济中利益集团之活动对整个国民经济所起的多是负面影响的话,那么在一个由中央计划经济向市场导向经济过渡的国家中,或是在一个市场不甚发达的经济中,新兴利益集团带来的常常是正面效应。

当然,这是一个可以,而且需要用经验加以检验的假说。

资料来源:张宇燕:"利益集团与制度非中性",载盛洪主编:《现代制度经济学》,下卷,北京:北京大学出版社,2003年,第157~168页。

二、利益集团——推动制度变迁的主导性组织力量

从19世纪末20世纪初开始,市场经济已逐步过渡到垄断阶段,卡特尔和辛迪加主宰着经济的命脉,加之不完全理性和不完全信息的存在,证明了无数个微小的经济个体仅以价格作为选择参数,是不完全有效的。组织经济学的研究发现,在现代经济生活中充斥着越来越多的组织,经济活动之所以有了更多的组织,实际上反映出现代经济已经不同于传统的新古典经济学所分析的原子式经济,市场经济再不可能像完全自由竞争假设所描述的那样,仅仅是充斥着无数个以个人为单位的原子式的经济主体,而是这些个体所组成的集团在市场上进行交易,或者说对制度产生大的影响。"组织是为一定目标所组成,用以解决一定问题的人群。"[①]市场中的组织形态是多样的,诸如家庭、企业和国家;同样道理,制度变迁中研究的组织形态主要是利益上的同盟,也就是利益集团。在新制度经济学中,利益集团被视为推动制度变迁的重要组织角色。

利益集团之所以能够成为推进制度变迁的主导力量,是因为:第一,制度变迁的发生是利益需要的推动,而利益集团的产生正是基于一部分社会成员对利益的一致要求,因此,利益集团对于制度规则的改变是符合其"理性人"利益最大化偏好的。这也是利益集团推动制度变迁的根本原因与根本动力之所在。第二,就市场中的组织形态——如家庭、企业这类小型利益集团——而言,虽然它们也对制度变迁产生作用,但是要实现整个制度规则的根本性的变化,对于那些规模较小的集团来说,不具备规模效应,所以,它们更多的是组成一些所属成员在利益上能够相互调合的大集团,以取得制度变迁的规模经济效益。利益集团相对于国家而言,是更

[①] 诺思:"制度变迁理论纲要",载陈敬山编:《经济学与中国经济改革》,上海:上海人民出版社,1995年,第2页。

接近于市场型的组织;国家相对于利益集团来说,则是一个强制性的组织。对制度变迁来说,国家更大的意义在于它的中间性,即充当裁判的角色,而不具有利益集团对制度变迁的主动性。① 在此,我们就将利益集团作为一个基本的分析工具,展开对制度变迁或制度创新的研究。

诺思分析制度创新包括以下步骤:首先,形成"初级行动团体",他们具有强烈的创新欲望。"正是这一行动团体认识到存在一些收入(这些收入是它们的成员现在不能获得的),只要它们能改变安排的结构,这些收入就可能增加。任何一个初级行动团体的成员至少是一个熊彼特意义上的企业家,而且在这一模型的逻辑内,团体启动了安排创新的进程。"②在若干可供选择的制度创新方案之间,从利益最大化的理性原则出发,选择它们最满意的方案予以实施。实际上这个集团已经取得了新制度的各项预期优势,扮演了制度的设计师的角色。然后,形成"次级行动团体",即在制度创新过程中助"初级行动团体"一臂之力的人和机构,"次级行动团体作出一些能获取收入的策略性决定,但是它不能使所有的追加收入自然增长(事实上,它可能永不会自然增长)。"③对于次级行动团体,诺思强调的是国家的作用,也就是某一集团的制度方案要获得国家的许可之后,才可能成为现实中的制度。最后,初级行动团体和次级行动团体一道努力促进制度创新,在制度创新实施后,两集团就所获得的收益进行再分配。诺思的研究提出了制度变迁发生的组织力量,即"行动集团",当然还包括在制度变迁中潜在的或没有发挥主导作用的行动集团,这里的行动集团也就是奥尔森所说的利益集团。

利益集团的活动主要是进行投票或寻租,力争通过有利于自己的立法或政策来改变现有的制度。显然,对于利益集团而言,游说结果是一项公共物品,有利于集团内的所有成员;对于社会而言,游说则是一个私人物品,只有利于该集团。他们的触角伸展到制度变迁的各个环节。他们可以鼓动选民,因为他们在有些方面具有信息优势;他们可以劝说官员,因为他们具有技术优势和信息优势;他们可以诱惑官员,因为他们有强有力的经济支持;他们还可在投票中采取多种策略性行为,进行投票交易。

正如诺思所描述的,制度变迁的实质是在组织的作用下改变社会游戏规则并将其程序化。在制度变迁过程中,一种新的制度之所以能够代替旧的制度,不仅在新制度所带来的利益上要有优势,而且更要有实施成本上的优势。社会游戏规则虽然最终会影响到个人收益的最大化,但是社会游戏规则的改变必然是一种集体行动的结果,因为个人无法承担这样巨大的集体行动的成本。利益集团采取选择性刺激手段,以某种强制方式来形成集体行动,以替代个人而成为制度变迁的主导性组织力量,因此,利益集团作为具有集体行动力量的团体,可以有效地降低制度实施中的交易成本,将无数个人自发性的、耗费巨大交易成本的制度变迁的交易成本内化为更为经济的交易成本,从而形成制度变迁的组织优势。

利益集团是一个有规模优势的组织,尤其是在规则的形成和制度的制定过程中,有不同的团体在行动,规则就是不同集团相互博弈的均衡结果。我们可以观察到,利益集团的

---

① 本章主要分析利益集团与制度变迁之间的关系,国家不视为一个利益集团,它超脱于一般利益集团之上。因此,单纯由国家制定的强制性制度变迁在本章中忽略,而主要分析诱致性制度变迁。

②③ L. E. 戴维斯、D. C. 诺思:"制度变迁的理论:概念与原因",载[美]R. 科斯等:《财产权利与制度变迁》,上海:上海三联书店、上海人民出版社,1994年,第272页。

一项组织性权利就是对新制度的退出权,现代社会中一项新制度通过与否,实际上往往决定于大利益集团所拥有的选票。一个社会的规则是各利益集团均衡的结果,集团是达成均衡的决定性力量。利益集团在制度变迁的活动中,其信息优势也是巨大的。集团对信息的传导功能和整合功能是制度变迁中非常重要的功能,它实际上既整合了个人信息,又避免了整个制度变迁的混乱和无序。所以说,利益集团具有组织、信息和交易成本上的优势,是推动制度变迁的主导性组织力量。[①] 具体而言,具有选择性刺激手段的集团比没有这种手段的集团更易于组织集体行动来推动制度变迁;较小的集团比较大的集团更易于组织集体行动来推动制度变迁。[②]

第二节 利益集团的规模与集体行动

一、集团规模影响制度变迁

制度变迁主要是由利益集团的活动来推动的,制度变迁与利益集团的影响力息息相关,而集团的规模是其影响力的自变量之一,因此,也可以描述为,制度变迁的进程与对其起推动作用的利益集团的规模不无相关。

让我们首先来考察这个问题是怎么提出来的。集体行动的目标和意义就在于使参与这个集体的个体的利益得到实现,对于一个利益集团来说,如果实现了某个目标,那么由此带来的收益就可以为利益集团中的每个成员所共享。排他性是相对于集团外的个人而言,而个人行动的成本又是不能外化的。在这个意义上,个人理性构成了集体理性的必要条件,那么个人理性是否是统一的呢?即是否一定会导致集体理性的完成呢?答案是:不一定。从结果来倒推,如果利益集团推动制度变迁的行动获得了成功,集体行动的这一结果为每个成员所分享,那么该利益集团内的个人没有理由不这样认为——即使自己不行动也能"搭便车"分享到这个成果,即得到不需要付出成本的收益,因此个人的不作为肯定是符合个人理性的,但这种符合个人理性的思维方式对于利益集团的集体行动来说,则无疑是不利的。产生这一悖论的原因就在于利益集团的行动是一种公共产品,在集团内部不具有排他性和竞争性,不能消除一部分成员对另一部分成员的外部性,只要个人保留成员的资格,即使他不参与行动,他也一样会分享到集团内其他人行动的成果。

对这一现象进行研究的经济学家中最有名的就是曼库尔·奥尔森。他通过研究制度变迁和国家兴衰背后的原因,发现了利益集团是影响制度变迁、导致国家兴衰的一个一般性的原因。但是,奥尔森在区分了不同规模大小的利益集团以后,提出并不是不同规模的利益集团对制度变迁都有同样的影响力。通过将成员的人数和每个成员所能分得的收益作为主要变量,奥尔森将利益集团分为三类:特权集团、中间集团和潜在集团,其中前两者都可以归纳为小集团,最后的潜在集团即大集团。

特权集团是一种倾向于极端状况的小集团,往往规模非常小,成员很少,成员间的利益高度一致,集团内部成员间的交易成本极小,有极大的行动力。由于人数极其有限,一旦发生一

[①] 程虹:《制度变迁的周期》,北京:人民出版社,2000 年,第 93 页。
[②] [美]曼库尔·奥尔森:《国家兴衰探源》,北京:商务印书馆,1999 年,第 41 页。

项有利于该集团的制度变迁,则成员个人能享受到的直接权益足够抵消作为该集团成员所付出的成本。因此,集团中至少某些成员,甚至每一个成员,都有动机保证集体物品能够得以提供,即使自己承受全部成本也在所不惜。

中间集团介于特权集团和潜在集团之间,其规模比特权集团大,成员间利益的契合程度较特权集团低。和特权集团相比,由于成员人数较多,没有一个成员能从制度变迁中的得到足够多的、能够刺激自己单独行动的收益。集体行动可能是有力的,也可能对制度变迁只是微不足道的"噪音";即使集体行动能够得以产生,也一定是成员间合作的行动,而且是集团内每一位成员相互监督、威胁和允诺的产物。

大量存在的是潜在集团,这类集团规模庞大,由于成员众多,不能提供任何刺激来促进个人参与集体行动并承担相应的成本。虽然他们存在共同的利益,但是人数的众多和每个个体可用资源的匮乏,导致了他们有着组织成一个集团影响制度变迁的可能性,但这种可能性能否实现,则取决于太多的外生条件,实际情况是,这样的大集团基本上是很难采取集体行动并推动制度变迁的。最后的结果是他们的利益必将受到那些容易采取集体行动的利益集团的损害。正如奥尔森所说:"社会中的一些人群如消费者、纳税者、失业者以及贫民不可能组成任何团体,因为他们既不具备选择性刺激手段又不是人数很少的个体集合;这样他们很可能被排除在社会协商之外。在此情况下,社会上有组织的团体就会不择手段地争取本身的利益。这些团体既然负担了争取有利于自己政策的大部分费用,就难免制定出一些忽视社会多数人的利益而偏重组织起来的这部分人利益的政策。"[①]

实际的观察与理论的研究都表明,相对较小的集团——特权集团和中间集团——在影响制度变迁上具有更大的力量。这种力量对比也造成了制度变迁的一种不利局面,发展中的制度出现了僵局。在对制度变迁的推动上,各个利益集团是从自身的利益出发的,集团间的利益难免没有冲突,特权集团和中间集团这两类小集团对制度变迁有较大的推动能力,从而能够形成对自身有利的制度变迁;相反,大部分具有共同利益的人却无法对制度变迁采取集体行动,通过有效的方式来影响制度变迁的方向和程度,从而形成了变迁后的制度仅仅对小部分人有利,却不能增进大部分制度需求者的福利水平。

二、大集团难以采取集体行动

不论是小集团的还是大集团的成员,他们每时每刻都在理性地追求最大的个人利益。但是,在大集团中,集团成员追求最大个人利益的结果却不会促进公共利益。奥尔森从团体成员之间的利益矛盾、公共利益本身的性质以及大团体的组织成本这三个方面对此作出了详尽的分析。[②]

首先,同一团体的成员虽然抱着共同的目标,有着一致的利益,但是,他们之间同时存在着深刻的利益冲突。在大团体中,这种利益冲突往往大于利益的一致,从而严重妨碍集体的公共利益的实现。

其次,公共利益本身的性质也使得大团体极难有真正的集体利益。奥尔森指出:"政府提供的共同的或集体的利益通常被经济学家称作'公共物品',而且公共物品的概念是公共财政

[①] [美]曼库尔·奥尔森:《国家兴衰探源》,北京:商务印书馆,1999年,第44页。
[②] 罗必良:《新制度经济学》,太原:山西经济出版社,2005年,第578~579页。

研究中一个最古老和最重要的概念之一。在此定义一个公共的或集体的物品为:任何物品,如果一个集团 $X_1,\cdots,X_i,\cdots,X_n$ 中的任何个人 X_i 能够消费它,它就不能不被那一集团中的其他人消费。换句话说,那些没有购买任何公共或集体物品的人不能被排除在对这种物品的消费之外,而对于非集团物品是能够做到这一点的。"① 由于集团行动的结果具有公共品的性质,它提供了不可分的、普遍的利益,即使集团内的一些人不参与行动也能够分享他人行动的成果,以致集团内"搭便车"等机会主义盛行,最后的结果必然是大集团就不可能自发地实现集体利益。

再次,大团体的组织成本也阻碍其难以增进他们自身的利益。奥尔森认为,必须经过组织才能获得的集体物品,不管这一集体物品数是多少,它都必须满足某一最低程度的组织成本。集团规模越大,这些最低成本就会越高。奥尔森这样论证道:

"第一,集团越大,增进集团利益的人获得的集团总收益的份额就越小,有利于集团的行动得到的报酬就越少,这样即使集团能够获得一定量的集体物品,其数量也是远远低于最优水平的。第二,由于集团越大,任一个体,或集团中成员的任何(绝对)小子集能获得的总收益的份额就越小,他们从集体物品获得的收益就越不足以抵消他们提供哪怕是很小数量的集体物品所支出的成本。……第三,集团成员的数量越大,组织成本就越高,这样在获得任何集体物品前需要跨越的障碍就越大。由于这些原因,集团越大,它就越不可能提供最优水平的集体物品,而且很大的集团在没有强制或独立的外界激励的条件下,一般不会为自己提供哪怕是最小数量的集体物品。"②

不论是大集团还是小集团,从集团理性角度,要增进集团的利益就必须采取集体行动;但从个人理性角度,由于个人是集团中的一员,个人无论参加集体行动与否,都将分享集体行动的成果,其结果就是个人理性导致集体的非理性,也就是集团要采取行动是很困难的。基于此,奥尔森在对集团的个人理性与集体理性的矛盾作了一般性的分析之后,又对集团的行动提出了九条推论。这些推论论述了集团与制度变迁的关系,对我们认识利益集团在制度变迁过程中的影响作用有着重要的启示意义。九条推论具体如下:③

(1) 不存在这样的国家:其中所有具有共同利益的人群都可能组成平等的集团并通过全面协商而获得最优的结果。

(2) 凡边界不变的稳定社会中,随着时间的推移,将出现愈来愈多的集团和组织。

(3) "小型"集团的成员具有较强的组织集体行动的能力,而这种优势随着社会稳定时间的延长而递减。

(4) 总的说来,社会中的特殊利益组织或集团会降低社会效率和总收入,并使政治生活中的分歧加剧。

(5) 广泛性组织一般都倾向于促使其所在的社会更加繁荣昌盛,并力图在为其成员增加收入份额的同时,尽可能地减轻其额外负担,从而只有当国民收入再分配中所产生的利益与由此引起的全社会损失相比较大时,才支持这种再分配行动。

---

① [美]曼瑟尔·奥尔森:《集体行动的逻辑》,上海:上海三联书店、上海人民出版社,1995年,第13页。
② [美]曼瑟尔·奥尔森:《集体行动的逻辑》,上海:上海三联书店、上海人民出版社,1995年,第40页。
③ [美]曼库尔·奥尔森:《国家兴衰探源》,北京:商务印书馆,1999年,第85页。

（6）分利集团[1]进行决策较其中的个人与企业决策迟缓，从而使议事及协商日程拥挤；其决策多半倾向于固定价格而不固定数量。

（7）分利集团使全社会采用新技术延缓以及在生产情况变化时阻碍重新分配资源，从而降低了经济增长率。

（8）当分利集团发展到足以取得成功的规模时，它必然采取排他性的政策，并力图使其成员限制在收入相近与贡献相近的范围之内。

（9）分利集团的扩大将增加法律的繁文缛节，强化政府的作用，造成协议的复杂性，并改变社会演化的方向。

第三节 利益集团的投票与制度变迁

社会中存在着形形色色的利益集团，它们规模不一，目标也有区别，有时甚至是相互抵触的。制度变迁是利益集团之间进行博弈的结果，但是博弈行动也必然有一定的规则，也就是行为的纪律。在诸多的方式中，参与投票无疑是其中一项重要的手段。一个不言自明的道理是，公共选择与制度变迁的结果与投票的规则相关。比如某城市竞选市长，市长一旦选出，总揽城市中的大小事务，为市民服务，也对集体活动作出主要决策和负主要责任。经过投票选举，全市有选举权的成员或部分代表选出市长，在不同的投票规则下，则可能选举产生不同的市长，不同的市长候选人代表不同的偏好和领导方向，在引导本地方局部的制度变迁时，变迁的方向和不同利益集团的收益自然也有差别。

一、若干投票规则及绩效

在公共选择理论中，投票规则一般有以下几种：一致同意规则、多数票制、加权投票规则、否决投票原则。

（一）一致同意规则

如一项集体行动的方案，必须经全体所有参与方都同意或至少没有人反对的时候才能付诸行动，所行使的就是一致同意规则。最明显的例子就是，联合国安理会的决议要付诸实施，需要五个常任理事国——美、俄、中、英、法——一致同意，至少要不投反对票。如果其中任何一国表示不同意，那么决议都不能获得通过。因此可以说，此原则下的任何一个参与方都有公共决策上的否决权。公共选择学派的主要先驱威克赛尔极力推崇一致同意原则，故一致同意原则又称为威克赛尔准则。在威克赛尔准则下，弗农·史密斯设计出"拍卖机制"。首先确定一个"拍卖人"或主持人，支持一轮又一轮的投票，不断收集当事人信息，按既定规则处理这些信息修改议案，并把它们反馈到下一轮投票中，直到大家都投票赞成。[2]

---

[1] 所谓分利集团是指在社会总的利益格局中，为本集团获取更多更大利益份额而采取集体行动的利益共同体。分利集团与一般利益集团概念不完全相同。一般利益集团是指那些有利害关系的人或组织共同构成的集团组织。它既可以为增加社会总利益而努力，也可以仅仅为争得社会总利益中尽可能多而大的份额而努力。只有在后一种情况下，利益集团才称作分利集团。

[2] 文建东：《公共选择学派》，武汉：武汉出版社，1995年，第29页。

(二) 多数票制

尽管一致投票规则具有某些优点,能够公平的表达每个参与方的意愿,但其往往得来非常昂贵。为了节约交易费用,尽早选定方案,人们往往退而求其次,使用一种按照多数人意愿进行集体选择的投票规则。所谓多数票制,是指一项集体行动方案要能获得通过,需要全体参与方中超过半数或超过半数以上的某一比例如2/3、4/5投赞成票。多数票制分为两种:简单多数制和比例制。当取舍标准是过半数时,称为简单多数制,又称为过半数规则;当取舍标准是过半数以上的一个固定比例如58%时,称为比例制。

按照过半数规则,如果只有一项议案需要决定取舍,就一定能得到一个确定的结果。但如果是多项选一,结果就不一定是唯一的,而有可能是多样的。这取决于全体成员的偏好是单峰值还是双峰值。①

一般而言,表决过程会产生决策成本,对议案进行表决、修改、解释和讨价还价,都需要耗费时间和资源。这种成本通常随通过决议所要求的人数比例的提高而增加。议案实施后,会给投反对票的人带来损失,这种损失可称为外部性成本。一般而言,赞成者的比例越高,这种外部性成本越小。个人独裁时,决策成本为零,但外部性成本很大;一致同意时,决策成本很大,但外部性成本为零。这是两种极端情况,在这两种情况之间,会存在一个决策所需的比例,它能使两种成本之和最小,即最优多数。在不同的场合,最优多数的大小要受到信息、偏好、成员数量等方面的影响。②

(三) 加权投票规则

加权规则是对以上基本投票规则的发展,只是将一人一票制改为加权制。重要的是对权数的理解,权数的大小显示了参与方初始权利的大小。如果按照权数进行分摊,这种原则变回到权数平等的一人一票制。一人一票制,意味着在投票之初投票者之间的权利是平等的,但在某些场合,这种初始的平等并没有存在的土壤。因为有些情况下,投票者之间的力量存在巨大的差异,如果此时在投票者中强制实行一人一票制,也是一种变相的不公平。

(四) 否决投票原则

否决投票原则相当于反方向的一致通过规则,其含义是先让参与方提出合乎自己意愿的一套或几套方案,再汇总各个成员所提出的方案,在汇总的方案中否决掉自己最不喜欢的方案,最后剩下的未遭否决的方案便是全体成员所接受的方案。③

诺思等在其代表作"制度变迁的理论:概念与原因"中论证了"制度水平之间的选择由与各种选择相联系的成本收益来表示。""一种新制度的创新可能允许获取这些潜在收入的增

---

① 文建东:《公共选择学派》,武汉:武汉出版社,1995年,第32页(所谓峰值是指这样一种情况,如果把关于公共物品量或公共支出量的议案按顺序排列,则其中必有一种议案所获得的偏好较大,或者说该议案所享的偏好程度大于它邻近的某些议案,则该议案所获得的偏好程度就是峰值。峰值可以是单峰值也可以是双峰值。单峰值是指某一成员最偏好某一议案,并且离开该议案向任何其他议案变化时,偏好程度都会始终持续下降。双峰值则是指某一议案所享偏好程度较高,但在按顺序排列的议案中沿某一方向向其他议案变动时,偏好程度始而下降继而上升)。
② 顾钰民、伍山林:《保守的理念——新自由主义经济学》,北京:中国当代出版社,2002年,第160~161页。
③ 顾钰民、伍山林:《保守的理念——新自由主义经济学》,北京:中国当代出版社,2002年,第161页。

加;……要取得它们,就要向创新了这种新安排的某些人或团体支付费用。"[1]各种投票规则各有特点,在对制度变迁进行选择时,由于各种投票方式的成本收益不同而对制度变迁的主体存在着不同的引导作用,并因此对制度的供给产生影响。

不同的投票规则会对利益集团对制度变迁的影响力产生不同的作用。一致同意原则的特点是非常明显的。每一个参与方都握有否决权,那么每个人在对制度的选择上的作用都是至关重要的。每个利益集团之间对制度选择权是平等的,一致同意规则使得决策的实施至少在预期上来看不会给任何一个利益集团带来损失,所有参与投票的利益集团的福利都会因这个决策的实施有所改进或不变,另外,一致同意规则也可以很好地避免"搭便车"行为。因此,一致同意规则下产生的新制度一般来说会产生帕累托改进。但是,一致同意规则使得制度变迁的成本非常昂贵。一个使所有参与方同时实现帕累托改进的制度变迁方案,通常需要全体参与方一而再、再而三地修改、调整方案,进行多轮讨价还价和协商。很显然,这个过程需要高昂的交易费用。另外,利益集团还可能采取策略性行为,以不诚实的态度对待投票,尽可能地减少其他利益集团的获益而增加自己的获益,以在别人的土地上收获果实。尽管一致同意规则下的制度变迁在预期上能使所有制度变迁的参与决策者都至少不降低福利水平,但在福利增加值的分配上,利益集团会追求更有利于自己的结果,以致各方难以达成制度变迁的合约,因此,一致同意规则在制度变迁的投票中很少使用。

和一致同意规则相比,多数票规则降低了单个利益集团在制度变迁决策中的作用。一个利益集团对制度变迁持何种态度,投何种票,在大多数情况下对最终的决策结果并不起决定性的作用。一项制度变迁的方案能否达成,只取决于能否得到某一多数比例的集团的支持,最终的集体决策结果所体现的只是社会中利益集团中多数派的利益,这导致制度变迁的结果必然使多数派集团的成员的福利改善或至少不降低,少数派集团的成员的福利受到了损害。也就是说,在此规则下,制度供给的多数派集团将自己的意愿强加到少数派集团头上。利益集团对参与制度变迁投票的目标,主要考虑的不是社会整体福利,而是该制度变迁对本集团的影响——本集团预期的收益和实际付出的成本,包括信息收集成本和外部沟通成本、内部成员间的协调成本等,投票结果是不确定的,即预期的收益是不确定的,但利益集团为此付出的成本却是实实在在的,于是机会主义有了滋生的空间。在对制度变迁的决策中,产生了"搭便车"行为。利益集团预期其他利益集团投票选择的结果,如果符合自己的利益,就说明即使不算上本集团的选票也能得到满意的收益,该集团将主动放弃对制度的选票,再将投票权转让给其他利益集团;同时,其他利益集团就可以极小的代价购买若干选票以左右制度供给的决策结果。经验是可以传递的,众多利益集团的"搭便车"行为,将有可能使制度的供给偏离多数方的偏好,只增进少数方的利益,制度变迁出现逆向选择,偏离了它最优的路径。

二、博弈论分析

此处分析公共选择与制度变迁尤其是与制度供给的联系,制度作为一种公共产品,并假定这样一种参与机制:参与决策的利益集团的投票行为能够决定制度的供给,相当于决定公共产品的提供,如果该集团赞成制度变迁,便投赞成票,如果该集团不赞成,便不作为;这种制度的

---

[1] L. E. 戴维斯、D. C. 诺思:"制度变迁的理论:概念与原因",载[美]R. 科斯等:《财产权利与制度变迁》,上海:上海三联书店、上海人民出版社,1994年,第291页。

变迁假定必然能给供给的决策方带来收益,但如果决策方赞成制度变迁,也需要付出一定的"表达成本"。现在我们就利用不完全信息条件下公共产品提供的博弈论模型,[1]来解释机会主义情况下制度的变迁和利益集团在其中所扮演的角色。

首先,我们将参与方的数目简单化,假定只有两个参与方,用 i 表示,$i=1,2$,两个利益集团同时作出自己的决定,即是否改变制度——提供公共产品。用 a_i 表示行动,每个参与方面临的是 0—1 决策问题,即赞成制度变迁($a_i=1$)和不赞成制度变迁($a_i=0$)。如果一方或双方赞成,每方都可得到 1 单位的好处;如果没有一方赞成,每方得到 0 单位的好处。参与集团 i 作出赞成决策的成本是 c_i。图 11-1 给出这个博弈的支付矩阵。

参与集团 2

	赞成	不赞成
赞成	$1-c_1,1-c_2$	$1-c_1,1$
不赞成	$1,1-c_2$	$0,0$

参与集团 1

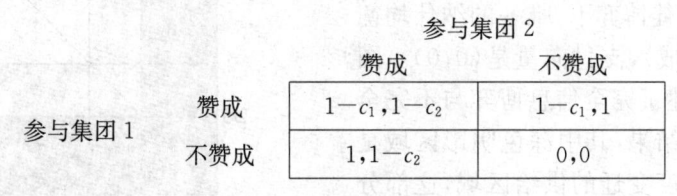

图 11-1 制度供给的博弈

假定制度变迁带来的收益(每个集团 1 单位)是共同知识,但每个利益集团参与投票的表达成本只有自己知道(因而提供成本 c_i 是参与集团 i 的类型)。进一步,假定 c_1 和 c_2 具有相同的、独立的定义在 $[\underline{c},\bar{c}]$ 上的分布函数 $P(.)$,其中 $\underline{c}<1<\bar{c}$(因此 $P(\underline{c})=0,P(\bar{c})=1$),$P(.)$ 是共同知识。这个博弈中的一个纯战略 $a_i(c_i)$ 是从 $[\underline{c},\bar{c}]$ 到 $\{0,1\}$ 中的一个函数,其中 0 表示不赞成,1 表示赞成。参与集团 i 的支付函数为:

$$u_i(a_i,a_j,c_i)=\max(a_1,a_2)-a_ic_i$$

比如说,如果 j 赞成,i 不赞成,i 的支付是 $u_i(0,1,c_i)=\max(0,1)-0c_i=1$;如果 j 不赞成,i 赞成,i 的支付是 $u_i(1,0,c_i)=\max(1,0)-1c_i=1-c_i$。

博弈论中的贝叶斯均衡是一组战略组合 $(a_1^*(.),a_2^*(.))$,使得对于每一个 i 和每一个可能的 c_i,战略 $a_i^*(.)$ 最大化参与集团 i 的期望效用函数 $Ec_ju_i(a_i,a_j^*(c_j),c_i)$。令 $z_j\equiv\mathrm{Prob}(s_j^*(c_j)=1)$ 为均衡状态下参与集团 j 赞成制度变迁的概率。最大化行为意味着,只有当参与集团 i 预期参与集团 j 不赞成时,集团 i 才会考虑本集团是否作出有成本的赞成表达。因为参与集团 j 不赞成的概率是 $(1-z_j)$,所以集团 i 赞成制度变迁的预期收益是 $1\cdot(1-z_j)$,因此只有当 $c_i<1-z_j$,集团 i 才会赞成。即:如果 $c_i<1-z_j,a_i^*(c_i)=1$;如果 $c_i>1-z_j,a_i^*(c_i)=0$。这一点意味着,存在一个分割点 c_i^*,使得只有当 $c_i\in[\underline{c},c_i^*]$ 时,集团 i 才会赞成制度变迁。类似地,存在一个 c_j^*,使得只有当 $c_j\in[\underline{c},c_j^*]$ 时,集团 j 才会赞成变迁。

因为 $z_j=\mathrm{Prob}(\bar{c}\leqslant c_j\leqslant c_j^*)=P(c_j^*)$,均衡分割点 c_i^* 必须满足 $c_i^*=1-P(c_j^*)$。因此,c_i^* 和 c_j^* 都必须满足方程 $c^*=1-P(1-P(c^*))$。假定存在唯一的一个 c^*,解这个方程,那么,下列条件一定成立:$c_i^*=c^*=1-P(c^*)$。比如说,如果 $P(.)$ 是定义在 $[0,2]$ 上的均匀分布 $(P(c)\equiv c/2)$,那么,c^* 是唯一的,等于 2/3。贝叶斯均衡是:如果 $c_i\leqslant 2/3$,集团 i 赞成;否则,不赞成。当 $c_i\in(2/3,1)$ 时,集团 i 将不作出赞成的表达,尽管有 $1-P(c^*)=2/3$ 的可能性,集团 j 也不赞成。但是,如果两个参与的利益集团的成本都小于 2/3,两个集团会同时

---

[1] 张维迎:《博弈论与信息经济学》,上海:上海三联书店、上海人民出版社,1996 年,第 255~258 页。

赞成。

以上是不完全信息下的博弈结果,下面与完全信息条件下的结果作一对比。在完全信息下,图 11-1 所表示的博弈可能是斗鸡博弈,也可能是智猪博弈,或者是囚徒博弈。在斗鸡博弈下,纳什均衡有两个:一个是(赞成,不赞成),即参与集团 1 赞成,参与集团 2 不赞成,支付向量是 $(1-c_1,1)$;另一个是(不赞成,赞成),即参与集团 1 不赞成,参与集团 2 赞成,支付向量是 $(1,1-c_2)$。在智猪博弈下,纳什均衡也是两个:一个是(赞成,不赞成),支付向量是 $(1-c_1,1)$;另一个是(不赞成,赞成),支付向量是 $(1,1-c_2)$。在囚徒博弈下,唯一的纳什均衡是(不赞成,不赞成),支付向量是 $(0,0)$。图 11-2 直观地描述了完全信息博弈与不完全信息博弈的不同结果,其中深色阴影区域是不完全信息下制度变迁的供给区域,这部分再加上浅色阴影区域是完全信息下的供给区域。从图 11-2 中我们可以看出,完全信息下制度变迁的供给区域大于不完全信息下的供给区域。

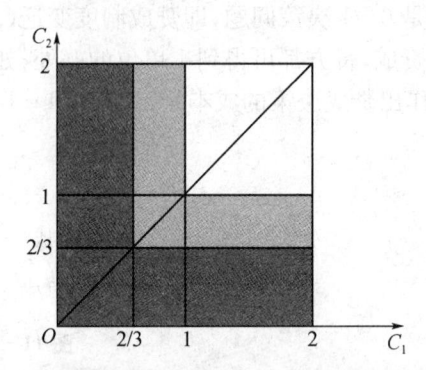

图 11-2 制度的供给:完全信息与不完全信息的比较

就利益集团而言,利益集团间的博弈都是在不完全信息的环境下进行的。这是因为不同的利益集团间的成员往往有不同的共性,有的由于受教育程度不同而考虑问题的思路不同,有的由于环境不同而得到不同的信息,有的由于搜寻信息的努力程度不同而使得信息的完备程度不同。在不完全信息下,参与推动制度变迁的利益集团相互猜测其他利益集团的决策方向,加上机会主义倾向,都希望"搭便车",在行动中出现逆向选择,导致了集团对表达"呼声"的决策水平低于均衡水平,结果可能使得制度变迁的供给量相对不足,制度变迁由此出现一定的惰性。

三、俱乐部理论与制度变迁

不可否认,普遍意义上的制度是一种公共物品,但是就某项具体的地方性、局部性制度而言,它在一定的范围内才有效,所以是非纯粹的公共物品。作为非纯粹公共物品的地方性、局部性制度,下面将其作为制度变迁中的一个特例来分析,它的提供者就是俱乐部。俱乐部是一种特殊的利益集团,可以用来提供非纯粹公共物品。

俱乐部有四个认识前提:第一,只有那些想得到这种物品并且愿意和能够为使用该种物品付费的人才会选择加入俱乐部,同时,也能够以相当低的成本排斥他人。第二,由于俱乐部内成员使用的是非纯粹公共物品,而这种物品又存在拥挤现象,因此,仅有使有限数量的会员加入该俱乐部的激励。第三,俱乐部是自愿形成的,成员的流动也是自由的,所以成员是同质的、无差别的,即所谓物以类聚,人以群分。成员之间平均分享俱乐部物品和分摊生产成本,任何个人不会受到歧视待遇。第四,当成员人数超过随物品有极大变化的有效成员规模时,形成新的俱乐部是有效率的。俱乐部的成员通过权衡从分摊成本上获得的边际收益与额外拥挤带来的边际成本,决定最有效的俱乐部规模。

在配置资源时,俱乐部涉及到三个问题:一是俱乐部自身的性质,二是俱乐部相互之间与整个经济之间的关系,三是如前面所提及的地方公共物品的提供。

(一) 俱乐部理论[①]

1. 布坎南的俱乐部理论

布坎南于1965年提出了非纯粹公共物品的俱乐部思想,即把俱乐部作为组织生产那些易受排挤的非纯粹公共物品的方式。布坎南认为,私人产品具有排他性,在资源既定的条件下,一个人的获得也就意味着另一个人获得权的丧失,所以消费纯粹私人产品的最有效率的是单个个人。与此相反,由于纯粹公共物品的非排他性和非竞争性,一个人对它的使用权并不妨碍其他个体的使用权,因此消费纯粹公共物品最有效率的单位是无穷多个人的集体。在两种物品之间,存在着非纯粹公共物品;而在单个人和无穷多之间,存在的状态就称之为"俱乐部"。

从个人的角度来观察,最大化效用是个人加入俱乐部的激励。个人效用可能来源于物质,也可能来源于精神,例如社会地位等,而且效用属于心理偏好的范畴,在不同的个人之间有不同的层次。另外,个人效用水平的衡量也需要把同更多人分摊成本所带来的成本降低与增加拥挤而带来的不便利——边际拥挤成本——相权衡。以中国的大学图书馆为例,在学校连续扩招以后,座位不足,早到的学生可以选择光线最好或靠窗有景观的座位,稍晚一些到的学生能够得到次层次的座位,晚到的学生便没有阅览座位,虽然仍可以持证进入,但是只能捧着书在角落或过道中看,无法坐下来做摘抄。由于学生的数量大大超过阅览座位的供给能力,出现了这种学习条件与到达时间的正相关关系,这样,学生之间或展开复杂的博弈活动,以争取座位的便利;或选择退出在图书馆阅读这种学习方式,而选择其他方式,例如借书出馆或买书。

按照布坎南的描述,俱乐部内所有成员都是同质的,某一成员的行为和偏好可以代表其他所有成员的行为和偏好,一个成员满足最大效用时,其他成员亦是如此,个人和集团都同时达到均衡。有效率的俱乐部规模将是下降的边际服务成本与上升的边际拥挤成本相等时的成员人数,如图11-3所示。按照假定,所有成员都是相似的,对边际拥挤成本有相同的主观评价,都会把 M^* 视为最有效率的俱乐部规模。需

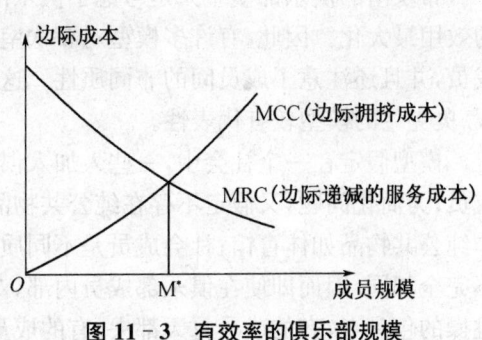

图11-3 有效率的俱乐部规模

要说明的是,这并不是说成员人数就是决定俱乐部规模的唯一变量,有效率俱乐部规模是由成员规模和俱乐部物品决定的,后者的含义可以用每年的服务成本来表示。服务水平的提高(例如,增加大学图书馆中的阅览座位)会降低拥挤成本,但也增加了俱乐部的服务成本;另一方面,服务水平的提高又会导致成员的增加,从而导致服务水平的降低。由此可见,为了获得个人均衡和俱乐部的均衡,必须同时确定俱乐部所应提供的最优俱乐部物品量与应容纳的最优成员数。[②]

[①] 文建东:《公共选择学派》,武汉:武汉出版社,1995年,第91~102页。

[②] 文建东:《公共选择学派》,武汉:武汉出版社,1995年,第95页。

如图 11-4，X 曲线表示了与任何一个成员规模相适应的最优服务水平；N 曲线表示了与任何一个产品规模相对应的成员规模。X 曲线与 N 曲线的交点 E 代表了俱乐部物品与成员的同时最优，因而意味着整个俱乐部的均衡；x_2 和 n_2 分别为最优的物品量与会员量。有理由认为，假使某时点上俱乐部的状况不在 E 点，但是只要俱乐部的内在机制顺畅，俱乐部成员流动充分自由，那么一定促使交点向 E 点恢复。同样以上文中提及的大学图书馆为例，阅览座位的拥挤使得一部分学生退出在图书馆阅读这种学习方式，由于一部分学生的退出，对座位的需求减少，座位的拥挤程度降低，大致又达到了能使使用的学生满意的程度。此时，阅览座位和习惯于在图书馆作阅读的人数达到共同均衡。

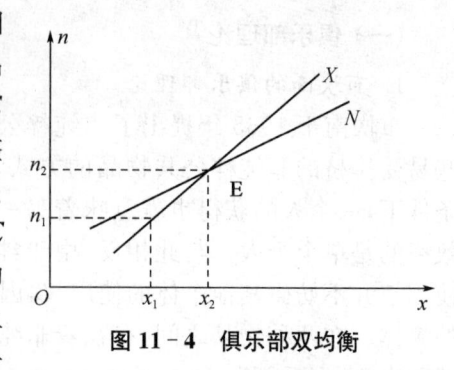

图 11-4 俱乐部双均衡

简而言之，布坎南的俱乐部理论解释了作为非纯公共物品的局部性制度的配置问题。俱乐部成员的效用水平同时取决于俱乐部物品即俱乐部对成员提供的服务水平和成员数。若俱乐部物品太少，服务水平低于成员的要求，则效用较低；若俱乐部物品太多，则私人物品消费量少，效用不高。若俱乐部成员太多，则拥挤成本较大；若俱乐部成员太少，则每位成员的分摊成本较高，也导致效用降低。由于俱乐部的服务水平和成员数有相互引致的关系，所以两者应相互适应，同时均衡。

2. W. 奥克兰的俱乐部均衡理论

布坎南的俱乐部模型只是考虑了俱乐部成员的效用最大化问题，没有考虑所有社会成员的效用最大化。因此，有许多模型对布坎南的理论进行了扩展，不仅考虑俱乐部成员还考虑非成员，并且还注意了成员间非同质性。这些理论可以概括为联系俱乐部内外的一般理论，以 W. 奥克兰的模型较有代表性。

模型假定在一个社会中，一些人加入俱乐部，成为俱乐部成员，另一些人则成为非俱乐部成员；为简化问题，又假定不存在纯公共物品，所有的社会成员都消费一种纯私人物品和一种非纯公共物品如体育馆；社会成员是不同质的，他们在性格、收入、受教育程度、偏好等方面都不完全相同，因而即使在俱乐部成员内部，对俱乐部物品的利用效率也不同，例如同样都办了跳操的包月卡，有的成员每天都去，有的成员一个月里才去七八天；在俱乐部物品的使用上，鉴别及排斥非本俱乐部成员的成本极低。

俱乐部成员的效用水平（UL）受到三个因素的影响：私人物品消费量（PGC）、俱乐部物品消费量（CGC）、俱乐部的拥挤程度（JC）。其中，私人物品消费量和俱乐部物品消费量与效用水平正相关，拥挤程度和效用水平负相关，拥挤程度不仅取决于俱乐部人数（NM），还取决于俱乐部内每个成员的利用率（UEP），即 $UL = UL(PGC_+, CGC_+, JC(NM_-, UEP_-))$。所以，任一社会成员要使自己效用最大化，首先是参考自身的偏好和会费等选择加入俱乐部与否；其次，参考俱乐部的拥挤程度和自己对俱乐部物品的利用率。当每个社会成员实现其最大效用时，就实现了俱乐部内外同时均衡。

(二) 俱乐部和制度变迁

1. 俱乐部本身也是一种制度

俱乐部也是一种内在制度，相对于外在制度而言，内在制度被定义为群体内随经验而演化的规则。内在制度的另一个例子是礼貌,它向人们传输了共同体成员所遵守的正确而合乎伦理的准则。如果某人不遵守礼貌规则,那么下次他将不再受到邀请。

内在制度大多诉诸于自愿协调,违反内在规则并非没有后果,但主要还是由个人在具体环境中决定接受还是不接受违规的后果。例如全幢楼的住户议定,在楼下的空地上种植花木,布置出一个休闲花园并修建围墙,只有本楼的住户才能享受。其中一位住户A已交纳了集资款,并在花园修好后享受了半年,但是此时,他发现住在城市中的另一处地方会让他得到更大的舒适,例如离单位更近等,于是他选择了搬家。搬家的住户A并没有受到其他住户的强制惩罚,他所面临的后果仅仅是,在已经交纳了集资款后没有能享受到俱乐部(全楼)所提供的公共产品(休闲花园)的益处。这与外在制度刚好相反,外在制度是外部权力机构设计出来并靠政治手段自上而下强加于社会的规则,主要依赖正式惩罚和强制性秩序,个人的自决空间要小得多。

在俱乐部内,人们通过呼声、退出和忠诚来表达自己的决策。只有当认可一项规则的人数超过一个临界点之后,该规则才会转变成一项内在制度。一旦这一规则的益处变得明显起来,该规则就会被更多的人采用。另一方面,被发现再无益处的制度将丧失其认可人数的临界点,因此,可以说俱乐部这种内在制度服从于渐进的演化过程。当对供给公共物品的成本没有作出贡献的人能够被排除在对它的消费之外,就潜在的存在着一个自愿的同意提供公共物品并只用于本集团自己消费的个体集团——这个自愿协会就定义为俱乐部。俱乐部能够使成员节约协调成本。俱乐部成员面对同样的利益目标,在排除了对集团外的外部性后,就会对提供自己所需的公共产品保持诚实。两相比较,这种制度使得行为主体的决策成本会较低,也就面临较少的"意外事故"的风险。

在一个俱乐部里,非同质成员会产生某种歧视,这是因为成员是不同质的,不同质成员具有不同的属性,例如籍贯、民族、性别等。某种属性由于受人欢迎,因而产生了某种价值,这种价值就在于对他人的外部性。在这种情况下,决定集体物品最优量的条件仍然不变,但利用率条件与是否加入的条件就要发生变化,也就意味着歧视的存在。

虽然奥克兰的模型也对均衡提出了三个条件,但是在成员不同质的条件下,成员间达成契约存在很大的交易成本,因此在交易成本过大的情况下,就需要一个集权组织来作决策和协调。集权组织的组织形式涉及到俱乐部盈利与否,成员范围能否保持和由谁经营诸方面。布坎南等人区分了三种俱乐部形式:由私人成员合作经营;由以盈利为目的的企业经营;由政府经营。众所周知,企业和个人追求利润和利益,有成本和付出上的硬约束;政府不以盈利为目的,而应以社会的稳定和国家的发展为目的,可以用国家权利通过财政手段来募集资金,没有硬约束。因此,委托企业经营和私人经营对于一般的俱乐部来说比较可取。企业经营和私人经营有可能具有同样的效率,但是考虑到在维护俱乐部设施时的"搭便车"行为,则以企业经营为宜;在企业经营中,完全竞争又优于完全垄断;在完全垄断中,歧视性垄断又比非歧视性垄断有效率。

2. 俱乐部选择制度

俱乐部可以运用投票机制或其他博弈方式选择局部性制度。首先要明确的是,一项制度安排是在一定制度环境中产生的,同样道理,制度的变迁也在一定程度上是由于制度环境的变化而造成的。一定量的制度环境的变化并不导致制度的变迁,只是造就了制度变迁的驱动装置;当制度环境的变化由量变发展到质变,就可以描述为制度环境有了根本性的变化,制度变迁也就必然地发生了。构成制度环境的因素很多,政府发布的成文的文件、宪法和相应的司法解释以及成员的偏好和选择等都可以形成制度环境的某种特质。

正如布坎南所设计的那样，俱乐部是一个自由的组织，也是一个自由的利益集团，人们之所以成为该俱乐部的成员是由于在共同的利益引导下而自愿加入，俱乐部能够为其成员提供相对于非成员的额外收益，从而使得成员的付出（会费）有利可图。当这种回报机制失去效果时，即额外收益不能弥补会费时，成员就有了新的选择空间——"我到底是留下来还是退出呢？"俱乐部不仅自身是一项制度，而且又会对其他制度产生影响。这是因为该俱乐部要为自身提供公共物品，就需要其他的外部制度条件来支撑，例如习俗、司法程序等。而要考虑它对其他制度的影响力就不得不参考其成员的同质性及其规模。

首先要对成员的同质性作出适宜的理解。在上文中所引述的理论中，成员的同质性被表述为某一成员的行为和偏好可以代表其他所有成员的行为和偏好，一个成员满足最大效用时，其他成员亦是如此——这是理论上的设定，是一种极端情况。那么又如何理解现实中的同质性呢？与其说是同质性，不如说是一种非极端的同质性，可以理解为在同质性这条坐标轴上，介于极端的同质性和极端的非同质性之间，但其位置接近于极端同质性情况。世界上只有相似的人或者具体表述为目标、偏好相似的人，而没有完全一致的人；但在一定的时期、条件下，一个俱乐部内部的成员仍然倾向于一致。因此，不能就此抹杀俱乐部内部成员的同质性。这里所说的同质性，描述的就是现实中所出现的那种非极端的同质性。在成员同质性的情况下，俱乐部内成员的利益相对一致，从而由诸成员组成的俱乐部的目标也相对单一易行，从而成员间的协调成本更小，这样有利于形成统一的"呼声"。但是另一方面，同质性的俱乐部一般规模都较小，对于提供公共物品不能形成规模效应；"呼声"也很小，不能为俱乐部自身寻求强大的外部制度支持，对外部的制度变迁缺乏足够的影响力。在成员非同质性的情况下（这里的非同质性是针对同质性而言，同样也是非极端的概念），大众的特性由诸多方面构成，每个人都具有各种利益，某一俱乐部为了给本俱乐部内部的成员提供公共物品而存在，其成员能集聚在一起，只是为了个人一个并不重要的利益目标，因此他们不可能为了这个利益目标而放弃其他重要利益目标，全部或大部分成员都如此，俱乐部的共同目标就不易达成，俱乐部的"呼声"也就较小。但是另一方面，恰恰相反，非同质性的俱乐部包容范围更大，成员更多，规模相对庞大，这往往会引起外部力量的足够重视，从而又对外部的制度变迁产生正向的影响力。

第四节 利益集团的寻租与制度变迁

市场制度也不是万能的，寻租活动是无法完全避免的，市场制度的作用总要受到摩擦力的阻滞，在市场不能完全发挥作用的地方就产生了寻租。制度尤其是正式制度的变迁在大部分情况下是由政府主导的，在新制度经济学的分析中，寻租是利益集团对制度变迁发生作用的一种必不可少的手段，是利益集团间展开博弈的一种形式。我们也可以在一定程度上把寻租看成是一种特殊的投票方式，利益集团对制度变迁产生影响，有正规途径和非正规途径两种；正规途径下投的是选票，非正规途径下投的则是换取租金的某种利益。

一、寻租理论概述

首先要明白什么是"租"。"租"起源于政治经济学范畴，在经济学的发展过程中，它的含义有一个逐步扩大的过程，从最初的地租发展为泛指各种要素的租金，即支付给要素所有者的高于这些资源在任何可替代用途中所能得到的收益的那一部分款项。租金根源于资源的稀缺性,是超过机会成本的收入,包括自然型租金和社会型租金。[①] 对于一项资源而言,前者是指由自然天赋有限性而赋予的租金;后者是指由人为(主要是政府干预)造成的稀缺所形成的租金。在新制度经济学的研究中,寻租仅限于和由政府干预形成的稀缺性制度相联系,本章所论述的租金来源于提供给私人支持者和由政治精英支持者构成的有组织集团的政治特权。

1967年,戈登·塔洛克在其论文"关税、垄断和偷窃的福利成本"中第一次系统地讨论了寻租行为;而第一个用"寻租"一词来描述所探讨的政治经济活动的,却是安娜·克鲁格1974年在"寻租的政治经济学"中提出来的。在众多的理论文献中,寻租没有完全统一的定义。在公共经济学的先驱布坎南那里,寻租被定义为在某种制度环境中,行为人在政府的保护下为了转移资源财富而浪费资源的非生产性活动,这种活动不会增加社会的福利只会导致社会的浪费。塔洛克则将寻租描述为按照自己的偏好使用资源以使自己获得垄断权利和政府的保护,或者为避免他人的侵犯、政府的管制而进行的同类活动。托理逊将寻租定义为以争夺既有财富的转移为目标而浪费资源的活动。

布坎南以一个城市的出租车牌照制度为例,对寻租的层次进行了研究。寻租可分为三种:① 为了获得垄断权利而进行的寻租,例如争取政府对本行业设置高的进入壁垒进行保护。② 为维持已获得的垄断利益而进行的寻租,例如出租车行业为维持高收益率限制竞争,进行活动以谋求政府不增加既有的牌照许可证数量,这种寻租又被称为"护租"。③ 为防止他人寻租有可能对自己的利益造成伤害而进行的寻租,例如不同的出租车公司为了保证本公司持有的许可证在整个行业中所占的比例不因其他公司可能的寻租行为而减少,必然也会对相关的制度制定者进行游说。这实际上是一种反寻租,可以将其称为"避租"。[②] 此外,布坎南还研究了寻租行为与政治分配之间的关系。布坎南认为租金在市场经济中是一个动态的剩余概念,如果不能导致资源的有效配置,那么寻租活动就一定与制度的狭隘性(制度限制对该市场的进入)有很大关系了。只要政府的行动超出保护人身权、财产权及履行合同的范围,政治分配就在一定程度上支配经济行为,部分社会资源就不可避免的被用于非生产性的寻租活动。

综上所述,和制度变迁相联系的寻租行为是人们基于制度的稀缺性和强制性而产生的利益争夺,意在使制度朝着有利于自己的方向变迁,并且这种行为的后果都是非生产性的,耗费在寻租活动上的资源即使使得某个利益集团的目标得到实现,也并没有使社会的剩余得到增加,其结果往往是资源遭到了浪费。

二、寻租活动下的制度变迁

寻租理论和产权经济学、新制度经济学有着内在的联系。新制度经济学被广泛的应用于代理关系、企业内部考核、外部性问题、经济史乃至政治制度等等,制度变迁实际上是权力和利益的重新分配,它与寻租的关系问题是新制度经济学探讨的一个新领域。寻租理论严格来说属于公共选择理论,采用寻租的分析方法正是把注意力集中到利益集团的寻租行为和对制度变迁的影响上,所以它也可以被认为是真正意义上的制度经济学。

---

① 卢现祥:《寻租经济学导论》,北京:中国财政经济出版社,2000年,第16页。
② 文建东:《公共选择学派》,武汉:武汉出版社,1995年,第80页。

在制度变迁中,寻租是如何产生的呢？利益集团要实现本集团对制度变迁的影响,除了在一定的投票规则下规范行事外,还灵活地运用寻租活动来达到自己的目的,寻租正是利益集团运用资源并通过政治过程获得特权来维护既得利益或对既得利益进行再分配的过程。制度变迁有两种,诱致性制度变迁和强制性制度变迁。诱致性制度变迁必须由某种在原有制度安排下无法得到的获利机会引起；强制性制度变迁则可以纯粹由政府自上而下引导而产生。由于制度安排是一种公共物品,制度变迁的后果由社会整体承受,符合"经济人"条件的利益集团从自身利益出发,"搭便车"便成为制度变迁中不可避免的问题,因此在制度变迁中普遍存在着制度的供给不足,由此而产生了制度租金和对制度的寻租。历史上许多制度变迁过程都包含着设租——寻租的交易,过多的寻租现象可能导致制度变迁失败,出现更为低效的制度。

在制度的形成和变迁过程中,政府起着重要的作用,对制度的实施起着主导和监督功能；另一方面,制度又是社会中的所有利益集团共同博弈的结果。因而,制度实际上是获胜的利益集团委托政府主持监督和制定的契约。社会犹如一个委托人,国家更似一个代理人的角色。当制度变迁需要出现时,政府作为代理人也往往从自身利益出发,来判断这项制度变迁发生的必要性。按照信息不对称的分析,政府拥有关于制度的私人信息,作为参与的一方在信息上占有优势,并可以在制度的实施过程中按照自己的意愿采取行动。政府还拥有合法的暴力手段,从而使两者的不对称状态更为严重。进一步,政府的权力又委托给了官员,在这一层关系中政府作为委托方,官员作为代理方。正是这种一层层的委托代理关系,政府或者官员掌握了实施和监督制度变迁的力量这种资源,从而产生了政府、官员设租的权力。

典型的情况是,政治干预将产权从无组织的多数人那里再分配给有组织的少数人；然后,这些少数人就能与实施干预的政府代理人分享他们的租金。在制度变迁中,政治也是一种市场。这类市场中的需求者来自对再分配产权的政治性干预有需要的生产者和消费者,而它的供给者则是各种政府主体。政治市场的需求方大都向供给方支付干预价格,其方式是对供给方支付货币或政治支持。寻租正是相对于设租、护租而言,是利益集团运用资源并通过政治过程获得特权,来维护既得利益或对既得利益进行再分配的过程。

奥尔森在其研究中用寻租理论分析经济制度的变迁。他认为一种公共物品的被控制将自然的促使利益集团发展起来,人们对自身的共有利益进行疏通而结成利益集团并开展寻租活动。掌握既得利益的集团在寻租博弈中占据优势地位,他们的寻租活动的目的是不改变现有的利益分配制度,寻租过程给制度变迁带来了约束,减慢了社会的增长率。如果一个国家不经历战争等突发事件,就不能摆脱既得利益集团对制度变迁的控制优势地位,将会导致"制度劣化",经济增长将会变得越来越缓慢。

诺思专门研究了由于政治上的寻租而产生的制度变迁,来解释某时发生某种特定的制度变迁的原因。诺思假定政府有两个基本的目标：一是界定产权的基本规则,使统治者的利益最大化；二是在第一个目标的框架下降低交易费用使社会的产出最大化,从而增加政府的税收。政府双重目标的假定决定了寻租产生的必然性,利益集团在寻租中相互冲突、相互对抗,国家由此盛而衰、衰而盛。[①]

另外,制度变迁能约束和制约利益集团的寻租行为吗？在新制度经济学的研究中,一个基

[①] 卢现祥:《寻租经济学导论》,北京:中国财政经济出版社,2000年,第31页。

本的命题是由于商品或劳务有用特征的不确定性越大,交易成本就越大,所带来的收入损失就越多,因此产权结构越清晰,商品或劳务的交易价值就越明晰。因此,制度变迁和寻租实际上是一种相互制约、相互影响的关系。如果有明确的制度规则制约着利益集团的行动,集团间进行政治博弈的交易成本很低,利益集团会发现,推动增进社会产出的生产性制度比在非生产性制度领域进行寻租能使本集团获得更多的利益,进行降低制度变迁的交易成本,有效的制度变迁就会产生,从而促进有效产权的产生,约束掌握实权的政府官员在非生产性领域设租或寻租。

三、寻租与制度变迁的低效

社会中存在的寻租行为也有很强的激励机制,不过这种机制主要是把一个社会有限的资源导向非生产性应用,并促进此种使用方式的制度化。以中国封建社会的科举制度为例,在中国存在了两千年的科举制度使中国的封建社会在官员任用制度上领先于同时期欧洲的贵族制;它同时也是一种寻租性机制,它使中国潜在的企业家资源变成了政治企业家,并且形成了一种自我循环的增长机制。这就形成了一种路径依赖:潜在的企业家参加科举考试——考中后成为统治阶级的一分子,获得包括租金的官俸——官员的寻租和腐败引起社会贫富分化——社会动乱和改朝换代——新的科举考试。① 在高额租金的吸引下,每个受过教育的人都希望金榜题名,并将这种制度固化,一个社会的企业家资源是有限的,高额的租金把稀缺的人才引离生产性领域而导向非生产性领域,在普遍的寻租环境中,不能把社会的资源导向科学技术研究和生产性经济活动,对经济增长和社会发展造成了阻碍,制度变迁丧失了推动力,制度最终将陷入低效的锁定状态。

缪尔达尔对"南亚病"进行了分析。所谓"南亚病"就是政府对市场进行管制,市场秩序被扭曲,正式制度被腐败等社会习俗所覆盖,产生了这样一种制度:对企业的管制制度增加了官员决策权的范围,官员的贪污蔓延,反过来又使官员保持这种权力有直接的收益,寻租和设租进入一个有因果关系的循环圈。② "南亚病"表现在工业、农业、外贸、就业等各个方面,企业面临着政府花样繁多的控制。一个企业如果没有得到政府对它技术可行性的认可,就不能进入它的目标产业;如果它和政府没有搞好关系,即使它的项目得到了监管部门的批准,但是购买原材料和机器的成本比其他很多企业高;如果这些原材料和机器是本国能够生产的,这个企业就不能得到进口同种优质替代品的许可证,因此产生了方方面面的寻租活动。

成本低、效率高的企业反而竞争不过成本高、效率低的企业,成功的企业家并不是靠技术和组织创新来竞争的企业家,而是获得最大量政府许可证的企业家,企业都是在许可证的获取上展开寻租竞争。③ 南亚病的实质就是将腐败制度化。这种腐败的寻租环境给予不诚实的官员巨大的腐败收益,行政官员和政治家及其机构有兴趣保留并建立新的相机抉择控制,使他们有自肥的机会,从而强化了政府对经济实体进行相机抉择的机制,并固化这种低效的制度,使制度不能沿着增进社会生产力水平的方向变迁。

---

① 卢现祥:《寻租经济学导论》,北京:中国财政经济出版社,2000 年,第 102 页。
② 缪尔达尔:"南亚腐败因果谈",《社会经济体制比较》,1989 年第 3 期。
③ 卢现祥:《寻租经济学导论》,北京:中国财政经济出版社,2000 年,第 129 页。

【案例 11-2】

黑色房地产:中国房地产业中的寻租及危害

20世纪90年代之后,随着我国经济体制改革的深化,利益集团的寻租活动逐渐从商品流通领域转向生产要素领域,房地产成为重灾区。这是因为,一方面,有形商品价格进一步放开,价差减少;另一方面,资金、土地市场进一步发育,而相应的政策法规未能及时出台,不恰当的行政配置资源方式造成资金、土地等生产要素市场产生了巨额租金并诱发了相应的寻租活动。此外,由于房地产业对土地、资金要素有着天然的依赖性,因而也就为利益集团的寻租提供了"肥沃土壤"。

一、房地产寻租特点:租金规模大、寻租主体多、手段多元化

房地产业领域寻租的一大特点是租金规模较大。有人在对我国房地产业的租金规模进行估算后指出,1988年、1992年房地产开发过程中仅土地交易的潜在租金就分别不少于100亿元、200亿元;1996年"股份制改造和房地产开发租金"不少于800亿元;2002—2004年间仅流失的地租一项已达3 300亿元。由于估算者一般宁愿少说不愿多说以免被人攻击的缘故,因此,其实际的租金只会比任何估算者来得要大。

房地产行业链条较长,涉及的环节也较多,因而房地产经济中寻租者主体也甚广。除了必不可少的各级政府、建设、规划、房屋管理、土地管理、审计税务等部门外,还包括资金提供者——银行、资金使用者——房地产开发公司,甚至也包括个体经营承包者、居民户等,但必须注意的是,房地产开发公司(商)是其中最重要的寻租者。寻租的手段多种多样,有合法手段如企业通过谈判、游说向政府争取优惠待遇,利用特殊政策维护自身的垄断地位等,也有非法手段如行贿受贿、滥用职权等,还有介于合法、非法之间的灰色寻租手段如"乱收费"、集体寻租等。

二、租金来源

寻租活动是行政干预的结果,意味着权力的运用造成了租金的产生。按权力部门发挥作用的不同,可将房地产业寻租活动的租金来源分为三类:权力部门无意设租、权力部门被动设租和权力部门主动设租。

1. 无意设租是指权力部门为弥补市场缺陷而干预经济生活,无意中导致租金产生并引发寻租行为。它产生于权力部门"良好的主观愿望",是一种主观与客观相脱离的表现。由于自身能力的局限性,权力部门制订了不科学的资金、土地配置政策,便会造成无意设租,并被其他"经济人"利用从而为自身谋利益,即展开寻租活动。随着知识、经验的积累和管理决策的科学化,无意设租行为会逐渐减少,但只要存在权力部门的干预,这种租金就无法彻底消失。

2. 被动设租指的是权力部门出自身利益或受既得利益集团的影响,利用其职权,制定并实施一些能给这些集团带来巨额租金的法案,客观上成为利益集团的谋利工具。当前一个很好的例子就是,一些地方权力部门出于短期政绩需求或迫于地方经济增长的压力,为房地产开发提供廉价出让土地等过度倾斜的优惠政策,客观上给开发商大肆寻租创造了机会。

3. 主动设租指权力部门预期到设租行为可为其带来收益,从而主动通过行政干预创造租金,增加本部门、本地区企业的收益,而这些企业向该权力部门提供部分租金作为回报,其实质是公共权力的商品化,就是权钱交易的腐败现象。由于公共权力的行使与公共利益相背离,这种设租、寻租活动往往导致社会财富的转移和社会矛盾的激化。

三、寻租表现形式

由于房地产开发具有链条长、涉及部门多的特点,因而寻租活动的表现形式也多种多样。

1. 土地供应领域的寻租

稀缺的土地资源是房地产开发必备的要素之一,房地产开发商拥有了土地,也就拥有了财富。对土地资源的依赖必然引发开发商不规范运作的冲动,而我国尚不健全的土地制度也为寻租提供了契机,进而使得土地成为房地产寻租的重灾区。在众多的已被查处的土地寻租案件中,寻租方式主要有以下几种:

(1) 供需双方利用协议出让土地方式"暗箱"操作,以明显低于市场的价格出让土地、用地企业将小于甚至等于其所寻租金的费用私下支付给出让方。有学者曾对我国土地出让价格进行实证分析发现,1992年我国土地拍卖出让价格、招标出让价格、协议出让价格的比值为1:0.61:0.14,可见,协议出让方式下租金金额之大。潜在的巨额租金使得协议方式成为历年来土地出让方式的首选。

(2) 在招标出让土地方式下通过控标、抬标寻租,即作为寻租者的开发商在政府部门默许下,与其他竞争者达成私下协议,以支付现金方式使其他竞争者实际退出竞争,从而以较低的招标价获得土地使用权。这种寻租方式极具隐蔽性,不易被察觉。

(3) 行政划拨土地的占有者擅自改变土地用途上市交易,从而获取巨额租金。

(4) 地方政府非法、低价征用农村耕地,将其变为房地产开发用地,高价出售,从而获取巨额租金。

2. 住房建设领域的寻租

自1998年实行城镇住房制度改革以来,我国逐渐形成了多层次住房供应体系,即高收入者按市场价购买商品住房、中低收入者低价购买经济适用房、最低收入者租用政府或单位提供的廉租住房。对于经济适用房,国家给予了用地优先划拨、免收土地出让金、开发贷款优先发放、减免部分行政事业性收费等诸多优惠政策,自然诱使开发商们竞相向主管部门寻租,以"经济适用房"之名行"商品房"之实。而对于拥有审核开发商资质、分配经济适用房等权力的主管部门及负责人来说,一旦认识到手中权力的市场价值,"寻租"也就滋生开来。北京曾发生的"放号"风波及"经济适用豪宅"现象就是很好的证明。

3. 资金领域的寻租

房地产业是资金密集性行业,房地产开发离不开金融的支持。我国房地产企业自有资金较少,融资渠道狭窄,对银行资金的依赖尤其严重。有资料统计,2004年我国房地产开发资金中大约有50%以上来源于银行。企业对资金的渴求,加上国有银行自身的软预算约束,使得寻租活动在银行信贷领域蔓延。以2003年2月底央行发布的《2002年货币政策执行报告》为例,中国人民银行通过对部分城市商业银行2001年7月1日至2002年9月30日发放的房地产贷款进行检查发现,违规贷款和违规金额占总检查金额的24.9%。如果这个检查结果具有代表性,即意味着房地产贷款中有近四分之一是违规贷款。而违规放贷,当然是为了索取巨额"回报"、参与分成,甚或间接成立房地产开发公司,以国家和人民的钱"借鸡生蛋"、谋取私利。

4. 涉税领域的寻租

在2004年度中国纳税500强企业排行榜中,300名内都没有一家房地产企业,与其在"中国十大暴利行业"中高居首位的形象形成对比。与此同时,国家税务总局在调查中发现,在各种涉税问题中,房地产业的问题占了90%。2003年南京市地税局稽查分局曾对2002年度纳税额较大的 88 户房地产企业进行了税收专项检查,竟然发现 87 户有偷漏税问题,涉税金额高达 5 031.66 万元。偷漏税现象如此严重,与房地产商和官员们的寻租、设租活动是分不开的。

5. 房地产业的"乱收费问题"

目前,我国地价及税、费合计约占房价的 50%,相对国际上一般 20% 的比例而言,地价及税、费比重明显过高。房地产"乱收费问题"实质上是有关部门的"集体寻租"行为,不过是用合法的手段掩盖了不合理的寻租事实,是更高级形式的寻租。它不仅加大了居民的购房成本,也使得房地产业不堪重负,阻碍了房地产业向健康发展。

我国房地产开发经营过程中利益集团的寻租,对中国社会稳定和经济发展产生了严重的不良后果。具体表现为以下几方面:

一、既浪费资源又降低经营效率,损害整个社会的福利

尽管寻租活动对于寻租者个人而言是一种"正和的博弈",即收益大于成本,但从全社会的角度看,寻租活动则是"负和的博弈",即对整个社会而言是弊大于利,造成整个社会的福利水平下降。原因在于,寻租是一种非生产性的寻利活动,它并不创造社会财富。相反,在政府干预的情况下,人们为了获取个人利益,一方面,把人力、物力、财力用于政府公关,以争取政府的种种优惠,从而加大了交易费用,消耗了大量的稀缺资源;另一方面,在寻租就能获得高额利润的刺激下,企业竞相展开寻租竞争,忽视了降低成本、提高质量、增强自身竞争力的重要性,造成企业经营效率低下。从短期看,开发商必然将寻租成本和经营效率低下带来的冗余成本转嫁给广大消费者从而导致房价上升,而严重背离消费者支付能力的住房价格必然损害消费者的切身利益,造成消费者剩余被剥夺。从长期看,寻租导致开发成本加大、房价走高,引发泡沫产生,而泡沫一旦破灭,必然造成经济下滑,进一步降低整个社会的福利水平。

二、扭曲市场的资源配置功能

在市场经济体制中,市场在资源的有效配置中扮演着重要角色。而开发商为维护自己通过寻租获得的利益,就希望政府保持对土地等资源的控制权,或者通过某种"隐形市场"支配和影响资源配置。政府对市场的垄断及政府扶持下造就的企业垄断排除了公平竞争的可能性,使得竞争机制、供求机制和价格机制不能良好的运行,导致市场的资源配置功能失灵,给消费者和整个宏观经济带来潜在损失。

三、改变了财富分配格局,危害社会稳定

寻租不是创造财富,而是利用权力对既有财富的争夺和转移,通俗的讲,就是不是致力于把社会财富的蛋糕做大,而是致力于尽可能多的占用现有蛋糕的份额。房地产业中的寻租使得社会民众的大量财富轻而易举地转移到少数人手中,从而得以在短期内造就一大批暴富的房地产商和主管官员,以安徽省前副省长王怀忠为例,由于他在阜阳任职期间直接干预大量土地批租和出让事务,导致 1994 年到 2000 年间,阜阳明显属于国有土地资产流失的金额高达 10 亿元,而这笔巨额的绝大部分又都流入了王怀忠倾心扶持的少数"房地产老板"手中。

与暴富的房地产商和主管官员形成鲜明对比的却是日益庞大的城市"租房或高负债购房"一族和失地农民群体。从城市居民的处境看,越来越多的城市居民选择长期租房或向银行贷款购房。有研究表明,2003 年,北京、上海的家庭债务比例分别高达 122%、155%,已经超过当年美国的家庭债务比例 11%。青岛、杭州、深圳和宁波等城市家庭债务比例也分别达到 95%、91%、85% 和 79%,较高的家庭债务大多是由购房引起的。

农民群体的处境则更差:(1) 强行、低价征用农民土地的现象大量存在。房地产开发掀起

了政府和企业联手以"发展经济"为"旗帜"的圈地运动。在这一运动中,农民对土地的集体所有权和应得收益权一并被剥夺。一项调查表明,被征土地收益分配格局大致是:地方政府占20%至30%,企业占40%至50%,村级组织占25%至30%,农民仅占5%至10%,土地巨额增值收益的大部分被中间商或地方政府所获取,农民则沦落到"务农无地、上班无岗、低保无份"的"三无"境地。(2) 拖欠、挪用、截留农民土地补偿安置费现象严重。

安居才能乐业。房地产寻租带来的财富掠夺导致更多的人或流离失所或负债前行,进而加剧了社会矛盾和冲突的升级,整个社会生活充满不和谐之声。按征用土地量和农民人均土地量的保守估算,目前全国至少有4 000万失地农民,再加上背负沉重购房负担的城市居民,已形成一个庞大的社会群体。这个被掠夺了的群体一旦受到突发事件的刺激,很容易导致失去理性的集体或个人行为,对社会稳定构成潜在威胁;同时,部分暴富群体具有强烈的优越感,容易引发蔑视法律和弱势群体权利的行为。心态的扭曲与当前犯罪行为的两种倾向有着密切关系:穷途末路之徒铤而走险,或劫财或杀人放火以发泄对社会的不满;暴富者则视金钱为万能,肆意践踏法律。贫富天壤,社会稳定焉有所附?经济发展又焉有所托?

资料来源:赵晓:"黑色房地产——论中国房地产业中的寻租现象",http://blog.tom.com/blog/read.php? bloggerid=472321&blogid=42896。

第五节 利益集团博弈下的制度均衡

一、制度均衡的状态描述

公共选择理论中一个重要的方面是关于利益集团的理论。在制度变迁中,个体的作用几乎可以忽略不计,个体对制度变迁的作用就体现在利益相同或相似的社会个体结成利益集团,并从利益集团的角度进行成本收益比较,决定是否推动制度变迁以掌握某种资源的产权。制度均衡是一段时期以来制度变迁的结果。因此从公共选择的角度来分析,制度变迁及制度均衡是利益集团博弈的结果。

制度存在供求双方,供求双方进行制度交易,制度交易引发制度竞争,制度竞争决定了制度存在供求均衡的关系,因而制度的变迁与稳定可以纳入均衡分析框架中。一项新制度安排的收益大于原有制度安排的收益,是制度变迁尤其是诱致性制度变迁的前提。另外制度变迁还受到实施成本的制约,如果实施成本过高,制度变迁也不会发生。总之,当制度变迁的过程达到一种常态时就形成了制度均衡。制度均衡可以指制度供给等于制度需求,任何一项制度安排都不是随意决定的,而是利益集团从自身角度出发,根据成本收益分析方法相互之间进行博弈的结果。制度均衡也可以理解为一种行为均衡,也就是维持现有制度的行为主体的集合力量超过了不愿意维持现有制度行为主体的集合力量所出现的一种状态。也可以表述为"由利益集团所共同同意,利益又能为利益集团所分享的一种新的基础制度规则确立的阶段。"[1]正如一般均衡概念所描述的,支持该状态的力量大于反对该种状态的力量,该状态成为一种没

---

[1] 程虹:《制度变迁的周期》,北京:人民出版社,2000年,第179页。

有变迁动力的均衡状态。[1]

另外要说明的是,本节所说的制度均衡是指仅为一个集团所有的制度演变为大多数利益集团所有的制度公共品,而不管其是自愿还是非自愿;或者表述为某项局部的制度安排逐步演变成为具有一般性的基础制度规则,如法律、法规等,对各利益集团而言,是制度的收益为各集团共同分享,即制度的收益在各集团间有一个均衡的分配,而不是被少数集团独占。

二、利益集团与均衡形成的过程

在制度均衡的讨论中,国家更多扮演的是裁判的角色,执行法律的制定和监督的职能,或者通过法律政策的形式将非正式制度转变为正式制度。突变式的制度变迁使利益集团无法适应资源产权的突然变更,集团分享不到制度变迁的利益。在这个意义上,制度均衡状态的形成在很大程度上表现为利益集团的博弈而引发的自然演变的过程,而不是国家强制性实施的过程。对本节制度均衡的分析而言,渐进的诱致性制度变迁具有一般性的意义。制度变迁是逐步的、演进的,其过程可以被描述为以下几个阶段所衔接的周期:僵滞阶段、创新阶段和均衡阶段。

制度的僵滞和创新阶段是制度达到均衡状态的必要准备和必经阶段。既然本节讨论的制度主要是渐进的诱致性制度变迁,那么一项制度变迁之所以发生往往都源于这一制度本身对社会产值的分配不均衡。利益集团为增进自身的收益,在诸多争取新增利益的选择中选择最经济的——从现有制度的总收益中争得更大的份额,利益集团间的博弈打破了原有的平衡,制度的收益已经不足以弥补维持这一制度的成本支出。这样一个状态称之为制度变迁的起点——制度变迁的僵滞阶段。如果不将时间段划分过长,我们可以发现这个阶段仍能够持续一段时间,因为虽然制度不合理,但独占型利益集团尤其是特权集团与国家规则制定者结盟,分割了制度收益的大部分,既得利益集团维持这一制度的巨大能动性[2]和合法外衣的保护使得僵滞阶段得以延续。[3]

正如上文所述,当既有制度的收益和维持成本相差越来越大时,既有制度走向深重的危机,资源要素相对价格产生变化,既得利益集团不得不改变原有的产权合约形式。创新集团将原来由既得利益集团所独享的资源驱入市场,既得利益集团原有的对资源的独占产权逐步瓦解,既得利益集团不得不与创新集团以"合资"的方式分享产权的收益。在反复交易中,创新集团的产权得到越来越大范围的承认,促进了制度创新能力的加强,制度变迁进入制度创新阶段,经济也随之进入延续的增长时期。[4] 这个过程也就是制度变迁的创新阶段。制度创新是制度僵滞合乎逻辑的发展阶段,也是制度变迁中最重要的一个阶段,它是新制度替代旧制度并得到日益广泛的认可的过程。没有制度创新,制度变迁就不可能有实质性的演进。

制度创新阶段的发展使制度变迁到达了一个周期的终点——制度均衡。产权作为一种公共物品,当它只是利益集团之间的交易时,虽然能带来收益但仍带有不确定性。创新集团下一

---

[1] 程虹:《制度变迁的周期》,北京:人民出版社,2000年,第174页。
[2] 独占型利益集团面对新的制度竞争,为保持既有制度的合法外衣和正统地位,往往降低本集团的收益水平,以阻止进行制度创新的利益集团获得预期收益。
[3] 程虹:《制度变迁的周期》,北京:人民出版社,2000年,第209页。
[4] 程虹:《制度变迁的周期》,北京:人民出版社,2000年,第211页。

步的行动应该是使之受到政府法律法规的保护,变成一种确定的社会正式制度,以保障其效力。由于创新集团促进了产权的重新分配,分得了部分原属于既得利益集团的收益,加之产权形式的创新又创造了一部分新增产值,他们可以将部分收益交给国家,从而获得国家的保护。这种保护即政府将利益集团间博弈的非正式制度正式化,使之为全社会所接受,争取这种保护是新的正式制度形成的重要过程。这个步骤可以表述为创新集团以"投票"、"寻租"和"赎买"等方式获得正式制度制定者的承认。

但是,创新集团的这项活动不是一帆风顺的,也会受到其他利益集团[①]的制约。其他利益集团对一项新制度能否接受,关键是考虑本集团的既得利益是否受到巨大影响或能分得多少制度变迁的收益。所以,制度变迁能否达成均衡,关键取决于创新集团是否愿意将本集团的收益拿出一部分与其他利益集团分享,从而使其他利益集团接受该项制度创新,这时的创新集团也可称为"分享型利益集团"。一旦利益集团间就制度的收益达成均势,制度变迁也就达到了制度的均衡,制度均衡阶段是一个制度变迁周期的完成阶段。制度变迁的均衡总是以某种形式尤其是法律法规的形式表现出对上一阶段——制度创新——的社会认可。制度均衡时,虽然制度并不一定处于帕累托最优状态,但集团间在利益的分配上形成均势,再加上"搭便车"的作用,各分享集团都没有动力从事新的制度创新。

需要明确的是,制度变迁是一个周而复始的过程,当期的制度均衡也必然预示了下一个制度变迁循环的开始。正如上文所述,在制度均衡阶段,各个利益集团都不愿从事新的制度变迁,因此,新的利益就只能在现有制度下从其他利益集团的口袋里攫取。分享型利益集团将逐渐演变成为独占型利益集团,社会中将崛起新的创新集团来改变现有的制度。

本章小结

本章主要探讨利益集团与制度变迁的关系问题。第一节主要论述利益集团是推动制度变迁的主导性组织力量;第二节探讨了利益集团规模与利益集团的行动问题;第三节分别用投票原理、博弈论和俱乐部理论分析了利益集团与制度变迁发生的关系问题;第四节运用寻租理论分析了利益集团对制度低效、无效的影响;第五节论述了利益集团博弈与制度均衡问题。

关键术语

利益集团 集体行动 分利集团 俱乐部理论 投票理论
寻租理论

本章思考题

1. 什么是利益集团?为什么说利益集团是推动制度变迁的主导性组织力量?
2. 分析利益集团规模与集体行动发生与否的关系。

---

① 这里所说的其他利益集团不仅是指既得利益集团,还包括其他"搭便车"的利益集团,它们虽然缺乏进行制度创新的动力,但是如果没有它们的同意,正式制度的形成仍然要大费周折。

3. 奥尔森关于利益集团的九点推论是什么？你对此如何评价？
4. 为什么说制度变迁是各个利益集团博弈的均衡结果？
5. 分析利益集团寻租对制度变迁、制度绩效的影响。

学习参考资料

[1] [美]曼瑟尔·奥尔森.集体行动的逻辑[M].上海:上海三联书店,1995.
[2] 程虹.制度变迁的周期[M].北京:人民出版社,2000.
[3] [美]曼库尔·奥尔森.国家兴衰探源[M].北京:商务印书馆,1999.
[4] 文建东.公共选择学派[M].武汉:武汉出版社,1995.
[5] 张维迎.博弈论与信息经济学[M].上海:上海三联书店,1996.
[6] 卢现祥.寻租经济学导论[M].北京:中国财政经济出版社,2000.

第十二章　制度绩效理论

> **学习目标**
> 1. 了解经济增长理论的发展演变。
> 2. 掌握诺思制度绩效理论的主要内容。
> 3. 掌握格雷夫制度绩效理论的相关内容。
> 4. 了解新制度经济学家对重大历史问题的重新解读。
> 5. 了解新制度经济学家关于中国没有发生工业革命的探讨。

新制度经济学的产生,实际上是由经济学家重视研究经济史而引发的。而导致新制度经济学产生的这场经济史学的研究及其深入,被学术界称之为"新经济史学革命"。众所周知,在经济学说发展史中,由"边际革命"而产生了微观经济学、由"凯恩斯革命"而产生了宏观经济学,而"新经济史学革命"则直接产生了新制度经济学。完全可以说,没有经济学家对经济史学的深入研究就不可能发生所谓的"新经济史学革命",而如果没有"新经济史学革命",就更不可能产生新制度经济学。本章所要探讨的制度绩效理论,实际上就是分析新制度经济学家们是如何通过对经济史的重新解读,而发现决定经济绩效的制度因素的。

第一节　质疑传统经济增长理论

一、新制度经济学之前的经济增长理论

在人类社会发展的历程中,总是出现许多难以解释的现象。为什么现实中的经济增长率总是高于要素投入增长率呢?在参与经济增长的众多要素中,究竟哪个要素在经济增长中起着主要的或决定性的作用呢?在新经济史学产生之前,经济学家对它的解释可谓五花八门,莫衷一是。

经济增长理论始于凯恩斯革命。这里将20世纪40年代到60年代出现的经济增长理论称之为传统经济增长理论,以区别60年代之后新经济史学派的经济增长理论。

最早研究经济增长理论的是英国经济学家哈罗德(R. F. Harrod)和美国经济学家多马(E. Domar)。他们几乎在同一时期分别发表了极为相似的长期经济增长模型。如果用 g 代表产量或收入的增长率,s 代表储蓄率,k 代表资本-产出比,哈罗德-多马模型可用下式表达:

$g = s \cdot k$。① 在哈罗德-多马模型中,由于资本-产出比 k 被假定为固定不变的,因而储蓄率 s 就成了决定经济增长率的唯一因素。在这个模型中,因为资本可以全部转化为投资,所以,储蓄率就是投资率或资本积累率。由此可见,在哈罗德-多马模型中,资本积累的作用被提高到了十分突出的地位——是经济增长中唯一的决定性因素。

强调资本是经济增长决定性因素的经济学家还有许多,如美国经济学家罗斯托(W. W. Rostow)、纳克斯(R. Nurkse)、麦迪逊(A. Maddison)等。其中麦迪逊在 1970 年出版的《发展中国家的经济进步和政策》一书中,考察了 1950~1965 年间 22 个发展中国家和地区的经济增长情况。麦迪逊使用传统分析方法,将影响经济增长的因素分为人力资源、资源配置效率和资本三大类,并分别考察它们各自的增长及其对经济增长的贡献。结果发现,在 1950~1965 年间,这 22 个发展中国家和地区的经济增长率平均为 5.55%,其中人力资源(劳动力)平均增长率为 1.94%,对经济增长的贡献是 35%;资源配置效率的平均增长率为 0.55%,对经济增长的贡献占 10%;而资本投入的平均增长率为 3.06%,对经济增长的贡献占 55%。也就是说,资本投入增长对经济增长的贡献率最大。

虽然资本决定经济增长的理论一度拥有非常多的支持者,但依然有许多经济学家对此却并不认同,他们认为哈罗德-多马模型存在许多明显的缺陷,主要有:① 资本-产出比不变的假定不合理,因为它否定了生产要素可替代性,规定资本-劳动的配合比例固定不变。② 哈罗德-多马模型中的资本-产出比是一个平均量概念,意味着平均的资本-产出比和增量(即边际)的资本-产出比相等,在实际上是不可能的,因为当资本收益递减时,这两个资本-产出比是不相等的,因而应当采用增量的资本-产出比来取代平均的资本-产出比。③ 它是一个"非价格模式",即主要以资本价值论为基础,将总需求作为增长的制约因素,没有考虑生产要素价格的变化对增长的调节问题,因而它过分依赖于国家干预,忽视了市场调节的作用。④ 没有充分考虑技术进步对经济增长的重要作用。哈罗德的"中性"技术对资本-产出比不发生影响,因而技术进步可以略去不计。但现代经济增长的事实证明,技术进步对经济增长起着主要贡献。⑤ 它所设计的增长道路是一个狭窄的"刃锋"。哈罗德以技术中性、资本-产出比不变为假定,因而增长就决定于储蓄率。当满意的储蓄率既定时,有保证的增长率就只有一个唯一值,这使得稳定的经济增长很难实现,大部分情况却是不稳定增长。②

针对上述问题,索洛、斯旺等人对哈罗德-多马模型作了修正和补充,把它发展为一个"新古典模型"。这一模型首先由索洛在 1956 年初发表的"经济增长的一种理论"一文中提出,同年 11 月,斯旺在"经济增长与资本积累"一文中也提出了相似的模式,故合称为"索洛-斯旺模型"。该模型通过资本-产出比可变的新假定和在模型中引入市场机制,克服了哈罗德-多马模型中资本-产出比不变所产生的"刃锋"问题,从而发展了哈罗德-多马模型。但是索洛-斯旺模型仍然是以技术不变为假定的,忽视了技术进步对经济增长的巨大贡献。针对这一缺陷,索洛在 1957 年发表了"技术变化和总量生产函数"一文,米德于 1961 年出版了《一种新古典的经济增长理论》一书,对索洛-斯旺模型作了一些修正和补充,在模型中引入了技术进步和时间因素,从而将其发展成为"索洛-米德模型"。索洛明确指出,从长远的角度看,不是资本的投入和

---

① 邹刚:"增长理论的新进展",载汤敏、茅于轼主编:《现代经济学前沿》,第二集,北京:商务印书馆,1993 年,第 43 页。

② 谭崇台主编:《发展经济学》,上海:上海人民出版社,1989 年,第 67~68 页。

劳动力的增加,而是技术进步,才是经济增长的最根本的决定因素。

虽然资本决定论与技术决定论各自都有众多的支持者,但这并不必然阻止经济学家对经济增长决定理论的进一步探讨。1959年,美国经济学家索罗门·法布里坎特估算出,美国在1889~1957年间,国内经济年均增长率为3.5%,而全部投入增长率为1.7%,余值增长率为1.8个百分点。在1919~1957年间,前者增长率为3.1%,后者为1%,余值增长率是2.1个百分点。美国另一位经济学家丹尼森在1967年出版的《为什么增长率不同?》一书中,对美、英、加、日等国1950~1962年间的统计资料作了研究,发现每个国家的国民收入增长率都大于其要素投入增长率。1950~1962年间上述各国国民收入年均增长率分别为3.3%、2.3%、4.8%、10.1%,而全部要素投入增长率则分别为1.9%、1.1%、2.7%、4.0%,余值增长率分别为1.4、1.2、2.1、6.1个百分点。[①] 一般而言,如果其他情况不变,产出应与投入同比例地增长,即增加1%的投入应该只增加1%的产量。那么,是什么因素导致经济增长快于投入增长呢？经济学家开始在资本(指物质资本)和技术进步之外寻找答案,而这其中经济学家西奥多·舒尔茨尤为引人注目。

西奥多·舒尔茨严厉地批评了以往经济学家对资本概念的片面理解和使用。他认为,资本不仅包括物质形态的资本,而且包括凝结在人体内的人力资本,而且后一种资本对经济发展来说更为重要。也就是说,人力资本是经济增长的决定性因素。舒尔茨明确指出:"经济学家们一直面临着的一个迷就是产出增长率大大高于投入资源的增长率。现在清楚了,这个迷主要是由我们自己造成的,因为我们使用衡量资本与劳动的方法太狭窄了,没有把资源质量提高因素考虑在内。"[②]"虽然在现有的劳动者既缺乏技术又缺乏知识的条件下,通过增加常规资本,也能够获取某些增长,但是,增长率则肯定是十分有限的。离开大量的人力投资,要取得现代农业的成果和达到现代工业的富足程度是完全不可能的。"[③]另一位美国经济学家哈比森也指出:"人力资源……是国民财富的最终基础,资本和自然资源是被动的生产要素;人是积累资本、开发自然资源、建立社会、经济和政治组织并推动国家向前发展的主动力量。显而易见,一个国家如果不能发展人民的技能和知识,并在本国经济中加以有效的运用,就不能发展任何别的东西。"[④]据舒尔茨估计,美国1929~1959年的余值增长率大约是3/5,其中教育的收益可能占这个余值的3/10到1/2。丹尼森计算出,教育、医疗卫生、知识的增进等等因素对经济增长的贡献加在一起,占余值增长率的60%以上,而教育、医疗卫生、知识的增进等都属于人力资本的投资或积累。总结人力资本经济学家的观点,可以看出,他们一致认为人力资本才是经济增长的"发动机"。

关于经济增长决定论的探讨,虽然后来又出现了自然资源决定论、产业结构变迁决定论和企业家创新决定论等等各式各样的理论,但就其影响的深度和广度而言,最著名的经济增长决定论无疑是资本决定论、技术决定论和人力资本决定论。

---

① 卢现祥:《西方新制度经济学》,北京:中国发展出版社,1996年,第204页。
② Schultz,TW: Reflections on Investment in Man, *Journal of Political Economy*, 1962(70),October.
③ Schultz,TW: *Investing in People: The Economics of Population Quality*, University of California Press, 1981:p.4.
④ Harbison,FH: *Human Resources as the Wealth of Nations*, Oxford University Press,1973:p.3.

二、新制度经济学家对传统增长理论的批评

理论可以十分著名,但这丝毫也不意味着著名的理论就是完美无缺的。同样,在新制度经济学产生之前出现的这些著名的经济增长理论,实际上却是存在许多不足的。新制度经济学家们认为,新古典经济增长理论最大的不足就在于它对制度和制度变迁的忽视。在新古典经济增长模型中几乎看不到制度和制度变迁的作用。

舒尔茨就曾对新古典经济增长理论忽视制度这一点提出了批评。他说:新古典"经济学家在陈述经济模型时的一个积习难改的特征是,他们并不提及制度。但尽管有这一疏忽,现代经济学仍在着力为制度变迁寻找理论支持。不过一个无法掩饰的事实是,他们在考虑制度问题时,分析的橱子里是空荡荡的,里面只有几个被视为无用了的标有'制度经济学'的旧盒子。"他还说:"现有的大量增长模型是将制度视为'自然状态'的一部分,因而制度被剔除掉了。在他们看来,这些制度不会发生变迁,它们或者是外生的,或者是一个适应于增长动态的变量。"[①]

诺思也对新古典经济增长理论忽视制度这一点提出了尖锐的批评。他说,新古典增长理论暗含的假设前提是"世界是和谐的,制度并不存在,所有的变化都可以通过市场的完全运行来实现。简言之,信息费用、不确定性、交易费用都不存在。"[②]1993 年,诺思在接受诺贝尔经济学奖发表演讲时指出,经济动态理论对于经济发展领域同样是至关重要的。第二次世界大战以来的 50 年中,发展领域并未发展的原因已不是秘密。新古典理论只不过是分析和制定发展政策的不适宜的工具。它只关心市场的运行,而不管市场如何发展。当一个人不懂得经济是如何发展时,那么他如何制定发展政策呢?新古典经济学家所采取的每一个方法都已定调并已阻碍了发展。在赋予了数学的精确和优美的这一理论的最基本形式中,世界被描述为静止的和无摩擦的。当其应用于经济史和发展研究时,它则强调技术进步和更进一步的人力资本投资,而忽视了这些因素中决定社会投入程度的包含于制度之中的刺激结构。在分析按时序的经济实绩时,它包含了两个错误的假设:其一是制度无关紧要,其二是时间也无关紧要。[③]

正是由于新古典理论这种假定的不存在性,新古典理论及其模型才得以将其毫不掩饰地建立在一些基本假设上。由于这些假设是不符合历史和现实的,所以其合理性、科学性则是令人怀疑的。有鉴于此,诺思不仅认为"必须对这些假设进行探讨",而且对其进行了五个方面的探讨:[④]

首先,新古典模型假定存在这样一种激励结构,它使得个人在边际上完全能获得投资的社会收益,即私人收益与社会收益相等。这一假设意味着交易费用为零,产权被充分地界定,且在行使过程中不需要任何费用。然而,现有的许多产权并非完全排他,计算清晰的产权的费用是昂贵的,许多资源更接近于共有产权,而非专有的私有产权。因此"作为达到有效率的边际

---

① 舒尔茨:"制度与人的经济价值的不断提高",载[美]R. 科斯等:《财产权利与制度变迁》,上海:上海三联书店、上海人民出版社,1994 年,第 252、255 页。
② [美]道格拉斯·诺思:《经济史中的结构与变迁》,上海:上海三联书店、上海人民出版社,1994 年,第 5 页。
③ 道格拉斯·诺思:"时间过程中的经济业绩",载王宏昌编译:《诺贝尔经济学奖金获得者讲演集》,下册,北京:中国社会科学出版社,1997 年,第 266 页。
④ [美]道格拉斯·诺思:《经济史中的结构与变迁》,上海:上海三联书店、上海人民出版社,1994 年,第 5~7 页。

均衡所需要的条件无论在罗马共和国还是在20世纪的美国和苏联从未存在过。社会所曾达到的最好状态是提高私人收益使之尽可能接近社会收益,以提供充分的刺激来实现经济增长。"他更认为,在历史上,增长比停滞或萧条更为罕见,"有效率的产权在历史中并不常见。"

其次,假设由于能使增加自然资源存量的成本不变,因此新知识的获取与运用不存在收益递减。诺思认为,在历史上大多数时期,自然资源存量的收益是递减的,"仅仅到了现代,科学技术的进步才使得克服收益递减成为现实。"换句话说,新古典经济学无法解释历史上为什么会发生技术进步缓慢发展这一事实,要想解决这一难题,必须进行产权结构的分析。

第三,假设储蓄正收益的存在。他认为,储蓄是否得到正收益,同样取决于产权结构。"通观历史,收入的储蓄率和资本形成率(实物与人力的)通常是极低的,有时甚至为零或负数。"因此,只有当产权能够得到社会的公认和尊重,能够得到法律的保障时,储蓄率和资本形成率才能大大提高,才能得到正的收益。

第四,假设抚养儿童的私人成本与社会成本相等。诺思认为,要使抚养儿童的私人成本与社会成本相等,不仅要有效地控制人口出生,而且要通过激励和非激励的制度结构调整人们的生育决策,改变增加人口的社会成本。历史上的马尔萨斯拐点的循环提供了一个充分的证据,表明这一条件是不可能达到的。

最后,假设人们的选择与其期望的结果是一致的。新古典理论认为,在不确定条件下(由于无人知晓决策的确切结果),个人盈利或福利的最大化是不可能存在的,但福利最大化的结果却出现了,这是因为在普遍存在稀缺性的情况下,竞争使得优胜劣汰。而诺思则认为,在非市场决策的社会中,无效率的政治结构确实维持了相当长的时间;另外,个人、集团和阶级对现实的理解各不相同,甚至他们所信奉的政策彼此冲突,这些都难以使选择与结果相同。

基于上述分析,诺思总结指出,在新古典增长模型中,除了市场外并不存在任何组织和制度。① 新古典增长模型与生俱有的缺陷,决定了它是不可能对经济增长作出最权威的解释的。既然存在诸多缺陷的新古典增长理论对经济增长的解释是难以令人信服的,那么,就有必要对经济增长决定理论作进一步的探讨,而且这个探讨必须是在修补新古典增长理论缺陷的基础上展开。从20世纪60年代开始,以诺思、福格尔等为代表的经济学家基于对传统经济增长决定理论的不满而开始了全新的探索。

这个探索,实际上就是经济学家们去"重读历史"、"重新发现历史"和"到历史中找寻答案",而伴随着这场探索的深入,终于引发了一场经济学的革命——新经济史学革命,这场革命的最大成果就是他们提出了"制度是影响经济增长最重要因素"的制度决定经济绩效的理论。

【案例12-1】

新中国的农地制度变迁与制度绩效

一、20世纪50年代农地制度变迁及绩效分析

20世纪50年代,由于刚刚建国,许多问题的解决方法还处于摸索中,所以,反映到现实中便是农村土地制度的安排呈现比较频繁的变动。具体而言,20世纪50年代的农地制度变迁轨迹是:

---

① [美]道格拉斯·诺思:《经济史中的结构与变迁》,上海:上海三联书店、上海人民出版社,1994年,第8页。

1. "耕者有其田"的农地制度安排

"耕者有其田"的制度,是随着建国之后土地改革的完成而建立起来的。实行"耕者有其田"的制度是近代以来以孙中山为代表的民主主义者梦寐以求的梦想,而随着1952年后土地改革的基本完成,新中国的农村已建立起了以农户为基本单位的"耕者有其田"的制度。

在实施"耕者有其田"制度的过程中,权力部门"兼用了强制和劝说的方法",中央人民政府于1950年颁布的《中华人民共和国土地改革法》明确提出,土地改革的基本目的就是:"废除地主阶级封建剥削的土地所有制,实行农民的土地所有制。"该法规定:"所有没收或征收得来的土地和其他生产资料,除本法规定收归国家所有者外",均"统一地、公平合理地分配给无地少地及缺乏其他生产资料的贫苦农民所有。对地主亦分给同样的一份,使地主也能依靠自己的劳动维持生活。"土地分配的具体方法是,以乡或相当于乡的行政村为单位,在原耕地的基础上,按土地数量、质量及其位置远近,采用抽补调整的办法按人口平均分配。这样,经过土地改革,"耕者有其田"的梦想不仅变为了现实,而且"耕者有其田"还成为了正式的制度安排。

"耕者有其田"制度有这样几个明显的特点:第一,在中国历史上,第一次大规模地在全社会范围内实行按人平均分配土地;第二,土地所有者对属于自己的土地拥有完整的所有权、使用权、处置权和收益权,"四权"高度统一;第三,土地产权的界定明晰、边界清楚,有利于节约土地交易成本,有利于农户合理把握土地经营的预期;第四,"耕者有其田"本质上是个体经济,从形式到本质都没有保留公有制经济的属性。

从"耕者有其田"制度实施的绩效来看,这一次的制度安排是符合制度变迁规律的。一般而言,制度变迁的目的是为了把潜在的利润通过新的制度安排而将其变为现实。"耕者有其田"的制度安排显然做到了这一点。从1949年到1952年,粮食产量增长了44.79%,年递增率为13.1%;棉花产量增长了193.69%,年递增率为43.1%;农业产值增长了49.0%,年递增率为14.2%;其他如林业、牧业、渔业、副业等也呈现快速增长,各自的产值年递增率为19.6%、11.3%、29.5%、14.7%。

2. 合作化初级社阶段的农地制度安排

"耕者有其田"制度尽管绩效不错,但中国共产党人在对待农民的问题上,一直认为,应该把他们组织起来,走互助合作的集体化道路。认为只有这样,才能提高农业生产、避免两极分化,从而使农民真正走上富裕的道路。1951年12月,中共中央通过了《关于农业生产互助合作的决议》,以草案的形式发给各级党委试行(1953年2月中央通过为正式决议)。决议提倡农民"组织起来","按照自愿和互利的原则,发展农民互助合作的积极性",并强调以继续发展互助组和建立以土地等生产资料入股、统一经营、实行按分红和按劳分配相结合为特点的初级社为主。此后,以互助合作为特征的农业生产初级社便开始不断地涌现出来。1951年,全国有7个省共试办了129个农业生产合作社;1952年,试办的农业生产合作社增加到3 634个,入社农户57 188户,占总农户的比重为0.05%;1953年又增加到14 171个,另有4 000余个未经批准的自发社;1954年进一步增加到48万个。到1955年夏,农业生产合作社已发展到65万个,参加农户为1 690万个,约占全国总农户的15%。

以互助合作为主的农业合作初级社其农地制度安排有以下特征:第一,以每个农户拥有的属于自己的土地入股,由合作社统一经营使用,土地仍然是农民的私有财产。该合作社一般10户—20户,也有的达40户—50户,最多的有80户—90户;第二,土地入社后,农户参加合作社的集中生产劳动,社员之间开始有了某些分工作业;第三,合作社获得的总收入,扣除当年的生产费用,缴纳的税金,并提取公积金、公益金后,剩余部分分别按劳动和土地及其他资产分配,其中土地是最主要的。第四,与"耕者有其田"相比,农户加入合作社后,其虽然仍保留属于自己的土地的所有权,但使用权却开始了与土地所有者的初步分离,收益权、处置权则为合作社和农户共同所有。

合作化初级社状态下的农地制度安排由于土地的所有权、使用权、收益权、处置权等发生了比较大的变化,所以农户投入农业的积极性受到一些影响,如偷懒、搭便车等机会主义行为已开始出现,但是,合作化初级社的出现,却规避了农户个体经营的弊端,大大节约了农户的生产经营成本和发展农业的社会成本,而实现了农业的规模经营,从而促进了农业的发展,取得了较好的制度绩效。在当时情况下,初级农业合作社,在一些主要农作物的亩产上,比个体农户有所增加。据12个产稻谷的主要省份统计,每亩稻谷多产10%;据9个产小麦的主要省份统计,每亩小麦多产7%;据8个产大豆的主要省份统计,每亩大豆多产19%;据9个产棉花的主要省份统计,每亩棉花多产26%。

3. 合作化高级社阶段的农地制度安排

开始于20世纪50年代初期的农业合作化,虽然出了不少问题,也引起了不少争议,但到50年代中后期仍然迅速发展到了高级社阶段。1955年7月,毛泽东在一篇题为《关于农业合作化问题》的报告中,批评在发展合作化方面"某些同志却像一个小脚女人,东摇西摆地在那里走路,老是埋怨旁人说:走快了,走快了。"此后,合作化运动进程便发生重大转变。结果,便使在1955年6月末还占全国总农户85%以上的个体农户(包括互助组农户),大都直接或经由初级社仓促地合并升级到高级社,这样,到1956年底,参加高级社的农户就达1亿多户,占全国农户总数的88%。随着合作化由初级社到高级社,农地制度安排也发生了不小的变化。

具体而言,合作化高级社阶段的农地制度安排其特征有:第一,农户对经过土地改革而获得的土地的所有权逐渐丧失,土地及其他所有财产都实现了集体化,参加高级社的社员只保留占土地总量5%的自留地的使用权;第二,农户对曾经属于自己的土地的所有权和直接的使用权都已丧失,而都归集体所有;与此对应,原来农户对其土地的处置权、收益权等也丧失,而集中起来归集体所有,这样,名义上属于农户所有的土地而实际上已变成了集体所有;第三,社员的所得已不再与曾经属于自己的土地多少挂钩,劳动成为农民获得收入的基本手段;第四,与初级社相比,在高级社阶段,通过农户入社而集中起来的土地在更大的范围内使用,社员集中劳动,甚至社员的劳动力的使用、支配也不再由其自己决定,高级社已具有了集体经济的属性;第五,如果说加入初级社遵循了自愿的原则,是一种自下而上的需求型制度变迁的话,那么,加入高级社则是在违背大多数农户意愿的条件下进行的,是一种自上而下的强制的供给型制度变迁。

高级社阶段的农地制度安排由于是自上而下并基本上是根据主观臆想来进行的,结果不可避免地脱离了实际,伤害了农民的积极性,这一点从当时农业的经营绩效上反映出来了。据统计,粮食生产的增长速度,1950~1952年平均年增长13.1%,1955年增长8.5%,1956年增长4.8%,而1957年仅增长1.2%。虽然粮食作物的总产量仍继续增加,但却是通过扩大耕地面积取得的,单产并未提高,反而还有所下降;与此同时,许多农户的收入也大大减少,据当时对20个省(自治区)564个社总计183 489户农户的调查,其中减收户占总数的28.09%。关于这一点,从当时农业总产值的情况也能看出,据统计,我国农业总产值增长指数(以1952年为100),1953年为103.1,1954年为103.4,1955年为107.6,而1956年则下降为105.0,1957年更降为103.6。从农业总产值的绝对数字看,1953年为510亿元,1954年为535亿元,1955年为575亿元,1956年为610亿元,1957年则下降为537亿元。此外,高级社阶段的农地制度安排还带来了许多其他问题,如搭便车等机会主义行为进一步加剧、社员间和高级社内部的交易费用日益增大、生产资料的产权模糊、分配机制对促进生产积极作用的丧失等,因而,农业总体上呈现衰退趋势。

4."大跃进"条件下人民公社化农地制度安排

尽管高级社已暴露并蕴蓄着许多问题,但建立一种比高级社还要大的农村社会组织,却是当时许多领导同志的想法,随着"大跃进"运动在全国范围的进行,这样,到了1958年7月,人民公社化运动也开始发展,9月份就迅速进入全面高潮,并在全国基本实现公社化。全国共建起人民公社23 384个,加入农户112 174 651户,占总农户的90.4%,每社平均479.7户。到10月底,参加人民公社的农民达到99.1%,组成了26 500个人民公社。而人民公社化之前,全国共有高级社约79.8万个,平均每社才151户。到后来,人民公社则一般都在4 000户以上,还有1万户甚至更大的社。

人民公社化的农地制度安排与高级社的农地制度安排相比,最大的特点是,其土地在一个更大的范围内使用,原属于个人所有的土地已完完全全归集体公有,农地的产权边界变得更加模糊不清,农户离土地的经营自主权越来越远,社员的农业生产积极性愈加低沉。也正因为此,再加上其他一些原因,人民公社化农地制度绩效进一步式微。反映在农业生产上是其倒退了10年。粮食总产量1959、1960连续两年减产15%,1960、1961年均在14 500万吨水平,甚至低于1951、1952年15 000万吨的水平。所有农产品收购量也都低于1952年的水平,其中1962年,粮食低17%,棉花低42%,食油低47%,生猪低77%,其他经济作物低更多。人民公社化运动不仅对我国农业生产造成极大破坏,而且还影响了国民经济的健康发展,其产生的危害发生着久远的影响。

二、20世纪60~70年代农地制度变迁及绩效分析

实行人民公社化强制制度变迁,不仅没有达到预期目标,反而还恶化了经济关系,引起了一系列问题。为纠正这些错误,在1959年2月召开的第二次郑州会议上,便明确提出了"统一领导,队为基础;分级管理,权力下放;三级核算,各计盈亏"的"三级所有,队为基础"的体制。这种体制在1962年9月中共中央八届十中全会上通过的《农村人民公社工作条例修正案》中被正式确立下来。

经过郑州会议及其后的一系列调整,虽然保留了人民公社的外壳,但其内部的内容却发生了重大的变化。仅从农地制度变迁来看,这些变化就有:其一,将原先集中起来归几千户农户共同所有的共同经营的土地,改为以生产队为基础的公社、生产大队、生产队三级所有,由生产队具体经营;其二,生产队是土地等资产的主要所有者,是独立核算、自负盈亏的基本经济单位,每个农户都隶属于相同的或不同的生产队,其收益直接与生产队的经营结果挂钩;其三,生产队成为土地的产权主体,它拥有了生产队范围内的土地所有权、使用权、收益权及有限的处置权;其四,由于生产队是一个非人格化的主体,现实中,涉及到生产队内土地的经营使用时,多数状况下是生产队内的农户共同商讨决定,因而,使用权、收益权及有限的处置权与农户的距离又缩短了,农户事实上拥有土地的生产经营权,但这种生产经营权是不完善的,只有生产队内的农户作为一个整体才拥有这样的权力;其五,虽然是生产队直接占有并经营着土地,但是公社、生产大队却也是土地的所有者之一,加上高度集中的计划经济体制,因而,生产队的产

权不仅经常受到上面的干预、是很小的,而且还是残缺不全的;其六,农户除作为生产队的一份子间接享有生产队管辖的土地的权力外,还直接享有自留地、自留山、宅基地的使用权、收益权和部分处置权,实践证明,这一部分产权的明晰,极大地调动了农民的积极性。

"三级所有,队为基础"的体制形成后,呈现比较稳定的延续,一直到20世纪80年代初被联产承包责任制所取代。总体上看,这种体制是存在不少问题的,但如果分阶段来看,这种体制在初期和中后期的经营绩效则有着明显的差别。第一阶段为1962—1965年左右,这期间,由于刚刚从"一大二公"的人民公社化体制调整到"三级所有,队为基础"的体制,农民部分拥有了曾经拥有而后来丧失的生产经营权力,农民的积极性有所提高,农业生产又有所发展。据统计,1965年全国农业机械总动力达到1 494万马力(1957年只有165万马力),农用大中型拖拉机有72 599混合台(1957年只有14 674台)。粮食产量,1965年为3 890亿斤,比1962年增加了690亿斤,已将近1957年的3 900亿斤;棉花产量,1965年为4 195万担,超过1957年3 280万担。此外,其他农产品也有较大幅度增产。第二阶段为1965年后至20世纪80年代初该体制的终结。这一阶段的农业绩效较差,如我国粮油都由合作化开始时的净出口国变为净进口国。粮食由"一五"时期的年净出口200万吨变为"五五"时期的年净进口710万吨,为同期年净征购数的16%;29个省市区中,有11个由粮食调出省区变为调入省区;到20世纪70年代末,只有3个省区能调出粮食。食油由"一五"时期年净出口25.9万吨变为"五五"时期年净进口22.2万吨,占国内年销售量的21%。棉花由"一五"时期年净进口3.1万吨变为"五五"时期年净进口42.5万吨,占国内年收购量的19%。农产品的由出口变为进口,一个重要原因是农业的经营绩效下降,产出量减少。

"三级所有,队为基础"的制度安排是在对人民公社化制度安排修补的基础上作出的,但它仍然是自上而下的强制性制度变迁。实践已经证明,从总体上看,其效率是低下的,造成这一现象的原因是很复杂的,而从农地制度看,它显然也是一种无效率或低效率的制度安排。因为判断一种制度的有效或无效,关键是看它能否弥补原有制度的不足而激发制度被动接受者的内在潜力,而"三级所有,队为基础"的土地制度安排虽然也作了较大的调整,但在最大限度地发掘制度被动接受者的潜力方面却是失败的,劳动者的积极性并未调动起来。林毅夫先生认为,导致这一现象的原因有二:一是该产权制度安排,对任何单个社员来说,他都不拥有相对于其他成员的对生产资料排他性使用权、收益和处置权。在这种背景下,公有财产的收益与损失对每个当事人都有很强的外部性,这种外部性随集体经济成员扩大而加强,这导致了劳动监督成本太高;二是由于该产权制度的目标是追求将社区内的不平等减少到最低程度,因而,这种制度不提供劳动激励规则,从而出现了劳动激励缺乏的问题。总之,由于"三级所有,队为基础"的农地制度仍然存在许多问题,因而我国的农地制度安排需要继续进行变迁。

三、改革以来农地制度变迁及绩效分析

改革以来,我国农地制度安排出现了重大变化,逐步形成了以农户家庭经营为主的家庭联产承包责任制,即通常所说的包产到户和包干到户,这种农地的制度安排自20世纪80年代以来一直是我国农村土地制度的主流,但是,即使在家庭联产承包责任制呈现高效率运转的时候,我国的农地制度仍然在小范围内继续进行着不间断的探讨与变迁。

1. 家庭联产承包责任制下的农地制度安排

对农村土地实行家庭联产承包责任制度,这是建国之后我国经济发展过程中为数不多的一次自下而上的需求诱致性制度变迁。实际上,要求承包到户的这种呼声,早在20世纪50年

代合作化期间就很强烈,并且还在小范围里实践过,但是它却始终没有成为正式的制度安排。在经历了合作社、人民公社化以及"三级所有,队为基础"等制度低效率或无效率的实践后,家庭联产承包责任制终于成为我国农村土地正式的制度安排。据统计,到1983年底,全国实行家庭承包的生产队达99.7%,家庭承包的耕地面积占总耕地面积的97%,实行包产到户的农户有1.75亿农户,占农户总数的94.5%。

家庭联产承包责任制在农地制度方面的变迁有以下特点:第一,除了农地的所有权仍归集体所有之外,农地的经营使用权基本能下放的全部下放给各个农户,部分回归了"耕者有其田"的做法;第二,在绝大多数情况下,农地的承包是以生产队为单位按各农户家庭的人口数进行平均承包,家庭联产承包之后,各个农户实际又变成了事实上的个体经济单位,极大地调动了农民的生产积极性;第三,农户的收益直接与其承包地的经营好坏挂钩,打破了原有的平均分配方式,农户经营承包地的收益在作了必要的扣除(主要是乡统筹、村提留)之后,全部归农户自己所有;第四,为了追逐家庭收益最大化,拥有农地处置权的各农户基本上根据自己的预期来使用土地和安排生产,减少了农地经营使用的成本,基本实现了农民的自主经营;第五,农地承包后,大大克服或消除了原来农地经营的外部性,农地在各个农户手中都是以最优的预期收益进行配置的,提高了农业资源(包括农地)的配置效率;第六,相对于"三级所有,队为基础"体制下的农地产权,家庭联产承包责任制的农地产权的边界是清晰的,而且也正因为此,才使得家庭联产承包责任制成为一种有效率的制度安排。

从总体上看,家庭联产承包责任制是我国建国之后最有效率的制度安排之一,其促进经济发展的绩效在20世纪80年代初就表露无遗。首先,家庭联产承包责任制有力地促进了农业的高速增长。据有关专家估算,1978—1984年农业总产值以不变价计算,增加了42.23%,其中46.89%来自家庭联产承包责任制所带来的生产率的提高。具体而言,1978—1984年粮食生产从3亿吨上升到4亿多吨;棉花从217万吨上升到626万吨;油料从522万吨上升到1 191万吨。其次,家庭联产承包责任制还直接促进了农户收入的提高。据研究,从1978—1984年农民收入的实际年增长率达到15.1%,成为历史上农民收入增长最快的时期。再次,以家庭联产承包责任制为主要内容的农村改革,还有力地推动了整个国民经济的增长。据统计,1952—1978年期间,国民收入年均递增5.98%,其中农村经济增长的贡献率为37.28%。而改革以来的1978—1988年,国民收入年均递增9.22%,其中农村经济增长的贡献份额高达63.65%。

林毅夫先生在分析家庭联产承包责任制高效率的原因时说,"一个在家庭责任制下的劳动者劳动激励最高,这不仅是因他获得了他努力的边际报酬率的全部份额,而且还因为他节约了监督费用。"然而,尽管家庭联产承包责任制已被证明是一种高效率的农地制度安排,但制度变迁理论告诉我们,一种合理的制度变为正式的安排后,在一定时期内,该制度的边际效用一般是递增的,而在经过一段时间之后,其边际效用很可能会逐渐下降,因此,这就需要继续进行制度的供给和变迁,家庭联产承包责任制同样也不例外。

2. 当前农村若干有代表性的农地制度变迁与安排

家庭联产承包责任制这种农地制度安排,实践已经证明是很成功的,但是,这并不意味着其就十全十美,事实是这种制度本身还存在不少缺陷,而且这些制度缺陷主要源于外部因素对制度创新的侵蚀,具体表现为:一是农户对承包的土地期限长短预期不足,从而影响了有效的农地投入和积累机制的形成;二是在收入、预期、风险目标的制约下,无法在更大范围实现土地资源的流转和合理配置;三是产权虽然是明晰的,但从农户的角度而言产权却又是残缺,从而进一步影响了这种制度安排的绩效;四是农地按人均分配,细化了农地的经营,影响了农地的规模经营效益。有鉴于此,自家庭联产承包责任制之后,我国的农地制度变迁从来也没有停止过,概而言之,主要有以下几种形式的制度变迁及安排:(1)两田制。它的基本做法就是将土地分为两个部分:一部分是按农户人口数量平分的"口粮田";另一部分是承包地,这部分农地除承担农业税外,还要分担集体的提留和租金,完成定购任务。两田制式的农地制度安排的客观条件是农地资源的相对充裕,而且,该农地制度把土地的双重职能进行了分离,口粮田提供安全职能,保障农户基本的生存需求;责任田则提供经济职能,带来经营收入。(2)规模经营。其又有三种形式:一是建立在集体农场基础之上的土地规模经营;二是建立在家庭农场(种田大户)基础之上的土地规模经营;三是通过股份制形式实现的土地规模经营。规模经营式的制度安排就是为了解决地权的不断细化和农业生产的规模过分狭小问题的。此外,还有拍卖"四荒"使用权的制度安排和变迁等。

家庭联产承包责任制的制度缺陷导致了制度创新的必然发生,而新的制度安排呈现了比较大的差异性,但有一点却是共同的,即它们都是自下而上的诱致性制度变迁,并且都取得了十分明显的绩效,以致其中有些制度很可能会成为我国往后新的农地制度安排的最佳选择。

四、几点总结

1. 建国之后,我国的农地制度变迁经历过供给型的强制性制度变迁和需求型的诱致性制度变迁,就绩效而言,后者显然要优于前者,因此,仅从这个角度来看,需求型的诱致性制度变迁应是今后我国农地制度变迁的最主要形式,而且,一般而言,诱致性制度变迁在现实中总是有着强烈的制度需求。

2. 不论是其前的强制性制度变迁还是其后的诱致性制度变迁,都具有典型的路径依赖特征。从前面的分析可以清楚地看到,建国之后,我国的农地制度变迁既有对前一时期土地制度的继承,又有对前一时期土地制度的否定,正是"人们过去作出的选择决定了他们现在可能的选择。"同样,我国往后的农地制度变迁也不能不考虑路径依赖因素的影响。

3. 一种制度要想作为正式的制度安排,一般总是自上而下的供给型制度要容易得多,而自下而上的需求型制度则困难重重。供给型制度能否取得好的绩效,则取决于该制度是否真正贴近现实;而需求型制度能否取得好的绩效,则取决于决定制度安排的领导者是否接受该制度、是迟还是早安排该制度。

4. 制度变迁实际上是一个追求潜在利润的制度交替过程,而利润的分割则很可能决定着制度变迁的方式和制度变迁的速度。从我国的实践看,改革前之所以是政府供给型的制度变迁为主,是因为那种制度安排有利于政府分割利润、集中利润;而诱致型的制度变迁却正好有利于农民分割利润。利润的分割方式不同决定了推动制度变迁的主体不同。

5. 一种制度安排在一段时期内很可能是较优的、有效率的,但这并不意味着该制度安排就是不可改变的、是一劳永逸的,经常的情况应是,制度要在经济发展过程中不断地进行修补,不断地量变着,只有这样,才能保持制度的边际效用不至于下降。由此而可以大胆预言,联产承包责任制不可能是我国农地制度变迁的最后归宿,而需要继续进行改革,并很有可能最终被符合市场经济原则的资本雇佣土地的制度所取代。

6. 虽然需求型的诱致性制度变迁一般都能产生较好的绩效,但是,从另一个角度讲,需求型的诱致性制度变迁一般总是产生于制度供给严重不足时期,就我国的实际来看,今后的农地

新制度经济学

制度变迁能否节约成本、发挥效益,更主要的是依靠政府有否前瞻性的制度供给。如果继续实施由农户自己去摸索最佳的制度安排,将可能影响并滞后着农业经营潜在效益的发挥。

资料来源:杨德才:"我国农地制度变迁的历史考察及绩效分析",《南京大学学报》,2002年第4期。

第二节 诺思的制度绩效理论

在传统经济学中,市场的运作被假定为在完备信息、明确界定的产权和零交易成本条件下的运作过程。对整个经济活动的协调和组织,只要依靠"看不见的手"的作用就可以达到最佳状态,不需要任何外在力量的干预。这样,起到协调经济活动作用的各种制度和组织,就变得无足轻重了。然而,诺思通过对经济史的研究发现,用传统理论去研究某一历史时期的经济增长和经济绩效,并不能取得令人满意的结果,尤其是它无法解释历史上的经济增长和西方世界兴起的原因。诺思认为,在传统经济学的增长模型中,忽略了一个十分重要的因素——制度。他认为,新古典经济学所假定的有效市场,只有在无交易成本时才会实现。当交易产生成本时,制度就起决定作用了。事实上,有很大一部分国民收入用于交易活动。因此,制度(尤其是产权制度)是市场效率的关键性决定因素。

一、制度、制度变迁决定经济绩效

20世纪60年代,诺思在他的研究中,无意间发现了制度是影响经济增长的决定性因素。此后,他不仅通过其有目的的研究进一步论证了制度决定经济增长,而且他还成为新制度经济学派最著名的代表性经济学家。

1968年,诺思在《政治经济学杂志》发表的"1600~1850年海洋运输生产率变化的原因"一文中,运用"间接计量"分析研究法,得出了1600~1850年间海洋运输生产率有显著提高的结论。为什么会提高呢?传统的解释归结为技术进步,但是,海洋运输使用轮船代替帆船的技术进步发生在19世纪后半期,而在1600~1850年间帆船并没有发生重大改进,所以,传统的解释显然是十分牵强附会的。诺思依据间接计量法认为,1600~1850年间的海洋运输生产率虽然没有直接可比数字,但可以运用航运成本作为间接衡量航运生产率的指标,然后,找出影响航运成本的各个因素进行分析。计算结果表明,在1600~1850年间平均每吨货物所担负的成本是下降的。诺思对每项成本因素进行了分析,得出由于航运安全性加强和市场经济扩大等因素的作用使成本降低的结论。这样,诺思通过间接计量法,算出了缺乏直接可比数字的海洋运输生产率的变化,解释了航运增长的原因。

更重要的是,诺思实际上已经超越了单纯的量化分析,因为他实际上考察了数字背后更深层次的制度性因素,即市场扩大、市场规则趋向完善、交易活动安全性提高等。既然新经济史学家意识到制度性因素在经济发展史中的作用,他们必然要从历史中验证。因为,在他们看来,"经济史与经济发展的核心问题即是说明那些创造出能诱致递增生产力的经济环境的政治与经济制度的变迁过程。"[1]

1970年,诺思与托马斯合作发表"西方世界增长的经济理论"一文,1971年,两人合作发表

---

[1] North, D: Institution, *Journal of Economic Perspectives*, 1991, Winter.

"庄园制度的兴衰:一个理论模型"。如果说此前,诺思不自觉地意识到制度因素对经济增长可能有作用,而在这两篇文章中,他们则自觉地提出了一个不同凡响的观点:对经济增长起决定性作用的是制度性因素而非技术性因素。

正是在这一时期,西方经济理论界发生了"产权运动",新制度经济学家及时借鉴这一运动的成果,以产权理论作为经济史制度分析的主要视角和方法,考察了美国制度变迁的产权含义。1973年,诺思与托马斯合著的《西方世界的兴起》一书,将产权理论运用于欧洲经济史的研究,探索欧洲兴起的原因。该书的核心观点是:"有效率的经济组织是经济增长的关键。"传统的对欧洲兴起原因的经济史解释是,以技术进步、规模经济、教育发展和资本积累为主要表现的工业革命。实际上,这种解释是不够深刻的。因为这些因素和工业革命本身就是经济增长的表现和结果,而不是经济增长的原因。换句话说,还必须探索这些因素的深层原因,探索什么保障和促进了工业革命产生和发展所需要的技术创新、资本积累等,即必须探索工业革命为什么在欧洲首先发生的原因。诺思从制度经济学理论出发,通过对公元900~1700年间西方世界经济史的考察而认为,这一原因在于制度,即在欧洲首先出现了有效率的经济组织和经济制度。为什么历史上的经济增长没有在整个西方世界同时出现,而首先在尼德兰和英格兰出现,原因在于尼德兰和英格兰最早进行了产权结构方面的改革,从制度上激发和保护了经济领域的创新活动,因此,它们首先在西方世界兴起。而法兰西和西班牙则没有做到这一点,因此,它们在西方世界的竞争中落伍了。

1981年,诺思出版的《经济史中的结构与变迁》一书是他运用包括产权理论、国家理论和意识形态理论在内的制度变迁理论系统分析经济史的代表作。按照诺思的定义,"结构"即制度框架,"变迁"指制度创立、变更以及随着时间变化而被打破的方式。在该书中,诺思构建了一个包括产权理论、国家理论和意识形态理论在内的制度变迁理论分析框架,然后,运用这一框架解释了人类社会全部经济史。其核心结论是,制度变迁是经济史演变动力的源泉。在传统经济史学观看来,产业革命的爆发无非是蒸汽机和飞梭之类的技术发明带来的技术进步的结果。产业革命似乎是技术进步带来的突变。但在诺思看来,正是一系列的制度方面的变化给产业革命这一根本性的变革铺平了道路。因此,产业革命作为人类社会经济史上第二次经济革命(第一次经济革命是农业的产生),是一系列因素长期发展、变化所带来的渐进性结果。而其中,制度变迁是动力的源泉。

【案例 12-2】

制度重于技术

自从阿罗在一九六三年将信息引入经济学以后,对于信息的研究,改变了主流经济学的研究范式,而非主流经济学也将其作为新发现的敲门砖,使信息变成了经济学的研究基点。

在信息不对称的研究中,人们发现有两种不确定性,一种是客观环境变化引起的不确定性。它既不是交易行为引起的,也不是人与人之间的关系引起的。这种不确定性来源于人的认知的局限,那么如何认识这种局限?如果有明确的激励,如历史上曾经存在过的以足够高的价格悬赏某种发明,激励当事人行为,就会减少不确定性。我想这也是一种交易费用。另外一种交易费用,纯粹是由于人与人之间的行为引起的,是由于人们之间存在利益分歧,人们各自有自己的小算计,互相扯皮造成的交易费用,这部分费用是必须承担的。由于这两种交易费用都与人们的行为、动机有关,那么,协调人们之间的行为就需要指挥、调度,这就需要监督成本。

在这两种费用中,哪一种更为基本呢？或者说哪一种更为重要？

制度高于技术,是从终极意义上讲的。马克思曾经讲过,科学是最高意义上的革命力量。这是从人类的长河来讲的。对于一个具体而确定的时代来说,制度却是最高意义上的创新力量。这是从制度作为激励人们行为的最高规范意义上讲的。制度决定了人们的行为预期,是终极意义上的行为规范。对个体、一个组织和利益集团来说莫不如此。制度所节省的是交易费用,而技术节约的是生产费用。为什么生产费用不如交易费用重要呢？这源于对市场制度认识的深化。知识深藏于个体当中,而且人的认知又与当时的环境、时空条件联系在一起。市场的分工可以将一部分具有专门知识的人分离出来,将其知识转化成一种商业化的知识,在利益动机的驱使下,又进一步扩展分工,成为一个新的部门,使社会不断向专业化方向发展。而协调这种分工最有效的是市场,这样会节省交易费用。

那么,哪些制度对于技术创造最为基本呢？制度可分为三个层次,第一层面是人的基本权利;第二层面是市场制度;第三层面是国家。制度可以替代技术。这种替代是最高意义上的替代。制度在什么层面上可以替代技术呢？首先是从激励、从消除不确定性上、从消除信息不对称上、从利益分配上来激励人们创新。制度的根本目的在于,给人以动力、激励和引力。这种动力可以是物质的,又可以是"立功、立言、立德"。

张五常曾认为,权利与交易成本是一个硬币的两面。有什么样的权利结构就会有什么样的交易成本。权利的结构决定着交易成本的结构。正是从这种意义上说,制度高于技术。没有一个产权界定明晰的产权结构,要使高科技企业得到迅速的发展是不可能的。这也是现在一些地方政府投资高科技企业为什么难以取得像硅谷那样的效果的缘由了。中创的失败已经做了很好的注解。

实际上,企业是在市场中运行的,也存在于社会之中。为说明问题起见,将这种在市场中运行的产权称为动态产权。企业在一个竞争的市场中运行,无时无刻不存在着产权的有效保护问题。实际上这种动态产权存在一个巴泽尔所说的公共区域问题,社会的各个方面都在蚕食这个公共域。如政府要多收点税,有些人想多要点地租,企业内部的人想多分点利润,市场销售人员想多捞点油水,消费者也想多得到一点消费者剩余等等。总之,存在一个产权界定以外的公共域,需要进一步界定,在这样一个动态界定的过程中,企业才可能真正发展起来。

认识动态产权,对企业是至关重要的。就我们的认知来看,从过去不知道是谁的公司,到现在认识到产权的重要性到MBO收购,都是一种进步。但是产权保护的成本很高,却成了一个越来越严重的问题。因此,最重要的是为创业者设立最为基本的产权,这当然包括罗尔斯和诺齐克都承认的基本自由和基本权利在内。这里最需要强调的是企业基本产权,其实质是界定产权权利的成本最小。比如,一个高科技企业扎在了开发区,原来许诺的政策不兑现,停电、断水,生产的产品经常不翼而飞,卖出去东西成了肉包子打狗,或者打赢了官司回不来钱,或者销售款泥牛入海等等,这一切实际上都会提高界定产权界区的成本,一般企业都很难发展,更不用说发展高科技企业了。

现在人们终于认识到产权对现代经济所起的核心作用了。但是问题在于,如果一个人对企业负不了财产责任,或者说自己没有财产能够负得起这种责任,产权责任如何划分,正是要创造经理市场、并购市场、资本市场、产品市场、舆论市场等等,通过外部力量来解决。这些外部的压力,尤其是声誉市场对经理人的筛选是一种过滤机制,这是著名经济学家法马早在20世纪70年代末提出的经理市场竞争作为激励机制的开创性研究中就证明了的。经理市场对产权来说是强有力的约束。

除了产权以外,有效的企业组织也是高科技发展的必要条件。在托马斯与诺思的《西方世界的兴起》一书中,其核心观点是,西方世界兴起的根本原因在于有效率的组织是经济增长的关键。也就是说,如果技术创新仅仅是个别组织的行为,不可能使技术创新成为普遍的动力,只有当有效的组织成为社会的普适规则时,才有可能。有效的组织是技术创新的必要条件,但不是充分条件。要想使其成为充分条件,必须有一个重要内容是,有效的组织之间必须是充分竞争且是有效竞争。有效竞争是经济组织互相学习和变革的必要动力,也是优胜劣汰的外在压力。

对于一个高科技企业来说,创新的市场往往比创新的技术更为重要;创新的机制往往比创新的能力更重要;创新的思路比技术本身更重要;创新的制度设计比创新的思路更重要。

制度高于技术,其原因就在于,市场制度可以扩展分工,细化分工。斯密早就讲过市场广度的概念。20世纪20年代,杨格认为"分工一般地取决于市场",即分工取决于市场的广度与深度。我认为可以指内涵的市场与外延的市场。市场的分工高于自然的分工。由市场所引导的分工是一种产权明晰、激励机制最完全性的分工,而由自然所引导的分工仅仅是技术意义上的分工。哈耶克在吸收古典思想精华的基础上,又提出了建立在市场基础上的扩展秩序概念。而市场扩展秩序的概念是哈耶克思想的核心,也是市场制度演化的真正内核,同时,也是自发秩序的必然结果。法国的布罗代尔又在这些分析的基础上,提出了市场上层和市场下层的概念,正是在这些分析的基础上,人们对市场制度的认识不断深化,在对高科技这个风险市场上,人们的认识又前进了一步。

高技术企业要在一个地区比如硅谷成长,而不是在别的地方发展起来,还有一个局部的制度环境。这近似于发展经济学所说的"飞地"或"发展极"的概念。

在这样一个局部的制度环境中,什么是最主要的制度安排呢?显然是市场分工的制度安排。这实际上是对哈耶克市场秩序概念的扩展。市场是一种最不坏的制度安排。哈耶克所说的市场经济是一种扩展秩序。实际上,它指的是一种经济人之间相互合作的秩序,这种秩序是建立在自发合作基础上的,同时,又是一种理性秩序。这种理性秩序是建立在规则框架基础上的。如果这种合作,没有一种法治的精神做基础,没有相互制约、相互制衡,就不可能有高技术产业的发展。

同时,如果没有一种有利可图的技术市场价格,没有让投机家获得超额利润,就不会吸引投机家投资。如果没有有效的市场中介为企业定价,进而为风险技术定价,仅仅由一般市场来评判,风险投资企业也就不可能兴盛起来。

市场制度还是一种筛选器。它不是一种免费制度。它只将那些最需要在某一领域(专业)、市场上最有需求欲望的人,而且是有能力(有信誉)的人,放在市场上比较。信誉,实际上是创造财产的能力。市场只承认你真实的市场能力,而不会轻信你的许诺,经济学上叫不可信承诺。所以,在这种意义上,市场又是信誉的交换。

市场是一块试金石。市场制度的分工,可以细化技术的分工。技术的分工又可以促进市场的分工。在风险投资市场上,市场分工制度与技术是可以相互替代的。这种替代,并不是说制度可以直接替代技术创新本身,而是说由于市场的细化使技术创新的环节分化了,原来由一个企业所做的事情而由大家合成了。合力是现代技术创新的必要条件。在信息化时代,由一个人去创造更多的技术已不可能,现在再也不可能创造出像牛顿、爱迪生那样的全才了。由市场引导的技术分工,比一个企业组织技术创新更有效。原因就在于它可以降低风险,使收敛性的生产变成发散式的,使单一的生产技术成为多元的生产技术,这样就有可能降低由资源独家经营带来的风险,使试错的过程缩短,使技术创新成功的概率增加,使技术创新的产业化速度加快。从全社会来看,就会降低企业生产成本,尤其会降低企业组织的管理费用。而在一个企业里搞技术创新,就会增加试错的机会,资金投入量巨大,会使其破产。当然,也会产生梁小民教授所说的"官窑文化",它毕竟不是常态。从这种意义上来说,市场也可以替代企业,替代创新。

再看一些成功发展高新技术产业的例子,更能说明这一点。美国硅谷与一百二十八公路地区有很大的不同,就在于一百二十八公路周围地区的公司是大而全,自成体系,配件相互不通用,是一种封闭的生产方式。说到底是一种没有高度细化分工的公司生产。而硅谷地区则相反,大家专业化协作,生产部件彼此相容。这种协作的生产方式促进了创新,而且产生了更加多样化的经济组合。这种松散的联盟,使企业家与工程师建立了一种灵活的行业协作关系。正如萨克森宁所指出的,硅谷地区不是围绕单个企业,而是围绕这一地区及其专业网络建立的(安纳利·萨克森宁:《地区优势:硅谷和一百二十八公路地区的文化与竞争》,上海远东出版社1999年版)。开放的协作的生产方式,为硅谷创造了远比底特律或是一百二十八公路周围更为多样化复杂的经济组合。

二者的不同点在于,在硅谷地区是一种高度分工的市场协作方式,是一种以市场激励作为制度安排的行为方式。高科技的高风险,使传统的公司制度安排不适应新经济的需要,而由高度分工的专业市场制度安排来分散高科技带来的高风险,反而降低了风险,减少了生产成本,因而具有很大的优势。这就再一次证明,由市场自发创造的秩序是最有效的。

我们也不能否认有些成功的高科技园区是由政府扶持发展起来的。比如台湾地区的新竹就是如此。但是,仔细考察一下世界各国成功的高科技园区的历史,就会发现,政府扶持新竹,仅仅是在"园区十年三期发展计划"上。从最一般的意义上讲,也只提供了基础设施等硬件,而发展的"软件"只能由企业主体来完成。

制度之所以重于技术,原因就在于风险市场本身就是一种制度,一种精巧的制度。通过市场筛选,风险市场只剩下强者,且强中更强。如果市场这个超级裁判要偏袒谁,那么,用不了多久,裁判本身就要歇业。而这是一个市场所有主体想干也不可能干成的事。

制度高于技术的含义,不仅是指企业制度和市场制度层面,而且还指国家制度层面。国家作为一种制度,最重要的莫过于为所有的公民创造一种自由发展的空间,创造一种相互信任的预期,规定一种人们行为的规范。从这种意义上说,国家制度不过是为了满足人自由发展的需要,也就是马克思所说的为了实现自由人的联合。

按照心理学家巴甫洛夫的说法,人的需要分为几个层次。作为从事高科技创新的人们来说,他们的最大需求是事业成功,而不仅仅是物质需求。事业的成功需要环境,需要一种对未知探求的精神。这种精神也就是最高意义上的人与人之间的宽容空间,是一种扩展与合作的秩序。这种秩序是自由、自发的,是哈耶克意义上的理性秩序,是一种对自由人的尊重,是最高意义上的自由发展。

而对于形成一种制度氛围的创新环境来说,整个民族形成一种创新的制度环境是最重要的,而这种环境就是宽容、仁和。这样的文化氛围,不仅是指制度上的宽容精神,而且也包括冒险精神。宽容与冒险是这种氛围的两极,对于形成创新环境来说,都是必不可少的。

在谈到世界上所有成功的高科技园区时,人们都几乎认为宽容的文化氛围是成功的必备条件,其原因就在此。不能忽视的是,人类智慧的结晶——大学,在一千多年前人类创造的这种有效的组织制度,是培养和造就人才的最重要的制度设计之一。大学所孕育的宽容、宽厚、宽恕的成长空间,最符合新生事物的成长,也最适合高科技产业的发展。

高科技产业的发展尤其需要这种氛围。一个重要的原因在于,技术本身发展的发散性和无规则性,使任何先验的制度设计都难免失效,任何成功的经验都难免失灵。因此,有关技术创新的现成的规则、制度设计一般是难以照搬照用的。这就决定了只能给创新者主体以激励。将这种激励规则化、法治化,就成了国家法治的重要内容。高科技的发展具有极大的外部性,也是一个国家、一个民族成败的关键问题。

再具体一点讲,我们说国家制度对于技术的重要性在于国家创造一种制度环境。制度环境,也就是诺贝尔经济学奖获得者诺思所说的制度环境。诺思认为,制度环境就是一系列用来建立生产、交换与分配基础的基本的政治、社会和法律基础的规则(见戴维斯和诺思:《制度变迁与美国经济增长》,载《财产权利与制度变迁——产权学派与新制度学派论文集》,上海三联书店1994年版)。在诺思看来,支配选举、产权和契约权利的规则是构成经济制度环境的核心内容。诺思之所以将制度环境作为其制度变迁模型的外生变量,就在于制度环境一旦形成,在短时期内就很难改变。而诺思认为,一项制度安排,即支配各经济单位之间可能使用与竞争方式的安排,更接近于他所使用的制度一词的意义。我们从国家制度的角度来看诺思的观点,就会感觉到制度环境对于制度边界和制度空间规定下的创新主体来说,是具有何等重要的价值。仅从经济发展与国家制度变革的关系来看,一些成例已经充分证明了这个道理。从明治维新、彼得一世改革到普鲁士改革,无一不是体制改革先于技术的革命、经济的发展。

制度高于技术,是说制度是解决技术的动力问题,解决技术创造者主体的能动性问题。这样,给技术创造者以多方面的激励就成了制度设计者的主要使命。

技术本身的创造和发明,并不需要人们去设计什么制度。技术产业的客观性所要求的制度设计,是在市场中自己解决的。适合不同类型的技术产业而创造不同的制度,是大浪淘沙,不是设计师的一厢情愿。比如,在日本的筑波,尽管设计者可以单相思的设计制度框架,也拿出很多钱来解决人员的供养问题。但是,在设计好的鸟巢里,最终会被抛弃。这是一个血的教训。

联想到我们的状况,为什么那么多人特别关心高技术产业呢?高技术开发区之多,可以载入吉尼斯大全;开发区所创造的高新技术之少,也可以载入吉尼斯大全。其中的根源的确令人玩味。政府的作用应该是有限的,这种限度在于其创造一种自然环境,在基础设施、资金支持等方面有所作为,在人才的衣食住行上下功夫。

总之,法治的环境无非是要真正保护那些创造者的利益,并使其惠及到国家、民族甚至每一个人,让其相应的阶层来保护自己的利益,并使之上升为国家利益、民族利益。这样,就会使人尽其才,各得其所,使法治的环境成为创新的保险箱,那么,这种制度更会高于技术本身的力量。

资料来源:李风圣:"制度重于技术",《读书》,2005年第4期。

二、诺思制度绩效理论的主要内容

诺思的制度决定经济绩效理论主要体现在他的《西方世界的兴起》(1973 年)、《经济史中的结构与变迁》(1981 年)和《制度、制度变迁与经济绩效》(1990 年)等著作及大量的论文中。概括而言,诺思的制度绩效理论主要有以下几点:

第一,人口因素是导致制度变迁的革命性因素。

诺思认为,两次经济革命的发生都是制度变迁推动的,而导致制度变迁的原因从根本意义上说是由于生产要素的相对价格发生了改变,才需要制度的变迁来保证经济增长。引起生产要素的相对价格改变的主要因素是人口——人口数量变化通过影响土地和劳动的相对价格,从而在改变经济组织和产权中起着决定作用。诺思发现,由于土地供给无弹性以及在第二次经济革命之前技术创新的动力不足,因此两次经济革命都发生在历史上存在着两个重要的人口与资源比例的转折点上。

第一次经济革命即农业部门成为经济产出的主要领域,是由于人口增长导致了人均资源占有率的下降,人口与资源的紧张关系导致了原来狩猎部门中的公共产权向农业的排他性的公有产权发展;第二次经济革命也是在人口的波动中逐渐由庄园经济的不完全的私人所有权向较充分界定的产权过渡的。在诺思的理论中,人口因素是打破现有经济均衡,从而产生制度变迁需求的革命性因素。人口的增长以创造市场经济、使劳动力收益递减和改变价格水平的压力方式剧烈地改变了这个世界。

第二,有效率的经济组织(产权明晰)是经济增长的关键。

诺思认为,经济增长的历史是与制度变迁的历史分不开的。他认为,西方世界兴起的根本原因在于制度。"有效率的经济组织是经济增长的关键;一个有效率的经济组织在西欧的发展正是西方兴起的原因所在。"[①]当然,有效率的组织的产生需要在制度上作出安排和确立产权以便对人的经济活动造成一种激励效应,根据对交易费用大小的权衡使私人收益率接近并等于社会收益率。一个社会如果没有实现经济增长,那就是因为该社会没有为经济方面的创新活动提供激励,也就是说,没有从制度方面去保证创新活动的行为主体应该得到其认为的最低限度的报偿或收益。反观通常的观点,则是将技术创新、规模经济、教育和资本积累等看作是经济增长的源泉,而诺思却认为所有这些本身就是经济增长。因此,产业革命就不是现代经济增长的原因,而恰恰是其结果。

诺思认为,历史上的产权没有做到使个人收益与社会收益相等,其原因就在于或是没法阻止"搭便车"行为,或是创立和行使产权的成本超过了收益。尼德兰和英格兰地区由于最早进行了产权结构方面的变革,从制度上激发和保护了经济领域内的创新活动,因此它们首先在西方世界崛起,而法兰西和西班牙则没有做到这一点,因此它们在竞争中失败并大大落伍了。

第三,论述了国家在经济增长和产权界定方面的作用,建立了一个完整的国家理论模型。

诺思之前的产权理论往往是通过假定国家的中立,来说明产权对于交易费用的降低和经济组织形式的替换的作用。如此说来,资源条件基本相同的国家就不会在发展中呈现出差异,但事实并非如此。诺思进一步发展了产权理论,认为国家不是中立的,从而把产权理论与国家理论结合了起来。诺思指出,由于产权的本质是一种排他性的权利,因此,只有在暴力方面具

[①] [美]道格拉斯·诺思、罗伯特·托马斯:《西方世界的兴起》,北京:华夏出版社,1999 年,第 5 页。

有比较优势的组织才能处于界定和行使产权的地位,而国家的最显著特征在于"为实行对资源的控制而尽可能地利用暴力"。

由于国家决定产权结构,因而国家最终要对造成经济增长、衰退或停滞的产权结构的效率负责。对国家的性质解释,先于诺思有两种观点,即契约理论与掠夺或剥削理论。虽然两种理论的国家都能在历史和现实中分别得到佐证,但又都涵盖不了所有的国家形式。实际上,国家应该带有掠夺和契约两重性。因此诺思倡导有关国家的"暴力潜能"分配理论。他认为,正是"暴力潜能"分配理论使两者统一起来。若暴力潜能在国民之间进行平等分配,便产生契约性的国家;若这样的分配是不平等的,便产生了掠夺性的国家,由此出现统治者和被统治者,即掠夺者和被掠夺者。国家的矛盾着的双重性是由国家提供产权制度的两方面的目的决定的:"一是,界定形成产权结构的竞争与合作的基本规则,这能使统治者的租金最大化。二是,在第一个目的框架中降低交易费用以使社会产出最大,从而使国家税收增加。"①

很显然,由于国家总倾向于向能提供租金最大化者提供产权保护,这使统治者界定的租金最大化的所有权结构与降低交易费用和促进经济增长的有效率体制之间,存在着持久冲突。也就是说,国家对产权乃至经济增长具有双重作用:它既可以促进产权的界定,提高产权的运作效率,也可以导致无效的产权。这种现象被称之为"国家——产权悖论",也称"诺思悖论"。诺思指出,"国家的存在是经济增长的关键,然而国家又是人为经济衰退的根源。这一悖论使国家成为经济史研究的核心,在任何关于长期变迁的分析中,国家模型都将占据显要的一席。"②除了揭示国家在产权界定和经济增长中的重要作用外,诺思还对国家的性质、起源、其目标函数和约束函数以及产生"国家——产权悖论"的根源作了深入的分析,从而建立了一个完整的有关国家的理论模型。

第四,意识形态的变化和创新是经济增长的重要制度因素。

诺思认为,意识形态是经济理论研究中不可缺少的组成部分,如果没有一种明确的意识形态理论或知识社会理论,那么,在说明资源的现代配置和历史变迁的能力上,就存在着无数的困境。意识形态的变化和创新是经济增长的重要制度因素。

诺思的意识形态理论实际上是对"经济人"行为导致的"囚徒困境"的补救。古典学说阐释了经济学第一定律——人人为自己,社会将更好;新制度经济学则又补充了经济学第二定律——人人为自己,社会将更差。第二定律并不是要否认第一定律,而是致力于解决个体理性与集体理性之间的悖论——在交易中因"经济人"的机会主义产生的无效率的纳什均衡,如"搭便车"行为。由于诺思的新古典价值判断,他也必须从历史过程中发现国家与社会在超越"经济人"的斤斤计较中表现出的智慧。诺思发现,新古典模式在其行为函数内有一个无法避免的矛盾:"它既假定福利最大化又假定存在霍布斯主义的国家模式,而这将限制创建一个可行的政治制度的行为。"③因为违反规则也符合新古典主义者的利益,只要有关利益和成本的个人主

---

① [美]道格拉斯·诺思:《经济史中的结构与变迁》,上海:上海三联书店、上海人民出版社,1994年,第24页。
② [美]道格拉斯·诺思:《经济史中的结构与变迁》,上海:上海三联书店、上海人民出版社,1994年,第20页。
③ [美]道格拉斯·诺思:《经济史中的结构与变迁》,上海:上海三联书店、上海人民出版社,1994年,第49页。

义的计算要求这样的行为。但日常观察提供了丰富的有关人们遵守规则的证据,大团体的行动中也并不总存在"搭便车"行为(否则大团体行为将无法产生)。新古典模式的这一缺陷就在于没能重视意识形态因素,因此,诺思认为,"如果没有一种明确的意识形态理论或知识社会学理论,那么,我们在说明无论是资源的现代配置还是历史变迁的能力上就存在着无数的困境"。[1]

实际上,对社会意识形态即社会合理性的投资是一种节约机制(既减少规则制定成本,又约束机会主义,从而使人的行为可以预期),是支持社会制度运行的必要基础,因为意识形态不可避免地与个人在观察世界时对公正所持的道德、伦理评价相互交织在一起,使人产生一种关于可能的非此即彼的选择观念。但正是由于意识形态与公正观念的这一关系,又使得"当人们的经验与其思想不相符合时,他们就会改变其意识观点"。也就是,"人们试图去发展一套更'适合'于其经验的新的理性。"[2]

诺思不仅把意识形态理论引入到经济学和经济史学的分析中来,而且还认为意识形态是诱致制度变迁的内生变量之一。

第五,路径依赖是影响经济增长或不增长的重要因素。

诺思认为,新经济史所要解释和说明的核心问题是:"为什么相对无效的经济会持续?是什么妨碍了它们去采用更有效的经济中的制度呢?"在探寻这一问题答案的过程中,诺思提出了路径依赖理论,并认为"路径依赖是分析理解长期经济变迁的关键"。

1995年诺思在北京大学演讲时说:"路径依赖仍然起着作用。……社会演化到今天,我们的文化传统,我们的信仰体系,这一切都是根本性的制约因素,我们必须仍然考虑这些制约因素。这也就是说我们必须非常敏感地注意到这样一点:你过去是怎样走过来的,你的过渡是怎么进行的。我们必须非常了解这一切。这样,才能很清楚未来面对的制约因素,选择我们有哪些机会。"[3]路径依赖因素对制度变迁的影响是十分巨大的,沿着既有的路径,制度的变迁可能进入良性循环的轨道,迅速优化;也可能顺着原来的错误路径往下滑,弄得不好,它们还会被锁定在某种无效率的状态之下。一旦进入锁定状态,要脱身而出就会变得十分困难;还有可能既有的制度变迁初期取得了良好绩效,而当初期制度变迁的效用逐步递减后,后期的制度变迁却只是对既有制度的修补,从而影响了制度创新和制度供给。从各个国家或地区的发展历程来看,许多国家或地区的制度变迁都受到过路径依赖因素的影响,因此,在分析一国经济增长或制度变迁的过程中必须注意路径依赖因素的影响。

诺思认为,路径依赖因素的存在及其影响,既是揭示当今世界不同国家和地区政治经济形态千差万别的重要根源,又是低效率的制度得以长期存在的重要原因。

第六,制度分为有效率的制度和无效率的制度,而历史上更多的是无效率的制度。

制度为什么能促进经济增长?原因在于制度构造了人们在政治、社会或经济方面发生交换的激励结构,这种激励结构能降低交易费用,从而有利于经济增长,因此诺思认为有效率的组织是经济增长的关键因素。然而从历史上看,并不是所有的制度都是促进经济增长的。根据是否有利于经济增长,制度可分为有效率的制度和无效率的制度。有效率的制度促进经济

---

[1] [美]道格拉斯·诺思:《经济史中的结构与变迁》,上海:上海三联书店、上海人民出版社,1994年,第51页。
[2] [美]道格拉斯·诺思:《经济史中的结构与变迁》,上海:上海三联书店、上海人民出版社,1994年,第54页。
[3] 道格拉斯·诺思:"制度变迁理论纲要",载陈敬山编:《经济学与中国经济改革》,上海:上海人民出版社,1995年,第8页。

增长和发展;反之,无效率的制度抑制甚至阻碍经济增长和发展。那么,什么样的制度才是有效率的呢?①

按照诺思的观点,首先,有效率的制度能够使每个社会成员从事生产性活动的成果得到有效的保护,从而激励他们努力从事合乎社会需要的经济活动,使得每个社会成员的生产投入的私人收益率尽可能地等于其社会收益率。所谓私人收益是指个人从其市场活动所产生的总收益中自己获得的那部分收益,所谓社会收益是指个人市场活动给整个社会带来的总收益。每当所有权的专有性不确定或没有付诸实施时,或者有第三方未经同意获得某些收益或付出某些成本时,就会产生个人收益率与社会收益率的差额。所谓"搭便车"是指某些人或某些团体在不付出任何代价(成本)的情况下而从别人或社会获得好处(收益)的行为。大量"搭便车"现象的产生必然导致社会经济生活的低效。有效率的制度就应最大限度地消除人们"搭便车"的可能性。其次,有效率的制度能够给每个社会成员以发挥自己才能的最充分的自由,降低交易费用,从而使整个社会的生产潜力得到最充分的发挥。当一项制度在不减少社会收益的同时,使得私人收益超过了私人成本,则个人通常愿意从事能引起经济增长的活动。

相反,无效率的制度的特征是不能够使每个社会成员从事生产性活动的成果得到有效的保护,不能使个人收益和社会收益趋于一致,降低人们对生产性活动的积极性,产生大量的"搭便车"现象。而且无效率的制度也使广大社会成员从事生产活动的自由受到了不合理的限制,同时导致某些特殊利益集团进行寻租行为,把大量的资源引入寻租领域,从而降低整个社会的生产效率。

在对制度的选择中,人们为什么会选择无效率的制度呢？诺思提出有两个普遍的原因:一是缺乏技术阻止"搭便车"现象及负的外部性的产生;二是对任何团体和个人来说,创造和实施所有权费用可能超过收益。同时诺思指出,"政府的财政要求可能导致对某些不是促进增长而是阻碍增长的所有权的保护,因此我们不能担保一定会出现生产性的制度安排"。

随着新制度经济学及其他学科的发展,诺思进一步的研究对这个问题作出了解释:① 专制制度的存在。统治阶级的利益高于社会大多数人的利益,当两者的利益不相容时,后者的利益要服从前者的利益。于是就可能会存在这种情况:一种制度,虽然从社会大多数人利益的角度来看是无效率的,但它却非常符合统治阶级的利益,因此只要统治者仍然掌握着制定政策的权力,这种制度就会成为该社会的选择。诺思认为,统治者为了他们自己的利益会修正产权,而由此造成的较高的交易费用会导致很普遍的无效产权,这就解释了历史进程中和现在广泛存在的不导致经济增长的产权。② 不完全信息和主观主义。制度是由人来制定的,而要制定一个有效率的制度,需要大量的、准确的信息。但信息常常是有成本的,而且有些信息可能即使付出了成本也不一定能得到,因此在制定制度的过程中,制定者的根据常常是不完全的信息和主观想像。既然人们的一些主观主义的思想观念(如宗教信仰等)也会产生很重要的作用,那么人们犯错误的可能性就是存在的。用诺思的话说:"行动者常常根据不完全信息行事,并且他们常常通过想像来处理信息,这样就可能导致无效的路径。"③ 相对价格的变化。一种制度在建立之初,可能是有效率的,但是随着社会的发展和相对价格的变化,即随着社会条件的变化,这种制度也可能逐渐变成无效率的。

---

① 卢现祥主编:《新制度经济学》,武汉:武汉大学出版社,2004年,第241~243页。

第三节 格雷夫的制度绩效理论

阿夫纳·格雷夫(Avner Greif),美国斯坦福大学经济学教授。他在完成了一系列的案例研究之后,开始对自己的理论进行总结,为了区别于他人的新制度经济学和新经济史学研究,他将自己的新经济史学或新制度经济学研究称为历史制度分析(Historical Institutional Analysis)。[①]

一、对经济制度思想派别的划分

从20世纪80年代末起,格雷夫开始研究中世纪末期商业革命中的制度与经济增长的关系问题。在这一过程中,他发现了诺思新制度经济史学的缺陷与不足,引发了他对新制度经济史学的再思考。他认为:"新制度经济史对经济史中有关制度的研究做出了重要的贡献,这是毋庸置疑的。它引起了人们对国家界定并加以实施的产权、规则、规制,它们形成的政治过程及其交易成本的重要性的普遍关注。然而,它所依赖的交易成本经济学、产权理论和公共选择理论,意味着它只能考察由国家界定并实施的制度。这些理论框架妨碍了它对'自我实施'制度(如国家本身),对影响制度与组织发展走上特定轨迹的非法律因素,对非经济的社会和文化因素对制度选择和路径依赖的影响的考察。"因此,必须从理论、方法和研究内容上对以诺思为代表的新经济史学进行全方位的创新。

格雷夫认为,要建立一种全新的理论和方法,首先也是最为重要的,就是要超越新制度经济史学把国家作为制度的唯一来源的分析范式,重新给制度下一个更为宽泛的定义。他认为,在研究制度之前不能给制度下一个先入为主的定义,从博弈论的角度看,制度起源于积极的文化信仰,是自发演化的产物。他还认为,在处理制度之前,首先必须处理组织,因为一个社会的组织——它的经济、法律、政治和社会以及道德强制制度——是伴随着它的社会建构、信息传递和协调机制的,并且对长期的制度演化具有非常重要的影响。[②]

格雷夫认为,通过经济史研究经济制度存在着三个不同的思想派别:[③]① 新古典分析,主要是第二代计量经济学家,他们主要是使用新古典的微观经济学来分析不同的经济制度,或者是产业革命,科斯、威廉姆森是这一派的代表。② 新制度经济史,这一派别的理论受三个归纳性的断言支配:第一,制度是通过国家来定义和强制的——产权、规则和管制——并通过他们对交易成本的影响决定了经济绩效;第二,历时制度变迁的经济含义被归结为技术变迁、人口

---

① Avner Greif: Microtheory and Recent Developments in the Study of Economic Institutions through Economic History, In: David M Kreps and Kenneth F Wallis, eds., *Advances in Economic Theory*, Cambridge: Cambridge University Press,1996.

② Avner Greif: Reputation and Coalitions in Medieval Trade: Evidence on the Maghribi Traders, *The Journal of Economic History*, 1989, Vol. XLIX, No. 4: pp. 857~882; Avner Greif: Contract Enforceability and Economic Institutions in Early Trade: The Maghribi Traders' Coalition, *American Economic Review*, 1993, Vol. 83(2):pp. 525~548; Avner Greif: Cultural Beleifs and the Organization of Society: A Historical and Theoretical Reflection on Collectivist and Individualist Societies, *Journal of Political Economy*, 1994, Vol. 102, No. 5: pp. 912~950.

③ 秦海:"制度的历史分析",载吴敬琏主编:《比较》,第4辑,北京:中信出版社,2002年,第189~190页。

增长和市场一体化以及其他要素供给潜力的增加,因此,经济产出依赖于不同的制度变迁,它的一个更深刻的应用是专业化导致了发达经济的交易成本的上升。第三,一旦制度是通过政治过程来决定的,制度通常就是无效率的,并且会受到契约的讨价还价、度量和强制的交易成本的影响,因此,制度选择和路径依赖反应了不同利益集团的政见。格雷夫认为,这一派别的代表就是戴维斯、诺思。③ 格雷夫自己的历史制度分析。

二、历史制度分析的特点

格雷夫所指的历史制度分析具有什么特征呢?虽然格雷夫在自己的文献中没有给予确切地表述,但是从他所研究的问题可以作出归纳。显然,格雷夫不同意新制度经济史的分析,他认为,"这一分析(新制度经济史)在阐述制度与经济产出之间的一系列关系上是失败的"。根据诺思的制度变迁理论以及他对欧洲经济增长的解释,格雷夫认为,什么制度会产生和平的自我强制?贸易的扩张仅仅是和平与要素禀赋的一种功能?制度为什么会影响贸易的时间、地点和贸易广度?为什么欧洲的制度创新会不同于其他发达国家,仅是对贸易增长的响应?这些问题诺思的理论都不能提供前后一致的解释。从这一过程看,格雷夫的历史制度分析的特点可以归纳为:

第一,将博弈论引入经济史研究中,从而为经济史研究提供了一种新的工具。格雷夫说:"博弈论通过给经济历史提供方法和工具,有望极大地丰富经济历史的领域,使它能突破新古典理论的局限,避免仅仅依靠计量经济学分析来验证假说。它提供了一个适合分析策略环境的理论框架,这个分析框架目前仍然适用于现代经济,也许它在前现代化的经济中更为适用。更一般的,博弈论显示了它在经济制度历史中的作用,例如,它指出结果对管制的潜在敏感性以及由此产生的机构的作用问题;指出多重均衡的概率以及由此产生的制度和经济变化的可能的明确的轨迹问题;指出预期和信念的重要作用以及由此产生的历史参与者的潜在重要性问题;指出演进过程的可能作用和平衡集合的变动问题。同时,博弈论的特点,尤其是其经验预测的可能的不够有力性和不确定性,使得它在经验和历史研究的应用上显得很有挑战性。"①

格雷夫认为,"博弈论对于经济历史的潜在贡献是十分巨大的。更准确地说,对策略环境进行经验分析可以使经济历史从已有的理论中获益,因为经济历史的核心问题是内在的策略性的问题。例如,经济历史自出现以来的一个显著特点是它和经济、社会、政治与法律组织的起源、影响以及路径依赖有关。然而,组织分析经常需要策略行为理论来支撑。例如,考察商人行会,需要了解统治者和商人之间以及商人自身之间的策略的互相作用的情况。更广泛地,经济历史学家,从亚当·斯密处得到灵感,经常将现代经济体制的出现和市场体制的扩展看作一回事。然而,这个观点暗含着需要在用非市场环境下的分析来理解以往的经济制度,它们的作用和它们向市场经济的转型。因此,推进策略环境经验分析的理论框架可以拓展我们对于经济历史中核心问题的理解。"②

第二,将制度定义为非技术决定的自我实施制度,即"具有自我强制的非技术性的行为约

---

① 阿夫纳·格雷夫:"经济历史和博弈论概览",载吴敬琏主编:《比较》,第2辑,北京:中信出版社,2002年,第159页。
② 阿夫纳·格雷夫:"经济历史和博弈论概览",载吴敬琏主编:《比较》,第2辑,北京:中信出版社,2002年,第160~161页。

束"。自我实施制度的一个最基本的特征,就是它的自发产生和自我实施的性质。与那些由国家和法律强制实施的制度不同,自我实施制度必须是参与者各方经过协商、谈判、讨价还价后自愿达成一致的结果。因此,历史制度分析将自我实施制度视为特定历史条件下制度博弈的一种均衡状态或均衡结果。自我实施制度产生的过程,也就是制度博弈者各方在特定的战略局势中,根据各自不同的目标与对手进行博弈,自主地选择各自的最优策略,最后求得均衡的过程。

在格雷夫的理论模型中,两个主要的相互影响的制度性的构成因素是预期和组织。很显然,预期影响了行为,一个博弈参与者关于其他参与者行为的预期是非技术性的约束,这些约束是每一个博弈的参与者都必须面对的。组织也是非技术性的约束,他通过引入新的参与者影响博弈结构中的信息交流、行为以及各自的收益权衡。格雷夫的制度分析基本上是均衡分析,但它又超越了博弈论中的经验均衡研究,其目的是经验地解释制度选择过程和制度的路径依赖,并认为制度选择过程是一个历史的、耗时的历态过程(Ergodic Process)。

然而,在很多种战略局势中,存在着多重均衡的可能性,这意味着结果并不是唯一确定的。博弈论本身所具有的这种有关均衡结果的非确切性和非结论性的特征,极大地限制了它在以往的制度分析中的应用范围。而格雷夫的历史制度分析则通过博弈论与历史经验的归纳性分析相结合的办法,较好地解决了这一难题。格雷夫指出,正是博弈论分析结果的这种非确切性和非结论性的特征,内在地规定了它与历史经验研究相结合的必要性。历史发展的结果依赖于历史发展的逻辑、过程和细节,即具有历史的路径依赖性。因此,博弈论的这种(均衡)结果的不确定性问题,只有在历史的逻辑和进程中才能得到解决。也就是说,博弈者是如何从他所面临的多重均衡结果中选择了历史和现实中的这个唯一结果,只有通过历史的经验分析才能予以说明。在研究的实践中,格雷夫通过"特殊历史相关性模型"(A Context-specific Model)较好地解决了博弈论分析结论的非确定性问题。

第三,特别强调初始文化对国家制度形成和经济增长的影响。格雷夫认为,初始的文化信仰对于组织的演化和国家的出现是非常关键的内生变量。格雷夫是以11~14世纪欧洲"商业革命"时期的意大利城市热那亚和地处北非地中海沿岸的马格里布为典型案例,展开历史制度分析的。之所以选择这两个地区为典型,是因为它们在中世纪晚期虽然同样经历了商业革命的经济贸易繁荣,但在后来长期的经济与社会发展中却走上了完全不同的道路:以热那亚为代表的意大利实现了贸易和经济的长期增长,成为西方世界兴起的发源地;而以马格里布为代表的穆斯林世界却从此进入了经济的长期衰落。

那么,是什么因素导致了热那亚和马格里布的经济与社会发展走上了不同的道路?经过严谨缜密的历史考察和理论分析后,格雷夫得出结论:是不同的制度选择把热那亚和马格里布的经济与社会引上了不同的发展轨道。历史事实清楚地表明,在中世纪晚期诸多事关未来长期经济增长的制度安排上,热那亚人和马格里布人作出了截然不同的选择。然而,在相同的环境和条件下,为什么热那亚人和马格里布人会作出如此不同的制度选择?是什么因素决定了这种选择呢?经过深入细致地比较研究,格雷夫指出,是马格里布人和热那亚人不同的文化遗产以及他们在文化方面表现出来的巨大差异性决定了他们对制度的不同选择。历史事实表明,到中世纪晚期的商业革命时期,不同的社会历史发展进程,已经使热那亚和马格里布分别形成了个人主义和集体主义的文化传统。而不同的文化传统,对热那亚人和马格里布人的经济政治制度选择和变迁产生了截然不同的深刻影响。

在建立海外贸易代表关系过程中,热那亚人的文化传统使他们选择了以"个人主义"惩罚机制为基础的第二方实施制度,而马格里布人选择了以"集体主义"惩罚机制为基础的第三方实施制度。在海外贸易扩张的过程中,热那亚商人采取了无社区限制的"开放"方式扩大海外贸易代理关系,而马格里布商人则采取了仅限社区内的"封闭"方式扩大海外贸易代理关系。此外,在社会内部代理关系模式的选择上,热那亚人采用的是"纵向"代理模式;而马格里布人则采用了"横向"代理模式。经过论证,格雷夫进一步指出,热那亚的第二方实施制度、开放型的扩大贸易方式和社会内部的纵向代理模式,对于一个社会的长期经济增长是十分有利的;与此相反,马格里布的第三方实施制度、封闭型的扩大贸易方式和社会内部的横向代理模式,对经济的长期增长则是不利的。

文化传统也影响了相关市场制度的建立与发展。马格里布商人没能建立起提货单制度,是因为他们通过非正式的集体主义实施机制已经解决了相关的制度保障问题。而热那亚商人缺乏同样的非正式实施机制,他们只好通过使用提货单、通知单及其需要承担的法律责任,来解决与海运货物相联系的组织问题。另外,马格里布的集体主义文化提倡社会成员之间的互助精神。而在热那亚的个人主义社会中,商人们不会指望得到这种互助。于是,意大利人发明了保险制度。再有,在热那亚的个人主义社会中,商人们迫切希望提高雇佣代理商的安全性。这样,家族企业这种具有无限生命期和较低破产可能性的组织形式便在热那亚应运而生了。而随着家族企业形式的发展完善,它开始向非家族成员出售股份,同时产生了所有权和控制权分离、相关信息的传递以及会计程序的完善等问题。显然,这孕育了股票市场、股份制和现代公司制度的最初形式。而马格里布商人在从事贸易活动相当长的时间后,仍没有建立类似的组织和相应的制度。

文化传统也对国家和法律制度的发展产生了深刻的影响。简单地说,在热那亚这种个人主义社会中,由于缺乏经济上能够自我实施的集体主义惩罚机制和传递通畅的信息网络,非正式的经济强制水平又相对较低,为了促进交换、支持集体主义行为和减轻"搭便车"问题,以国家权威为基础的法律体系就是必需的。而在一个集体主义的社会中,有效的集体主义惩罚机制完全能够对潜在的违约者形成强有力的约束,并对现实的违约者实施有效的惩罚,当然也就不再需要国家和法律的强制力了。

从上面理论分析和史实描述中不难看出,文化信仰对经济和政治制度的选择和变迁产生了持久的影响,而后者的发展状况又在很大程度上决定了一个社会经济发展的历史轨迹。

第四,由于制度具有文化信仰的基础,制度变迁过程就是知识增长的过程,它体现出来的过程,首先是斯密式的经济增长,然后是通过国家强制力的应用影响经济运行的效率。

与其他的制度分析相比,还可以从格雷夫的历史制度分析中引申出两个重要的结论:[1]第一,制度是内生的。这一点非常重要。因为当人们在谈到交易费用或者产权的时候,例如在阿尔钦、德姆塞茨对产权的论述,菲吕博腾和佩约维奇对产权的综述中,产权都是强制性的,即强力创造产权。而格雷夫的研究结论却是制度是内生的。第二,制度具有自我复制和自我演化的功能。众所周知,典型的个人主义社会起源于意大利。有了信誉为依托的自我强化机制,这套机制会不停地复制,不停地演化,它不停地渗透到各个社会中去。为此,格雷夫还专门就自我复制和自我演化发表了一篇论文。他用从制度历史分析中引申出的方法来分析苏联的私有化,结论非常惊人。该政权不鼓励人们说真话,所以到了向市场经济转轨的

---

[1] 秦海:"制度的历史分析",载吴敬琏主编:《比较》,第4辑,北京:中信出版社,2002年,第191~192页。

时候,重新构建市场经济、为市场经济立宪的努力是收不到成效的。因为被锁定在自我强化的核心机制里的人是不诚实的,这个不诚实经过了七十多年不停的复制和演化,已经进入了好几代人的基因。所以引进不了"看不见的手",这个手变异了,变成了"贪婪之手"(Robbing Hand),而不是"看不见的手"(Invisible Hand)。所以,整个社会状态还要通过一两代人来修复。当然,也有好的结论,如果一个体系碰到比较大的冲击,严重到过不下去的时候,自我强制机制会对整个外部环境做出适应性的调整,从而进行自我修复。这就是目前历史制度分析所给出的一些结论。

第四节　制度与绩效:一言难尽

众所周知,历史是经济学家获取新思想的一个重要来源,而制度绩效理论通过新经济史学家对经济史的重新解读而得到了充分体现。著名的新经济史学家麦克洛斯基说:"对于经济想像,限定和扩展经济学技艺的限制因素而言,历史是一个促进因素。……经济学家可以从历史中得知整个经济大厦起源于何处,他的邻居是怎样建造他们的经济大厦的,为什么在此处是一个建造方式,而在另一处是以另一种方式。"[1]暗淡乏味的经济史学通过新经济史学家的重新解读,使人们更加清晰地认识到制度在人类社会经济增长史中是多么得重要。许多似乎已经定论的重大历史事件,其实际绩效究竟如何? 其实是一言难尽的,需要细致、深入地分析,唯此方能揭开"庐山真面目"。

一、庄园制:强制剥削还是理性选择

人们对中世纪庄园的理解,一般主要来自马克思的相关论述。马克思认为,在前资本主义条件下的庄园制,是封建庄园主赤裸裸地榨取农奴剩余劳动的一个典型案例,而且这种剩余劳动的榨取,在资本主义制度下依然存在,只不过被劳动力市场上的资本家对劳动进行契约性的雇用所掩盖了而已。

而诺思则把这问题解释为在产权界定不明晰时,农奴用自己的劳动换取封建庄园主对自己生命和财产的保护。因此,从封建主义过渡到资本主义的基本特征,并不是对农奴的强制剥夺,而是民族国家的兴起、人身自由的确立和产权法律的发展。

诺思在重新解读封建庄园制之前,根据学术界已有的成果,对庄园制产生的前提进行了一个高度概括。他指出:"任何将庄园理解为一种经济制度的人必须要考虑三个必不可少的可描述的要素:① 西欧的许多地方仍然没有人居住;可耕的土地极多。② 人口稀少,分布在小村庄里,但呈现增长的态势。③ 几个世纪的战争和入侵已经使沿袭于罗马帝国的中央政治权威受到破坏或削弱。大部分地区处于混乱状态,以残存的军队威力和对军备的占有将统治阶层与劳动者隔绝开来。"[2]

从上述这些要素可以推导出来一个重要的结论:社会是混乱、动荡的,劳动力相对于土地

---

[1] Donaid N McCloskey: Does the Past Have Useful Economics? *Journal of Economic Literature*, 1976, June, Vol. XIV, No. 2.

[2] 道格拉斯·诺思等:"庄园制度的兴起和衰落:一个理论模型",载盛洪主编:《现代制度经济学》,上册,北京:北京大学出版社,2003年,第306页。

是更为稀缺的,只有能够提供安全保护的庄园才有可能得到更多的劳动力。

由于社会动荡不安,"总体上缺乏秩序迫使人们依赖于那些专门占有优势的军事技术和装备的个人,他们的存在受到没有经过战争训练的农民的欢迎。……庄园主的军事力量为他提供了确保筹集这些资源的实力,也使他成为解决争端的合乎逻辑的人选,而且作为最后一着,还实施当地法律或习俗。因此,提供公正很早就被加进了庄园主的保护人角色之中。"而另一方面,"庄园主剥削农奴的能力不是无限的;极端的情况,农奴可能会非法地逃到另一个庄园寻求避难,或者在中后期,中世纪的城市不断增多,他们可以逃到那里。这样的逃亡者也不可能被庄园主邻近的竞争对手归还。中世纪的鼎盛时期,土地的丰富使得劳动力变成一种非常稀缺的,从而是很有价值的生产要素。因为公共物品的供给(这里是指保护和公正)超过某种范围会成本递减,一些中世纪的庄园主总是积极地与他们的庄园主同行竞争,以增大他们的庄园"。而这一切恰恰可以解释为什么古典庄园维持着一种主要采取劳役形式的契约关系——一种分成式的安排——的原因。①

基于上述分析,诺思认为:"古典庄园的契约安排可以被看做是充分理性的。"因为,在分成契约制度安排下,"农奴的主要义务,即向他的庄园主和保护者提供劳务,是一种投入分成安排。商品市场的普遍缺乏,与初步的劳动力市场的存在结合起来,使得投入分成作为具有最低交易成本的契约安排,是合情合理的。庄园主之间对劳动力的竞争抑制了他们天然的讨价还价能力,承认以惯例的价格取得劳动力的定价方式,排除了一种代价高昂的双方讨价还价的情形。庄园这种古老的组织因此可理解为一种恰当的对当时的经济条件的反应。"他还认为:"只要使传统庄园契约安排有效的那些条件还存在,其特征就会持续下去。这些条件大致上在中世纪的大部分时期都存在;在这一过程中,主仆关系作为庄园的'习俗'而被奉为神明,并且这些'习俗'成为这一时期的基础性的制度安排。"②

虽然分成契约安排是庄园制度下庄园主与农奴之间最为基本的制度安排(也即是农奴制最基本的制度特征),但诺思认为,除此之外,庄园制还有两个引起较多争议的问题十分值得探讨,一个是作为农奴和自由民向领主履行义务的主要形式的劳役,另一个是个体劳动者的条状地在敞地上的分散状况。③

关于劳役地租问题。一般说来,劳役的形式是很难监督,并且是很难交换的。那么,为什么劳役这种交换方式存在如此之久呢?诺思认为,劳役是形成有组织的、排斥了专业化和交换的市场所必需较高交易费用的结果。在庄园制社会中,封建贵族的职责是保证提供基本的"公共服务",而农奴则提供自己的劳动力来交换公共的服务。"在此情形下,通过分配劳役,用于生产所需的产品和劳务,就可以以很低的费用得到消费所需的产品。总之,对于领主而言,利用他所应得的劳动来生产他所需的产品,比他每次与农奴就他希望在下个季节消费的各种产品进行谈判花费更少。缺乏市场使劳役成为最有效的经济组织。"④

---

① 道格拉斯·诺思等:"庄园制度的兴起和衰落:一个理论模型",载盛洪主编:《现代制度经济学》,上册,北京:北京大学出版社,2003年,第309~310页。
② 道格拉斯·诺思等:"庄园制度的兴起和衰落:一个理论模型",载盛洪主编:《现代制度经济学》,上册,北京:北京大学出版社,2003年,第311页。
③④ [美]道格拉斯·诺思:《经济史中的结构与变迁》,上海:上海三联书店、上海人民出版社,1994年,第146页。

当然,庄园制下的劳役地租并非是一成不变、世代沿袭的。按照诺思的论述和描述,在维系劳役地租的外部条件发生变化时,劳役地租形式也会向其他地租方式转变。"12世纪以固定租金和固定货币收益替代传统劳务的转变,一般来说是最有效的方法。……庄园朝着固定租金和将每年的劳役税改为固定支付的一般趋势在13世纪中断了,转向了。12世纪之前的劳役方式再次流行。"

至于12世纪地租形式转向的原因,诺思是这样论述的:"在没有通货膨胀的情况下,这时的庄园主通常更愿意选择货币作为收益。当庄园人口持续增长时,即使在12世纪人口增长缓慢时,也会降低劳动力价值,货币收益的方式(习俗上是固定的)很快不再反映不断递减的劳动力的真实价值。因此,当农民实际的劳务价值下降时,庄园主便获得利益,有效地收取了农民的土地价值上升的部分好处。然而与此同时,习俗的土地固定租金也不再反映庄园主的土地在不断上涨的真实价格。"而13世纪,劳役地租之所以卷土重来,根本原因是由于发生了严重的通货膨胀。①

关于个体劳动者的条状地在敞地上分散状况长期存在的问题,诺思认为,这种零散的条状土地的持续存在已经向许多交易费用理论观点提出了挑战。因为根据交易费用理论,单个农民在许多分开的条状土地上的劳动显然是无效率的。然而,历史的真实就是农奴的零散的条状土地是长期存在的。至于真正的原因,诺思只是给出了若干比较有影响的、他人的研究结论。②

此外,诺思还分析了庄园制最后走向解体的原因。他说:"人口的增长以创造市场经济、使劳动力收益递减和改变价格水平的压力的方式剧烈地改变了这个世界。庄园制度再也不能对解决这些难题提出有效的方案。所需要的是新的能使个人回报率和社会回报率相等的根本性的制度安排。当然,这样的制度甚至今天都不完全存在。然而土地的私有产权(所有者享有、排他和转让他的财产的权利)和每个人能够寻求他的最佳选择的自由劳动力市场是这方面重要的步骤。"③

二、奴隶制度:低效还是高效

长期以来,大多数历史书都把美国南北战争以前的南方描写成因受种植园制度阻碍而经济停滞的落后农业区。有人坚持认为,到战争前夕,奴隶制已经无利可图,因此濒于灭亡。这种看法一直被坚持下来。奴隶制是靠长期习惯于该社会体制的阶级负隅顽抗而在苟延残喘。④ 然而,1974年新经济史学家福格尔与恩格尔曼合著的《为非作歹的时代:美国黑人奴隶制经济学》一书,重新考察了南北战争前的美国奴隶制度。他们认为,美国历史上黑人奴隶制是非常有效率的,以致只有像南北战争这样的超经济力量才能够使之垮台。"废除奴隶制似乎

---

① 道格拉斯·诺思等:"庄园制度的兴起和衰落:一个理论模型",载盛洪主编:《现代制度经济学》,上册,北京:北京大学出版社,2003年,第314~315页。
② [美]道格拉斯·诺思:《经济史中的结构与变迁》,上海:上海三联书店、上海人民出版社,1994年,第148~149页。
③ 道格拉斯·诺思等:"庄园制度的兴起和衰落:一个理论模型",载盛洪主编:《现代制度经济学》,上册,北京:北京大学出版社,2003年,第318页。
④ 福格尔:"新经济史学:结果与方法",载何兆武主编:《历史理论与史学理论》,北京:商务印书馆,1999年,第908页。

是由于道德和平等问题,而不是由于奴隶制无法取得较高的经济增长率。"①

黑人奴隶制的高效率表现在什么地方呢？福格尔、恩格尔曼通过复原历史资料指出,美国奴隶的平均生产率大约要比自由农高 70%,在其他条件不变的情况下,前者的年生活水平归根到底要比后者高 30%(即休息时间更长,"自由时间"更多)。奴隶生产率比较高,可以说是使用奴隶劳动力的大农场的组织方式效率较高的结果,而不是对劳动者剥削更重的结果。②

福格尔等人的结论引起经济学界、史学界的一片哗然。在一般的、正统的理论看来,奴隶制在长期中是不可行的,因为奴隶只得到他生产的产品的一小部分,即他的实际劳动边际收益小于他本应得到的,所以他会在小于他最大化产出之前停止生产。如图 12-1 所示,奴隶的劳动必然会在 La 处停止劳动,低于潜在的劳动量 Lb。

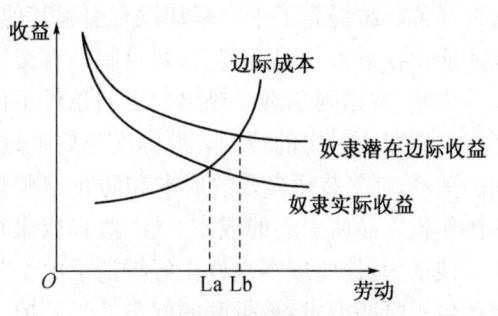

图 12-1　无"痛苦激励"下的奴隶的劳动生产率

针对福格尔等人的新发现,费诺阿尔泰亚(S. Fenoaltea)由此提出了一个新的名词"痛苦激励",并用之来解释福格尔的发现。③ 他认为,施加痛苦刺激奴隶可以产生高于平常的生产率。因为奴隶的身体完整受到直接威胁,就必然引起奴隶的焦躁、粗野的劳动,产生比自由人还高的生产率。他的分析如图 12-2 所示。

在图 12-2 中,GPs 是一个遭受痛苦刺激的奴隶状况;GPf 是一个自由人驱使自己尽量艰苦工作;NPs 是奴隶的净产品,即总产品减去他维持生活的成本;NPf 是自由人的净产品。这样,奴隶主就会通过选择奴隶的净产品最大来决定奴隶的工作时间和闲暇时间。如果奴隶主出租奴隶,他将索要 XH 的租金;如果他出卖奴隶,则奴隶的价格等于奴隶生命中所余工作日的 XH 所有的折算总和。显然一个自由人是付不清他的赎金的,因为 NPf 比 NPs 低,这是因为他没有受痛苦刺激激励。因此,从上面的分析可以得出奴隶制是长期稳定的结论。通过引入"痛苦激励",费诺阿尔泰亚部分地解释了福格尔有关奴隶制难以自动瓦解的结论。

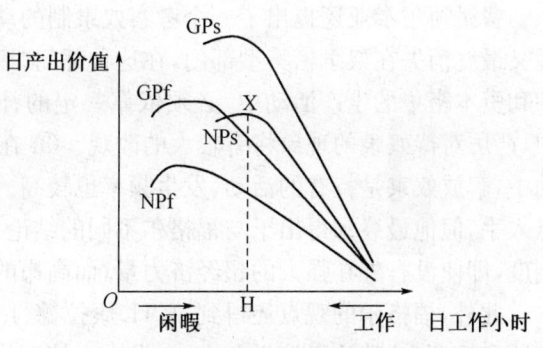

图 12-2　"痛苦激励"下的奴隶的劳动生产率

那为什么自由人的生活水平比奴隶还要差呢？费诺阿尔泰亚解释道,如果自由人的生产率与奴隶的生产率一样大,则奴隶就能够支付得起他们成为自由人的赎金,而且他们愿意这样

---

① 福格尔:"新经济史学:结果与方法",载何兆武主编:《历史理论与史学理论》,北京:商务印书馆,1999 年,第 911 页。
② Fogel, Robert W et al: Explaining the Relative Efficiency of Slave Agricultare in the Antebellum South: A Reply, *American Economic Review*, 1980, June: pp. 672～690.
③ Stefano Fenoaltea: Slavery and Supervision in Comparative Perspective: A Model, *Journal of Economic History*, 1984, Vol. 44.

去赎买。一个自由人不得不把他所有超过生存需要的剩余都交给旧主人。这样,他只好在恶劣的条件下工作,虽然享有自由却得不到恶劣劳动条件的补偿金。因此,自由人虽获得自由,但生活水平却没有提高,工作条件也没有改善。因此,费诺阿尔泰亚又从理论上来印证福格尔的发现。然而,费诺阿尔泰亚的分析并没有到此结束,他又进一步引入包括监督成本在内的正交易成本。他认为交易成本往往会削弱奴隶制的相对优势,只有奴隶制以痛苦刺激为基础,且这种痛苦刺激提高了生产率却没有引起其他问题的时候,这种奴隶制作为一种劳动力组织形式才能存在下去。但事实上,奴隶制是有交易成本的,而且交易成本还非常巨大。

为此,费诺阿尔泰亚提出奴隶制条件下的四种成本项目:① 为了使奴隶生产率最高而控制奴隶消费所付出的费用。原因在于奴隶只关心自身效用最大化而不会顾及消费和生产率之间的关系。② 装病自残的成本和防止这些现象发生的成本。③ 奴隶有意识地破坏成品、破坏协作投入品所引起的成本。④ 监督奴隶行为和实施奴隶制的成本,目的是防止起义和争斗。他认为,这些成本也许正好抵消了由于"痛苦刺激"而获取的高收益。另外,焦虑和痛苦也会产生粗野的奴隶:被折磨的奴隶处于笨拙、无想像力和病态心理状态之中,这同样会降低奴隶的工作质量。根据这种假设,费诺阿尔泰亚认为,强迫型劳动力的比较优势只能体现在努力密集型的和土地密集型的生产活动中。由此,他用来解释了古罗马奴隶制消失的原因,因为古罗马的种植园的葡萄树和橄榄树是资本密集型和维护密集型的植物,在种植园里实施"痛苦刺激"是相对无效的。

费诺阿尔泰亚还提出了一个考察奴隶制的动态化模型。他的假说是:① 奴隶制会首先出现又最终消失在奴隶密集型部门,在这种部门"痛苦刺激"是恰当的。② 奴隶制伸展到精心维护和资本密集的生产活动中,必须依靠一定的补偿来缓和代理问题,特别是在这些生产活动中,严厉对待奴隶的现象将有较大的改观。③ 在绝大多数维护密集性和资本密集型的生产活动中,解放奴隶是特有的活动,发生频率也较高。由此可见,虽然费诺阿尔泰亚从福格尔的观点入手,但他最终却得出了与福格尔不同的结论。他认为,奴隶制毕竟是一种交易成本很高的制度,即使没有外在强大的超经济力量,而高昂的交易成本也会导致其最终消亡。①

此外,福格尔的观点还得到 A. H. 康拉德、J. R. 迈耶和 Y. 巴泽尔等经济学家的支持。康拉德和迈耶在《政治经济学杂志》上发表支持福格尔观点的经典论文"南北战争前南方奴隶制的经济学"。在论文中,康拉德和迈耶认为以往用于支持奴隶主利润下降命题的证据是不充分的。而已有的关于奴隶制无利可图的论点却主要依据这样的事实——即奴隶价格上升速度超过了奴隶生产产品价格上升的速度——而建立起来的。经过研究,康拉德和迈耶指出,该差距并不必然意味利润下降,因为奴隶生产率的上升还是可能足以维持原有利润水平。他们还进一步指出,从经济学角度看,奴隶是一种资本货物,因而人们可以通过解收入流量资本化的标准方程来计算奴隶投资的收益率,也就是说,求得使奴隶价格等于他们受雇年所得流量的贴现值时的收益率。因此,奴隶制是有活力的经济制度,南方经济也并非是停滞不前的经济。②

Y. 巴泽尔在《产权的经济分析》一书中认为,奴隶制的消亡"其原因大概是保护这种制度

---

① 费诺阿尔泰亚关于奴隶制的分析,转引自胡乐明等:《真实世界的经济学》,北京:当代中国出版社,2002年,第252~255页。
② 福格尔:"新经济史学:结果与方法",载何兆武主编:《历史理论与史学理论》,北京:商务印书馆,1999年,第908~911页。

所花费的成本已超过其净收益。"他总结指出:"粗看起来,那些被强制为奴的人被剥夺了一切权利。但实际上,奴隶主对他们并不享有绝对的所有权。奴隶主必须花费资源,才能监督奴隶的劳动,维持奴隶的消费,防止奴隶逃亡。随着这笔开支越来越大,需要尽量节约,奴隶主就必须给奴隶一些自主权。这样,奴隶主有时就只能监督奴隶的产品,而不再监督奴隶的劳动过程。要节约支出,奴隶主就只好允许奴隶有权得到一部分产品或一部分自由支配的时间。因此,尽管从法律上说,奴隶本身仍然是其主人的财产,但毕竟能为自己积蓄一些财产,有幸积累到一定程度者,偶尔也能为自己赎身。"①当越来越多的奴隶可以赎身时,奴隶制度也就走向了解体。

第五节 制度决定绩效:衰落抑或进步

按照新制度经济学派的制度绩效理论,有什么样的制度安排就有什么样的制度绩效。一个社会在历史的某个阶段之所以表现为衰落或进步,其根本原因是其以前的制度安排。这里不妨以经济学家和历史学家都甚感兴趣的"李约瑟之谜"与"圈地运动"为例,分析制度和制度变迁是如何促进或阻碍一个社会发展与进步的。

一、"李约瑟之谜":偶然还是必然

所谓"李约瑟之谜",是指由英国学者李约瑟在其相关著作中提出的一个具有挑战性的命题:在14世纪,为什么中国没有发生工业革命?因为那些被经济学家和历史学家认作是产生了18世纪末英国工业革命的所有主要条件,在14世纪的中国几乎都已存在了。②

关于工业革命为什么没有发生在中国或前近代中国为什么会衰落的问题,长期以来,一直

---

① [美]Y.巴泽尔:《产权的经济分析》,上海:上海三联书店,1997年,第115~116页。
② 关于工业革命为什么没有发生在中国,李约瑟最具代表性的三种表述分别为:一是在发表于1964年的《东西方的科学与社会》中的表述:"为什么在公元前3世纪到公元15世纪之间,中国文明在把人类自然知识运用于人的实际需要方面比西方文明有效得多?"(Needham, Joseph: *The Grand Titration, Science and Society in East and West*, University of Toronto Press, 1969)二是在《中国科学技术史》第一章中的表述:"我们所面对的是一系列惊人的科学创造精神、突出的技术成就和善于思考的洞察力。既然如此,那么,为什么现代科学,亦即经得起全世界的考验、并得到合理的普遍赞扬的伽利略、哈维、凡萨里乌斯、格斯纳、牛顿的传统——这一传统成为统一的世界大家庭的理论基础——是在地中海和大西洋沿岸发展起来,而不是在中国或亚洲其他任何地方得到发展呢?"(李约瑟:《中国科学技术史》,北京:科学出版社,1975年,第43~44页)三是在《中国科学技术史》"序言"中更全面的表述:"中国的科学为什么会长期大致停留在经验阶段,并且只有原始型和中古型的理论?如果事情确实是这样,那么中国人又怎么能够在许多重要方面有一些科学技术发明,走在那些创造出著名的'希腊奇迹'的传奇式人物的前面,和拥有古代西方世界全部文化财富的阿拉伯人并驾齐驱,并在公元3世纪到13世纪之间保持一个西方所望尘莫及的科学知识水平?中国在理论和几何方法体系方面所存在的弱点,为什么没有妨碍各种科学发现和技术发明的涌现?中国的这些发现和发明往往远远超过同时代的欧洲,特别是在15世纪之前更是如此(关于这一点可以毫不费力地加以证明)。欧洲在16世纪以后就诞生出现代科学,这种科学已经被证明是形成近代世界秩序的基本因素之一,而中国文明却没有能够在亚洲产生与此相似的近代科学,其阻碍因素又是什么?从另一方面说,又是什么因素使得科学在中国中期社会中比在希腊或欧洲中古社会中更容易得到应用?最后,为什么中国在科学理论方面虽然比较落后,却能产生出有机的自然观?"(李约瑟:《中国科学技术史》,北京:科学出版社,1975年,第3页)

有众多的学者(包括李约瑟本人)都试图进行解答并找出其中原因。

李约瑟认为根本的原因在于中西方封建政治体制的不同。中国"官僚体制"的存在主要是为了维护灌溉体系的需要;而欧洲是"贵族式封建体制",这种制度非常有利于商人阶层的产生,当贵族衰落之后,资本主义和现代科学便诞生了。中国的官僚体制最初非常适宜于科学的成长,然而,它却阻碍了重商主义价值观的形成,所以,它没有能力把工匠们的技艺与学者们发明的数学和逻辑推理方法结合在一起。因此,在自然科学的发展过程中,中国不仅渐渐落伍了,而且根本就没有发展的这种可能性。[1] 概括李约瑟的分析能得出两点结论:一是官僚体制阻碍了科技的进步和发展,二是官僚体制阻碍了商品经济的进一步发展。没有了科技进步的支持,经济发展就失去了动力;没有了商品经济的繁荣发展,经济发展就失去了活力。[2]

经济学家麦迪森在《中国经济的长远未来》一书中也分析了官僚体制对中国经济发展的阻碍作用。他说:"官僚体制对经济的影响、尤其对农业的影响是非常积极的。……在农业之外,官僚体制的影响却是负面的。官僚和豪绅都是一些主要追求地租的人。他们法定的、惯例的特权决定了他们的社会地位、生活方式和生活态度。他们控制着城市生活。他们阻止着那种欧洲模式的独立的工商业资产阶级的出现。……(在官僚体制下)企业活动是没有安全保障的。任何有可能牟利的活动都受制于官僚的盘剥。稍大规模的企业活动仅限于国家或公开许可的某些垄断机构。任何试图利用中国精湛的造船技术和航海知识来进行有利可图的海外贸易活动,是根本禁止的。"[3]此外,官僚体制还导致了"一种民族自我中心论"的观点的形成,而"对中国以外的发展采取冷漠的态度"。[4]

钱文源等学者则认为,帝国的统一和意识形态的统一阻碍了现代科学在中国的成长。依据他们的观点,所有前现代社会都不容异说。然而,欧洲的教会与政府、教会与教会以及政府与政府之间,都存在着竞争,对新思想的排斥也不那么有效,因此,许多封建的和独立的政权的存在,非常有利于科学的发展。与此相反,中国却被一种与绝对政治权力紧密联系的主导意识形态体制所统治,任何有关不同体制问题的公开讨论都在被禁之列。因此,虽然中国人在机械技能和技术方面非常具有创造力,传统的政治和意识形态障碍仍然使得他们无法为现代科学的理论方法基础作出直接的贡献。[5]

林毅夫认为,中国没有成功地从前现代时期的科学跃升到现代科学,这或许与中国的社会政治制度有一些关系,然而,问题的根源并不像许多学者所说的那样,是由于中国的制度抑制了知识分子的创造力。实际的原因是什么呢?

林毅夫认为,前现代时期,许多基本的科学发现是由少数天生敏锐的天才在观察自然时自发作出的。当然,个人的独创性对现代科学的进步仍然十分重要,然而,即使在现代科学开端的时候,用数学和可控实验方法对有关客观世界的假设进行系统化这类的工作,也只有科学家才有能力完成。所谓科学家,是指那些掌握了前人获得的自然知识,并在深奥的数学和可控实

---

[1] Needham, Joseph: *The Grand Titration*: *Science and Society in East and West*. London: George Allen & Unwin, 1969: p. 211.
[2] 杨德才:《中国经济史新论(1840—1949)》,北京:经济科学出版社,2004年,第10页。
[3] [美]安格斯·麦迪森:《中国经济的长远未来》,北京:新华出版社,1999年,第30页。
[4] [美]安格斯·麦迪森:《中国经济的长远未来》,北京:新华出版社,1999年,第31页。
[5] 转引自:林毅夫:《制度、技术与中国农业发展》,上海:上海三联书店、上海人民出版社,1994年,第266页。

验方法方面有良好训练的少数天才人物。这些知识和训练赋予科学家一种独特的"通过学习而获得的人力资本"存量,以使他们有能力观察周围的自然环境,盘算是否能通过实验和经验观察为科学增添一些新的内容。这种独特的人力资本,就像现代科学家俱乐部的通行证一样,要想获得它,代价昂贵,且极费光阴。

在获得现代科学研究所需的人力资本方面,与西方的同代人比起来,前现代时期的中国天才们受到的激励要少一些。这里有中国历史的和政治制度的多种原因。在西方,国家由一群世袭封建贵族统治。而在中国,公元前221年秦实现统一之后,官僚掌握了政权。隋朝(589—617)创立了科举制度。自宋朝(960—1275)开始,所有官僚的选拔都要通过竞争性极强的科举考试来进行。在前现代的中国,从各种意义上讲,在政府任职都是最为荣耀、最有利的职业,因而,传统中国社会把进入统治阶层看作是人们在社会中不断往上爬的最终目标。有才华的人自然被吸引到这一工作上来。为积累参加这些考试所需的特殊人力资本,他们具有将他们有限的时间和资源用于这些方面的足够激励。参加这类科举考试所需阅读的基本读物,是儒家学说的"四书""五经",它们长达431 286个字,而且所有这些读物,学生们都必须熟记在心。如果以每天200字的速度背诵,背完这些著作恰好需要六年。在背完儒家著作之后,学生们还被要求阅读有关注解,其篇幅数倍于原来的正文。此外,为了应付考试中作诗和作文的需要,对其他历史、文学和经典著作仔细浏览也是十分必要的。由于科举考试的这种特殊课程设置,大多数学生,包括那些天才的考生,都没有心思分神,所以他们没有兴趣积累科学研究所需的人力资本,这是十分自然的。

应该承认这样一个事实:无论国家大小,人口多少,每个民族的人口,其天生素质的分布和对自然的好奇程度都是一样的。由此,前现代中国的人口比欧洲多,意味着它比欧洲的天才人物更多;然而,由于政治制度规定了这种特殊的激励体系,中国很少有人像欧洲人那样,有浓厚的兴趣获得科学革命所必需的人力资本。因此,林毅夫认为,既不是儒家伦理、政治意识形态的统一,也不是科举制度本身抑制了中国的天才们发起一场科学革命,真正起阻碍作用的是科举考试的课程设置和其激励结构。[①]

虽然林毅夫的分析部分地给出了中国没有发生工业革命的原因,但是,如果对照诺思关于西方世界之所以兴起的论述将不难发现,即"产业革命不是经济增长的原因,它不过是一种新现象,即经济增长现象的一种表现形式,一个能说明问题的迹象。经济增长的起源可以远远追溯到前几个世纪所有权结构的缓慢确立过程,该结构为更好地分配社会财富的社会活动创造了条件。"[②]也就是说,英国能够爆发工业革命,是与漫长的制度变迁和有效的产权制度的建立有着密不可分的关系。

在诺思看来,英国持久的经济增长实际上"起因于一种适宜所有权演进的环境,这种环境促进了从继承权完全无限制的土地所有制、自由劳动力、保护私有财产、专利法和其他对知识财产所有制的鼓励措施,直到一套旨在减少产品和资本市场缺陷的制度安排。"[③]由于建立了明晰的产权、建立了努力使私人收益率接近并等于社会收益率的产权制度(最为典型的是1624年英国颁布的第一部专利法《独占法》),所以,英国不仅发生了工业革命而且还实现了经

---

① 林毅夫:《制度、技术与中国农业发展》,上海:上海三联书店,1994年,第268~270页。
② [法]勒帕日:《美国新自由主义经济学》,北京:北京大学出版社,1985年,第61页。
③ [美]道格拉斯·诺思、罗伯特·托马斯:《西方世界的兴起》,北京:华夏出版社,1999年,第23~25页。

济的持续增长。对照英国,中国社会不仅没有建立边界清晰的私有产权,而且整个社会政治经济制度基本上是一成不变的。

基于上述分析,有学者对"李约瑟之谜"作了一个"补充"问答:在古代时期,如林毅夫所说,技术发明是人口的函数,人口越多,能工巧匠也就相应增加,而且这个时候的发明大多数是自发的、零星的、非盈利的。这时候除了父传子、师傅传徒弟这种"保密"措施以外(这种"保密"可算作专利制度和知识产权保护制度的萌芽),人类还没有专利制度和知识产权制度。进入现代时期后,技术发明和科学发展的进程发生了巨大变化:一是发明方式的变化,即由经验型转向了试验型,实际上是组织形式的变化(试验室制度是技术史上的一个重大制度变迁);二是发明与市场、盈利、风险、成本等因素联结在一起了,它还与产业化联系在了一起。发明创新已成为一种职业。所有这些变化都要求有较完善的产权(包括知识产权)制度,使发明者的私人收益率不断接近社会收益率。英国在进行工业革命以前已建立了包括专利制度在内的有效所有权体系。中国在14世纪之所以没有发生工业革命,关键就在于没有建立有效的、刺激人们创新的并把风险降到最低限度的产权体系(包括私有产权、专利制度以及知识产权保护制度)。①

二、圈地运动:倒退还是前进

16～19世纪英国的圈地运动曾被英国的人文主义学者托马斯·莫尔比喻成"羊吃人"的运动,但在新制度经济学家看来,那却是一场农业革命,是现代农业生产方式诞生的"前奏曲"。对于圈地运动,新制度经济学家作了如下解释:②

第一,圈地运动是对当时环境变化所做出的反应,是为获取潜在利润的制度变迁。16世纪,英国出现了两种引人注目的现象:一是羊毛价格大幅度上涨;二是村镇牧场逐渐出现"羊口过剩",每公顷耕地上的牲畜头数由于牧羊收益过高而猛烈增加,但是缺乏明确专属的牧场占有制度是造成牧场"拥挤"、地力衰退的根本原因。羊的主人也大都感受到了这一压力,于是对产权重新界定的要求也应运而生了。

第二,圈地运动的制度变迁经历了一个从自发性的诱致性制度变迁到强制性的政府主导的制度变迁的转换过程;同时也经历了一个从非正式制度到正式制度的转变过程,这符合一般制度变迁的方式。因此,圈地运动是一个提高产权效率的制度变迁。圈地运动大致经历了这样的过程:人们最初同意共同限制公地上容许放牧的牲畜头数,但是监督和管理这类协议既困难,费用又高。于是就发展到第二阶段:在个人之间划分牧场并给每个人以经营专属权,后者就是后来通过圈地运动而实现的。但是按牲畜头数来划分经营专属权显然有利于拥有最大牧群者,这必然会遭到普通小农的反对。但在人烟稀少的地区,则因这种组织成本较低,而进展较为迅速。到了17世纪,出于政治原因,政府来推动了这一过程,该运动很快就席卷了全国。显然,从新制度经济学家的眼光看来,正是由于政府在组织制度变迁中的优势,才使得这种有利于经济增长的制度变迁得以迅速进行。

一般认为,圈地运动有几个目的:一是合并条田,使耕地连成一片,把分散的个体经营转变为集中统一的经营,从而能改良农业技术;二是扩大牧场;三是开辟领主的私人园圃、猎场和体育竞技场。因此,新制度经济学家认为,圈地运动实质上是把排他性的公共产权(排斥本村镇

---

① 卢现祥:《西方新制度经济学》,北京:中国发展出版社,1996年,第241～242页。
② 胡乐明等:《真实世界的经济学》,北京:当代中国出版社,2002年,第259～260页。

以外的人使用,但不排斥本村镇的成员使用)界定为排他性的私人产权。圈地运动导致的产权安排有利于发挥规模经济的效应,并使得敞田制存在的外部性内部化。

圈地运动对后来经济的长期发展也产生了深远的影响:① 它促进了英国资本主义大农业经济的出现,提高了农业生产率。圈地运动破坏了封建的庄园制,使封建土地所有制转化为资本主义大土地所有制,有利于资本对农业的投资,有利于加强对农业的经营管理,从而有利于农业科学技术的改革。② 它推动了工业中资本主义因素的发展。圈地运动导致大农业经济的出现,又为工业资金积累、原料和粮食保障方面提供了条件,同时又直接为工场手工业准备了劳动力。

总之,16世纪的圈地运动引起了农业耕作、制度经营方式和土地关系等许多方面的变革。它促使农村自给自足的经济向商品经济转化,最终走上了市场经济的道路。因此,新制度经济学家充分肯定圈地运动对经济发展的贡献,并将之比喻为"农业革命"。按照阿瑟·刘易斯的观点,没有农业革命就很难发生工业革命,所以,从这个角度讲,圈地运动不仅不是英国社会发展的一个倒退,反而是英国社会继续发展、前进的又一个起点。

本章小结

本章主要分析制度绩效理论,按照道格拉斯·诺思的观点,有什么样的制度就有什么样的绩效,是制度决定着经济绩效。制度有有效和无效之分,但历史上更多的却是无效率的制度。第一节分析了经济增长理论的发展演变过程,阐述了新制度经济学强调制度是决定经济增长关键性因素的缘起。第二节重点解析诺思制度绩效理论的主要内容。第三节分析了格雷夫制度绩效理论的内容。第四节、第五节就新制度经济学家重新解读历史的重要观点进行剖析,揭示出历史之所以演变到这一步,其根本原因肇始于其前的制度安排。

关键术语

经济增长　　人力资本　　新经济史学　　历史制度分析　　个人收益
社会收益　　庄园制　　　奴隶制　　　　李约瑟之迷　　　圈地运动

本章思考题

1. 评述各个学派的经济增长理论。
2. 试述诺思制度绩效理论的主要内容。
3. 格雷夫、诺思的制度绩效理论有什么差异?如何评价?
4. 如何判别制度的有效或无效?人们为什么选择无效率的制度?
5. 如何评价新制度经济学家对庄园制、奴隶制和圈地运动的重新解释?
6. 分析工业革命没有发生在中国的原因。

学习参考资料

[1] Avner Greif. Microtheory and Recent Developments in the Study of Economic Institutions through Economic History[A]. In: David M Kreps and Kenneth F Wallis, eds., *Advances in Economic Theory*, Cambridge: Cambridge University Press, 1996.

[2] 舒尔茨. 制度与人的经济价值的不断提高[A]. 载[美]R. 科斯等. 财产权利与制度变迁. 上海: 上海三联书店, 1994.

[3] [美]道格拉斯·诺思. 经济史中的结构与变迁[M]. 上海: 上海三联书店, 1994.

[4] 道格拉斯·诺思. 时间过程中的经济业绩[A]. 载王宏昌编译. 诺贝尔经济学奖金获得者讲演集. 下册. 北京: 中国社会科学出版社, 1997.

[5] [美]道格拉斯·诺思、罗伯特·托马斯. 西方世界的兴起[M]. 北京: 华夏出版社, 1999.

[6] 道格拉斯·诺思. 制度变迁理论纲要[A]. 载陈敬山编. 经济学与中国经济改革. 上海: 上海人民出版社, 1995.

[7] 秦海. 制度的历史分析[A]. 载吴敬琏主编. 比较. 第4辑. 北京: 中信出版社, 2002.

[8] 阿夫纳·格雷夫. 经济历史和博弈论概览[A]. 载吴敬琏主编. 比较. 第2辑. 北京: 中信出版社, 2002.

[9] 道格拉斯·诺思等. 庄园制度的兴起和衰落: 一个理论模型[A]. 载盛洪主编. 现代制度经济学. 上册. 北京: 北京大学出版社, 2003.

[10] 福格尔. 新经济史学: 结果与方法[A]. 载何兆武主编. 历史理论与史学理论. 北京: 商务印书馆, 1999.

[11] 林毅夫. 制度、技术与中国农业发展[M]. 上海: 上海三联书店, 1994.

第十三章 路径依赖理论

> **学习目标**
> 1. 掌握技术变迁的路径依赖。
> 2. 了解制度变迁中的路径依赖。
> 3. 掌握政治、经济、文化的路径依赖。
> 4. 了解对无效路径依赖的冲破。

在《西方世界的兴起》一书里,诺思对组织与制度的进化是充满了乐观主义的。其原因在于,人们总是认为竞争市场和经济当事人追求个人收益的努力会自动地导致高效率的组织和产权形式替代低效率的组织与产权形式。但是,在随后的研究中,诺思意识到无效率的制度安排在一个相当长时段内是完全可能存在的。他用意识形态与国家理论来解释这种无效率制度存在的原因,但这种解释却无法完整地回答所有的问题。根据问题研究的需要,诺思进一步吸收了阿瑟和戴维的研究成果,将"路径依赖"引入制度变迁领域以解释无效率制度存续的原因。这些解释大大扩展了新制度经济学家以及其他经济学家的研究视野,"历史是重要的"已经成为诸多经济学家的共识。在格雷夫新近的研究中,他甚至强调有效率的制度的形成很多时候也许仅仅是出于一种巧合。所有这些不仅大大丰富了理论研究,而且也为进行制度变迁提出了更多的挑战。

本章将主要集中于路径依赖问题,但也关注制度锁定于无效率的路径的问题。这些问题是如此的重要,因为如果一个国家的历史被锁定在有效率的轨道上,这确实是一件令人欢欣鼓舞的事情。但是如果是处于一种无效率的制度中,我们是否能够有所作为?答案也许是难以给出的,但是我们试图通过几个社会处于极端无效的漫长时期的例子来解释这些问题。

本章结构是这样安排的:第一节介绍阿瑟和戴维关于技术的、历史的路径依赖问题的论述;第二节介绍诺思将路径依赖引入制度变迁理论领域后对制度变迁理论的影响;第三节介绍格雷夫关于文化、政治、经济因素对历史路径依赖的研究;第四节通过实例分析如何冲破制度"锁定"与制度无效率状态。

第一节 路径依赖理论:缘起与方法

一、阿瑟的技术路径依赖

布兰·阿瑟(W. Brian Arther)1989年的文献"竞争性技术、报酬递增与历史事件的锁定"无疑是这一领域的开山之作。① 阿瑟认为现代技术大多表现出报酬递增的特性,所以一项技术采用的人越多,那么采用者可以从中获得的就越多,这项技术就会被改善的越多。对于两种或者更多的规模报酬递增的技术,在潜在的选择者市场进行选择时,一些不重要的、偶然的因素就可能碰巧给其中的某一技术以特殊的优势,从而这一技术的采用者越来越多,而且其也被越来越多地改进,这样的话,这种技术就会成为具有统治性的技术。

在经济学看来,规模报酬递增的技术具有多重均衡。静态分析常常并不能告诉我们哪一个均衡将会被选择,而动态分析则可能会告诉我们较多的东西。通过引入一些随机事件发生的概率,我们可以检测某一系列的随机事件将会积累直至最后达到一些结果,而另一些随机事件将会导致另一些结果。这也将给我们展示报酬递增这一作用机制如何放大偶然事件的冲击力,所以选择者的偏好、技术的可能性这些事前知识往往对于我们预测选择总是不够的。有时候这些因素导致的选择者选择的技术从长期来看却并非是最优的,甚至是无效率的。而且这种选择一旦作出,将无法退出或者遗忘,因为已经陷入了一种锁定的状态。阿瑟在这篇文章中重点考察的是报酬递增怎么影响可预测性、效率、技术弹性、非遍历性②以及造成经济被历史事件锁定于无效率的劣等技术状态的环境。

阿瑟用数学模型分析了在两种技术较为类似的情况下,一种并不一定是最好的技术,由于偶然因素的冲击,就凭借先取得的先占的优势地位,利用规模扩大促成的单位成本的下降,普遍流行导致的学习效应,许多相关、相近行业采用相同的或者类似的技术的协调效应以及市场上的流行对消费者产生的良好预期等,使这种技术实现自我增强的良性循环和持续发展。而即使是一种较为先进的技术,由于某种原因晚到一步,就没有先进入者的诸多优势,从而陷入一种恶性循环,甚至被锁定于一种被动的、难以自拔的状态。也就是说,最后生存下来的技术可能不是最好的技术。一些很小的偶然事件常常会把技术发展引入特定的路径,不同的路径则会导致不同的结果。这就是技术演进轨迹的路径依赖。而且一旦这种技术占据统治地位,就会围绕其引发一系列新的技术变迁,这些新的技术变迁可能会增强这种技术本身的优势。而即使优秀的技术,由于前期的瓶颈规模难于突破,不得不面对高昂的成本,从而在竞争中败下阵来。

如果从更为现实的角度,这样的例子实在太多。在这篇文章中,阿瑟举的例子是气冷原子反应堆、钠冷原子反应堆、轻水、重水反应堆技术其实并无很大的差异。再例如大家熟悉的

---

① 如无特殊说明,文中关于阿瑟理论的描述主要引自:W Brian Arther: Competing Technology, Increasing Returns and Lock-in by Historical Events, *The Economic Journal*, 1989: pp. 116～131;韩毅:《历史的制度分析》,沈阳:辽宁大学出版社,2002年。
② 非遍历性(Non-ergodicity)是指在一个动态的经济系统中,不同的历史事件及其发展次序无法以百分之百的概率实现同一种市场结果。

DOS 操作系统,这个系统从纯技术上讲并不一定比其他操作系统更好,但是由于它被免费地装入 IBM 的 PC 机,所以导致它很快地流行起来。这种流行又使得 Microsoft 更多地对它加以改进,所以它击败了很多的竞争对手。特别在那种寡头之间将创新作为自由市场竞争武器的时代,[①]这种技术之间的创新的差异可能并不会太大,但是究竟哪一种技术会取得最后的胜利,从阿瑟的观点看,偶然因素的作用很大。这种"蝴蝶效应"的产生就在于现代技术的自我强化的特性。

具体而言,阿瑟将技术轨迹路径依赖产生的原因,归结为四种更为具体的自我强化特征:① 单位成本递减。新技术投入之初往往需要投入大量的初始成本或者固定成本;而随着这种产品产量的增加,固定成本的大量分摊导致平均单位成本不断下降。② 学习效应。随着一项技术的流行,人们会在使用和推广过程中不断地对这种技术进行完善与改进。如计算机的使用与改进,计算机最初很笨重而且昂贵,随着使用的人越来越多,更多的精力被投入进来使得计算机更小、更便宜,而且功能更全面,安全性更好。③ 协调效应。随着一项技术的采用和推广,会产生一系列相关的技术和产品(或称互补性的技术和产品),也会产生相关部门的合作效应。接着上面的例子,计算机的快速发展,催生出了像微软这样的软件公司,也产生了互联网,互联网又催生出了门户网站、信息检索这些企业。这些企业提供的产品本身又促进了对计算机需求的增加。④ 越流行的技术和产品,越容易产生该技术和产品将来会更流行的预期。计算机的普及,使得人们意识到以后更是一个计算机的时代,信息化的时代,所以更多的人要熟悉计算机、学习计算机、使用计算机。

这四种自我强化机制放大了最初的偶然事件的冲击力,使得微小的事件导致了巨大的后果,这十分类似于中国人所说的"大风起于青萍之末"。正如历史学家在某事件发生若干年后的历史描述中,总是一而再、再而三地写道:"也许他也没有意识到,他这个小小的选择对人类社会产生了多么巨大的影响"。所以,路径依赖昭示我们,任何一件事情的起点都是十分重要的。

阿瑟还对自我强化的结果作了进一步的分析,认为这种自我强化的结果表现出以下四个特点:① 技术演进的结果不是唯一确定的,它是多种均衡的选择,可能有多种解决办法。② 发展的结果不一定是最佳的,一项技术在开始时可能很有效,但发展下去可能会失去效率。③ 发展模式固定化,选择某项技术容易,但放弃它却很难。④ 轨迹依赖,一次偶然的机会可能会导致一种解决方法,而一旦这种方法流行起来就会产生一种沿着原来路径走下去的趋势,要想改变这种方法或是选择其他路径十分困难。

二、戴维的历史路径依赖

由阿瑟的技术变迁路径依赖理论而引致对历史的路径依赖进行大量研究的一个关键人物是保罗·戴维。正是由于戴维将这一锁定与"路径依赖"引入历史的制度研究,从而使得这一研究名词在经济史学领域里名声大振。1985 年,他发表了著名的论文"历史与 QWERTY 经济学"。[②] 在这篇论文中,他通过对计算机为什么至今还采用 QWERTY 键盘的分析,说明了

[①] [美]威廉·鲍默尔:《资本主义的增长奇迹》,北京:中信出版社,2004 年,第 22 页。
[②] 如无特殊说明,文中关于戴维理论的描述引自:Paul David: Clio and The Economics of QWERTY,*American Economic Reviews*,1985:pp. 332~337;韩毅:《历史的制度分析》,沈阳:辽宁大学出版社,2002 年。

历史变迁的路径依赖性质。这篇论文已经成为研究路径依赖问题的最为经典的论文,在《新美国经济史》以及其他学术著作中,许多学者在开篇或者在阐述历史的重要性时,都要引用戴维的计算机键盘的例子来证明历史是重要的。

戴维也强调了随机事件对于最终结果的重要影响,并且认为随机过程的结果并不如传统智慧所认为的那样会收敛于一个固定的结果的点,所以他将这一过程称之为非遍历性。在这种情况下,偶然事件既不能被忽视,也不能在经济分析的目的下进行完全地检验,必须对动态过程进行中的历史特征进行全面的研究。当然戴维的文章只是一个简短的小故事,没有足够的数学论证与推理,他只是为了说明历史是重要的这一观点。他写这篇文章,目的也许是针对经济分析中越来越脱离历史的倾向。我们下面简单介绍一下他的论述。

早在19世纪末期,克里斯托弗·肖尔斯发明了世界第一台带有QWERTY键盘的实用打字机。这种键盘的使用,克服了早期打字机所无法解决的一个技术性问题:键盘和铅字连动杆之间的机械联动装置运转速度太慢。QWERTY键盘的设计,使英语中常用的、并且在键盘上彼此相邻的字母串数达到了最小。同时,这种键盘还把常用的符号安排到离打字机原位键更远的地方,并用力量较弱的手指去敲击这些符号键。

肖尔斯设计的打字机由雷明顿公司批量生产并投放市场后,很快占领了市场。戴维在分析其原因时指出,QWERTY键盘能够打败其他竞争对手在市场中取胜的主要原因,并不在于它的先进设计,而在于雷明顿公司在打字机市场的支配地位。这一点使得熟悉QWERTY键盘的操作成为劳动市场上的大多数打字员都必须掌握的一项基本技能,也就是说,只有他掌握了这种技能才能成为大家都认可的合格的打字员。当然,打字员可以通过再培训去熟悉其他键盘,但那要付出额外的成本。而且,担任打字员工作的大多是女性,一般认为她们不会有在外长期工作的积极性,雇主承担其培训费用的激励就很小。结果,QWERTY键盘的使用越来越普遍,一直到如今。令人惊奇的是,尽管当初设计QWERTY键盘的种种理由早已不存在了,但电子计算机键盘的设计,仍然沿用了这一方案。尽管人们完全可以为计算机键盘设计出好多种更为简捷更为合理的安排,尽管人们都在抱怨Alt、Ctrl和Esc等键的布局缺乏一致性,可大多数人仍然在不改初衷地使用着QWERTY键盘。

戴维利用QWERTY键盘这一经典案例说明了历史的路径依赖性及其原因。此后,他对这一问题进行了不懈的研究与探索,发表大量的研究成果,不断丰富和完善历史变迁的轨迹和路径依赖理论。

戴维还认为,尽管静态分析中告诉我们外部性序列的存在使得系统协调会实现社会最优的干预,但非完美市场中的竞争则会将产业驱动到一个错误的系统,而且接着分散决策甚至会足以使其得以保持,甚至这种结果在现实中并不是奇异的,而且是很常见的。特别是在技术的互补性、规模经济、由于学习和适应性导致的不可逆转性的条件下,这种事情更可能经常地发生。

这可能也是当代的经济理论家们不愿意过多地对历史过程进行考察的原因。因为历史的极其复杂性,使得背景知识是十分重要的。如要理解这一过程就必须对许多过程进行详尽的分析,而我们的知识背景大多局限在传统的新古典理论中,那么我们用新古典理论分析时,从路径依赖的角度,是成本更低的。但是不可否认,这种理性的个人研究者出于个人研究的理性的结果,使得我们对于现实世界难以有一个完整的把握,这就会使得在经济学研究中也会出现类似于"囚徒困境"的个人理性与社会理性不一致的情况。另一方面,同样是由于路径依赖,某些研究个体独特的知识结构与背景,使得他们对于经济分析中引入动态的、历史的过程,可能是成本更加低廉的。

三、作为一种分析方法的路径依赖

如果说路径依赖理论是一种新的分析方法,可能会使许多经济学家心生反感。因为这些问题早在上个世纪四五十年代就有经济学家(例如 Paul Rosenstein-Rodan 和 Albert Hirschman)意识到,只不过是被用来分析其他一些问题而已。[①] Rosenstein-Rodan 和 Hirschman 认为,经济发展失败可以被视为大规模的协调失灵,其中种种投资没有发生仅仅是因为其他互补性的投资没有进行,类似地,后面的这些互补性投资没有发生仅仅是因为前面的种种投资没有进行。因而,我们可以在完全相同的基本条件下想像两个均衡:一个均衡是其中活跃的投资正在进行,每一个产业的努力被其他产业的扩张诱导和保证;另一个均衡则与持久的停滞联系,其中一个产业的不活跃渗透到另外的产业。这可以作为对相似经济体运转绩效非常不同的一个潜在解释。

这两位作者的工作揭示了多重均衡出现所需要的本质特征,至少也揭示了可以通过某种福利标准如帕累托占优进行排序的多重均衡的出现所需要的本质特征。这是简单的互补的思想:外部性的一种特殊形式,其中行动者某个行动的采取增加了采取同样(或相似)行动的行动者的边际福利。作为例子,考虑 Rosenstein-Rodan 和 Hirschman 讨论的协调失灵的两个主要来源。

(1) 产业间联系。一个特定生产部门的扩张将通过这些联系对其他部门产生直接和间接的意义。例如,像铁路这样的交通网络的发展将推动特定类型产品的出口,从而鼓励它们的生产。这是一个可以称为供给联系的例子:它通过降低其他部门的投入成本起作用。同时,铁路的扩张将提高对像钢铁这样的铁路投入的需求。这是一个需求联系的例子。

供给和需求联系可以是直接或间接的。例如,铁路可能对煤炭产业有直接的需求联系(至少在那些蒸汽机运转的时期),还可能对煤炭产业有间接的需求联系(例如通过钢铁)。经济的整个生产部门被这样的联系组成的网络所覆盖。

由于各个部门之间存在互补性,一方面,完全相同的经济可能跳入活动性的低水平,不是因为任何其他的原因,只是因为部门萧条是自我加强的;另一方面,也有可能存在另一个比所有关注的对象更好的(自我实现的)经济活动水平。

(2) 需求互补性。一些产业的扩张将可能导致收入提高,从而对其他产业生产的最终产品产生需求。这里有一个潜在的互补性,至少是在非劣等品的生产者之间。部门的一个子集的扩张性投资将增加其他部门模仿的动机,因为现在对它们的产品有更大的需求。

通常,这种互补性增加了多重均衡的可能性。如果某个企业家相信需求将会很高,他将会投资它,而如果所有的企业家都保有这样的乐观信念,需求将会真的很高——这些预期将自我实现。但悲观主义可能也是自我实现的,因为投资的缺乏通常将降低对所有产品的需求。

这里的论证是,一个提高经济水平的活动将产生更大的国民收入,而国民收入的产生创造了使这些活动合理化的追加需求。

---

① 转引自:Debraj Ray: What's New In Development Economic? *The American Economist*, 2000, Vol. 44, No. 2: pp. 1~23.

注意到这种(不是通过明确的产业间联系,而是通过作为一个整体的经济形成的)"间接的"互补性不仅仅通过需求本身起作用。假如一些部门的扩张能促成一个熟练的、可靠的、受过教育的劳动大军的产生,那么高质量的劳动储备的供给将刺激其他产业的发展。这是通过便利生产而不是通过增加产品需求起作用的互补性。

互补性导致了一个本质上是非决定论的世界观。在最纯粹的形式上,该理论对哪一个均衡将占优并不确定。例如,同样的经济体既可能陷入低收入/高生育率陷阱,也可能处于高收入/低生育率的增长阶段。根据这个观点,生育率既不是造成收入差异的原因,也不是阻止国家间收敛的某种外生社会特征,其真实情况根本不是如经济增长理论家所宣称的那样。

这里所论及的互补性,十分类似于路径依赖理论中的自我强化机制,这种互补性或者说自我强化机制使得相同的社会结构或者技术出现多重均衡:一些深陷于无效率的制度深渊,一些则进入繁荣富强。这种分析方法的方法论意义使得经济学家思考问题的方式发生了变化,很多经济学家对这种思想的精辟描述使得它可以被用来更加合理地解释这个世界的演变。这种方法的出现是更多地存在于动态的分析领域里,所以这是对新古典经济学的一次方法论意义上的超越。

当然不能否认的是,阿瑟、戴维对这种方法在技术领域、历史演进过程中的运用不仅解释了技术的变迁路径与选择,更揭示了历史以及偶然事件对于世界演变的影响,这启发了诺思对于制度变迁的理解,从而改变了制度变迁理论的发展轨迹,也更好地使得新制度经济学对于无效率制度加以关注。新制度经济学家们的新古典乐观主义论调被更加现实的论调所替代,这些推动了新制度经济学的快速发展。

第二节 诺思的制度变迁路径依赖理论

在阿瑟的技术路径依赖、戴维的历史路径依赖的基础上,诺思将路径依赖理论引进了他的制度变迁的分析框架,并进一步推演出了制度变迁理论中的路径依赖理论,以致路径依赖理论已成为今天新制度经济学中一个极其重要而又十分著名的理论。[①]

一、制度变迁及其渐进性

关于制度变迁,诺思已经形成了一套比较完整的理论,本书的前面部分已经论述过了,这里加以简述。但为了说明制度变迁的路径依赖问题,诺思对制度变迁的一些基本属性,尤其是制度变迁的渐进性,作了更为深入的阐发。

诺思认为,相对价格的变化是制度变迁的重要源泉,这一点在《西方世界的兴起》一书中体现最多,但是不可否认这是一种最为简单的制度变迁理论。因为相对价格的变化改变了个人在人们相互关系中的激励。这里所说的相对价格变化主要包括:要素价格比率的变化(如土地与劳动、劳动与资本或土地与资本的价格比率的变化),信息成本的变化,技术的变化(包括十分重要的军事技术)。这些相对价格的变化有些是外生的(例如西方世界兴起中的人口与土地的比率变化是由瘟疫等因素决定的),但大部分是内生的,诺思认为谈判力量的相对变化很多时候会决定相对价格的变化。因此,政治、经济和军事方面的"企业家",将通过改变可观察到

[①] 韩毅:《历史的制度分析》,沈阳:辽宁大学出版社,2002年,第147~154页。

的衡量成本与实际成本来改变相对价格,从而诱致制度变迁。从严格的角度说,决策中考虑的不完全是相对价格的变化,还有预期的相对价格的变化。

但是,如果仅按照相对价格的变化来解释人类的复杂行为,显得过于简单了。诺思发现,相对价格在一定时期的根本变化,会改变人们的行为模式,也会改变人们对行为标准的合理解释。诺思写道:"相对价格的变化通过事先存在的精神构想来进行过滤,从而构成了我们对这些价格变化的理解。很显然,思想以及它们所赖以存在的方式在这里是起作用的。……一个重要之点是,制度通过降低我们向我们的信念支付的价格,使得观念、教义以及意识形态成为制度变迁的重要来源。"①然而,直到今日,"我们在一定程度上仍然不能以非常准确的词来定义相对价格的变化同形成人们观念的思想和意识形态之间的相互作用以及这两者在诱致制度变迁中所起的作用。"②这里面的主要困惑来自于社会价值体系对于人们制度选择的作用,它使得人们从相同的经验中得出不同的结论,似乎存在着严重的"路径依赖",这种价值体系甚至使得人们的行动有时候表现得不合乎理性。这种非理性的行为对于维护整个经济学体系的完整性提出了挑战,诺思最先提出了意识形态理论来解释这一问题,但是这一解释相当粗糙。之后的许多学者用文化或者社会资本来解释这些现象。但是,这些理论本身并没有对这种行为运作的内在逻辑进行深入地分析。新制度经济学家埃格特森指出,为了理解和学习人类思维的路径,我们必须转移到一种新的学识水平,研究作为一个系统的一个人而不是社会,从认知科学引入营养。③ 诺思最近的研究也一直在关注思维模型以及它的构成、变化。而所有这些显然属于对于这一问题更深层次的探讨。

按照诺思的相对价格理论,制度变迁的进程被描述如下:相对价格的变化使得企业家和组织发现了在现有制度安排下不能获得的"潜在利润",于是,企业家和他们的组织会对(可观察的)价格比率的变化直接做出反应,通过估计成本和收益将资源用于新的获利机会。在这之中,(政治或经济的)企业家扮演着重要的角色,他们必须用他们的知识、经验、技能和胆识来寻找获利边际,估计成功的可能性以及冒险将组织的资源用于捕捉潜在的利益。同时,大量的支付也会影响制度变迁的进程。企业家必须向创立经济组织和政治团体的中间组织,如贸易协会、游说团体、政治行动委员会支付报酬,以实现制度变迁的潜在收益。一般来说,社会资源受政府决策的影响越大,为减少制度变迁的阻力所需要投入的资源就越多。④

诺思的论述与格雷夫的观点有很大的出入,这里可以很明显地感觉到诺思的乐观,企业家为了寻找更多的谋利机会,更有利于经济发展的制度变迁便会发生。但是,格雷夫认为,决定社会变迁的这些企业家的个人利益与社会利益的不一致是一种常态,很多时候不得不以牺牲经济发展的代价来实现社会的均衡。⑤

制度变迁的主要内容包括正式规则、非正式规则和实施机制三个方面。而其中的非正式规则的变迁引起了诺思的特别注意。因为诺思认为,当相同的规则集合施加于两个不同的社会,其后果会怎么样呢?答案是:结果肯定很不一样。虽然规则相同,但由于实施机制、实施方

---

① [美]道格拉斯·诺思:《制度、制度变迁与经济绩效》,上海:上海三联书店,1994年,第113页。
② [美]道格拉斯·诺思:《制度、制度变迁与经济绩效》,上海:上海三联书店,1994年,第115页。
③ [美]诺思等:《制度变革的经验研究》,北京:经济科学出版社,2003年,第22页。
④ 转引自:韩毅:《历史的制度分析》,沈阳:辽宁大学出版社,2002年,第148页。
⑤ Avner Grief: *Institution and the Path to Modern Economy*, Cambridge University Press, 2006, chapter 8.

式、行为规范以及行为者的主观模式都不一样,于是真正的激励结构和被认知的政策后果就不同。[①] 探讨正式制度变迁的发生及其最终的决定因素是源自于诺思前期一系列研究的结论:有效率的经济制度是一系列经济增长的关键。诺思虽然没有明确说明,但根据他的研究成果来看,这里的制度指的是正式的具有强约束力的制度,例如《西方世界的兴起》一书中英国的专利法和荷兰的关于商品贸易的法律等。但是随后的研究发现正式制度很大程度上受制于与非正式制度契合的程度。[②] 所以,诺思后期的研究主要转向非正式制度领域,尤其是有关意识形态的领域,但是诺思这些探讨没能形成完善的体系,影响力也十分有限。

人们至今还不能解释决定文化变迁的力量。虽然这个学说从演进理论中获得不少启发,但文化演进论还很不成熟,它在分析具体的非正式规则的变化时还没有多大的实用价值。诺思认为,非正式规则的一个主要作用是去修正、补足或延拓正式规则。由于构成一个社会制度的总体结构是正式规则、非正式规则和实施机制的总和,正式规则和实施机制的变迁就会导致一种非均衡的状态。一种正式制度的变迁会改变交易成本,并引发新的习俗与准则。也就是说,一种新的非正规均衡将在正式规则变迁后逐渐演化。在诺思看来,非正式规则的演化与正式规则的变迁相比,不仅有先和后、源和流、主和次的区别,而且还存在着替代和被替代的关系。正式规则有时会被用于否定和替代现存的那些不再适应新结构的非正式规则。在制度的稳定时期,习俗和准则经常在变化以补足固定存在的正式规则,但在变迁时期,非正式规则却常常被正式规则所推翻。

制度变迁的方式有两种:一种是非连续性的变迁,指正式规则的一种根本变迁,它常常是武力征服和革命的结果;另一种是渐进的变迁,是指交易双方(至少是交易双方中的一方)为从交易中获取潜在的收益而再签约。这种再签约既可能是最简单的形式,也可能是政治革命的形式,后者可以为双方从事新的谈判和妥协提供一个基本框架。但是,"关于制度变迁的唯一最重要的一点是必须要掌握的,这就是制度变迁中绝大部分是渐进的。"[③]诺思认为,制度变迁的渐进性在很大程度上与非正式规则的演进和性质有关。由于非正式规则的深层基础是文化遗产,所以在正式规则整个发生变迁后,许多非正式规则仍然具有强大的生命力,它们仍然能解决参与人之间基本的交换问题。这些社会的、政治的和经济的规则从不同方面对整个社会进行重建,从而产生出新的远离革命的渐进式的均衡。虽然很多的制度经济学家对这一点十分赞同,即他们认为非正式制度,例如规范和习俗等等,变革相对缓慢,甚至在研究正式制度的边际变迁时,大多数经济学家都同意将非正式制度视作理所当然的事情[④],但是他们也观察到,非正式制度在关于经济系统的大规模变革的研究中往往也会迅速地变化,最为典型的例子就是计划经济向市场经济的过渡。

二、制度变迁的路径依赖

诺思对制度变迁的路径依赖问题的关注,源自于他对其学说的一个核心问题的思考:为什么历史会选择那些经济绩效较差的经济制度并使其长期存在? 这个问题是传统理论不曾思考

---

① [日]青木昌彦:《比较制度分析》,上海:上海远东出版社,2001年,第6页。
② [美]道格拉斯·诺思:《制度、制度变迁与经济绩效》,上海:上海三联书店,1994年,第101页。
③ [美]道格拉斯·诺思:《制度、制度变迁与经济绩效》,上海:上海三联书店,1994年,第119页。
④ [美]道格拉斯·诺思等:《制度变革的经验研究》,北京:经济科学出版社,2003年,第14页。

也无法解释的。由于达尔文主义精神已经深深地影响了社会科学家对社会存在与发展的理解,所以自20世纪50年代以来的经济学文献中无不渗透着这样的一种观念:"在历史进程中,无效的制度会被扬弃,有效的制度会存活下来,因此,更为有效的经济、政治与社会组织形式是逐渐演进来的。"①然而,这种理论上的乐观预言与历史现实却大相径庭。那么,为什么相对无效的经济会得以持续?是什么妨碍了历史对更有效的制度的选择呢?诺思认为,关于路径依赖的理论能够为上述问题的解答提出一个新的视角。他指出,"路径依赖性是分析理解长期经济变迁的关键。"②

沿着阿瑟和戴维的思路,诺思把路径依赖的相关概念和分析方法引入了制度变迁的分析之中。他认为,在制度变迁中,同样存在着报酬递增和自我强化机制。这种机制使得制度变迁一旦走上某条路径,它的既定方向就会在以后的发展中得到自我强化,从而形成对制度变迁轨迹的路径依赖。③

诺思认为,决定制度变迁轨迹的有两个因素:一个是报酬递增,另一个是由显著的交易成本所确定的不完全市场。而阿瑟和戴维都没有注意到第二个因素的作用。如果没有报酬递增和不完全市场,制度是不重要的。"但是,在存在报酬递增时,制度则是重要的,阿瑟的所有四个自我强化的机制是适用的,尽管他们在某些方面具有不同的特征。"④制度变迁的自我强化机制被诺思表述为:"当制度的创立如美国1787年的宪法一样是重新开始的时候,初始建立的成本就很高,由制度框架所提供的机会集合会产生显著的组织学习效应,其结果,组织将演进到考虑游说框架所确立的机会。与其他组织的合约会产生直接的协作效应,通过政治团体的互补性活动会间接诱致投资。更为重要的是,正式规则将导致大量非正式制约的创立,它们会被用来修正正式规则以及将它们延伸到具体的运用。还会产生适应性预期,因为随着基于某一制度的合约不断居支配地位,会诱致关于该规则永久性的不确定性。"⑤

诺思的这段话过于抽象与复杂,用青木昌彦的话说,就是由于制度存在互补性,那么一旦这一制度确立,相应的互补制度的建立就会降低这一制度的交易成本,从而使得这一制度推行的范围越大就越有利。举一个简单的例子,例如建立一个劳动力市场的初期成本是很高的,需要由高校来培育毕业生、需要学历的认证机构、需要高校开设一定的专业来满足市场的需要,但是一旦这一市场建立,一个学生寻找工作、一个企业招收员工的成本将随着这个市场的扩大而降低。由于协调制度如专门的认证机构出现了,政府专门出台管理政策,由于学习效应学校对于专业设置更加合理。成本的降低会使得更多的劳动者和企业愿意通过这种途径实现自己的目的。这就是制度的路径依赖。

简言之,一种制度矩阵的相互依赖的构造会产生巨大的报酬递增,而递增的报酬又会使特定的制度轨迹保持下去,从而决定经济长期运行的轨迹。诺思指出,"路径依赖仍然起着作用,这也就是说我们的社会演化到今天,我们的文化传统,我们的信仰体系,这一切都是根本性的

---

① [美]道格拉斯·诺思:《制度、制度变迁与经济绩效》,上海:上海三联书店,1994年,第124页。
② [美]道格拉斯·诺思:《制度、制度变迁与经济绩效》,上海:上海三联书店,1994年,第150页。
③ Douglass North: Institution, *Journal of Economic Perspectives*, 1991, Vol. 5, No. 1, pp. 97~112.
④ [美]道格拉斯·诺思:《制度、制度变迁与经济绩效》,上海:上海三联书店,1994年,第127页。
⑤ [美]道格拉斯·诺思:《制度、制度变迁与经济绩效》,上海:上海三联书店、上海人民出版社,1994年,第127~128页。

制约因素,我们必须仍然考虑这些制约因素。这也就是说我们必须非常敏感地注意到这一点:你过去是怎么走过来的,你的过渡是怎样进行的。我们必须非常了解这一切。这样,才能很清楚未来面对的制约因素,选择我们有哪些机会。"[1]后来,诺思在接受复旦大学张军教授的采访时,将"路径依赖"简单地概括为:你的起点与你所走过的道路,将决定你未来的选择。[2]

然而,报酬递增所决定的制度的长期变迁,并不必然导致经济长期增长的良性轨迹,而很可能相反。这主要取决于被阿瑟和戴维忽略了的第二个因素——市场的完全程度。在报酬递增的前提下,如果相应的市场是竞争性的,或者是大致接近零交易成本模型的,制度变迁的长期轨迹将是有效的。而如果市场是不完全的,信息的反馈又是分割的,且交易成本也是十分显著的,那么,在路径的分叉中,不良的绩效可能居于支配地位。

诺思将制度变迁的这种路径依赖特征与经济的长期增长或下降模型结合起来,给出了制度长期变迁中的两种轨迹。其一,一旦一条发展路线沿着一条具体进程行进时,系统的外部性、组织的学习过程以及历史上关于这些问题所派生的主观主义模型就会增强这一进程。在经济的长期增长中,会有一条适应性的有效路线,它允许在不确定性下的最大化选择,以追逐某些承担活动的真实模型,并建立一种反馈机制来识别某些相对无效的选择,并消去它们,从而引致经济的长期增长。其二,一旦在起始阶段带来报酬递增的制度,在市场不完全、组织无效的情况下阻碍了生产活动的发展,它会在现有制度下创造出一些组织和强有力的利益集团,它们以自己的利益来影响政治实体。这类制度促进了政治团体与经济的军事主宰、宗教狂热或直接的简单再分配组织,但是它们为经济上储存与增加有用的知识所提供的报酬较少。参与人的主观精神构想会演进成一种意识形态,它们不仅会使社会的结构理性化,而且还选择了不佳绩效,并在经济中演进出一些加强现有激励与组织的政策,使不佳绩效保持下去,直到进入"锁定"状态不能自拔。这两种制度变迁轨迹的划分,反映了路径依赖中的两种极端的情况。而现实世界中的经济往往是两种情况的某种混合。

尽管制度变迁存在着严重的路径依赖,但也并不意味着人们在路径选择中就无所作为。因为沿着特定演进方向的每一个阶段都存在着不同的选择(政治的和经济的),而且这是真实的、实际的选择。路径依赖是一种使选择集合变窄的过程,它将不同时期的决策联结起来。从过去能清晰预言未来这一点来看,它不是一个无法避免的过程。概括地说,路径依赖性来自于报酬递增机制,它会进一步增强曾经给出的路径的方向;而路径的交替则来自于选择的无法预期的结果、外部效应以及那些外生于分析框架的力量;路径的逆转(从停滞到增长,或反之),则可能来自上面描述的路径交替的原因,但它一般是由政治团体的变迁导致的。

应该强调指出的是,制度变迁中不同路径的选择是极为复杂的事情,这主要表现在以下几方面:第一,代理人不仅受到现有制度的选择的制约,而且在实现其目标时具有不完全知识。因此,即使目标是与生产率的增长相一致,无法预期的情况也可能会导致根本不同的结果。最终,在利润最大化方面的短期努力,可能会导致对持续无效活动的追逐。第二,渐进的制度变迁是持续不断的边际调整过程。这有两层涵义:其一是指组织将在特定的制度逻辑下演进,这一调整是建立在先前的制度安排下的;其二是指需要调整的边际是变化中出现的新问题。由

---

[1] 道格拉斯·诺思:"制度变迁理论纲要",载陈敬山编:《经济学与中国经济改革》,上海:上海人民出版社,1995年,第8~9页。
[2] 张军:《书里书外的经济学》,上海:上海三联书店,2002年,第128页。

于一个社会不同集团的谈判力量显然与另一个社会不同,每一社会的边际调整也就不同。第三,行动者的观念在制度变迁中起着更为关键的作用,因为意识形态观念对模型的主观建构的影响构成了选择。长期经济变迁是无数政治和经济企业家的短期决定的累积结果,它们直接和间接地决定了绩效。所作的选择反映了企业家对环境的主观模型,而这一模型又反映了思想、意识形态以及信仰,它们之中只有部分是受法律政策的实际结果的影响。具体政策的结果不仅不是确定的,而且在很大程度上是无法预期的。

总之,由于在正式规则与非正式规则之间存在着复杂的相互关系,在一个制度下的选择便是多重的。因此,在制度变迁中,无论是路径依赖还是锁定状态都比技术变迁中更为复杂。"政治与经济的相互作用,影响制度变迁的谈判力量有差异的许多行为者以及许多非正规制约赖以存在的文化遗产的作用,这一切都构成了这种复杂性。"① 综观诺思的制度变迁的路径依赖理论,应该说它为我们理解长期经济增长或停滞问题,提供了一个非常有用的分析框架。尤其是他对制度变迁的路径依赖性的存在和作用机理的揭示以及对历史制度变迁两种轨迹的概括和分析,构成了制度变迁路径依赖理论的核心内容。

从阿瑟、戴维到诺思,路径依赖理论告诉我们,"历史是至关重要的","人们过去作出的选择决定了他们现在可能的选择。"② 初始的制度选择即使是偶然的、暂时的,但影响却是久远的。根据路径依赖理论,如果初始制度选择碰巧选择了一个好制度,那么,沿着既有的路径,经济和政治制度的变迁可能进入良性循环的轨道并迅速优化(这被称为诺思路径依赖 I);反之,也可能沿着原来的错误路径往下滑,陷入一种无效率的制度恶性循环中(这被称为诺思路径依赖 II)。路径依赖理论对我们理解制度变迁是如此的重要,但制度变迁中的路径依赖还有太多的问题值得进一步探讨,正如诺思所说,"我们对路径依赖并没有充分的认识,更不知道它怎样约束我们改造社会的能力。"③

【案例 13-1】

路径依赖与中国改革

我国正在经历一个伟大的改革时代。改革,或者说从计划经济向市场经济的转轨,是一个重大的制度变化过程。这种过程具有路径依赖的特征是不言而喻的。这就是说,第一,初始的体制选择会提供强化现存体制的刺激和惯性,因为沿着原有的体制变化路径和既定方向往前走,总比另辟蹊径要来得方便一些。第二,一种体制形成以后,会形成某种在现存体制中有既得利益的压力集团。他们力求巩固现有制度,阻碍进一步的改革,哪怕新的体制较之现有体制更有效率。即使由于某种原因接受了进一步变革,他们也会力求使变革有利于巩固和扩大他们的既得利益。于是,初始的改革倾向于为后续的改革划定范围。就像在电脑资料库中存取文件时,访查范围是由初始的路径选择决定的。如果路径已经选定了 A 驱动器,就只能沿着 A 盘——A 盘中的某一子目录——存于该子目录中的文件的路径访查文件。如果要想访查

---

① [美]道格拉斯·诺思:《制度、制度变迁与经济绩效》,上海:上海三联书店、上海人民出版社,1994 年,第 138 页。
② [美]道格拉斯·诺思:《经济史中的结构与变迁》,上海:上海三联书店、上海人民出版社,1994 年,第 1~2 页。
③ [美]罗纳德·科斯等:《制度、契约与组织》,北京:经济科学出版社,2003 年,第 18 页。

在 C 盘上某一子目录中的文件,必须首先退出 A 驱动器,进入 C 驱动器,然后选取该文件所属子目录,最后才能找到该文件。

这样看来,改革能否成功,能不能实现建立社会主义市场经济的目标,把有效率的经济体制建立起来,就不仅取决于改革者的主观愿望和最终目标,而且依赖于一开始时选择的路径,哪怕目标是清楚的,具体措施的大方向也是正确的,可是只要在初始的路径选择上有一些细微的差错,在往后的发展中,它会按本身的逻辑,偏离原来的目标,演进到远离原来设计的另一种体制去。这就是俗话所说的"差之毫厘,失之千里"。在我们的改革工作里,常常会出现这样的情况。例如价格改革的重要目标,是实现竞争性部门价格的自由化,但是考虑到其他方面(主要是部分国有企业)条件尚不具备和保护它们的既得利益,采取了双轨并存、逐步过渡的办法,采取这种办法,一方面固然使人们易于接受部分放开价格的措施,另一方面却由于部分人可以从商品和要素的双轨价格中得到巨额租金(Rent)而形成某种力图保持甚至扩大这种寻租环境的压力集团,形成对彻底改革价格制度的阻力。拿企业改革来说,从改革一开始就设想把国有企业改造成为独立的商品经营者。这个目标大体上是不错的。但是在 20 世纪 70 年代末期改革时,为了有利于推行,采取了在原有企业制度不作根本改变的条件下"放权让利"的办法。这种做法在当时的确得到了人们的欢迎,但是一旦选取了这一路径,放权让利便以要求进一步放权让利的形式自我强化。其结果是形成了目前这种一方面企业受到各类上级机关的多方面干预,缺乏应有的自主权,另一方面在企业治理结构上对"内部人控制"失去控制的局面。其他方面的改革也有类似的情况。

所以由此可以得出的结论是,在整个改革的历程中,我们都切不可以麻痹大意,千万不要以为既然建立社会主义市场经济的目标是明确的,大方向是正确的,只要不断地"改"下去,或迟或早总会实现既定的目标。事实上,如果某一个措施有某种偏差,它会对后续改革带来困难,造成某种"南其辕而北其辙"的现象,甚至会使改革走入死胡同,"锁定"在某种无效率的体制之中。因此,我们必须做到以下两点:第一,我们在作出任何一项改革决策时,都要慎之又慎,不仅要考虑将要采取的措施的直接后果,还要研究它的长远影响。不要因为取得某些短期效果造成对下一步改革的障碍。在我国过去的改革中,常常使用给试点单位"吃偏饭"、"给特殊政策"的做法。这种做法就往往在取得短期效果的同时,陷于长期的被动。第二,要随时密切观察,看改革是否选取了不正确的路径,或者现时的体制已在多大程度上偏离了目标。如果发现了路径偏离,要尽快采取措施加以纠正,把它拉回到正确轨道上来,以免出现积重难返的情形。例如,由于商品价格和要素价格双轨并存而形成的"权力揽买卖"的寻租环境,就属于这种制度偏离之列。应当及时加以消除。

中国经济体制经过十几年以"体制外"为重点的非国有部门改革,现在已经推进到了经济原有体制的核心部分。改革的任务十分艰巨。而前期不规范、不彻底的改革,又使现有体制存在某些不利于进一步改革的陷阱。可以认为,中国的改革面临着一系列根本性的选择。由于在偏离了的路径上走得愈远,回到正确路径需要付出的成本就会愈高,中国改革是否能够取得最后的成功,取决于能否及时地把现有体制中偏离市场经济目标的部分扭转过来,将改革滞后部门的改革迅速推上去。

资料来源:吴敬琏:"路径依赖与中国改革",载北京大学中国经济研究中心编:《经济学与中国经济改革》,上海:上海人民出版社,1995 年,第 11~16 页。

第三节 路径依赖理论:格雷夫的贡献

格雷夫对路径依赖理论的最大贡献,在于他对这一分析方法的具体、灵活和创造性的应用上。在这一点上,他明显地不同于戴维的研究范式,也比诺思的工作更加前进了一步。格雷夫为路径依赖理论作出了三个方面的重要贡献:一是强调并证明了制度变迁的路径依赖是政治、经济、文化和社会因素综合作用的结果;二是把博弈论与路径依赖分析方法结合起来,开辟了进行制度变迁与选择研究的新领域和新视角;三是在理论和经验上论证了文化信仰在制度变迁轨迹中的决定性作用。[①]

一、路径依赖:政治、经济和文化因素的综合作用

上一节论述了诺思的路径依赖理论。同诺思的观点不同,格雷夫始终认为非正式的自我实施制度是制度变迁的主体,并且认为对自我实施制度的选择受到历史的(包括经济的、政治的、文化的和社会的)综合因素的制约与影响。

政治因素对制度选择的影响,在格雷夫关于欧洲历史上的商人协会的分析中得到了一定的体现。[②] 据推断,意大利的政治经济发展进程,使得每一个城邦都能像商人协会那样发挥作用,促进贸易的扩大。在德国,城市产生所经历的政治进程,则导致了较小规模城市的出现。因此,只是在经历了一个长时期的组织发展后,才出现了汉萨同盟这样一种城市间的支配德国商人与外国统治者之间关系的联盟。最后,在近代初期更为集权化国家的出现导致了地方商人联盟的衰落。与此相似,农业信用合作社的性质和效率以及在爱尔兰支配地主与佃农关系的私人安排的制度,在一定程度上都受到国家发行证券和实施特殊法律的影响。

文化和社会因素也同样影响制度选择,格雷夫在《制度与通往现代经济的道路》一书的第三章及其1994年的经典论文所讨论的马格里布商人与热那亚商人的例子很好地揭示了这一点。不同的文化提供了不同的均衡点,而不同的社会进程提供了马格里布商人和热那亚商人中间最初传递信息的不同网络,而这导致了在相同的基本环境下产生出了不同的制度选择。马格里布的文化遗产使得与集体惩罚相伴的均衡成为一个均衡点;与此相反,中世纪时期的基督教徒把个人而不是他的社会团体置于其宗教信仰制度的中心,因此,热那亚的文化遗产并没有使集体惩罚成为均衡点。进一步地,临近12世纪末期令热那亚人经商的数量急剧增长的原因是政治方面的,因为一个外在策略参与人改变了热那亚的政治结构(雇佣执政官)。与此同时,热那亚经历了高水平的经济迁移。在缺少信息传递的相应社会网络的情况下,集体惩罚就不大可能出现了。的确,历史资料显示,热那亚人并没有实行集体惩罚,但却实行了"个人式"的惩罚,每个商人仅仅惩罚曾欺骗过他的代理人。热那亚的法律制度通常只是附带地限制一下代理人从事机会主义行为的能力。不同的社会和文化设计在基本的环境相同的情况下,导致了不同的制度。

最后,格雷夫将政治、经济、文化和社会因素放在一起,从它们之间相互影响、相互作用的

[①] 韩毅:《历史的制度分析》,沈阳:辽宁大学出版社,2002年,第154~165页。
[②] Greif, Avner, Paul Milgrom and Barry Weingast: Coordination, Commitment, and Enforcement: The Case of the Merchant Gild. *Journal of Political Economy*, 1994, 102(4), August: pp. 912~950.

复杂关系出发,论证了它们对制度选择和制度变迁的综合作用。他指出,"历史的制度分析揭示了一个社会内部经济、文化、社会特征之间关系的复杂性。例如,支配热那亚和马格里布人代理关系的不同的制度,在很大程度归结于他们不同的社会和文化特征,而这些特征又反过来进一步强化了其经济制度。在马格里布人中间,集体主义的文化信仰和与此相联系的经济上的自我实施的集体惩罚,导致了一种水平式的社会结构(即商人一身兼商人和代理人二职)、社会的封闭和集体的社会信息通讯网。在热那亚人中间,个人主义的文化信仰,则导致了具有一种垂直并融合的社会结构以及相对比较低水平的信息联络的个人主义的社会。在一定程度上一个人是用所持的随时间不断变化的价值去判断经济和社会的行为方式,这些不同的经济社会体制可能也会导致不同的价值。"①中国历史上的两大商帮,徽商和晋商也存在类似的由于文化基础的差异而导致的内部治理机制、均衡存在及维护方式的不同。

格雷夫总结道:"一个社会的制度是一个复杂的混合体,在其中非正式的隐匿的制度特征与正式的显明的特征相互作用,形成了一个有机的整体。这种相互作用指导着制度的变迁,使这个制度混合体的变迁会不同于它的各构成部分在独立状态中所发生的那种变迁。因此,这个制度混合体并不是对经济需要所做的静止的最佳回应。相反,它是对历史进程的反应,在这之中,过去的经济、政治、社会和文化特征相互作用,对社会制度的经济内涵产生持久的影响。"或者说,"制度是历史进程的产物。在这一历史进程中,过去的制度、经济、政治、社会和文化的特征相互作用,定型了现行制度和其演进。"②

二、博弈论与历史的路径依赖

格雷夫说:"也许关于制度的路径依赖的最引人注目的考察,是发现了制度与博弈之间联系的相关性,即在博弈规则下对外生变化的反应与制度在其中内生地发生变化的组织演化进程相关。"③

格雷夫能够把博弈论同制度变迁的路径依赖结合起来,关键在于他把历史上的制度变迁看作是从一个制度均衡向另一个制度均衡过渡的过程。而在向新的制度均衡转变的过程中,历史所提供的制度选择不是唯一的,也不是确定的。在面对多重均衡的时候,历史不断地进行着选择。不同的国家和社会在不同的历史条件下作出了不同的选择,这连续的不同的选择,便构成了某个国家和社会不同于其他国家和社会的特殊的制度变迁轨迹和社会发展道路。那么,当特定国家或地区在特定的历史时期面临着多重的均衡选择时,它是怎样以及为什么作出这种选择而放弃了其他的呢?似乎这只有在博弈论的框架中才能予以更好的说明。或者说,博弈论为制度变迁的路径依赖提供了十分有力的分析框架和研究工具。

格雷夫把博弈论同路径依赖理论相结合的另一个重要之处,在于他发现了历史上制度均衡

---

① Greif, Avner: Microtheory and Resent Developments in the Study of Institutions Through Economic History, In: David M Kerps and Kenneth F Wallis, eds., *Advances in Economic Theory*, Vol. 11. Cambridge: Cambridge University Press, pp. 104.

② Greif, Avner: *Genoa and the Maghribi Traders: Historical and Comparative Institutional Analysis*. Cambridge: Cambridge University Press, 1998: p. 82.

③ Greif, Avner: Microtheory and Resent Developments in the Study of Institutions Through Economic History, In: David M Kerps and Kenneth F Wallis, eds., *Advances in Economic Theory*, Vol. 11. Cambridge: Cambridge University Press: p. 99.

之间的联系和相关性。而这种联系和相关性,恰恰反映了制度变迁的路径依赖性质。在这一点上,格雷夫在博弈论和路径依赖理论两个方面实现了突破与创新。

如前所述,古典博弈论是一种静态分析,它只关心一个特定时段上是否存在着一个均衡,这一均衡如何能够达到,需要满足哪些条件。因此,它很少关注一个博弈与另一个博弈之间、一个均衡与另一个均衡之间的联系。当一个组织的建立可能会给某些能够创建它的博弈者带来利益的时候,他们才会采取创建的行动。或者说,在博弈规则中,只有随着预期到的变化而采取的行动,才是初始均衡战略组合的一部分。而在博弈中随着意外的变化而选择的均衡与变化之前占优势的均衡之间并无什么直接的关系。

然而,格雷夫却发现,在博弈中随着一种意外的变化而选择的均衡,显示出了其与变化之前占优势的均衡之间的密切关系。进一步说,在制度变化之前占优势地位的均衡与历史上随后发生的组织演变有着一定的联系。特别地,与过去的均衡相联系的预期,是在随后发生的外生变化中占优势的预期的最好预言者。在某种程度上,这些预期会从原来的博弈中超越出来,上升为文化信仰或者制度产生的初始社会结构,为历史的战略选择提供了最初的条件。这样,文化信仰作为链条和纽带,就在历史上不同的博弈和均衡之间建立了内在联系和承继关系。显然,这是对传统博弈论的一个突破和发展。而对热那亚国家创建过程的描述,则深刻地揭示了从以前遗留下来的初始的社会结构如何影响热那亚的国家创立过程。

比较马格里布和热那亚这两个集团对外生性变化所做的反应即可表明,在博弈规则下伴随着意外变化而选择的均衡已经显示了它与变化前占优势地位的均衡之间的关系。在从旧均衡向新均衡转变的动态调整过程中,文化信仰提供了初始的条件。另外,初始的均衡以可预计到的方式与随后的历史的组织创新相联系。作为对所产生的激励的反应,两个集团间组织创新的差异可用组织变化之后的预期加以说明,而原有的文化信仰依然不变。

在中世纪末期,马格里布商人和热那亚商人所面对的有关代理关系的博弈规则发生了变化。在地中海地区经历了一系列军事政治事件之后,双方都得以将其贸易扩张到以前不曾到达的地方。就代理关系而言,这种扩张既可以一种"无种族限制"的方式进行,即从这些新开辟的地区招聘代理人,也可以以"封闭"的方式进行,即让一些本集团的代理人搬迁到新的贸易中心提供代理服务。而马格里布人和热那亚人的经历却向人们揭示出,与变化前均衡相联系的预期超越了原来博弈的界限,为一种新均衡的选择提供了关键支点。换句话说,这些预期并不是这一博弈的特征而是人的特征。它们成为最基本的文化信仰,为达到新的均衡所处的动态调整过程提供了最初的环境。

三、文化传统与制度变迁的路径依赖

长期以来,经济史学论证了文化和制度对经济运行和增长的影响,但由于缺乏适当的理论框架,人们无法深入研究制度与文化间的相互关系问题。这极大地限制了经济史学对制度变迁问题的解释力。

格雷夫在博弈论的框架下,对文化与制度变迁的路径依赖之间的关系进行了比较历史分析。他的研究侧重在两个方面,一是文化在制度变迁中的地位与作用,二是文化是以何种方式影响了制度变迁而形成路径依赖的。而实际上,格雷夫通过他的研究回答了制度经济史学最核心的问题:不同国家和社会的历史发展道路或者说制度变迁的轨迹为何如此不同?制度变迁的路径依赖究竟是如何形成的?

在对马格里布人和热那亚人的文化传统与他们作出的制度选择之间的关系进行了理论和经验的考察后,他得出了如下结论:在影响社会制度选择和变迁的诸多因素中,文化不但重要,而且是至关重要的。因为,政治、经济和社会方面的种种差异,都可以从独特的文化遗产和文化传统中找到根源。

在中世纪晚期的商业革命中,热那亚和马格里布的社会历史进程已经使它们形成了迥异的文化传统。具体说,热那亚形成了以个人主义文化为核心的社会结构,而马格里布则发展成为一个典型的具有集体主义文化特征的社会。这两种不同的文化传统对两个社会经济、政治制度的选择和社会经济发展产生了深刻而持久的影响。

在中世纪晚期诸多事关未来经济长期增长的制度安排上,热那亚人和马格里布人都作出了截然不同的选择。例如,在面对海外贸易代理关系中的代理商"承诺问题"时,热那亚商人和马格里布商人选择了不同的制度安排:热那亚商人实行了以个人主义惩罚机制为基础的"第二方实施制度",而马格里布商人选择了以集体主义惩罚机制为基础的"第三方实施制度"。在海外贸易扩张的过程中,热那亚商人采取了无社区限制的"开放"的方式扩大海外贸易代理关系,而马格里布商人则采取了仅限社区内的"封闭"的方式扩大海外贸易代理关系。随着海外贸易的扩大和经济的繁荣,热那亚逐渐孕育并建立了许多与现代市场经济体制相配套的制度安排,如提货单制度、保险制度、具有无限连带责任和永久合伙制性质的家族企业形式,等等,而马格里布虽然也经历了相似的经济贸易繁荣,却并没有建立起类似的制度。在经济贸易发展的过程中,热那亚建立了一整套比较完善的法律体系来规范经济行为,人们也习惯于通过法庭来解决争议和纠纷,而马格里布的政府和法律却很少能对经济行为提供有效的约束,商人们也习惯于非正式地签署契约和解决争端。这些完全不同的制度选择和制度安排表明,在中世纪晚期的商业革命中,热那亚逐渐建立起了一套足以支持经济长期增长的市场制度、相应的法律体系和保障体制,而马格里布却没有建立类似的制度安排。这种由于文化差异所导致的不同的制度选择,就是导致两个社会经济的长期发展走上不同道路的深层次原因之所在。

那么,文化传统又是以何种方式影响了社会对制度的选择呢?格雷夫的回答是:文化传统作为桥梁和纽带把历史上前后两个制度连接起来,从而决定了社会对多重均衡中某一特定结果的选择,形成了制度变迁的路径依赖性。

马格里布人和热那亚人中独特的文化遗产导致了商人与代理商博弈中独特的均衡选择。马格里布人达到了含有集体惩罚的"集体主义的均衡",而热那亚人则形成了建立在双边惩罚基础上的个人主义的均衡。使人惊奇的是,博弈分析和经验分析都表明,一旦与这些战略相联系的有关代理关系的独特预期形成,它们就会上升为文化信仰而超越它们在其中得以形成的原有均衡,变成了连接两个博弈和两个均衡之间关系的纽带。

格雷夫指出,在历史的制度博弈中,随着战略局势的变化而选择的均衡鲜明地显示出它与变化之前占优势的均衡之间的密切联系。这种联系是以博弈者的文化信仰和对未来局势的预期为纽带建立起来的。具体说,一个博弈均衡的选择在很大程度上取决于博弈者的预期,而博弈者的预期又深受其文化信仰的影响,博弈者的文化信仰又是在历史的制度选择与以往的制度均衡中逐渐形成的。当博弈者根据当前的战略局势对未来的博弈作出预期和相关决策时,他在以前(历史上)的博弈中所形成的文化信仰就会深刻地影响其当前的预期和决策。这样,文化信仰作为链条和纽带,就在历史上不同的博弈和均衡之间建立了内在联系和承继关系。格雷夫经过对中世纪晚期热那亚商人和马格里布商人在海外贸易扩张中对代理关系不同模式的选择的研究发现,在制度变迁的博弈过程中,人们对一种制度均衡的选择,"就已经预示了其与变迁之前占优势的均衡之间的关系。进一步说,在制度变迁之前占优势地位的均衡与历史上随后发生的组织演变的预先状态有着一定的联系。特别地,与过去的均衡相联系的预期,是博弈中随后发生的外生变化中占优势的预期的最好预言者。在某种意义上,这些预期成为文化信仰,随着它们从原来在其中得以具体化的博弈中超越出来,提供了在其他历史结果的战略局势中选择一种战略的最初环境。……马格里布人和热那亚人的经历表明,与变化前均衡相联系的预期超越了原来博弈的界限,为一种新均衡的选择提供了关键之点。换句话说,这些预期并不是这一博弈的特征而是人的特征。它们成为最基本的文化信仰,为达到新的均衡所处的动态调整过程提供了最初的环境。"[①]

从格雷夫的论述中可以总结出如下的观点和思想:① 一个社会的历史发展或制度变迁,是其从一个制度均衡向另一个制度均衡转变的连续过程;② 社会在向新的制度均衡过渡时其面对的选择不是唯一确定的,而是面临着多重的选择;③ 文化因素在社会的制度选择中占据着至关重要、甚至是决定性的作用;④ 一个社会独特的文化信仰或文化传统影响并决定了制度博弈者的预期和行为方式,决定了其对制度均衡的选择,也决定了其制度变迁的特殊轨迹和历史的路径依赖。

对热那亚和马格里布的比较分析表明,每一个体制都具有不同的效率含义。集体主义体制在支持经济内代理关系方面更有效率,它只要求成本较低的正式组织(如法庭),而且可能具有相对有效的集团内道德与社会实施机制。然而,它限制了有效的经济间代理关系,而且更一般地,它限制了个人的主动性以及通过适当的组织(如企业和法庭)的发展而进行的"非个人"交换的发展。个人主义体制并不限制经济间代理关系,而且更一般地,它推动了支持无个性特征交换的组织的发展,但在支持经济内代理关系方面是低效率的,要求有成本高昂的正式组织,并且不太可能建立有效的集团内道德与社会实施机制。

上面的分析同样表明:制度变迁的轨迹是路径依赖的。特别是,它表明有三种因素阻碍了社会对制度的成功选择,造成了制度结构的路径依赖。首先,经济制度是由两种相互影响的部分组成:文化信仰与组织,前者是个人对其他人在各种偶然情况下所采取行为的预期方式;而后者是内生的人类建构,它会改变被非技术地决定的游戏规则,而且无论何时发挥作用,都一定会处于均衡。由于文化信仰是一种不易调整的预期,经济制度的变迁就是其历史的函数,这意味着一个社会使用的组织很难适用于另一个社会。其次,组织的发展自身是一个历史过程。在这一过程中,现存组织与制度影响了个人与社会对外生变化的反应,而且决定了引入新组织的激励,这也就是前文所讲的历史上的社会结构对制度变迁的影响。因此,过去的组织引导着未来的制度与组织的发展。最后,制度结构显示路径依赖,因为过去的行为、文化信仰、社会结构和组织影响着价值观与社会实施机制的发展,它们抑制了背离过去行为模式的灵活性。

需要强调指出的是,马格里布人的制度结构与当代发展中国家的制度结构相类似,而热那亚人的社会组织与当代西方发达国家的社会组织相类似。这表明,制度的路径依赖在这些社会的经济发展中发挥了重要作用。继而,历史地看,中世纪拉丁个人主义社会或许已播下"西

[①] Greif, Avner. Trading Institution and Commercial Revolution in Medieval Europe, In: Abel Aganbegyan, Oleg Bogomolov, and Micheal Kaser. eds., *Economics in a Changing World*, Vol. 1. London: Macmillan, 1994: pp. 115~125.

方世界兴起"的种子。尽管这一推测有待于进一步的研究,但该书的分析使我们能够推测个人主义体制的可能的长期收益。从分工是长期、稳定的经济增长的必要条件的意义上说,支持非个人交换的正式实施制度有助于经济发展。个人主义文化信仰推动了这些制度的发展,因而使社会可以获取这些效率利得。此外,个人主义社会承受较少的遵从社会行为规范的社会压力,所以会推进主动进取精神与创造性。[1]

第四节 路径依赖、制度锁定及其冲破

路径依赖本身导致的问题可能会使一个经济体深陷于无效率的均衡之中,这种现象在历史上屡见不鲜,欧洲有过漫长的黑暗的中世纪,中国在鸦片战争后一百多年里都无法找到很快摆脱贫穷、落后的制度均衡的途径,甚至时至今日,很多的非洲国家依然深陷于无效率的制度困境之中。从理论上讲怎样摆脱这些无效率的制度锁定的确是一件十分困难的事情。因为根据路径依赖理论,不同的无效率的制度均衡形成原因不同,而这些形成原因可能有的易于摆脱,有的却很难。在本节中,我们将从实际例子出发来阐述路径依赖及其锁定与冲破问题。

一、冲破路径依赖的内生力量

第一个例子是中国的改革前后两个均衡的对照:一个是以"弱势群体"为主导的社会决策均衡;另一个是以"强势群体"为主导的社会决策均衡。需要强调的是,我们简单地将社会划分为两个群体,仅仅是为了研究的方便。将社会上参与经济决策的人们分为两类:一类称之为"弱势群体",这类社会决策者并非是社会弱势者,而是由于在现有社会条件下由于制度或者其他原因获得了在竞争更激烈条件下不可能获得的(政治的和经济的)收益,所以这使得他们厌恶竞争规则的改进。这些人为了维持现有地位宁愿放弃一部分的经济利益,因为他们从维持现有制度中可以获得较多的收益。相对的另一类社会决策人称之为"强势群体",他们更偏好竞争规则,因为竞争更激烈的条件下他们会比现有制度条件下获得更多。他们存在强烈的推动竞争规则加强的冲动与激励。

但是,这里并不是一种简单的两分法,因为社会上还存在着非决策群体以及其他的属于对于竞争规则偏好中性的社会决策人。为了研究的便利,假定不考虑这些其他的因素。另一方面,这两个群体并不是两个实体,我们只是假设他们存在着由于利益上一致而共同行动的逻辑,这可以考虑成为代表性的行为者的加总。我们假定这两个群体是不可转化的,只是两者可能在控制社会决策机构的社会决策结构构成上表现出转变。

改革前,由于革命的路径依赖,大量的工人、农民进入了社会决策机构,他们获得前所未有的政治与社会地位,但是如果加大竞争他们的地位可能不保,所以他们就非常符合我们前面所定义的"弱势群体"。另一些诸如企业家、管理者等等被斥责为"剥削阶级",他们的政治与社会地位远远低于他们在竞争条件下应该获得的,所以他们渴望竞争规则的回归。改革以后,竞争规则逐渐成为社会政策的核心,社会上企业家、管理者等人获得了足够的尊重;而原有的"弱势

---

[1] Greif, Avner: On the Interrelations and Economic Implications of Economic, Social, Political, and Normative Factors: Reflections from Two Late Medieval Societies, In: *The Frontiers of the New Institutional Economic*, by Drohak, New York, 1997: pp. 88~89.

群体"地位下降,社会政治、经济境况朝不保夕。与之对应的是社会经济绩效的鲜明对比,改革前的缓慢与无效率的增长,改革后的快速增长导致出现了"中国的奇迹"。

这种简单的对比可以得出的结论是,我们应当更倾向于"强势群体"全面占优的社会决策均衡。但是这里需要强调的是必须是一个社会的均衡,因为社会决策完全由哪一个群体占据可能都不属于均衡所能涵盖的参数序列。更有启示意义的是,如果陷入不利的均衡,自动走出均衡是否是必然的?或者如果可以有所作为,我们应当如何有所作为?我们来分析"弱势群体"主导的社会决策均衡下的情况。

我们可以证明,在一般的函数假设下,由于"弱势群体"的生产能力的局限,这一在动态条件下以波动形式实现的"弱势群体"主导的决策均衡是发散的,只要存在着最低的生存约束线,这一均衡会自动结束,因为这一均衡本身是不稳定的,也就是非收敛的。在这一例子中,中国社会之所以能够迅速地摆脱制度的无效率锁定是因为制度均衡本身是自我破坏性的。这种自我破坏使得随着时间流逝,这一均衡会从内部自发地寻找到内生的冲破这一无效均衡的力量。

分析告诉我们一些极其令人兴奋的结论,也就是以"弱势群体"为主导的决策结构本身是自我破坏的,其动态性会导致这种结构本身自己走向结束。而我们又从直觉上认为它是无效率的,也就是任何一个社会都不会永远陷在这个无效率的均衡中,等待外生力量的拯救。而与之对应的是一个有效率的均衡,这一均衡本身是自我实施的,即使有外力使得社会偏离这一均衡,社会也会自己回归到这一均衡。但是某一个社会处于哪一种均衡似乎很难确定,而且即使可以确定,它所可以承受的参数序列有多大也是一个难于估算的问题。

如前文所讲,中国改革前后的历史经验就非常巧合地为我们提供了两种均衡的对比。对于为什么后一种均衡是一种有效率的均衡,而前一种均衡是一种无效率的均衡,现实已经论证了很多。但是从直觉上讲,社会更多的资源的使用让更具有生产性的人来决定的确是一种福音。但是同时社会在一定程度内保持社会的稳定对于发展也是必要的。

"弱势群体"的经济与政治利益之间的替代导致的经济生产水平的波动,可能就是因为总是存在过度调整导致的。过度调整的原因可能是偏好的不可测性、信息的不对称、调整缺乏有效的工具等等。但是关于这个均衡性质的更加关键的问题就是,这种波动是发散的。所以,"弱势群体"与"强势群体"不会形成一种均衡,一个社会可以自我摆脱这种"弱势群体"控制社会决策的局面,长期的经济发展能力必然受到保证。因为这个均衡的波动是发散的,由于存在着社会生存的经济发展的最低界限,这一波动的均衡就有可能为生存压力所导致的制度变迁结束。这种临界水平存在的意义可能就如物理学中存在的对于物体运动的障碍那样,可以改变物体运动的状态,从而需要一种新的规律。中国改革的内生性不言而喻,由于生存压力导致的农民推动改革得以进行正是这一均衡波动的结果。[①]

二、冲破路径依赖的外生力量

第二个例子来自格雷夫《制度与通往现代经济的道路》的第八章"创建国家:热那亚的繁荣与衰落"。格雷夫运用一个相互遏制模型来解释热那亚早期的和平,在热那亚共和国建立的早期,从历史上遗留下来的两个封建子爵部族之间的相互遏制导致了双方都不会对对方发动军

[①] 详细的内容参看时磊、杨德才的工作论文《决策群体、竞争规则与长期经济增长——对新中国经济史的再研究》。

事进攻,从而产生了和平,也就是检验这个部族之间攻击没有发生的子博弈精炼均衡,表明相互遏制可以保持部族之间和平。在相互遏制均衡中,每一个部族被一个自我实施的信念阻止攻击另一个部族。这个信念是:给定其他部族的武装力量,相对于进行攻击的成本,与从发起未来的联合海盗行动中放弃的暗含的损失相比,攻击是不划算的。但是和平是以牺牲经济效率为代价的。因为相互遏制基础上的和平没有为获得贸易特许权提供一个激励。具体地,因为获得特许权需要这些部族协作,格雷夫假设当两个部族为获得达成一致时特许权的数量是最大的,接着来检验特许权的数目是否小于有效率的(联合收入最大化的)数目。

分析这一博弈表明,在一个相互遏制均衡中,和平以牺牲经济繁荣为代价。如果相互遏制均衡是以一个正的武装力量投资为特征,那么每一个部族发现获得的最优的特许权数目是少于有效率的特许权数目。直觉上,当考虑获得一个额外的特许权,一个部族必须考虑需要保证遏制的暗含的额外支出(政治成本)。其他的一切东西都是相同的,额外的特许权增加了每一个部族进攻其他部族能得的收益。这时通过俘获那个政治组织可以得到更多,但是从放弃未来海盗行动中合作(它与特许权数目负相关)中失去的更少。因此在获得这个额外特许权以前需要用来阻止另一个部族攻击的武装力量投资,已经不再是足够的了。所以,对于每一个部族的最优特许权数目不是边际经济收益等于边际经济成本的那一个(为了简单化,我们假设边际成本为0)。相反,一个部族的最优特许权数目——最大化它的净收益的数目——是边际经济收益等于边际经济和政治成本时的那一个。

一个有着有效特许权数目的相互遏制模型均衡最大化每一个部族的总的回报,但是没有最大化它的净的回报。一个更少特许权的相互遏制模型均衡对一个部族是最优的。在这个相互遏制均衡中,额外特许权的边际经济收益等于边际政治和经济成本。这一结果显示,无论何时处于一个有效率的特许权水平的相互遏制均衡都需要一个正的武装投资,因为双方都投入大量的社会资源来构筑对于对方的防御,而且随着经济发展这一资源数目不断增加。而由于资源被大量投入于"遏制",前现代时期的繁荣的必要条件——有特许权的贸易的发展就不那么理想了。

这种无效率的均衡本身是稳定的,不像第一个例子,所以它很难从内部找到冲破这种无效率均衡的力量,这就依赖于外部的威胁。在1154年热那亚遭受一个来自德国皇帝的不可预期的威胁。在这一年,腓特烈一世,巴巴罗萨(Frederick I Barbarossa)就任德皇结束了德国的国内战争。这位皇帝是热那亚名义权力上的统治者,他带着一支庞大的军队翻越阿尔卑斯山,明确宣称他此行的目的是要将皇帝的权威重新施加于北意大利的城市。外在威胁改变了每一个部族的原有均衡是自我实施的参数序列,所以这一无效率的均衡的经济结果得以改变,经济效率得到了一定的改善,1155年之后的九年,热那亚的长距离贸易的值远高于刚开始时候的水平,这一纪录是初始水平的14倍。但是当这种外部威胁突然不可预期地消失时,这一现有均衡就不再是一个均衡,1164年,德国内战重开,同时维罗纳同盟(Veronese League)在伦巴底(Lombardy)建立,以反对腓特烈皇帝,热那亚出其不意地陷入了内战。而且这种无效率均衡的不可逆性使得热那亚内部根本寻找不到解决这些争端的方法,这场内战持续了三十多年。1194年,在皇帝亨利六世的儿子请求下,皇帝派出一个雇佣执政官来管理这个城市。这一策略参与人的引入很好地改变了原有均衡的无效率,使得在一个更大的参数序列上自我实施成为一种均衡,而且内部的和平不再以牺牲经济效率为代价。在这一制度变迁以后,热那亚实现了将近三百年的和平与繁荣,相对而言,已经很好地克服了原有无效率的制度均衡的缺点。

雇佣执政官制度是一个精妙的制度均衡,它很好地维系着在热那亚内部的权力的制衡,所以获得了长久的和平。而且与此同时,在获得特许权上,相对于相互遏制均衡,部族有足够的动力进行合作,所以就产生了一种较为有效的制度均衡。在给定的基础不对称的情况下,雇佣执政官制度与从过去遗留下来的制度成分,具体来说就是部族和他们共有的规范与信念,很好地结合是可能的。因此,格雷夫通过考虑一个加入了反映这些制度成分的规则和分析的博弈模型,可以发展出一个关于雇佣执政官的效应推断。接着他检验引入雇佣执政官,是否使部族之间的合作和没有对热那亚实施专政的情况下的作为一个均衡结果的政治秩序成为必需。

使部族之间合作,并且在不对这个城市施加专政的情况下使得政治秩序成为一种均衡结果,需要满足三个条件。第一,雇佣执政官不得不被武力遏制试图成为一个统治者或者进行控制。第二,雇佣执政官不得不被阻止站在一个部族的一方反对另一个部族。第三,雇佣执政官必须阻止任何一个部族在一个更大集合的情况下而不是只有挑衅这种情况下,对于另一个部族的冒犯。也就是说,雇佣执政官必须加强部族之间的合作。

为了阻止雇佣执政官成为一个独裁者,他必须在武装上很弱以至于不能打败热那亚的部族(更一般地,包括热那亚人)。使得雇佣执政官比每一个部族更弱也能遏制他站在一个部族一边反对另一个。在此中雇佣执政官给一个部族提供武装帮助为了得到金钱的回报的这种形式的共谋,只有当这个部族能承诺在他掌握权力之后犒劳雇佣执政官,才是可能的。一个部族相对于雇佣执政官越强大,他越不可能承诺这一点,因为这个部族不会给雇佣执政官多于与他兵戎相见的成本。雇佣执政官越弱,这个部族越不可能为串通反对另一个部族承诺酬谢他。如果一个部族承诺给雇佣执政官的数量少于他将从不串通中得到的,串通不会是一个均衡的结果。

但是一个比任何一个部族都弱的雇佣执政官怎么才能遏制任何一个单一的部族进攻另一个部族?限制相对于任何一个部族的雇佣执政官的武装能力,意味着他既不可能变成一个独裁者,也不可能同一个部族串谋对抗另外一个部族。但是这样一种限制也减少了雇佣执政官遏制一个部族挑战另一个部族的武装能力。

为了理解任意一个部族怎样能仍然被遏制而不挑战另外一个部族,我们要考虑一个防御性部族和雇佣执政官并肩作战反对那个进攻性部族的激励。更一般地,我们要考虑在什么样的条件下这种信念是可以自我实施的。正是这些信念支持这些行为,没有部族进攻另一个,雇佣执政官也不会同一个攻击另一个部族的部族串谋打击另一个部族,雇佣执政官会得到被攻击的部族的帮助。

与这些信念联系的联合策略是一个子博弈完美均衡,前提是雇佣执政官的回报、他的武装力量和其他参数被如下条件给定:第一,雇佣执政官的武装力量足够弱,他的工资足够高以至于他获得的收益比串谋更好。第二,雇佣执政官足够强大,部族之间武装力量足够平衡以至于他对进攻其他部族的部族进行打击比串谋(当然被攻击的部族也要参战),他的处境更好。第三,雇佣执政官的力量和他相对于部族的力量会使得任意一个部族如果受到攻击就会和雇佣执政官并肩作战,所以对于任意一个部族会发现不要挑战对方是最优的。

这些条件和均衡策略表明了提供何种雇佣执政官制度能够有效地减轻所有这些问题的适当的激励——使得要求的信念的自我实施成为必然。如果雇佣执政官的工资相对于他的武装力量被减少足够多,任意一个部族能够可信地承诺在串谋之后给予他的最大报酬,引诱他进行串谋可能还是不够的。雇佣执政官期望一个受到另一个部族攻击的部族能与自己并肩作战,更希望与进攻性部族对抗而不是与它进行串谋。被攻击的部族也有激励与雇佣执政官并肩作战，因为如果它不这样做，雇佣执政官的策略将会表明它可能无法抗击另外一个部族。与此同时，雇佣执政官与他并肩作战的部族的力量联合，使得对于与雇佣执政官联合作战的部族来说是最优的。

这一分析阐明了对于雇佣执政官制度来说要提升执政秩序需要保持的权力的微妙均衡。一方面，雇佣执政官在武装方面不能过于强大以至于能自己获得控制权或者与一个部族进行串谋；另一方面，他又要足够强大以至于如果必要他具有同一个部族并肩作战，消除了任意一个部族挑战另一个部族的激励。

从这一例子中我们可以看到，由于无效率的制度本身是可以自我维持的，所以在社会经济体内部寻找不到自身的冲破无效率制度锁定的内部力量，这个时候，对于无效率制度均衡的摆脱依赖于外生力量，这时候外生力量的帮助或者说是一种巧合或者说是一种必然。因为内部的无效率必然使得外部强大的敌人觉得这个时候进攻或者控制这一经济体是十分有利的。这样外部威胁就会改变经济体的内部均衡，从而改变参与人结构，社会的无效率均衡的摆脱与冲破才成为可能。

这样的例子很多，鸦片战争以前中国社会已经陷入一种无效率的制度均衡之中，而且内部无法寻找到冲破这种无效率均衡的力量，这个时候，外部的威胁可能就是改变这一无效率均衡的唯一可能途径。所以鸦片战争以及之后的外部威胁的不断增强，深刻地改变了中国社会的参与人结构，而且促使中国社会从技术、制度、文化各个层面上深刻地反思原有均衡的缺点，从而为新的经济繁荣与民族复兴打下坚实的基础。很多文明本身陷入困顿的现象本身就说明了无效率制度的普遍性，但是自己靠自身内部力量走出无效率的确实只是少数，而且这种内部冲破很多时候确实是一种历史的巧合。格雷夫认为，在当代非洲很多国家，之所以始终无法摆脱无效率的制度深渊的一个重要原因就是没有外部威胁。外部威胁培养了很多伟大的文明与制度，这一点确实是不可否认的。

综上所述，冲破无效率的制度锁定无外乎两种方式：一种是经济体系内部的力量，因为无效率本身会使得经济均衡走向外在的约束临界，从而在社会内部寻找到巨大的冲破力量；另一种是外部威胁，因为经济体系本身的无效率，使得对于外部经济体来说试图控制或者进攻这一经济体是有利可图的。但是不可否认，两种方式很多时候可能都需要极其漫长的时间与历史过程，所以很多经济体的无效率状态都被我们所深恶痛绝。另一方面，很多时候，人类并不知道在无效率的制度均衡出现时应当如何有所作为，不知这是否是人类的一种悲哀。

本章小结

本章第一节介绍的是技术变迁由于规模报酬递增而导致的路径依赖问题，也就是有效的选项并不必然是选择的结果。然后在互补性的意义上讨论这种研究的方法论意义，指出了多重均衡的研究价值。第二节讨论了制度变迁中的路径依赖问题，强调了非正式制度在制度变迁中的作用。第三节分析了文化价值作为路径依赖的传动环节，深深地影响了历史的变动方向与制度均衡的选择。最后认为冲破无效率的制度锁定或者路径依赖，既可以是经济体系内生出的自我拯救的力量，也可以是来自外生变量的冲击。

关键术语

路径依赖　　　第二方实施制度　　　第三方实施制度　　　文化信仰
制度锁定　　　个人主义　　　　　　集体主义

本章思考题

1. 技术变迁路径依赖产生的原因有哪些？试举例说明。
2. 互补性作为一种方法论与收敛论有什么根本的区别？多重均衡与之有何联系？
3. 在制度变迁的路径依赖中，非正式制度为什么是重要的？
4. 何为诺思路径依赖Ⅰ和诺思路径依赖Ⅱ？
5. 文化信仰如何影响历史演进的方向？
6. 如何冲破制度无效率的锁定？内生与外生的方式有何区别？

学习参考资料

[1] W Brian Auther. Competing Technology, Increasing Returns, and Lock-in by Historical Events[J]. *The Economic Journal*, 1989: pp. 116~131.

[2] Avner Grief. *Institution and the Path to Modern Economy*[M]. Cambridge University Press, 2006.

[3] Douglass North. Institution[J]. *Journal of Economic Perspectives*, 1991, Vol. 5, No. 1: pp. 97~112.

[4] Qian, Roland and Xu. Why is China Different from Eastern Europe? Perspectives from Organization Theory[J]. *European Economic Review*, 1998, 43(46): pp. 1058~1094.

[5] Paul David. Clio and The Economics of QWERTY[J]. *American Economic Reviews*, 1985: pp. 332~337.

[6] [美]道格拉斯·诺思. 经济史中的结构与变迁[M]. 上海：上海三联书店，1994.

[7] 韩毅. 历史的制度分析[M]. 沈阳：辽宁大学出版社，2002.

参考文献

[1] [美]阿夫纳·格雷夫.经济历史和博弈论概览[A].载吴敬琏主编.比较.第2辑.北京:中信出版社,2002.

[2] [美]埃里克·弗鲁博顿、[德]鲁道夫·芮切特.新制度经济学[M].上海:上海三联书店、上海人民出版社,2006.

[3] [美]安格斯·麦迪森.中国经济的长远未来[M].北京:新华出版社,1999年.

[4] [美]奥利弗·E·威廉姆森.资本主义经济制度[M].北京:商务印书馆,2004.

[5] Aghion, Phlippe & Patrick Bolton. An Incomplete Contracts Approach to Financial Contacting[J]. *Review of Economic Studies*, 1992, Vol. 59.

[6] Avner Greif, Paul Milgrom & Barry Weingast. Coordination, Commitment, and Enforcement: the Case of the Merchant Gild[J]. *Journal of Political Economy*, 1994, 102(4), August.

[7] Avner Greif. *Genoa and the Maghribi Traders: Historical and Comparative Institutional Analysis*[M]. Cambridge: Cambridge University Press, 1998.

[8] Avner Greif. Microtheory and Recent Developments in the Study of Economic Institutions through Economic History[A]. In: David M Kreps & Kenneth F Wallis, eds. *Advances in Economic Theory*. Cambridge: Cambridge University Press, 1996.

[9] Avner Greif. Reputation and Coalitions in Medieval Trade: Evidence on the Maghribi Traders[J]. *The Journal of Economic History*, 1989, Vol. XLIX, No. 4.

[10] Avner Greif. Contract Enforceability and Economic Institutions in Early Trade: The Maghribi Traders' Coalition[J]. *American Economic Review*, 1993, Vol. 83(2).

[11] Avner Greif. *Institution and the Path to Modern Economy*[M]. Cambridge University Press, 2006.

[12] Avner Greif. Cultural Beleifs and the Organization of Society: A Historical and Theoretical Reflection on Collectivist and Individualist Societies[J]. *Journal of Political Economy*, 1994, Vol. 102, No. 5.

[13] [美]布莱克.法律的运作行为[M].北京:中国政法大学出版社,1994.

[14] 布拉德福特·德龙、安德烈·施莱弗.君主与商人:工业革命前的欧洲城市增长[A].载[美]安德烈·施莱弗等编著.掠夺之手:政府病及其治疗.北京:中信出版社,2004.

[15] [美]C.格鲁特尔特等.社会资本在发展中的作用[C].成都:西南财经大学出版社,2004.

[16] 曹荣湘编.走出囚徒困境:社会资本与制度分析[C].上海:上海三联书店,2003.

[17] 程虹.制度变迁的周期[M].北京:人民出版社,2000.

[18] Cheung Steven. The Contractual Nature of the Firm[J]. *Journal of Law Economics*,1983,26(April).

[19] Cheung Steven. Rent Control and Housing Reconstruction: The Postwar Experience of Prewar Premises in Hong Kong[J]. *Journal of Law and Economics*,1976,19(No. 1).

[20] Coase, Ronald H. The Problem of Social Cost[J]. *Journal of Law and Economics*,1960,3(October).

[21] 达龙·阿西姆格鲁等.贫富的逆转[A].载吴敬琏主编.比较.第23辑.北京:中信出版社,2006.

[22] [美]道格拉斯·诺思.制度、制度变迁与经济绩效[M].上海:上海三联书店、上海人民出版社,1994.

[23] [美]道格拉斯·诺思.制度变革的经验研究[C].北京:经济科学出版社,2003.

[24] [美]道格拉斯·诺思.时间过程中的经济业绩[A].载王宏昌编译.诺贝尔经济学奖金获得者讲演集.下册.北京:中国社会科学出版社,1997.

[25] [美]道格拉斯·诺思.庄园制度的兴起和衰落:一个理论模型[A].载盛洪主编.现代制度经济学.上卷.北京:北京大学出版社,2003.

[26] [美]道格拉斯·诺思、罗伯特·托马斯.西方世界的兴起[M].北京:华夏出版社,1999.

[27] [美]道格拉斯·诺思.经济史中的结构与变迁[M].上海:上海三联书店、上海人民出版社,1994.

[28] [美]道格拉斯·诺思.制度变迁理论纲要[A].载陈敬山编.经济学与中国经济改革.上海:上海人民出版社,1995.

[29] [美]丹尼尔·史普博编.经济学的著名寓言:市场失灵的神话[C].上海:上海世纪出版集团、上海人民出版社,2004.

[30] Debraj Ray. What's New In Development Economic?[J] *The American Economist*,2000,Vol. 44,No. 2.

[31] 丁利.博弈结构、"无交易"命题与科斯定理——关于交易成本的一个笔记[J].中国社会科学院研究生院学报,2004(6).

[32] Donaid N McCloskey. Does the Past Have Useful Economics?[J] *Journal of Economic Literature*,June, 1976, Vol. XIV, No. 2.

[33] [英]迪帕克·拉尔.发展经济学的贫困[M].昆明:云南人民出版社,1992.

[34] 段文斌、陈国富等.制度经济学[M].天津:南开大学出版社,2003.

[35] [美]弗朗西斯·福山.信任——社会道德与繁荣的创造[M].呼和浩特:远方出版社,1998.

[36] [美]弗里德曼.法律制度[M].北京:中国政法大学出版社,1994.

[37] [美]弗兰克·H·奈特.风险、不确定性与利润[M].北京:商务印书馆,2006.

[38] 傅殷才.制度经济学派[M].武汉:武汉出版社,1996.

[39] 福格尔. 新经济史学:结果与方法[A]. 载何兆武主编. 历史理论与史学理论. 北京:商务印书馆,1999.

[40] G Akerlof. The Market for Lemons[J]. *Quarterly Journal of Economics*, 1970, 84(3), August.

[41] Grossman, Sanford & Oliver Hart. The Costs and Benefits of Ownership: A Theory of Vertical and Lateral Integration[J]. *Journal of Political Economy*, 1986, Vol. 94(4).

[42] 顾钰民、伍山林. 保守的理念——新自由主义经济学[M]. 北京:中国当代出版社,2002.

[43] 韩毅. 历史的制度分析[M]. 沈阳:辽宁大学出版社,2002.

[44] Harbison, FH. *Human Resources as the wealth of Nations* [M]. Oxford University Press,1973.

[45] Hart, Oliver & John Moore. Property Rights and the Nature of the Firm[J]. *Journal of Political Economy*, 1990, Vol. 98(6).

[46] [英]霍布斯. 利维坦[M]. 北京:商务印书馆,1985.

[47] 胡乐明等. 真实世界的经济学[M]. 北京:当代中国出版社,2002.

[48] 贺卫、吴山林. 制度经济学[M]. 北京:机械工业出版社,2003.

[49] 黄文平. 法律行为的经济学分析[J]. 上海经济研究,1999(12).

[50] [澳]黄有光. 福利经济学[M]. 北京:中国友谊出版公司,1991.

[51] James Coleman. *Foundations of Social Theory* [M]. Harvard University Press,1990.

[52] [美]加里·贝克尔. 人类行为的经济分析[M]. 上海:上海三联书店,1995.

[53] [美]康芒斯. 制度经济学[M]. 北京:商务印书馆,1962.

[54] [美]肯尼思·阿罗. 不确定性与医疗保健的福利经济学[A]. 载吴敬琏主编. 比较. 第24辑. 北京:中信出版社,2006.

[55] 柯华庆. 科斯命题的谬误[J]. 思想战线,2006(2).

[56] [德]柯武刚、史漫飞. 制度经济学[M]. 北京:商务印书馆,2000.

[57] [瑞典]拉斯·沃因、汉斯·韦坎德编. 契约经济学[C]. 北京:经济科学出版社,1999.

[58] [法]勒帕日. 美国新自由主义经济学[M]. 北京:北京大学出版社,1985.

[59] Libecap, Gary. Economic Variables and the Development of the Law: The Case of Western Mineral Rights[J]. *Journal of Economic History*, 1978,38(No. 2), June.

[60] [法]列维·布留尔. 原始思维[M]. 北京:商务印书馆,1985.

[61] 李惠斌、杨雪冬主编. 社会资本与社会发展[C]. 北京:社会科学文献出版社,2000.

[62] 李曙光. 法律的经济学分析:立法的成本和收益[N]. 南方周末,2006-1-13.

[63] [瑞典]理查德·斯威德伯格. 经济社会学原理[M]. 北京:中国人民大学出版社,2005.

[64] [美]理查德·A·波斯纳. 法律的经济分析[M]. 北京:中国大百科全书出版社,1997.

[65] 林毅夫. 制度、技术与中国农业发展[C]. 上海:上海三联书店,1994.

[66] 林毅夫、蔡昉、李周. 中国的奇迹:发展战略与经济改革[M]. 上海:上海三联书店,1994.

[67] 林立. 波斯纳与法律经济分析[M]. 上海:上海三联书店,2005.

[68] 刘凤英、许锐. 有限理性的奠基人——西蒙评传[M]. 太原:山西经济出版社,1999.

[69] 刘军宁等编. 经济民主与经济自由[C]. 北京:生活·读书·新知三联书店,1997.

[70] 刘东主编. 微观经济学新论[M]. 南京:南京大学出版社,1998.

[71] 柳新元. 意识形态与制度变迁[R]. 南京:南京大学,2003.

[72] [美]罗伯特·D·考特、托马斯·S·尤伦. 法和经济学[C]. 上海:上海财经大学出版社,2002.

[73] [美]罗伯特·普特南. 使民主运转起来:现代意大利的公民传统[M]. 南昌:江西人民出版社,2001.

[74] 卢现祥主编. 新制度经济学[M]. 武汉:武汉大学出版社,2004.

[75] 卢现祥. 寻租经济学导论[M]. 北京:中国财政经济出版社,2000.

[76] [美]罗纳德·科斯. 论生产的制度结构[M]. 上海:上海三联书店,1994.

[77] [美]罗纳德·科斯等. 制度、契约与组织[C]. 北京:经济科学出版社,2003.

[78] 罗必良. 新制度经济学[M]. 太原:山西经济出版社,2005.

[79] Fogel, Robert W et al. Explaining the Relative Efficiency of Slave Agricultare in the Antebellum South: A Reply[J]. *American Economic Review*, 1980 June.

[80] [匈]卢卡奇. 社会存在本体论导论[M]. 北京:华夏出版社,1989.

[81] 吕中楼. 新制度经济学研究[M]. 北京:中国经济出版社,2005.

[82] [德]马克思、恩格斯. 马克思恩格斯全集[M]. 第1—4卷. 北京:人民出版社,1972.

[83] 曼库尔·奥尔森. 通往经济成功的一条暗道[A]. 载吴敬琏主编. 比较. 第11辑. 北京:中信出版社,2004.

[84] [美]曼瑟尔·奥尔森. 独裁、民主与发展[A]. 载盛洪主编. 现代制度经济学. 上卷. 北京:北京大学出版社,2003.

[85] [美]曼瑟尔·奥尔森. 权力与繁荣[M]. 上海:上海世纪出版集团,2005.

[86] [美]曼库尔·奥尔森. 国家兴衰探源[M]. 北京:商务印书馆,1999.

[87] [美]曼瑟尔·奥尔森. 集体行动的逻辑[M]. 上海:上海三联书店、上海人民出版社,1995.

[88] 缪尔达尔. 南亚腐败因果谈[J]. 社会经济体制比较,1989(3).

[89] Modigliani, Franco, & Merton H Miller. The Cost of Capital, Corporation Finance and the Theory of Investment: Reply[J]. *American Economic Review*, 1958,48(3),June.

[90] [德]马克斯·韦伯. 经济与社会[M]. 北京:商务印书馆,1997.

[91] [美]尼古拉斯·麦考罗等. 经济学与法律[M]. 北京:法律出版社,2005.

[92] Nurkse, R. *The Problem of Capital Formation in Less-developed Countries*[M]. Oxford University Press,1953.

[93] Penrose, Edith T. *The Theory of the Growth of the Firm*[M]. Oxford: Basil Blackwell,1959.

[94][英]帕萨·达斯古普特、伊斯梅尔·撒拉格尔丁. 社会资本：一个多角度的观点[C]. 北京：中国人民大学出版社，2005.

[95] Paul David. Clio and The Economics of QWERTY[J]. *American Economic Reviews*, 1985.

[96] 秦海. 制度的历史分析[A]. 载吴敬琏主编. 比较. 第4辑. 北京：中信出版社，2003.

[97] Qian, Roland and Xu. Why is China Different from Eastern Europe? Perspectives from Organization Theory[J]. *European Economic Review*, 1998, 43(46).

[98][美]钱德勒. 看得见的手[M]. 北京：商务印书馆，1987.

[99][日]青木昌彦. 比较制度分析[M]. 上海：上海远东出版社，2001.

[100][日]青木昌彦、安藤晴彦. 模块时代：新产业结构的本质[M]. 上海：上海远东出版社，2003.

[101] 曲振涛. 法经济学[M]. 北京：中国发展出版社，2005.

[102][美]R. 科斯等. 财产权利与制度变迁[C]. 上海：上海三联书店、上海人民出版社，1994.

[103] Robert Putnan. *Making Democracy Work：Civil Traditions in Modern Italy*[M]. Princeton University Press, 1993.

[104] Richard N Langlois. The Entrepreneurial Theory of the Firm and the Theory of the Entrepreneurial Firm[R]. University of Connecticut, Department of Economics Working Paper Series 2005—27.

[105] Richard N Langlois. The Vanishing Hand：The Changing Dynamics of Industrial Capitalism[R]. University of Connecticut, Department of Economics Working Paper Series 2002—21.

[106] Thorstein Veblen. The Beginning of Ownership[J]. *The American Journal of Sociology*, 1898, Vol. 4, No. 3.

[107][比]热若尔·罗兰. 转型与经济学[M]. 北京：北京大学出版社，2002.

[108] Rajan, Raghuram & Luigi Zingales. Power in a Theory of the Firm[J]. *Quarterly Journal of Economics*, 1998, Vol. 113(2).

[109] Spence, M. Job Market Signaling[J]. *Quarterly Journal of Economics*, 1973, 87(3), August.

[110] 沈湘平. 合法性与意识形态建设[J]. 天津社会科学，2002(1).

[111] 萨克斯、胡永泰、杨小凯. 经济改革与宪政转轨[J]. 经济学（季刊）. 2003, 2(4).

[112][英]沙克尔顿、洛克斯利. 当代十二位经济学家[M]. 北京：商务印书馆，2005.

[113][冰岛]思拉恩·埃格特森. 经济行为与制度[M]. 北京：商务印书馆，2004.

[114][美]斯蒂芬·列维特、斯蒂芬·都伯纳. 魔鬼经济学[M]. 广州：广东经济出版社，2006.

[115] Stiglitz, J & A. Weiss. Credit Rationing in markets with imperfect information[J]. *American Economic Review*, 1981, 71, June.

[116] Schultz, T. W. *Investing in People：The Economics of Population Quality*[M]. University of California Press, 1981.

[117] Stefano Fenoaltea. Slavery and Supervision in Comparative Perspective: A Model [J]. *Journal of Economic History*, 1984, Vol. 44.

[118] 谭崇台主编. 发展经济学[M]. 上海:上海人民出版社,1989.

[119] 托尔斯腾·佩尔松. 宪政的影响[A]. 载吴敬琏主编. 比较. 第10辑. 北京:中信出版社,2005.

[120] Vira, B. The Political Coase Theorem: Identifying differences between Neoclassical and Critical Institutionalism[J]. *Journal of Economic Issues*, 1997, Vol. 16. Sept.

[121] [美]V. 奥斯特罗姆等编. 制度分析与发展的反思[C]. 北京:商务印书馆,1992.

[122] 王永钦. 市场互联性、关系型合约与经济转型[J]. 经济研究,2006(6).

[123] 魏建. 谈判理论:法经济学的核心理论[J]. 兰州大学学报,1999(4).

[124] [美]沃尔夫. 市场或政府[M]. 北京:中国发展出版社,1994.

[125] 王一江. 国家与经济[A]. 载吴敬琏主编. 比较. 第18辑. 北京:中信出版社,2005.

[126] William Hallagan. Self-Selection by Contractual Choice and the Theory of Sharecropping[J]. *The Bell Journal of Economics*, 1978, Vol. 9, No. 2.

[127] Williamson. *Markets and Hiearchies: Analysis and Antitrust Implications*[M]. New York: Free Press,1975.

[128] W Brian Arther. Competing Technology, Increasing Returns, and Lock-in by Historical Events[J]. *The Economic Journal*,1989.

[129] [美]威廉·鲍默尔. 资本主义的增长奇迹[M]. 北京:中信出版社,2004.

[130] 文建东. 公共选择学派[M]. 武汉:武汉出版社,1995.

[131] 徐滇庆等. 政府与经济发展[M]. 北京:中国经济出版社,1996.

[132] [美]Y. 巴泽尔. 产权的经济分析[M]. 上海:上海三联书店、上海人民出版社,1997.

[133] 燕继荣. 投资社会资本[M]. 北京:北京大学出版社,2006.

[134] 杨德才. 中国经济史新论(1840~1949)[M]. 北京:经济科学出版社,2004.

[135] 杨德才. 我国农地制度变迁的历史考察与绩效分析[J]. 南京大学学报,2002(4).

[136] 杨德才. 正式制度、非正式制度与商业资本转化[J]. 福建师范大学学报,2006(12).

[137] 杨德才. 工业化与农业发展问题研究[M]. 北京:经济科学出版社,2002.

[138] 杨其静. 合同与企业理论前沿综述[J]. 经济研究,2002(1).

[139] 杨瑞龙. 论我国制度变迁方式与制度选择目标的冲突及其协调[J]. 经济研究,1994(5).

[140] [澳]杨小凯. 经济学——新兴古典与新古典框架[M]. 北京:社会科学文献出版社,2003.

[141] 杨小凯. 企业理论的新发展[J]. 经济研究,1994(7).

[142] 杨哲英等编著. 比较制度经济学[M]. 北京:清华大学出版社,2004.

[143] 虞慧晖、贾婕. 企业的不完全契约理论述评[J]. 浙江社会科学,2002(6).

[144] [英]约翰·格雷. 伪黎明——全球资本主义的幻像[M]. 北京:中国社会科学出版社,2002.

[145] [英]约翰·伊特韦尔等编. 新帕尔格雷夫经济学大辞典[G]. 北京:经济科学出版

社,1996.

[146] [美]约翰·N·德勒巴克等编.新制度经济学前沿[C].北京:经济科学出版社,2003.

[147] 约瑟夫·费尔德.科斯定理1-2-3[J].经济社会体制比较,2002(5).

[148] 曾世宏.意识形态在制度变迁中的作用:理论与模型[DB/OL]. http://www.cenet.org.cn.

[149] [美]詹姆斯·A·道等.发展经济学的革命[C].上海:上海三联书店、上海人民出版社,2000.

[150] [美]詹姆斯·科尔曼.社会理论的基础[M].北京:社会科学文献出版社,1991.

[151] 张五常.佃农理论[M].北京:商务印书馆,2001.

[152] 张树民.专业化、风险与企业理论——经典企业理论述评[N].经济学消息报,2001-11-30.

[153] 张文宏.社会资本:理解争辩与经验研究[J].社会学研究,2003(4).

[154] 张其仔.新经济社会学[M].北京:中国社会科学出版社,2001.

[155] 张宇燕.经济发展与制度选择[M].北京:中国人民大学出版社,1993.

[156] 张维迎.博弈论与信息经济学[M].上海:上海三联书店、上海人民出版社,1996.

[157] 朱琴芬编著.新制度经济学[M].上海:华东师范大学出版社,2006.

[158] 朱国宏主编.经济社会学[M].上海:复旦大学出版社,1999.

后 记

20世纪90年代初,我还在南京大学攻读博士研究生期间,随着科斯、诺思先后获得诺贝尔经济学奖及他们理论传入到中国,我便开始接触新制度经济学,但当时对新制度经济学还谈不上有多大的兴趣。我对新制度经济学真正感兴趣则是在1996年博士毕业留在南京大学经济系工作以后。近十年来,我大量地、系统地阅读了一批新制度经济学的著作,在这个过程中,我才发现,新制度经济学原来是如此生动有趣、引人入胜的一门经济学。与此同时,我的研究兴趣也渐渐转到以新制度经济学理论为指导的、注重中国经济增长史和中国现实问题的研究上来,而随着阅读的越来越多和研究的越来越深,我知道,不论是在中国的历史上,还是在中国的现实中,要想真正解释清楚中国经济的或增长或衰退,离开制度理论,则几乎是不可能的。我个人认为,制度之于经济增长的重要性,对中国而言则要超过任何一个国家。

制度是如此的重要。当代中国进行的改革开放,实际上就是一场重要的制度变革。这场制度变革不仅使得现实中的许多正式制度发生了巨大变迁,而且也使得那些比较具有惰性的非正式制度也发生了重大变化。波澜壮阔的现实世界每时每刻都在发生着制度变迁,而作为"经世致用"的经济学对此当然不能熟视无睹,因此,在这些年的教学过程中,我总是有意、无意地将新制度经济学的理论融入到教学内容之中,与学生们共同探讨着新制度经济学的相关问题。

促使我写这本书的原因主要有三个:一是现状的诱惑。虽然学术界已有一些关于新制度经济学理论的著作,但由于各种原因,这些论著并没有相对地将新制度经济学中一些已经较为成熟的理论囊括其中,使人们无法全面了解新制度经济学及其前沿性。二是兴趣的驱使。西方经济学可以细分出几十门甚至上百门专门经济学,而这其中,我对新制度经济学却情有独衷。究其原因,这很可能与新制度经济学起源于经济学家对经济史的研究有关,而这一点又正好切合了我的学术背景。三是教学的需要。一直想给经济管理类的学生开设《新制度经济学》,基于这方面教材的匮乏,总想自己写一本教材。在这些原因的共同作用下,我终于下定决心来写这本《新制度经济学》了。

本书的出版得到许多人士的大力帮助和热情支持,在此,我对他们表示最诚挚的谢意。感谢著名经济学家、南京大学党委书记洪银兴教授百忙之中欣然为本书作序!感谢刘东教授忙里偷闲通读本书初稿并提出许多宝贵意见!感谢黄继东先生的热情约稿及不断鞭策!感谢府剑萍、耿飞燕两位编辑为本书出版付出的大量辛劳!感谢南京大学商学院和南京大学经济学院的领导、同事和学生,是他们的长期支持及创造的良好学术氛围成就了我的一点一滴！最后，还要感谢本书在写作过程中所参考、引用的那些文献的作者，本书借鉴了他们的研究成果！

　　本书的写作成员基本上是经济学博士。具体写作分工如下：第一章（时磊、杨德才）；第二章、第四章（高彦彦）；第三章（高彦彦、张波）；第五章、第六章、第七章、第八章（杨德才）；第九章（邢俊娜、杨德才）；第十章（时磊）；第十一章、第十二章（杨德才）；第十三章（时磊）。此外，刘洪、戴广、李芝倩在较早前还提供了本书第五章、第六章和第十一章的部分初稿内容，为此也向他们表示感谢！本书从体系策划到统稿、修改、定稿，都是由我来完成的。尽管我们反复研讨、反复修改，但错误之处肯定是在所难免的，因而，我们恳请各位读者不吝指正并予以谅解！

杨德才
2007 年 7 月

第二版后记

作为一门新兴的经济学科,新制度经济学在我国的传播速度之快与人们喜爱程度之深,是超乎我们想象而让人极其兴奋的。这也大大激发了我们这些新制度经济学研究者与教学者对其的加倍热爱。

新制度经济学并不是一门深奥、晦涩的理论经济学,而是一门能够分析实际问题、解决实际问题的应用经济学。它在继承主流经济学分析方法的基础上,实际上是反对经济学理论过分抽象化、模型化与数学化,而主张经验分析、案例分析与比较分析的。新制度经济学对于当前正在进行全面深化改革的中国而言,有着最为直接的理论与实践意义。

本书初版于2007年,至今已整整8个年头了。八年来,新制度经济学理论又有了许多新的发展。对于这些新发展的理论,我们本应在本书再版中予以充分吸纳而补充进来,但基于两个方面的考虑,这次再版除了做适当的文字纠错、语句理顺等工作外,并未予以吸纳。这两方面的考虑是:一是新制度经济学新发展的理论并未突破本书已有的理论框架,而只是在既有理论的基础上有适度的发展与补充;二是本书原有的内容已比较丰富,倘若再将新制度经济学新发展的理论吸收进来,必将使一本本科生或研究生用的教材里包容太多的内容而淡化原本清晰的新制度经济学的主要的、基本的理论。故而,本书依然沿用了原有版本的框架体例,未进行伤筋动骨似的修订补充。

本书能够再版,既要感谢南京大学出版社与府剑萍编辑,也要感谢使用本书作为教材的各高校老师与同学。最后,衷心期望大家继续对本书错漏进行批评指正!

杨德才
2015 年 12 月 20 日

《商学院文库》已出版书目

书　名	作　者	开本	定价
现代西方经济学原理(第五版)	刘厚俊 编著	小16开	38.00
西方经济学说史(第二版)	葛扬　李晓蓉 编著	16开	46.00
现代产业经济分析(第三版)	刘志彪　安同良 编著	小16开	42.00
公共财政学(第三版)	洪银兴　尚长风 编著	16开	49.80
国际金融学(第四版)	裴平等 编著	16开	39.80
国际贸易学(第五版)	张二震　马野青 著	16开	39.00
货币银行学(第四版)	范从来　姜宁 王宇伟 主编	16开	49.80
宏观经济学教程习题解析(第二版)	耿强　沈坤荣 主编	小16开	29.00
新制度经济学(第二版)	杨德才 编著	16开	50.00
宏观经济学学习指导(第二版)	梁东黎 编著	大32开	17.00
微观经济学(第三版)	刘东　梁东黎 编著	小16开	28.00
微观经济学学习指导(第二版)	刘东等 编著	大32开	16.00
投资银行学(第二版)	王长江 编著	16开	39.80
国际企业:人力资源管理(第五版)	赵曙明 著	小16开	55.00
现代房地产金融学	高波 编著	16开	30.00
供应链物流管理	郑称德 编著	16开	46.00

续表

书　名	作　者	开本	定价
财务管理学导论	陈志斌　编著	小16开	38.60
财务管理学导论精要、案例与测试	陈志斌　编著	大32开	25.00
投资项目评估(第二版)	李晓蓉　编著	小16开	29.00
期货投资和期权(第二版)	赵曙东　著	16开	42.00
管理学原理(第二版)	周三多　陈传明　等 编著	小16开	29.00
财务会计(第二版)	陈丽花　主编	16开	50.00
统计学原理(修订本)	吴可杰　原著　邢西治　修订	大32开	16.00
统计学原理学习指导与习题解析	邢西治　编	大32开	14.00
市场营销	吴作民　编著	小16开	48.00
经济法律概论(第三版)	吴建斌　编著	小16开	46.00
国际商法新论(第四版)	吴建斌　著	小16开	39.80
国际商法学习指导(第二版)	吴建斌　吴兰德　编著	大32开	20.00
会计学概论(第二版修订)	杨雄胜　主编	小16开	38.50
高级财务会计	王跃堂　编著	16开	36.00

南京大学出版社地址:南京市汉口路22号　邮编:210093
订购热线:(025)83594756　83686452